MADAME RÉCAMIER

1777-1849

Françoise Wagener

Madame Récamier

1777-1849

Flammarion

1ère édition: Jean-Claude Lattès, 1986.
© Flammarion, 2000.
ISBN 2-08-06-8062-5

Pour Francesc

Près de quinze années après la parution de ce qui fut mon premier livre, il était nécessaire de lui redonner vie.

L'accueil éclatant qu'il avait reçu alors, tant d'une critique encore très structurée, très attentive, que d'un public réceptif à l'Histoire et à la vertu de l'écrit, justifierait, en soi, cette nouvelle édition revue, corrigée et augmentée. Je suis heureuse, à cet égard, d'y signaler la résurrection de deux décors importants dans lesquels évolua Mme Récamier, restitutions spectaculaires que les amoureux de l'Histoire de cette période ne manqueront pas de visiter, s'ils ne l'ont déjà fait : la maison de Chateaubriand, à la Vallée aux Loups, qu'une direction sagace et une équipe motivée animent avec brio, et, au Louvre, plus récemment, sous l'égide de Daniel Alcouffe, la chambre de la Belle des Belles, en son hôtel de la rue du Mont-Blanc, qui enchanta le Paris consulaire et que complète, avec beaucoup de bonheur, le mobilier de son célèbre salon de l'Abbaye-aux-Bois.

Il est réconfortant de constater qu'au cours de ces années, la grande biographie historique de type humaniste a retrouvé ses lettres de noblesse et son rayonnement : nous n'étions que quelques-uns alors, publiant à contre-courant, semblait-il, et nous avons fait école. Tant mieux. Face à la pléthore d'études, de sommes illisibles à force de jargon pseudo-scientifique et de lourdeurs thésardes, face aussi aux facilités d'une Histoire écrite pour plaire au plus grand nombre sans froisser ses catégories, sans entrer jamais dans la perception des mentalités ou dans les nuances, ces décalages fussent-ils sémantiques qui signalent une époque, il était bon de retrouver un équilibre entre érudition et vulgarisation. Bon aussi, de redonner un peu de vie et de crédibilité à nos personnages en retournant aux sources vives pour leur rendre leur voix, leurs entours, l'esprit des lieux dans lesquels ils se mouvaient.

Rien ne remplace, au sein d'une vie de l'esprit raréfiée au fil du gaspillage de l'information, de la confusion des genres et des valeurs, sans parler de la dépréciation grandissante parmi les chapelles parisiennes, du patrimoine incomparable que constitue notre langue, cet acte courageux et personnel qu'est la lecture. Elle ne peut être que choix et adhé-

sion individuels, librement consentis, fruit d'un élan et d'un engagement authentiques toujours renouvelés. L'Histoire, *a fortiori* quand on y
vient depuis la littérature, ce qui fut mon cas, ne saurait se passer de
l'écrit, et c'est heureux. École d'humilité, de lucidité, de patience, elle
nous éclaire, nous divertit, nous console et nous rassure. Elle nous fait
rêver aussi, à condition de la mettre en mots, de respecter en ceux-ci la
charge d'évocation. L'une des lettres les plus marquantes que j'ai reçues
lors de la première édition de cet ouvrage, signée d'un de nos meilleurs
critiques, polémiste redoutable et romancier rare, des plus exigeants, me
disait : «Je t'aurais suivie avec le même bonheur si tu avais raconté la
vie d'une garde-barrière!» Encore ajoutait-il qu'«on pourrait être
amoureux du modèle jusqu'à l'aveuglement», le peintre ayant moins
livré une biographie de la Belle des Belles que le «recueil des souvenirs
d'un témoin et d'une amie». De quel plus bel hommage peut-on rêver
après cela?

Une dernière notation, peu gaie, celle-là : en relisant la liste de mes
remerciements (de 1986), j'ai eu l'impression de me promener dans un
cimetière. M. de Chateaubriand avait raison de dire que «notre vie se
passe à errer autour de notre tombe». La nôtre et celle des autres, hélas !
Celle par qui et pour qui ce livre a vu le jour, Odile Cail, la meilleure de
mes amies, n'est plus. Sa lumineuse mémoire ne s'offusquera pas de ce
que mon vieux complice, Raphaël Sorin, et son assistante, la charmante
et judicieuse Juliette Joste, lui aient succédé, depuis qu'ils m'ont
accueillie au sein de la maison Flammarion, avec une efficacité et une
chaleur dont je leur rends grâce ici, mille fois.

(Novembre 2000)

AVANT-PROPOS

*Un pied dans l'érudition, l'autre dans la magie,
ou plus exactement, et sans métaphore, dans cette
magie* sympathique *qui consiste à se transporter
en pensée à l'intérieur de quelqu'un.*

Marguerite YOURCENAR
(Carnets de notes de *Mémoires d'Hadrien*)

La «légende dorée» du Consulat et de l'Empire compte trois *superstars*, trois figures féminines qui, telles les Grâces, agrémentent le cortège hétéroclite des demi-dieux et des héros du moment : l'impératrice Joséphine, qui fait battre les cœurs parce qu'elle est à la fois femme, souveraine et malheureuse ; Mme de Staël, la grande prêtresse de l'esprit, l'intellectuelle accomplie et rebelle au pouvoir ; Juliette Récamier, enfin, la Belle des Belles, dont la blancheur alanguie fascine et qui rassemble autour d'elle l'élite, toutes tendances confondues.

Son amie, la duchesse de Devonshire (Elisabeth Foster, l'égérie du cardinal Consalvi), disait d'elle : «D'abord elle est bonne, ensuite elle est spirituelle, après cela, elle est très belle...» De quoi griser une tête moins bien faite que celle de Juliette Récamier. Archétype de l'urbanité et du bon goût, elle était ce qu'on appelait une «gloire universelle». Sa réputation débordait les frontières du monde civilisé : Adalbert de Chamisso, poète et voyageur au service de la Prusse, racontera à Chateaubriand qu'au Kamtchatka, sur les bords de la mer de Behring, il avait trouvé les autochtones en contemplation devant un «article de Paris», comme nous dirions aujourd'hui, en l'occurrence le portrait de Mme Récamier peint sur verre, «par une main chinoise assez délicate», précise-t-il ! Portrait répandu par les vaisseaux américains commerçant sur ces côtes sibériennes comme dans les îles du Pacifique.

Juliette Récamier ne se laissa jamais enivrer par des succès qu'elle avait en partie provoqués et dont elle mesurait avec sagesse la superfluité. Si, comme on le croit communément, il faut payer la rançon de la gloire, elle paya, mais plutôt moins cher que d'autres. Quand la fête fut finie et que les épreuves l'atteignirent – sa fortune connut des revers, même des faillites, et elle fut exilée par l'Empereur – elle garda sa sérénité, sa réputation et ses amis. Elle atteignit, à quarante ans, la réussite intérieure et, fait remarquable, cette déesse fut une femme qui sut vieillir.

*
* *

D'elle, que sait-on ? Ses contemporains la célébrèrent abondamment et l'un des plus prestigieux d'entre eux devint son premier biographe. M. de Chateaubriand, parce qu'il l'aimait, et aussi parce qu'il était conscient de n'avoir pas toujours été irréprochable envers elle, la magnifia. Mais, à son habitude, il ne dit pas tout. D'ailleurs, il ne savait pas la fin de l'histoire.

Après elle, sa nièce et fille adoptive, Mme Lenormant, exploita habilement les manuscrits dont elle était détentrice. Elle tissa à l'usage des générations futures une compilation soigneuse et relativement aseptisée, écartant systématiquement tout ce qui aurait pu «offusquer la pureté du souvenir» de Juliette. Enfilage de petites fables bien établies et d'extraits de lettres minutieusement expurgées, les livres de Mme Lenormant firent autorité. Leur conformisme moral, typique de la mentalité propre à la seconde moitié du XIXe siècle, s'il ne trahit pas l'Histoire, ne l'enrichit pas non plus : il se contente de la fausser finement.

Vint ensuite Edouard Herriot. Jeune normalien brillant et décidé, il fit œuvre de pionnier. Son grand mérite est d'avoir replacé Mme Récamier dans son époque et parmi ses nombreux amis. Recherche patiente et exhaustive, à laquelle nous devons beaucoup. Cela dit, il l'avoue d'emblée, il s'intéressa au moins autant à l'entourage – peu étudié au début du siècle – qu'à l'héroïne. Qui plus est, parce qu'il travaillait sur des archives alors privées, et qu'en 1904 on ne pouvait tout dire, s'il a entrevu et relevé des zones d'ombre dans la vie de Juliette, Herriot ne s'y est pas attardé outre mesure.

Il affirme : «Mme Récamier n'a rien fait par elle-même de très considérable et de très important.» Opinion discutable. Au contraire, le triple rôle – social, politique et littéraire – de Juliette justifie qu'elle soit entrée vivante dans l'Histoire.

En fait, aucune biographie d'elle, à ce jour, n'est pleinement satisfaisante. Son vrai visage reste encore à découvrir. Et si le livre de Herriot demeure un repère majeur, il était nécessaire, quatre-vingts ans après lui, de chercher à en approfondir, à en rafraîchir, voire à en renouveler les conclusions.

*
* *

Lorsque j'ai entrepris ce travail, je me suis proposé deux objectifs principaux :

En premier lieu, mettre à plat la légende. Pour vérifier la somme d'allégations concernant Juliette Récamier, il m'a fallu explorer systématiquement toutes les sources connues, qu'elles soient publiées ou manuscrites. J'ai dû agir parfois comme un policier – enquêtes, expertises, recoupements et confrontations, autant dire le pain quotidien de tout biographe qui se respecte ! – parfois comme un médecin légiste. Il fallait oser soulever la châsse de cristal sous laquelle, inaltérable, gît une des plus jolies, une des plus aimables créatures que la terre ait portées, la délivrer de certaines de ses bandelettes quitte à les remettre soigneusement en place, le cas échéant.

En second lieu, j'ai souhaité comprendre la femme. Qui était Mme Récamier ? Était-elle seulement ? Où trouver l'unité cachée, la clé de l'énigme ? La tâche est plus facile aujourd'hui : les informations abondent. Sur ses trois amis proches, Mme de Staël, Benjamin Constant et Chateaubriand, nous pouvons affirmer qu'il nous manque peu des œuvres ou des écrits intimes. Nous en sommes redevables à la perspicacité d'exégètes comme Maurice Levaillant ou Henri Guillemin, à l'intelligence de certains descendants comme la comtesse Jean de Pange, à l'activité des sociétés savantes.

Nous disposons de moyens variés pour interpréter cette matière historique. Le biographe a cessé de se comporter en portraitiste complaisant, en hagiographe transi ; il se fait enquêteur, mais aussi graphologue, astrologue, médecin, psychanalyste à l'occasion. Il sait que l'être humain porte des masques. Freud et Proust lui ont appris à reconnaître la complexité du psychisme, l'incessant et subtil travail de la mémoire sur elle-même. Dans les écrits, les propos, certains actes de son personnage, il est capable de dépister les faux-semblants, de saisir les facettes, fussent-elles contradictoires, les jeux inévitables de l'ambivalence humaine. Bref, en affinant son analyse, il se donne les moyens d'une plus grande véracité.

*
* *

Mme Récamier mérite attention. Née sous l'Ancien Régime, morte sous la présidence de Louis-Napoléon Bonaparte, elle a traversé des années passionnantes qui par leur turbulence ou leur prospérité comptent parmi les plus riches de notre histoire. Elle fut célèbre pour sa beauté. Elle cultiva autour d'elle l'amitié et les talents. Ce fut un tour de force, mais elle se révéla très tôt une médiatrice de génie, une incomparable Muse de la sociabilité. Cette fonction, elle l'occupa sans déroger pendant un demi-siècle. Tout ce que l'Europe recelait de mérites politiques, diplomatiques, artistiques et littéraires a passé par son salon. Des grands noms de l'ancienne société aux généraux issus de la Révolution, des Bonaparte aux Romantiques, tels Sainte-Beuve ou Hugo, du vieux La Harpe au jeune Balzac, de Metternich à Wellington, de Benjamin Constant à Guizot, tous ont été séduits par elle. Nous n'exceptons pas les femmes : Mme de Staël, qui la révéla à elle-même et l'aima comme on aime une jeune sœur, la reine Hortense ou Désirée Clary, pour lesquelles elle demeura une fidèle confidente, la très fine Mme de Boigne, qui la comprit le mieux, parmi bien d'autres… On peut se demander pourquoi et comment tant de séduction.

Il y a plus : la personnalité « harmonique » de Juliette (l'épithète est de Lamartine), son refus de l'excessif, sa capacité de discernement, sa subtile intelligence ont œuvré sur Chateaubriand. Il lui fit sur le tard cet aveu inattendu : « Vous avez changé ma nature ! » L'homme n'était pourtant guère malléable. Il n'en demeure pas moins que Juliette exerça une influence décisive sur l'écrivain, et les *Mémoires d'outre-tombe* lui doivent énormément.

Le couple – car c'en fut un – qu'elle forma pendant trente ans avec Chateaubriand retint sur elle un intérêt souvent trouble : l'éternelle, l'inévitable interrogation sur le « cas », le possible secret de sa vie intime, a pimenté bien des évocations. Je suis heureuse, à cet égard, d'apporter une réponse enfin claire.

Les machistes ont souvent réduit Juliette Récamier à sa seule puissance de séduction : ils en ont fait une femme-objet. Les féministes l'ont pratiquement ignorée et n'ont retenu d'elle que sa « coquetterie ». Notre époque, éprise d'individualisme, se méprend sur la fonction du salon dans la société française. L'assimiler au seul divertissement mondain est un peu court. Tenir un salon était un art de vivre mais aussi une nécessité : la rencontre, l'échange assuraient la cohérence de la communauté, donc sa vie. C'était un moyen de transmettre l'éducation et de diffuser l'information et, comme tous les médias, il jouait un rôle civilisateur.

On a souvent fait bon marché des actes de Mme Récamier, de son dévouement social et de son « militantisme », le mot n'est pas trop fort, contre la peine de mort, inlassablement, sous tous les régimes. Et comme elle n'a rien publié, à peine accepterait-on qu'elle ait pensé !

Parmi ceux qui l'ont dépeinte, un seul ne l'a ni trahie ni stylisée, c'est Jean d'Ormesson. Il la voit avec les yeux de Chateaubriand. C'est la perspective inverse que j'adopte. Je m'empresse d'ajouter que j'aime profondément Chateaubriand, ce qui n'était le cas ni de Mme Lenormant ni d'Edouard Herriot, et qu'une des vertus marquantes de Mme Récamier me paraît être cette aptitude qu'elle eut à accompagner, dans l'immense aventure qu'est la création, le seul homme qu'elle ait aimé, un écrivain. Qui sait, le plus grand de tous.

J'ai essayé, dans ce livre, de répondre aux questions que je me posais depuis longtemps sur Juliette Récamier, la plus générale étant celle-ci : Comment une existence féminine se développe-t-elle, s'enrichit-elle, dans le dialogue perpétuel entre soi et les autres, entre les exigences de l'intériorité et les contraintes de la sociabilité, entre l'être et le paraître ? Comment s'accomplit le miracle du balancement parfait, de la féminité bien tempérée ?

(1986)

CHAPITRE PREMIER

UNE PETITE FILLE MODÈLE

*Si j'ai parlé de ces premières années, malgré
mon intention d'abréger tout ce qui m'est personnel, c'est à cause de l'influence qu'elles ont souvent à un si haut degré sur l'existence entière :
elles la contiennent plus ou moins.*

Juliette RÉCAMIER
(Extrait d'un fragment des *Souvenirs* de
Juliette Récamier, cité par Mme Lenormant.)

Nous savons relativement peu de chose des premières années de
Juliette Récamier : ce que Mme Lenormant nous en dit, et qu'on doit
considérer avec circonspection, ce que Herriot a établi en exhumant
les quelques pièces d'archives dont nous disposons. Chateaubriand,
quant à lui, s'il consacre 141 pages éblouissantes des *Mémoires
d'outre-tombe* à sa propre enfance, n'accorde que 33 lignes à celle
de Juliette. Encore sont-elles centrées sur le seul passage au couvent
de l'intéressée.

Sans histoire apparente, cette enfance fut heureuse. Celle d'une
fille unique, née dans la bourgeoisie aisée et très choyée. Juliette
paraît avoir été une petite fille modèle, version Ancien Régime.

Lorsque Juliette naît à Lyon à la fin de l'année 1777, la blancheur, le signe dominant sous lequel se déroulera son existence, est
à l'honneur. Sous l'influence de *La Nouvelle Héloïse*, de Jean-
Jacques Rousseau, la mode féminine s'est, en effet, transformée et
le blanc vient de faire son apparition. Véritable engouement pour
des robes en chemise, ou à la créole, immaculées, qui exprime une
nouvelle sensibilité. Candeur, ingénuité et naturel sont à l'ordre du
jour. Les jeunes femmes découvrent l'amour de la campagne et
rêvent de bergeries. La mère de Juliette, qui toujours se soucia
d'élégance et de nouveauté, n'a pas dû échapper à cette disposition
générale. On envisage d'un œil nouveau la maternité et l'éducation

des enfants. Juliette sera-t-elle nourrie au sein, comme le furent nombre de ses amies ? Sera-t-elle vêtue à l'anglaise, et non emmaillotée, comme, quatre ans plus tard, la petite Adèle d'Osmond, qui deviendra Mme de Boigne ? On l'ignore, mais c'est vraisemblable.

Les jeunes souverains, Louis XVI et Marie-Antoinette, qui appartiennent à la même génération que les parents de Juliette, viennent de consommer, enfin, leur mariage : Madame Royale naîtra l'année suivante. Ils donnent le ton. À Versailles, les sophistications et les rigidités de l'étiquette demeurent toutes-puissantes, mais à Paris et dans les grandes villes la noblesse et la haute bourgeoisie commencent à se mélanger. On se passionne pour, ou contre, un nouvel opéra du chevalier Gluck, *Armide*. On commente les frasques du comte d'Artois, l'un des frères du roi, qui vient de gagner un pari de 100 000 francs contre la reine, celui de faire construire un nouveau Bagatelle pendant le séjour de la cour à Fontainebleau. Sa « folie », symbole de sa puissance et de son caprice, vient d'être érigée en soixante-quatre jours !

On voudrait que la vie soit un perpétuel carnaval, on a le goût du jeu, on court les casinos et les redoutes masquées, on danse, on intrigue, on fuit comme on peut le désœuvrement et ce qui apparaît comme le mal de cette fin de siècle : la peur panique de l'ennui.

On rêve de se battre aussi. C'est le moment du départ, jugé scandaleux par sa belle-famille, de La Fayette pour les États-Unis. Une partie de la jeune noblesse française brûle d'aller aider sur le terrain les treize colonies anglaises qui, le 4 juillet 1776, ont déclaré leur indépendance. Un des futurs confidents de Juliette Récamier, Mathieu de Montmorency, ira lui aussi y faire ses premières armes.

Ce mouvement, cette ouverture dans les mentalités ne sont que l'amorce de l'effervescence qui marquera dix ans plus tard les débuts d'un grand bouleversement : la mise en marche de la Révolution française.

Pour l'heure, une génération s'en va, une autre prend la relève : la marquise du Deffand écrit à Horace Walpole : « Je n'aurais jamais cru voir l'année 1777. J'y suis parvenue. Quel usage ai-je fait de tant d'années ? » La vieille Sibylle désabusée survit à sa grande rivale en convivialité, Mme Geoffrin, qui s'éteint le 6 octobre à Paris. Celle qui fut l'amie de Poniatowski, depuis roi de Pologne, la « tsarine de Paris », la grande bourgeoise avenante de la rue Saint-Honoré, avait su réunir autour d'elle une impressionnante brochette d'intellectuels, fait nouveau pour l'époque, et l'on avait pu dire d'elle « qu'elle était peut-être ignorante, mais qu'elle savait penser ».

L'enfant qui naît à Lyon sera, pour une part, son héritière. Bourgeoise, riche, généreuse et raisonnable comme elle, comme elle, elle manifestera, sans aucune affectation intellectuelle, un puissant, un authentique goût du talent.

Elle est l'exacte contemporaine de plusieurs personnalités qu'elle rencontrera à des titres divers : le tsar Alexandre Ier, Madame

Adélaïde (la sœur de Louis-Philippe, élève, comme lui, de Mme de Genlis), la marquise de Montcalm (sœur du duc de Richelieu) et Claire de Kersaint, future duchesse de Duras, qui toutes deux joueront un rôle politique important sous la Restauration et dans la carrière de M. de Chateaubriand, Élisa Bonaparte et Désirée Clary, destinées à régner, la première sur la Toscane, la seconde sur la Suède.

Sachons enfin, pour les situer relativement à Juliette, que quatre des personnages marquants de l'Histoire, et de son histoire, sont encore des enfants en 1777 : la future Mme de Staël (1766) a onze ans, Benjamin Constant (1767) dix ans, Chateaubriand (1768) neuf ans et Bonaparte (1769) en a huit.

L'année suivante disparaîtront Voltaire et Rousseau.

*
* *

Juliette naît à Lyon le mercredi 3 décembre 1777. Elle est baptisée le lendemain, selon l'usage, en l'église paroissiale Saint-Pierre-et-Saint-Saturnin :

> Jeanne Francoise Julie Adélaïde, fille légitime de Me Jean Bernard, conseiller du Roy, notaire à Lyon, de Delle Marie Julie Matton, née hier rue de la Cage, a été baptisée par moi vicaire soussigné le quatrième décembre mil sept cent soixante et dix-sept. Le parain[1] a été Sieur François Fargues, bourgeois de Lyon, et la maraine Delle Jeanne Bernard, fille majeure, tante de l'enfant, qui ont signé avec le père[2].

Les deux premiers prénoms de l'enfant, Jeanne et Françoise, sont ceux de ses parrains, le dernier, Adélaïde, a été remis à la mode par une tragédie de Voltaire. Quant au prénom usuel, Julie, il est celui d'une chrétienne d'Afrique, victime au Ve siècle du roi vandale Genséric, vendue comme esclave et crucifiée en Corse, où elle est particulièrement vénérée. C'est le prénom de la nouvelle Héloïse, mais, contrairement à ce qu'on croit, ce n'est pas celui qu'on donnait couramment à la mère de Juliette. Le jour de la fête de Mme Bernard était le 15 août (Marie) et non le 22 mai (Julie). Nous l'avons découvert dans une confidence de Juliette qui, bien des années après la mort de sa mère, évoquera tristement le souvenir de celle-ci, précisément un 15 août, pour la raison que nous venons d'indiquer.

Les parents de Juliette appartiennent à la bourgeoisie aisée de Lyon. Son père, Jean Bernard, fait partie de l'establishment notarial de la ville. Il est installé rue de la Cage (située entre Rhône et Saône,

---

1. Nous respectons l'orthographe des citations.

2. Archives municipales de Lyon, registre paroissial Saint-Pierre-et-Saint-Saturnin, numéro 680, p. 147. On a longtemps confondu la date de la naissance (le 3) et la date du baptême (le 4), à la suite de Mme Lenormant. À l'exception de Sainte-Beuve toujours soigneux de sa documentation. C'est Herriot qui, le premier, a publié ce document.

Voir, en annexe, les analyses du thème astral de cette sagittarienne effectuées par André Barbault et Milan Kundera.

sur l'emplacement de l'actuelle rue de Constantine, débouchant sur la place des Terreaux). Notaire royal, il est successeur de Mes Patrin, Louis Chazotte, Romieux père et fils et Jallabert. Il figure depuis l'année précédente sur *L'Almanach de Lyon*, parmi les quarante notaires «réservés et établis à l'instar des notaires de la ville de Paris». Qu'il soit conseiller du Roy signifie qu'il est assimilable à un fonctionnaire de grade moyen. Toute personne exerçant un office public notable portait ce titre.

Fils de Just François Bernard et de Delle Marianne Fournier, il semble être né en 1748. Il a épousé le 14 septembre 1775, à la Guillotière, paroisse de sa future épouse, Marie Julie Matton, fille de Pierre Matton et de la défunte Marie Clergé. Elle paraît être née en 1756. Le contrat de mariage, passé le 17 août précédent, nous apprend que la jeune femme est plus riche que son mari :

> Par devant les conseillers du Roy notaires à Lyon soussignés furent présents Me Jean Bernard aussi Conseiller du Roy notaire à Lyon... fils de Sieur Just François Bernard bourgeois de lad. Ville et de défunte d^{elle} Marianne Fournier...
>
> et d^{elle} Marie Julie Matton fille de Sieur Pierre Matton bourgeois de Lyon demeurant à la Guillotière... et de défunte d^{elle} Marie Clergé.
>
> En faveur de ce mariage led. Sieur Matton a donné et constitué en dot à la future Épouse, sa fille d'une part la somme de quinze mille livres... Led. Sieur Matton donne et constitue d'autre part à la d^{elle} future Épouse sa fille une maison à lui appartenante située en cette ville rue St George... estimée à la somme de six mille livres... En même faveur de ce mariage à la future Épouse s'est constituée en dot... la somme de trois mille livres soit en valeur de son trousseau... soit en libéralités qui lui ont été faites à cause de ce mariage par plusieurs de ses Parents...
>
> Déclare le futur Époux que la valeur de ses biens présents n'excède pas la somme de six mille livres[1]...

Au mariage des Bernard, sont témoins : François Fargues, beau-frère de Marie Julie Matton, qui sera parrain de Juliette, Pierre Degrieux, marchand de la ville, et Pierre Simonard, inspecteur des octrois de Lyon, ami du marié. Retenons ce nom, Simonard : ce contemporain de Jean Bernard jouera un rôle capital dans la vie de celui-ci.

*
* *

Comment nous représenter ce couple ?

Mme Lenormant dépeint M. Bernard brièvement : «C'était, nous dit-elle, un homme d'un esprit peu étendu, d'un caractère doux et faible et d'une figure extrêmement belle, régulière et noble. Il mourut en 1828, âgé de quatre-vingts ans et conservait encore dans cet âge avancé toute la beauté de ses traits.»

---

1. Contrat reçu par Me Baroud, Archives départementales du Rhône, 3 E 2661

Sur Mme Bernard, qu'elle n'a pu connaître, Mme Lenormant est plus prolixe : « Mme Bernard fut singulièrement jolie. Blonde, sa fraîcheur était éclatante, sa physionomie fort animée. Elle était faite à ravir et attachait le plus haut prix aux agréments extérieurs, tant pour elle-même que pour sa fille. » Elle ajoute : « Elle avait l'esprit vif et entendait bien les affaires [...] aussi gouverna-t-elle très heureusement et accrut-elle sa fortune [1]. »

Comprenons que Mme Bernard n'avait aucun mal à dominer son mari, qui ne brillait ni par l'intelligence ni par la force de son caractère. En revanche, cette citadine pleine d'aisance et de vivacité est ce qu'on pourrait appeler « une femme entendue » : elle semble sortir d'une pièce de Beaumarchais. C'est une coquette ayant une tête et sachant s'en servir. Rien d'étonnant à ce qu'elle ait subjugué son petit monde et mené la barque familiale. Juliette lui sera passionnément attachée.

Il y a plus : lorsqu'elle évoque le précoce et singulier mariage de sa tante, Mme Lenormant souligne que celle-ci « n'éprouva jamais les amertumes d'une situation faussée » (entendez qu'elle fit bien de ne pas prendre d'amant) et que la position particulière dans laquelle elle se trouvait « lui fut une sauvegarde contre des périls auxquels d'autres antécédents l'auraient certainement fait succomber ». Elle pensait sûrement à la ravissante Mme Bernard.

M. Bernard, nous l'avons compris, ne pouvait être un obstacle en rien. Son existence sera entièrement liée à celle de son ami de jeunesse, Pierre Simonard : ils se marieront en même temps, élèveront leurs enfants ensemble, s'installeront sous le même toit à Paris et ne se sépareront plus jusqu'à leurs morts respectives, survenues sous la Restauration. Nous verrons que Mme Bernard les associera dans son testament, reconnaissant officiellement cette indéfectible liaison, dont on peut se demander si elle fut un cas d'homosexualité rentrée ou l'une de ces associations inespérées de la nature, car les deux inséparables ont trouvé très tôt, semble-t-il, leur équilibre et leur *modus vivendi*.

À quoi ressemblait ce M. Simonard qui dès sa prime enfance fit partie du paysage affectif de Juliette ? Une fois encore, force nous est de nous reporter à Mme Lenormant :

« Épicurien très aimable, nous dit-elle, et disciple de cette philosophie sensualiste qui avait si fort corrompu le XVIIIe siècle, Voltaire était son idole, et les ouvrages de cet écrivain sa lecture favorite. D'ailleurs, aristocrate et royaliste ardent, homme plein de délicatesse et d'honneur. Dans l'association avec le père de Juliette, M. Simonard était à la fois l'intelligence et le despote ; M Bernard de temps en temps se révoltait contre la domination du tyran dont l'amitié et la société étaient devenues indispensables à son existence ; puis, après quelques jours de bouderie, il reprenait le joug, et

---

1. *Souvenirs et correspondance, tirés des papiers de Mme Récamier*, Paris, Michel Lévy Frères, 1859, t. 1, p. 1.

son ami l'empire, à la grande satisfaction de tous deux…» Voilà ce qu'on appelle une relation passionnelle !

Un autre bon vivant fait partie de l'entourage du jeune couple, complétant un quatuor, un ménage à quatre, très soudé : Jacques-Rose Récamier.

Il appartenait à une famille puissante et respectée, originaire de Bugey, qui, rappelons-le, fut rattaché à la France en 1601. Le fondateur de la dynastie, Amied (ou Amédée) Gelloux dit Récamier apparaît à la fin du XVᵉ siècle. Ce nom viendrait, selon la tradition familiale, de la devise latine *RECtus AMIcus ERis* (tu seras un ami loyal). Plus simplement, le dictionnaire étymologique donne «récamier = brodeur», du verbe récamer, broder. Les armoiries portent «d'argent au chevron de gueules accompagnées de trois étoiles de même, deux et une ; au chef de sable chargé d'un croissant d'argent».

Au XVIIᵉ siècle, Claude-Antoine Récamier, l'un des fondateurs du collège de Belley (où étudiera Lamartine), notaire royal, juge-châtelain de Rochefort, engendre deux fils dont sont issues les deux branches principales de la famille : la branche Claude Récamier qui comptera notamment Claudine, dite «la belle Aurore», mère de Brillat-Savarin, le célèbre gastronome, ainsi que le docteur Récamier qui dirigera pendant quarante ans un service à l'Hôtel-Dieu de Paris, et la branche Anthelme, à partir d'Anthelme Iᵉʳ Récamier (1663-1725), chirurgien à Belley et possesseur du domaine de Cressin. Il aura deux fils, Anthelme II, qui sera chirurgien à Belley comme son père, et François, le cadet, qui nous intéresse parce qu'il est le père de Jacques-Rose.

François Récamier (1709-1782) marié à Émerancienne (ou Émeraude) Delaroche (d'une famille d'imprimeurs lyonnais) eut neuf enfants, dont trois fils, Jacques-Rose étant le troisième.

Né le 9 mars 1751 à Lyon, baptisé en l'église Saint-Nizier, il entre tôt dans l'entreprise paternelle. Car François avait, en effet, la bosse des affaires, et sans perdre jamais son attachement au domaine de Cressin, il s'établit à Lyon, créant une maison de chapellerie qui prospéra et devint importante, commerçant avec l'étranger, notamment la péninsule Ibérique et l'Italie.

Jacques-Rose commence par voyager pour le compte de la maison Récamier et, à ce titre, il séjourne souvent en Espagne, pays qu'il connaît bien et dont il parle la langue. Sa correspondance commerciale passe pour un modèle du genre. Il est bon latiniste, cite Horace et Virgile, «cause très bien, narre supérieurement […], il a l'imagination vive, la repartie heureuse, de la gaieté et un ensemble qui le font aimer de ceux qui le connaissent. La bienveillance qu'il inspire a toujours fait son bonheur», nous dit l'une de ses sœurs, Marie-Antoinette Récamier.

Cet incurable optimiste est aussi un très bel homme «blond grand, vigoureusement constitué», selon Mme Lenormant qui, perfide, ajoute : «Malheureusement, il avait de mauvaises mœurs», ce qui, en clair, signifie qu'il fut un joyeux célibataire, qui, marié sur le tard, continua d'entretenir des demoiselles de l'Opéra... La sœur explique plus joliment que «son cœur naturellement sensible avait éprouvé des sentiments assez vifs, mais peu durables pour plus d'une belle[1]». Cela dit, comme il va devenir un chef de clan richissime et un inépuisable protecteur pour elle, la famille fermera les yeux sur le chapitre des mœurs...

Volage, enjoué et entreprenant, M. Récamier est et demeurera un homme de sa génération, la dernière qui, au XVIIIe siècle, aura librement usé et abusé de la fameuse «douceur de vivre».

Récamier, on l'imagine sans peine, séduit Mme Bernard. Il écrira quinze ans plus tard, dans une lettre à sa famille annonçant son mariage – lettre sur laquelle nous reviendrons : «On pourra dire que mes sentiments pour la fille tiennent à ceux que j'ai eus pour la mère.» Sentiments qu'il qualifie prudemment «d'un peu vifs, peut-être». La litote entend déjouer par avance les objections lyonnaises à son mariage inattendu : car tout le monde devait être au courant de sa liaison avec Mme Bernard et l'effort qu'il fait pour en atténuer le souvenir ne réussit, au contraire, qu'à l'accentuer.

Rien de bien étonnant à cette mutuelle inclination, dans un milieu où commencait à s'installer une plus grande permissivité. Les formes étaient respectées, comme il était d'usage, en cela comme en tout, l'aristocratie donnant l'exemple, mais personne n'était dupe. Que ces deux jeunes gens – ils ont moins de vingt-cinq ans – brillants, beaux et non dénués d'arrivisme se soient entendus, c'est évident. Récamier a aimé Mme Bernard, il le reconnaît. Mme Bernard avait-elle un cœur? C'est une autre question...

Dans ces conditions, il est parfaitement envisageable que Juliette ait été la fille de Récamier. Pour l'instant, cela ne fait pas problème.

Ajoutons que lorsque Mme Bernard aura prématurément disparu, Bernard, Simonard et Récamier resteront intimement liés, continuant de partager le même ménage ou, si l'on préfère, la même organisation domestique. À tel point, que le narquois Brillat-Savarin ne les évoquera jamais que réunis sous l'appellation générique de «pères nobles»!

La petite Juliette grandit tranquillement rue de la Cage, jusqu'au jour où survient un bouleversement dans la vie familiale : en 1786 (et non 1784, comme l'écrivent par erreur Mme Lenormant et Herriot), tous les membres du quatuor vont s'établir à Paris. Que s'est-il passé?

M. Bernard, le doux, l'inoffensif M. Bernard, bien établi dans son étude lyonnaise, vient d'être nommé receveur des Finances de la

---

1. Extrait d'un manuscrit inédit de Marie-Antoinette Récamier (1754-1823) sur «Jacques-Rose Récamier le banquier et sa femme», écrit en 1813 ou 1814. (Manuscrits B.N. Fonds Récamier, NAF 14088.)

capitale. Grosse promotion! Due à Calonne. «J'ignore, nous dit Mme Lenormant, la circonstance qui mit en relation M. Bernard avec M. de Calonne.» Peut-être veut-elle l'ignorer.

Alexandre de Calonne était alors contrôleur général, c'est-à-dire ministre des Finances du royaume. Il le sera jusqu'à l'année suivante. Meilleur courtisan que financier, il se refusa à appliquer un plan de rigueur qui hérissait la cour et pratiqua un équilibrisme suicidaire qui retarda la faillite de l'État, si elle ne l'empêcha pas. Il finit par convoquer l'Assemblée des notables, en 1787, et dut avouer le désastre des finances publiques : un déficit de 115 millions, ce qui entraîna sa disgrâce. Il passera en Angleterre où il mourra en 1802, après avoir servi d'intermédiaire entre certains émigrés et les cours étrangères.

«M. de Calonne avait l'esprit facile et brillant, l'intelligence fine et prompte», écrit Talleyrand dans ses *Mémoires*. C'est lui qui disait à Marie-Antoinette : «Si ce que la reine désire est possible, c'est fait; si c'est impossible, cela se fera!» Avec un tel homme, la mère de Juliette pouvait s'entendre, car c'est elle, bien sûr, qui prit l'initiative. Entra-t-elle en contact avec le ministre, comme le suggère le duc de Castries, par l'entremise du maréchal de Castries, alors gouverneur de Lyon et du Lyonnais, qui avait été un collègue de Calonne au ministère? C'est possible.

Autre version que signale Herriot, se référant à certains souvenirs d'Étienne-Jean Delécluze, publiés dans la revue *Rétrospective*. Nous avons retrouvé ce récit d'une soirée de 1824, passée chez les Pomaret, et où il fut question de Juliette qu'ici Delécluze appelle Louise :

> M. de Pomaret a, alors, pris la parole et nous a donné des détails assez curieux sur Mme Bernard, mère de Louise : M. Bernard, son mari, étoit dans le commerce, à Lyon, et se trouvoit engagé dans de mauvaises affaires, ce qui avoit fait prendre des mesures, à Paris, pour le faire arrêter à Lyon. Baron (le père, que j'ai bien connu) avertit Bernard, à Lyon, et engagea la femme à venir à Paris, pour arranger les affaires de son mari, ce qu'elle fit fort bien, à ce qu'il paraît. C'étoit une femme plus belle, dit-on, que sa fille, qui avoit un esprit de conduite extraordinaire. Sa réputation n'étoit pas sans tache, et elle ne passoit pas pour bonne. Mme et M. de Pomaret m'ont répété ce que j'ai déjà entendu dire : que Mme Bernard avoit élevé sa fille dans l'idée de lui faire jouer un grand rôle[1].

Même s'il est sans bienveillance, le portrait de Mme Bernard coïncide avec ce que nous savons déjà. Ajoutons que, jusqu'en août 1786, M. Bernard resta en fonction à Lyon. Il fut remplacé le 1er septembre par Me Claude Voron[2].

---

1. E.-J. Delécluze, revue *Rétrospective* : «souvenirs», publiés à partir de 1888-IX, 2, pp. 13 à 18.
2. Archives départementales du Rhône, B. Sénéchaussée, de Lyon. Ordre public.

En ce qui concerne Jacques-Rose Récamier, le témoignage de sa sœur Marie-Antoinette confirme cette date : «Jacques fut à Paris en 1786, écrit-elle, pour les intérêts de Mlle Sophie [nous ignorons qui est Mlle Sophie] qui prétendait se faire reconnaître pour la fille de la marquise de La Ferté [...]. Il y fit quelques affaires assez avantageuses pour le déterminer à se fixer à Paris.»

Simonard, qui semble-t-il est déjà veuf, et son fils, qui avait le même âge que Juliette, suivirent et s'installèrent avec les Bernard dans un hôtel particulier situé au 13 de la rue des Saints-Pères. Récamier, quant à lui, vécut dès lors rue du Mail.

*
* *

Et Juliette, pendant ce temps, où est-elle ?

Elle rejoindra ses parents aux alentours de 1788. En attendant, elle passe d'abord quelques mois à Villefranche-sur-Saône, chez une tante maternelle, Jacqueline Matton, mariée à Louis-Mathieu Blachette des Arnas, non loin de la Platière, où réside un ménage qui fera parler de lui : Manon Roland et son mari.

Nous ne savons à peu près rien de ce séjour, si ce n'est que Juliette connut alors sa cousine germaine, Adèle, future baronne de Dalmassy et châtelaine de Richecourt. Bien que sa cadette de quatre ans, Juliette s'institue la protectrice de cette cousine-sœur, qu'elle aima beaucoup et qui mourra précocement dans ses bras en 1818.

Petite fable familiale : selon Mme Lenormant, Juliette séduisit un jeune voisin du nom de Renaud Humblot. «Les riantes et gracieuses impressions de l'enfance embellissaient pour elle et avaient gravé dans sa mémoire, d'une manière tout à fait aimable, ce premier de ses innombrables adorateurs...» Ayons une pensée, s'il a existé, pour le petit Humblot qui, candidement, préfigure les Benjamin Constant et les Chateaubriand !

On fit ensuite revenir Juliette à Lyon, pour la mettre au couvent de la Déserte, alors aux mains des Bénédictines. On aurait pu penser que Mme Bernard, désireuse du nec plus ultra pour sa fille, aurait préféré les Ursulines, qui en matière d'éducation féminine représentaient, comme les Jésuites pour les garçons, le haut de gamme. Mais il se trouvait qu'une de ses sœurs, Marguerite Matton, était religieuse à la Déserte.

La Déserte était située sur l'emplacement de ce qui fut depuis le Jardin des Plantes de Lyon et qui, actuellement, est transformé en square. Des pentes de la colline de la Croix-Rousse, on dominait la Saône. La vie y était, pour les quelques pensionnaires, fort douce. De ce séjour, dont nous ne connaissons pas la durée exacte, Juliette garda, au dire général, un souvenir «ineffaçable». Elle lui dédia une page ravissante que Chateaubriand a utilisée en partie, dans les *Mémoires d'outre-tombe,* et qu'il présente ainsi :

[...] La fête de l'abbesse était la fête principale de la communauté ; la plus belle des pensionnaires faisait le compliment d'usage : sa parure était ajustée, sa chevelure nattée, sa tête voilée et couronnée des mains de ses compagnes ; et tout cela en silence, car l'heure du lever était une de celles qu'on appelait du *grand silence* dans les monastères. Il va de suite que *Juliette* avait les honneurs de la journée.

Son père et sa mère s'étant établis à Paris, rappelèrent leur enfant auprès d'eux. Sur des brouillons écrits par Mme Récamier je recueille cette note :

« La veille du jour où ma tante devait venir me chercher je fus conduite dans la chambre de Madame l'Abbesse pour recevoir sa bénédiction. Le lendemain, baignée de larmes, je venais de franchir la porte que je ne me souvenais pas d'avoir vu s'ouvrir pour me laisser entrer, je me trouvai dans une voiture avec ma tante, et nous partîmes pour Paris.

« Je quitte à regret une époque si calme et si pure pour entrer dans celle des agitations. Elle me revient quelquefois comme dans un vague et doux rêve avec ses nuages d'encens, ses cérémonies infinies, ses processions dans les jardins, ses chants et ses fleurs [1]. »

Sur cette note charmante se clôt la prime enfance de Juliette. À onze ans, elle a bénéficié de ce qui importe le plus, nous dit-on, au début de la vie : la chaleur, la sécurité, la satiété. Les années lyonnaises lui ont donné une assiette définitive.

Quelle différence avec l'enfance sauvageonne, un peu délurée, du petit Chateaubriand qui courait la grève de Saint-Malo, en compagnie de son ami Gesril, se faisant à l'occasion écharper par des mousses qui passaient par là et que les deux garnements attaquaient au cri de « À l'eau, canards ! ».

Rien à voir, non plus avec Benjamin Constant, qui, lui, n'eut pas d'enfance et fut ballotté à travers l'Europe, livré à des précepteurs plus ou moins débauchés. A onze ans, il a le détachement glacé d'un petit Valmont lorsqu'il écrit à sa grand-mère : « Je vois, j'écoute et jusqu'à présent je n'envie pas les plaisirs du grand monde. Ils ont tous l'air de ne pas s'aimer beaucoup. Cependant, le jeu et l'or que je vois rouler me cause quelque émotion ; je voudrais en gagner pour mille besoins que l'on traite de fantaisies... » Il n'a pas douze ans, mais on le trouve déjà tout entier dans ces quelques mots.

Et que dire de Mme de Staël ! « Née célèbre », selon la jolie formule de G. de Diesbach, petite fille « surdouée », programmée par sa mère, la rigide Mme Necker, enfant unique (trait typique de la bourgeoisie riche qui, à la différence de l'aristocratie, n'a pas le souci de la survie de la caste et ne se croit pas obligée de proliférer), Louise grandit dans le salon de ses parents, en compagnie de Diderot, d'Alembert et Buffon, assise très droite sur son petit tabouret, telle que l'a représentée Carmontelle, écoutant de tout son être les dissertations de la brillante assemblée... Rien de très naturel dans l'édu-

1. *M.O.T*, 3ᵉ partie, 2ᵉ ép., livre septième, 3, pp. 311-312 (Édition du centenaire, Flammarion).

cation de Mme Necker, qui faillira. Exaspérée par cette roideur et cette vertu systématiques, sa fille se tournera vers le plus grand des hommes, du moins à ses yeux, son père, dont elle prendra des leçons de gloire, en quelque sorte. Bravant les conventions, débridant une nature pétulante à l'excès et non exempte d'angoisse, elle s'orientera, seule, confiante en son « génie », vers les trois pôles de son existence : l'amour, la littérature et la politique.

Les dix premières années de Juliette coïncident avec les dix dernières d'une société, d'un ensemble de valeurs, d'une civilisation : l'Ancien Régime. Ce monde va s'effondrer et, sans le savoir, ses protagonistes courent allégrement vers le gouffre. C'est de Paris, où elle vivra désormais le reste de ses jours, que Juliette assistera au terrible spectacle.

L'éducation parisienne

Le Paris que découvre la petite Juliette, s'il ne bénéficie pas du site exceptionnel de la capitale des Gaules, offre les plus belles perspectives du monde, un urbanisme élégant et d'une particulière vitalité. La ville ressemble à un chantier permanent.

On érige le mur des fermiers généraux, ce qui excite la verve proverbiale des Parisiens. « Le mur murant Paris rend Paris murmurant », dit-on. L'architecture des « bureaux » et des « barrières » de Ledoux se trouve aussi discutée que le sera, de nos jours, celle du Centre Beaubourg… On démolit les maisons du Pont-au-Change et celles du pont Notre-Dame, la mode étant aux « ponts découverts », comme par exemple le nouveau pont Louis-XVI qui réunit la place Louis-XV (place de la Concorde) au Palais-Bourbon, facilitant la communication entre le faubourg Saint-Honoré et le faubourg Saint-Germain, qui tous deux regorgent de nouveaux hôtels, celui de Salm (le palais de la Légion d'honneur) étant le plus spectaculaire.

On construit de nouveaux quartiers, la Chaussée-d'Antin, réservée à la haute finance, et le faubourg du Roule, sur l'ancienne pépinière royale. Deux bâtiments neufs abritent depuis peu le Théâtre-Italien et le Théâtre-Français (sur l'emplacement du théâtre de l'Odéon). On vient d'ajouter une tour au clocher de l'église Saint-Sulpice, et tous les étrangers visitent la grandiose église de Soufflot, à laquelle il a travaillé jusqu'à sa mort, survenue en 1780, et qu'on achève peu à peu : considérée comme un chef-d'œuvre, cette église Sainte-Geneviève aura une vocation conforme à sa lourdeur et à son académisme, elle deviendra la nécropole nationale, le Panthéon.

*
* *

Les parents de Juliette sont élégamment installés dans un hôtel de la rive gauche, situé rue des Saints-Pères, entre la Seine et la rue Jacob, à côté de l'hôtel de Chabanne.

Le train de la maison est plus que confortable : équipage (capital, à une époque où marcher dans les rues de Paris représentait un véritable sport!), loge au Théâtre-Français, ce qui signifie tenir un mini-salon public plusieurs fois par semaine, suivi des traditionnels soupers chez soi, et réceptions brillantes à domicile.

Mme Bernard est très à son aise dans ce milieu de financiers et de gens d'esprit qu'elle regroupe autour d'elle. La vie de Paris, plus opulente et plus animée que celle qu'elle menait à Lyon, l'épanouit. Elle se trouve alors dans la plénitude de son charme et de sa beauté. Les Lyonnais présents dans la capitale peuvent le constater, car elle les reçoit, comme c'est naturel à une époque où la clarté des appartenances commande une grande solidarité entre les membres originaires d'une même province. Province que l'on sent peu d'ailleurs, même si la solidité des goûts et des attaches la trahissent parfois. Épris de nouveauté, écartant les excès, royalistes mais modérés – ils le resteront – les Bernard donnent le change s'il le faut, en sachant colorer leur accueil de brio et de vivacité, en prêtant à leur salon un ton à la parisienne.

Récamier est, bien entendu, un assidu de la rue des Saints-Pères. Son frère Laurent et son beau-frère Delphin dirigent, depuis la mort de François Récamier, la maison lyonnaise qui, semble-t-il, pratique aussi la banque. Jacques-Rose, «négociant associé», établit les assises de sa future réussite. Édouard Lemontey qui sera bientôt député à l'Assemblée législative, et Camille Jordan, un grand libéral avant la lettre, sont, avec Joseph-Marie de Gérando, philosophe et juriste, également lyonnais, des fidèles de la maison. Nous les retrouverons, passées les vicissitudes de la Révolution, réunis de nouveau auprès de Juliette.

Parmi les jeunes gens qui gravitent autour de Mme Bernard, il y a un inconnu sur lequel nous nous arrêterons un instant : il est grand, alluré. On remarque son urbanité que relèvent une prestesse et une éloquence naturelle inimitables. Il a de l'esprit et sait tourner son madrigal comme personne. Littéraire, protestant et maçon, ce Bigourdan est bienvenu dans un salon ouvert aux idées nouvelles, où la mode intellectuelle peut parfois tenir lieu de pensée. Toute sa vie, il conservera ces manières gracieuses. Victor Hugo l'évoquera dans *Choses vues*, vieux monsieur délicieux de quatre-vingt-cinq ans dont «avant de savoir le nom les femmes disaient : Quel charmant vieillard! Quand elles le savaient, elles disaient : le Monstre! »… Eh oui, «le Monstre», «l'Anacréon de la guillotine», plus communément «la Hyène», celui qui décréta «la Terreur à l'ordre du jour», c'est Barère, le charmant Barère, qui n'est encore, pour l'heure, que Bertrand Barère de Vieuzac, natif de Tarbes et brillant sujet, de passage dans la capitale.

Une célébrité trône dans le salon des Bernard : La Harpe. Ce pittoresque auteur de tragédies qui n'ont jamais intéressé personne, né en 1739, avait été, dans sa jeunesse, le protégé de Voltaire. Celui-ci s'était donné un mal fou pour le pousser dans la carrière des lettres, pour le faire reconnaître et même pensionner. En retour, il en avait été payé d'ingratitude, et c'est peu dire : La Harpe avait volé, puis diffusé des manuscrits du philosophe, manuscrits à usage restreint et parfaitement compromettants. Ce qui avait valu à l'éphémère dauphin d'encourir les foudres du patriarche et d'être chassé avec fracas du royaume de Ferney... Vilaine histoire !

Ce Voltaire au petit pied, au moment où il apparaît rue des Saints-Pères, professe – la Révolution le fera changer d'avis – un athéisme virulent. Virulent, il l'est d'ailleurs, tout entier. Petit, laid, susceptible et hargneux, il est malmené par ses confrères et passe pour avoir le don de se brouiller avec tout ce qui parle. « Tranchant sur tout, rapportant tout à lui, éprouvant le même plaisir à dénigrer les autres qu'à se vanter lui-même [...], il était dogmatique et haineux [...], il venait pourtant nous lire ses tragédies qu'il admirait tout seul et tout haut... » La plume acérée de Mlle de Corancez, future épouse du conventionnel Cavaignac, dépeint ainsi La Harpe recu chez ses parents à cette même époque. Elle ajoute « qu'il portait pour se grandir des talons de trois pouces qu'il faisait craquer en marchant[1] »... Dernier trait mortel !

Le personnage est peu sympathique. Et pourtant les relations seront intimes et régulières avec l'entourage de Juliette. Les dialogues avec Simonard ne devaient pas manquer de flamme, le savoir-faire de la maîtresse de maison devait agir, ainsi que la grâce de sa fille non seulement La Harpe se laissera remarier, sous le Directoire, par l'entremise de Récamier, mais il prendra sous sa coupe la jolie enfant. Plus que le petit Humblot, le premier adorateur de Juliette fut ce roquet pontifiant qui aurait pu être son grand-père. L'Histoire nous réserve souvent de cruelles surprises !

Cependant Juliette grandit, Juliette s'amuse. Elle est gaie, d'un caractère aimable. De temps en temps, elle commet des sottises : par exemple, se faire promener, en brouette, sur la cime du mur mitoyen du jardin paternel par le petit Simonard... Ou encore aller marauder dans le jardin du voisin ses plus beaux raisins, toujours en compagnie de son chevalier servant. Un jour, les enfants se font prendre. Simonard junior, chevaleresque mais pas téméraire, s'éclipse comme il peut. Écoutons la suite, dans la version Lenormant :

> La pauvre Juliette, restée au sommet du mur, pâle et tremblante, ne savait que devenir. Sa ravissante figure eut bien vite désarmé le féroce propriétaire, qui ne s'était pas attendu à avoir affaire à une si belle créature en découvrant les maraudeurs de son raisin. Il se mit en devoir de rassurer et de consoler la jolie enfant, promit de ne rien dire aux parents et tint parole : cette aventure fit cesser toute promenade sur le mur.

---

1. *Mémoires d'une inconnue*, Paris, Plon, 1894, p. 66.

Un vrai Greuze ! Revu et corrigé toutefois par Mme de Genlis...
Le récit sent un peu l'arrangement et la morale est sauve... En tout
cas, *se non è vero è bene trovato* !

Un ami de la famille, le plus attentif peut-être à l'évolution de
Juliette, le plus attentionné aussi, constate : « Il y a en elle un germe
de vertus et de principes qu'on trouve rarement aussi développé dans
un âge aussi tendre, sensible, aimante, bienfaisante, bonne et chérie
de tous ses alentours et de tous ceux qui la connaissent. » Le texte est
signé Récamier.

Juliette étudie. En plus d'une bonne base classique, elle possé-
dera l'anglais et l'italien qu'elle aura l'occasion de pratiquer. Son
paysage culturel doit être plus ou moins celui de toute jeune fille de
son temps. Imaginons quelles pouvaient être ses lectures : au même
âge, Julie de Lespinasse a lu Montaigne, Racine, Voltaire, La
Fontaine, qu'elle sait par cœur, nous dit-on, elle connaît Shakespeare
pour l'avoir déchiffré dans le texte et aime « jusqu'à en être égarée »
Jean-Jacques. Nous doutons que chez les Bernard on se soit jamais
« égaré » pour les philosophes, mais on doit les connaître et les discuter. Au moins les dames ont-elles lu *Rêveries du promeneur solitaire* et *La Nouvelle Héloïse*.

On peut y ajouter Pétrarque, que Juliette essaiera de traduire,
plus tard, Dante et Métastase. Ainsi, bien sûr, que ces deux best-
sellers doublement séculaires : le *Roland furieux*, de l'Arioste, et la
Jérusalem délivrée, du Tasse. Probablement aussi, Mme de Sévigné,
quelques sermons de Bossuet, Fénelon et, comme à Combourg,
Ossian et le *Werther* de Goethe, pourquoi pas...

Mme Bernard doit être friande de romans à la mode, ces « livres
de boudoir » qu'aimait aussi la reine. Sainte-Beuve croit savoir qu'il
y a, à l'Enfer de la Bibliothèque nationale, un « livre d'heures » aux
armes de Marie-Antoinette qui, en fait, contient les romans de
Mme Riccoboni ! Rien n'empêche la mère de Juliette de lire ouvertement ce qui distrayait tout le monde et d'en parler à sa fille.

Paul et Virginie, par exemple, paru en 1786 et qui ravissait ses
lecteurs. Quoi de plus évocateur que cette pastorale exotique où des
enfances naturelles, écloses dans l'enchantement végétal, floral, cli-
matique de l'île Maurice, s'éveillent à la vie, à l'amour, à la
conscience morale. Une fois le paradis perdu, c'est l'apprentissage
de la rupture, du malheur, de la perfidie sociale. Juliette a pu faire
sienne cette maxime de la pudique Virginie : « On ne fait son bonheur qu'en s'occupant de celui des autres. »

La littérature fera partie de la vie de Juliette à plusieurs titres :
elle constituera pour elle une culture vivante, un aliment à sa vie
personnelle. Nous la verrons rendre hommage aux poètes disparus,
mais aussi et surtout s'entourer des contemporains. Elle se révélera
une active découvreuse de talents. Indépendamment de sa vie
trente ans vouée à Chateaubriand, elle verra éclore la jeune pépinière romantique, stimulera et encouragera cette génération nouvelle.

Juliette est très douée pour la musique. Elle l'étudie facilement et aura toute sa vie, nous le savons, une remarquable mémoire musicale. Elle maîtrise le piano, la harpe et travaille son chant, qu'elle perfectionnera avec Boieldieu, gloire montante, qui fut plus un répétiteur qu'un professeur, n'ayant que deux ans de plus qu'elle. Son opéra, *La Dame blanche*, sera-t-il une réminiscence de ces rencontres avec Juliette ?

Comme les lettres, la musique occupera une place de choix dans son existence. Accompagnement nécessaire et privilégié de ses états d'âme, la musique commandera et animera chez elle l'émotion. Nous la verrons vibrer au *Miserere* d'Allegri, à Rome, accueillir Liszt à l'Abbaye-aux-Bois et effectuer une de ses dernières sorties pour aller écouter Berlioz... La musique sera pour Juliette Récamier, plus que les autres arts, la ponctuation de sa vie intérieure.

Pour ce qui concerne le dessin et l'aquarelle, Juliette travaille auprès d'un maître célèbre, Hubert Robert. Né en 1733, ce Parisien avait fait une partie de sa carrière à Rome où il avait suivi le comte de Stainville, depuis duc de Choiseul, à l'ambassade de France. Ami de Fragonard, il était entré, à son retour en France, à l'Académie royale et, depuis 1778, il est conservateur des peintures au récent Muséum. Il mourra à Paris en 1808. La jeune fille disposait, paraît-il, d'un petit atelier à côté du sien.

Dans une lettre à sa famille, Jacques-Rose Récamier constate que l'éducation de Juliette « a été très soignée, bien plus dirigée vers les choses solides que celles du pur agrément qui, cependant, n'ont pas été négligées ».

Parmi les arts d'agréments qu'elle souhaitait qu'on inculquât à sa fille, Mme Bernard englobait l'apprentissage mondain, à commencer par l'art – très parisien – d'être belle et de plaire :

> Mme Bernard aimait passionnément sa fille, elle était orgueilleuse de la beauté qu'elle annonçait : ayant le goût de la parure pour son propre compte, elle n'y attachait pas moins d'importance pour sa fille et la parait avec une extrême complaisance. La pauvre Juliette se désespérait des longues heures qu'on lui faisait employer à sa toilette, chaque fois que sa mère l'emmenait au spectacle ou dans le monde, occasions que Mme Bernard, dans sa vanité maternelle, multipliait autant qu'elle le pouvait.

On l'aura compris, Mme Lenormant détestait la frivolité – et ce qui en découle. Nous ignorons si, réellement, Juliette se morfondait en attendant qu'on eût fini de l'habiller ! Nous pensons qu'elle devait, au contraire, adorer cela. C'était de son âge, elle avait sous les yeux l'exemple d'une « jolie femme », sa mère, et probablement une prédisposition naturelle pour l'élégance. Elle sera même passablement narcissique dans sa première jeunesse, jusqu'à ce qu'une épuration du goût apparaisse chez elle, comme l'émanation d'une exigence personnelle. Pour le moment, elle est une fillette « bon chic bon genre », probablement heureuse de l'être.

On l'emmène à Versailles assister à l'un des derniers (mais elle l'ignore) spectacles de la monarchie, ordonné selon un cérémonial traditionnel et compliqué : ce qu'on appelait *le grand couvert*. On sait que certains jours, le dimanche en principe, le public était admis autour de la famille royale attablée. Mme Lenormant nous dit que les souverains, séduits par la beauté de l'enfant (ce doit être dans les premiers mois de 1789), la firent approcher pour la mesurer avec Madame Royale, leur fille. «Juliette fut trouvée un peu plus grande.»

Il est évident que si Chateaubriand avait eu vent d'une semblable anecdote, il s'en serait servi et en aurait tiré, dans les *Mémoires d'outre-tombe*, l'effet qu'on imagine... Avoir approché Louis XVI et les siens prenait sous la Restauration un relief considérable. Chateaubriand nous a allégrement conté sa «présentation», suivie de la «Journée des carrosses», cette chasse mouvementée qu'il suivit en février 1787. La baronne de Staël a été «présentée», elle aussi, peu après son mariage, et Dieu sait que nous n'ignorons rien des détails piquants de la scène : la traîne de la robe qui se déchire, la gêne de l'intéressée, la bienveillance du roi, plus Saxon que Bourbon ce jour-là, qui lui dit gentiment : «Si vous ne vous sentez pas à votre aise parmi nous, vous ne le serez nulle part!» À notre avis, Juliette à Versailles, oui. Mesurée avec Madame Royale, douteux.

Ne nous étonnons point de ce que Mme Lenormant nous dise que «l'éducation de Juliette se faisait chez sa mère qui la surveillait avec soin». En cette fin de XVIIIᵉ siècle, en effet, apparaît une notion nouvelle, très moderne, celle de la famille au sens restreint du terme : les parents et leurs enfants. On commence à s'intéresser à l'enfant en tant que tel. Il n'est plus un élément indistinct de la tribu, qui doit d'abord prouver sa viabilité avant qu'on ne le prenne en considération. Il continue cependant à être intégré d'office au monde adulte. Il est mûr tres tôt, sans adolescence, ce passage qui, aujourd'hui, n'en finit pas de durer et dont notre société a fait un véritable mythe.

Fille unique et très entourée, Juliette est un cas particulier, mais aussi un modèle de réussite au regard de cette nouveauté : l'enfant, produit et reflet de sa famille.

Débuts révolutionnaires

Comment Juliette vit-elle la Révolution? Nous l'ignorons. Les sources familiales sont plus que discrètes sur ce chapitre. En gros, on peut dire que les Bernard-Simonard-Récamier, sortis indemnes de la tourmente, représentent les Parisiens moyens, qui ont eu peur mais ont réussi, nous verrons comment, à passer de justesse entre les mailles du filet terroriste.

Essayons tout de même de nous représenter ce que furent, aux yeux d'une enfant qui n'a pas douze ans au 14 juillet 1789, les différentes étapes, les paliers successifs de ce bouleversement général, non comme une dramaturgie continue, reconstituée après coup par les visionnaires – et souvent les idéologues – de l'Histoire, mais comme, au contraire, une suite de faits plus ou moins marquants dont il était difficile, à chaud, de comprendre toujours le sens et la portée.

La fermentation des esprits et l'évolution des idées tout au long du siècle avaient préparé les Parisiens à accueillir avec enthousiasme l'écroulement de ce lourd symbole féodal : la Bastille. De même qu'ils furent favorables à l'introduction soudaine du parlementarisme dans la vie politique : depuis longtemps la bourgeoisie éclairée considérait la monarchie représentative, la monarchie à l'anglaise, comme une évolution souhaitable.

Il est à parier que chez les Bernard on dut applaudir à la prise de la forteresse, qui réveillait la Cour (généralement détestée) et mettait un terme qu'on croyait définitif à l'absolutisme, ce crime contre l'esprit.

Le 13 août suivant, la ville entière se rue pour assister à un formidable spectacle, celui de la démolition de la prison, de son effondrement provoqué, ce que Chateaubriand, qui s'y trouve, appelle « l'autopsie de la Bastille » :

> Des cafés provisoires s'établirent sous des tentes ; on s'y pressait, comme à la foire Saint-Germain ou à Longchamp ; de nombreuses voitures défilaient ou s'arrêtaient au pied des tours, dont on précipitait les pierres parmi des tourbillons de poussière. Des femmes élégamment parées, des jeunes gens à la mode, placés sur différents degrés des décombres gothiques, se mêlaient aux ouvriers demi-nus qui démolissaient les murs, aux acclamations de la foule. À ce rendez-vous se rencontraient les orateurs les plus fameux, les gens de lettres les plus connus, les peintres les plus célèbres, les acteurs et les actrices les plus renommés, les danseuses les plus en vogue, les étrangers les plus illustres, les seigneurs de la cour et les ambassadeurs de l'Europe : la vieille France était venue là pour finir, la nouvelle pour commencer[1].

Ce Niagara de pierre, dans la lumière estivale, devait être impressionnant. La princesse Adélaïde d'Orléans et ses frères sont menés par leur « gouverneur », Mme de Genlis, sur la terrasse voisine de Beaumarchais et n'en perdent pas une miette. Les ouvriers, paraît-il, les reconduisirent « en triomphe jusqu'à leur voiture ».

Et la petite Bernard, y était-elle, gracieuse enfant en robe de mousseline blanche ceinturée de bleu – une harmonie qui aura toujours sa prédilection – les cheveux libres, comme c'était l'usage, et poudrés de poussière ? Côtoya-t-elle un instant, parmi la foule animée, le jeune chevalier de Chateaubriand, anonyme comme elle, comme elle fasciné par la puissance des grondements du monstre

---

1. *M.O.T.* Iʳᵉ partie, livre cinquième, 8.

architectural qu'on abat, par la beauté barbare d'une scène de cata-
clysme, comme les romantiques n'en inventeront pas ? L'idée,
avouons-le, n'en serait pas déplaisante...

*
* *

Dans l'entourage des Bernard, la vie quotidienne ne dut pas
changer beaucoup pendant les deux années qui suivirent. Si elles
furent accueillies avec euphorie par les Parisiens, les réformes premières n'ont pas toujours été appréciées avec justesse. Ce commencement, ils l'ont tous pris pour un aboutissement. Faire s'effondrer
comme un château de cartes le carcan croulant de la féodalité ne
représentait, pourtant, qu'un début...

On dut approuver, rue des Saints-Pères, les travaux de la
Constituante : abolition des privilèges, proclamation de la souverai-
neté nationale, séparation des pouvoirs, instauration des actes de
l'état civil, découpage du royaume en départements. La constitution
civile du clergé n'était pas prise au tragique et Juliette fera sa première communion, au printemps 1791, en l'église Saint-Pierre de
Chaillot. Dans l'ensemble, on devait être ravi de n'être plus des
«sujets» mais des «citoyens», auxquels la Déclaration assignait
droits et rôles nouveaux.

On adorait la liberté, on jouait au whist[1], on se préparait à
assister à ces périodiques et grandioses cérémonies qui réjouis-
saient les habitants de la capitale, toutes classes confondues. Dans
une lettre à son ami Rosenstein, Mme de Staël écrit : «Le peuple,
au reste, ne saisit pas ces nuances, et du matin au soir ce sont *des
danses, des illuminations, des fêtes*. Enfin, il se croit heureux... »
Ailleurs, elle a raconté la «Journée des brouettes», cette fête de la
Fédération, anniversaire de la prise de la Bastille, pour laquelle, les
terrassiers ayant fait défaut, les Parisiens, dans un élan civique
général, relevèrent leurs manches et, charriant la terre à qui mieux
mieux, aménagèrent eux-mêmes l'amphithéâtre du Champ-de-
Mars.

Talleyrand, évêque d'Autun, devait être la vedette de ce grand
jour : la pluie battante ne refroidit pas les centaines de milliers de
personnes rassemblées en signe de concorde nationale, attentives et
enthousiastes : «Ce fut un très grand moment, un très extraordinaire
acte de foi dans cette patrie menacée, en pleine métamorphose, et
que son peuple voulait passionnément sauver. La démonstration fut
étourdissante : les Français aimaient la France. Au sommet de la
pyramide, point de mire de la nation entière, allait se tenir devant
l'autel M. l'évêque d'Autun, face au ciel, face au roi, face à la
patrie : il dirait la messe de l'union, de la fraternité, de la paix et de

---

1 Dans ses *Souvenirs sur Mirabeau*, 1869, une amie d'Émilie de Sartines,
Armandine Rolland, raconte qu'elle rencontra, au couvent du Précieux-Sang où elle
logeait, les Bernard jouant au whist chez une amie commune.

la liberté.» Son biographe n'est pas plus dupe que Talleyrand lui-même, de ces «simagrées»[1]. La foule, elle, délira.

Les réjouissances durèrent plusieurs jours. Les spectateurs dansèrent autour d'un obélisque illuminé «au milieu des plantations élyséennes», des pères de famille entourés de leurs enfants, des amants, des époux, de joyeux amis se livraient avec abandon à ce ravissant mélange de sensations vives et de sentiments doux», nous dit l'historiographe des *Tableaux historiques de la Révolution française*[2].

Chateaubriand n'était pas là. Mais Juliette, elle...?

Il y avait alors dans l'air de la capitale une recrudescence de vie, comme souvent pendant les périodes de troubles, que l'auteur des *Mémoires d'outre-tombe* dépeint aussi :

> Dans tous les coins de Paris, il y avait des réunions littéraires, des sociétés politiques et des spectacles; les renommées futures erraient dans la foule sans être connues, comme les âmes au bord du Léthé avant d'avoir joui de la lumière. J'ai vu le maréchal Gouvion-Saint-Cyr remplir un rôle, sur le théâtre du Marais, dans *La Mère coupable* de Beaumarchais. On se transportait du club des Feuillants au club des Jacobins, des bals et des maisons de jeu aux groupes du Palais-Royal, de la tribune de l'Assemblée nationale à la tribune en plein vent. Passaient et repassaient dans les rues des députations populaires, des piquets de cavalerie, des patrouilles d'infanterie. Auprès d'un homme en habit français, tête poudrée, épée au côté, chapeau sous le bras, escarpins et bas de soie, marchait un homme, cheveux coupés et sans poudre, portant le frac anglais et la cravate américaine. Aux théâtres, les acteurs publiaient les nouvelles; le parterre entonnait des couplets patriotiques. Des pièces de circonstance attiraient la foule : un abbé paraissait sur la scène; le peuple lui criait : «Calotin! calotin!» et l'abbé répondait : «Messieurs, vive la nation![3]»

Oui, «Vive la nation, la loi, le roi!» C'est encore, pour quelque temps, le mot d'ordre rassurant, pacifique, d'une ville qui bourdonne, s'étourdit de ses derniers plaisirs, une ville qui joue, trafique et danse comme jamais : Paris s'enchante de sa propre rumeur, se grise de son torrent d'idées et de bons mots. Paris, encore, s'amuse.

*
* *

En juin 1791, survient le navrant feuilleton de la fuite à Varennes et la foule, cette fois, est muette. Elle obéit aux injonctions placardées dans les rues de la capitale lorsque le roi et les siens y reviennent : «Quiconque applaudira Louis XVI sera bâtonné; quiconque l'insultera sera pendu.» Les sentiments sont mêlés : certains

---

1. *Talleyrand*, de Jean Orieux, Flammarion, 1970.
2. Édité de 1791 à 1817. Textes de Faucheux et de Chamfort.
3. *M.O.T.* Ire partie, livre cinquième, 14.

ont définitivement perdu la confiance qu'ils avaient en leurs souverains, beaucoup leur sont hostiles, la plupart sont affligés.

Les Bernard doivent être de ceux-ci. Lorsque la berline royale,
aux allures de convoi funèbre, regagne les Tuileries, accompagnent-
ils, en voisins consternés, ce triste retour? Leur cœur se serre-t-il,
dans la foule silencieuse, au passage des monarques qui, déjà, ressemblent à des prisonniers…? Sentent-ils, dans le silence angois-
sant, combien l'heure est grave?

Et lorsque, quelques jours plus tard, elle voit passer en grande
pompe les cendres de Voltaire – Simonard aurait-il manqué cela? –
qu'on menait par le Pont-Royal à l'église Sainte-Geneviève, Juliette
sait-elle que ces premiers temps forts révolutionnaires qui ressemblent à des grands spectacles tour à tour allègres, pathétiques ou
cérémonieux constituent pour elle un adieu à l'enfance?

C'en est bientôt fini, en effet, des heures rieuses, des jeux insou-
ciants entre deux leçons de harpe ou de danse. Finies, les brillantes
réceptions de la rue des Saints-Pères. L'austérité s'installe et subtile-
ment les familles se resserrent, dans l'attente. On attendra peu. Après
la prise mouvementée du château des Tuileries en août 1792, les hor-
ribles massacres de septembre, un véritable bain de sang, épouvan-
tent Paris. L'engrenage tragique semble désormais inévitable.
Jusque-là, on s'était tu, prudemment. Dès lors, on tremble.

CHAPITRE II

LES MARIÉS DE L'AN I

> *Les circonstances seules lui ont fait une desti-*
> *née particulière.*
>
> Mme LENORMANT.

Les événements se précipitent :

En juillet 1792, l'Assemblée législative, qui à l'automne précédent avait succédé à la Constituante, déclare « la patrie en danger » et des bureaux de recrutement s'installent aux quatre coins de la capitale. En août, Paris se sent en péril : l'invasion étrangère semble imminente. Le château des Tuileries est pris d'assaut et malgré le sacrifice de la Garde suisse, la monarchie est renversée.

La deuxième révolution commence, non dans l'allégresse comme la première, mais dans l'inquiétude et la tension. Le pouvoir exécutif devenu vacant, un conseil provisoire s'en empare, avec à sa tête le tonitruant Danton. L'Assemblée bannit les prêtres réfractaires, fait fermer les couvents, dissout les ordres religieux. Le roi est prisonnier au Temple. La commune de Paris devient dictatoriale et bafoue les libertés personnelles. Elle fait arrêter de nombreux suspects et institue un tribunal criminel extraordinaire. Malgré la carte de sécurité désormais obligatoire sur soi, les Parisiens se sentent peu rassurés.

Du 2 au 5 septembre, une série impressionnante de massacres, apparemment spontanés, a lieu dans les prisons : à l'Abbaye, aux Carmes, au Châtelet, à la Conciergerie, sans oublier la Force, ni la Salpêtrière et Bicêtre où sont les femmes et les enfants en majorité. Odeur de sang. Odeur de gloire : le 20 septembre, la nation remporte sur les Prussiens la victoire de Valmy. À la Législative, Danton avait galvanisé l'auditoire contre les ennemis de la patrie : « Pour les vaincre, messieurs, il faut de l'audace, encore de l'audace, toujours de l'audace, et la France est sauvée ! »

La Convention, qui succède à la Législative, est élue au suffrage universel. La peur est si forte que ne s'exprime qu'une minorité, prête à tout. Elle abolit la royauté le 21 septembre et déclare la République le lendemain. Nous voici en l'an I. Les Girondins et les Montagnards s'affrontent. On glisse vers la violence et le fanatisme, qu'on appelle alors «aveuglement». On justifie le recours aux mesures d'exception : tribunaux et peine de mort sont réclamés par les uns pour éliminer les autres. Nous sommes loin des «principes de 1789» qui entraînaient les cœurs, loin des Droits de l'homme, dont le premier article réclame le «bonheur commun». On s'imagine qu'on réglera toute opposition politique en anéantissant physiquement les opposants... On rêvait de tolérance et de Lumières, on est prêt à s'étriper.

Commence le procès du roi. Les consciences sont pétrifiées. La pression populaire, cette masse de «sans-culottes» qui veut faire le bonheur de l'humanité à coups de piques et dont se méfie la Convention, mais que la commune peut à tout moment manipuler et faire se déchaîner, est redoutable et redoutée. Le Parisien moyen se confine chez lui. En ce début d'hiver, l'anxiété, la faim et le froid accablent les esprits.

On exécute le roi le 21 janvier 1793. Les échecs militaires exacerbent la dictature intérieure : on institue un tribunal révolutionnaire, d'exception, bien entendu.

Au début d'avril, Robespierre et Marat veulent en finir avec les Girondins et demandent leur arrestation. Ceux-ci ripostent en envoyant Marat devant le Tribunal révolutionnaire. Nous sommes le 5 floréal an I, 24 avril 1793, trois mois après la mort de Louis XVI. Paris est agité. La foule hirsute des «supporters» de Marat a envahi le tribunal et imposé l'acquittement. Elle le promène ensuite en triomphe...

Ce jour-là, Juliette se marie.

*
* *

Comment Jacques-Rose Récamier en est-il arrivé à demander Juliette à ses parents ? Et pourquoi ?

Nous ne sommes pas «en pleine Terreur», comme l'affirme Mme Lenormant. Elle sera instaurée le 5 septembre suivant. Mais Récamier, comme tous, se rendait compte à quel point l'avenir proche était menaçant : homme de finance, il était persuadé qu'on l'inquiéterait un jour ou l'autre, en quoi il avait raison. Lors des vagues de perquisitions déclenchées en septembre 1793, on trouvera chez lui : «Quatre traites tiré de Londres par André French et Compagnie sur (et accepté) par Durney montant ensemble à la somme de cent mille livres et payable à dix jours de vue [...] plus une autre traite de douze mille livres tiré par Jean Duval et fils de Londres sur et accepté par Mallet frère et Compagnie du 16 août.» Ces cinq traites, le Comité de surveillance «de la section régénérée ci-devant du Mail, à présent Guillaume Tell» en ordonna le dépôt au Comité de sûreté générale de la Convention. «Le citoïen Récamier banquier, rue du Mail n° 19, chés qui les dittes cinq traites étaient déposées n'est pas exempt de doute en fait d'agiotage quoiqu'on n'ait point trouvé de preuves évidentes dans la vérification de ses papiers[1]... »

Il n'en fallait pas plus pour aller à la guillotine. Le tout-puissant Barère, membre du Comité de salut public, interviendra (probablement en court-circuitant le dossier) et sauvera Récamier.

Celui-ci avait donc raison, l'hiver précédent, de penser qu'il subirait le sort de certains de ses amis, tel le banquier Laborde, à l'exécution duquel il assista. Mme Lenormant explique que Récamier vit exécuter le roi, la reine, les fermiers généraux et «tous les hommes avec lesquels il était en relations d'affaires ou de société [...] pour se familiariser avec le sort qui vraisemblablement l'attendait...» Ce stoïcisme nous étonne de la part d'un homme qui, malgré son optimisme légendaire, se révélera très impressionnable, facilement démoralisé dans les difficultés, assujetti au caractère cyclothymique de sa nature.

Cette fascination pour l'échafaud nous paraît plutôt s'expliquer par la stupeur malsaine qui paralysa Paris durant les quelques mois que dura la folie sanguinaire organisée.

Quoi qu'il en soit, il avait peur. Les Bernard aussi. Fonctionnaire royal, M. Bernard pouvait être facilement convaincu d'«aristocratie» et cela suffisait à envoyer à la mort. Ils étaient tous riches, ce qui les désignait aux dénonciations, quelles qu'aient été les précautions prises pour les éviter.

Ils ont donc, et ils n'étaient pas seuls, «inventé» ce mariage, pour préserver Juliette, âgée de quinze ans et trois mois, dans le cas de figure probable où ils seraient frappés. «Préserver» signifiant lui assurer la transmission de leurs fortunes.

Le contrat de mariage, passé devant le notaire Cabal, le 11 avril 1793, est explicite :

> Article 3 : Sr et Delle Bernard en considération du mariage donnent et constituent en dot lad. delle future épouse leur fille conjointement et chacun par moitié la somme de soixante mille livres...
>
> Article 6 : Led. futur époux a doné et done lad. delle future épouse d'un douaire... de quatre mille livres de rentes viagères...
>
> Article 7 : Dans le cas où la delle future épouse viendrait à survivre à M. Récamier... elle aura... la somme de soixante mille livres par forme de gain de survie[2]... »

---

1. Archives nationales, cote F 7 4774, 88.

2. Archives nationales, t. XII 698. L'acte de mariage qui n'existe plus aux Archives de la Seine nous est néanmoins connu par une pièce reproduite dans le *Dictionnaire critique*, de Jal :

«du mercredy 24 avril 1793, acte de mariage de Jacques-Rose Récamier, âgé de quarante-deux ans, né à Lyon, dépt du Rhône et Loire, le 9 Mars 1751, négociant domicilié à Paris, rue et section du Mail... et Jeanne-Françoise-Julie-Adélaïde Bernard âgée de quinze ans, née à Lyon, le 3 décembre 1777, domiciliée à Paris, rue des Sts Pères, section des Quatre Nations... ».

Inutile de dire qu'en ces temps troublés nombreux furent ces couples de circonstance, ainsi que, pour les mêmes raisons – la sauvegarde du patrimoine – les faux divorces : les nouvelles institutions républicaines facilitaient, par leur souplesse, ces entreprises.

Cette union fut une transaction. Mme Bernard, qui depuis dix ans était séparée de biens de son époux, et Récamier n'eurent, sans doute, aucune peine à convaincre M. Bernard et Juliette.

Mais, dira-t-on, pourquoi Récamier, célibataire endurci de quarante-deux ans, nanti d'une armée de neveux lyonnais très attentifs à sa réussite parisienne – et qu'il faudra convaincre eux aussi, ainsi que les sœurs Récamier – pourquoi ce vieil et fidèle ami de la famille veut-il transmettre sa fortune à Juliette ?

La réponse est claire : parce qu'elle était sa fille et qu'il le savait.

Expliquons-nous. Mme Lenormant nous dit, elle pesait, n'en doutons pas, chacun de ses mots :

> ... il [Récamier] avait toujours été prévenant pour son enfance, elle [Juliette] avait reçu de lui ses plus belles poupées, elle ne douta pas qu'il ne dût être un mari plein de complaisance ; elle accepta sans la moindre inquiétude l'avenir qui lui était offert. Ce lien ne fut, d'ailleurs, jamais qu'apparent ; Mme Récamier ne reçut de son mari que son nom. Cela peut étonner, mais je ne suis pas chargée d'expliquer le fait ; je me borne à l'attester, comme auraient pu l'attester tous ceux qui, ayant connu M. et Mme Récamier, pénétrèrent dans leur intimité. M. Récamier n'eut jamais que des rapports paternels avec sa femme ; il ne traita jamais la jeune et innocente enfant qui portait son nom que comme une fille dont la beauté charmait ses yeux et dont la célébrité flattait sa vanité.

Herriot, quant à lui, est moins net : il mélange le mariage blanc – tous les contemporains en furent témoins – et le prétendu « cas », dont nous parlerons ensuite, qui n'est qu'un ragot, né après la mort de Juliette. En ce qui concerne le mariage, Herriot écrit : « L'affaire, car selon nous c'en fut une, fut vite conclue » et plus loin : « Cette vérité n'est pas tout entière à découvrir »... C'est qu'il l'avait découverte ! Herriot cite Mme Mohl, une Anglaise élevée à l'Abbaye-aux-Bois qui, dans un livre de souvenirs, publié trois ans après celui de Mme Lenormant, en 1862, évoque la rumeur qui, du vivant de Juliette, faisait état de la paternité de Récamier. Herriot avait parfaitement compris.

Il cite, en note, d'une façon anodine et sans l'éclairer, la preuve même de cette paternité, connue, et pour cause, dans les deux familles. Reprenons les papiers de Juliette dans lesquels, effectivement, est énoncée noir sur blanc une allusion qu'il suffit de replacer dans son contexte pour la rendre transparente.

La mention de la paternité de Récamier figure dans une lettre de Camille Jordan à Juliette, lettre qu'il lui écrit sous l'Empire, alors qu'elle vient de séjourner à Lyon, où elle a, bien entendu, séduit tout le monde : la jeune femme de Camille Jordan, leur petite fille, les redoutables sœurs Récamier, dont Mme Delphin, dames d'œuvres efficaces et bien-pensantes, ainsi qu'un curieux personnage, lady Webb dite Milady, une Anglaise retenue à Lyon par le blocus continental et qui s'était, elle aussi, prise de passion pour Juliette. Ajoutons que Camille Jordan était un homme d'une haute tenue morale et politique : ami des Bernard et des Récamier de longue date, lyonnais comme eux, très lié avec Mme de Staël, il était des intimes de la famille, une sorte de père de substitution pour Juliette, ce qui explique la liberté avec laquelle il s'exprime. Voici le passage de la lettre qui nous intéresse[1] :

> [...] Je me hâte de vous dire que votre passage en effet comme celui d'un bon ange a semblé me porter bonheur. Mon enfant va toujours de mieux en mieux et n'exige plus que des soins sans donner l'ombre d'inquiétude. Nous avons enfin des nouvelles de Degérando qui assure qu'il se rétablit quoique avec lenteur je respire donc, et vous me trouverez je l'espère au printemps, avec un cœur et un visage moins tristes, tout entier au plaisir de vous revoir, de vous accompagner, et inflexible pour vous traîner dans nos (musées) et nos vallons et vous faire admirer de vive force toute votre patrie. Vous le devez au moins par reconnaissance, car c'est merveille comme dans peu de jours et sans paraître y toucher vous avez ajouté de cœurs à tant de cœurs déjà conquis, depuis ces pieuses sœurs qui pardonnaient presque à leur curé d'avoir failli pour faire un enfant tel que vous, jusqu'à la dissipée Milady qui eut presque abandonné son amant pour une telle amie.

Les « pieuses sœurs » sont évidemment les sœurs Récamier. Leur « curé », c'est-à-dire, dans le contexte, leur gourou, leur protecteur et chef de clan, Récamier lui-même. « Pardonnaient presque », parce que dans ce milieu si fermé et si pointilleux sur les mœurs, Récamier passait pour un homme léger, il en reste des traces dans le jugement que porte sur lui sa nièce, Mme Lenormant. Ajoutons, pour mieux comprendre le ton de Camille Jordan, que ni lui ni Juliette n'étaient des bigots…

Ce passage n'a rien, contrairement à ce qu'en dit Herriot, d'« étrange ». Il eût été étonnant de trouver sous la plume d'un homme aussi intelligent et structuré que Camille Jordan une obscurité ou un non-sens. Il savait parfaitement ce qu'il voulait dire à Juliette qui le comprenait sans ambiguïté. Cela résout le problème, du même coup, de savoir si elle savait que Récamier était son père. En octobre 1807, elle sait. Quand l'a-t-elle su ?

Lors de son mariage ? Nous ne le pensons pas. Sa mère, auprès de qui elle continuera à vivre, et dont elle était si proche, le lui expliquera, plus tard : à deux reprises au moins, les circonstances se prêteront à ce difficile aveu…

---

1. Lettre de Camille Jordan à Juliette Récamier, du 4 octobre 1807, Ms. B.N. N.A.F. 14070. Nous avons, ici comme ailleurs, respecté la ponctuation originale du manuscrit.

S'il y eut mariage blanc, il n'y eut pas inceste. Juliette Récamier n'est pas Peau d'Âne, la princesse poursuivie par un père dénaturé. Récamier, au contraire, la comblera, elle n'aura qu'à demander pour recevoir des robes couleur de Lune ou de Soleil... Il la traitera en enfant gâtée, ce que d'ailleurs désapprouvera l'une des sœurs Récamier, Marie-Antoinette, qui commente cet étrange mariage en ces termes :

> [...] elle l'a plutôt regardé comme un père que comme un époux ; lui, pour s'en faire aimer, en a fait une enfant gâtée en adhérant à toutes ses volontés. Mme Bernard, la mère, y a ajouté encore en lui persuadant qu'elle surpassait la moyenne partie des femmes en beauté et en fortune ; elle a donc cru pouvoir se livrer à la dépense et au grand luxe...

La famille lyonnaise n'est pas facile : il fallut bien l'avertir en 1793 de ce qui allait se passer. Jacques-Rose concocta une longue et prudente lettre à son beau-frère Delphin, retrouvée par Herriot, et dans laquelle il annonce avec ménagement son intention de se marier, ce qu'il envisage, dit-il, « avec tout le calme de la raison et le discernement de l'homme sage ». Suit un portrait, sans la nommer, de l'heureuse élue : « Elle est malheureusement trop jeune. Je n'en suis point amoureux, mais j'éprouve pour elle un attachement tendre et vrai », à quoi il ajoute, non sans un humour discret : « Il est difficile d'être plus heureusement née. » Il en arrive à nommer Mlle Bernard : « Sans isoler la jeune personne de ses père et mère, comme en l'isolant, je ne vois aucun reproche à éprouver de l'opinion publique... » Suit le petit couplet sur « les sentiments pour la fille » qui, pourrait-on dire, « tiennent à ceux qu'(il a eus) pour la mère... ». Il explique qu'il « lui suppose une fortune bien nette de 200 à 250 milles livres en portefeuille » et « qu'ils sont disposés l'un et l'autre au plus grand ordre comme à une économie bien entendue mais stricte [1] »... Ce petit chef-d'œuvre de diplomatie dut cependant déclencher une certaine agitation dans la volière familiale.

Si l'on en croit un témoin de seconde main – et de la troisième génération – Louis de Loménie, l'un des gendres de Mme Lenormant : « M. Récamier allant à Belley voir sa famille [à la fin de l'Empire] et trouvant au salon un buste de sa femme s'écria : "Voilà mon sang !" [2] » Cette franchise – qui confirme la lettre de Camille Jordan – dut aider à l'acceptation de Juliette au sein du clan... Acceptation progressive et que favorise l'adoption de la petite Cyvoct, la future Mme Lenormant.

À tout prendre, cet étrange couple fut affectueux et solidaire : Récamier, s'il continua de mener sa vie privée hors foyer, donna à Juliette, en plus de son nom, fortune et protection. Quand il devint

---

1. Nous reproduisons l'intégralité de cette lettre, en annexe.
2. *In* Journal inédit de Louis de Lomenie, à la date du 4 décembre 1850, reproduit par le duc de Castries, dans sa biographie de Mme Récamier, p. 328.

un vieillard – qui mourut fort âgé – elle se chargea, en revanche, de l'entourer. Les formes furent respectées, à part un petit détail révélateur : M. Récamier, toujours, tutoya Juliette qui, toujours, le vouvoya.

Quant au trop fameux « cas », finissons-en avec ce qui n'est qu'un fantasme collectif, une projection réductrice envers une femme belle, riche et célèbre, experte, aussi, à désamorcer les ardeurs masculines. De son vivant, il fut principalement question du mariage blanc, hormis un petit refrain dirigé contre sa liaison avec Chateaubriand, et qui disait :

> *Juliette et René s'aimaient d'amour si tendre*
> *Que Dieu, sans les punir, a pu leur pardonner.*
> *Il n'avait pas voulu que l'un put donner*
> *Ce que l'autre ne pouvait prendre.*

Une épigramme à la parisienne, typique, mais que l'on démonte sans trop de mal : quand on connaît la vitalité amoureuse de Chateaubriand, on sourit du ridicule de vouloir en faire un impuissant ! Quant à la dame de l'Abbaye-aux-Bois, sa réserve faisait mystère, mais c'est tout.

Le ragot est né essentiellement de Mérimée, cette peste, évoquant un jour, auprès de Maxime du Camp qui le rapporte, la vertu de Mme Récamier. « C'était, dit-il, un cas de force majeure ! » Mérimée détestait cordialement Juliette qui avait détourné de lui, en le subjuguant, le jeune Ampère, pour lequel l'auteur de *Colomba* éprouvait une de ces amitiés exclusives comme on en a à vingt ans. Mérimée, en tout cas, ne pardonna jamais. Colporté et amplifié, le mot trouva – c'était l'époque de la traversée du désert de Chateaubriand dans les lettres françaises – un terrain propice. On se délecta de l'idée que, si elle avait été une privilégiée de l'existence, Juliette n'en était pas moins une femme anormale, « barrée » par une anomalie de la nature. Sottises ! Qu'Herriot fut le premier à réfuter.

Il utilise trois arguments :

« La remarquable harmonie physique », dont, toute sa vie, jouira Mme Récamier. « La persistance de cet équilibre, la stabilité du caractère, cette absence d'irritabilité, la sûreté de son jugement, ajoute-t-il, s'accordaient mal avec l'hypothèse d'une anomalie primitive. » C'est juste. Ensuite, le fait que Juliette ait accueilli avec facilité, à Coppet, en 1807, la demande en mariage du prince Auguste de Prusse. Sur cela aussi, nous sommes d'accord.

En revanche, nous ne le sommes pas sur le dernier argument, celui selon lequel M. Récamier aurait regretté, en refusant le divorce que Juliette lui aurait demandé alors, « d'avoir respecté des susceptibilités et des répugnances sans lesquelles un lien plus étroit n'eût pas permis cette idée de séparation ». Ce qui revient à dire, en clair, que Récamier n'a pas consommé son mariage parce que Juliette ne l'a pas voulu (et donc, si elle avait le choix : pas d'anomalie).

Récamier n'a jamais rien écrit de pareil. C'est du pur Lenormant, qui a bien du mal, d'ailleurs, à justifier la conduite de sa tante lors de la « crise » prussienne. Toutes les lettres que nous possédons de Récamier à Juliette sont également empreintes de libéralité paternelle. Ce ton de chantage sentimental n'est pas de mise entre eux. « Répugnance » est un mot qui revient constamment sous la plume de Mme Lenormant, il appartient à sa rhétorique habituelle et relève de ses catégories mentales on ne peut plus caractérisées.

Répétons-le : s'il y eut mariage arrangé entre Récamier et sa fille naturelle, il n'y eut jamais vie conjugale. Ils auraient pu, au sortir de la tourmente, se marier religieusement. Ils ne l'ont évidemment pas fait. Ils auraient pu, aussi, divorcer, comme le leur permettait la loi du 20 septembre 1792, toujours en vigueur. Ils ne l'ont pas fait non plus, même s'ils y ont songé. Le plus probable, c'est qu'une fois installés dans cette nouvelle distribution des rôles ils durent s'en accommoder. Il leur fallut intégrer cette situation et l'équilibre qu'elle commandait. Ils le firent avec suffisamment d'aisance pour en oublier l'origine et vivre, chacun pour sa part et à sa manière, des existences somme toute heureuses. Le « respect des usages », ce code de bonne conduite sociale fait d'éducation et de maîtrise de soi, certainement, les y a aidés.

À la démonstration d'Herriot, ajoutons ceci :

Quelles qu'aient été, en effet, les difficultés, nous dirions aujourd'hui les blocages, de Mme Récamier dans sa vie amoureuse – elle les résoudra grâce à Chateaubriand – peut-on imaginer que ses intimes, sa mère et sa fille adoptive, eussent méconnu une réelle anomalie physique chez elle ? La première aurait-elle envisagé, dans son testament, une série de dispositions financières très précises pour le cas où Juliette se serait remariée et aurait eu des enfants ? Et la seconde aurait-elle rapporté ainsi certains regrets qu'exprimait Juliette : « Elle [Juliette] avouait [...] qu'un mariage selon son âge et son cœur lui aurait fait accepter avec joie toute l'obscurité du vrai bonheur. Elle ne craignait pas d'ajouter qu'une déception marquée dans un rapport ordinaire l'eût rendue vulnérable à des attaques contre lesquelles continuaient de la protéger le premier silence de son cœur. »

Traduisons : si Juliette avait pu se marier normalement avec un garçon de son âge et que celui-ci l'eût déçue, elle n'aurait pas eu de scrupule à se laisser aller à un sentiment tendre pour quelqu'un d'autre. Et quand nous disons sentiment, c'est un euphémisme. Voir ce qui arriva, le jour où elle aima vraiment, avec M. de Chateaubriand…

*
* *

Juliette était parfaitement normale. C'est la situation dans laquelle elle fut placée qui ne l'était pas ! À peine eut-elle le temps d'être Mlle Bernard qu'elle devint, sans l'avoir voulu, mais sans s'y être opposée non plus, Mme Récamier. Cette entrée dans la vie adulte fut brutale et ne laissa aucune place à ce qui naissait alors et qu'on reconnaissait à peine : l'adolescence. Juliette n'eut pas le loisir d'en éprouver les états d'âme, non plus que leur attendrissant cortège de battements de cœur, rêveries mélancoliques et délectables petits secrets partagés avec l'amie de prédilection... Elle quitta ses livres d'images et les oiseaux de sa volière (avait-elle une volière?) pour inscrire sur un registre notarial son destin de femme.

Femme à part entière, elle en acquiert le statut par ce mariage, encore qu'inaccompli, ainsi que l'entrée de plain-pied dans la vie sociale. Mais voilà... Il n'y a plus de société. Elle s'est dissoute et la vie bascule dans une épouvantable fantasmagorie : la Terreur. Un cauchemar qu'il faut traverser vaille que vaille sans en comprendre l'enjeu, sans en connaître l'issue.

La sanglante utopie qui prétend changer non tant la société que l'être humain laissera dans les esprits un souvenir indélébile. Phénomène plus qualitatif que quantitatif, la Terreur, absurde, sans excuse (la légitime défense, même si elle sert de prétexte, n'autorise pas l'exaction), met à nu la barbarie et le fanatisme latents de la nature humaine, toujours prompts à resurgir lorsque les garde-fous inventés par la société ne sont plus assurés.

«Liberté, égalité ou la mort!», tel est le programme. Chateaubriand et Mme Vigée-Lebrun, lorsqu'ils reviendront, plus tard, d'émigration, déchiffreront, ahuris, sur les murs de Paris le slogan terroriste. Que de ravages commis au nom de cette fureur égalitaire! Pas une famille, dans le milieu auquel appartient Juliette, qui n'ait souffert pendant ces quelques mois de menaces et de convulsions.

Après Thermidor (juillet 1794), on respirera, mais on frissonnera rétrospectivemcnt. Que serait-il advenu sans l'impondérable, la protection de Barère ou les relations de Simonard qui appartenait, certainement, aux actifs cercles maçonniques de la capitale? Que serait-il advenu de la France si l'ordre nouveau drapé dans une emphase empruntée à une antiquité de pacotille, imbu de ses dogmes, gonflé de grands mots et nourri de haines personnelles si petitement humaines, avait triomphé? À l'heure du bilan, les esprits éclairés sont navrés devant la dégénération des idées des Lumières en vandalisme primaire, devant la destruction aveugle d'un humus plusieurs fois séculaire qu'il va falloir, patiemment, recomposer. On conçoit un dégoût profond envers les excès d'où qu'ils viennent ainsi, et surtout, qu'une complète absence d'illusions devant l'humain. Rousseau, cette fois-ci, est bien mort.

Juliette, elle aussi, a observé la bassesse, la vanité, la sottise et la cruauté des êtres. Nul doute qu'*a contrario* elle ait tiré de cette tragédie des leçons d'équilibre, de modération et de bienveillance. Quand on a traversé des moments de pareil dérèglement, de pareille démesure, on apprécie plus justement les vertus et les nécessités de la sagesse, de la compétence, de l'esprit de tolérance, en un mot de la civilisation, qui commence par la civilité. Juliette en deviendra l'un des symboles. C'est qu'elle fut fortifiée dans ses penchants naturels par ce qu'elle avait pu voir, à l'âge de seize ans, au sein d'une ville qui passait pourtant, peu d'années auparavant, pour le modèle universel et achevé de l'art de vivre ensemble.

Sombres apprentissages pour une jeune femme qui n'est encore qu'une Parisienne parmi tant d'autres... Comment cette petite Mme Récamier de l'an II se transforma-t-elle en une célébrité que la terre entière enviera et copiera et dont on continue de parler aujourd'hui, c'est ce que nous verrons maintenant.

CHAPITRE III

PARIS REDEVIENT UNE FÊTE

Cette ville est toujours la même, tout pour le plaisir, tout aux femmes, aux spectacles, aux bals, aux promenades, aux ateliers des artistes.

BONAPARTE.
(Lettre du 12 août 1795 à son frère Joseph.)

À l'aube du Directoire, Paris « tout fumant encore » – les Goncourt exagèrent à peine – s'éveille d'un mauvais rêve. La réaction thermidorienne a fait, en l'espace de cinq mois, du bon travail. Elle a réussi à anesthésier la dictature. Elle a jugulé le Comité de salut public et la Commune, épuré les comités révolutionnaires, fermé le Club des Jacobins, aboli les odieuses lois de prairial et des suspects ». Peu à peu, les prisons se vident, les familles se reforment, les émigrés, clandestinement, reviennent. La capitale, engourdie, semble avoir été la proie d'une escouade de garçons bouchers en délire : monuments dévastés, églises mutilées, hôtels démeublés, tout respire l'abandon et, s'il faut en croire les témoins, l'herbe pousse entre les pavés du faubourg Saint-Germain. La pénurie et l'inflation sont galopantes. On manque de tout, plus rien ni personne n'est à son ancienne place, mais qu'importe ! Une véritable résurrection s'opère. Avec une vigueur sur laquelle on s'est souvent mépris, l'instinct de vie renaît et l'allégresse, qui succède à l'angoisse, ressemble fort à une purification collective. Paris s'apprête, de toutes ses forces vives, à redevenir ce qu'il a toujours voulu être : une fête permanente.

Spectacle inouï que ce chambardement d'une société qui, pour avoir abdiqué ses aspirations progressistes les plus raisonnables, a connu l'austérité spartiate, le baptême du sang et qui, maintenant, se reprend, se recoagule, si l'on peut dire, mue par une irrépressible rage de vivre ! Pour avoir frôlé la mort, on ne veut plus qu'oublier, s'amuser, s'étourdir. La griserie, après la Terreur, est à l'ordre du jour.

Le plaisir et les affaires, voilà ce qui va occuper les Parisiens pendant les quatre années du régime directorial.

Pour l'heure, on s'enchante d'un rien, précisément parce qu'on est démuni de tout, ou presque. On vit dans la rue puisque les maisons sont désorganisées, et quand, par extraordinaire, on est reçu, on se doit, si on le peut, d'apporter son morceau de pain et de déposer discrètement son obole dans une coupe, placée à cet effet sur la cheminée du salon. Après quoi, on passe à table, bien décidé à festoyer toute la nuit…

Quelle vitalité dans cette aptitude à digérer l'horreur ! Les parents de guillotinés donnent des bals de victimes. L'élémentaire bon ton, pour y paraître, est d'avoir été au moins emprisonné. On y danse en deuil. Les belles s'y présentent la nuque dégagée, un fil rouge autour du cou ou de la taille.

Danser, voilà la grande affaire ! Des bals publics, ou bals de souscription, s'établissent un peu partout, même sur les anciens cimetières, comme le bal des Zéphyrs à Saint-Sulpice. On en comptera jusqu'à six cents. Les plus prisés sont ceux de l'hôtel de Longueville, de Thélusson, de Richelieu, de Calypso ou de la Chine. Sans parler des *Jardins de plaisir*, comme Tivoli, rue Saint-Lazare, la Grande Chaumière, Mouceaux (l'actuel parc Monceau), où après avoir valsé on assiste à des pantomimes et à des feux d'artifice.

La jeunesse dorée donne le ton. Un peu comme les zazous de 1945, les muscadins de 1795, collet noir et gourdin à la main – qu'ils nomment drôlement leur « pouvoir exécutif » et dont ils se servent, à l'occasion, contre ce qui reste de terroristes – affichent un dandysme d'attitude qui n'est, au fond, que l'expression d'un individualisme passionné. C'est que l'individu a été laminé par l'État. La pression qu'il a subie lui fut insupportable. Au fur et à mesure que réapparaissent les libertés, il reprend ses droits, avec une particulière avidité. Cela ne va pas sans quelques déviances, et bientôt les incroyables et les merveilleuses feront les délices des chroniqueurs, celles aussi des détracteurs du Directoire qui, trop souvent, n'ont retenu de la vie parisienne d'alors que ce phénomène marginal. On stigmatisera leur bizarrerie, leur accoutrement ridicule, leur incroyable – précisément – façon de parler, susurrante et minaudière. Eux aussi, à leur manière, traduisent l'ivresse du retour à l'existence, à l'affirmation de soi.

Au diable l'uniformité républicaine, la carmagnole et les sabots ! La mode se cherche encore, hésite entre l'anglomanie – qui, pourtant imposera le *spencer* et le *shawl* – et l'anticomanie qui, depuis cinquante ans, ne cesse de se manifester diversement… Sous la double influence de la peinture et du théâtre, les premières nymphes surgissent parmi les promeneurs, libérées du corset et de la poudre. À défaut de porter les cheveux courts à la porc-épic, à la Titus ou à la Caracalla, ces ravissantes adoptent des perruques à la grecque, de préférence blondes.

Malgré la crise financière due à l'émission constante d'assignats, la seule monnaie légale, et donc à leur dépréciation, la vie économique reprend. Le luxe ne reparaît que timidement, l'instabilité des prix est inquiétante et lorsque la Convention se sépare, le 26 octobre 1795, la cherté de la vie, malgré les efforts de Cambon, est à son comble. Mais déjà les banquiers tiennent le haut du pavé. Ils attendent la stabilisation du pouvoir pour prendre en main les rênes de la vie sociale, miraculeusement resurgie. Récamier est l'un d'eux, et non des moindres.

*
* *

Il vit dans un hôtel construit en 1790, par Berthault, au numéro 12 de la rue du Mail, près de la place des Victoires, que la Convention a rebaptisée place de la Victoire nationale, sans plus de précision. Il s'agit d'une vaste maison dont il reste aujourd'hui les fenêtres en façade et le balcon de l'étage noble ainsi que la cage d'escalier et qui fut édifiée sur l'emplacement de l'hôtel (meublé) de Metz, où le jeune Bonaparte demeura quelque temps. Récamier, comme il le fera toute sa vie, tient ses bureaux à proximité de sa résidence, en l'occurrence à l'entresol du numéro 19 de la même rue.

Juliette y a-t-elle transporté ses pénates? Est-elle demeurée rue des Saints-Pères? La seule certitude est qu'elle n'a pas quitté sa mère, Bernard et Simonard continuant de se tenir une mutuelle compagnie.

Il existe dans ses papiers un quatrain anonyme, non daté, passablement académique et platement intitulé : «Sur Mme Récamier au moment de son mariage».

> *Il faut l'aimer, hélas! San espoir de retour!*
> *Son cœur ignore encore les trésors qu'il recèle,*
> *De la fille des dieux image trop fidèle,*
> *C'est Vénus, mais avant qu'elle ait conçu l'amour*[1]*...*

Notre Vénus en herbe ne se montre pas encore en public. Elle parfait, bourgeoisement, son éducation première. De cette époque, un seul document direct nous renseigne sur elle : il s'agit d'une lettre adressée à Mme Delphin, l'une de ses belles-sœurs lyonnaises, d'un ton convenu et charmant, qui se conclut par ces mots : «Vous êtes bien bonne, ma chère sœur, de désirer mon portrait; si vous me connaissiez davantage, vous sauriez que ce n'est point un cadeau à vous faire mais c'est un moyen de me rappeler à votre souvenir, je le saisirai avec empressement[2].»

Sous la calligraphie appliquée, la graphologie distingue – déjà – une personnalité structurée, une capacité d'argumentation pré-

---

1 Ms. B.N. N.A.F. 14087, f. 146.
2 Ms. B.N. N.A.F. 14087.

cise, un esprit attentif et concentré et d'évidentes qualités d'intelligence[1]

Les affaires de son mari prospèrent. La maison de la banque
Récamier et Cie figure, pour la première fois, à l'Almanach national
de l'an V (septembre 1796-septembre 1797). Elle ne comprend que
deux «associés» (les sociétés se constituaient en nom collectif, les
associés étant, au-delà de leur mise initiale, responsables personnellement sur tous leurs biens), Jacques-Rose et Laurent Récamier, ce
dernier venu de Lyon partager la vie professionnelle et la réussite de
son frère.

Éclatante et rapide réussite, car cette banque prend très vite une
dimension considérable en participant aux fournitures du gouvernement, celles, en particulier, nécessaires aux hôpitaux militaires.
Récamier est, en outre, actionnaire et administrateur de la Caisse des
comptes courants, créée en juin 1796, lors du retour à la monnaie
métallique et qui, à l'aube d'une période de déflation, fut chargée
d'organiser et de développer le crédit. L'une des trois banques les
plus importantes de Paris, elle sera absorbée par la Banque de
France, lors de la fondation de celle-ci, en février 1800, dont
Récamier sera élu régent.

Dès son installation sur la place, Récamier apparaît comme un
technicien de la haute finance, à ne pas confondre – ses contemporains le savent – avec la horde de fournisseurs-spéculateurs, passés
maîtres dans l'agiotage et que le théâtre a ridiculisés avec entrain. Il
n'est pas de ces parvenus, de ces modernes Turcaret, aux irrésistibles
mais vacillantes ascensions.

Sa réputation en témoigne, Récamier est aimé et respecté. Sa
bienveillance et sa parfaite urbanité doivent y être pour quelque
chose. Il allie le sérieux et la solidité du gestionnaire de haute volée
à l'audace, pour ne pas dire le goût du risque, de l'entrepreneur. Et
s'il s'enrichit, on aurait garde de l'oublier, c'est qu'alors les métiers
de banquier, d'une part, et de commerçant, d'autre part, sont compatibles. Ajoutons que ce grand financier a la capacité de flairer et
d'accompagner les développements politiques de son temps. C'est
incontestable, tout banquier de renom se trouve alors lié au pouvoir
en place. Comment celui-ci s'organise-t-il ?

La nouvelle Constitution dite de l'an III (1795) exprime l'idée
fixe de l'opinion : se garantir contre la dictature. Le suffrage est cen-
sitaire, les pouvoirs exécutif et législatif sont soigneusement séparés.
L'exécutif est confié à cinq directeurs, installés au palais du
Luxembourg. Le législatif à deux assemblées : la Chambre ou
Conseil des Cinq-Cents qui siège au Palais-Bourbon, le Sénat ou
Conseil des Anciens qui siège aux Tuileries. L'une et l'autre sont

---

1. Nous renvoyons, en annexe, aux analyses de Monique Deguy.

renouvelables par tiers chaque année, de façon qu'aucune majorité durable ne s'y impose. La faiblesse de ce système est, bien évidemment, qu'en cas de conflit grave entre les deux pouvoirs la seule issue possible réside dans un coup de force. Bonaparte ne sera pas le dernier à le comprendre.

Le souci du Directoire est d'empêcher que les Jacobins ou les royalistes ne s'emparent du gouvernement. Il lui faut naviguer à l'estime entre ces deux forces opposées. Dangereux équilibrisme que Barras, néanmoins, pratiquera habilement. Une série de petits coups d'État se succéderont jusqu'à celui de Brumaire qui, lui, réussira et établira le Consulat, en décembre 1799 :

– Le 1er prairial an III (20 mai 1795) : on écrase les Jacobins. Paris est désarmé, le Tribunal révolutionnaire supprimé.

– Le 13 vendémiaire an IV (5 octobre 1796) : on écrase les royalistes (Bonaparte fait tirer sur les sectionnaires, sur le parvis de l'église Saint-Roch).

– Le 18 fructidor an V (4 septembre 1797) : trois directeurs menacés s'appuient sur la fraction républicaine de l'armée contre les royalistes. Déportations nombreuses.

– 22 floréal an VI (4 mai 1798) : les directeurs écartent légalement les Jacobins nouvellement élus.

– 30 prairial an VII (18 juin 1799) : sous la pression des Jacobins, trois directeurs sont évincés. La « loi des otages » contre les parents d'émigrés ou d'insurgés, qui rappelle par trop 1793, déclenche dans les rangs « réformateurs » une réflexion qui mènera à Brumaire.

Pendant ces quatre années, la guerre extérieure continue. Si la Hollande, récemment conquise par les Français, s'est constituée en République batave, si l'Espagne leur a abandonné ce qu'elle possédait encore de l'île de Saint-Domingue, si la Prusse a reconnu, au traité de Bâle, l'occupation de la rive gauche du Rhin, ni l'Angleterre ni l'Autriche n'ont l'intention de déposer les armes. Il faudra l'étourdissante campagne d'Italie pour que l'Autriche s'incline. L'Angleterre poursuit la lutte et sa flotte va donner maille à partir à l'armée de Bonaparte, dangereusement aventurée en Égypte.

Sur cette toile de fond politique relativement instable, la France fait son apprentissage de nation doublement moderne : par son régime mal consolidé, la République, et par sa nouvelle classe dominante, la bourgeoisie, qu'ont fortifiée, à la campagne comme à la ville, les acquis de la Révolution.

Une jeune femme apparaît...

Un témoin particulièrement réceptif décrit l'activité débordante de Paris : « Le luxe, les plaisirs et les arts reprennent ici d'une manière étonnante ; hier, on a donné *Phèdre* à l'Opéra, au profit d'une ancienne actrice ; la foule était immense depuis deux heures après midi, quoique les prix fussent triplés. Les voitures, les élégants reparaissent, ou plutôt ils ne se souviennent plus que comme d'un long songe qu'ils aient jamais cessé de briller. Les bibliothèques, les cours d'histoire, de botanique, d'anatomie se succèdent. Tout est entassé dans ce pays pour rendre la vie agréable...»

Bonaparte, car il s'agit de lui, continue de confier ses impressions à son frère Joseph, non sans cette pointe de misogynie ambiguë qui le caractérise : «Les femmes sont partout, aux spectacles, aux promenades, aux bibliothèques. Dans le cabinet du savant, vous voyez de très jolies personnes. Ici seulement de tous les endroits de la terre, elles méritent de tenir le gouvernail; aussi les hommes en sont-ils fous, ne pensent-ils qu'à elles et ne vivent-ils que pour elles. Une femme a besoin de six mois de Paris pour connaître ce qui lui est dû[1].»

Cela dit — et bien dit — le jeune officier corse, dont les allures de Chat botté déclenchent le fou rire des sœurs Permon (la cadette fera parler d'elle après son mariage avec Junot), ne demande, pour le moment, qu'à être séduit par la grâce inimitable des Parisiennes.

Quelles sont-elles, ces beautés qui font tourner les têtes?

La plus populaire, la capiteuse héroïne de Thermidor, ci-devant marquise de Fontenay, vient d'épouser son héros et libérateur, Tallien. Mme Tallien, procréatrice invétérée, exubérante et dynamique comme une belle plante, est aimée pour son dévouement et sa générosité envers ses compagnons de prison, qu'elle a aidés autant que le lui permettait son ascendant sur Tallien. Le public lui attribue le déclenchement de la réaction thermidorienne qui a fait chuter Robespierre et qui, ensuite, a sorti le pays de l'impasse sanglante dans laquelle il se fourvoyait. On l'appelle pour cette raison Notre-Dame de Thermidor ou Notre-Dame de la Délivrance.

Elle vient de s'installer allée des Veuves (au bas de l'actuelle avenue Montaigne) dans une pittoresque «chaumière» recouverte de lilas. Elle cultive la manière antique, son intérieur raffiné et ses tuniques pompéiennes en témoignent. Belle, avenante et bien née, elle groupe sans difficulté autour d'elle tout un petit monde influent, passablement mêlé. Des conventionnels côtoient des royalistes, des gens d'affaires, des poètes et des musiciens. Barras, Fréron, Cherubini, Joseph Chénier, Méhul et le chanteur Garat comptent parmi les fidèles de cette femme à la mode. Parfois, le Chat botté passe par là, silencieux, attentif...

Après avoir donné le jour à une fille appelée Rose-Thermidor, Mme Tallien, qui n'aime plus guère son mari, se rapproche de l'homme du jour, Barras. Elle devient la femme la plus en vue du milieu gouvernemental, la provocante animatrice des soirées du Luxembourg, drapée dans son *shawl* de cachemire rouge. «On ne pouvait être plus richement déshabillée», dira d'elle, à cette époque, Talleyrand. Elle se lassera vite de Barras et le quittera pour un autre

---

1. 18 juillet 1795.

personnage important, une des grosses fortunes du Directoire, le banquier Ouvrard, auquel elle donnera quatre enfants, avant de faire une honorable fin en devenant, sous l'Empire, princesse de Chimay.

Parmi les amies intimes de Mme Tallien, il en est une dont les malheurs sont touchants : elle est veuve, ruinée, les biens de son mari ayant été confisqués après la mort de celui-ci sur l'échafaud. Au sortir de prison, elle se retrouve avec deux petits enfants et peu de pain à leur offrir... Cette aimable ci-devant s'appelle Rose de Beauharnais. Tallien l'aide, en lui faisant restituer ce qu'il peut. Cela ne suffit pas à la nonchalante créole, qui eût volontiers échangé cette vie d'expédients contre les doux balancements d'un hamac près des frangipaniers... Elle se met sous l'efficace protection de Barras. Plus tard, le sceptique et séduisant directeur l'aiguillera vers son jeune poulain, Bonaparte, qu'un rien de parure et de savoir-faire amoureux éblouira. Le mariage qui s'ensuivra mènera Mme Bonaparte, rebaptisée Joséphine, un peu plus loin, certes, qu'elle n'aurait pu l'imaginer en mars 1796.

Autour de ces deux astres gravite un essaim de vaporeuses néo-Athéniennes dont les mousselines savamment drapées trahissent la gracieuse impudeur, symbole de libération et de plaisir. On a voulu que Juliette en soit. On s'est trompé. Non que Mme Lenormant ait totalement raison lorsqu'elle affirme : « Mme Récamier resta tout à fait étrangère au monde du Directoire et n'eut de relations avec aucune des femmes qui en furent les héroïnes : Mme Tallien et quelques autres. » Si elle ne fit pas partie du personnel féminin de la nouvelle cour républicaine, si elle ne fit ni les beaux jours ni les belles nuits de la « bande à Barras », Juliette, cependant, devint à cette époque une vedette. Quand et comment ?

François-Yves Besnard, dans ses *Souvenirs d'un nonagénaire*, évoque une « surprise » éprouvée par lui « dès la première année du Directoire » :

> Un jour je me trouvais au bas de l'escalier qui conduisait aux appartements occupés par le citoyen Barras, lorsque je vis trois dames se présenter et en franchir les marches avec légèreté. Leur beauté, l'élégance de leur mise, qui, suivant la mode d'alors, voilait leurs charmes sans les dissimuler, me figuraient les trois grâces de la mythologie ; je croyais les voir encore alors qu'elles avaient disparu. Je sus après que c'étaient Mmes Tallien, Bonaparte et Récamier et qu'elles venaient habituellement orner les salons du directeur, nouveau genre de surprise pour moi qui le prenais alors pour un républicain des plus austères [1].

La vision est plaisante, mais Besnard est bien le seul à l'avoir eue ! Aucun des nombreux témoins d'alors ne mentionne la présence de Juliette parmi ce monde effervescent, mais somme toute restreint. Qui plus est, nous avons retrouvé une lettre de Rose-Thermidor

---

1. Pp. 146 et 147, 2 vol. Paris, Champion 1880.

Tallien, depuis comtesse de Narbonne-Pelet, à Juliette, écrite le 8 août 1842, pour solliciter un appui de sa part auprès de Guizot et qui dit, en évoquant sa mère : « Je n'ignore pas que, si votre célébrité de beauté rencontra la sienne [celle de Mme Tallien] sur la scène du monde, il ne s'établit entre ma mère et vous aucun de ces rapports d'intimité, aucune de ces relations de société qui fondent pour l'avenir des points de réunion[1]... »

Voilà qui est clair. Inimaginable, dans ces conditions, qu'elles aient pu faire, « la première année du Directoire », une entrée commune chez le beau vicomte rouge.

Juliette ne fut pas une merveilleuse. Elle fit son apparition, non dans les lieux de plaisir, mais, ce qui est plus insolite, dans un de ces établissements supérieurs privés, en vogue au sortir de la Révolution et dont la vocation était de vulgariser le savoir à l'usage du grand public.

À côté du Lycée des arts, du Lycée des langues européennes, ou de la Société philotechnique, le Lycée républicain (qui continue l'ancien Lycée de Paris, fondé en 1781 par Pilâtre du Rozier) réunit l'auditoire le plus choisi. Juliette s'y rend d'autant plus volontiers que c'est La Harpe, le vieil ami de sa famille, qui y enseigne la littérature[2]. Il lui réservait, paraît-il, une place, près de sa chaire. Comment ne pas remarquer, dès lors, cette jolie personne qui, d'ailleurs, n'hésite pas à se singulariser ? Écoutons un témoin dénué de complaisance, mais plein de verve, le baron de Frénilly – celui-là même que Louis XVIII appellera M. de Frénésie, tant il était « ultra » et véhément dans ses propos :

> Tous les jours, matin et soir, au milieu du fashionable auditoire du Lycée, au milieu de l'émulation des modes, des parures [...] on voyait assise une jeune femme, d'une beauté ravissante et d'une taille à servir de modèle, vêtue en blanc et coiffée en blanc de ce mouchoir noué sur le front que les créoles appellent *vehoule*. C'était Mme Récamier. Au bal, au spectacle, à la promenade, elle se montrait en *vehoule* et en robe blanche. Elle était modeste, simple, je dirais presque un peu niaise, et tout cela lui seyait à merveille[3].

Mme de Cavaignac souligne, elle aussi, cette obstination « à garder une coiffure un peu étrange qu'elle portait seule et qui la désignait de suite[4] ». Il faut admettre que si elle n'est pas originale, la recette est excellente. Juliette devient reconnaissable à vue. Notons, au passage, que pour trancher sur la bigarrure ambiante, Juliette joue d'emblée la carte de l'ingénuité. Cette prédilection pour le blanc est révélatrice et nous y reviendrons.

---

1. Ms. B.N. N.A.F. 14104, ff. 509-510.
2. Il publiera son *Cours de littérature*, en 1799.
3. *Souvenirs du baron de Frénilly*, Paris, Plon, 1909, p. 92.
4. *Les Mémoires d'une inconnue, op. cit.*, p. 112. La *vehoule* est représentée par le sculpteur lyonnais Chinard lorsqu'il exécute, alors le premier et célèbre « Petit buste » de Juliette.

La vehoule inspirait-elle La Harpe autant qu'elle alertait son auditoire, lorsque le maître traitait gravement de la primauté de la comédie sur la tragédie? Peut-être que oui, après tout… Le littérateur, dont la conversion et le retour aux valeurs de modération n'ont pas adouci l'humeur, se laisse apprivoiser, semble-t-il, par la plus candide de ses admiratrices. «Il fut constamment doux et aimable avec Juliette, précise Mme Lenormant. M. Récamier et les nombreux neveux qui habitaient chez lui étaient loin d'être aussi bien traités.» Les neveux en question considéraient La Harpe comme un parasite que séduisait l'excellence de la table des Récamier.

L'été 1796, Récamier loue le château de Clichy, aux portes de Paris, ce qui lui permet, à la belle saison, de partager aisément son existence entre les affaires et la vie familiale. Il dîne à Clichy – le dîner étant alors le déjeuner, tardif et le plus souvent d'apparat – mais n'y dort presque jamais. En revanche, Juliette et Mme Bernard peuvent, après dîner, aller au spectacle – elles ont une loge à l'année à l'Opéra et au Théâtre-Français – et rentrer souper à Clichy.

Juliette fait ses débuts de maîtresse de maison dans cette résidence meublée, louée à la marquise de Lévy. Cet ancien «pavillon de Vendôme», appelé depuis «pavillon La Vallière», est un élégant rendez-vous de chasse seigneurial, de style classique, situé sur la rive droite de la Seine entre Neuilly et Saint-Denis, sur une terre dite encore «la Garenne», en souvenir de ses ressources giboyeuses. Les rois francs appréciaient déjà Clichy, puisque Dagobert choisit de s'y marier en 626. Le château habité par les Récamier avait été redécoré par son ancien propriétaire, le fermier général Grimod de La Reynière, et comprenait un grand parc, ravissant, qui descendait jusqu'à la Seine[1].

C'est au château de Clichy qu'il faut situer cette page de Benjamin Constant, extraite des courts *Mémoires de Mme Récamier* dictés en quelque sorte par l'intéressée et qu'on a hâtivement attribuée à l'époque de la Déserte, le couvent lyonnais, parce qu'il est parlé d'«enfance». La notion d'«adolescence», répétons-le, était trop neuve pour être usuelle.

> Celle que je peins sut échapper à l'influence de cette atmosphère, qui flétrissait ce qu'elle ne corrompait pas. L'enfance fut d'abord pour elle une sauvegarde, tant l'auteur de ce bel ouvrage faisait tourner tout à son profit. Éloignée du monde, entourée, dans la solitude, de ses jeunes amies, elle se livrait souvent avec elles à des jeux bruyants. Svelte et légère, elle les devançait à la course. Ses yeux, qui devaient pénétrer plus tard toutes les âmes, n'étincelaient alors que d'une gaieté vive et folâtre. Ses cheveux, qui ne peuvent se détacher sans nous remplir de trouble, tombaient quelquefois, sans danger pour personne, sur ses blanches épaules. Un rire éclatant et prolongé interrompait souvent ses conversations enfantines. Mais déjà l'on eût pu remarquer en elle cette

---

1. Il ne nous a pas été possible de préciser s'il s'agit de la même demeure que celle qu'occupera Barère jusqu'en 1795. Cela n'aurait, toutefois, rien d'invraisemblable. Ce château a disparu, détruit en 1817, par la «bande noire».

observation fine et rapide qui saisit le ridicule, cette malignité douce qui s'en amuse sans jamais blesser, et surtout ce sentiment exquis d'élégance, de pureté, de bon goût, véritable noblesse native, dont les titres sont empreints sur les êtres privilégiés [1].

La « solitude » de Clichy est relative. La vie y devient assez rapidement animée et brillante. Témoin cette anecdote, rapportée par Sainte-Beuve, qui la tenait de Juliette et qui, plus que Benjamin Constant, retrace l'atmosphère enjouée qui régnait autour d'elle :

C'était au château de Clichy où Mme Récamier passait l'été : La Harpe y était venu pour quelques jours. On se demandait (ce que tout le monde se demandait alors) si sa conversion était aussi sincère qu'il le faisait paraître, et on résolut de l'éprouver. C'était le temps des mystifications, et on en imagina une qui parut de bonne guerre à cette vive et légère jeunesse. On savait que La Harpe avait beaucoup aimé les dames, et ç'avait été un de ses grands faibles. Un neveu de M. Récamier, neveu des plus jeunes et apparemment des plus jolis, dut s'habiller en femme, en belle dame, et, dans cet accoutrement, il alla s'installer chez M. de La Harpe, c'est-à-dire dans sa chambre à coucher même. Toute une histoire avait été préparée pour motiver une intrusion aussi imprévue. On arrivait de Paris, on avait un service pressant à demander, on n'avait pu se décider à attendre au lendemain. Bref M. de La Harpe, le soir, se retire du salon et monte dans son appartement. De curieux et mystérieux auditeurs étaient déjà à l'affût derrière les paravents pour jouir de la scène. Mais quel fut l'étonnement, le regret, un peu le remords de cette folâtre jeunesse, y compris la soi-disant dame, assise au coin de la cheminée [2], de voir M. de La Harpe, en entrant, ne regarder à rien et se mettre simplement à genoux pour faire sa prière, une prière qui se prolongea longtemps !
Lorsqu'il se releva, et qu'approchant du lit il avisa la dame, il recula de surprise : mais celle-ci essaya en vain de balbutier quelques mots de son rôle ; M. de La Harpe y coupa court, lui représentant que ce n'était ni le lieu ni l'heure de l'entendre, et il la remit au lendemain en la reconduisant poliment. Le lendemain, il ne parla de cette visite à personne dans le château, et personne aussi ne lui en parla.

Le procédé sent son XVIIIe siècle... Ne se croirait-on pas dans une comédie de Marivaux ou de Beaumarchais, si experts à mettre en scène le déguisement révélateur ? Ce petit divertissement pourrait s'intituler, pourquoi pas, « Le Philosophe vertueux », « Le Dénouement imprévu » ou encore « Les Neveux corrigés »...

Parmi l'escadron d'apprentis banquiers, installés à Paris sous l'aile protectrice de Récamier, il en est un qui comptera dans la vie quotidienne du ménage : Paul David. Fils d'une sœur aînée de Jacques-Rose, Marie Récamier (1748-1812), et d'un négociant bordelais, Jean David, il a un an de moins que Juliette. Ils sont en fait, est-il nécessaire de le rappeler, cousins germains.

_____

1. B. Constant, *Œuvres*, Gallimard, La Pléiade, pp. 935-936.
2. Elle était dans l'alcôve.

Paul David, le «bon Paul» comme on le nommera bientôt, n'oubliera jamais son entrée chez son oncle : «[…] Sa femme, qu'il avait épousée quelques années auparavant, avait précisément le même âge que moi. L'amitié dont cette femme accomplie m'a constamment honoré date pour elle comme pour moi de notre première jeunesse. J'ai été et je suis dès lors mieux que personne à même d'apprécier son caractère, ses qualités exquises et ses hautes vertus…»

Cousinage, dangereux voisinage…! Le voilà amoureux, prêt à devenir le Fabrice ébloui de cette Sanseverina avant la lettre… Un Fabrice domestiqué, que Juliette devra, les premiers temps, tenir en lisière, sinon en respect, comme en témoignent plusieurs petits billets, non datés, mais qui attestent les débuts de cette relation :

> Vous êtes un maussade, un boudeur, un capricieux, un insupportable. Je ne veux pas de vous demain ni samedi, et, comme je suis votre tante, vous devez m'obéir.

Ou encore :

> Vous m'avez fait de la peine. Pourquoi êtes-vous comme cela? Pourquoi me dites-vous que vous m'ennuyez, je suis fâchée contre vous, écrivez-moi pour VOUS faire pardonner…

Comme on le voit, Juliette a la main ferme et douce :

> Voilà, mon cher Paul [elle vient de lui donner une série de petites instructions d'arrangement domestique], je ne sais pas comment je vous aimerai dans dix ans, mais je vous aime beaucoup à présent…

Celui-ci, enfin, d'un ton parfait, mais sans réplique :

> Mon amitié pour vous ne peut changer mais vous la gênez et vous gâtez entièrement (une) des relations auxquelles j'attachais le plus de prix en voulant y trouver ce qui ne peut y être. Voyez en moi une sœur et vous pouvez être sûr alors de toute mon amitié et de toute ma confiance[1]…

Une fois calmés ces premiers émois, Paul David gagnera la confiance de Juliette. Il lui dévouera son existence entière, ne se mariera jamais, demeurera dans son sillage, malgré une amitié étroite pour Auguste Pasquier, le frère du futur chancelier. Il s'instituera son ponctuel, son fidèle factotum. Juliette se reposera sur lui pour tout ce qui touche à l'organisation de son intérieur, sa correspondance, sa santé, ces mille petites choses de la vie qui, à une époque où n'existaient ni le téléphone ni les facilités de la bureautique, prenaient un temps précieux quand elles ne posaient pas un problème continu.

---

1. Ms. B.N. N.A.F. 14078.

Ce modeste aura une phrase charmante, qui le peint en pied :

« Je ne suis pas aimable, il faut bien que je me rende utile. » La gloire de Paul David est que, pendant plus d'un demi-siècle, il se rendit même indispensable à celle qui fut la protectrice et l'idole de ses jeunes années.

Pour la première fois, au printemps suivant, Mme Récamier figure aux défilés de Longchamp. Le *Miroir* du 29 germinal an V (18 avril 1797) la nomme parmi les élégantes qui présentent, chaque année, pendant les trois jours saints, la mode de la belle saison, en arborant des équipages renouvelés. C'était, pour le public parisien, un spectacle de choix (dont Proust se souviendra) et, tout au long des Champs-Élysées jusqu'au Bois, la foule se pressait pour admirer, commenter, critiquer, savourer en un mot la richesse et le bon goût d'une élite que, le temps de trois matinées, elle s'appropriait. Quatre ans plus tard, Juliette s'y montrera en calèche découverte, à deux chevaux, et les badauds la déclareront « la plus belle à l'unanimité »…

Une feuille royaliste qui disparaîtra le 18 fructidor suivant (4 septembre 1797), *Le Thé*, rend compte, en ce début de saison, d'un agréable feuilleton mondain : la venue à Paris de l'ambassadeur turc. Les Parisiennes abandonnent pour un temps leurs tuniques à la grecque et se font odalisques ou sultanes. Le turban fait son apparition et Mme de Staël l'adoptera durablement. Cette venue est matière à réjouissances : Paris s'illumine, danse et baye aux « banquets d'artifice ». L'ambassadeur fait distribuer le 2 août « des pastilles odorantes du sérail, des essences de rose, des sachets bénis par le muphti »… Le lundi suivant, 7 août (décadi 20 thermidor an V) Mme Réicamier [sic] est présentée à Son Excellence Esseid-Effendi, en compagnie de trente-cinq autres belles personnes, parmi lesquelles Mme de Valence, Mme de Rémusat et Mme de Beaumont, celle-là même que Chateaubriand enterrera, six ans plus tard, en l'église Saint-Louis-des-Français de Rome. Ni l'une ni l'autre ne soupçonne l'existence de l'Enchanteur, l'homme qui les aimera, les tourmentera et les immortalisera l'une et l'autre, leur donnant le meilleur de ce qu'il peut et sait donner : des pages inoubliables.

Ce même mois, la joyeuse compagnie de Clichy assiste, non, on s'en doute, sans une certaine moquerie rentrée, au remariage de La Harpe. L'idée venait de Jacques-Rose, toujours optimiste et bien disposé envers son prochain. Il croit avoir déniché, en la personne de Mlle de Longuerue, fille d'une de ses amies, l'âme sœur susceptible de museler les récriminations permanentes de l'écrivain. Mais la jouvencelle n'a aucune envie d'épouser ce barbon fielleux, fût-il célèbre. Les choses, évidemment, se passent on ne peut plus mal : il ne faut pas un mois à la nouvelle Mme de La Harpe pour qu'elle ne réclame, hautement, le divorce !

> Le pauvre M. de La Harpe, nous dit Mme Lenormant, vivement blessé dans son amour-propre et dans sa conscience, se conduisit en galant homme et en chrétien : il ne pouvait se prêter au divorce interdit

par la loi religieuse, mais il le laissa s'accomplir, et il pardonna à la jeune fille l'éclat et le scandale de cette rupture.

Le «pauvre M. de La Harpe» n'est pas au bout de ses peines! Dans la foulée de ce navrant épisode domestique survient une série de mesures qui frappent sévèrement les royalistes. Pendant la nuit du 17 au 18 fructidor (3 au 4 septembre), le général Augereau, que Barras a rappelé de l'armée d'Italie pour lui confier le commandement de la division militaire de Paris, a «sauvé» la République : il a arrêté Pichegru, convaincu de complot, le directeur Barthélemy et la majorité des deputés suspects de royalisme. L'autre directeur décrété d'accusation, Carnot, parvient à s'enfuir. La liberté de la presse est supprimée, les émigrés rentrés, s'ils sont pris, passibles de la peine de mort. On a recours à la «guillotine sèche», c'est-à-dire la déportation en Guyane. Les sympathisants déclarés sont inquiets sinon inquiétés.

Mme de Staël, très proche alors du Luxembourg et qui se trouve être, en partie, l'inspiratrice du coup d'État, prévient à temps certains d'entre eux, Suard et Barbé-Marbois, notamment. Elle intervient en faveur de Dupont de Nemours et sauve du peloton d'exécution Jacques de Norvins ainsi que les frères Lacretelle.

La Harpe se réfugie non loin de la capitale, à Corbeil. Ce «fructidorisé», comme on disait, n'est pas d'un naturel téméraire. Quand elle lui rendra visite, Juliette devra respecter les instructions qu'il lui enjoint :

De ma retraite de Corbeil, le samedi 28 septembre 1797. Quoi! Madame, vous portez la bonté jusqu'à vouloir honorer d'une visite un pauvre proscrit comme moi! C'est pour cette fois que je pourrai dire comme les anciens patriarches, à qui je ressemble si peu, «qu'un ange ect venu dans ma demeure». Je sais bien que vous aimez à faire des *œuvres de miséricorde*, mais, par le temps qui court, tout *bien* est difficile, et celui-là comme les autres. Je dois vous prévenir, à mon grand regret, que venir seule est d'abord impossible pour bien des raisons : entre autres, qu'avec votre jeunesse et votre figure dont l'éclat vous suit partout vous ne sauriez voyager sans une femme de chambre à qui la prudence défend de confier le secret de ma retraite, qui n'est pas à moi seul. Vous n'auriez donc qu'un moyen d'exécuter votre généreuse résolution, ce serait de vous consulter avec Mme de Clermont qui vous amènerait un jour dans son petit castel champêtre, et de là il vous serait très aisé de venir avec elle. Vous êtes faites toutes deux pour vous apprécier et pour vous aimer l'une et l'autre. Si j'étais encore susceptible des vanités de ce monde, je serais tout glorieux de recevoir une semblable marque de bonté de celle que tant d'hommages environnent. Mais sans doute vous ne trouverez pas mauvais que mon cœur ne soit sensible qu'aux bontés du vôtre. Quoique vos avantages soient rares, vous en avez un qui l'est plus, c'est de les apprécier et de savoir dans votre jeunesse, ce que je n'ai jamais su que bien tard, qu'il ne faut se fier à rien de ce qui passe[1].

---

1. Reproduite par Mme Lenormant, *op. cit.,* t. 1, pp. 58-59.

Avec ce mélange de ténacité et de mansuétude qui n'appartient qu'à elle, Juliette commence là une carrière qui la rendra mémorable à un autre titre : l'action en faveur des vaincus et des proscrits, quels que soient les régimes qui les oppriment.

Muette rencontre..

En cet automne 1797, Bonaparte revient d'Italie, triomphal. Il n'a plus rien du jeune officier relativement famélique et désorienté qui arpentait le Paris des muscadins et des spéculateurs, en attendant de se placer sous la protection de Barras. Le petit «général Vendémiaire» est devenu puissant, et pour avoir énergiquement canonné les royalistes parisiens, il a été récompensé. On lui a offert les deux choses qu'il désirait le plus au monde : le pouvoir et une épouse. Le Chat botté s'est transformé en un jeune loup ardent et ambitieux. Le commandement en chef de l'armée de l'Intérieur lui permet d'épouser son enjôleuse Joséphine, dont il est alors follement épris, et c'est dans un enthousiasme fiévreux qu'il part, son mariage à peine conclu, prendre la tête de l'armée d'Italie. Il n'a pas vingt-sept ans. Sa carrière de conquérant commence.

La première campagne d'Italie, menée *allegro con brio*, restera comme un chef-d'œuvre du genre. Compensant par ses dons de stratège l'infériorité numérique de ses forces, Bonaparte s'impose en Piémont – Montenotte, Millesimo, Mondovi – puis en Lombardie, pont de Lodi, Milan, Mantoue, Castiglione, Arcole et, en janvier 1797, Rivoli. Il est prêt à marcher sur Vienne : l'armistice de Leoben (18 avril) l'en dispense.

Le brillant artilleur fait l'apprentissage de la gestion gouvernementale : «La guerre doit nourrir la guerre.» Il lui faut, dans une relative improvisation, organiser ces territoires satellites nouvellement conquis, ces petites républiques sœurs, la Ligurienne, la Cispadane, la Cisalpine.

Il s'institue diplomate pour traiter, selon son propre point de vue, à Campo-Formio, le 17 octobre. La France reçoit le comté de Nice et la Savoie, elle annexe la Belgique, abandonnée par l'Autriche qui se dédommage avec la Vénétie. Les républiques sœurs sont reconnues.

Il a réussi le tour de force de vaincre avec une armée peu nombreuse, peu disciplinée, peu soutenue – «Soldats, vous êtes nus, mal nourris...» – mais fervente et bien menée. Un de ses cavaliers le reconnaîtra : «[...] il n'avait que [...] une petite mine, une réputation de mathématicien et de rêveur, point encore d'action pour lui, pas d'ami, regardé comme un ours, parce qu'il était toujours le seul à penser. Il fallait tout créer : il a tout créé. Voilà où il fut le plus admirable[1].»

---

1. Propos de Lasalle, rapportés par Rœderer.

On comprend, dans ces conditions, qu'il apparaisse à tous, lors de son retour à Paris, comme un héros. Sa popularité est énorme : un général vainqueur, on n'avait pas vu cela depuis longtemps ! Le Directoire, s'il se méfie de cette ambition et de cette fulgurance, n'en montrera rien : Bonaparte est un mythe naissant. Il faut l'accueillir comme tel.

Le Tout-Paris, bourdonnant d'admiration et de curiosité, va se précipiter pour tenter d'approcher et, si possible, de séduire le jeune dieu-guerrier. Le Tout-Paris en sera pour ses frais. Car s'il reçoit avec une modestie impénétrable tous les honneurs que lui décernent les grands corps de l'État, Bonaparte écarte d'une parole ferme ou cinglante les avances qui lui sont faites. Mme de Staël en saura quelque chose... Comme cette enivrante césure, cette succession de banquets, de fêtes, de cérémonies, parmi une horde parfumée et empanachée, doit lui sembler insolite, pour ne pas dire indécente, par contraste avec le dénuement et la rudesse des bivouacs italiens !

Une rencontre, fondamentale pour l'avenir, marquera le séjour parisien de Bonaparte, celle d'un autre homme supérieur, en charge alors des Relations extérieures, Talleyrand. Ce fut une mutuelle fascination. Talleyrand avouera : « Au premier abord, Bonaparte me parut avoir une figure charmante. Vingt batailles gagnées vont si bien à la jeunesse, à un beau regard, à de la pâleur, à une sorte d'épuisement[1]... »

Quoi de plus fin, de plus « pré-romantique » aussi, que cette observation ! Le biographe du ministre analyse l'impression que put avoir le général, découvrant Talleyrand :

> Ce grand seigneur qui savait vivre, c'est-à-dire avec les autres, mais de préférence au-dessus d'eux, appartenait à cette « espèce » que Bonaparte n'avait fait qu'entrevoir, qu'il bousculait parfois mais qu'il admirait et enviait au fond de son cœur : la noblesse d'Ancien Régime. Il regarda donc boiter le descendant des comtes de Périgord et il s'aperçut que, par un tour de force admirable et invisible, ce grand seigneur d'une infirmité s'était fait une élégance[2].

Leurs idées les rapprochaient. Même refus des excès de 1793, Talleyrand déplorant l'inutile destruction des valeurs de civilisation auxquelles il tenait tant, Bonaparte haïssant cordialement les « jean-foutre » et les « idéologues ». Même agacement envers le laxisme et les singeries directoriales. L'un et l'autre ont une conception élevée et précise de la prééminence française dans ce qu'elle possède de plus enviable et de plus durable : le rayonnement spirituel. Leurs vues sur le pouvoir et la diplomatie européenne, du moins pour le moment, concordent. La maturité, le savoir-faire et la sagacité du

---

1. Talleyrand, *Mémoires*, Paris, Plon, 1982, p. 251.
2. Jean Orieux, *op. cit.*, p. 307.

premier, l'impétueux génie assimilateur du second expliquent, notamment, qu'ils se soient entendus.

C'est avec une munificence inégalée que le citoyen-ministre traite, en l'hôtel de Galliffet, le général-pacificateur et son épouse. Cette fête compte dans les annales parisiennes comme une des plus belles qui soient. Ce fut une ruée élégante, un enchantement. Juliette, si elle était remarquée au Lycée, à la promenade ou au spectacle, si déjà sa blanche silhouette la signalait aux yeux des connaisseurs, ne figure pas parmi les cinq cents élus de Talleyrand. Nous n'avons nulle trace de sa venue à l'hôtel de Galliffet, ce qui ne présente rien de très étonnant : Mme Récamier n'est alors qu'à l'aurore de sa prodigieuse célébrité.

Pourtant, elle va rencontrer le héros, d'une manière étrange, muette, mais qui la marquera, comme elle marquera la difficile relation qu'elle entretiendra avec lui, tout entière contenue dans ce premier échange. L'impression sur Juliette fut vive. Mme Lenormant la reproduit avec beaucoup de véracité :

> Le 10 décembre 1797, le Directoire donna une fête triomphale en l'honneur et pour la réception du vainqueur de l'Italie. [Il s'agissait de la cérémonie de présentation, faite par Talleyrand, de Bonaparte au Directoire.] Cette solennité eut lieu dans la grande cour du palais du Luxembourg. Au fond de cette cour, un autel et une statue de la Liberté ; au pied de ce symbole, les cinq directeurs revêtus de costumes romains ; les ministres, les ambassadeurs, les fonctionnaires de toute espèce rangés sur des sièges en amphithéâtre ; derrière eux, des banquettes réservées aux personnes invitées. Les fenêtres de toute la façade de l'édifice étaient garnies de monde ; la foule remplissait la cour, le jardin et toutes les rues aboutissant au Luxembourg. Mme Récamier prit place avec sa mère sur les banquettes réservées. Elle n'avait jamais vu le général Bonaparte, mais elle partageait alors l'enthousiasme universel, et elle se sentait vivement émue par le prestige de cette jeune renommée. Il parut : il était encore fort maigre à cette époque, et sa tête avait un caractère de grandeur et de fermeté extrêmement saisissant. Il était entouré de généraux et d'aides de camp. À un discours de M. de Talleyrand, ministre des Affaires étrangères, il répondit quelques brèves, simples et nerveuses paroles qui furent accueillies par de vives acclamations. De la place où elle était assise, Mme Récamier ne pouvait distinguer les traits de Bonaparte : une curiosité bien naturelle lui faisait désirer de les voir ; profitant d'un moment où Barras répondait longuement au général, elle se leva pour le regarder.
>
> À ce mouvement qui mettait en évidence toute sa personne, les yeux de la foule se tournèrent vers elle, et un long murmure d'admiration la salua. Cette rumeur n'échappa point à Bonaparte ; il tourna brusquement la tête vers le point où se portait l'attention publique, pour savoir quel objet pouvait distraire de sa présence cette foule dont il était le héros : il aperçut une jeune femme vêtue de blanc et lui lança un regard dont elle ne put soutenir la dureté : elle se rassit au plus vite [1].

---

1. Mme Lenormant, *op. cit.*, t. 1, pp. 19 à 21.

Spectaculaire confrontation! Elle n'a pas froid aux yeux, la citoyenne Récamier, pour se mettre aussi ingénument – et ingénieusement – en évidence! Risquer de détourner, fût-ce un instant, l'attention due au grand homme, quelle témérité! Profiter d'un décor aussi théâtral, d'une occasion aussi solennelle, pour rafler la vedette à l'élu des dieux, cela relève de l'inconscience, pour ne pas dire de la provocation... De plus, c'est peu connaître Bonaparte. Mais à part la tribu familiale et ses aides de camp, qui peut, à l'époque, se vanter de le connaître?

Susceptible et ambigu envers l'éternel féminin, ce Méditerranéen éprouvera toujours une particulière méfiance, une manière d'irritation envers le succès trop aisé de la Parisienne, de la femme élégante et bien entourée, que les hommages permanents ont accoutumée, pense-t-il, à trop de facilité. La rigide Mme Letizia et la frivole Joséphine ont leur part de responsabilité en la matière. Avec Juliette, il sera divisé entre le désir de céder à la séduction et le rejet agacé.

Quant à elle, nous la prenons une fois encore en flagrant – et charmant – délit d'autopromotion. Il y a, avouons-le, de la starlette dans son geste. En tout cas, le «long murmure» d'admiration dut compenser, dans sa jeune tête, la foudroyante sévérité du général. Quel symbole que cet affrontement entre le triomphateur couvert de lauriers, entouré de dignitaires chamarrés, chargés de broderies, d'or et de plumets, et une jeune femme vêtue de blanc, qui n'a pour elle que son joli minois!

Pour réfrigérante qu'elle ait été, cette passe d'armes avec Bonaparte aura du moins une conséquence intéressante : ce jour-là, Mme Récamier sort de l'anonymat. Paris ne l'ignorera plus longtemps : un nouveau mythe vient de naître.

*
* *

Quelques mois se passent. Juliette s'affirme dans ce qui la distingue entre toutes : son exceptionnelle beauté. Comment définir cet ensemble d'éléments dont il nous est difficile, pour ne pas dire impossible, rétrospectivement, de mesurer l'exact dosage? Comment rendre le charme et la couleur de la vie, son mouvement, sa tonalité précise, sa charge particulière de vibrations, qui sont comme l'essence même de la beauté?

Les peintres et les mémorialistes tenteront quelques représentations du modèle. Mais rendront-ils la naissance du sourire, les inflexions de la voix de Juliette? Composés complexes, multiples, ils échappent au pinceau comme à la plume. L'un fige, l'autre laisse incertaine une réalité insaisissable. Mme Lenormant fait l'effort de procéder à un inventaire soigneux : «... Un cou de la plus admirable proportion, une bouche petite et vermeille, des dents de perle [...], le nez délicat et régulier mais bien français, un éclat de teint incomparable qui éclipsait tout... »

Chateaubriand relève la ressemblance, généralement admise, avec une madone de la Renaissance italienne, lorsqu'il constate : « Ce qui donne une rare expression de beauté, c'est cette ligne ovale qu'on ne voit que dans les têtes de Raphaël et que, jusqu'ici, on aurait pu croire idéale. » Il y a, c'est vrai, dans le portrait que, bientôt, Gérard fera de Mme Récamier on ne sait quoi du moelleux académique, de la délicatesse de coloris du maître italien. On y perçoit la proximité, la suavité de la jeune femme. Et cependant... Chateaubriand, le premier, ose se déclarer insatisfait par « ce chef-d'œuvre », qu'il admet être « ravissant » : « Il ne me plaît pas, parce que j'y reconnais les traits, sans reconnaître l'expression du visage [1]. »

Il y a en elle, dès cette époque, un mélange d'Agnès et de Célimène : sa nièce évoque « une physionomie pleine de candeur et parfois de malice », voilà pour l'ingénue. Chateaubriand souligne un piquant contraste : « Quelquefois ses paroles sont passionnées, tandis que sa physionomie est timide et naïve », voilà pour la coquette... Il est clair que Juliette, à vingt ans, n'a rien d'une beauté statique. Elle est, et restera, gaie, expressive, animée, peut-être minaudière. Elle sait, d'instinct, que la réserve lui sied, mais elle n'a toutefois rien d'une figurine de Saxe. Elle est grande, svelte, elle possède un corps harmonieux qu'elle met en valeur. À nous d'imaginer sa gestuelle vive, nette, quand elle bouge et danse, car elle adore danser. Ni courtisane ni grande dame, elle est une ravissante créature, consciente de son attrait, excellant à le rehausser, assez occupée à faire d'elle-même une sorte de prodige, un miracle permanent.

Son cœur, nous le savons, n'a pas encore parlé. Juliette est donc sereine. Son mariage n'est qu'apparent. Elle s'en dédommage en s'occupant de sa personne. Juliette, à cette époque, n'est pas dégagée d'un certain narcissisme. Plus tard, son manque affectif la mènera à chercher des compensations dans ses amitiés et dans ses devoirs, mais, pour l'instant, elle ne déteste pas être le point de mire, le phare, l'étoile vers qui se tournent les hommages, quitte à ne pas encore savoir très bien qu'en faire, lorsqu'ils deviennent pressants.

Elle tranche nettement sur le monde disparate du Directoire. À côté de la pittoresque Mme Angot, la poissarde enrichie au langage mal décrassé, de l'extravagante et impudique merveilleuse bien en cour ou de la pauvre et digne ci-devant décolorée par les épreuves, Juliette apparaît comme un cygne au milieu d'une basse-cour. Elle fascine, parce qu'elle est différente : il émane d'elle une féminité pure, légère, rafraîchissante.

C'est qu'elle crée son propre style : celui de la jeune déesse, gracieuse dans chacun de ses actes, dans chacun de ses mots et qui, d'un pas souple et assuré, descend partager, un moment, la prosaïque

---

1. *M.O.T.,* 3ᵉ partie, 2ᵉ ép., livre septième, 5, p. 325.

existence des mortels. Charme arachnéen qui enchante Paris comme un parfum unique et oublié…

Ce style, Juliette l'exprime dans son élégance inimitable et que, pourtant, l'Europe entière imitera. Signe distinctif : le blanc. Quel absolu place-t-elle dans cette couleur de l'absence, de la virginité, de l'inaccessible et qui contient toutes les autres, à moins qu'elle ne les annule ? Que signifie, au juste, à ses yeux, cette valeur symbolique ? La lividité du linceul, la douce fertilité du lait, la froideur immaculée de la neige, la pureté de l'ange ou l'innocence de l'agneau ? Sur quelle analogie secrète fonde-t-elle ce choix ? Nous l'ignorons. Sans doute aussi, le blanc convient-il à sa carnation de châtaine… Elle est experte à jouer de ses variations de matité ou de brillance, selon les étoffes, les saisons, l'humeur…

Autre signe distinctif : pas de diamants mais des perles. À une époque de franche ostentation, Juliette se singularise en refusant tout étalage de sa richesse. Les diamants, depuis deux siècles, toute femme du monde en rêve. Ils sont le nec plus ultra de l'apparat. De quoi Joséphine – qui deviendra l'une des protectrices de la joaillerie française lorsqu'elle sera impératrice – aurait-elle été capable, pour s'approprier le Koh-i-Noor (qui, si joliment, signifie : « montagne de lumière »), l'Orlov ou le Sancy ?… Les parures, les tiares, les diadèmes et les rivières de diamants seront les ornements de rigueur à la cour impériale. En revanche, les perles, dont les anciens Romains pensaient qu'elles étaient le bijou de Vénus, ont perdu la vogue extraordinaire qui était la leur au XVIᵉ siècle, si elles conservent la magie du vivant : on sait que leur orient se ternit au contact de certains épidermes. Cela dit, elles n'ont plus de signification sociale.

Aussi, lorsque avec aisance Juliette se présente au monde, dans un halo de mousseline blanche, discrètement parée de perles fines dont le lustre souligne son décolleté, comment ne pas admirer ce parti pris de simplicité, cette confiance implicite en son propre éclat ? Comment, dans ces assemblées agitées de vanités criardes, troublées de menaces plus ou moins sourdes, ne pas envier ce rayonnement dépouillé ? Chateaubriand a le mot juste du poète, lorsqu'il résume l'apparition de Juliette : « Lumière sereine sur un tableau d'orage… »

L'ange et la magicienne

Il est une autre femme qui défraie la chronique parisienne et dont nous allons, en même temps que Juliette, faire la connaissance, c'est Mme de Staël.

Au premier abord, celles qui vont devenir d'intimes amies ont peu en commun. Juliette n'est qu'une riche particulière, protégée par un entourage attentif, pleine de promesses, mais encore peu faite. En revanche, Mme de Staël, à trente-deux ans, est depuis longtemps un personnage public que signalent ses interventions politiques sa production littéraire et la turbulence de sa vie sentimentale.

Fille unique d'un homme d'État, elle a reçu dans son berceau un nom prestigieux (celui de Necker), une des premières fortunes de l'Europe (faut-il rappeler que son père était personnellement créancier du roi de France ?), ainsi que la supériorité intellectuelle et tous les dons de l'esprit. À ces privilèges, on peut ajouter l'ardeur et la générosité d'un tempérament hors du commun et la faculté de donner à tout ce qui l'occupe, dans tous les domaines, un relief particulier.

Rien de ce qui lui arrive n'est simple. Ou, peut-être, les privilèges ont-ils leurs facettes négatives... Son enfance, alimentée aux meilleurs esprits du temps, eut ses solitudes et ses blessures. Son mariage suscita des complications invraisemblables. Mlle Necker était trop intelligente pour ne pas mesurer ce que signifiait être une héritière sans beauté, sinon sans charme. Les prétentions de ses parents étaient telles que deux rois et une reine durent s'en mêler pour clore les interminables tractations qu'elles suscitaient : le prétendant devait être protestant, titré et résident à Paris. Gustave III, roi de Suède, était prêt à céder Éric-Magnus de Staël-Holstein contre une des îles antillaises que se disputaient alors la France et l'Angleterre. À défaut de Tobago, il se contentera de Saint-Barthélemy, mais son «petit Sthal[1]» attendra quelques années avant de recevoir son ambassade parisienne. La reine Marie-Antoinette, peu désireuse de voir Fersen, autre Suédois sur les rangs, risquer de l'emporter, appuya Staël, et le mariage se fit. Frénilly le commentera crûment en disant du mari, son ami : «Sa seule faute est d'avoir, étant le plus bel homme de Suède et issu de la maison de Holstein, épousé pour de l'argent la plus laide fille de France, issue de la maison Necker de Genève...»

Après qu'on lui ait acheté un mari, Louise Necker, devenue Germaine baronne de Staël, s'émancipe de la tutelle maternelle, ouvre son propre salon dans la ville qu'elle aime le plus au monde, mène grand train et, surtout, se donne les moyens de faire rayonner sa pensée.

Elle publie à vingt-deux ans, en 1788, ses Lettres sur les écrits et le caractère de Jean-Jacques Rousseau qui lui valent une renommée littéraire immédiate. Ce bel esprit est avide d'action politique. Aux côtés d'un père qu'elle idolâtre, elle évolue dans les sphères raréfiées du pouvoir. En passe de devenir ambassadrice de Suède à Paris, elle se passionne pour la diplomatie européenne. Pour quoi ne se passionne-t-elle pas, d'ailleurs ?... Sans déplaisir, elle assiste aux soubresauts de l'absolutisme frappé à mort par les États généraux, la prise de la Bastille, la nuit du 4 août et, surtout, la montée d'aspirations nouvelles que Necker n'a pas été le dernier à susciter. Si elle accompagne de très près la première Révolution – son ami, le comte

---

1. Cette orthographe fantaisiste est celle de Gustave III.

de Narbonne, sera, sous la Gironde, ministre de la Guerre – Mme de Staël est contrainte de s'expatrier en septembre 1792 et elle ne revient à Paris qu'en mai 1795. Non sans difficultés, la Convention se méfiant d'elle.

Une fatalité paradoxale voudra que cette fille des Lumières, cette grande, cette authentique libérale, profondément attachée au principe constitutionnel, défendant les hautes valeurs de tolérance, de progrès, de foi en la raison et l'intelligence humaines, appelant de tous ses vœux l'accès aux libertés personnelles, soit mise à l'écart par les différents régimes que connaîtra la France, de 1792 à 1814 : la Terreur, le Directoire, le Consulat et l'Empire tour à tour l'éloigneront quand ils ne la persécuteront pas. On fera d'elle une exilée professionnelle, on la traitera comme une pestiférée, cependant que ses positions apparaissent comme les plus défendables, pour ne pas dire les seules viables, en ces années de tâtonnement et d'erreurs politiques successives.

C'est que Mme de Staël possède une forte personnalité, non dénuée de contradictions – dont la plus fondamentale et qu'a si bien analysée son plus récent biographe, Ghislain de Diesbach, est une angoisse existentielle qu'elle ne dominera jamais – et qui, par son éclat même, irrite et dérange. Elle est aimée ou détestée, c'est selon, mais elle inspire toujours des réactions aussi violentes que l'est sa nature profonde. Ce météore, ce tourbillon fait femme, cette «colombe de proie», comme la surnomme son ami Norvins, remue et entraîne : elle remue, car elle ne sait se taire. Elle proclame ses conseils, ses indignations et ses revendications. Elle entraîne, par son extraordinaire intelligence, mélange de hauteur de vues et de rapidité d'esprit, que soutiennent la multiplicité de sa réflexion et le feu de sa conviction.

Mme de Staël est une nature d'exception qui, pour son malheur, ne peut s'empêcher de distordre la normalité. Sa vie privée en est l'illustration. Il n'y a pas lieu de s'y arrêter pour l'instant, sachons seulement – comme Juliette pouvait alors le savoir – qu'après un mariage décevant, Mme de Staël cherche auprès de nombreux et prestigieux amis, Narbonne, Talleyrand et maintenant Benjamin Constant (la liste n'est pas exhaustive), une perfection d'entente que, bien entendu, elle ne trouvera jamais. Ce qui la caractérise c'est, dans ce domaine comme dans d'autres, sa totale absence de préjugés ainsi que l'habitude de prendre le monde à témoin de ce qui lui advient.

Qu'on le veuille ou non, face à une telle personnalité, il nous faut nous situer. Sans tomber toutefois dans le travers de ses contemporains qui ressentirent pour elle une admiration ou une haine de type passionnel, comme ce fut le cas pour Chateaubriand et Napoléon, proprement allergiques à sa personne. En ce qui nous concerne, disons simplement que Mme de Staël nous apparaît d'une irrésistible séduction dans sa pensée, d'une part, et dans cette qualité qui lui est particulière, d'autre part, la chaleur humaine. Nous

connaissons ses défauts, son absolu manque de tact, sa totale incapacité, ayant constamment vécu « au sommet », à se mettre à la place
d'autrui – quand autrui possède des subtilités de réactions qui lui
échappent – sans parler de son égocentrisme ravageur. Mais ces
défauts si souvent caricaturés sont secondaires.

Mme de Staël, comme Mme Récamier, est unique, mais à la différence de sa jeune amie, Mme de Staël ne nous paraît pas exemplaire. La femme aspire, depuis que le monde est monde, à résoudre
sa propre énigme. Celle de Juliette nous passionne. Pour ce qui
regarde Mme de Stael, sa pensée et son œuvre nous suffisent.

Par un après-midi d'automne, Juliette reçoit, sans s'y être préparée, une visite. Mais laissons-lui la parole, puisque, pour une fois,
nous le pouvons :

> Un jour, et ce jour fait époque dans ma vie, M. Récamier arriva à
> Clichy avec une dame qu'il ne me nomma pas et qu'il laissa seule
> avec moi dans le salon, pour aller rejoindre quelques personnes qui
> étaient dans le parc. Cette dame venait pour parler de la vente et de
> l'achat d'une maison ; sa toilette était étrange : elle portait une robe
> du matin et un petit chapeau paré, orné de fleurs ; je la pris pour une
> étrangère. Je fus frappée de la beauté de ses yeux et de son regard ; je
> ne pouvais me rendre comptc de ce que j'éprouvais, mais il est cer-
> tain que je songeais plus à la reconnaître et, pour ainsi dire, à la devi-
> ner, qu'à lui faire les premières phrases d'usage, lorsqu'elle me dit
> avec une grâce vive et pénétrante qu'elle était vraiment ravie de me
> connaître, que M. Necker, son père... À ces mots, je reconnus
> Mme de Staël ! Je n'entendis pas le reste de sa phrase, je rougis, mon
> trouble fut extrême. Je venais de lire ses *Lettres sur Rousseau*, je
> m'étais passionnée pour cette lecture. J'exprimai ce que j'éprouvais
> plus encore par mes regards que par mes paroles : elle m'intimidait et
> m'attirait à la fois. On sentait tout de suite en elle une personne par-
> faitement naturelle dans une nature supérieure. De son côté, elle fixait
> sur moi ses grands yeux, mais avec une curiosité pleine de bien-
> veillance, et m'adressa sur ma figure des compliments qui eussent
> paru exagérés et trop directs, s'ils n'avaient pas semblé lui échapper,
> ce qui donnait à ses louanges une séduction irrésistible. Mon trouble
> ne me nuisit point ; elle le comprit et m'exprima le désir de me voir
> beaucoup à son retour à Paris, car elle partait pour Coppet. Ce ne fut
> alors qu'une apparition dans ma vie, mais l'impression fut vive. Je ne
> pensai plus qu'à Mme de Staël, tant j'avais ressenti l'action de cette
> nature si ardente et si forte[1].

Elle écrit bien finement quand elle prend la peine d'écrire l'aimable Juliette ! Il est bien dommage que si peu de pages nous soient

---

1. Cette page de Juliette est reproduite par Mme Lenormant, *op. cit.*, t. I,
pp. 24-25.

restées des *Mémoires* qu'elle entreprit, beaucoup plus tard, dans une heure de désœuvrement morose...

Cette «apparition» déclenche un véritable coup de foudre, ou nous n'y connaissons rien! «Je rougis», «mon trouble fut extrême», «une séduction irrésistible»...

Nous ne l'aurions pas imaginée si facile à émouvoir, ni si gracieuse dans l'émotion! «Mon trouble ne me nuisit point...». Avouons que ce côté Grand Siècle est délicieux, et d'une lectrice de Racine ou de Sévigné.

Une fois de plus, l'«effet Staël» a agi. D'abord, les yeux. Noirs, agrandis d'intensité, tous les remarqueront comme le charme indéniable d'un visage qui, après tout, n'était peut-être pas si ingrat... Avec des yeux pareils, le reste n'existait plus. Ensuite, la parole. Percutante, juste, expressive au-delà des mots... Comme celui de Bonaparte, le rayonnement de Mme de Staël comporte sa part de magnétisme. Et la réceptive Juliette y succombe. Comme si, d'instinct, elle pressentait qu'elle a devant elle la magicienne, la puissance tutélaire qui va l'entraîner plus avant sur le chemin de la vie, de sa vie.

Quant à «la baronne des baronnes», comme on la nomme dans Paris, ressent-elle cette certitude qu'on éprouve lors d'un choc d'âmes? Celle que, si longtemps, elle appellera son «ange» vient de lui être donnée. Peut-elle mesurer la somme de bonheurs, de chagrins, de contrariétés, d'enseignements et de silences partagés que cela suppose? Certes, elle en est plus capable que toute autre...

Si Mme de Staël était venue à Clichy, c'était pour parler affaires: elle avait passé l'été précédent à Saint-Ouen, s'occupant d'obtenir la radiation de son père de la liste des émigrés et la restitution des deux millions que celui-ci avait, en 1789, prêté au Trésor royal. Mais aussi, avant de repartir pour le château familial de Coppet, sur les bords du lac Léman, à la fin du mois d'octobre, elle avait négocié la vente de l'hôtel que Necker possédait dans la chaussée d'Antin. Le 25 vendémiaire an VII (16 octobre 1798), cette maison située rue du Mont-Blanc, au numéro 7, est vendue aux Récamier. Une acquisition qui allait changer l'existence de ces derniers.

La rue du Mont-Blanc, baptisée ainsi par la Convention (à l'occasion du rattachement à la France du département du même nom), reprendra en 1816 son appellation monarchique: rue de la Chaussée-d'Antin. L'hôtel Récamier se trouvait dans la partie basse de ce qui passait alors pour une des plus belles artères de la capitale, entre le boulevard des Italiens et l'actuel boulevard Haussmann. Il était voisin de celui qu'au numéro 9 Ledoux avait construit pour la Guimard et qui contenait, entre autres merveilles, un théâtre susceptible d'accueillir cinq cents des amis de la célèbre danseuse. L'hôtel Mont-

Blanc appartenait présentement à Jean-Frédéric Perregaux, un autre banquier important, père d'une amie de Juliette, Hortense, mariée en cette année 1798 à Marmont, un brillant aide de camp de Bonaparte et qui deviendra, sous l'Empire, duc de Raguse.

Construit par Cherpitel, l'ancien hôtel Necker était plus modeste. Récamier entreprend de le restaurer et de l'embellir. Les travaux dureront treize mois et le couple y emménagera peu après le coup d'État de Brumaire. Le mari de Juliette accomplit des miracles : plus qu'une demeure, il en fera une création d'avant-garde, l'enseigne de la prospérité consulaire et le confluent obligé des élégances européennes.

Pour opérer cette métamorphose, il réunit une équipe presti-gieuse : le maître d'œuvre est l'architecte Jacques-Antoine Berthault qui, déjà, lui avait édifié sa maison de la rue du Mail. Pour la déco-ration, on fait appel au célèbre duo Percier et Fontaine. Charles Percier en est le concepteur, Pierre Fontaine le réalisateur. Ils s'en-tendent parfaitement, travaillent avec minutie, admirent l'Antiquité qu'ils réinventent avec une étonnante créativité. Bonaparte leur confiera la Malmaison, achetée au printemps suivant par Joséphine, et les fera sous l'Empire ses décorateurs attitrés. Percier et Fontaine exercent, en attendant, leurs talents chez les Récamier, donnant à chacune des pièces une ambiance qui lui soit propre, accentuant le contraste entre les espaces de réception, d'apparat et les apparte-ments privés. L'ébénisterie est confiée aux Jacob, spécialement à François-Honoré, grand travailleur de l'acajou, et que la clientèle la plus huppée s'arrachera sous l'Empire et la Restauration. Quant au bronzier, il s'agit, probablement, de Pierre-Philippe Thomire, qui travailla pour Percier et Fontaine et laissa sa marque, notamment, à Fontainebleau, Trianon et Compiègne.

On modifie de fond en comble les bâtiments existants, on les répare, on les agrandit, on distribue et on meuble les lieux… Il nous faut attendre encore un peu, cependant, avant de découvrir et d'ap-précier le résultat de ces ambitieux et coûteux travaux.

Juliette croise Roméo…

La jolie jeune femme, qui s'installe au printemps 1799 au châ-teau de Clichy, a de quoi rendre jaloux les dieux eux-mêmes tant elle est dotée de ressources et de grâces. Sa réputation, en ville, va crois-sant : on commence à l'appeler «la Belle des Belles»… Ses agré-ments physiques, les plus spectaculaires mais les plus superficiels, ne seraient rien s'ils ne reflétaient son âme, s'ils n'exprimaient son harmonieuse personnalité.

Nous l'avons découverte, soucieuse de se forger une image – un commencement d'identité – et nous allons la voir maintenant se tourner vers la société, occupée avec un rare talent à faire son métier de femme, à devenir une maîtresse de maison hors catégorie. Elle a compris que le monde parisien récemment reconstitué manque d'un centre, d'un terrain neutre où se retrouver. Elle va le lui offrir. Elle en a l'intention, M. Récamier, les moyens.

S'il n'est pas encore fastueux, l'accueil de Mme Récamier est d'ores et déjà incomparable. Elle n'est pas la seule à proposer à ses hôtes une plaisante résidence, une table continuellement ouverte, un parc bien entretenu ; en revanche, elle a le génie du tact, de l'attention aux autres. Elle sait, au détour de mille petits riens, ajouter à son hospitalité cette note unique de raffinement au service du bien-être. Elle est attentive aux détails. Un exemple parmi d'autres : elle fait cultiver des fleurs fraîches, une rareté à l'époque, dont elle orne avec soin son parc et ses salons.

Elle est avenante, elle répand autour d'elle son attentive amabilité, sa charmante faculté de faire se rencontrer ses hôtes à travers elle, encore qu'ils n'aient parfois pas grand-chose qui les rassemble. On se sent à son aise chez elle, parce qu'elle y est à l'aise elle-même. Son sourire, sa sérénité – on ne lui connaît aucune inclination sentimentale, aucune préférence marquée, et cela étonne un peu – la facilité de sa vie qui déteint sur son entourage, sa franche gaieté – qu'on a méconnue – la font envier de tous ceux qui approchent, ou rêvent d'approcher un moment, la lumière qu'elle irradie. Ce mélange de richesse et de bon ton, cette harmonie intérieure, ou de société, qu'aucune fausse note n'entachera provoquent une jouissance, mais aussi un apaisement. Juliette, si jeune encore, rassure.

Elle est intelligente, sans être une intellectuelle. Elle ne prétend pas « au bureau d'esprit », très décrié dans son milieu où le pédantisme est pis qu'une tare, un ridicule. Elle n'est pas non plus une de ces femmes dont les faveurs qu'elles accordent, quand elles ne les vendent pas, font la renommée, surtout au sein d'une élite facilement libertine qu'on nomme alors « le monde de la bamboche » (comme Proust dira « le monde de la noce », comme nous disons « la jet-set »). Ni « bas-bleu » ni sirène, Juliette, à l'abri de sa blancheur, de sa sagesse et de son savoir-vivre, est une charmeuse platonique qui, apparemment, se suffit à regarder évoluer dans sa sphère quelques spécimens intéressants de la faune humaine.

Pour l'heure, il n'y a rien dans son habituelle société qui ressemble encore à un véritable salon. Tout au plus un cénacle familial qu'enrichissent les amis de sa nombreuse parentèle. Il s'y ajoute quelques membres notables du personnel politique, que côtoie Récamier.

*
* *

Parmi eux, un Bonaparte, rencontré dans un dîner à Bagatelle, chez M. Sapey. Il s'appelle Lucien, il a vingt-quatre ans, il est le préféré de sa mère, non sans raison, car il n'est pas sans charme. Laure Junot le décrit ainsi : « Lucien a été doué par la nature d'une profusion de talents, d'une richesse de capacité immense. Son esprit est vaste, il ne recule devant aucun plan. Son imagination brillante, accessible à tout ce qui porte un caractère de grandeur et de création, lui a souvent donné l'apparence d'un homme peu susceptible d'être guidé par la raison dans une occasion importante.» Traduisons : «Danger! inflammable…»

Lucien sort de ce dîner, ivre d'amour pour «la Belle des Belles», décidé à entreprendre sa conquête et, pour cela, à employer les grands moyens. Entendons, les siens. C'est-à-dire l'emphase, l'effet rhétorique, les belles phrases et les mots définitifs, ressorts principaux de son talent littéraire. Car cet ex-garde-magasin de Saint-Maximin a de sérieuses velléités en la matière et il vient de publier un petit ouvrage au goût du jour, où se mêlent, à la manière de Bernardin, exotisme et sensiblerie, qu'il a intitulé *La Tribu indienne*[1].

Comme nous sommes loin du style cursif et du génie de la concision, propres à son frère Napoléon! Lucien va inonder Juliette, qui n'en demande pas tant, mais qui s'emploie à ne pas évincer un parent du glorieux général, de lettres interminables dont les excès finissent par devenir touchants. Le redoutable épistolier que ce Lucien! Sa phraséologie sentimentale semble inépuisable… Car si Mme Lenormant nous a donné un très petit échantillonnage de cette correspondance – qu'avaient consultée avant elle Benjamin Constant, Chateaubriand et Ballanche – nous avons la chance, du moins la possibilité, de pouvoir la parcourir plus amplement : ces lettres, dont on a publié la première et quelques fragments, dont Herriot connaissait le nombre mais pas la teneur, ont été dispersées à la mort de la nièce de Juliette, regroupées dans leur majorité et acquises récemment par la Bibliothèque nationale[2]. Leur lecture continue commande un peu moins de sévérité de notre part, un peu plus de compréhension, en tout cas, que n'en témoigne Herriot.

Il ressort de ces épanchements, à la fois mièvres et déclamatoires, que les ferveurs de Lucien laissent Juliette froide mais amusée. Il y a de quoi : Lucien signe… Roméo! Qu'on en juge, par la première lettre qu'il lui remet, en public :

Lettre de Roméo à Juliette
par l'auteur de *La Tribu indienne*

Venise, 29 juillet.

Roméo vous écrit, *Juliette* : si vous refusiez de me lire, vous seriez plus cruelle que nos parents dont les longues querelles viennent enfin de s'apaiser : sans doute ces affreuses querelles ne renaîtront plus… Il y a peu de jours je ne vous connaissais encore que par la renommée. Je

---

1. Roman en 2 volumes, Paris, an VII.
2. Un recueil de 33 lettres, autographes de Lucien Bonaparte à Mme Récamier, a été acheté par la Bibliothèque nationale, en 1973. BN Ms Catalogue vente CV 5108.

vous avais aperçue quelquefois dans les temples et dans les fêtes ; je savais que vous étiez la plus belle ; mille bouches répétaient vos éloges et vos attraits m'avaient frappé sans m'éblouir… Pourquoi la paix m'a-t-elle livré à votre empire ? La paix !… Elle est dans nos familles ; mais le trouble est dans mon cœur…

Rappelez-vous ce jour où pour la première fois je vous fus présenté. Nous célébrions dans un banquet nombreux la réconciliation de nos pères. Je revenais du Sénat où les troubles suscités à la République avaient produit une vive impression ; ma tête était remplie de réflexions profondes ; j'arrivai triste et rêveur dans ces jardins de *Bedmar*[1] où nous étions attendus… Vous arrivâtes. Tous alors s'empressaient. Qu'elle est belle ! s'écriait-on… Le hasard ou l'amour me plaça près de vous ; j'entendis votre voix… Vos regards, vos sourires fixèrent mon âme attentive ; je fus subjugué ! Je ne pouvais assez admirer vos traits, vos accents, votre silence, vos gestes et cette gracieuse physionomie qu'embellit une douce indifférence… Car vous savez donner des charmes à l'indifférence.

La foule remplit dans la soirée les jardins de Bedmar. Les importuns, qui sont partout, s'emparèrent de moi. Cette fois je n'eus avec eux ni patience, ni affabilité : ils me tenaient éloigné de vous… Je voulus me rendre compte du trouble qui s'emparait de moi. Je reconnus l'amour et je voulus le maîtriser… Je fus entraîné et je quittai avec vous ce lieu de fête.

Je vous ai revue depuis : l'amour a semblé me sourire… Un jour, assise au bord de l'eau, immobile et rêveuse, vous effeuilliez une rose ; seul avec vous, j'ai parlé… J'ai entendu un soupir… Vaine illusion !… Revenu de mon erreur, j'ai vu l'indifférence au front tranquille assise entre nous deux… La passion qui me maîtrise s'exprimait dans mes discours et les vôtres portaient l'aimable et cruelle empreinte de l'enfance et de la plaisanterie… Chaque jour je voudrais vous voir, comme si le trait n'était pas assez fixé dans mon cœur. Les moments où je vous vois seule sont bien rares, et ces jeunes Vénitiens qui vous entourent et qui vous parlent fadeur et galanterie me sont insupportables… Peut-on parler à *Juliette* comme aux autres femmes ?

J'ai voulu vous écrire. Vous me connaîtrez, vous ne serez plus incrédule… Mon âme est inquiète ; elle a soif de sentiments… Si l'amour n'a pas ému la vôtre ; si Roméo n'est à vos yeux qu'un homme ordinaire, oh ! je vous en conjure, par les liens que vous m'avez imposés, soyez avec moi sévère par bonté ; ne me souriez plus, ne me parlez plus, repoussez-moi loin de vous. Dites-moi de m'éloigner et si je puis exécuter cet ordre rigoureux, souvenez-vous au moins que *Roméo* vous aimera toujours ; que personne n'a jamais régné sur lui comme *Juliette*, et qu'il ne peut plus renoncer à vivre pour elle, au moins par le souvenir.

Benjamin Constant note « une fatuité mêlée d'assurance et de gaucherie » dans l'entreprise risquée de Lucien : un jeune tribun, député au Conseil des Cinq-Cents, faisant figure de chef de parti politique, portant un nom déjà illustre, se prend pour Werther,

---

1. Bagatelle.

Saint-Preux et Roméo, persuadé qu'il va séduire la plus belle, mais la plus sage !…

Chateaubriand trouve « tout cela un peu moquable ». S'il n'a pas tort, l'auteur des *Mémoires d'outre-tombe*, quand il commente cet épisode légèrement extravagant de la vie de Mme Récamier, a plus de raisons d'être serein, donc indulgent, que celui d'*Adolphe* qui, tout de même, s'identifie à l'homme amoureux qui souffre, avec plus ou moins d'éloquence, d'être refusé.

Juliette prend la chose gaiement et rend, devant tout le monde, cette belle missive à son auteur, lui conseillant d'employer plus sérieusement ses talents. Lucien, c'était prévisible, s'emballe comme un cheval échappé. Impossible de rétrograder l'allure. Le malheureux se débat entre une passion délirante et des lueurs de lucidité. À la huitième lettre, il avoue :

> Juliette, ce n'est plus Roméo, c'est moi qui vous écris.
> Depuis deux jours retiré à la Campagne, votre idée m'y a occupé sans cesse : ces deux jours ont suffi pour m'éclairer sur ma position, et je me suis jugé.
> Je vous envoie le résultat de mes tristes réflexions. Je vous prie de les lire… C'est la dernière lettre que vous recevrez de moi.

Oh ! que non ! Ce n'est pas la dernière ! Il va lui falloir souffrir – et écrire – encore pendant quelques mois… Juliette n'est pas tentée par les agitations du cœur. Le navrant spectacle de Lucien doit, sans doute, la renforcer dans son parti pris de sérénité, qui, par contrecoup, exaspère son correspondant :

> Ô Juliette ! Ô mon amie ! vous avez lu dans mon âme : continuez d'y lire. S'il est décidé sans retour que vous ne devez jamais être à l'amour, je souhaite que vous jouissiez toujours de ce calme qui paraît satisfaire vos vœux… Mais ce calme ne peut pas être de longue durée et j'envisage avec douleur, avec effroi le moment où l'heure des passions sonnera pour vous…

Parfois, quand il le peut, Lucien part se mettre au vert, pour s'isoler, essayer d'y voir plus clair. Le résultat est un déluge de plaintives réflexions du genre de celles-ci :

> Juliette est mon idole. Quels sont *mes vœux*?… Quelles sont *mes espérances*?… Je m'interroge et me réponds avec rigueur et sans chercher à me tromper moi-même.
> QUELS SONT MES VŒUX?… Après avoir vu Juliette, tout en elle acquiert un prix, les peines mêmes sont pour elle des trophées insignifiants et journaliers.
> Elle rit de l'amour… l'amour se vengera tôt ou tard. Puissé-je à moi seul supporter toutes les peines qui lui seraient destinées ! Je m'offre à l'amour en victime expiatoire pour les affronts dont ma Juliette les couvre…

[...] Elle recourt à un ami pour faire parvenir jusqu'à moi des demandes qui eussent été des ordres de sa bouche. Elle me fuit autant que le permet la bienséance. Elle dit avec de jeunes indiscrets *qui le répètent partout* : « Je ne puis me débarrasser de lui. » La promenade solitaire sous les allées lui est insupportable avec moi. Une plainte comme un soupir viennent se briser sur le mur de glace qui entoure son cœur : elle me supporte par honnêteté, ses procédés sont la démarche qui lui est habituelle... Point de distinction consolante ; point de trouble – du calme, de la gaieté, de l'indifférence : voilà ce qu'elle offre à celui qui l'adore.

[...] Si tu te sentais entraîné vers l'insensible Juliette, souviens-toi qu'un amant repoussé *est l'être le plus ridicule de la terre* : souviens-toi qu'en France un ridicule est plus dangereux qu'un crime, lorsque surtout il se rapporte à un homme public sur qui la critique exerce avec tant de plaisir sa maligne influence.
Fuis, Juliette. Évite le ridicule. Adoucis ton malheur par la philosophie.

Cela n'est pas mal vu, mais malheureusement ne sert à rien. Lucien menace, bientôt, de devenir frénétique :

Votre calme me fait mourir. Votre présence *avec ce calme* est un enfer pour moi [...]. Mon caractère est capable de tout... Je tremble en me regardant dans l'avenir... Je ne puis pas vous haïr, mais je puis me tuer.

Aïe ! Comme on comprend l'embarras de Juliette devant des excès qui ressemblent si peu à ce qu'elle est, à ce qu'elle souhaite, ni probablement à ce qu'elle attend des hommages masculins. Elle se trouve dans une situation déplaisante. Elle n'a pas découragé Lucien – sur l'instigation de M. Récamier lui-même, nous dit Mme Lenormant – et, quoi qu'elle fasse, maintenant, quelle que soit son attitude envers lui, son importun Roméo y alimente sa fièvre amoureuse... Qu'elle cède ou qu'elle résiste, la personnalité névrotique de Lucien y trouvera prétexte à redoubler ses ardeurs... Elle propose son amitié... On imagine les cris de Roméo ! Bref, pour la première fois, Juliette mesure les dangers de sa séduction. Sa position est d'autant plus délicate que le monde commence à être au courant...
Dieu merci, Bonaparte revient, à point nommé, de sa lointaine Égypte. Son retour fait, à Paris, l'effet d'une bombe ! On se doute que l'audacieux général a quelques projets en tête, et Lucien y sera associé. Le voilà entraîné dans quelque chose d'autrement grave qu'une idylle, fût-elle impossible... Il le sent et essaie de se reprendre.
Lucien, à de rares exceptions près, ne date pas sa prose amoureuse. Nous savons néanmoins, par Benjamin Constant, qu'il écrit à Juliette, au soir de la difficile journée du 19 brumaire (10 novembre) :

[...] Lucien contribua puissamment au succès de cette journée qui tiendra toujours une si grande place dans l'histoire. Président du Conseil des Cinq-Cents, à Saint-Cloud, il résiste aux forcenés qui lui demandent la mise hors la loi de son frère; il lutte au milieu d'un tumulte épouvantable. Il doit la vie aux grenadiers de Bonaparte qui l'enlèvent de la tribune. Tout plein encore du danger qu'il vient de courir, il en fait le récit à Mme Récamier. Mêlant toujours le roman à l'histoire, il se représente menacé par les assassins qui lui demandent la tête de son frère : «Dans ce moment suprême, s'écrie-t-il, votre image m'est apparue!... Vous auriez eu ma dernière pensée[1]!»

Cette lettre, la plus flatteuse pour sa destinataire parce qu'elle l'associe directement à un événement historique, ne figure pas dans le recueil que nous avons consulté. Son existence ne fait cependant aucun doute.

Un mois après Brumaire, Lucien Bonaparte trouve en lui la force et la détermination de renoncer à Juliette. Il lui adresse une missive pathétique et torrentielle – treize grandes pages – héroïquement intitulée :

Mes adieux

Je ne puis plus en douter, Juliette : nos âmes se sont effleurées sans se rencontrer. Cette triste certitude m'est acquise aujourd'huÿ : votre déjeuner ne me laisse plus de doute nÿ sur votre bonté, nÿ sur votre calme... Vous êtes la meilleure des femmes et votre indifférence enfantine se radoucit par la pitié, la reconnaissance et l'estime... Mais la pitié, la reconnaissance et l'estime ne sont pas de l'amour! Et vous m'avez fait de l'amour un besoin qui me tirannise.

Vous ignorez la force des passions. Sans cette excuse, votre conduite à mon égard serait injuste.

Après de bien pénibles efforts, je vous écris que je ne puis plus vous voir sans amour; je vous renvoye vos lettres; je vous demande les miennes; je me montre à vous tel que je suis au risque de vous affliger; je vous dis au nom de la bonté d'âme que vous prisez tant : si vous êtes insensible, ne me voyez plus, ne permettez plus que je vous voïe...

Comme on le constate, Lucien n'est pas guéri, tant s'en faut! Ses adieux se répéteront jusqu'au printemps 1800... Enfin, Roméo mettra un point final à son inutile tourment :

Adieu, Juliette; adieu, Madame... Mon âme se brise à ce mot d'adieu!... Mes pleurs roulent dans mes yeux... Je voudrais effacer ce que j'ai écrit...

[...] On me trouvera toujours près de vous lorsque vous pourrez avoir besoin du pauvre Roméo... Je me jette à vos pieds... Que ce ruban baigné de mes larmes vous porte mes baisers d'idolâtrie, de douleur, d'adieu...

---

1. B. Constant. *op. cit.,* p. 942.

Le pauvre Roméo s'efface, mais Lucien ne disparaîtra pas tout à fait de la vie de Mme Récamier. Les Bonaparte non plus. Nous allons voir que selon les jeux du hasard et ceux du (nouveau) pouvoir, leurs destins continueront de s'entrecroiser…

*
* *

À tout prendre, Juliette s'était conduite avec habileté et elle avait évité le pire : un drame, si Lucien s'était suicidé, dont elle aurait porté la responsabilité, ou la perte de sa réputation vertueuse si la passion de celui-ci avait été acceptée. Sainte-Beuve, lorsqu'il analysera, cinquante ans plus tard, l'attitude de Mme Récamier, aura une expression heureuse : «Lucien aime, il n'est pas repoussé, il ne sera jamais accueilli. Voilà la nuance. Il en sera ainsi de tous ceux qui vont se presser alors comme de tous ceux qui succéderont. […] Elle était véritablement magicienne à convertir insensiblement l'amour en amitié, en laissant à celle-ci toute la fleur, tout le parfum du premier sentiment. Elle aurait voulu tout arrêter en *avril*[1]… »

Comment le lui reprocher? Ni allumeuse ni cruelle, Juliette aimerait, simplement, colorer sa relation avec autrui de cette fraîcheur qui anime alors son affectivité. Elle refuse moins l'amour par jeu de coquetterie que parce qu'elle ignore – pour l'instant – à quelle virulence il soumet celui qui l'éprouve. Elle est loin d'être insensible, mais elle n'est pas amoureuse, voilà tout. Elle laisse passer l'orage et attend patiemment son heure : celle de l'amitié, si possible tendre.

Et Lucien Bonaparte restera son ami, un ami puissant, devenu ministre de l'Intérieur du nouveau régime, qui s'empresse de nommer M. Bernard, le père légitime de Juliette, à la demande de celui-ci, à la direction de l'administration des Postes. Le 25 frimaire (16 décembre 1799), il écrit à Mme Récamier :

> Lucien a l'honneur de présenter ses hommages à Mad. Récamier : il a fait ce matin toutes les démarches qui peuvent assurer le succès de la demande du C.[itoyen] Bernard, si ce succès est possible. Il la prie de croire qu'il n'a rien négligé pour répondre à ses instances.

Sans rancune, l'ex-Roméo! Il y a mieux : lorsqu'il se trouvera veuf, en juillet 1800, c'est à Juliette qu'il confiera, de sa terre du Plessis où l'on vient d'enterrer sa femme, ses pensées moroses mais toujours ferventes : «[…] Votre intérêt, Julie, a seul conservé quelque charme pour moi : mon cœur attristé ne bat plus qu'à la voix de Juliette… »

Incontestablement, Lucien était mûr pour un grand sentiment. Il se remariera avec Alexandrine de Bleschamp, veuve de l'agent de

---

1. Sainte-Beuve, *Causeries du lundi*, tome I, pp. 118-114.

change Jouberthon, ce qui lui vaudra les foudres de son frère, désireux d'une union plus brillante. Lucien tiendra bon et choisira de
s'expatrier en 1804. Comme sa mère, il s'en ira vivre chez le pape –
qui le fera par la suite prince de Canino et de Musignano –, mais à
la différence d'elle, il ne reviendra pas à Paris assister au Sacre non
plus qu'il ne servira l'Empire. Ajoutons que cet homme intelligent,
malgré l'indéfectible boursouflure de son style, à défaut d'une
grande carrière, réussira sa vie conjugale : Roméo, remarié, vivra
heureux et aura neuf enfants…

CHAPITRE IV

LES TRIOMPHES MONDAINS

L'éclat, les fêtes m'entouraient presque sans interruption. Il en résulta une grande frivolité dans ma vie et une mélancolie non moins grande dans toutes mes pensées.

Mémoires de Mme Récamier,
Benjamin CONSTANT.

Dans un roman publié à la veille de la révolution de 1830, et qui ne manque ni d'audace ni de relief malgré un style souvent négligé, Henri de Latouche ressuscite les derniers jours du Directoire : *Fragoletta*, une créature androgyne qui donne son titre à l'ouvrage, fille à Naples et garçon à Paris, évolue, tantôt parmi l'élite de l'éphémère République parthénopéenne (libérée par les Français puis réprimée par ses souverains), tantôt dans la société parisienne de 1799.

Il est amusant de suivre Fragoletta, devenue Philippe Adriani, au Raincy, lors d'une fête particulièrement réussie que donne le banquier Ouvrard, à laquelle assistent, entre autres, Mme de Staël, Lucien Bonaparte et Juliette Récamier. Nous sommes en fructidor, à la veille du retour d'Égypte :

Le dîner fut plein de magnificence et de bon goût; il n'offrit point cette profusion qui rassasie, point cette gêne qui serre les estomacs, empêche les confidences de s'établir et fait craindre de toucher son verre et sa fourchette; mais point non plus de ces cohues qui assourdissent le plaisir. Les innombrables domestiques étaient attentifs et silencieux. Le bruit était l'expansion d'une gaieté douce et non ce retentissement stupide d'un service mal fait.

Quand on eut partagé les ananas, quand on eut savouré les vins de Grèce et les liqueurs parfumées des îles, on porta quelques toasts où les vœux ne furent point oubliés pour l'avenir de la France.

— À la plus belle des femmes ! dit en se levant un homme d'une trentaine d'années que le directeur Sieyès avait appelé plusieurs fois et assez familièrement Lucien.

Tous les yeux se tournèrent à l'instant vers une charmante personne qu'on croyait l'objet particulier de son culte. Elle rougit. Le futur président du Conseil des Cinq-Cents triompha de ce trouble, sourit du piège qu'il tendait aux auditeurs, et quand il les vit armés de leurs verres et adressant déjà à l'hérome, par leur maintien, la confirmation d'une galanterie si publique, il ajouta subitement :

— À la Paix !

L'élan de gaieté que ce dépit avait provoqué fut le signal de quitter la table, et on se répandit de nouveau dans les jardins et les salons.

Juliette dut-elle subir, aussi directement, la petite vengeance de Lucien, dont il fait état dans ses *Mémoires* ? Nous en doutons…

Le jeune Italien, séduit par la beauté de Mme Récamier, mais ignorant qui elle est – il devait bien être le seul ! – échange avec elle quelques propos apparemment anodins :

— Il n'y a pas longtemps, dit-elle avec une politesse affectueuse, que vous habitez ce pays ?

— Je n'y connais encore qu'une seule famille, madame, et je n'ai pas été deux fois chez mon banquier, lequel pourtant m'a fait adresser fort poliment par son confrère l'invitation qui m'a amené ici.

— Et vous le nommez ?

Adriani, qui était singulier en beaucoup de choses ou qui ne se souvenait pas exactement du nom, tira, au lieu de répondre, une adresse de son portefeuille et la mit sous les yeux de la dame, qui lut en souriant : « Rue du Mont-Blanc, n° 7 », et devina le reste.

— Je connais ce banquier, dit-elle. Les voyageurs que ses correspondants lui adressent sont accueillis chez lui : vous lui faites tort de n'y pas venir. Vous défiez-vous donc de l'hospitalité française ?

— Je sais, madame, que mes correspondants ne pouvaient me donner de rapports qu'avec le plus estimable homme de France ; mais son salon est encombré de visiteurs ; sa femme est, dit-on, une petite-maîtresse si exclusivement occupée d'elle-même…

— Pas plus que moi, monsieur. Je la connais beaucoup, tenez, elle donne un bal après-demain ; venez-y, je la préviendrai ; vous serez déjà reçu comme une personne de connaissance…

L'improbable mais charmante méprise ! À quel marivaudage eût-elle mené les jeunes gens, si l'assemblée n'avait été interrompue par l'arrivée d'un Parisien, visiblement porteur d'une information brûlante :

— Un moment ! cria le mystérieux personnage, menacé de perdre son auditoire. Vous ne savez donc pas la nouvelle ? Eh bien, il a quitté l'Égypte.

— Qui ?

— Le général Bonaparte.

— Un bel événement ! dit dédaigneusement la dame [Mme de Staël].

— Immense ! s'écrièrent à la fois plusieurs personnes.

On se regarda. La dame, qui avait fait quelques pas pour s'éloigner, revint et sembla, malgré son premier mouvement, solliciter du regard la confirmation de ce fait et de tous ses détails.

— Il a quitté l'Égypte, redit le narrateur triomphant, et même il est débarqué à Fréjus, et même il est débarqué à Paris !

— Fort bien ! dit le Suisse aux cheveux blonds [Benjamin Constant] : voilà qui est plus complètement fabuleux. Vous auriez du talent pour continuer les Contes arabes, monsieur, et finir l'histoire de Simbad le marin. Et son armée d'Égypte ? et la croisière des Anglais ? et le temps de faire quarantaine à Toulon ?

— Son armée d'Égypte ? Il l'a laissée à Kléber. La croisière des Anglais ? Nelson est si occupé sur les flots de la Vénus pudique qu'il a enlevée à l'ambassadeur de Naples, que la frégate française a passé une belle nuit entre les jambes de l'amiral. La quarantaine exigée pour les voyageurs de l'Orient ? Bonaparte ne l'a pas faite ?

— Il nous apporterait donc la peste ?

— Peut-être ; mais il vous l'apporte du moins avec la vivacité d'un télégraphe, et il arrive sous les murs de Paris comme un boulet de canon.

— Tant mieux ! tant mieux ! Heureux retour ! répétèrent presque en chœur un assez grand nombre de personnes, parmi lesquelles se remarquaient l'enthousiaste Boulay (de la Meurthe) et certain diplomate, jadis abbé, qui se balançait en ce moment avec complaisance sur la meilleure de ses jambes [Talleyrand].

— Il sauvera la République, ajouta le colonel.

— Si la République avait besoin d'être sauvée, dit Laréveillère, ce serait peut-être des complots d'un chef militaire.

[...]

— Eh bien, vous avez tort de croire que Bonaparte songera jamais à se faire dictateur, dit le général Augereau ; je le connais, moi, et c'est un jeune homme trop bien élevé pour cela.

— Certainement, ajouta le même colonel : il est républicain et philosophe !

— Singulier républicain, dit la dame, qui a livré Venise à l'Autriche ! Singulier philosophe que le flatteur affecté de tout noble et de tout prêtre rebelles aux lois de son pays ! Ces deux prédilections supposent-elles ou non le goût des valets de cour et le besoin de faire prêcher le despotisme ? Voyons, Constant, qu'en dites-vous [1] ?

Malgré d'évidentes erreurs chronologiques (Mme de Staël séjourne alors à Coppet et ne reviendra à Paris que le 18 brumaire au soir, Mme Récamier ne s'installera qu'en décembre rue du Mont-Blanc, Bonaparte n'est de retour que le 16 octobre), et d'autres, de détail (Benjamin Constant n'est pas blond mais roux), le tableau de Latouche est crédible et ses personnages vraisemblables. Il a le mérite de nous renseigner sur la précocité de la mythologie directoriale, stylisation forgée par les contemporains de Juliette. Ce morceau d'histoire (presque) immédiate n'a-t-il pas la saveur du reportage ?

---

1. *Fragoletta ou Naples et Paris en 1799* d'Henri de Latouche. Réédition Desjonquières, Paris 1983, pp. 236 et suiv.

Telle était, en tout cas, l'atmosphère de cette fin d'été. Bonaparte rentre. Bonaparte est rentré. Que va-t-il se passer ? L'attente et l'animation des esprits sont indéniables.

*
* *

La première chose que fait Bonaparte à son arrivée à Paris, est d'observer la situation, sans décourager aucun des partis en présence : tous, d'ailleurs, se tournent vers lui.

Les néo-Jacobins ont repris l'avantage, depuis le 30 prairial précédent, et ont immédiatement décrété, selon leur habitude, un impôt forcé sur les riches ainsi que l'exécrable « loi des otages » contre les parents d'émigrés. Ces mesures leur ont aliéné les royalistes, les catholiques, les milieux d'affaires, la bourgeoisie prospère et les modérés, appelés aussi les réformistes, du personnel politique. Parmi eux, deux directeurs, Sieyès et Roger Ducos.

C'est avec Sieyès que Bonaparte choisit de jouer la partie : il s'agit de réinstaller l'ordre et la concorde dans un pays mécontent, encore travaillé (en Vendée, notamment) par de profonds remous insurrectionnels, assurer la paix extérieure à laquelle tous aspirent et, pour ce faire, changer la Constitution de l'an III, en renforçant son pouvoir exécutif. Ils ont pour eux Lucien Bonaparte, président de l'actuelle Assemblée, ou Conseil des Cinq-Cents, Talleyrand et Cambacérès, respectivement ministres des Affaires extérieures et de la Justice, Barras dont on s'assure la complicité et Fouché, ministre de la Police, qu'on souhaite rallier.

Dans ses *Mémoires* (dictés plutôt qu'écrits), Fouché, précisément, révèle que certaines des réunions préparatoires du coup d'État se tinrent chez Mme Récamier :

> [...]
> Aussitôt l'impulsion est donnée. Lucien réunit Boulay, Chazal, Cabanis, Émile Gaudin et assigne à chacun son rôle. C'est dans la maison de campagne de Mme Récamier, près Bagatelle, que Lucien va combiner les mesures législatives qui doivent coïncider avec l'explosion militaire. La présidence du Conseil des Cinq-Cents, dont il est investi, est un des principaux leviers sur lesquels s'appuie la conjuration. Deux fortes passions agitaient alors Lucien : l'ambition et l'amour. Éperdument épris de Mme Récamier, femme pleine de douceur et de charmes, il se croyait d'autant plus malheureux qu'ayant touché son cœur il ne pouvait soupçonner la cause de ses rigueurs désolantes. Dans le tumulte de ses sens et de son délire, il ne perdit rien de son activité et de son énergie politique. Celle qui possédait son cœur put y tout lire et fut discrète [1].

La maison de campagne « près Bagatelle » est, bien sûr, le château de Clichy. Fouché a parfaitement démêlé la nature de la double tension qui meut Lucien. Admirons, au passage, l'hommage qu'il

---

1. Joseph Fouché, *Mémoires*, 1957, p. 70.

rend à la discrétion de Juliette : chez un tel personnage, la discrétion est la cinquième vertu cardinale... Dans ses *Souvenirs d'un demi-siècle*, Touchard-Lafosse confirme ces réunions techniques où se décidait l'aspect législatif de l'entreprise[1].

Il n'y a rien d'étonnant à cela. Il se peut même que M. Récamier compte parmi les financiers qui soutinrent Brumaire dès sa conception. Il y avait tout intérêt. Il sera de la première réunion de banquiers parisiens, convoquée par Bonaparte, le 24 novembre suivant, et qui décidera d'une avance immédiate de douze millions au nouveau gouvernement. Quant à Juliette, mise à part sa relation personnelle avec Lucien, elle se trouve en contact avec Sieyès, comme en témoigne une lettre de sa main, invitant celui-ci, avec une grâce insistante, à Clichy[2].

*
* *

Le 18 brumaire (9 novembre), les deux assemblées décident, elles en ont le droit, de se transporter au château de Saint-Cloud, pour échapper aux éventuelles menées jacobines de Paris, sous la protection militaire du général Bonaparte qui dispose d'environ 10 000 hommes. Les trois directeurs acquis aux conjurés démission-nent, les deux autres sont arrêtés. Il n'y a plus de pouvoir exécutif.

Le 19, où selon le scénario prévu on doit procéder au remanie-ment constitutionnel, quelques difficultés surgissent. Les Cinq-Cents, réunis dans l'Orangerie, se rebiffent et accueillent houleuse-ment Bonaparte : les Jacobins réclament le vote de sa mise hors-la-loi. Napoléon s'empêtre, il est nerveux. Son frère Lucien, avec sang-froid, rétablit la situation : il quitte l'Orangerie, retardant le vote fatal, pour aller haranguer la Garde (largement républicaine) aux portes de l'Assemblée. Nous savons que dans «ce moment suprême», l'image de la blanche Récamier lui apparaît, mais aussi, et combien plus efficace, l'impétueux Murat, celui-là même dont Joséphine dira joliment «qu'il aurait sabré le Père Éternel en per-sonne!» et qui fonce au cri de «Foutez-moi tout ce monde-là dehors!» sur les députés médusés... La majorité d'entre eux pren-nent la fuite. Ce qui demeure décrète tout ce qu'on veut.

Il n'y a plus de Directoire, une commission consulaire exécutive comprenant Bonaparte, Sieyès et Ducos, le remplace, mandatée pour effectuer les réformes qui s'imposent. Le Corps législatif est ajourné jusqu'au 20 février suivant, ses membres gardant leur indemnité. Paris est calme et, dans l'ensemble, satisfait. Paris fait confiance à Bonaparte. Il est fier de ces galopades brillantes qui abasourdissent l'ennemi, las de la débrouillardise anarchique dans laquelle il se débat depuis quatre ans, désireux de renouer avec ce qu'il haïssait le plus, il y a dix ans encore, l'autorité.

---

1. *Souvenirs d'un demi-siècle* de G. Touchard-Lafosse, 6 vol., 1836, pp. 367-370.
2. Bibliothèque municipale de Clermont-Ferrand, Ms 334.

Car, cette fois, la Révolution commencée en 1789 est bien finie. C'est l'ombrageux Sieyès qui l'avait impulsée en révélant à une classe sociale qu'elle existait et qu'elle avait des droits, c'est lui qui la conclut. Il avait posé la question : « Qu'est-ce que le tiers état ? », le tiers état avait répondu avec lui : « Tout ! » Dix ans avaient passé. Que voulaient, aujourd'hui, les Français ? « Une tête et une épée », répond Sieyès. Il leur offre Bonaparte, l'homme providentiel, le réconciliateur national, seul capable de les garantir dans leurs biens, fussent-ils acquis récemment, apte à gommer leurs dissensions encore virulentes, susceptible, surtout, de leur donner la paix et l'ordre, sans quoi rien n'est possible.

Au soir du 18 et du 19 brumaire an VIII, la France veut un maître et Bonaparte veut la France. Du moins va-t-il apprendre au monde que, desormais, il va falloir compter avec elle, avec lui

Le palais des merveilles

Le jeune loup s'est installé dans la bergerie et il ne chôme pas. Avec une remarquable énergie, il entreprend la reconstruction du pays. Sa ligne est claire : elle se fonde sur son autorité personnelle et sur un principe, celui de la centralisation généralisée. On élabore de nouvelles institutions, on restaure la machine administrative, on rétablit les finances et la justice, on musèle les oppositions royaliste et jacobine, on prépare le Code civil, le Concordat avec le Vatican, ainsi que la pacification du continent.

Bonaparte se fait nommer, le 24 décembre, Premier consul. Il détient les rouages primordiaux du pouvoir : il propose et promulgue les lois, nomme et révoque les ministres, les membres du Conseil d'État, ceux du Sénat, les officiers, les juges et les préfets. Il n'est responsable devant personne.

La Constitution de l'an VIII ne se fait pas attendre. En un mois, elle est mise sur pied. Elle prévoit à côté de cet exécutif fort un pouvoir législatif modifié et affaibli. Il compte quatre assemblées : le Conseil d'État, compétent et docile, nommé par le Premier consul, chargé de préparer les lois, le Tribunat qui les discute et s'avérera le seul contre-pouvoir (vite réduit au silence par une épuration dont Benjamin Constant, entre autres, fera les frais), le Corps législatif qui les vote et le Sénat, nommé par le Premier consul, qui, d'une part, choisit les membres des deux assemblées précédentes et, d'autre part, juge de la constitutionnalité des lois : autant dire que, sous la direction de Bonaparte, il contrôle l'ensemble du système législatif. Le suffrage universel est établi, mais comme il s'exerce à trois degrés, le citoyen de base se borne à proposer des « listes de notabilités » parmi lesquelles le Sénat choisit celles qui lui agréent. Bonaparte soumet cette constitution aux Français, mais, trait typique, il n'attend pas le résultat (largement en sa faveur) du plébiscite, pour la mettre en application...

Si tout va très vite, ce n'est pas pour déplaire à l'opinion publique : elle se montre enthousiaste de cette reprise en main. Il lui semble qu'une respiration nouvelle la parcourt. Il est bien peu de voix pour remarquer les germes de dictature que contient la manière de faire de Bonaparte : seule importe l'œuvre qu'il accomplit. Elle portera durablement, et puissamment, la marque de son incontestable génie.

La société parisienne se ressent immédiatement des effets de la politique d'apaisement menée par le régime consulaire. La loi des otages est rapportée, la liste des émigrés, close. Ces derniers peuvent désormais revenir sans crainte pour leur vie et, bientôt, ils afflueront. Les victimes amnistiées des différents coups d'État directoriaux, « fructidorisés » en tête, reparaissent au grand jour, la commémoration de l'exécution de Louis XVI, le 21 janvier, est supprimée, le Jour de l'An rétabli, les bals masqués de carnaval, si populaires, réinstaurés. La pacification radicale de la Vendée et la mise en place, sous l'égide de Fouché, d'une police redoutable et bien informée font que, du moins pour le moment, royalistes et jacobins renoncent à tenter des actions d'envergure contre le pouvoir. À l'euphorique retour à la vie d'il y a quatre ans succède une certaine sérénité, une impression générale de satisfaction tranquille. Tout promet aux Parisiens une brillante saison d'hiver.

*
* *

C'est alors, vers la mi-décembre, que les Récamier prennent possession de leur palais des merveilles. Sorte de lieu magique, il va faire fureur, il va attirer une foule – le mot n'est pas trop fort – de visiteurs français ou étrangers, connus ou inconnus, admiratifs ou dénigreurs, tous également empressés. Essayons d'imaginer ce décor qui, comme presque tous ceux dans lesquels vécut Juliette, a disparu...

Situé dans un quartier récent, la chaussée d'Antin, qui reflète la prospérité et le goût du confort de la nouvelle bourgeoisie riche, l'hôtel des Récamier n'est pas immense, mais il fait figure de petit bijou à la pointe de la mode. Il est l'exacte expression de ce que souhaitent ses propriétaires qui, à la différence des grands de l'Ancien Régime, dépensent mais ne gaspillent pas et entendent superviser eux-mêmes les corps de métier qu'ils ont employés. L'impression de luxe provient de la nouveauté de la décoration autant que de la cohésion de son ensemble, conçu jusque dans ses moindres détails pour rehausser ceux qui l'occupent. On reste ébahi devant le « design » avant-gardiste d'un genre qu'on appellera désormais « à l'antique » et qui annonce le fastueux style Empire.

On y pénètre après avoir traversé une petite cour ornée d'arbustes. Nous connaissons le souci qu'a Juliette de s'entourer de fleurs et de plantes fraîchement renouvelées : « Les escaliers de sa maison ressemblent à un jardin », note un témoin. Un perron mène au rez-de-chaussée, légèrement surélevé, les cuisines se trouvant au sous-sol. De part et d'autre d'un vestibule dallé de marbre blanc, s'ouvrent les pièces de réception : à droite, deux salons, suivis de la chambre de la maîtresse de maison, qu'on visite. À gauche, la salle à manger, rare chez des particuliers qui dressaient leur table où bon leur semblait, selon leurs besoins, le plus souvent dans le vestibule, suivie du boudoir et de la salle de bains de Madame, plus rare encore, et qu'on visite aussi. Du reste de la demeure, à usage privé, nous ne savons rien.

Ce qui frappe, c'est évidemment la décoration et l'ameublement. Deux matériaux omniprésents : le marbre et l'acajou. Marbre des cheminées et des sols qu'adoucissent la soie des tentures et le moelleux des tapis orientaux. Acajou massif qu'on marie à une profusion de grandes glaces et qu'animent la dorure, mate ou brunie, des bronzes, le transparent des drapés et la demi-teinte étudiée des éclairages.

L'anticomanie est partout. Prenons, par exemple, la chambre à coucher de Juliette, ce sanctuaire qu'elle présente avec beaucoup de bonne grâce, trop selon certains : elle est entièrement boisée d'acajou, des draperies de soie chamois agrémentées de broderies sur fond violet et de glands d'or garnissent le baldaquin du lit, solennellement disposé sur une estrade à deux marches, parallèle au mur. Ce meuble spectaculaire est orné sur chacun des pilastres de figures féminines tenant des flambeaux, surmontées de cygnes dorés. Il est flanqué d'une haute torchère, d'une lampe à huile qu'alimente goutte à goutte un génie ailé, ainsi que d'une jardinière. Un peu plus loin, une statue de Chinard, en marbre blanc, représente le Silence et préside au repos de la belle hôtesse. Un piano, une table à écrire et une dormeuse complètent l'ensemble.

On ne sait pas très bien si Percier et Fontaine reproduisent un mobilier grec, étrusque ou pompéien... Qu'importe, puisqu'ils le souhaitent adapté aux nécessités du siècle nouveau. Témoins, ces psychés à grande glace, ces chiffonniers à tiroirs, ces athéniennes ou petites tables à trépied, ces méridiennes à dossiers inégaux qu'immortalisera Mme Récamier, ces tables de nuit, ou somnos, que tous vont adopter après elle... La note antique est, en quelque sorte, garantie par la finesse et la variété des motifs ornementaux, cet arsenal ravissant de sphinx et sphinges, de palmettes, de cols de cygne déployés, de chevaux marins, de danseuses aux pieds légers .

On va d'étonnement en étonnement quand on pénètre dans la salle de bains de Juliette : tout est prévu, la baignoire recouverte et assortie d'un sofa de maroquin rouge. Les amphores, les cassolettes, les brûle-parfums garnis de chimères ailées, quand ce n'est pas de la flèche amoureuse – celle-là même qui retient sa chevelure dans le portrait du baron Gérard – entourent la gracieuse jeune femme à sa toilette. Ce cadre paraît un chef-d'œuvre d'homogénéité et de raffinement.

On se précipite chez les Récamier, on regarde, on s'extasie, on commente, on critique aussi, car les avis sont mitigés : est-ce bien là la demeure d'une beauté de vingt-deux ans ? Tout cela n'est-il pas un peu grandiloquent ? Où est le naturel dans cette raideur imitative, la trace charmante de la vie féminine ? Laure Junot, la future duchesse d'Abrantès, se remémore sa première visite de l'hôtel de la rue du Mont-Blanc :

> Je me rappelle qu'assez longtemps après cette époque on parlait beaucoup dans Paris d'une maison que Bertaud [sic], je crois, venait d'arranger. « Cette maison était, nous disait-on, la merveille des merveilles. » On allait la voir sans être connu des maîtres de la maison. Ma mère, que ce bruit impatientait, dit un jour à l'amiral Magon, l'un de nos plus chers amis, qu'elle voulait aller voir cette maison. Le maître étant son banquier, la chose fut facile. On prit un jour où la belle maîtresse en était absente et l'amiral nous y conduisit. Je fus émerveillée, et j'avoue que je trouvai et du bon goût et du bon arrangement de femme dans tout ce que je vis. Mais ma mère fut impitoyable. Elle cherchait autour de l'appartement ces choses qui font le charme de l'habitation intérieure et qui sont répandues avec ordre dans leur désordre sur tous les meubles de la chambre...
> — C'est un joli colifichet et voilà tout ! répétait-elle[1].

Les Goncourt, quant à eux nostalgiques impénitents de « la magnifique architecture rocaille », déplorent qu'elle ait été « remplacée par le plus mesquin et le plus ridicule pastiche de l'architecture antique »... La chambre de Mme Récamier leur semble un exemple achevé « du temple du mauvais goût[2] » !

Ce qu'il y a de certain, c'est que ce cadre se démodera vite : le comte Rodolphe Apponyi, diplomate viennois en poste à Paris sous la monarchie de Juillet, le découvrira, en avril 1836, lors d'un grand bal donné par Mme Le Hon, femme du ministre belge dans la capitale. L'impression est catastrophique :

> Ce fut une cohue, une chaleur étouffante, toute la chaussée d'Antin était là. L'hôtel que Mme Le Hon occupe en ce moment est l'ancien hôtel de Mme Récamier. La distribution des chambres, les peintures

---

1. *Souvenirs historiques sur la Révolution et le Directoire*, Paris, 1928, tome II, pp. 31-32.
2. *La Vie en France sous le Directoire*, pp. 51-52. Nous devons à Daniel Alcouffe, Conservateur général chargé du département des Objets d'art au musée du Louvre, la reconstitution très soignée et très spectaculaire de la chambre de Mme Récamier, présentée dans les nouvelles salles Empire du musée. Les travaux de M. et Mme Guy Ledoux-Lebard sur l'histoire de l'ameublement de l'hôtel de la rue du Mont-Blanc comme le don qu'ils ont fait au Louvre, sous réserve d'usufruit, du secrétaire, de la jardinière et de la table de nuit de Juliette ont grandement contribué à cette brillante résurrection, opérée en mars 1994. Le mobilier du salon de Mme Récamier (en amarante et citronnier, par Jacob frères) qui l'a suivie jusqu'à sa mort, a été acquis en décembre 1993 et donné au Louvre par un grand collectionneur, M. Victor Pastor, où il fait pendant à la célèbre chambre.

et jusqu'à l'ameublement sont encore les mêmes, par conséquent fanés et, ce qui est pis, du plus mauvais goût. Aujourd'hui on ne saurait admirer ces petites pièces basses, ornées de petites colonnes surmontées de petits bustes en plâtre ou en albâtre ces petites draperies qui ont l'air de vieilles écharpes et ces meublés sculptés si incommodes où, si l'on vient à s'appuyer, on a la tête contre un bec de cygne. [...] On retrouve des cygnes partout dans l'ancien appartement de Mme Récamier, les chaises et les fauteuils sont pour ainsi dire composés et formés des débris de cet animal. Ailes et becs sculptés et dorés vous piquent et vous mettent au supplice chaque fois que vous avez envie de vous appuyer. Les plafonds, les frises, les arabesques affectent ce même ornement[1].

Visiblement, le noble Austro-Hongrois n'aime guère l'oiseau favori d'une époque qui l'utilisa abondamment, peut-être parce que sa gracieuse plastique répondait comme un écho aux ondulantes silhouettes des nymphes qui l'enjolivaient... Mais quoi de plus relatif, de plus subjectif que le goût... Sachons que dans leur immense majorité les contemporains des Récamier s'enchantèrent de leur demeure. Ils prirent en considération ce banquier influent et sa jeune épouse qui, dès lors, apparurent comme des pionniers, audacieux et élégants amphitryons chez qui le bon ton commandait que l'on fût reçu.

Le décor était achevé. La fête pouvait commencer.

Pour Juliette, la fête perpétuelle, la fête à plein temps va durer six belles années. Six années de triomphes mondains, de griseries multiples, sans cesse renouvelés, qui la mèneront de promenades en parties de campagne, de spectacles en concerts, de réceptions en bals parés... Réjouissances tourbillonnantes dont elle sera à la fois l'agent inlassable et la victime, pas trop innocente, admettons-le. Six ans d'apparat et d'apparence : règne incontesté d'une jeune femme exquise, libre d'elle-même, à qui sont données, sans partage, l'aisance et la célébrité.

Le succès premier de Mme Récamier, comme celui de Chateaubriand, sera de circonstance : si elle devient l'idole de son époque, c'est que Juliette permet l'intime identification d'une société, puis d'une ville, puis d'un esprit national avec ce qui émane d'elle. Elle vient, à point, offrir aux Français une image d'eux-mêmes qu'ils ne demandent qu'à réinventer. Au sortir d'une violente secousse sociale, Juliette représente l'harmonie, l'accueil sans discrimination, l'élégance et le maintien retrouvés. Elle n'est pas un symbole sexuel, elle est un symbole social.

---

1. *Mémoires, vingt-cinq ans à Paris* (1826-1852).

Sa beauté régulière et douce est ressentie comme typiquement française, sa distinction dépouillée, son charme pudique et souriant aussi. Son comportement est emblématique. Il n'est pas jusqu'à la composition de son salon qui ne figure, aux yeux de tous, la grâce et le ton propres à son pays.

La vogue dont bénéficie Juliette est très proche de ce à quoi nous assistons depuis un demi-siècle, dans le domaine cinématographique, par exemple. C'est que, de tout temps, l'être humain a eu besoin de phares, de modèles, d'étoiles sur qui projeter ses fantasmes secrets. Voir Brigitte Bardot ou Marylin Monroe. La première survécut aux engouements qu'elle suscita, la deuxième en mourut. Question de résistance de l'armature personnelle, d'organisation intérieure des défenses pyschologiques… Juliette, en cela, est plus comparable à l'actrice française qu'à la star américaine. Sa popularité – *mutatis mutandis* – sera immense, étouffante : au pied de la lettre, il faudra la soustraire aux mouvements d'une foule avide de l'approcher. Nous la verrons déclencher sur son passage, à Paris comme à Londres, de petites émeutes. Et pourtant elle saura traverser intacte, sans flétrissure, ces feux de la rampe. Sa personnalité la prédisposait à ne pas se suffir ni s'étourdir de ces hommages superficiels. Parce qu'elle le cherchait, elle trouvera autre chose dans ce que lui apporte ce vedettariat excessif.

La profonde sagesse et l'équilibre de sa nature, son esprit de conduite la préservèrent de bien des écueils vers quoi l'entraînait sa primauté sociale : jamais elle ne s'est considérée comme la prisonnière d'une image qu'elle avait contribuée à forger. Elle eut l'élégance morale, et la lucidité, de ne pas se plaindre des désagréments de la gloire. D'autres femmes, belles et riches, recevaient alors, dans Paris, il n'y eut cependant qu'une Récamier. Et c'était là, probablement, ce qu'elle voulait : vaincre un sentiment d'incomplétude et meubler son existence en faisant de celle-ci un mythe.

« *Vous aimez bien la musique, madame ?* »

Il ne suffit pas d'ouvrir ses portes, fussent-elles en acajou massif, pour être une bonne maîtresse de maison. Encore faut-il savoir s'entourer. Juliette y excelle, et Paris lui sait gré de ne pas se montrer exclusive mais, au contraire, de concilier les inconciliables éléments d'un monde qui, avec une réelle bonne volonté, veut se cimenter de nouveau.

Autour d'elle se regroupe, en ce début d'hiver 1799, un échantillonnage complet du Paris d'alors. Il y en a pour tous les goûts ! En premier lieu, nous trouvons des gens d'affaires, les financiers amis de M. Récamier (qui va être, incessamment, élu au neuvième fauteuil de la régence de la Banque de France, créée en janvier 1800 par Bonaparte), les gestionnaires du régime consulaire.

Ce noyau influent, professionnel s'accompagne nécessairement des hommes politiques en place, parmi lesquels Fouché ou Lucien Bonaparte, ainsi que ceux qui les touchent de près, Eugène de Beauharnais, Élisa ou Caroline, les sœurs de Napoléon. Certains généraux, sortis du rang sous la Révolution ou peu après, sont des amis de Mme Récamier : Moreau (dont la belle-mère, la difficile Mme Hulot, est liée à Mme Bernard), Bernadotte, Masséna, Junot… Chez elle, les émigrés rentrés accomplissent sans déroger une manière de réinsertion sociale : les cousins Montmorency, Adrien et Mathieu, qui vont devenir les confidents de leur hôtesse, mais aussi Narbonne, le duc de Guignes ou Christian de Lamoignon qui, bientôt, lui amènera un petit inconnu décidé à faire son chemin, Chateaubriand. Que pensent-ils lorsqu'ils croisent des conventionnels régicides, tel le charmant Barère, tout juste revenu de déportation… ?

L'esprit aide à bien des choses, et il ne fait pas défaut dans l'entourage de Juliette; en plus des grands libéraux, Mme de Staël, Benjamin Constant, Camille Jordan et son compère Degérando, un certain nombre d'hommes de lettres, de poètes, de compositeurs, La Harpe, Legouvé ou l'aimable Dupaty, s'occupent de varier et d'égayer les propos… Nous aurions garde d'oublier les membres du corps diplomatique ou les étrangers de marque qui ne manquent pas de visiter l'hôtel de la rue du Mont-Blanc, à peu près comme on va voir l'Opéra Bastille ou le quartier de la Défense…

Il n'y a aucun ostracisme chez les Récamier, aucune rancune particulière envers quiconque, aucune idéologie affirmée. Nulle rencontre, chez eux, qui soit désagréable ou dangereuse : la présence de Juliette suffit à désamorcer toute conversation mal intentionnée. Les maîtres de maison se montrent affables, œcuméniques, mesurés dans leurs opinions comme dans leur comportement. Ils comblent leurs invités d'attentions délicieuses et, de ce fait, sont universellement appréciés.

Le faubourg Saint-Germain ne peut rien y trouver à redire. La nouvelle classe dominante, non plus : elle a tout à apprendre de ces banquiers aux parfaites manières, de leur légendaire civilité. Quant au badaud parisien, il est ravi de sa nouvelle reine : Mme Récamier, parce qu'elle est sage et bonne, fait aisément oublier la puissance de sa fortune. On se presse sur son passage à la promenade ou au théâtre, on détaille sa toilette, sa coiffure et son maintien, on essaie de les imiter.

N'imaginons pas, toutefois, que Mme Récamier vive exclusivement parmi ses nombreux invités, dans son salon. Elle sort énormément. On la voit dans d'autres maisons renommées, chez Mme de Staël, quand celle-ci est parisienne, chez Lucien Bonaparte aussi, où elle va faire une rencontre imprévue. Écoutons Juliette raconter cette soirée, avec la finesse et la netteté dont elle est coutumière, reconnaissables à travers la voix de sa nièce :

Nous sommes entre le 24 décembre 1799 et le 18 janvier 1800[1] :

> Mme Lucien Bonaparte, souffrante ce jour-là, ne faisait point les honneurs du salon; Mme Bacciochi la remplaçait : c'était avec Caroline, depuis Mme Murat, la femme de la famille Bonaparte avec laquelle Mme Récamier avait les rapports les plus fréquents.
>
> Arrivée depuis quelques moments et assise à l'angle de la cheminée du salon, Mme Récamier aperçut debout devant cette même cheminée un homme dont les traits se trouvaient un peu dans la demi-teinte et qu'elle prit pour Joseph Bonaparte qu'elle rencontrait assez fréquemment chez Mme de Staël; elle lui fit un signe de tête amical. Le salut fut rendu avec un extrême empressement, mais avec une nuance de surprise : à l'instant même Juliette eut conscience de sa méprise et reconnut le Premier consul. L'impression qu'elle éprouva en le revoyant ce jour-là fut tout autre que celle qu'elle avait ressentie à la séance du Luxembourg, et elle s'étonnait de lui trouver un air de douceur fort différent de l'expression qu'elle lui avait vue alors. Dans le même moment, Napoléon adressait quelques mots à Fouché qui était auprès de lui, et comme son regard restait attaché sur Mme Récamier, il était clair qu'il parlait d'elle. Un peu après, Fouché vint se placer derrière le fauteuil qu'elle occupait, et lui dit à demi-voix : «Le Premier consul vous trouve charmante.»
>
> L'attention à la fois respectueuse et toute pleine d'admiration que lui témoigna dans cette soirée l'homme dont la gloire commençait à remplir le monde la disposait elle-même à le juger favorablement; la simplicité de ses manières en contraste avec les façons toujours théâtrales de Lucien la frappa. Il tenait par la main une fille de Lucien, de quatre ans au plus, et tout en causant avec les personnes qui l'entouraient, il avait fini par ne plus penser à l'enfant, dont il ne lâchait point la main; l'enfant, ennuyée de sa captivité, se mit à pleurer : «Ah! pauvre petite, dit le Premier consul avec un vif accent de regret, je t'avais oubliée.» Plus d'une fois dans les années qui suivirent, Mme Récamier se rappela cet accès d'apparente bonhomie et le contraste qu'il offrait avec la dureté des procédés dont elle fut témoin ou victime.
>
> Lucien s'étant approché de Mme Récamier, Napoléon, qui était au courant des assiduités de son frère, dit assez haut et avec bonne grâce : «Et moi aussi, j'aimerais bien aller à Clichy.»
>
> On annonça que le dîner était servi. Napoléon se leva et passa seul et le *premier*, sans offrir son bras à aucune femme; on se plaça à table à peu près au hasard; Bonaparte était au milieu de la table, sa mère, Mme Letizia, se mit à sa droite : de l'autre côté, à sa gauche, une place restait vide que personne n'osait prendre. Mme Récamier, à laquelle Mme Bacciochi avait adressé en passant dans la salle quelques mots qu'elle n'avait point entendus, s'était placée du même côté de la table que le Premier consul, mais à plusieurs places de distance. Alors Napoléon se tourna avec humeur vers les personnes encore debout et dit brusquement à Garat en lui montrant la place vide auprès de lui : «Eh bien, Garat, mettez-vous là.»

1. Bonaparte est Premier consul, mais Caroline pas encore mariée.

Dans le même instant, Cambacérès, le second consul, s'asseyait auprès de Mme Récamier ; Napoléon dit alors assez haut pour être entendu de tous : « Ah ! ah ! citoyen consul, auprès de la plus belle ! »

Le dîner fut très court : Bonaparte mangeait peu et très vite ; au bout d'une demi-heure, Napoléon se leva de table et quitta la salle ; la plupart des convives le suivirent. Dans ce mouvement, il s'approcha de Mme Récamier et lui demanda si elle n'avait point eu froid pendant le dîner ; puis il ajouta : « Pourquoi ne vous êtes-vous pas placée auprès de moi ! Je n'aurais pas osé, répondit-elle. – C'était votre place. – Mais c'était ce que je vous disais avant le dîner », ajouta Mme Bacciochi. On passa dans le salon de musique. Les femmes y formèrent un cercle en face des artistes, les hommes se groupèrent derrière elles : Bonaparte s'assit seul à côté du piano. Garat chanta avec un admirable talent un morceau de Gluck. Après lui d'autres artistes se firent entendre. Le Premier consul ennuyé de la musique instrumentale, à la fin d'un morceau joué par Jadin, se mit à frapper le piano en criant : « Garat ! Garat ! »

Cet appel ne pouvait qu'être obéi. Garat chanta la scène d'*Orphée*, et il se surpassa.

Mme Récamier, dont les impressions musicales étaient très vives, captivée tout entière par ces merveilleux accents, ne pensait guère au public qui remplissait les salons. Cependant, de temps à autre, en levant les yeux, elle retrouvait le regard de Bonaparte attaché sur elle avec une persistance et une fixité qui finirent par lui faire éprouver un certain malaise. Le concert achevé, il vint à elle et lui dit : « Vous aimez bien la musique, madame ? » Il se disposait à continuer la conversation ainsi entamée, mais Lucien survint, Napoléon s'éloigna et Mme Récamier rentra chez elle [1].

On se prend à rêver... La fixité du regard de Napoléon sur la plus séduisante des femmes, vêtue de satin blanc, discrètement parée de ses perles fines... « Et moi aussi, j'aimerais bien aller à Clichy. » Que n'y alla-t-il ! Juliette l'eût-elle mieux accueilli que Lucien ? Eût-il été plus impérieux, plus convaincant que le geignard Roméo ?... Sans doute. Et quelles eussent été, dans ce cas, les suites et leur incidence sur notre histoire ? Juliette eût-elle exercé son influence pacifiante sur le futur empereur ? Et M. de Chateaubriand dans tout ça ?... Et les lettres de Rome ? Et les plus belles pages des *Mémoires d'outre-tombe* ?... Mais la vie est ainsi faite : Juliette et Napoléon ne se rencontreront jamais plus.

*
* *

Aux jours gras du nouveau siècle, les Parisiens retrouvent une de leurs anciennes habitudes, une distraction qu'ils préfèrent, peut-être, à toutes les autres : le bal masqué. La Révolution les a privés depuis dix ans de leur rituel carnaval. Le Consulat le leur rend : le

---

1. Lenormant, *op. cit.*, t. I, pp. 35 à 39.

25 février 1800, il rétablit, timidement encore, les bals de l'Opéra : cinq auront lieu, dont quatre avec masques. On imagine leur joie de renouer avec l'éphémère liberté que permettent, l'espace d'une nuit, le loup noir et le domino… Ivresse de la danse, de la relation immédiate avec l'inconnu, de la transgression.

Comme Marie-Antoinette, Juliette adorera ces bals. Nous savons qu'elle oubliait sa timidité sous le masque, qu'elle s'abandonnait à sa gaieté naturelle, que son esprit se faisait plus piquant, alors que Mme de Staël y perdait beaucoup de son brio. Cependant, Juliette ne pouvait se résoudre à tutoyer, comme c'était la règle des masques s'abordant entre eux… De ce fait, elle était reconnaissable, car, aussi, elle ne travestissait pas sa voix. Il y aurait à dire sur ce goût de la demi-mesure, de la permissivité contrôlée. Si elle est narcissique, Juliette, n'est jamais immodérée.

Elle se rend aux bals de l'Opéra, accompagnée de son beau-frère Laurent Récamier, qui partage la vie de la rue du Mont-Blanc et qui chaperonne la jeune femme.

S'ils demeurent ouverts à tous et si la bonne société ne dédaigne pas de s'y rendre, ces bals nouvelle-manière n'offrent plus l'éclatant spectacle, la prodigieuse bigarrure qui les distinguaient sous l'Ancien Régime. Le domino remplace les déguisements exotiques ou allégoriques d'antan, qui empruntaient à l'Olympe, à la Perse ou à la Chine leurs costumes les plus fantaisistes. Mais s'ils ont perdu leur couleur, ils conservent leur esprit, leur finalité. Ce sont, dans le brouhaha surchauffé des foyers, les mêmes intrigues, les mêmes folies, les mêmes sensations : on s'amuse, on frissonne délicieusement à l'amorce de quelque marivaudage plus ou moins anonyme, plus ou moins innocent…

Juliette ne poussera pas très loin ces aimables jeux. Tout au plus se laissera-t-elle prendre une bague par le prince de Wurtemberg qui la lui renverra, accompagnée d'un billet contrit. Plus tard, sous l'Empire, elle mettra à profit cette occasion de rencontrer, à l'insu du pouvoir, certaines personnalités officielles – tel le premier secrétaire de l'ambassade d'Autriche, le beau Metternich – qui n'auraient pu se présenter chez elle au grand jour.

Pour l'heure, il est surtout question de danser, et Dieu sait qu'une femme à la mode ne s'en prive pas. Dans sa précieuse chronique de la vie parisienne sous le Consulat, établie au jour le jour, à partir des papiers publics ou des rapports de police, Aulard nous en fournit mille exemples :

Journal des Débats du 29 pluviôse :

« *Paris, 28 pluviose.* […] Le bal de Garchy, donné hier en faveur des indigents, a été nombreux et remarquable par une élégante simplicité. Le ministre de l'Intérieur Lucien Bonaparte, son épouse et sa sœur y étaient. À minuit, les dames ont tiré de l'urne les deux billets pour la quête : ils sont échus, l'un à Mme Récamier, à laquelle le citoyen Lecoulteux-Canteleu, membre du Sénat, conservateur et administrateur du département, a donné la main, l'autre à Mme Dupaty, qui a été accompagnée par le citoyen Récamier. On dit que la quête s'est montée à 700 francs environ. Des commissaires du bureau de bienfaisance s'en sont emparés, ainsi que de la recette du bal, dont on n'a pas su le montant, après avoir dressé leur procès-verbal. Le bal, où la gaîté et la décence ont présidé, a fini entre trois et quatre heures du matin… »

Journal des Débats du 26 frimaire :
« *Paris, 25 frimaire.* […] Mme Récamier a donné avant-hier un très beau bal auquel la plupart des étrangers de distinction… ont assisté… »

The Argus du 10 nivôse :
« Mme Récamier gave a very brilliant ball on monday which was attented by a numerous group of fashionables. Among the most distinguished dancers were M. Dupaty and M. Tranisse (these gentlemen danced a quadrille with Mrs. Récamier… »

La Belle des Belles aime danser, à tel point qu'elle renoue avec la tradition française du quadrille : quatre couples évoluent selon un ballet soigneusement réglé, qu'on a plus d'une fois répété avant l'arrivée des invités. Spectacle à domicile, dont l'époque raffole. Juliette ne dédaigne pas l'exhibition en solo, qui la met particulièrement en valeur. On a beaucoup glosé sur la célèbre « danse du shawl », gracieuse pantomime où le châle, à moins que ce ne fût un voile, soulignait le liant des mouvements de la danseuse. On a cité à l'envi la description qu'en fait Mme de Staël dans *Corinne*. C'est à croire que personne, de Mme Lenormant à Maurice Levaillant en passant par Herriot, n'a lu *Corinne* !
Voilà la page en question dont l'auteur nous précise, dans une note, qu'elle est inspirée « de la danse de Mme Récamier ».
Le prince d'Amalfi, « Napolitain de la plus belle figure », prie l'héroïne de danser avec lui une *tarentelle* :

Le prince d'Amalfi s'accompagnait, en dansant, avec des castagnettes. Corinne, avant de commencer, fit avec les deux mains un salut plein de grâce à l'assemblée et, tournant légèrement sur elle-même, elle prit le tambour de basque que le prince d'Amalfi lui présentait. Elle se mit à danser, en frappant l'air de ce tambour de basque ; et tous ses mouvemens avaient une souplesse, une grâce, un mélange de pudeur et de volupté qui pouvait donner l'idée de la puissance que les Bayadères exercent sur l'imagination des Indiens, quand elles sont, pour ainsi dire, poètes avec leur danse, quand elles expriment tant de sentimens divers par les pas caractérisés, et les tableaux enchanteurs qu'elles offrent aux regards. Corinne connaissait si bien toutes les attitudes que représentent les peintres et les sculpteurs antiques, que, par un léger mouvement de ses bras, en plaçant son tambour de basque, tantôt au-dessus de sa tête, tantôt en avant, avec une de ses mains, tandis que l'autre parcourait les grelots avec une incroyable dextérité, elle rappelait les danseuses d'Herculanum et faisait naître successivement une foule d'idées nouvelles pour le dessin et la peinture.

Ce n'était point la danse française, si remarquable par l'élégance et la difficulté des pas ; c'était un talent qui tenait de beaucoup plus près à l'imagination et au sentiment. Le caractère de la musique était exprimé tour à tour par la précision et la mollesse des mouvemens. Corinne, en dansant, faisait passer dans l'âme des spectateurs ce qu'elle éprouvait, comme si elle avait improvisé, comme si elle avait joué de la lyre ou dessiné quelques figures ; tout était langage pour elle : les musiciens, en la regardant, s'animaient à mieux faire sentir le génie de leur art ; et je ne sais quelle joie passionnée, quelle sensibilité d'imagination électrisaient à la fois tous les témoins de cette danse magique, et les transportaient dans une existence idéale où l'on rêve un bonheur qui n'est pas de ce monde[1].

Comme on le constate, il n'est nullement question d'accessoire autre que le tambourin dont se servait Juliette pour ponctuer ses effets, ce qui ne diminue en rien son expressivité... Tout de même, rendons la « danse du shawl » à celle qui, véritablement, l'a inventée, à cette Mme de Krudener que nous aurons l'occasion de rencontrer sur le chemin de Juliette et qui, entre autres, est l'auteur d'un charmant récit préromantique intitulé *Valérie*, qu'on a trop vite oublié.

Portraits dignes du modèle

Comme le voulait l'usage, Mme Récamier demande à un peintre célèbre de faire son portrait. En premier lieu elle s'adresse à David.

David, l'ami de Marat et de Robespierre, le grand ordonnateur des fêtes révolutionnaires, celui que Danton dans sa charrette traita superbement de laquais, l'ex-conventionnel régicide qui devait abandonner la carmagnole et le bonnet rouge pour servir l'aigle impériale avant de s'en aller mourir, exilé, à Bruxelles... David, le promoteur de l'antique en France, un immense créateur, violent dans la vie et classique dans son art, chargé donc de représenter, moyennant finances, la plus gracieuse des banquières...

Il se mit au travail, au printemps 1800, mais fut incapable d'achever son ébauche. On a parfois attribué à Juliette l'origine de cette interruption : elle aurait cédé à un caprice, ou trouvé ses pieds trop grands, ou écouté complaisamment les critiques des nombreux amis qui lui rendaient visite, dans l'atelier du maître, pendant les fastidieuses séances de pose... On s'est trompé. David était un grand professionnel. Quelque chose lui résistait dans l'élaboration de ce portrait. Quelque chose dont il s'est franchement expliqué dans une lettre à son modèle :

---

1. *Corinne ou l'Italie*, 2 tomes, Paris 1819, 1, pp. 111-113.

Ce 6 vendémiaire an IX. [septembre 1800]

Que je vous connaissais bien, Madame, quand je vous répétais sans cesse que vous étiez bonne! Qui plus que moi a éprouvé l'heureuse influence de cette bonté infatigable? Il faut cependant y mettre un terme, et c'est moi-même qui vous en presse. Ne croyez pas surtout que je ne m'occupe pas de votre portrait; vous n'entendrez pas dire que je fasse autre chose. Vous vous apercevrez dans peu de la vérité de ce que je vous ai dit sur ce qui sera tracé de nouveau sur le *tableau* qui plaît à tout le monde. Mais c'est moi qui suis le plus difficile à contenter. Nous allons le reprendre, et dans un autre endroit; je vais vous en faire sentir les raisons. D'abord le jour est trop obscur pour un portrait, je n'en avais déjà osé entreprendre aucun dans ce local. La seconde raison, le jour venant de trop haut couvrait d'ombre les yeux et empêchait, par conséquent de faire ressortir votre prunelle (qui n'est pas une chose peu importante dans votre visage); de plus, j'étais trop éloigné de vos traits, ce qui m'obligeait ou de les deviner, ou d'en imaginer qui ne valaient pas les vôtres. Enfin j'ai un *pressentiment* que je réussirai mieux ailleurs. Cette idée seule suffit pour me faire croire que ce changement me fera faire un chef-d'œuvre. Vous connaissez trop l'idée d'un peintre pour vouloir la combattre. Vous sentez assez, d'après cela, que son intention bien prononcée est de faire un ouvrage digne du modèle qui en est l'objet. Sous peu, belle et bonne dame, vous entendrez encore parler de moi; nous nous y remettrons pour ne plus le quitter, et si j'ai eu des torts apparents vis-à-vis de vous, mon pinceau, je l'espère, les effacera.

Salut et admiration.

DAVID.

Voilà qui est clair. Les Récamier ont alors recours à un disciple de David, François Gérard, qui, lui, accomplira le chef-d'œuvre souhaité. Gérard, un homme complexe, aux humeurs changeantes, susceptible autant qu'empressé, se liera durablement avec Mme Récamier, comme si cette commande initiale qui les réunit pour leur plus grande gloire avait tissé entre eux une relation que rien ne pourra rompre. Dans leur correspondance très vivante, que Juliette a conservée, elle fait montre envers le peintre d'une certaine autorité non dénuée de ménagements, mais qui dut se révéler, somme toute, stimulante.

Et pourtant, il s'en est fallu de peu que le tableau ne voie jamais le jour! Gérard, nous l'avons dit, était susceptible. Juliette, comme toute femme à la mode, comptait beaucoup d'amis. L'un d'eux, le vicomte de Lamoignon, un gentilhomme rescapé des massacres de Quiberon, en juin 1795, aussi aimable qu'il était courageux (la jambe blessée qu'il traînait le rappelait), mourait d'envie d'assister à une séance de pose chez l'artiste. Réticente, Juliette finit cependant par accepter. Cela faillit très mal se terminer :

Le lendemain, pendant la séance, on frappe un coup discret à la porte de l'atelier. Mme Récamier se doute que c'est Christian de Lamoignon, mais voyant le front de Gérard se rembrunir et ses sourcils se froncer à la pensée d'un importun, elle dit fort timidement : « On frappe à la porte de votre atelier, monsieur Gérard. C'est probablement M. de Lamoignon, un homme qui admire beaucoup votre talent. » On frappe de nouveau et cette fois M. de Lamoignon lui-même s'annonce : « C'est moi, monsieur Gérard, Christian de Lamoignon, qui sollicite la faveur d'être admis. » Gérard, furieux, entrebâille la porte, sa palette d'une main et son garde-main de l'autre : « Entrez, monsieur, entrez, lui dit-il, mais je crèverai mon tableau après ! » Il le poussait quasi dans l'atelier en répétant sa menace : « Je crèverai mon tableau après. » M. de Lamoignon, avec beaucoup de modération et de bon goût, dissimula le mécontentement que lui causait cette boutade, et répondit en s'inclinant : « Je serais au désespoir, monsieur, de priver la postérité d'un de vos chefs-d'œuvre », et il sortit [1].

Grâces soient rendues au flegme et à la courtoisie de M. de Lamoignon !

Sans lui, et sans Gérard, avouons que nous aurions du mal à nous représenter Juliette lors de ses éclatants débuts mondains. Non pas que la sérénité enfantine de son visage nous convainque – nous croyons volontiers M. de Chateaubriand : le portrait rend plus justement les traits de Juliette que son expression – mais il émane du célèbre tableau une atmosphère, un « parfum de femme », raffiné, pénétrant, inoubliable.

Assise dans ce qui ressemble à une salle de bains à l'antique dallée de marbre, où se distinguent nettement les losanges ajourés en rosace, destinés à l'écoulement des eaux, une corbeille à linge à terre, en arrière du fauteuil sur lequel elle repose doucement, Juliette paraît sortir de l'eau. Tout l'encadre et la protège : une tenture pourpre l'isole du parc qu'on devine, au-delà du portique à colonnes de porphyre s'ouvrant sur un coin de ciel, qu'on dirait romain. Non sans langueur, la Jeune femme au corps parfait retient, sur l'opacité d'une robe blanche très dénudée, une longue et souple étole jaune d'or. Tout suggère dans cette immobilité gracieuse la fraîcheur de la nymphe à sa toilette. Elle ne porte aucun autre bijou que la flèche d'Éros, fichée dans ses cheveux relevés. L'élégance du cadre peint par Gérard, mélange d'éléments naturels et architecturaux, rehausse son modèle : cette touche d'apprêt académique, cette volonté d'abstraction donnent à l'œuvre son fini incomparable.

En revanche, l'ébauche de David brille par son dépouillement, puisque le décor, mise à part la lampe à huile peinte par le jeune Ingres, est inexistant. La méridienne sur laquelle Juliette est allongée, un meuble d'atelier réalisé par Jacob, garni de deux traversins superposés sur lesquels s'appuie le bras gauche du modèle, semble, paradoxalement, faire corps avec elle. La pose est plus pudique que dans le tableau de Gérard : la robe, également à l'antique, à taille haute, est moins révélatrice, le visage de Juliette en acquiert un relief étonnant. La coiffure courte et bouclée, le ruban noir qui ceint le

---

1. Lenormant, *op. cit.,* t 1., DV. 98-99.

front dégagent le regard : il est vivant, incisif. Il y a chez David plus de malice contenue dans le demi-sourire de la jeune femme on y sent moins de passivité, de réceptivité endormie que chez Gérard. L'inachèvement a quelque chose de plus suggestif, de plus moderne... La toile de Gérard est parfaite, celle de David provocante. Maintenant, laquelle des deux images aimerions-nous voir s'animer, se lever et sortir du tableau ? On ne saurait le dire...

*
* *

Un événement parisien consacre la popularité croissante de Mme Récamier : le 4 avril 1801, jour de Pâques, lors de la grand-messe exceptionnellement autorisée et célébrée en l'église Saint-Roch, Juliette fait la quête.

L'église de la rue Saint-Honoré, dont Louis XIV enfant avait posé la première pierre et où sont enterrés Corneille, Le Nôtre et Diderot, l'église la mieux fréquentée de la capitale, était rouverte, pour l'occasion, au culte. On imagine sans peine l'impression produite par les volées de cloches, les prêtres en chasuble, les suisses en costume, les cierges éclairant *a giorno* les colonnes doriques de la nef centrale, le fracas solennel des grandes orgues remises en fonction... Un cérémonial ancestral renaissait devant une incomparable assemblée, probablement plus préoccupée de parure que de recueillement. Il y eut foule. Le curé Claude-Marie Marduel avait été inspiré dans son choix ! On se précipitait pour admirer la belle, l'élégante Mme Récamier que conduisait le comte de Thyard, escorté d'Emmanuel Dupaty et de Christian de Lamoignon, accomplissant la charitable action. Fructueuse, aussi, car la quête produisit tout net 20 000 francs.

Peut-être pensaient-ils, les brillants paroissiens d'un jour, s'ils avaient en mémoire *Les Liaisons dangereuses*, que Juliette, par son assurance et son maintien, éclipsait, sans effort, toutes les quêteuses de jadis. Et parmi elles la pauvre présidente de Tourvel qui, dans le même lieu, avait succombé à l'épreuve, «rougissante à chaque révérence», ridicule à force de gaucherie ?...

Ce fut pour Mme Récamier un triomphe public, que lui reconnaissaient même les rapports de la préfecture de police[1]. Elle s'y accoutuma.

La Gazette de France décrira bientôt une émeute sur son passage à Frascati :

> Le bon ton qu'on prenait autrefois dans les salons avait quelque chose de préférable à celui qu'on va maintenant chercher à Bagatelle ou à Frascati. [...] Mme Récamier se promenait il y a trois jours dans le jardin de Frascati. On peut dire que dans cette occasion elle a payé le plaisir d'être belle. On souffrait pour elle de la voir se débattre et

---

1. A.N.F. 7, 3829. Germinal an X.

nager, pour ainsi dire, au milieu des flots de curieux qui s'agitaient autour d'elle. On montait sur les chaises, on allongeait le cou, on s'étouffait et on allait probablement étouffer celle qui était l'objet de ces hommages ridicules et importuns, lorsqu'elle prit le sage parti de se retirer. Il y a dans les manières de la jeunesse actuelle quelque chose de niais, de maussade et d'indécent, qu'il sera très difficile de réformer tant que la bonne compagnie ne prendra pas le dessus dans les réunions publiques, ou qu'elle ne se renfermera pas dans celles qui lui appartiennent exclusivement[1]...

Juliette était parfaitement consciente de son succès, et elle n'avait aucune envie de se renfermer exclusivement chez elle. À preuve, cette anecdote que Ludovic Halévy tenait de sa mère et qu'il consigne dans ses *Carnets* :

> Lethièvre, le peintre, passant au Palais-Royal, voit un rassemblement. C'était Mme Récamier. Sa beauté, partout, faisait fureur. On voulait la voir, et de si près qu'elle courait grand risque d'être étouffée, elle et une de ses amies. Elles sortirent d'un magasin. Lethièvre arrive, les délivre d'un très réel danger, les tire de cette affreuse bousculade, offre son bras à Mme Récamier qui lui dit :
> — Voulez-vous faire encore un petit tour?
> Quand Lethièvre racontait cela, il était pris de fureur :
> — Ah! l'épouvantable coquette! J'étais là, moi, tout fripé, mon chapeau bossué, mes vêtements déchirés, et, elle, ravie de son succès, *elle voulait faire encore un petit tour*! J'ai refusé tout net et je l'ai ramenée de force à sa voiture[2].

L'épouvantable coquette a cependant des occupations moins frivoles. L'Allemand Kotzebue, de passage à Paris, nous fait part de son étonnement devant une scène, privée celle-là, et peu connue, où l'idole des foules fait déjeuner, seule auprès d'elle, une petite sourde-muette qu'elle élevait à ses frais et qu'elle s'apprêtait à confier à l'abbé Sicard :

> Rien n'égala le sentiment délicieux de sa bienfaitrice à la vue de l'étonnement et de la joie que fit paraître l'enfant [qui venait de se découvrir dans une glace]. Je ne me lassai point de contempler ce sourire mêlé de larmes, d'admirer avec quel soin elle dégageait le front de la petite fille des cheveux qui l'ombrageaient pour lui donner de temps en temps un baiser! Avec quel aimable empressement elle l'engageait à manger, à remplir ses poches de ce qui restait de bonbons! Enfin la gratitude de cet enfant exprimée par une sorte de son aigu, inarticulé et très extraordinaire, mais de la manière la plus touchante[3].

Pour mieux apprécier cette esquisse, faisons la part, dans la sensibilité d'alors, à ce qui ressemble à de la sensiblerie, à de l'effer-

---

1. Aulard, *op. cit.,* tome III, p. 235.
2. 9 avril 1881.
3. August von Kotzebue, *Souvenirs de Paris en 1804*, Paris, 1805, 2 vol.

vescence généralisée. L'époque s'attendrit sur toute chose avec une
puérilité agaçante. La manie lacrymatoire est ahurissante les
hommes les plus aguerris versent à tout propos, en public, d'abon-
dantes larmes, de bonheur le plus souvent… Cette facilité est normale, convenue… Cela dit, la bienfaitrice éplorée que nous décou-
vrons ici, cette Juliette inédite, paraît surtout receler en elle-même
une authentique disposition à la maternité. Elle trouvera bien des
façons de la manifester, la plus commune étant sans doute un sens
aigu du détail attentionné. C'est la même Juliette qui mène devant un
miroir une enfant sourde-muette et qui chez elle, les soirs de bal, prévoit pour ses amies un réassortiment d'éventails, de bouquets et
d'escarpins de toutes les tailles et de toutes les couleurs, afin
qu'entre une valse et une monaco, jamais ses invitées ne se sentent
mal à leur aise, ou défraîchies.

L'Esprit et la Beauté

Sacrifier allégrement aux plaisirs du monde n'empêche pas
Juliette de cultiver quelques-unes des amitiés qui donneront à sa vie
une armature affective et intellectuelle de premier ordre.

Elle se lie à Mme de Staël qui l'avait si vivement impressionnée
lors de leur rencontre au château de Clichy et qui, selon son habitude, revient chaque année passer l'hiver à Paris. La trépidante
baronne partageait son temps entre Coppet, où résidait son père et où
elle écrivait pendant les mois d'été, et son salon parisien qu'elle rou-
vrait de décembre à mai. Elle avait accueilli Brumaire avec intérêt,
applaudissant au retour des « fructidorisés ». Elle n'aurait pas détesté
être l'inspiratrice dc Bonaparte dont l'action et le brio l'attiraient.
Cependant, elle s'inquiète, et à juste titre, du déséquilibre que
contient la Constitution de l'an VIII. Son ami Sieyès aurait pu mieux
faire, pense-t-elle. Elle se demande si ce Consulat est bien le régime
idéal qu'elle souhaite ardemment pour la France, s'il saura préserver
la liberté et les Lumières.

En attendant, elle place Benjamin Constant, avec lequel elle vit
depuis cinq ans. Le 5 janvier 1800, le premier heurt se produit entre
l'assemblée délibérante et Bonaparte, du fait d'un discours de
Constant. Le Premier consul, dès lors, se méfie de l'ancienne ambassadrice dont il sait qu'elle anime cette opposition naissante. Il n'en
montre rien car, à tout prendre, Mme de Staël possède une certaine
surface dans les sphères politiques.

De la correspondance de Mme de Staël et de Mme Récamier, qui
commence avec le siècle, nous ne possédons qu'une voix, celle de la
brillante, de l'impétueuse Germaine. Les lettres de Juliette ont peut-
être été détruites, ou peut-être dorment-elles, cachées, oubliées, dans
les archives poussiéreuses d'un quelconque château… Il nous faut
donc déchiffrer, en négatif, la présence de Mme Récamier dans la vie
de son amie, deviner par ricochet la teneur et le degré de son

influence sur celle-ci, retracer le pointillé de ses propos et de ses incitations. Le même cas se produira avec Chateaubriand, Benjamin Constant, Ballanche.

Le premier écrit de Germaine dont nous disposons est un fragment non daté, qui suit de près le passage, en mai 1800, de Bonaparte en Suisse. Il rejoint l'armée, de nouveau engagée en Italie, s'arrête à Coppet, rend visite à Necker et franchit, à pied, le Grand-Saint-Bernard. « Cet homme a une volonté qui soulève le monde lui-même », commente Mme de Staël[1]...

Comme elle sait sa belle amie en coquetterie avec Masséna, elle la renseigne sur le mouvement des troupes : « Du reste à Gênes, le 30 de mai, écrivait-on, il y avait encore assez de vivres pour plusieurs jours. » Masséna, arrivé à Gênes en février, s'y trouvait bloqué depuis avril, assiégé à la fois par les Autrichiens de Mélas et par la flotte anglaise, et n'en sortira que le 5 juin. À son retour, il envoie à Juliette un billet dont Chateaubriand appréciera l'élégance chevaleresque : « Le charmant ruban donné par Mme Récamier a été porté par le général Masséna aux batailles et au blocus de Gênes : il n'a jamais quitté le général et lui a constamment favorisé la victoire. »

On peut discuter sur ce dernier mot, mais enfin l'intention était la même, et les couleurs de Juliette présentes pendant la deuxième campagne d'Italie...

Le 14 juin, c'est la difficile bataille de Marengo. À Sainte-Hélène, Napoléon criait encore, dans son délire : « Desaix ! Desaix ! Ah ! la victoire se décide ! », tant elle avait été incertaine... Desaix y laissera la vie, ainsi que 6 000 autres Français, mais les Autrichiens accepteront la domination du nord de la péninsule par la France, et, le 3 décembre, suivant l'intervention décisive de Moreau à Hohenlinden ouvrira la voie définitive à la paix.

L'annonce de la victoire de Bonaparte déclenche une explosion de joie dans Paris. Le retour de Marengo est un triomphe et se termine en apothéose. Ni Juliette ni Mme de Staël n'échappent à cet enthousiasme universel.

C'est durant l'hiver suivant que l'amitié entre les deux femmes se fortifie : « Rien n'était plus attachant, dira Benjamin Constant, que les entretiens de Mme de Staël et de Mme Récamier. La rapidité de l'une à exprimer mille pensées neuves, la rapidité de la seconde à les saisir et à les juger ; cet esprit mâle et fort qui dévoilait tout et cet esprit délicat et fin qui comprenait tout ; ces révélations d'un génie exercé, communiquées à une jeune intelligence digne de les recevoir ; tout cela formait une réunion qu'il est impossible de peindre sans avoir eu le bonheur d'en être témoin soi-même. »

---

1. Les lettres de Mme de Staël à Mme Récamier reproduites dans cet ouvrage sont empruntées à l'édition E. Beau de Loménie (Domat, 1952). Pour les quelques lettres adressées par elle à d'autres correspondants, nous nous référons à l'édition G. Solovieff (Klincksieck, 1970). Pour cette nouvelle édition, nous devons à Simone Balayé, présidente des Études staëliennes, le rétablissement du texte d'après les originaux, et nous lui en exprimons ici toute notre reconnaissance.

Elles se complètent admirablement et le savent. Mme de Staël rayonne de force et d'idées. Juliette de grâce et de subtilité. Ces deux femmes riches et entourées, ces deux personnalités en vue communient dans une étrange particularité qui explique, en partie, leur difficulté à réussir leur vie sentimentale : l'attachement exclusif que la première voue à son père, la seconde à sa mère. La psychanalyse parlerait de fixations infantiles. Elles auront, en tout cas, quelque mal à les surmonter.

Il y a une rare qualité d'entente entre elles : non seulement Mme de Staël ne souffre pas du contraste avec Juliette, l'exquise, la ravissante Juliette, mais elle éprouve pour elle un commencement d'affection qu'on dirait de sœur aînée et protectrice. Juliette, elle, se nourrit de l'intelligence supérieure de l'ambassadrice et, à son contact, développe son esprit et son jugement. Une anecdote, plus tardive, traduit on ne peut mieux la base de leur relation. Elle figure dans les Mémoires d'E Géraud, *Un homme de lettres sous l'Empire et la Restauration* :

> Assis entre Mme Récamier et Mme de Staël, femmes également célèbres, mais sous des rapports différents, quelqu'un disait un jour :
> — Me voici entre l'esprit et la beauté.
> — Monsieur, répondit Mme de Staël, en feignant de s'y méprendre, c'est la première fois que je m'entends dire que je suis belle [1].

Quel esprit, en effet ! Et quand on sait combien Mme de Staël souffrait de ce qu'elle appelait son « absence d'avantages extérieurs » – périphrase dont la pudeur ne s'explique que trop – on mesure la générosité de cette repartie qui révèle la plus admirable des beautés : celle de l'âme…

Un certain Lassagne débarque à Paris…

En ce printemps 1800, tout juste un mois avant la bataille de Marengo, un certain citoyen Lassagne débarque à Paris. Il se dit suisse, noiraud, passablement désargenté, pas très assuré de son sort et complètement ahuri par ce qu'il découvre de la capitale, après plusieurs années d'absence :

> C'était un dimanche : vers trois heures de l'après-midi, nous entrâmes à pied dans Paris par la barrière de l'Étoile. Nous n'avons pas une idée aujourd'hui de l'impression que les excès de la Révolution avait faite sur les esprits en Europe, et principalement sur les hommes absents de la France pendant la Terreur ; il me semblait, à la lettre, que j'allais descendre aux enfers. [...] J'aperçus des *bastringues* où dansaient des hommes et des femmes ; plus loin le palais des Tuileries m'apparut dans l'enfoncement de ses deux grands massifs de marronniers. Quant à la place Louis-XV, elle était nue ; elle avait le délabre-

---

1. Edmond Géraud, *Un homme de lettres sous l'Empire et la Restauration*, Paris, 1893, p. 11.

ment, l'air mélancolique et abandonné d'un vieil amphithéâtre ; on y passait vite ; j'étais tout surpris de ne pas entendre de plaintes ; je craignais de mettre le pied dans un sang dont il ne restait aucune trace…

Ses étonnements ne sont pas tous aussi morbides, tant s'en faut. Les vestiges laissés par la Terreur sont, parfois, d'une irrésistible drôlerie. Ainsi, en arrivant chez un de ses amis, rue de Grenelle, il s'amuse, en lisant sur la loge du concierge : « Ici on s'honore du titre de citoyen et on se tutoie. Ferme la porte, s'il vous plaît. » Il est un peu déphasé, mais très vite il va prendre le ton, goûter au charme parisien, « à cette absence de toute morgue et de tout préjugé, cette inattention à la fortune et aux noms, ce nivellement naturel de tous les rangs, cette égalité des esprits qui rend la société française incomparable… ».

Il va surtout reprendre sa véritable identité : François-Auguste (son second prénom, en vérité, est René, mais pour l'instant il préfère Auguste), vicomte de Chateaubriand.

Il a presque trente-deux ans, il est breton, plus exactement celte, de la tête aux pieds, brun, vif et gai malgré ses malheurs et ses tribulations. Né gentilhomme, c'est là sa caractéristique première, il a connu une enfance sauvage et libre le long des grèves malouines, auprès de la mer qu'il aime de toutes ses fibres, entre l'austérité d'un père aristocrate et négrier, qui a redoré l'antique blason familial, et la douceur des affections féminines. Après la mort de son père, il a été spolié par son aîné et, sans détermination précise, il s'en est allé aux Amériques. À son retour, on l'a marié hâtivement, et, la Terreur venue, il a rejoint, sans conviction, l'armée des Princes. Son frère a été guillotiné et lui, blessé, s'est réfugié en Angleterre, où il a végété, comme tant d'autres. Il a publié un ennuyeux *Essai historique sur les révolutions* qui a rencontré peu d'échos.

Le voilà arrivé à Paris. Il se demande deux choses : comment se faire radier de la liste des émigrés et, surtout, comment sortir de l'anonymat, la pire des prisons quand on a sa nature, son orgueil et son talent.

De son émigration à Londres, il conserve quelques amis, rentrés avant lui, sur qui il compte pour se faire connaître. Parmi eux, le poète Fontanes, bien en cour auprès des Bonaparte, et pour cause : il est le protégé très particulier d'Élisa. Lucien vient de lui confier la direction du Mercure de France. Fontanes encourage Chateaubriand dans la voie de l'écriture et, le moment venu, il lui mettra le pied à l'étrier. Paradoxalement, c'est l'un des tenants de l'école classique qui conseillera, avec quelle finesse et quelle efficacité, le père fondateur du Romantisme français. « Au lieu de se révolter contre ma barbarie, expliquera Chateaubriand, il se passionna pour elle. »

Un autre de ses amis, que nous connaissons déjà, Christian de Lamoignon, le mènera rue du Mont-Blanc. Ni l'un, ni l'autre ne saura dire précisément quand. Chateaubriand signale le fait : « Christian de Lamoignon, mon camarade d'exil à Londres, me conduisit chez Mme Récamier : le rideau se baissa subitement entre elle et moi [1]. »

---

1. *M.O.T.,* 2ᵉ partie, livre premier, 7, p. 26.

S'était-il seulement levé ? Comment, dans la cohue qui s'empressait autour d'elle, la femme la plus recherchée de Paris eût-elle distingué ce gentillâtre, cet illustre inconnu, dont la mine ne pouvait que se renfrogner devant tant d'éclat ?

> Au sortir de mes bois et de l'obscurité de ma vie, j'étais encore tout sauvage ; j'osai à peine lever les yeux sur une femme entourée d'adorateurs, placée si loin de moi par la renommée et la beauté [1].

Voilà qui a le mérite de l'honnêteté. On l'oublie souvent, mais Chateaubriand est un « self made man », et Dieu sait ce qui lui en coûtera de s'imposer, de devenir l'écrivain du siècle, l'oracle de son temps et l'homme difficile, mais rayonnant, vers qui se tourneront les générations montantes...

De ce premier passage à l'hôtel Récamier, il ne nous dit rien, parce que lui-même, encore, n'est rien. C'est bien dommage en vérité, car Chateaubriand ne put manquer de considérer avec une attention passionnée ce faste, inconnu de lui, cette société étincelante qu'il aurait voulu conquérir, ces gloires présentes dansant des quadrilles et des mont-ferrines à en perdre le souffle, cette maîtresse de maison au charme adamantin, centre de tous les regards et de tous les désirs... Dommage, en effet, qu'il n'ait rien *voulu* en dire, car il est impossible qu'il n'en ait pas gardé le souvenir. Le Huron chez les banquiers... Nous regrettons les pages colorées, les aperçus saisissants que seul il aurait pu élaborer en pareille occasion.

Chateaubriand commence par s'intégrer à un groupe d'amis, une coterie, dont l'âme est Pauline de Beaumont, fille du comte de Montmorin, qui fut ambassadeur et ministre des Affaires étrangères de Louis XVI. Mme de Beaumont est le prototype de l'héroïne romantique. Son destin semble frappé du sceau du malheur : pendant la Révolution, elle a vu guillotiner toute sa famille et la plupart de ses amis, parmi lesquels le poète André Chénier. Le seul frère qui lui restait a péri en mer. Son mariage a été un échec, elle vient de divorcer. Elle est libre. Mourante, aussi. La tuberculose la mine, aiguise son visage et donne à ses yeux une certaine fébrilité trompeuse. « Un souffle m'agite, rien ne m'ébranle », telle est sa devise, du moins jusqu'à ce qu'elle rencontre Chateaubriand. Car, ébranlée, elle le sera, éprise de lui jusqu'à la véhémence... Cette hypernerveuse n'est pas sans rappeler Julie de Lespinasse. Il y a en elle de la frénésie latente. « Son caractère, nous dit Chateaubriand, avait une sorte de raideur et d'impatience qui tenait à la force de ses sentiments et au mal intérieur qu'elle éprouvait. » Elle est inflexible, mais non sans suavité ni pathétique. Son ardeur et ses émois sont redoutables. Autrement dit, Mme de Beaumont désarme, mais aussi elle fatigue.

On l'appelle « l'Hirondelle », autour de laquelle gravite une véritable ménagerie : Joubert, « le Cerf », un penseur dont Mme de

---

1. *M.O.T.,* 3 e partie, 2 e ép., livre septième, 1, p. 309.

Chastenay dira «qu'il avait l'air d'une âme qui avait rencontré par hasard un corps et qui s'en tirait comme elle pouvait»! Fontanes, «le Sanglier» en raison de son physique râblé, Chênedollé, poète didactique, un peu triste et que son idylle avec Lucile, la sœur de Chateaubriand, n'égaiera point, dit pour cette raison «le Corbeau», Mathieu Molé dont nous ne connaissons pas le surnom, mais qui mériterait celui de «Renard», pour la belle carrière qu'il fera, en servant tous les régimes avec une égale souplesse, à quoi s'adjoint Chateaubriand, «le Chat».

Le Chat, félin, nerveux, scrutateur, indépendant, égotiste (avant que Stendhal n'invente le mot), voluptueux et charmeur... On voit en quoi le noble vicomte peut ressembler à son animal de prédilection. En tout cas, sous l'influence de ses amis, il se met au travail. Il prépare *Atala*, un épisode détaché d'un ouvrage vaste, ambitieux dont il a le projet : *Le Génie du christianisme*. Mais avant cela, pour se lancer dans le monde littéraire, il a recours à la plus vieille recette qui soit : il saute à pieds joints dans la polémique et attaque avec courtoisie, mais bruyamment, un ouvrage dont on parle beaucoup et qu'on vient de rééditer : *De la littérature*, de Mme de Staël. Sous forme de *Lettre au citoyen Fontanes*, publiée dans le Mercure, en décembre 1800, il discute la thèse de la perfectibilité humaine. On le remarque et bientôt il fait la connaissance de la dame de Coppet, qui a la bonté de ne pas lui tenir rigueur de sa virulence envers elle.

Trois mois plus tard, il publie *Atala* et comme il le dit tout uniment : «Je cessai de vivre de moi-même et ma carrière publique commença.»

Un écrivain venait de naître, et Paris, immédiatement, le reconnaît. *Atala ou les amours de deux sauvages dans le désert* a l'avantage de la nouveauté et tranche sur toutes les niaiseries douceâtres sorties en droite ligne de Bernardin, dont était abreuvé le public. C'est que Chateaubriand a su renouveler l'exotisme, en rendant, de manière lyrique et saisissante, la dimension américaine. La grandeur des paysages, des forêts, des ciels, des orages qui les agitent, la description du Mississippi sur quoi s'ouvre le récit impressionnent et ravissent ses lecteurs.

Cette histoire d'un amour contrarié entre deux êtres jeunes que déchirent l'appel de la nature et les exigences de la religion, et qui finit mal, exalte les imaginations. Une nouvelle sensibilité trouve ici son reflet, celle de la jeune génération – à laquelle appartiennent l'auteur et son public – prête à s'identifier aux héros. Qu'importe que cette «love story» des savanes soit peu crédible, que ces Indiens frottés de civilisation s'expriment, à peu de chose près, comme d'élégants danseurs de chez Garchy, les lecteurs sont conquis par l'énergie et le souffle qui animent le texte, ils sentent derrière ces images renouvelées une grande plume et pleurent d'extase aux funérailles de la belle Indienne victime, comme Virginie, de ses préjugés...

Et Juliette, comment réagit-elle à cette lecture ? Elle dut aimer la clarté froide dans laquelle baigne l'ouvrage : «La lune prêta son pâle flambeau à cette veillée funèbre… » S'est-elle reconnue dans Atala ? C'est possible, car, comme elle, Atala se place sous le signe de la blancheur. Blanc de la chasteté et de la mort, comme sont blanches la vieillesse et la cécité de son compagnon de fuite, Chactas, qui a survécu et qui raconte. Lorsque Chateaubriand dépeint ainsi son héroïne : « Elle était régulièrement belle ; on remarquait sur son visage je ne sais quoi de vertueux et de passionné dont l'attrait était irrésistible. Elle joignait à cela des grâces plus tendres ; une extrême sensibilité, unie à une mélancolie profonde, respirait dans ses regards ; son sourire était céleste… », on évoque plus facilement la dame de la rue du Mont-Blanc qu'une quelconque Natchez aux cheveux huilés, vêtue de peaux de castor…

C'est peu après la publication d'*Atala* que Chateaubriand fera la connaissance de Mme Récamier.

> Environ un mois après[1], j'étais un matin chez **Mme de Staël** ; elle m'avait reçu à sa toilette ; elle se laissait habiller par Mlle Olive, tandis qu'elle causait en roulant dans ses doigts une petite branche verte : entre tout à coup Mme Récamier vêtue d'une robe blanche ; elle s'assit au milieu d'un sofa de soie bleue ; Mme de Staël restée debout continua sa conversation fort animée et parlait avec éloquence ; je répondais à peine les yeux attachés sur Mme Récamier. Je me demandais si je voyais un portrait de la candeur ou de la volupté. Je n'avais jamais inventé rien de pareil et plus que jamais je fus découragé ; mon amoureuse admiration se changea en humeur contre ma personne. Je crois que je priai le ciel de vieillir cet ange, de lui retirer un peu de sa divinité, pour mettre entre nous moins de distance. Quand je rêvais ma Sylphide, je me donnais toutes les perfections pour lui plaire ; quand je pensais à Mme Récamier je lui ôtais des charmes pour la rapprocher de moi : il était clair que j'aimais la réalité plus que le songe.
>
> Mme Récamier sortit et je ne la revis plus que douze ans après.

Cette page, qui ouvre la partie des *Mémoires d'outre-tombe* consacrée à Mme Récamier, est aussi connue qu'elle est ravissante, il n'empêche qu'il faut faire sa part au truquage inhérent à l'écriture : l'impression ressentie par son auteur n'est en rien comparable à l'émotion exprimée à demi-mots, mais intensément, par Bonaparte lorsqu'il approcha Juliette. La sylphide est une invention rétroactive de Chateaubriand, qui surgit sous sa plume après 1830, parfaite émanation du Romantisme alors triomphant. Chateaubriand ne put qu'être flatté de se trouver, sans l'avoir voulu, dans l'intimité des deux femmes célèbres, mais peut-être Mme Récamier lui fut-elle invisible : il n'avait en tête que sa radiation, sa pétition au Premier consul, ses démarches auprès de Fouché, d'Élisa et de Mme de Staël, précisément. Plus que tout, il voulait sortir de la semi-clandestinité dans laquelle il se trouvait, d'autant que son *Atala* faisait de bons débuts et qu'il mourait d'envie de reconnaître publiquement cette fille bienvenue et prometteuse.

---

1. En avril ou mai 1801.

Il croise donc la belle Juliette, un matin. Il ne la regardera que seize ans plus tard un soir, à la table de leur amie commune. Que de temps il eût gagné, que de souffrances il se fût épargnées s'il s'était avisé, au printemps 1801, qu'il avait devant lui la femme qui, seule, pouvait l'apaiser et favoriser son œuvre autant qu'elle comprendrait son extravagante nature…

À peine « radié », Chateaubriand s'enferme chez Mme de Beaumont, dans sa campagne de Savigny-sur-Orge, pour terminer le *Génie du christianisme*. L'ouvrage paraît en avril 1802 et son succès est, d'emblée, extraordinaire. À côté de ce monument, destiné à démontrer à la France qu'elle n'a pas à rougir d'être la fille aînée de l'Église, *Atala* semble une bluette.

Chateaubriand avait renoué assez récemment – à la suite d'un double deuil familial – avec la religion de ses pères. Il avait parfaitement mesuré combien, malgré les sarcasmes des philosophes et les ravages de l'idéologie républicaine, celle-ci demeurait vivante chez ses concitoyens, et cette apologie qui cherche moins à prouver qu'à faire sentir, qu'à séduire l'imagination vient à point nommé…

Qui plus est, l'écrivain est novateur. Jamais on n'avait envisagé la question sous cet angle. Qui avait chanté la beauté et la vertu civilisatrice de la religion « la plus poétique, la plus humaine, la plus favorable à la liberté, aux arts et aux lettres »… ? Avec la vigueur qui caractérise son écriture, il surprend, il entraîne. Il réhabilite la Bible, signale des sources d'inspiration oubliées, révèle Dante, le Tasse et Milton, multiplie les morceaux de bravoure, les méditations grandioses et imprévues sur l'Océan, les oiseaux migrateurs ou la nuit américaine… Il excelle à rendre son goût pour les ruines, le « vague des passions » et la mélancolie de l'être devant la nature. Il se fait le chantre somptueux de l'air du temps, le chef de file de la « nouvelle vague » littéraire.

Quatre jours après la parution du *Génie*, Paris célèbre en grande pompe la signature du Concordat. Après de longues négociations menées par Bernier et l'habile cardinal Consalvi, Rome et Paris sont arrivés à un accord : les évêques nommés par le Premier consul recevront l'investiture papale, ils choisiront les curés. L'État leur versera un salaire, mais, en compensation, le pape admet la vente des biens du clergé comme « irrévocable ». Quelques jours auparavant, pour atténuer les amertumes républicaines, Bonaparte a publié *les articles organiques* qui, notamment, donnent aux préfets l'autorité en matière de réglementation des pratiques extérieures du culte. C'est égal : la religion est rétablie en France.

Le dimanche 18 avril 1802, jour de Pâques, un *Te Deum* solennel réunit à Notre-Dame une foule immense menée par les dignitaires du régime. Quel apparat pour cette première cérémonie officielle ! Un important service d'ordre entoure la cathédrale. Sous les volées de cloches, précédés de quatre régiments de cavalerie, les consuls, les ambassadeurs et les ministres arrivent successivement, dans des carrosses à huit ou six chevaux, selon leur rang, et sont accueillis dès leur entrée dans le temple, par Mgr de Belloy, l'archevêque de Paris, qui leur présente l'eau bénite et l'encens. Trente évêques les attendent sous un dais dressé dans le chœur – dont les tentures masquent les cicatrices laissées par les révolutionnaires. Le cardinal-légat, représentant du pape, dit la messe et, chose inouïe, au moment de l'élévation, la troupe présente les armes et les tambours battent aux champs !

L'assistance est plus que mêlée. La société à bonnes manières côtoie la clique empanachée des parvenus et des aventuriers du nouveau pouvoir... On distingue, côte à côte, les duettistes renégats : l'impénétrable Fouché, ex-séminariste devenu jacobin, l'élégant Talleyrand, ex-évêque responsable du bradage des biens de l'Église et artisan de la Constitution civile du clergé. Deux piliers du régime consulaire, qui eux, du moins, sont en terrain connu ! À la différence des militaires, que Berthier a contraints, sur ordre de Bonaparte, à être présents et qui, dans leur majorité, rechignent à la pompeuse mascarade et subissent du plus mauvais gré ces fracas de cloches et d'orgues, ce déferlement de cantiques et de bonnes paroles auxquels ils ne comprennent rien ! Ces vieux républicains sont ahuris devant tant d'étincelante, d'inutile ostentation. Si Bernadotte se tait, mais n'en pense pas moins, d'autres, comme Lannes ou Augereau, ne cachent pas leur exaspération. Le général Delmas ira même jusqu'à dire au Premier consul, à la sortie, qu'il ne manquait à cette belle cérémonie « que le million d'hommes qui s'est fait tuer pour détruire ce qu'il vient de rétablir » !

Le rival en popularité de Bonaparte, le général Moreau, choisit, quant à lui, de dédaigner ces mômeries et s'en va, vêtu de son éternel habit de drap brun, fumer un cigare dans le jardin des Tuileries. Inutile de dire que cette insolence sera remarquée, ainsi que ses commentaires sarcastiques, devant le ministre de la Guerre, sur cette « capucinade » obligée. Son opposition à Bonaparte s'accentue chaque jour, et nous verrons bientôt jusqu'où elle le mènera et ce qu'il lui en coûtera.

Paris est en liesse : on lui a rendu son dimanche, on lui a rendu ses spectacles religieux, ses surplis brodés, ses enfants de chœur, ses *Stabat Mater* et ses Passions qui résonnent avec éclat sous les voûtes... On lui a surtout rendu la paix. Signée le 25 mars, à Amiens, avec la dernière puissance ennemie, l'Angleterre, elle a fait du Premier consul l'homme le plus aimé de son pays. Elle durera peu, mais cette trêve est vécue dans un enthousiasme général qu'accroît encore l'amnistie pour fait d'émigration.

Intermède anglais

Juliette et sa mère en profitent pour aller découvrir la blanche Albion. La curiosité est également grande des deux côtés de la Manche, et des kyrielles de voyageurs vont, en cette fin de printemps 1802, se croiser sur les routes difficiles qui relient Paris à Calais.

En mai, Juliette s'embarque avec Mme Bernard, précédée par les recommandations chaleureuses du vieux duc de Guignes, qui avait été l'ambassadeur de Louis XVI dans la capitale anglaise. Le séjour de Mme Récamier y sera de courte durée : on la recevra, néanmoins, d'une manière inoubliable. Chateaubriand le résume ainsi :

> Telle est la puissance de la nouveauté en Angleterre, que le lendemain les gazettes furent remplies de l'arrivée de la Beauté étrangère. Mme Récamier reçut les visites de toutes les personnes à qui elle avait envoyé ses lettres. Parmi ces personnes la plus remarquable était la duchesse de Devonshire, âgée de quarante-cinq à cinquante ans. Elle était encore à la mode et belle quoique privée d'un œil qu'elle couvrait d'une boucle de cheveux. La première fois que Mme Récamier parut en public, ce fut avec elle. La duchesse la conduisit à l'Opéra dans sa loge où se trouvaient le prince de Galles[1], le duc d'Orléans et ses frères le duc de Montpensier et le comte de Beaujolais[2]. Les deux premiers devaient devenir rois; l'un touchait au trône, l'autre[3] en était encore séparé par un abîme. Les lorgnettes et les regards se tournèrent vers la loge de la duchesse. Le prince de Galles dit à Mme Récamier que, si elle ne voulait être étouffée, il fallait sortir avant la fin du spectacle. À peine fut-elle debout que les portes des loges s'ouvrirent précipitamment : elle n'évita rien et fut portée par le flot de la foule jusqu'à sa voiture.
>
> Le lendemain Mme Récamier alla au parc de Kensington accompagnée du marquis de Douglas, duc d'Hamilton, qui depuis a reçu Charles X à Holyrood, et de sa sœur, la duchesse de Somerset. La foule se précipitait sur les pas de l'étrangère. Cet effet se renouvela toutes les fois qu'elle se montra en public; les journaux retentissaient de son nom et son portrait, gravé par Bartolozzi, fut répandu dans toute l'Angleterre[4].

De passage à Londres en même temps que Juliette, Mathieu Molé se souvient, dans ses *Mémoires*, d'un dîner avec elle chez M. Otto, le négociateur de la paix d'Amiens et représentant du gouvernement français. La « fashionable beauty » qui met en émoi les Trois Royaumes ne l'impressionne guère : il ne l'aimera jamais, mais il lui concède, du bout de la plume, « une célébrité que n'avait aucune femme de son temps ».

Les journaux parisiens se font l'écho des nouveaux succès de Mme Récamier : « [Elle] se plaint, dit-on, de ce qu'elle est à Londres l'objet d'une curiosité vraiment fatigante, elle aurait bien plus sujet de se plaindre, si on ne témoignait aucun empressement pour la voir[5]... » Le ton n'est guère bienveillant ! C'est que des bruits cou-

---

1. Le futur George IV.

2. Tous deux devaient mourir prématurément. – Antoine Philippe d'Orléans, duc de Monpensier (1775-1807), combattant de Valmy, arrêté à l'armée d'Italie et détenu quarante-trois mois à Marseille, n'était arrivé en Angleterre qu'en 1800. – Le comte de Beaujolais (1779-1808) était de santé délicate.

3. Le futur Louis-Philippe.

4. *M.O.T.*, 3e partie, 2e ép., livre septième, 5, pp. 324-325.

5. Aulard, *op. cit.*, t. III, p. 60. *La Gazette de France*, du 26 floréal an X

rent dans Paris dont les rapports de police font état, selon lesquels « le banquier Récamier va faire une banqueroute considérable »… Son épouse serait partie en emportant avec elle ses diamants « pour des sommes considérables[1] ». Rien ne devait confirmer ces ragots.

Ses amis s'inquiètent d'elle. Mme de Staël lui écrit : « Eh bien ! Belle Juliette, nous regrettez-vous ? Les succès de Londres vous feront-ils oublier les amis de Paris ? » Bernadotte renchérit : « Les journaux anglais, en calmant mes inquiétudes sur votre santé, m'ont appris les dangers auxquels vous avez été exposée. J'ai blâmé d'abord le peuple de Londres dans son trop grand empressement, mais, je vous l'avoue, il a été bientôt excusé ; car je suis partie intéressée, lorsqu'il faut justifier les personnes qui se rendent indiscrètes pour admirer les charmes de votre céleste figure[2]. »

Un autre de ses chevaliers servants se plaint, avec douceur il est vrai, de l'absence de sa belle amie : c'est Adrien de Montmorency.

Anne-Adrien de Montmorency, duc de Laval, appartient à l'une des plus anciennes tribus féodales du royaume. Il descend de ces grands barons de la chrétienté qui joignent à l'ancienneté de leur lignage une brillante illustration. On se souvient (du moins autour de Juliette) du connétable Mathieu II, présent à Bouvines, et du connétable Anne, conseiller d'Henri II, qui joua un rôle capital dans les guerres de Religion et mourut à Saint-Denis, près du tombeau de ses rois, victime des calvinistes.

Lorsqu'elle le rencontre chez Mme de Staël, Adrien a dix ans de plus que Juliette et porte bien son grand nom. Il est blond, et l'élégance de sa haute taille fait oublier sa myopie – qui, selon les canons de l'époque, le dessert – ainsi qu'une certaine hésitation dans l'élocution qui, aujourd'hui, ne serait pas sans charme. Ce chevalier de la Toison d'or, ce grand d'Espagne de première classe est un parfait homme du monde qu'on a hâtivement qualifié de « léger », parce que ses manières ont quelque chose de chevaleresque et de désuet. Il est vrai que la fidélité à son honneur et à son roi, le dévouement à ses amis, la courtoisie envers le beau sexe sont des valeurs en perte de vitesse… Ce gentilhomme à la française, spirituel et attentionné, apparaît à Juliette comme le modèle des vertus masculines, une version plus gaie du duc de Nemours, ainsi que le reconnaîtra cette lectrice fervente de *La Princesse de Clèves*.

Elle avouera : « Ce qui me restait du souvenir de Lucien tournait à l'avantage de M. de M[ontmorency]. L'origine révolutionnaire de l'un contrastait avec l'illustration antique de l'autre. L'agitation désordonnée du premier rendait la réserve animée du second plus séduisante. L'amour, du moins l'attrait réciproque, s'offrait sans être accompagné de rien d'effrayant et comme un nuage transparent qu'on ne pouvait craindre parce qu'il semblait prêt à se dissiper… »

---

1. Aulard, *op. cit.,* t. III, pp. 103-104. Rapport du 20 prairial an X.
2. *In* Lenormant, *op. cit.,* t. 1, p.102.

Bien qu'on y sente la patte de Benjamin Constant, ces quelques lignes définissent parfaitement l'origine d'une amitié qui va durer près de quarante ans[1].

«L'attrait réciproque» fut, semble-t-il, assez marqué à ses débuts. «Tout en jouissant de l'espèce de calme qui caractérisait nos rapports, écrit Juliette, j'aurais voulu plus de passion. [...] J'admirais un ciel si serein, mais quelques petits orages auraient eu leur prix.» Elle avoue que le voyage en Angleterre fait, en quelque sorte, partie d'une stratégie amoureuse destinée à piquer son trop parfait chevalier.

Cela réussit à merveille. Adrien lui écrit, de Dampierre, le 12 juin : «Personne mystérieuse, inconcevable que vous êtes! Que vos sentiments et vos procédés sont étranges! Qu'il est malheureux d'y attacher tant d'importance, tandis que vous n'y attribuez que de l'incrédulité! Vous avez une manière de déjouer tout ce qu'on vous dit, qui empêche que je vous en dise davantage[2]... »

Adrien va souffrir un peu, un peu seulement, puis il transformera, selon l'alchimie voulue par sa dame, cette inclination en parfaite affection et continuera, avec la même grâce, à lui tenir la main.

Juliette et sa mère poursuivent leur périple anglais et séjournent quelque temps à Bath, dans le comté de Somerset, où s'élèvent, sur un ancien site romain, les récentes merveilles de l'architecture géorgienne. Les rythmes élégants des «crescents» et des «terraces» de John Wood font de Bath la plus gracieuse des villes d'eaux. Adrien suppose, lui écrit-il, qu'elle y a «encore trouvé les succès importuns qui ont gêné [sa] modestie à Londres et qui remplissent les journaux de Paris... » Il ajoute, aimablement, «qu'il y a de la gloire à occuper ainsi de sa beauté les deux grandes capitales du monde»!

Puis, comme pour échapper à la curiosité qu'elle suscite, Juliette va chercher un peu de calme dans les landes de la vieille Écosse, visite Édimbourg, «l'Athènes du Nord», avant de redescendre sur Harwhich d'où les voyageuses embarquent pour La Haye. La traversée, plus longue que prévu, permet à Juliette de parcourir le *Génie du christianisme*. Commentaire *a posteriori* de l'auteur : «Je lui fus *révélé*, selon sa bienveillante expression : je reconnais là cette bonté que les vents et la mer ont toujours eue pour moi... »

Les deux femmes traversent la Hollande et s'arrêtent à Spa, près de Liège, où Mme Bernard, après Montaigne et Pierre le Grand, prend les eaux, avant de regagner Paris vers la mi-juillet.

Nous aurions aimé connaître les impressions de Mme Récamier qui, pour la première fois, s'aventurait hors de son pays natal... Nous ne savons pas grand-chose de ce voyage, hormis ce que nous en disent les gazettes. Cette tournée triomphale n'a, semble-t-il, ni renouvelé les habitudes de Juliette ni dissipé en elle un peu de lassi-

---

1. «Mémoires de Mme Récamier», *in* Benjamin Constant, *Œuvres*, *op. cit.*, p. 945.
2. Ms. B.N. N.A.F. 14072.

tude : «Vous parlez de ces plaisirs du monde que vous goûtez toujours, tout en les méprisant», remarque Adrien.

Il y a de la mélancolie dans l'âme de la Belle des Belles...
Pourquoi donc? Ballanche notera, dans la biographie qu'il lui consacrera d'une main affectueuse et qui restera inédite, les inquiétudes qu'elle éprouve alors pour la santé de sa mère. Mme Bernard est-elle atteinte du mal qui l'emportera dans quelques années et Juliette s'en rend-elle compte? A-t-elle mis à profit ces moments privilégiés avec sa fille pour lui confier certain secret, l'éclairer sur tel épisode de son propre passé? Nous l'ignorons, mais ce n'est pas improbable. La jeunesse dorée de Juliette aborde un tournant : la fête continuera, mais celle qui en est la reine en mesurera un peu mieux, maintenant, la profonde inanité.

Une journée au château de Clichy

À son retour, Juliette prend ses quartiers d'été à Clichy, où elle rend leur hospitalité à ses récents amis anglais. Elle reçoit notamment Charles James Fox, ex-secrétaire d'État au Foreign Office, que ses sympathies profrançaises avaient opposé au Premier ministre Pitt et qui défendait hautement la politique de conciliation entre les deux puissances rivales. Il s'adonnait alors à des recherches sur les Stuart, le Premier consul devait le recevoir aux Tuileries avec affabilité et mettre à sa disposition les archives diplomatiques.

Voici un charmant écrit d'une journée au château de Clichy, à l'arrivée de Fox – il visite Clichy, notons-le, avant la Malmaison – qui parut en 1830, inséré dans les *Mémoires* de Constant, le valet de chambre de l'Empereur, sous la signature de la baronne de V***[1].

Bien que Sainte-Beuve en ait utilisé certains éléments, ces pages peu connues et qui retracent avec précision quelques heures de la vie d'une jolie femme méritent d'être lues dans leur intégralité. On y saisit, prise sur le vif, Mme Récamier s'ingéniant à varier les plaisirs qu'elle offre à ses invités – et au-delà de leur succession très étudiée déclamation, musique, danse, proverbes – une évidente volonté d'échapper à soi-même :

> Je trouvai dans le salon de Mme Récamier M. de Narbonne, Camille Jordan, le général Junot et le général Bernadotte. Bientôt après arrivèrent Talma et M. de Longchamps qui devait lire *Le Séducteur amoureux*, pièce sur laquelle il désirait avoir l'opinion de M. de La Harpe, avant de la donner au comité du Théâtre-Français.
> Nous vîmes ensuite arriver MM. de Lamoignon, Adrien et Mathieu de Montmorency, dont les noms illustres avaient cessé d'être pour eux une sentence de mort, et qui, ressuscitant en quelque sorte au milieu des

---

1. Herriot pensait qu'il s'agissait de la baronne de Viel-Castel. Nous pensons plutôt à la baronne de Vaudey dont les *Souvenirs du Directoire et de l'Empire* cités par Charles Léger dans *Mme Récamier et quelques autres* recoupent ceux-ci.

ruines de la Révolution, apportaient au nouveau régime leur élégance de mœurs et ces formes françaises qui appartenaient exclusivement autrefois à leurs nobles ayeux.

Enfin arriva le général Moreau, et quelques moments après parurent M. Fox, lord et lady Holland, M. Erskine et M. Adair.

Fox et Moreau attirèrent surtout l'attention. On aurait dit deux amis qui se retrouvaient après une longue absence. Le premier joignait à l'esprit le plus aimable une grande verve de conversation et une gaieté franche et entraînante. Le second, simple et modeste, donnait son opinion avec tant de réserve et il écoutait avec une complaisance si attentive qu'il n'aurait pas eu besoin de sa brillante réputation pour se faire chérir de tous ceux qui l'approchèrent. Il dit avec une simplicité charmante à Erskine, qui venait de nous faire un éloquent précis de la cause de Thomas Payne qu'il avait défendue sans succès : « J'aurais dû être aussi avocat, c'était le désir de ma famille ; si je suis militaire, je dois m'en prendre en partie à la fortune et en partie à mes goûts ; mais on est si peu maître du rôle qu'on jouera dans le monde que ce n'est qu'à la fin de sa carrière qu'on peut réellement regretter son choix ou s'en applaudir. »

M. de La Harpe était assis près d'Erskine ; tous deux s'interrogeaient et se répondaient souvent, nous amusant par des saillies qui ne tarissaient pas. Lorsque M. de Narbonne tentait de rendre la conversation générale, chacun des convives cherchait à la fixer sur quelque point de l'histoire des autres. C'est ainsi que tour à tour on mit sur le tapis, on analysa et on applaudit la retraite fameuse de Moreau, les adresses de Fox au roi pour forcer Pitt à la paix ; les discours d'Erskine sur le jury ; l'administration de M. de Narbonne ; le cours de littérature de La Harpe ; la vie politique et privée de Montmorency ; la bravoure de Junot ; les vers de Dupaty, etc.

Le café venait d'être servi lorsque nous entendîmes dans la cour un bruit de chevaux, et un instant après on annonça Eugène Beauharnais et son ami Philippe de Ségur. Jeune et vif, brillant de sa propre gloire et du reflet de celle de son beau-père, Eugène n'était nullement enivré de sa belle position. Vous pouviez aisément reconnaître, sous l'élégant uniforme des guides, le même jeune homme qui, quelques années auparavant, était apprenti menuisier, dans l'espoir peut-être d'aider un jour de son travail sa mère et sa sœur, et qui, dans un court espace de temps, transporté des plaines de l'Italie conquise au pied des Pyramides, était devenu le fils adoptif de l'homme qui attirait sur lui les yeux de toute l'Europe. S'avançant d'un air aimable vers Mme Récamier, il la pria de vouloir bien lui permettre de témoigner son regret d'être arrivé si tard à une fête à laquelle il lui avait été si agréable d'être invité. Ensuite, s'approchant de M. Fox : « Je me flatte, dit-il, que je pourrai bientôt me dédommager auprès de vous, monsieur, car je suis chargé par ma mère de vous accompagner à la Malmaison, et je ne précède que de quelques minutes les voitures qui doivent vous y conduire avec vos amis, aussitôt que vous pourrez vous arracher au charme qui vous arrête ici. J'aurai beaucoup de plaisir à vous servir de guide. » Il présenta alors M. de Ségur aux voyageurs et, touchant la main aux personnes de la société qu'il connaissait, il s'assit à table comme un soldat habitué aux repas précipités du Premier consul. Quelques moments après, nous nous levâmes, et la société se dispersa, chacun choisissant ses compagnons d'après son goût ou le hasard, pour aller faire une courte promenade dans le parc. C'était autour de Fox et de Mme Récamier que s'était formé le groupe le plus nombreux; mais bientôt Moreau s'empara seul de M. Fox, en le prenant sous le bras jusqu'au château.

En entrant dans le salon, Mme Récamier désira donner aux illustres étrangers réunis chez elle le plaisir d'entendre déclamer Talma. On sait à quel point cet admirable acteur pouvait se passer du prestige de la scène. Mme Récamier, par une attention ingénieuse, demanda de préférence des scènes imitées de Shakespeare. Talma commença par une scène d'*Othello*, et, comme dit si bien Mme de Staël, il lui suffisait de passer la main dans ses cheveux et de froncer le sourcil pour être le Maure de Venise. La terreur saisissait à deux pas de lui, comme si toutes les illusions du théâtre l'avait environné. Il dit ensuite, à la prière de Mme Récamier, le récit de Macbeth :

> Par des mots inconnus, ces êtres monstrueux
> S'appelaient tour à tour, s'applaudissaient entre eux,
> S'approchaient, me montraient avec un rire farouche :
> Leur doigt mystérieux se posait sur leur bouche.
> Je leur parle, et dans l'ombre ils s'échappent soudain,
> L'un avec un poignard, l'autre un sceptre à la main;
> L'autre d'un long serpent serrait son corps livide :
> Tous trois vers ce palais ont pris un vol rapide,
> Et tous trois dans les airs, en fuyant loin de moi,
> M'ont laissé pour adieu ces mots : *Tu seras roi.*

La voix basse et mystérieuse de l'acteur, en prononçant ces vers, la manière dont il plaçait son doigt sur sa bouche comme la statue du silence, son regard qui s'altérait pour exprimer un souvenir horrible et repoussant, tout était combiné pour peindre un merveilleux, nouveau sur notre théâtre, et dont aucune tradition ne pouvait donner l'idée. Il est impossible de ne pas confondre dans le même souvenir le récit fait par Talma et la manière si frappante dont Mme de Staël en a parlé.

Talma, après avoir charmé tous ceux qui étaient présents, partit pour une répétition à laquelle il était attendu. Les Anglais surtout ne pouvaient se lasser d'admirer les intentions de leur grand tragique, rendues ainsi par la double interprétation de Ducis et de Talma.

Après le départ de Talma, on fit de la musique; Nadermann et Frédéric exécutèrent un duo; on pria Mme Récamier de chanter; elle se mit à sa harpe et chanta, en s'accompagnant, une jolie romance de Plantade. Est-il besoin que j'ajoute qu'on fut ravi de la voix de Mme Récamier?

«En si agréable compagnie le temps passe vite.» Cette remarque fut faite par M. de Ségur, qui ajouta que les voitures du Premier consul attendaient depuis une heure dans l'avenue. On se sépara : M. Fox et ses amis prirent congé de la *belle châtelaine*. Eugène et M. de Ségur suivirent MM. Fox et Adair.

Nous nous entretenions de nos hôtes anglais, lorsqu'on annonça la duchesse de Gordon et sa fille lady Georgiana, aujourd'hui duchesse de Bedford. La duchesse de Gordon était d'une aimable affabilité, mais quelques mots français qu'elle estropiait avec l'accent anglais contribuèrent peut-être autant à sa réputation que son rang. Qui n'a pas entendu vanter la beauté de sa fille? L'air virginal de cette *belle*

Anglaise, la douceur et le charme de ses yeux et de ses traits lui attirèrent des hommages universels.

Ces dames entrèrent au moment où M. de Longchamps s'apprêtait à nous lire sa pièce; elles demandèrent à faire partie de notre aréopage, et l'auteur commença. Nous fûmes charmés de sa jolie comédie, et M. de La Harpe lui-même, juge ordinairement sévère, fit ses compliment à l'auteur. Il était occupé à commenter quelques scènes, lorsque la poésie fut obligée de faire place à une autre muse.

Le personnage nouveau qui survint n'était rien moins que M. Vestris, le fils du *diou de la danse*. Il venait faire répéter à Mme Récamier une gavotte qu'il avait composée l'hiver précédent pour elle et pour Mlle de Coigny[1]. Cette gavotte devait être dansée le lendemain à un bal chez la duchesse de Gordon par Mme Récamier et lady Georgiana. Il ne pouvait être question de renvoyer un maître tel que Vestris. Les dames consentirent à répéter la gavotte devant nous, elle fut dansée au son de la harpe et du cor.

Jamais nymphes plus légères ne charmèrent des yeux mortels. Mme Récamier, le tambourin à la main, l'élevait au-dessus de sa tête à chaque pas, avec une grâce toujours nouvelle, pendant que lady Georgiana, qui, au lieu d'un tambourin, avait pris un schall, semblait, bayadère plus timide, vouloir s'en servir comme d'un voile. Il y avait dans ses attitudes ce mélange d'abandon et de pudeur qui embellit encore les formes les plus belles ses charmes à demi cachés ou à demi révélés sous les ondulations du flexible tissu; ses yeux tour à tour baissés ou lançant un regard furtif; tout en elle était une séduction; mais les mouvements et les poses variées de Mme Récamier parvenaient encore à distraire les yeux les plus occupés de la danse de lady Georgiana, et il y avait surtout dans son sourire un charme qui faisait pencher les suffrages de son côté. Au milieu de l'enthousiasme général, on remarquait encore l'extase du bon Vestris, qui semblait attribuer toute cette poésie de forme et de mouvements, d'expressions et d'attitudes, aux seules inspirations de *son génie*.

Après ce ballet ravissant et imprévu, la duchesse de Gordon, Mme Récamier et moi partîmes pour le bois de Boulogne.

Le soir se trouvait au château une nombreuse réunion, et entre autres, Mme de Staël, Mme Viotte, le général Marmont et sa femme, le marquis et la marquise de Luchesini. Le marquis de Luchesini était un homme de talent et un diplomate qui jouissait de toute la confiance de son souverain, le roi de Prusse. Il avait été précédé d'une grande réputation à Paris.

Après les premières cérémonies d'usage, on proposa de finir la soirée en jouant des proverbes.

C'était placer une partie de la société sous son jour le plus avantageux : Mme de Staël allait pouvoir déployer ce talent d'improvisation qui rendait sa conversation si attrayante, Mme Viotte trouverait l'occasion de prouver qu'elle méritait le titre de deuxième muse, que La Harpe lui avait donné, et le comte de Cobentzel, estimé un des meilleurs acteurs du théâtre de l'Ermitage à la cour de l'impératrice Catherine, nous ferait juger par nous-mêmes de ce talent déclaré inimitable par Ségur et tous les Russes de notre connaissance. Nous com-

---

1. Depuis, Mme Sébastiani, morte à Constantinople dans la brillante ambassade de son mari.

mençâmes par quelques scènes dramatiques. La première fut *Agar au désert*; Mme de Staël joua le rôle d'Agar, son fils celui d'Ismaël[1] et Mme Récamier représentait l'ange.

Il serait difficile de décrire l'effet produit par Mme de Staël dans ce rôle éminemment dramatique, et cependant je voudrais au moins indiquer la manière pathétique dont elle rendit les émotions de douleur et de désespoir suggérées par la situation d'Agar au désert.

Quoique jouée dans un salon, l'illusion dramatique de cette scène fut parfaite. Avec ses longs cheveux épars, Mme de Staël s'était complètement identifiée au personnage, comme Mme Récamier, avec sa modeste et céleste beauté, était la personnification du messager du ciel.

Pour elle semblaient avoir été faits ces deux vers d'un poète anglais :

> *O woman! lovely woman!*
> *Angels are painted fair to look like you.*

« O femme! femme charmante! pour peindre les anges beaux, on les a faits semblables à toi. »

Dans l'expression de l'amour maternel d'Agar, Mme de Staël montra toute cette exaltation d'enthousiasme et d'énergie qu'elle retrouva par la suite dans ses écrits, chaque fois qu'elle faisait allusion à son père. Inspirée par l'admiration du cercle qui l'entourait, jamais, peut-être, elle ne fut plus complètement elle-même ; chaque regard était une émanation du génie. Il fallait l'avoir vue pour concevoir comment un talent tel que celui de Mme de Staël peut, même sans le secours de la beauté, rendre celle qui le possède l'objet de la plus violente passion que puisse faire naître une femme.

Cette scène étant finie, les proverbes commencèrent, mais dans l'intervalle, Mme Viotte nous chanta sa dernière romance, alors en vogue à Paris, et connue sous le titre de l'*Émigration du plaisir*.

Dans les proverbes, les différents acteurs présents rivalisèrent de talent et d'esprit.

M. Cobentzel justifia aussi tous les éloges qu'on lui avait prodigués d'avance.

Mais on remarqua qu'il excellait surtout dans la comédie bouffonne, au grand scandale de ses collègues en diplomatie, qui ne lui pardonnèrent pas volontiers d'avoir changé son habit brodé contre un manteau de Crispin.

Après les proverbes, nous nous divertîmes avec des charades en action, dans lesquelles toute la société prit part.

Nous nous déguisâmes aussi bien que nous pûmes et nous nous acquittâmes de nos rôles, les uns bien, les autres mal ; les plus gauches étaient les plus amusants.

Enfin, onze heures sonnèrent, et le souper fut annoncé.

Le souper est toujours, et partout, l'acte le plus agréable de la comédie du jour.

Le marquis de Luchesini nous dit, à ce sujet, que le déjeuner était pour l'amitié, le dîner pour l'étiquette, le goûter pour les enfants, le souper pour l'amour et les confidences.

---

1. Ce jeune homme fut tué à Stockholm, dans un duel, à l'âge de vingt ans.

Le temps glissa si rapidement pendant cette soirée, que nous ne pouvions croire qu'il fût si tard, quand vint minuit. Il en est de la vie comme de la richesse ; nous en sommes prodigues quand nous l'avons en abondance devant nous, et nous ne nous y attachons que lorsqu'elle tire à sa fin.

Voilà un raccourci de ce que la vie consulaire à Paris compte de plus talentueux et de plus brillant... Franchement, qui dit mieux !...

À *la prison du Temple...*

Pour pacifier et reconstruire, Bonaparte entend agir seul, sans déperdition d'autorité. Depuis qu'il se sent soutenu par l'ensemble de la population, il ne songe qu'à renforcer son pouvoir personnel. Cela, toutefois, en respectant les formes de la légalité : les oppositions demeurent vigilantes et il le sait. Il lui a fallu épurer le Tribunat, le nettoyer de « ces douze ou quinze métaphysiciens bons à jeter à l'eau » qui le gênaient, autant dire tous les libéraux, Daunou et Benjamin Constant en tête.

À la grogne libérale, émanant de cercles restreints, s'ajoutaient les craintes des Jacobins purs et durs, qui ne manquaient pas de relever les manières autocratiques du Premier consul. L'armée, surtout, désoccupée depuis la signature de la paix, s'agitait. Ses principaux chefs lui donnaient l'exemple : Bernadotte et Moreau jalousaient Bonaparte, leur cadet, promu général en même temps qu'eux. Augereau, Masséna, Brune, Jourdan, Lannes, Delmas, Gouvion-Saint-Cyr, Oudinot et Macdonald lui devenaient chaque jour plus hostiles et commençaient à élaborer certains projets de réaménagement du pouvoir à leur profit. Au printemps 1802, Bonaparte fait arrêter quelques-uns des généraux rétifs, dont Delmas, envoie Bernadotte prendre les eaux à Plombières, éloigne sous prétexte de mission diplomatique Brune, Lannes, Lecourbe, et fait surveiller les autres.

Les royalistes, quant à eux, attendent toujours qu'il rétablisse la branche aînée des Bourbons sur le trône de France... Bonaparte ne les détrompe pas. Il est parfaitement conscient de ce que leur silence a de provisoire.

Aussi décide-t-il de se donner tous les moyens de l'ordre et de la stabilité gouvernementale, en s'instituant consul *à vie*, mais, pour que les formes soient préservées, c'est le Tribunat qui est chargé d'en faire la proposition : il s'agit donc d'offrir au héros « un gage éclatant de la reconnaissance nationale »... Brillante idée, que l'on soumet à plébiscite. Sur 3 577 259 suffrages, 8 374 non.

Cette approbation massive entraîne une réforme constitutionnelle, qui a lieu en thermidor an X (le 4 août 1802), et renforce ostensiblement l'autorité du maître : le Tribunat est réduit, le Sénat peut désormais compléter la Constitution par des sénatus-consultes, le

Premier consul à vie dispose de tous les pouvoirs, y compris celui de désigner son successeur. Ce régime de république présidentielle accentuée prévoit la création de deux institutions destinées à former des élites dociles : les lycées et la Légion d'honneur.

Le résultat ne se fait pas attendre : les royalistes ouvrent enfin les yeux. Quelle désillusion ! S'il a liquidé la Révolution, le général Bonaparte n'est pas le général Monk qui, en 1660, a restauré la monarchie anglaise : il serait plutôt un Cromwell prêt à fonder sa propre dynastie... On se regroupe, on essaie d'obtenir des subsides des princes émigrés, on voudrait organiser la chute de celui qui, désormais, apparaît comme « l'usurpateur ».

M. Bernard n'est plus là pour favoriser cette activité contre le Premier consul. L'administrateur des Postes a été discrètement destitué, au début de l'année précédente, pour avoir couvert des correspondances royalistes et laissé circuler une « feuille périodique », rédigée par un certain abbé Guyot ou Guillon, attaquant la famille Bonaparte. Voici comment les choses se sont passées :

Mme Récamier, qui était liée aux sœurs Bonaparte, à Caroline (Mme Murat), la plus intelligente, mais aussi à Élisa (Mme Bacciochi), la moins sympathique – son influence compensait ce que son comportement avait de sec et de hautain – recevait à dîner, à la demande de cette dernière, La Harpe qu'Élisa voulait rencontrer. Étaient présents Mme Bernard, Mme de Staël ainsi que Narbonne et Mathieu de Montmorency, le cousin d'Adrien. Jolie table ! Au moment de la quitter, un coup de théâtre se produit : on apprend à Mme Bernard que son époux vient d'être arrêté et conduit à la prison du Temple. Juliette s'adresse tout naturellement à Élisa et lui demande d'intervenir pour qu'elle puisse voir le Premier consul le plus vite possible. Gênée, Élisa se dérobe et lui conseille, froidement, Fouché. Fouché, bien disposé envers Juliette, est impuissant : « L'affaire est grave, très grave. » Il ne peut rien. Juliette court au Théâtre-Français rejoindre Élisa qui s'y trouve en compagnie de son autre sœur Pauline (Mme Leclerc). Contrariété marquée des deux dames à l'arrivée de celle-ci qui les dérange dans leur bruyante délectation pour le jeu de l'acteur Lafont... Atterrée par cet accueil, Juliette attend dans un coin de la loge, comme on le lui a demandé, la fin du spectacle. On imagine son angoisse ! Dieu merci, Bernadotte, témoin de toute la scène, s'offre pour la reconduire chez elle et se charge du cas. Il se précipite aux Tuileries et obtient que M. Bernard soit remis en liberté, sans procès, simplement destitué de sa fonction.

Écoutons la suite, racontée par Mme Récamier elle-même, épisode insolite de la vie d'une femme à la mode et qui prouve, si besoin en était, la précarité, en régime absolutiste, de toute position, fût-elle, en apparence, la plus assurée et la plus enviable :

> Cependant, [...] cette nuit ne fut pas pour moi une nuit de repos ; je la passai tout entière à chercher les moyens d'arriver jusqu'à mon père et de le tranquilliser sur sa propre situation. La chose n'était pas facile :

il était au secret, je le savais, mais j'étais résolue à tout tenter pour le voir. J'avais eu à plusieurs reprises des permissions pour visiter, au Temple où on l'avait enfermé, des prisonniers qui m'intéressaient et j'avais conservé quelques intelligences dans la prison. Je m'y rendis donc le lendemain de grand matin, sous prétexte d'une de ces visites habituelles, et je trouvai moyen de décider un gardien, nommé Coulommier, qui m'était dévoué, à me procurer un moment d'entretien avec mon père, quoiqu'il fût au secret. Il me conduisit avec les plus grandes précautions à sa cellule où il me laissa.

À peine avions-nous eu le temps, mon père de m'exprimer sa joie et sa surprise de me voir, moi de lui dire en peu de mots ce que j'avais fait, que Coulommier accourut tout pâle et hors de lui. Sans proférer un seul mot, il me saisit par le bras, ouvre une porte, me jette dans une sorte de cachot, m'y enferme et me laisse dans la plus profonde obscurité. Tout cela s'était passé si rapidement que je n'avais pas eu le temps de me reconnaître. Je m'appuyai machinalement contre la porte de ma prison, j'entendis un bruit de pas et de voix confuses, puis il s'apaisa. On parut parlementer quelque temps ; le ton solennel de paroles entrecoupées de silence m'apprit qu'il se passait quelque chose d'officiel, mais je ne pouvais distinguer ce qui se disait. Bientôt le bruit des pas recommença, les portes s'ouvrirent et se fermèrent, puis tout rentra dans le silence. Je crus alors qu'on allait venir me délivrer, mais j'attendis en vain, je n'entendis rien que les battements précipités de mon cœur. La peur commença à s'emparer de moi ; sans moyen de mesurer le temps qui s'écoulait, les minutes me semblaient des siècles. Mes pensées se succédaient avec une effrayante rapidité. Avait-on changé mon père de prison ? Lui avait-on donné un autre gardien ? Coulommier était-il soupçonné à cause de moi et n'osait-il me faire sortir ? Combien de temps durerait ma captivité ? À cette question, un frisson glacial me saisit. À travers mes inquiétudes personnelles m'apparaissaient toutes les souffrances dont ces sombres murs avaient été témoins. Ici la famille royale avait passé les derniers jours de son épreuve terrestre. Je croyais voir ces nobles ombres errer autour de moi. Peu à peu je cessai de penser et je tombai dans une sorte d'abattement stupide. Je me sentais prête à perdre connaissance quand un bruit de clefs et de serrures me rendit subitement mes forces. En effet, c'était bien la porte de la prison qu'on ouvrait, et bientôt après la mienne. Je m'élançai au grand jour avec un transport de joie. « J'ai eu une belle peur ! me dit Coulommier : suivez-moi bien vite et ne me demandez plus rien de pareil. » J'appris alors qu'on était venu chercher mon père pour le conduire à la préfecture de police où il devait subir un interrogatoire et que mon séjour dans ce petit réduit noir avait duré plus de deux heures.

Bernadotte cependant n'abandonna point la tâche qu'il avait entreprise. Un matin il arriva chez moi, tenant à la main l'ordre de mise en liberté de mon père, qu'il me remit avec cette grâce chevaleresque qui le distinguait. Il me demanda, comme seule récompense, la faveur de m'accompagner au Temple pour délivrer le prisonnier[1].

Ces lignes, écrites sous la Restauration, font état de la version donnée à Sainte-Hélène par l'Empereur, selon laquelle

---

1. Lenormant, *op cit.*, t. 1, pp. 73 et suiv.

Mme Récamier aurait obtenu elle-même du Premier consul la grâce de son père et aurait insisté pour qu'on le réintégrât : « Telles étaient les mœurs du temps, commente Napoléon, cette sévérité de la part du Premier consul fit jeter les hauts cris, on n'y était pas accoutumé[1]... » Rectificatif de Juliette :

> Je ne jetai point les hauts cris, comme le dit le *Mémorial*. Je n'accourus point auprès du Premier consul et ne lui adressai aucune sollicitation, puisque Bernadotte se chargea seul de toutes les démarches. Je regardai la destitution de mon père comme un malheur inévitable et ne m'en plaignis point[2].

Nous la croyons volontiers. Si elle sut demander pour autrui, quand autrui était malheureux, jamais Juliette ne se départit d'une dignité et d'une discrétion parfaites en ce qui la concernait. Nous aurons l'occasion de le constater.

Même si elle ne ternit pas leur rayonnement social et financier, cette péripétie permit à Mme Récamier et aux siens de mesurer la fermeté du pouvoir en place. Quand celui-ci se muscla, quand il apparut qu'on marchait à grands pas vers l'Empire, ils savaient clairement qu'il leur faudrait désormais tenir compte d'une police et d'une justice arbitraires qui commandaient la prudence. Ce qu'ils savaient aussi, c'est qu'il allait falloir choisir son camp.

---

1. *Mémorial de Sainte-Hélène*, Éditions de La Pléiade, I, 387.
2. Cette destitution paraît se situer en janvier 1801. Le 16 nivôse (6 janvier) M. Bernard est déjà révoqué, selon un dossier le concernant aux Archives nationales.

CHAPITRE V

LA VOIE ÉTROITE DE L'OPPOSITION

> *Mme Récamier ne tenait à la politique que par son intérêt généreux pour les vaincus de tous les partis.*
>
> Benjamin CONSTANT.

Au début de l'hiver 1802-1803, le Paris consulaire brille de tous ses feux. Pour quelques mois encore, l'Europe est en paix. Elle l'ignore, mais elle fait bien d'en profiter ! Anglais, Russes et Prussiens se précipitent dans la capitale, avides d'en explorer les bizarreries et les plaisirs post-révolutionnaires. Avec une curiosité pressée et un certain sans-gêne, ils envahissent la Cité interdite (depuis dix ans) pour en scruter les mœurs, qu'ils imaginent exotiques comme celles d'une peuplade barbare nouvellement découverte...

Les Nordiques en critiquent l'insalubrité – il est vrai que la voirie est un désastre et qu'il est impossible de marcher sans se crotter – et ils déplorent son relatif inconfort. La médiocrité du chauffage les révulse. Les autres s'enchantent d'une matinée passée à la Manufacture des Gobelins, à l'Hôtel de la Monnaie, dans l'atelier du peintre David... Ils visitent le musée des Petits-Augustins, où s'entassent dans un désordre pittoresque des statues mutilées et des œuvres d'art échappées au vandalisme de la Terreur. Ils se promènent dans une ville qu'on démolit avec allégresse, pour dégager perspectives et monuments : les abords des Tuileries et de Notre-Dame sont, en partie, nettoyés, on abat les petites rues du Carrousel, l'église Saint-Nicolas, celle de Saint-André-des-Arts, le chapitre de la cathédrale ainsi que le Grand-Châtelet et la tour du Temple...

Dans l'ensemble, Paris a meilleure allure que quelques années auparavant : la ville manque d'eau et de lumière, les quais sont inexistants, les ponts trop peu nombreux et les fiacres trop rares, mais une série de travaux à long terme est entreprise pour améliorer la vie de ses habitants. Et surtout, Bonaparte, en encourageant la relance des industries, favorise le retour au luxe. On recommence à se meubler et à s'habiller. Le Premier consul distribue à ses fidèles des pensions, des postes, des hôtels, avec ordre d'y mener grand train. Il entend qu'on traite dignement les étrangers de passage. Rome remplace Sparte, peu à peu les uniformes râpés font place aux tenues de parade, les hautes bottes aux souliers à boucle et les sabres à de légères et décoratives épées. Les spectacles sont florissants, les théâtres, surtout, regorgent d'habitués, passionnés, turbulents satisfaits de la nouveauté des horaires (six heures de l'après-dîner) et de la modicité des prix, qui leur rend plus accessible leur divertissement favori. Le noble faubourg Saint-Germain s'est largement reconstitué, cependant que mille petites sociétés se sont établies autour des peintres, des poètes et des acteurs. Paris a retrouvé son mouvement et sa prospérité : le temps d'un hiver, il redevient Ville-Lumière.

L'attraction majeure de la capitale est, sans conteste, Mme Récamier. Nous sommes loin de la débutante en vehoule qui cherchait, avec une pudeur étudiée, à capter les regards des auditeurs du Lycée ! Juliette a maintenant vingt-cinq ans, elle se trouve à l'apogée de sa fortune et de son éclat, et ce sont les regards de l'Europe entière, du moins son élite la plus affinée, qui convergent vers elle. Grands et petits la recherchent et la courtisent, il n'est pas jusqu'au nouveau maître qui ne braque sa lorgnette sur elle, lorsqu'elle apparaît dans sa loge à l'Opéra.

Les papiers publics détaillent les célébrités présentes à ses nombreux bals et à ses réceptions du lundi. Chaque menuet, chaque gavotte est décrite avec complaisance. Ses plus petits malaises font événement : on note la moindre atteinte de cette nouvelle maladie à la mode, la grippe… Il n'est rien de sa vie qui échappe à la curiosité générale, à cette minutieuse vampirisation qu'on appelle la renommée.

Sa beauté s'est affirmée : Juliette apparaît comme l'idéal de la Parisienne, le type même de la féminité accomplie dans sa parure pourtant si dépouillée – et dans l'obligeance de ses manières. Elle exerce un immense pouvoir de séduction, on ne compte plus ses soupirants – ne dit-on pas que le nouvel ambassadeur de Grande-Bretagne est amoureux d'elle, lui aussi – et pourtant on se rend compte qu'elle est inaccessible. Le paradoxe surprend, mais on admet que n'étant à personne elle soit en quelque sorte à tous, et on ne l'en aime que davantage.

On sait que M. Récamier n'est, pour elle, qu'un mari «honoraire», si l'on peut dire… On murmure même qu'il est son père, ce qui d'ailleurs ne choque guère, puisqu'on sait aussi qu'il n'a jamais vécu avec elle. On ne s'étonne pas de la fierté indulgente qu'il éprouve devant les succès qu'elle remporte. Un témoin raconte qu'un soir de fête, rue du Mont-Blanc, Mme Récamier, se sentant mal, choisit de se retirer et de se mettre au lit. «La porte de la chambre à coucher est rouverte ; un curieux s'approche, admire cette délicieuse figure que ne gâte en rien le négligé d'une malade. Un autre survient, puis dix, puis la foule. Les derniers venus montent sur des fauteuils pour avoir leur part du spectacle, et le bon M. Récamier y fait poser des serviettes pour accorder le plaisir de ses hôtes et le soin de son mobilier[1]... »

Que veut-elle, cette belle endormie, qui ne redoute pas les mises en scène flattant son narcissisme, à toutes les heures de son existence ? Le tourbillon du monde agit sur elle comme une drogue : il dévore sa vie, mais aussi il la nourrit de mille futilités, de mille petites compensations d'amour-propre, il fortifie son identité. Juliette danse, donc elle existe. Elle chasse à courre, donc elle existe. Tous la caressent des yeux, donc elle existe. C'est peu de chose, en vérité.

Elle commence à en être consciente. Ce vide la rend parfois mélancolique. Elle ne se suffit pas de ce qu'elle impose à ses nombreux admirateurs : des jeux de l'amour charmants mais insipides, édulcorés de la violence et de la vérité des grands sentiments. Elle est coquette, elle est chaste, elle passe son temps à dompter délicatement, prudemment la horde qui l'assaille, mais quoi ? L'aimable Lamoignon, le tendre Dupaty, l'élégant Adrien soupirent et la respectent. Aucun n'émeut son cœur.

Si elle mérite mieux et si elle le sait, elle se trouve, pour l'instant, au centre d'un réseau dont elle ne peut se dégager : sa célébrité la contraint à se maîtriser parfaitement, à ne pas se départir du maintien et de l'image de marque qu'elle a choisis. Cependant, sa pensée et son jugement se forment. Elle est belle, elle est sage, mais, de plus, elle est judicieuse. Elle connaît sur le bout des doigts son Paris : elle n'a guère d'illusions sur les faux-semblants et les mobiles des êtres. Elle se révèle, dans ce domaine, infaillible et d'un tact parfait. Elle n'ignore pas la fragilité des engouements et sait mesurer la souffrance cachée sous les apparences et la représentation. Elle sait aussi la valeur de la fidélité et se montre attentive à ses amis. En un mot, Juliette au sommet de sa gloire n'est dupe de rien. La fracassante frivolité de sa vie n'empêche, en elle, ni la profondeur ni la nuance de désenchantement qui l'accompagne.

Elle n'en fait pas état et continue d'être la personne la plus fêtée de son temps. Elle éclipse toutes les autres femmes : une de ses comparses, dont le mari deviendra dignitaire de l'Empire, Mme Regnault de Saint-Jean d'Angély, aussi belle et intelligente que sa mère, Mme de Bonneuil, mais peu amicale et assez répandue, reconnaît que l'apparition de Mme Récamier dans un lieu quelconque suffit à anéantir toute l'attention qu'on pouvait porter aux autres élégantes. Aucune rivalité n'est possible sur ce terrain.

Et Dieu sait que Paris regorge de jolies femmes ! La plantureuse Mme Tallien qui, maintenant, vit aux côtés du banquier Ouvrard et fait les honneurs du Raincy ; l'énergique Mme Visconti, une superbe

---

1. *In* Mme de Cavaignac, *Les Mémoires d'une inconnue, op. cit.,* p. 113.

Milanaise qu'on croirait sortie d'un roman de Stendhal, qui a
délaissé son mari pour suivre l'armée d'Italie, et plus précisément
Berthier; la piquante Pulchérie de Valence, fille de Mme de Genlis
dont elle a le mordant; la sémillante Mme Marmont, née Hortense
Perrégaux, ou encore Georgiana Gordon, l'une des quatre filles de la
duchesse de Gordon, dont le teint laiteux d'Anglaise bien née fait
l'admiration générale, sans parler des beautés russes ou baltes : la
princesse Dolgorouki, la duchesse de Courlande, très liée avec
Talleyrand, ou la comtesse de Diwoff, qui a la tête tournée par
Bonaparte...

L'opinion est unanime : Mme Récamier arrive et le miracle se
produit. Une jeune romancière anglaise, venue en famille visiter la
France au lendemain de la paix d'Amiens, Maria Edgeworth, écrit
pertinemment, après avoir été reçue par Juliette : «Elle est assurément belle, très belle, mais il entre beaucoup de magie due à la mode
dans l'enthousiasme qu'elle suscite[1].» Plus tard, elle précisera :
«*Les nouveaux riches* sont d'un genre tout différent, paraît-il. Mon
père a pu en voir quelques-uns chez Mme Tallien (maintenant Mme
Cabarrus) et en a été dégoûté. Mme Récamier a tout à fait un autre
genre. Bien que femme très à la mode, c'est une beauté gracieuse,
décente.»

Savant panachage d'officiels, d'hommes d'affaires, de républicains, de libéraux, d'émigrés rentrés, d'artistes et de femmes à la
mode, son salon est pris d'assaut par les étrangers parce qu'il constitue un observatoire de choix : nous avons déjà dit combien cette
société peu harmonieuse se trouve accordée, comme par enchantement, par la présence de Juliette, experte à trouver le lien entre les
hommes de l'Ancien Régime et ceux du nouveau.

Ce sont ces derniers qu'on vient découvrir chez elle, et parmi eux
cette cohorte de généraux, frères d'armes de Bonaparte, qui font,
avec plus ou moins de bonheur, leurs débuts dans la société. Mettons
à part Bernadotte et Moreau que leur intelligence et leurs arrière-
pensées politiques mèneront vers des destins particuliers et qui sont
des amis personnels de Mme Récamier...

Mais les autres!... Comment ne pas les distinguer, entre deux
prestations du chanteur Garat ou du violoniste Julien : le fringant
Murat, mari de Caroline, qui ne passe jamais inaperçu et dont l'ex-
travagance vestimentaire n'en finit pas de surprendre... Ney, «le
brave des braves», à la tignasse flamboyante, pas très malin, mais
endurant... Augereau, athlétique et d'une grossièreté à toute
épreuve, Lannes, un autre fils de la Révolution, dont Napoléon dira
«qu'il l'avait pris *pygmée* et (qu') il l'avait perdu *géant*...», ou
Junot, le fougueux Junot, l'ex-sergent La Tempête, que calme à
peine sa jolie épouse, cette petite Permon à la langue bien pendue,
qui traitait Bonaparte de Chat botté – ce qu'il lui rend aujourd'hui,
en l'appelant «la petite peste» – et dont l'arrivisme est sans

---

1. *Selection from the Edgeworth Family Letters*, Clarendon Press Oxford, 1979.

bornes…

Tous ces beaux garçons, sans grand esprit, ont du mal à concilier la bravoure et les bonnes manières, mais ils font des efforts! Tous sont fraîchement mariés avec des collégiennes sorties de chez Mme Campan, qu'ils mènent rue du Mont-Blanc, pour les former un peu au contact de leur belle hôtesse… Tous, déjà, suivent avec passion l'élévation de leur chef : sa quasi-souveraineté leur promet un bel avenir et leur farouche républicanisme fond comme neige au soleil à ces brillantes perspectives…

Combien l'éblouissante conversation de Mme de Staël doit manquer à Juliette, au milieu de cette rutilante bousculade! L'esprit et l'amitié aideraient à dissiper la monotonie de ces cohues, la superficialité de ces vains propos et de ces distractions par trop répétitives… Mais Mme de Staël n'est pas là : après avoir enterré son mari, au printemps précédent, elle s'est enfermée à Coppet pour finir son nouveau roman, *Delphine,* qui va paraître incessamment et où Juliette croira se reconnaître sous les traits de la belle et malheureuse Thérèse d'Ervins…

Aussi, faute de mieux, Juliette se rabat-elle sur certains amis de Mme de Stael, comme les Degérando – lui est philosophe et juriste, elle, alsacienne, ne manque pas de bon sens – eux-mêmes très liés avec Camille Jordan. Avec leur aide, elle fonde une école de jeunes filles sur la paroisse Saint-Sulpice. Car à cette époque, et contre toute attente, la reine du Tout-Paris se lance dans l'action sociale.

Saint Mathieu fait son entrée

Nous ignorons si Juliette éprouvait une quelconque culpabilité d'être ainsi encensée… Probablement pas. Son sentiment religieux, comme son royalisme, apparaît sincère mais modéré. Et l'époque était réaliste. Ce que nous savons, en revanche, c'est que cette incorrigible mondaine est parfaitement consciente de la misère humaine et qu'elle décide, à ce moment de sa vie, de la soulager en profitant des avantages de sa position. Elle conçoit clairement que le monde ne peut être une fin. Il doit être aussi un moyen, un tremplin vers autre chose. L'œuvre charitable représente plus qu'une compensation que Juliette offrirait à sa conscience. Elle en éprouve la vocation réelle et s'y adonner, sa vie durant, de mille manières sera, au sens premier du terme, une profession.

Ajouter à la réputation que lui font beauté et fortune, la bienveillance active – car Juliette ne croit qu'aux actions ponctuelles dans ce domaine – est un dérivatif, un remède au narcissisme, une utile façon de sortir de soi. S'occuper des autres pour s'oublier un peu soi-même, tel est un premier chemin qui s'offre à elle. Mme Récamier devait son éveil intellectuel à Mme de Staël, elle devra son éveil spirituel à Mathieu de Montmorency.

Mathieu, le cousin germain d'Adrien. Un personnage ! Il appar-

tient à la génération qui a cru aux Lumières et qui, aux côtés de
La Fayette, est allée se battre en Amérique, ce qui lui a singulièrement ouvert l'esprit – l'exemple américain a été déterminant sur
d'autres voyageurs notables : Talleyrand, La Rochefoucauld-
Liancourt, Chateaubriand – et qui, à son retour, a impulsé les débuts
de la Révolution. Mathieu avait d'autres circonstances atténuantes
(ou aggravantes, selon le point de vue auquel on se place) : il avait
été à l'école de l'abbé Sieyès, son précepteur, immanquablement,
surnommé «Fesse-Mathieu» (!) et qui, de fait, ne l'avait guère
ménagé.

Lorsque Mathieu revient en France, on le marie à sa cousine
Hortense de Luynes, dont il aura une fille Élisa, et on le laisse se
jeter avec une belle ardeur dans le changement révolutionnaire. Il
est élu député aux États généraux et c'est sur une de ses motions que
l'Assemblée décide, dans la nuit du 4 août 1789, l'abolition des privilèges. Pas mal, pour un Montmorency! Il est passionnément épris
d'une autre de ses cousines, Mlle d'Argenson, devenue marquise de
Laval par son mariage avec le frère aîné d'Adrien. La belle marquise meurt des suites du refroidissement qu'elle prend à la
«Journée des brouettes», et Mathieu, éploré, se décide à émigrer
dans la mouvance de Mme de Staël, avec laquelle il avait eu jadis
une courte liaison...

Cette retraite forcée et l'évolution dramatique du processus révolutionnaire provoquent-ils un retour sur soi-même? La perte de la
femme qu'il aimait ou, comme on le crut dans son milieu, la mort sur
l'échafaud de son jeune frère, l'abbé de Laval, ont-ils été des trau-
matismes déclenchant une intense crise de culpabilité? En tout cas,
une métamorphose complète se produit en la personne de Mathieu :
il se convertit avec brutalité, avec passion. Mathieu, le bouillant
Mathieu, aux idées si avancées, devient un des plus notoires bigots
d'Europe, un des plus virulents défenseurs de la Restauration bourbonnienne, un des plus actifs partisans du retour au catholicisme pur
et dur.

Il démontre une fermeté d'âme peu commune, y compris dans son
propre clan, où abondent les personnalités colorées et qui défraient
la chronique : sa mère, la vicomtesse de Laval, ne cache pas les
désordres de sa vie privée et a ouvertement renoué avec le comte de
Narbonne, après que celui-ci se soit dégagé de Mme de Staël. La
moitié de la famille menace de collaborer avec le nouveau pouvoir,
et sa belle-mère a réussi à transformer l'hôtel de Luynes en véritable
tripot...

Qu'importe! Pénétré du bien-fondé de son apostolat, Mathieu
essaie d'entraîner sous sa bannière – celle du Christ, plutôt – tous
ceux qu'il côtoie. On peut sans peine imaginer que dans une société
aussi libre que l'est la société parisienne, depuis son retour d'émigration, Mathieu fait figure de saint, autant dire de phénomène...

Que d'efforts a-t-il faits pour brider son impétueuse nature!
D'autant qu'il est naturellement spirituel et séduisant et qu'il avait

adoré les femmes… Ce n'est pas là son côté le plus antipathique, et il en reste quelques traces dans son comportement. Quelle exaltation pour animer les entreprises bien pensantes ! Quelle insinuante galanterie lorsqu'il s'agit de relancer ses interlocutrices !… Il circonvient – pour la bonne cause – la belle (et riche) Récamier, et très vite il obtient ce que tous recherchent vainement : l'entrée dans son intimité.

À la sixième lettre qu'il lui adresse, il lui déclare :

> Je voudrais réunir tous les droits d'un père, d'un frère, d'un ami, obtenir votre amitié, votre confiance entière pour une seule chose au monde, pour vous persuader [de] votre propre bonheur et vous voir entrer dans la seule voie qui peut vous y conduire, la seule digne de votre cœur, de votre esprit, de la sublime vocation à laquelle vous êtes appellée [sic]. En un seul mot, pour vous faire prendre une résolution forte, car tout est là, tout dépend de là[1].

Avec quelle flamme, Mathieu lui exprime-t-il sa gratitude, lorsque « la belle et bonne », comme il l'appelle, joint à ses petits billets quelques envois substantiels ! Avec quel sentiment, il s'institue son directeur de conscience, le confident de son âme, qui recueille, entre « deux affaires de bonté », les échos de ses secrets chagrins… Mathieu est passé maître dans l'art de sublimer les pulsions et les passions. Ce qui est remarquable, c'est qu'il va réussir à attirer la plus mondaine des femmes vers les délectations de la vie intérieure.

Mme de Staël proscrite…

En février 1803, un coup de semonce secoue Paris : le salon de Mme Récamier est fermé, en tout cas le lundi, jour de ses grandes réceptions. Ce n'est qu'un avertissement, mais il est significatif. Que lui reproche-t-on, au juste ? Ses amitiés libérales, républicaines ou royalistes ? Ou n'est-ce pas, plus simplement, le signe de cette allergie au pluralisme doublée d'une certaine misogynie qui rend intolérable au Premier consul toute autre primauté que la sienne ? L'ordre n'est qu'officieux, mais Juliette s'y soumet et, peut-être, n'est-elle pas mécontente de voir ainsi mettre un terme à l'invasion permanente de sa demeure…

Bonaparte ne veut pas de « rumeurs de société », ce qui signifie, en clair, qu'on va devoir commencer à se cacher pour parler et qu'à l'ordre social risque bien de succéder un ordre moral qu'il ne fera pas bon d'enfreindre. Mme de Staël, déjà, s'en rendait compte. Sachant combien son esprit de repartie et sa trop libre pensée déplaisaient en haut lieu, elle s'était abstenue de paraître de tout l'hiver, et

---

1. Ms. B.N., N.A.F. 14071.

la rue de Grenelle était restée muette.

C'est que Bonaparte avait très mal accueilli l'attitude de ce qu'on appelait « le comité des Lumières », lors de l'épuration du Tribunat. Mme de Staël était outrée : à quelqu'un qui lui avait dit que « le Tribunat était épuré », elle avait rétorqué : « *Épuré*, vous voulez dire *écrémé* ! » La guerre que le Premier consul déclarait aux « idéologues » avait, automatiquement, entraîné la spirituelle baronne à le traiter, lui-même, d'« idéophobe » ! Bonaparte, à qui on avait rapporté le mot, était entré dans une de ses habituelles colères : « Idéophobe ! C'est gracieux ! Pourquoi pas hydrophobe ? On ne peut pas gouverner avec ces gens-là ! » Inquiétant...

Décidément, le courant ne passait pas entre les Tuileries et « ces gens-là ». Camille Jordan avait publié, en juillet 1802, une brochure intitulée, c'est tout dire, *Le Vrai Sens du Consulat à vie* : autre colère en haut lieu ! Un mois plus tard, Necker avait fait connaître ses *Dernières vues*, une sorte de testament politique démontrant avec une réprobation mal dissimulée les dangereuses ambiguïtés de la Constitution de l'an VIII et analysant les risques qu'elle comportait d'entraîner un despotisme militaire. C'était on ne pouvait plus mal tomber ! Nouvelle colère en haut lieu ! On avait fait comprendre, cette fois, à la fille du grand homme qu'elle serait mal reçue si, d'aventure, elle prétendait revenir troubler la tranquillité parisienne.

Elle s'en garde bien, mais publie *Delphine*, un roman par lettres, comme *Werther* ou *La Nouvelle Héloïse*, censé se dérouler au début des années 1790, mais qui contient des vues pertinentes sur la société du Consulat. La préface s'adresse à « la France silencieuse mais éclairée » et chaque page du livre contient une de ces leçons de libéralisme dont l'auteur a le secret... À quoi s'ajoute une présentation négative du catholicisme qui, chez la protestante Mme de Staël, est souvent synonyme d'obscurantisme. Exaspération du Premier consul ! Il éclate, livre en mains : « Tout cela, c'est de la métaphysique de sentiment, du désordre d'esprit. Je ne peux pas souffrir cette femme-là ! » Elle a passé les bornes, et il la fera refouler si elle tente d'approcher Paris. Elle se le tient pour dit.

La belle Juliette aussi, du même coup. Car son amitié pour la dame de Coppet, si elle est relativement récente, est de notoriété publique. Nul doute qu'en ce début d'année 1803 la réaction de Juliette est d'attendre, de laisser passer l'orage, en espérant qu'au printemps Mme de Staël reviendra et que les choses s'arrangeront.

Malheureusement, elles ne s'arrangent pas. Mme de Staël a beau multiplier les démarches directes ou indirectes auprès de Lucien et de Joseph Bonaparte, rien n'y fait. Ce qui n'était qu'une disgrâce officieuse, quelques mois auparavant, est devenu un exil effectif. Mme de Staël est bel et bien proscrite. Mais elle n'est pas décidée à se laisser enterrer à Coppet. Elle l'écrit à l'un de ses amis : « Le séjour de Coppet est un couvent et celui de Genève, ce que je connais au monde

---

1. Lettre à Claude Hochet, du 3 mars 1803.

de plus opposé à mes goûts, mes habitudes, mes idées [1]... » Ce qu'elle veut, de toute sa virulence, qui est grande, c'est son salon parisien, un entourage de choix et les plus brillants esprits du siècle autour d'elle, les seuls, il faut l'admettre, capables de lui donner la réplique.

Même si son attitude est courageuse, elle s'y prend mal. On veut la faire taire : elle crie à l'injustice, sûre de son bon droit et consciente de ce que son nom, sa réputation et sa fortune doivent lui valoir d'égards de la part de ce pouvoir nouveau venu... Elle se trompe singulièrement sur Bonaparte ! Une partie de bras de fer commence entre eux, qui va durer un peu plus de douze années, à laquelle elle s'épuisera, sans que lui y gagne autre chose qu'une désapprobation grandissante, un double blâme. Envers le chef d'État qui prétend museler la création et la pensée, envers l'homme qui craint et opprime une femme.

Pour la première fois, elle essaie d'attirer Mme Récamier à Coppet :

> Savez-vous que mes amis, belle Juliette, m'ont un peu flattée de l'idée que vous viendriez ici ? Ne pourriez-vous pas me donner ce grand plaisir ? Le bonheur ne m'a pas gâtée depuis quelque temps et ce serait un retour de fortune que votre arrivée qui me donnerait de l'espoir pour tout ce que je désire. Adrien et Mathieu disent qu'ils viendront. Si vous veniez avec eux, un mois de séjour suffirait pour vous montrer notre éclatante nature. Mon père dit que vous devriez choisir Coppet pour votre domicile et que de là nous ferions nos courses. Mon père est très vif dans le désir de vous voir. Vous savez ce qu'on a dit d'Homère :
>
> *Par la voix des vieillards tu louas la beauté.*
>
> Et indépendamment de cette beauté vous êtes charmante.
> Est-il vrai que M. Dupaty fait jouer au vaudeville, une pièce contre contre *Delphine* ? Indépendamment de l'indécence d'attaquer une femme sur un théâtre, il faut qu'il oublie aussi qu'une victime d'un acte arbitraire ne devait pas choisir ce moment-ci pour chercher à me nuire. Dites-lui cela, belle Juliette, vous qui savez si bien ce qui est délicat et fier [1].

Quel aveu d'ennui ! Comme elle doit se morfondre, la piaffante baronne, dans sa lointaine Helvétie ! Juliette ne l'y rejoindra pas cet été-là : elle le passera, non au château de Clichy, mais exceptionnellement à celui de Saint-Brice, à l'orée de la forêt de Montmorency [2].

Nous ignorons ce que contenait la pièce de Dupaty. En revanche, nous savons que Mme Récamier est intervenue en sa faveur, lorsque celui-ci a eu maille à partir avec le pouvoir. Dupaty avait déplu à Bonaparte, pour avoir produit un divertissement intitulé

---

1. Lettre du 30 avril 1803.
2. Clichy fut-il fermé en raison de travaux, d'une reprise par sa propriétaire ? L'année suivante, Juliette y reprendra ses habitudes.

L'Antichambre ou les valets entre eux, une mise en scène narquoise des parvenus qui ridiculisait l'origine sociale indélébile et l'argent mal acquis.

On avait pris prétexte de ce qu'étant officier de marine, Dupaty n'avait pas respecté un congé, et on l'avait emprisonné à Brest, avant de l'expédier à Cayenne. C'est à bord du vaisseau *l'Amiral* qu'il avait écrit à Juliette, pour qu'elle essaie d'obtenir sa grâce :

> [...] Mon séjour est bien triste mais le souvenir de mes amis vient m'y visiter, je n'y suis pas absolument seul, vous y êtes plus d'une fois, admirée, aimée comme à Paris. Que je serai heureux si je retourne parmi tous ceux que j'aime, j'aurai fait un triste rêve dont le réveil effacera jusqu'au souvenir.
>
> Veuillez, petite sœur, présenter mes hommages respectueux à M. Récamier et à Madame votre Mère, qui est aussi la mienne, et croire à toute la tendresse d'un frère qui de son humide prison vous envoye l'assurance de sa plus brûlante amitié[1].

La jolie petite famille ! Dieu merci, Juliette réussit et Dupaty ne sera pas déporté. L'Académie y eût perdu un de ses membres et, surtout, une de ses plus charmantes anecdotes linguistiques. Un jour que Charles Nodier parlait de la règle qui veut que le *t* entre deux *i* ait d'ordinaire, et sauf quelques exceptions, le son de l'*s* : « Vous vous trompez, Nodier, s'écria Emmanuel Dupaty : la règle est sans exception. – Mon cher confrère, répliqua vivement Nodier, prenez pi-*c*-ié de mon ignorance et faites-moi l'ami-*c*-ié de me répéter seulement la moi-*c*-ié de ce que vous venez de dire. »

La situation de Mme Récamier dans le paysage politique du moment est plus complexe qu'il y paraît. Ses différents biographes ont attribué, selon leurs propres idées, les difficultés qu'elle rencontre alors à ses liens avec telle ou telle tendance de l'opinion. Le problème, c'est que Juliette est liée à toutes, mais que toutes ont matière à la critiquer. Sa neutralité, si elle fut appréciée en son temps, maintenant que la reconstruction sociale s'est accomplie et que les fractions de l'opposition se redéfinissent face à un pouvoir confisqué au profit d'un seul, constitue, pour elle, un handicap.

Les royalistes, par exemple : nul n'ignore l'amitié de Juliette pour les Montmorency, les Noailles, les Ségur, les Lamoignon, ni ses relations avec des personnalités aussi indiscutables que le vieux La Harpe (qui vient de mourir), les ambassadeurs d'Autriche ou de Prusse, les altesses de passage à Paris, comme ce prince de Wurtemberg qui la courtisa le temps d'un bal à l'Opéra. On n'a pas oublié que M. Bernard a été destitué pour les avoir

---

1. Ms. B.N. N.A.F 14101.

aidés. Ils savent qu'ils sont surveillés – Adrien vient même d'être exilé pour avoir, dans une lettre interceptée par *le cabinet noir*, appelé Bonaparte « ce petit polisson-là ! » – et ils savent aussi que Juliette est en bonne intelligence avec Fouché, ce qui, le cas échéant, peut être utile...

Néanmoins, les Agents de Louis XVIII à Paris n'épargnent pas Mme Récamier, dont le mari est, à leurs yeux, un des piliers financiers de « l'usurpateur ». Dans leurs fielleuses *Relations secrètes*, les ragots succèdent aux ragots à son sujet, alimentant l'esprit de dénigrement des étroites et venimeuses coteries qui les lisent.

Les libéraux : on la sait attachée depuis l'enfance à Camille Jordan et à Lemontey qui continue – et continuera jusqu'à sa mort – à venir dîner chez elle chaque samedi. Sans parler des Degérando, de Benjamin Constant et de la baronne des baronnes. Et pourtant, que pensent ces esprits éclairés, et inquiets, d'un salon comme celui de Juliette, rempli de sabreurs contents d'eux que les subtilités constitutionnelles horripilent et qui mettraient bon ordre à toute cette « métaphysique », comme dit leur chef, si on les laissait faire... Ils n'ignorent pas non plus ses liens étroits avec certains membres très influents de la tribu Bonaparte, en laquelle ils voient déjà une sorte de mafia prête à défendre, bec et ongles, ses avantages si difficilement acquis.

Quant aux républicains, ou ce qu'il en reste, ils ne peuvent que reprocher à Mme Récamier son immense fortune, son élitisme social, son intimité avec des grands noms de l'Ancien Régime ou les accapareurs du nouveau.

Les Tuileries mesurent tout cela et, indépendamment de sa sévérité, Bonaparte demeure sensible, comme on le verra bientôt, à la séduction de Juliette. Tout de même, il la ménage, et elle jouira d'un relatif mais véritable crédit, quand elle le nécessitera pour aider autrui. Juliette, bien assurée dans tous les milieux, conserve une sorte d'immunité.

Elle est indépendante, elle n'est assujettie à aucune idéologie précise : son tempérament l'éloigne de tout débordement, de tout excès, quel qu'il soit, dans l'ordre de la pensée comme dans celui de l'action. Elle n'est pas une femme d'engagement bruyant, elle n'a pas l'âme d'une militante, elle est nette et pertinente dans ses appréciations sans posséder ce qu'on appelle une tête politique. Oui, mais voilà : elle ne supporte pas qu'on touche à ses amis. C'est en faveur de l'amitié malheureuse et persécutée qu'elle va, avec calme, avec sincérité, se déterminer.

Lorsqu'en septembre 1803, Mme de Staël s'établit à Maffliers, non loin de Paris, et qu'après avoir écrit au Premier consul, demandant « seulement de passer deux mois dans une campagne à dix lieues de Paris, pour reposer [ses] enfants que la fatigue du voyage a rendus un peu malades et faire avec les créanciers de M. de Staël un arrangement qui [lui] permette d'honorer sa mémoire... », elle se fait dire que, si elle ne repart pas d'elle-même, la gendarmerie se chargera de l'escorter jusqu'à Coppet. Les choses se gâtent.

Mme de Staël se rend quelques jours à Saint-Brice, et Juliette en est émue :

> Je fus témoin de son désespoir. Elle écrivit à Bonaparte : «Quelle cruelle illustration vous me donnez, j'aurai une ligne dans votre histoire.» J'avais pour Mme de Staël une admiration passionnée. L'acte arbitraire et cruel qui nous séparait me montra le despotisme sous son aspect le plus odieux. L'homme qui bannissait une femme et une telle femme, qui lui causait des sentiments si douloureux ne pouvait être dans ma pensée qu'un despote impitoyable ; dès lors mes vœux furent contre lui, contre son avènement à l'Empire, contre l'établissement d'un pouvoir sans limite[1].

Le 15 octobre, le Premier consul envoie un gendarme à Maffliers, porteur d'un ordre d'exil à 40 lieues, exécutoire dans les vingt-quatre heures. Mme de Staël ne peut que s'incliner et faire ses malles. Elle repasse par Saint-Brice prendre congé de sa belle amie et y trouve Junot, gouverneur militaire de Paris, qui promet d'intercéder en sa faveur. Le lendemain, Juliette envoie, dès qu'elle en a connaissance le résultat de cette démarche, à Mme de Staël :

> Au moment où je recevais le billet qui m'annonce votre départ, on m'en a remis un de Junot qui m'écrit : «J'ai vu ce matin le consul ; il m'a dit qu'il consentait à ce qu'elle ne quittât pas la France ; il veut bien qu'elle réside même à Dijon, si cela lui est agréable ; il m'a même dit tout bas que s'il n'y a rien de nouveau par la suite… J'espère que sa sagesse et vos vives sollicitations feront achever la phrase.» Vous savez sans doute tout cela. Pour moi, j'ai bien besoin d'espérer de vous revoir bientôt pour me consoler un peu de votre absence. Je vous prie en grâce de me faire savoir vos projets. Je n'oublierai pas l'affaire de M… Adieu. Il est bien difficile de s'accoutumer à ne plus vous voir, quand on a eu le bonheur de passer quelques jours près de vous. J'attends de vos nouvelles avec une inquiète impatience.
>
> Juliette R.[2]

Ce billet qui laisse entendre qu'un arrangement amiable est possible, pour peu que Mme de Staël soit patiente et discrète, ne lui parvient pas. Elle quitte la France pour plusieurs années.

*
* *

Bientôt après, Juliette, mal disposée envers l'homme qui a bousculé son amie, commence à prêter une oreille attentive aux projets de Bernadotte.

S'il est le comble de la prestance et de la séduction, l'ex-sergent

---

1. In Lenormant, *op. cit*, t. 1, p. 78.
2. Retrouvé par Sainte-Beuve dans les papiers de Camille Jordan, ce billet est le seul élément de correspondance venant de Juliette adressé à Mme de Staël qui nous soit parvenu.

Belle-Jambe est aussi la finesse faite homme. Il est intelligent, habile, doué d'un vrai sens politique, d'un parfait sang-froid et, en bon Gascon, il attend son heure. Il n'est pas impressionné par le petit Corse aux cheveux plats, qui a cinq ans de moins que lui et fut promu général la même année. Bernadotte n'a pas peur de Bonaparte – il lui a pris, soit dit en passant, sa fiancée marseillaise, Désirée Clary, et en a fait sa femme – il le déteste. Il ne cesse de comploter et Bonaparte ne l'ignore pas. Mais Bernadotte n'est pas un homme facile à manier ! Le Premier consul essaie de l'éloigner et le nomme ambassadeur aux États-Unis. L'autre se garde bien d'embarquer, il sait la reprise de la guerre imminente avec l'Angleterre et saute sur le prétexte pour revenir aux Tuileries se mettre à la disposition de l'armée…

Son projet, pour arrêter la course vers l'absolutisme, est de réunir une députation de généraux qui aille officiellement mettre en garde Bonaparte. Manque le plus populaire d'entre eux, le plus connu du public : Moreau. Aussi Bernadotte demande-t-il à Juliette, qu'il sait amie intime de Mme Moreau, d'organiser une rencontre secrète chez elle. « Ils eurent ensemble de longs entretiens en ma présence, mais il fut impossible de décider Moreau à prendre aucune initiative… », nous dit-elle.

Un peu plus avant dans l'hiver, lors d'un bal chez Mme Moreau, Bernadotte revient à la charge. Écoutons le récit de Juliette :

> [...] Toute l'Europe y était, excepté la France officielle ; il n'y avait de Français que l'opposition républicaine. Mme Moreau, jeune et charmante, fit avec une grâce parfaite les honneurs du bal. Malgré la foule qui s'y pressait, les salons me paraissaient vides ; l'absence de tout ce qui tenait au gouvernement me frappa. Cette absence, qui plaçait Moreau dans une sorte d'isolement menaçant, me fit l'effet d'un triste présage. Je remarquai combien Bernadotte et ses amis paraissaient préoccupés, et combien Moreau lui-même avail l'air étranger à la fête.
>
> Mon esprit était bien loin du bal : je me reposais souvent ; pendant une contredanse que je n'avais pas voulu danser, Bernadotte m'offrit son bras pour aller chercher un peu d'air ; c'étaient ses pensées qui voulaient de l'espace. Nous parvînmes dans un petit salon. Le bruit seul de la musique nous y suivit et nous rappelait où nous étions : je lui confiai mes craintes. Il n'avait pas encore désespéré de Moreau, dont il trouvait la position si heureuse pour déterminer et modérer un mouvement ; mais il était irrité de la pensée que tant d'avantages pouvaient être perdus. « À sa place, disait-il, je voudrais être ce soir aux Tuileries pour dicter à Bonaparte les conditions auxquelles il peut gouverner. » Moreau vint à passer, Bernadotte l'appela et lui répéta toutes les raisons, tous les arguments dont il s'était jamais servi pour l'entraîner : « Avec un nom populaire, vous êtes le seul parmi nous qui puisse se présenter appuyé de tout un peuple ; voyez ce que vous pouvez, ce que nous pouvons, guidés par vous : déterminez-vous enfin. »
>
> Moreau répéta ce qu'il avait dit souvent, « qu'il sentait le danger dont la liberté était menacée, qu'il fallait surveiller Bonaparte, mais qu'il craignait la guerre civile ». Il se tenait prêt ; ses amis pouvaient agir, et,

quand le moment serait venu, il serait à leur disposition; on pouvait compter sur lui au premier mouvement qui aurait lieu; mais, pour l'instant, il ne croyait pas nécessaire de le provoquer. Il se défendit même de l'importance qu'on voulait lui attribuer. La conversation se prolongeait et s'échauffait; Bernadotte s'emporta et dit au général Moreau : « Ah! vous n'osez pas prendre la cause de la liberté! Et Bonaparte, dites-vous, n'oserait l'attaquer! Eh bien, Bonaparte se jouera de la liberté et de vous. Elle périra malgré nos efforts, et vous serez enveloppé dans sa ruine sans avoir combattu. »

J'étais toute tremblante. Mais on nous cherchait. Des groupes entrèrent, et l'on nous ramena dans le salon du bal. J'ai gardé de cet entretien un vif souvenir et, plus tard, lorsque Moreau se trouva impliqué, avec tant d'autres, dans le procès de Georges Cadoudal et de Pichegru, je demeurai persuadée qu'il était aussi innocent de tout complot avec eux qu'avec Bernadotte[1].

Peine perdue donc, pour cette fois! Bernadotte le regrette et ne dit mot. Par la suite, Bonaparte réussira à le rallier (temporairement) à sa cause. Il l'inclura même dans la fournée des maréchaux de l'an XII, sans que cela change rien à leur mutuelle inimitié. Bernadotte accomplira sa destinée : de tous les maréchaux élevés au rang de feudataires et nantis de tel ou tel duché, principauté ou royaume, il sera le seul qui, sans le parrainage de Napoléon, obtiendra un vrai trône, le gardera durablement et y mourra, aimé de ses sujets.

Quant à Moreau, cet homme scrupuleux, hésitant, soumis, selon Bonaparte, aux influences désastreuses de son épouse et de sa belle-mère (qui détestaient Joséphine), cet homme manipulable, en un mot, fut-il réellement manipulé dans la très grave affaire Cadoudal? Juliette le pensait, puisqu'elle le croyait innocent. Innocent, coupable, connaîtrons-nous jamais la vérité?...

La conspiration de l'an XII

La reprise de la guerre contre l'Angleterre, en mai 1803, favorise l'activisme royaliste en lui assurant, de nouveau, ses bases arrière d'outre-Manche. L'un des rares chefs chouans qui n'ait pas désarmé, Cadoudal – que tout le monde appelle par son prénom Georges – se trouve à Paris, dans la clandestinité, depuis le mois d'août. Il a été de toutes les grandes actions chouannes, depuis le siège de Granville jusqu'au débarquement de Quiberon. Son courage, sa force d'âme, son énergie lui créent une sorte de légende. On imagine avec quel zèle la police le recherche.

Mais Georges reste introuvable. On sait qu'il a le projet d'assassiner le Premier consul, entre le 1er et le 15 février 1804. Le 16 janvier, trente-cinq royalistes débarquent en renfort. Un chouan arrêté,

---

1. *In* Lenormant, *op. cit.,* t. 1, pp. 80-82.

Bouvet, parle et dénonce la conspiration dont les chefs, dit-il, sont les deux généraux Pichegru et Moreau. Le schéma qu'il expose est cohérent : «Le rétablissement des Bourbons : les Assemblées travaillées par Pichegru, un mouvement dans Paris soutenu par la présence d'un prince; une attaque de vive force dirigée contre le Premier consul; la présentation du prince aux armées par Moreau, qui, d'avance, devait avoir préparé les esprits.»

Bonaparte réagit immédiatement : le 15 février, il fait arrêter Moreau, ce qui déclenche «les plus vives réclamations» de l'opinion. Le 28, c'est le tour de Pichegru, trahi par l'ami chez lequel il se cachait, rue de Chabanais. Le brillant commandant en chef de l'armée du Rhin, le conquérant (en six semaines) de la Hollande avait changé de camp : passé à l'armée de Condé, il était revenu sous le Directoire se faire élire au Conseil des Cinq-Cents. «Fructidorisé» et déporté à Cayenne, il s'en était échappé pour gagner Londres. Là, il était entré dans la conspiration contre Bonaparte, avec à ses côtés les deux frères Polignac. Pichegru, en contact avec les princes, savait beaucoup de choses, peut-être trop...

On le retrouve pendu dans sa cellule, avant l'ouverture du fracassant procès qui se prépare : l'opinion considère qu'il a été assassiné. Entre-temps, on avait enfin mis la main sur Georges, arrêté le 9 mars au carrefour de Buci, après une tumultueuse empoignade. L'interrogatoire confirme le plan d'assassinat. «Je ne devais attaquer le Premier consul que quand il y aurait un prince français à Paris, et il n'y est point encore», fut tout ce qu'on put tirer de lui. Quel prince?

Le lendemain, un conseil du gouvernement comprenant les trois consuls, le grand juge Régnier, Talleyrand et Fouché, décide de l'enlèvement, outre-Rhin, à Ettenheim, du duc d'Enghien, dernier prince de la maison de Condé. Le 21 mars, à trois heures du matin, le duc d'Enghien est fusillé dans les fossés de Vincennes, après un passage expéditif devant une commission militaire et sans avoir obtenu de voir le Premier consul.

Le procès Moreau-Georges s'ouvre le 25 mai, dans une fermentation d'esprit indescriptible : l'assassinat du duc d'Enghien suscite l'indignation, la pendaison de Pichegru consterne, on a du mal à croire Moreau impliqué du côté royaliste, lui qui a toujours fait montre d'une indépendance plutôt républicaine vis-à-vis du Consulat. À quoi s'ajoute la curiosité envers Georges : une telle nature exerce une sorte de fascination sur le public...

Mme Récamier ne peut que s'y rendre, dès lors que Mme Moreau lui fait entendre que cela serait agréable à son mari. Voici, de sa main, le récit de la séance à laquelle elle assiste :

> Je me fis un devoir d'aller au tribunal, le lendemain de cette conversation; j'étais accompagnée par un magistrat, proche parent de M. Récamier, Brillat-Savarin. La foule était si grande que non seulement la

salle et les tribunes mais toutes les avenues du palais de justice étaient encombrées. M. Savarin me fit entrer par la porte qui s'ouvre sur l'amphithéâtre, en face des accusés dont j'étais séparée par toute la largeur de la salle. D'un regard ému et rapide, je parcourus les rangs de cet amphithéâtre pour y chercher Moreau. Au moment où je relevai mon voile, il me reconnut, se leva et me salua. Je lui rendis son salut avec émotion et respect et je me hâtais de descendre les degrés pour arriver à la place qui m'était destinée.

Les accusés étaient au nombre de quarante-sept, la plupart inconnus les uns aux autres ; ils remplissaient les gradins élevés en face de ceux où siégeaient les juges. Chaque accusé était assis entre deux gendarmes ; ceux qui étaient auprès de Moreau montraient de la déférence dans toute leur attitude. J'étais profondément touchée de voir traiter en criminel ce grand capitaine dont la gloire était alors si imposante et si pure. Il n'était plus question de république et de républicains : c'était, excepté Moreau qui, j'en ai la conviction, était complètement étranger à la conspiration, c'était la fidélité royaliste qui seule se défendait encore contre le pouvoir nouveau. Toutefois cette cause de l'ancienne monarchie avait pour chef un homme du peuple, Georges Cadoudal.

Cet intrépide Georges, on le contemplait avec la pensée que cette tête si librement, si énergiquement dévouée allait tomber sur l'échafaud, que seul peut-être il ne serait pas sauvé, car il ne faisait rien pour l'être. Dédaignant de se défendre, il ne défendait que ses amis. J'entendis ses réponses toutes empreintes de cette foi antique pour laquelle il avait combattu avec tant de courage et à qui depuis longtemps il avait fait le sacrifice de sa vie. Aussi lorsqu'on voulut l'engager à suivre l'exemple des autres accusés et à faire demander sa grâce : « Me promettez-vous, répondit-il, une plus belle occasion de mourir ? »

On distinguait encore dans les rangs des prévenus MM. de Polignac et M. de Rivière, qui intéressaient par leur jeunesse et leur dévouement. Pichegru, dont le nom restera dans l'histoire lié à celui de Moreau, manquait pourtant à côté de lui, ou plutôt on croyait y voir son ombre, car on savait qu'il manquait aussi dans la prison.

Un autre souvenir, la mort du duc d'Enghien, ajoutait au deuil et à l'effroi d'un grand nombre d'esprits, même parmi les partisans les plus dévoués du Premier consul.

Moreau ne parla point. La séance terminée, le magistrat qui m'avait amenée vint me reprendre. Je traversai le parquet du côté opposé à celui par lequel j'étais entrée, en suivant ainsi dans toute leur longueur les gradins des accusés. Moreau descendait en ce moment, suivi de ses deux gendarmes et des autres prisonniers, il n'était séparé de moi que par une balustrade ; il me dit en passant quelques paroles de remerciement que, dans mon trouble, j'entendis à peine : je compris cependant qu'il me remerciait d'être venue et m'engageait à revenir. Cet entretien si fugitif entre deux gendarmes devait être le dernier.

Le lendemain, à sept heures du matin, je reçus un message de Cambacérès. Il m'engageait, dans l'intérêt même de Moreau, à ne pas retourner au tribunal. Le Premier consul, en lisant le compte rendu de la séance, ayant vu mon nom, avait dit brusquement : « Qu'allait faire là Mme Récamier ? »

Je courus chez Mme Moreau pour la consulter : elle fut de l'avis de Cambacérès et je cédai, malgré le regret que j'éprouvais de ne pouvoir donner à Moreau cette marque d'attachement. Je me dédommageais auprès de sa femme de la contrainte qui m'était imposée. Sur la fin du procès, toute affaire était suspendue, la population tout entière était dehors : on ne s'entretenait que de Moreau[1].

Le 10 juin, vingt condamnations à mort sont prononcées, dont celle de Georges, qui sera maintenue. Il mourra aussi bravement qu'il avait vécu et aura ce mot superbement amer et juste : «Nous voulions faire un roi, nous faisons un empereur!» Quant à Moreau, condamné à deux ans de prison, il sera banni par ordre de Bonaparte et passera en Amérique. Curieux destin que celui de Moreau, une sorte de malentendu persistant : il ne reviendra en Europe que pour se battre aux côtés des Russes et trouvera la mort, à Dresde, en 1813, d'un boulet de canon français. Comme ses anciens frères d'armes, il sera fait maréchal, mais par Louis XVIII, et à titre posthume...

*
* *

Si l'affaire que nous venons d'évoquer eut une répercussion extraordinaire et si l'assassinat du duc d'Enghien glaça les cours étrangères et les cercles royalistes – Chateaubriand s'en est longuement expliqué dans les *Mémoires d'outre-tombe* – l'ensemble de l'opinion demeura en faveur de Bonaparte et trouva tout naturel qu'il précipite le mouvement des choses en faisant établir, le 18 mai 1804, par un sénatus-consulte, l'Empire. On a tremblé pour lui, on est rassuré.

«J'ai imposé le silence pour toujours aux royalistes et aux Jacobins», déclare-t-il, au lendemain de l'exécution de Vincennes, dont on sait aujourd'hui qu'elle a été plus zélée qu'il ne l'eût voulu. On connaît la réaction de Fouché : «C'est plus qu'un crime, c'est une faute!», faute qu'il fallait assumer et dont il fallait se servir comme d'un tremplin. Le Premier consul n'hésite pas, et le bon peuple prend connaissance de son nouveau bonheur, sous la forme du communiqué suivant (en fait, le premier article du sénatus consulte) : «Le gouvernement de la République est confié à un empereur qui prend le titre d'Empereur des Français...»

Celui qu'il faut désormais appeler par son prénom, Napoléon, a trente-cinq ans, un cerveau prodigieux, des vues immenses, une incomparable puissance de travail et la volonté d'être un maître absolu, capable de soumettre le monde à sa vision. Il s'en donne les moyens, gouvernant par décrets, s'entourant de ministres dociles et responsables devant lui seul, centralisant systématiquement l'administration qui le sert, ralliant à sa cour tout un personnel politique et militaire qu'il occupe avec des «hochets», selon sa formule, et qu'il entend casser s'il ne plie pas. Il s'appuie sur une police infaillible que dirige Fouché et qui le renseigne chaque matin sur ce qui se passe dans tous les milieux : presse, théâtre, finance, sociétés pri-

---

1. Lenormant, *op. cit.*, t. 1, pp. 104-106.

vées, lieux publics… Bref, la République française – l'expression continuera d'être employée jusqu'en 1809 – est entre de bonnes et fermes mains : celles d'un dictateur.

La France n'en paraît pas mécontente. La médiocrité a toujours fait bon ménage avec l'absolutisme, et la majorité silencieuse – à l'époque son niveau intellectuel était spécialement peu élevé – voit d'un bon œil les schémas simples : centralisation, hiérarchisation, militarisation. L'absence de pensée, la vie au pas cadencé, le confort de l'encadrement en toutes circonstances, que demander de plus ? On préférait la paix, mais les succès militaires successifs sont grisants, on admire le luxe clinquant de la nouvelle noblesse, l'apparat des grands dignitaires, on est bien d'accord avec l'Empereur quand il écrit (à son frère Joseph) « que les hommes n'ont d'autres droits que d'être gouvernés ». Gouvernés par lui, quelle aubaine !

Pour les cercles éclairés, il en va autrement. On ne comprend que trop bien où l'on en est arrivé : la création et la réflexion seront de circonstance, ou ne seront pas. Toute critique sera étouffée. Les minorités agissantes incompatibles, intolérables au pouvoir devront se faire clandestines. Lui déplaire est déjà souverainement dangereux. Toute voix dénonçant le retour à l'assujettissement, donc à l'obscurantisme, sera réprimée. Il va falloir obtempérer, assister à ce triste spectacle : la soumission universelle. Au dedans, les élites bâillonnées, au dehors, l'Europe, dix années durant, mise à feu et à sang, impuissante et comme tétanisée par la poigne de fer et le charisme de son imprévisible conquérant…

Subir, se rallier, résister passivement ou activement, il n'y a pas d'autre issue. Dans l'entourage de Mme Récamier, on est, comme dans toutes les familles, partagé. M. Récamier est partisan de ne pas heurter de front celui en qui il continue d'avoir confiance. Juliette n'a aucune indulgence pour « ce pouvoir sans limite » et elle est bien décidée à s'y opposer en douceur, en évitant, si elle le peut, l'incident. Elle continue sa vie d'auparavant, sans s'étonner outre mesure de certains ralliements (celui de Bernadotte par exemple), mais en resserrant ses liens avec Mme de Staël et les Montmorency. MM. Bernard et Simonard s'adonnent aux joies mitigées du royalisme en chambre, cependant que d'autres familiers, comme le cousin Brillat-Savarin, gastronome mais d'abord magistrat, sont ouvertement décidés à faire de belles carrières, à servir.

Juliette devient l'ambassadrice du malheur

Se sachant écartée de Paris, sans rémission, Mme de Staël s'était décidée à entreprendre, à l'automne 1803, un long voyage en Allemagne. Elle pensait, à juste titre, que le bon accueil qu'on lui ferait compenserait la mauvaise grâce du gouvernement français à son égard. Escortée de Benjamin Constant et de ses deux aînés, elle s'arrête d'abord à Francfort, où elle reçoit de la main de

Chateaubriand – qui fait de difficiles débuts dans la carrière diplomatique à Rome – la nouvelle de la mort de Mme de Beaumont. L'Hirondelle avait pris un dernier et mortel envol pour venir expirer, dans la Ville Éternelle, auprès de celui qu'elle aimait :

Rome, le 9 novembre 1803

Quel triste sujet, madame, vient renouer notre correspondance. Elle est morte à Rome, dans mes bras, le 4 du courant, à 3 heures et 8 minutes de l'après-midi. Je vous envoie la copie de la relation que j'adresse par le même courrier à M. de La Luzerne. S'il y est beaucoup question de *prêtres* et de *religion*, j'espère que vous n'aurez pas la cruauté de plaisanter dans de pareilles circonstances ; il vous faut songer que j'ai écrit à la hâte, dans le trouble et dans les larmes, et que pour tout l'univers, je ne voudrais pas qu'on m'enlevât l'espoir de retrouver un jour mon amie. Me voilà encore une fois seul sur la terre ; c'est la troisième fois que la mort me prive des personnes qui m'étaient chères. Il faut donc suivre cet avertissement de la Providence et renoncer à tant de vains projets et à un monde qui me quitte si souvent pour me dire que je dois le quitter. J'allais passer en Grèce au printemps et, depuis trois mois, je ne m'occupais que des études relatives à ce dessein. Mais j'arrête toutes mes courses. Il y a assez longtemps que je suis voyageur ; je veux songer sérieusement au repos et rentrer pour toujours dans mon obscurité et mon indigence première. J'ai passé désormais le sommet de la vie ; si les trente-quatre ans que j'ai mis à monter à ce sommet me paraissent si courts, combien la descente sera encore plus rapide ! [...]

Si vous conservez encore quelque bienveillance pour moi, vos lettres me seront un grand soulagement. Je suis comme un enfant qui a peur dans la solitude et qui a besoin d'entendre au moins quelque voix amie pour se rassurer. Adieu.

DE CHATEAUBRIAND.

Veuillez offrir mes respects à M. Necker[1].

Le trouble et les larmes n'empêchaient pas le grand style – la *Relation* écrite à chaud, et remaniée dans les *Mémoires d'outre-tombe* – non plus que la pose de l'écrivain : « Je veux songer sérieusement au repos et rentrer pour toujours dans mon obscurité... » N'en croyons pas un mot ! Combien de fois ne l'entendrons-nous pas faire de telles déclarations d'intention ! Elles sont de véritables tics d'écriture, inhérentes au personnage qu'il a créé, René, et auquel il se croit obligé de ressembler, du moins à cette époque de sa vie. Naïfs que nous serions d'en être dupes un seul instant ! Chateaubriand, délivré de la pauvre Beaumont, déjà engagé auprès de Mme de Custine, qui passera à la postérité sous le nom de « la Dame de Fervacques », pleure avec élégance celle qu'il n'a pas su sauver du plus grand des tourments : lui-même... On peut admirer

---

1. *Correspondance générale*, t. 1., 1789-1807, Gallimard, 1977, pp. 280-281

au passage la crânerie de ce petit fonctionnaire assez maladroit pour déplaire à son ambassadeur, le cardinal Fesch, oncle du Premier consul, en allant sans autorisation présenter lui-même son *Génie* au pape – il n'a pas son pareil pour assurer la promotion de ses œuvres – pour ensuite critiquer par écrit la politique dudit ambassadeur – ce qui ne peut échapper au *cabinet noir*– et enfin, au vu et au su de tout Rome, enterrer sa maîtresse tuberculeuse ! Maladroit, mais assez habile à se rallier les autorités locales lorsqu'il entreprend, à ses frais, d'ériger à Pauline de Montmorin un tombeau qu'encore aujourd'hui on ne visite pas sans émotion à Saint-Louis-des-Français…

Mme de Staël a la plume plus spontanée que Chateaubriand, du moins dans ses lettres qui, toujours, traduisent ses vibrations du moment. Elle console son ami, avec sa chaleur habituelle :

Francfort, ce 3 décembre 1803.

Ah! mon Dieu, *my dear Francis*, de quelle douleur je suis saisie en recevant votre lettre ! Déjà hier, cette affreuse nouvelle était tombée sur moi par les gazettes, et votre déchirant récit vient la graver pour jamais en lettres de sang dans mon cœur. Pouvez-vous, pouvez-vous me parler d'opinions différentes sur la religion, sur les prêtres ? Est-ce qu'il y a deux opinions, quand il n'y a qu'un sentiment ? Je n'ai lu votre récit qu'à travers les plus douloureuses larmes. *My dear Francis*, rappelez-vous le temps où vous vous sentiez le plus d'amitié pour moi ; n'oubliez pas surtout celui où tout mon cœur était attiré vers vous, et dites-vous que ces sentiments, plus tendres, plus profonds que jamais, sont au fond de mon âme pour vous. J'aimais, j'admirais le caractère de Mme de Beaumont : je n'en connais point de plus généreux, de plus reconnaissant, de plus passionnément sensible. Depuis que je suis entrée dans le monde, je n'avais jamais cessé d'avoir des rapports avec elle et je sentais toujours qu'au milieu même de quelques diversités je tenais à elle par toutes les racines. Mon cher Francis, donnez-moi une place dans votre vie. Je vous admire, je vous aime, j'aimais celle que vous regrettez. Je suis une amie dévouée, je serai pour vous une sœur. Plus que jamais je dois respecter vos opinions : Mathieu, qui les a, a été un ange pour moi dans la dernière peine que je viens d'éprouver. Donnez-moi une nouvelle raison de les ménager : faites que je vous sois utile ou agréable de quelque manière. Vous a-t-on écrit que j'avais été exilée à quarante lieues de Paris ? J'ai pris ce moment pour faire le tour de l'Allemagne ; mais au printemps je serai revenue à Paris même, si mon exil est fini, ou auprès de Paris, ou à Genève. Faites que, de quelque manière, nous nous réunissions. Est-ce que vous ne sentez pas que mon esprit et mon âme entendent la vôtre, et ne sentez-vous pas en quoi nous nous ressemblons, à travers les différences ?

M. de Humboldt m'avait écrit, il y a quelques jours, une lettre où il me parlait de votre ouvrage avec une admiration qui doit vous flatter dans un homme et de son mérite et de son opinion. Mais que vais-je vous parler de vos succès dans un tel moment ? Cependant elle les aimait, ces succès, elle y attachait sa gloire. Continuez de rendre illustre celui qu'elle a tant aimé. Adieu, mon cher Francis, je vous écrirai de

Weimar en Saxe [...]

« Weimar en Saxe », la petite cour la « plus poétique », comme dira Sainte-Beuve, la plus intellectuelle d'Allemagne... À peine arrivée, Mme de Staël constate, comme elle l'écrit à son père, que les dernières classes de la société ont lu *Delphine*, ce qui l'enchante, et que « Chateaubriand lui-même est à peine connu », ce qui n'est pas pour lui déplaire ! Ici, pas d'hymnes superflus à l'obscurantisme papiste !

Elle doit attendre cependant dix jours avant que le grand Goethe – prévenu contre elle par sa mère qui, depuis Francfort, s'était plainte de ce que Mme de Staël l'avait « accablée comme une meule de foin » (!) – consente à revenir d'Iéna pour la rencontrer. Elle voit Schiller, l'autre célébrité locale, qu'elle admire aussi, mais avec lequel elle sympathise plus aisément. La cour lui fait un triomphe, et tout irait pour le mieux dans le meilleur des exils si M. Necker n'était dangereusement souffrant. Sa fille se trouve à Berlin lorsque lui parvient la nouvelle. Aussitôt elle prend le chemin du retour. Elle n'arrivera pas à temps : à Weimar, elle apprend la mort de son père, survenue le 9 avril précédent.

Une nouvelle étape commence dans l'existence de Mme de Staël : elle adorait son père et jusqu'au dernier moment elle a refusé d'envisager l'inévitable – autrement, aurait-elle ainsi laissé pour plusieurs mois le vieillard qu'il était devenu ? – mais passé ce terrible deuil, elle devient maîtresse de sa vie, de sa fortune – qui est immense, en Europe comme en Amérique –, de son « talent » et de sa « gloire » (deux notions clés chez les Necker), et tout cela tient en un mot, en un lieu : Coppet. La grande époque de Coppet, ses plus beaux jours, ses plus riches heures vont pouvoir commencer.

*
* *

Il est dommage que nous ne possédions aucune lettre de Mme de Staël à Juliette de ce printemps 1804, crucial à bien des points de vue. Il est évident, maintenant que la situation s'est durcie – ou plutôt clarifiée – en France, que la dame de Coppet, si elle veut sortir de son fief, devrait adopter une stratégie cohérente. Malheureusement pour elle, son ambiguïté, vis-à-vis d'une situation qui ne l'est pas, s'avère permanente.

D'une part, elle veut revenir et continue ses démarches dans ce sens – elle va désormais y employer Juliette – mais, d'autre part, elle multiplie les occasions de faire parler d'elle, ce qui joue à son encontre. Elle prend le monde à témoin de son état d'exilée, de victime politique, tout en ne négligeant rien pour le faire cesser. Elle fait tout pour rentrer en grâce, tout en ne négligeant rien pour aggraver son cas. Mieux aurait valu s'en tenir à l'une des deux attitudes : ou tout faire pour réintégrer Paris, et donc jouer le jeu de l'adversaire, se faire oublier puisque Napoléon redoutait « son mouvement », ou

bien se moquer de Paris et vivre ailleurs, glorieusement, délibérément proscrite, coupée de ce régime qui l'avait réprouvée, mais
qu'elle réprouvait elle-même.

Au lieu de cela, voici, par exemple, ce qu'elle écrit à Joseph
Bonaparte, d'Allemagne :

> Je voudrais n'être pas obligée de continuer ma route jusqu'à Berlin.
> Je crains que dans une ville où il y a tant d'affaires mon nom qui excite
> la curiosité ne soit encore cité [lisez : Attention, je vais à la cour du roi
> de Prusse. J'y suis célèbre et on m'y entendra] quelque soin que je
> prenne pour l'en empêcher [le mieux serait de s'abstenir !] Si vous pou-
> viez m'écrire que le Premier consul me laisse revenir, avec joie je
> renoncerais à tout ce qui n'est pas la France…

Elle va plus loin, lorsqu'elle affirme à son correspondant, le 13
juin :

> Mon père dans son délire a souvent nommé le Premier consul [elle
> n'y assista pas et, franchement, qu'on nous permette de douter du
> fait…] et j'ai trouvé dans ses papiers un brouillon de lettre à l'Empereur
> actuel des Français qui lui atteste sur son honneur que je n ai été pour
> rien dans son dernier ouvrage…

Le brouillon de la lettre existe bien, il n'empêche que cette utili-
sation posthume de la parole agonisante de Necker ne nous paraît pas
du meilleur goût ! Évidemment, cela n'avance en rien ses affaires.

En début d'été, elle écrit à Juliette, bien décidée à mettre sa belle
amie à contribution :

> Coppet, ce 8 juillet.

> Je remets à M. de Montlosier, ma belle Juliette, un mot pour vous. Je
> l'ai trouvé très aimable. Et il m'a rappelé un peu douloureusement le
> charme des conversations de Paris. Je commence à devenir extrême-
> ment triste de mon exil, et les dernières nouvelles qui me sont venues
> par vous en particulier m'ont plus affligée que toutes les autres. Fouché
> a-t-il toujours de la bienveillance pour moi, et, si cela est, comment se
> fait-il qu'il marchande avec moi pour quelques lieues de plus ou de
> moins ? Obtenez-moi, belle Juliette, vous que je compare à mon ange
> gardien et qui êtes sûrement aussi puissante que lui sur la terre, obte-
> nez-moi la distance qui me permettra de vous voir facilement. C'est
> celle-là qui est Paris pour moi. Adieu, je vous embrasse et je vous suis
> dévouée pour ma vie, si cette vie peut jamais répandre quelque charme
> sur la vôtre.

Juliette, « aussi puissante » que le redoutable ministre de la Police
impériale, on croit rêver… Juliette est surveillée. Qn se souvient de
la réflexion sèche de Napoléon lorsqu'il prend connaissance du
compte rendu d'audience du procès Moreau : « Qu'allait faire là
Mme Récamier ? » Il la suit de loin, et bientôt il éclatera publique-

ment, un matin qu'il apprend que trois de ses ministres se trouvaient la veille rue du Mont-Blanc : « Depuis quand le Conseil se tient-il chez Mme Récamier ? » Il n'empêche, à dater de cette époque, Juliette devient un ange gardien intercesseur, une démarcheuse en faveur de la persécutée qu'est Mme de Staël, l'ambassadrice du malheur...

Neuf jours plus tard, nouvelle lettre de Coppet. Celle-ci nous permet de dater un très désagréable et très curieux incident survenu à la Belle des Belles, dont la réputation jusque-là était sans tache :

17 juillet.

M. Hochet m'a mandé, ma belle amie, que vous aviez éprouvé un chagrin, j'espère qu'il sera passé dans votre tête quand vous lirez cette lettre.

J'ai éprouvé plus que personne la calomnie ; et tout l'ascendant et toute l'adresse de la puissance s'est réunie contre moi. J'ai trouvé dans les pays étrangers qui sont la postérité contemporaine une existence fort au-dessus de celle que j'espérais. Je vous dis la même chose pour vous qui, dans votre genre, êtes aussi célèbre que moi et qui de plus n'êtes point bannie de France. Il n'y a à craindre que la vérité ou la persécution matérielle, c'est-à-dire les gendarmes. Hors de ces deux choses-là, les ennemis ne peuvent absolument rien. Et quel ennemi qu'une femme méprisable, jalouse de la beauté et de la pureté tout ensemble. Si l'on spéculait sur sa vie c'est ainsi qu'à la main l'on se ferait des ennemis.

Écrivez-moi donc. Je sais bien que vous me parlez par vos actions. Mais j'ai encore besoin de vos paroles. Si je reviens jamais, c'est-à-dire si je sors de la plus cruelle situation, c'est à vous seule que je le devrai. Car je crois à présent que tout dépend de celui que vous voyez quelquefois [comprenons : Fouché].

Adieu, je vous aime et je vous embrasse, avec admiration et tendresse.

De quoi s'agit-il ? Qu'est-ce que cette calomnie ? Qui est cette femme « méprisable » qui s'est attaquée à Juliette ? Nous pensons que Mme de Staël fait allusion à une altercation qui eut lieu à la sortie d'un bal – non « un bal masqué », comme le croit Herriot, nous ne sommes plus en carnaval – où Juliette se trouvant en voiture, raccompagnée par le comte de Montrond, se vit assaillie par une harpie déchaînée qui arrêta la voiture en hurlant à qui voulait l'entendre qu'on lui volait son mari ! On ne lui volait rien du tout et surtout pas son mari, mais l'affaire fut ébruitée par Suchet : la harpie n'était autre que Mme Hamelin, une ancienne merveilleuse, ravissante créole de Saint-Domingue, amie intime de Mme Tallien et connue pour sa franche impudeur... Fortunée Hamelin était le contraire de Juliette. Peu farouche, très répandue, pas spécialement bonne et surtout dépourvue de la plus minime sérénité... Quant à Montrond, il était un ami de Talleyrand, qu'il amusait de ses mots piquants, dont l'un des plus célèbres est celui-ci, en réponse à une dame qui quêtait pour les filles repenties : « Si elles sont repenties, je ne donnerai rien. Si elles ne le sont pas, je ferai mes charités moi-même ! » C'était un dandy, mauvais sujet, doué d'un sang-froid à toute épreuve. Il était joueur et tricheur invétéré. À quelqu'un qui, un jour, lui fait remarquer : « Vous trichez, monsieur le comte ! » Il réplique : « Oui, mais je n'aime pas qu'on me le dise ! »

Le beau Montrond collectionnait les jolies femmes – il aura des liaisons célèbres avec Laure Junot et Pauline Bonarparte – se chargeait de missions officieuses en Angleterre, pas très claires, spéculait dans l'ombre de Talleyrand et avait une détestable réputation. Bonaparte disait : « Je n'aurai jamais de mœurs en France tant que M. de Montrond y sera. » Bref, qu'allait faire Juliette en pareille compagnie ?

Il dira d'elle plus tard, à l'inverse de Mérimée, « Laissez-moi rire… Si la serrure n'a pas été ouverte, elle a été bougrement crochetée[1] ! » Un gentleman, comme on voit !

Quant à Mme Hamelin, on ne sait d'où lui venait cette hargne envers Mme Récamier, mais elle aura encore l'occasion, bien des années après, de perturber malignement sa lumineuse existence…

Un autre incident, politique celui-là, aura lieu chez Juliette, pendant l'hiver suivant. Mais avant de lui laisser la parole, nous devons faire la connaissance d'une nouvelle venue dans le monde parisien qui va se révéler une amie incomparable pour Mme Récamier, qui sera toujours à ses côtés, qui comptera plus, dans sa vie, que la bruyante Mme de Staël : la comtesse de Boigne.

Il est bien regrettable que Herriot n'ait pas pu se référer à ses importants Mémoires, publiés sous le titre *Récits d'une tante*, en 1908. Mme de Boigne était fille du marquis d'Osmond, d'une famille de vieille souche normande, née à Versailles en 1781 et, comme elle le raconte, élevée « littéralement sur les genoux de la famille royale », auprès de laquelle ses parents avaient des charges. Elle décrit admirablement le monde de la haute noblesse émigrée à Londres, au sein duquel elle grandit. Adèle devient ravissante, ses cheveux blond cendré et ses yeux noirs la font remarquer, autant que ses talents et la finesse de son esprit. Elle épouse le richissime général Benoît de Boigne, sujet du roi de Sardaigne (qui le fera comte en 1816), revenu en Europe ayant fait fortune aux Indes. Ils ne s'entendront guère et il la ramènera chez ses parents assez rapidement, moyennant un arrangement financier raisonnable. Ils mèneront une vie conjugale épisodique, de pure façade mais paisible[2].

---

1. Le mot a été cité par Charles Léger. Repris dans les *Cahiers de l'académie d'histoire,* 3e trimestre 1970, n° 4, 1re année, p. 18 Herriot ne croyait pas à la véracité de l'anecdote, que pourtant Mme de Staël a confirmé.

2. Nous avons établi, grâce aux archives de la famille de Boigne ainsi qu'à celles du duc et de la duchesse d'Audiffret-Pasquier, la première biographie de la spirituelle comtesse et brillante mémorialiste, dans laquelle il va sans dire que nous approfondissons la teneur de sa relation avec Mme Récamier. (F. Wagener : *La Comtesse de Boigne*, Flammarion, 1997.)

Mme de Boigne, indépendamment de sa solide éducation – «Je crois à l'éducation du manteau de la cheminée», avait-elle coutume de dire – possède un jugement très tôt forgé par les épreuves que subit sa famille, autant que par son expérience matrimoniale – plus blessante que celle de Juliette – et elle est, en ce début de siècle, aussi libérale que le lui permettent ses préjugés de caste. Elle est bien trop intelligente pour ne pas déplorer les excès des coteries royalistes de Londres, si parfaitement coupées de la réalité française. Elle s'est très vite inspirée de l'exemple anglais, la monarchie constitutionnelle, pour adopter ce qu'on nommera sous la monarchie de Juillet, les idées du «juste milieu».

Lorsqu'elle arrive seule à Paris, pour tenter de préparer le retour des siens, elle découvre une nouvelle planète. Très vite en vertu de ses alliances familiales, elle s'intègre au noble faubourg et de là, avec une acuité et un ton qui n'appartiennent qu'à elle, elle envisage le spectacle...

Voici comment elle rencontre Juliette, peu après le sacre, en décembre 1804 :

La première fois que j'allai au bal à Paris, ce fut à hôtel de Luynes ; je crus entrer dans la grotte de Calypso. Toutes les femmes me parurent des nymphes. L'élégance de leurs costumes et de leurs tournures me frappa tellement qu'il me fallut plusieurs soirées pour découvrir qu'au fond j'étais accoutumée à voir à Londres un beaucoup plus grand nombre de belles personnes. Je fus très étonnée ensuite de trouver ces femmes, que je voyais si bien mises dans le monde, indignement mal tenues chez elles, mal peignées, enveloppées d'une douillette sale, enfin de la dernière inélégance. Cette mauvaise habitude a complètement disparu depuis quelques années ; les Françaises sont tout aussi soignées que les Anglaises dans leur intérieur et parées de meilleur goût dans le monde.

J'étais curieuse de voir Mme Récamier. On m'avertit qu'elle était dans un petit salon où se trouvaient cinq ou six autres femmes, j'entrai et je vis une personne qui me parut d'une figure fort remarquable, elle sortit peu d'instants après, je la suivis. On me demanda comment je trouvais Mme Récamier :

— Charmante, je la suis pour la voir danser.

— Celle-là ? mais c'est Mlle de La Vauguyon, Mme Récamier est assise dans la fenêtre, là, avec cette robe grise.

Lorsqu'on me l'eut indiquée, je vis en effet qu'une figure qui m'avait peu frappée était parfaitement belle. C'était le caractère définitif de cette beauté, qu'on peut appeler fameuse, de le paraître toujours davantage chaque fois qu'on la voyait. Elle se retrouvera probablement sous ma plume, notre liaison a commencé bientôt après et dure encore très intime[1].

---

1. *Mémoires* de la comtesse de Boigne, Paris 1908, 1, pp. 223-224.

Elles entretiennent, pour le moment, de simples rapports de société. À la fin du carnaval de 1805, Mme de Boigne est témoin rue du Mont-Blanc, de ce qu'elle appelle un «fait singulier»:

> [...] Je fus invitée avec toute la terre à un grand bal chez Mme Récamier, alors à l'apogée de sa beauté et de sa fortune. La société y était composée des illustrations du nouvel Empire, Murat, Eugène Beauharnais, les maréchaux, etc., d'un grand nombre de personnes de l'ancienne noblesse, d'émigrés rentrés, des sommités de la finance et de beaucoup d'étrangers. J'y fus témoin d'un fait singulier dans un monde aussi mêlé. L'orchestre joua une valse; de nombreux couples la commencèrent, M. de Caulaincourt s'y joignit avec Mlle Charlot, la beauté du jour. À l'instant même tous les autres valseurs quittèrent la place et ils restèrent seuls. Mlle Charlot se trouva mal, ou en fit le semblant, ce qui interrompit cette malencontreuse danse. M. de Caulaincourt était pâle comme la mort. On peut juger par là à quel point le meurtre de M. le duc d'Enghien était encore vif dans les esprits et combien les calomnies (et c'en était je crois) étaient généralement accueillies contre M. de Caulaincourt.
>
> On me raconta (mais ce n'est qu'un oui-dire) que lorsque l'Empereur forma sa maison, M. de Caulaincourt, sortant du cabinet, annonça à ses camarades du salon de service qu'il venait d'être nommé grand écuyer. On s'empressa de lui faire compliment, Lauriston seul se taisait.
>
> — Tu ne me dis rien, Lauriston?
>
> — Non.
>
> — Est-ce que tu ne trouves pas la place assez belle?
>
> — Pas pour ce qu'elle coûte.
>
> — Qu'entends-tu par ces paroles?
>
> — Tout ce que tu voudras.
>
> On s'interposa entre eux, cela n'eut pas de suite; mais Lauriston, jusque-là une espèce de favori, fut éloigné de l'Empereur et ne revint à Paris que longtemps après. Je n'affirme pas cette anecdote, elle fut crue par nous dans le temps; mais il n'y a rien de si mal informé que les oppositions[1].

*
* *

Durant l'été suivant, cependant que les préparatifs militaires s'intensifient et que se prépare contre Napoléon la troisième coalition qui rallie à l'Angleterre la Russie et l'Autriche, Juliette est pressentie par Fouché, pour faire partie de la cour impériale.

L'idée vient probablement du ministre de la Police, qui apprécie Juliette et qui n'est pas sans savoir combien elle plaît à l'Empereur, ni sans mesurer ce que cette amie discrète mais persuasive pourrait obtenir, à bien des points de vue, si elle devenait la favorite du maître. Il se rend fréquemment au château de Clichy et essaie de gagner Juliette à ce brillant projet, qu'il présente avec la circonspection qu'on lui connaît. Mais l'impénétrable Fouché a beau déployer

---

1. Mme de Boigne, *op. cit.,* 1, pp. 228-229.

des trésors d'éloquence insinuante et faire miroiter les avantages qu'on imagine, il se heurte à la plus douce, mais la plus ferme des incompréhensions. Mieux, Mme Récamier se confie à son mari, et forte de son soutien – M. Récamier n'ira jamais contre les désirs de Juliette – elle se dérobe.

Elle est bientôt invitée à Neuilly, chez Caroline, qui met toute son amabilité et son enjouement à tenter, en présence de Fouché, de la convaincre de devenir dame du palais dans la maison que son frère est en train de lui constituer. Juliette est horriblement gênée. Mme Lenormant nous raconte la fin de cette entretien :

> Au moment de se séparer, la princesse rappela avec grâce à Mme Récamier l'admiration qu'elle lui connaissait pour Talma et mit à sa disposition sa loge du Théâtre-Français. « Vous savez que c'est une loge d'avant-scène ; on v jouit très bien du jeu de la physionomie des acteurs. » Cette loge était en face de celle de l'Empereur. Le lendemain, un petit billet, ainsi conçu, mettait en effet la loge de Mme Murat aux ordres de Mme Récamier.

> Neuilly, 22 vendémiaire.

> Son Altesse Impériale la princesse Caroline prévient l'administration du Théâtre-Français qu'à dater de ce jour jusqu'à nouvel ordre sa loge doit être ouverte à Mme Récamier et à ceux qui se présenteraient avec elle ou de sa part. Ceux même de la maison des princesses, qui n'y seraient pas admis ou appelés par Mme Récamier, cessent de ce moment d'avoir le droit de s'y présenter.

> Le secrétaire des commandements
> de la princesse Caroline,
> CH. DE LONGHAMPS.

> Mme Récamier profita deux fois de la loge. Hasard ou volonté, l'Empereur assista à ces deux représentations et mit une persistance très affichée à braquer sa lorgnette sur la femme placée vis-à-vis de lui. L'attention des courtisans, si éveillée sur les moindres mouvements du maître, ne pouvait manquer de s'emparer de cette circonstance : on en conclut et on répéta que Mme Récamier allait jouir d'une haute faveur[1].

On se trompait ! Juliette n'avait aucun goût pour aller servir la famille, aucune envie d'être favorisée par celui qui opprimait Mme de Staël, aucune disposition à se compromettre envers un régime qu'elle désapprouvait. Qu'aurait-elle été abdiquer sa liberté, elle qui jouissait d'une parfaite indépendance et d'une immense fortune, en se transformant subitement en femme de chambre de luxe au service de cette clique de parvenues qui se déchiraient entre elles à belles dents et ne songeaient qu'à se dénigrer les unes les autres pour obtenir un peu plus de subsides, de galons ou de titres pour

---

1. *In* Lenormant, *op. cit.,* t. 1, pp. 117-118.

leurs maris… ! Pour l'Impératrice, il n'en était même pas question, vu sa jalousie permanente envers l'homme qu'elle avait si mal aimé alors qu'il tenait tant à elle et qui commençait à la négliger… Juliette refusa, en faisant valoir ce que la position de M. Récamier exigeait d'elle. Ses relations avec Fouché se refroidirent, mais on en resta là.

La faillite

Le mercredi 13 novembre 1805, Napoléon installe son état-major à Schönbrunn et son quartier général à Vienne. Tout, sur terre du moins, lui réussit : en vingt jours, il a transporté les 200 000 hommes du camp de Boulogne au-delà du Rhin, il a pris Ulm, a descendu le Danube et est entré dans la capitale des Habsbourg. Dans une quinzaine de jours, ce sera Austerlitz. Cependant que, dans les brumes automnales, les sentinelles effectuent leur ballet cadencé aux marches du palais de Marie-Thérèse, le préfet de police, dans son bureau parisien, prend connaissance d'un rapport faisant état de graves remous bancaires : «Les faillites immenses annoncées (Récamier, Grandin et Casenac, ses commanditaires) ont répandu la consternation[1].»

Le lendemain lui apporte une confirmation : «On continue à s'entretenir de la faillite Récamier. On assure qu'elle est de plus de vingt millions…»

Le samedi, M. Récamier annonce à sa famille que, si le gouvernement n'autorisait pas la Banque de France à lui avancer un million, le lundi suivant, la maison de banque Récamier serait contrainte de suspendre ses paiements. Il était anéanti et demanda à Juliette de faire seule les honneurs du grand dîner prévu pour le lendemain. Il préférait s'éloigner, en attendant l'hypothétique décision du pouvoir.

Le pouvoir n'aida pas. Juliette sut se maîtriser et fit bonne figure devant des invités qui ne s'aperçurent de rien, même si, depuis une semaine, la rumeur allait bon train… Elle avait les nerfs plus solides que son mari, encore qu'elle ait souvent dit par la suite à sa nièce «qu'elle n'avait cessé de se croire la proie d'un horrible rêve et que la souffrance morale qu'elle endura était telle que les objets matériels eux-mêmes prenaient aux yeux de son imagination ébranlée un aspect étrange et fantastique[2]».

La crise financière qui tenait essentiellement à la situation en Espagne et dans ses colonies – ce qui touchait de plein fouet Récamier – était importante. La faillite de la maison Récamier eut une énorme répercussion, car la banque mère soutenait quantité de petites banques satellites qui croulèrent avec elle. Napoléon aurait pu les sauver. Il est clair qu'il n'avait aucune envie d'être obligeant

---

1. Hauterive, *Bulletin de la police secrète du Ier empire*, t. II, pp. 492, 493, 495.
2. *In* Lenormant, *op. cit.,* t. 1, p 127.

envers Juliette qui venait de lui refuser ce qu'il considérait comme un honneur, non plus qu'envers Récamier dont il avait su se ménager l'appui, en d'autres temps, mais qu'il n'aimait pas plus que les autres financiers.

Pour la belle Juliette, ce fut l'effondrement d'un monde. Une vie de féerie s'évanouissait, comme un voile enchanté qu'on déchire brutalement.

M. Récamier, dont la probité et la compétence professionnelle n'étaient pas en cause, abandonna tous ses biens personnels, et, en témoignage de leur estime, ses créanciers le nommèrent à la tête de la liquidation de ses propres affaires[1]. On vendit tout, bijoux, argenterie, cristaux… On réduisit son train de vie, et Juliette ne conserva qu'un pied-à-terre dans son ancien hôtel de la rue du Mont-Blanc qui, avant de trouver acquéreur, fut loué à l'un de ses amis, le prince Pignatelli.

Quel choc ! C'est évidemment dans les épreuves que se révèle la sincérité des sentiments qu'on inspire : Juliette, à ce titre, fut comblée. Aucun de ses amis ne se détourna d'elle, au contraire : on la plaignit et on l'entoura plus encore.

Benjamin Constant, très proche d'elle, note dans son *Journal abrégé*, à la date fatidique du dimanche 17 novembre 1805 : « Banqueroute de M. Récamier. Pauvre Juliette ! Le malheur ne tombe-t-il donc jamais que sur ce qu'il y a de bon au monde[2] ? »

Le même jour Mme de Staël écrit à son amie une lettre solide et généreuse. Qu'on nous permette de remarquer, avant d'en reproduire la copie, que tous les biographes de Juliette se sont trompés, à la suite de Mme Lenormant, d'une année sur la date de la faillite. Ils l'ont post-datée d'un an. Les papiers de la police, les témoignages de Constant ou Bernadotte sont formels, mais on a confondu faillite (novembre 1805) et dépôt de bilan (janvier, et non février, comme le croit Herriot, 1806). À la suite de quoi, on a inventé le scénario : 1. Dépôt de bilan ; 2. Annonce de la faillite, novembre 1806. C'est évidemment faux, mais, pour faire entrer dans ce schéma les éléments qui gênaient, on a arrangé l'Histoire : Mme Lenormant, en publiant la lettre de Mme de Staël, dont on ne possède qu'une copie, datée simplement du « 17 novembre », a rajouté l'année, 1806. Quant à la lettre de Bernardotte à Juliette, écrite « à la veille d'Austerlitz », lui dit-il, Mme Lenormant rectifie sèchement : « Sa mémoire le trompe : c'est d'Iéna qu'il voulait parler ! » Comme si un maréchal de France pouvait, sur le terrain, confondre une bataille avec une autre !…

Mais revenons à Mme de Staël, qui écrit à Juliette, des bords du Léman, le 17 novembre 1805 :

---

1. *Cf.* en annexe, le détail du bilan, au 10 janvier 1806.
2. *Op. cit.*, p. 522.

17 novembre.

Ah! ma chère Juliette, quelle douleur j'ai éprouvée par l'affreuse nouvelle que je reçois! Que je maudis l'exil qui ne me permet pas d'être auprès de vous, de vous serrer contre mon cœur!

Vous avez perdu tout ce qui tient à la facilité, à l'agrément de la vie, mais s'il était possible d'être plus aimée, plus intéressante que vous ne l'étiez, c'est ce qui vous serait arrivé. Je vais écrire à M. Récamier que je plains et que je respecte. Mais, dites-moi, serait-ce un rêve que l'espérance de vous voir ici cet hiver? Si vous vouliez, trois mois passés dans un cercle étroit où vous seriez passionnément soignée... Mais à Paris aussi vous inspirez ce sentiment. Enfin, au moins, à Lyon ou jusqu'à mes *quarante lieues*, j'irai pour vous voir, pour vous embrasser, pour vous dire que je me suis senti pour vous plus de tendresse que pour aucune femme que j'aie jamais connue. Je ne sais rien vous dire comme consolation, si ce n'est que vous serez aimée et considérée plus que jamais et que les admirables traits de votre générosité et de votre bienfaisance seront connus malgré vous par ce malheur, comme ils ne l'auraient jamais été sans lui.

Certainement en comparant votre situation à ce qu'elle était, vous avez perdu; mais, s'il m'était possible d'envier ce que j'aime, je donnerais bien tout ce que je suis pour être vous. Beauté sans égale en Europe, réputation sans tache, caractère fier et généreux, quelle fortune de bonheur encore dans cette triste vie où l'on marche si dépouillé! Chère Juliette, que notre amitié se resserre, que ce ne soit plus simplement des services généreux qui sont tous venus de vous, mais une correspondance suivie, un besoin réciproque de se confier ses pensées, une vie ensemble. Chère Juliette, c'est vous qui me ferez revenir à Paris, car vous serez toujours une personne toute-puissante, et nous nous verrons tous les jours et, comme vous êtes plus jeune que moi, vous me fermerez les yeux, et mes enfants seront vos amis. Ma fille a pleuré ce matin de mes larmes et des vôtres. Chère Juliette, ce luxe qui vous entourait, c'est nous qui en avons joui, votre fortune a été la nôtre, et je me sens ruinée parce que vous n'êtes plus riche. Croyez-moi, il reste du bonheur quand on sait se faire aimer ainsi. Benjamin veut vous écrire, il est bien ému. Mathieu m'écrit sur vous une lettre bien touchante. Chère amie, que votre cœur soit calme au milieu de ces douleurs; hélas! ni la mort ni l'indifférence de vos amis ne vous menacent, et voilà les blessures éternelles. Adieu, cher ange, adieu. J'embrasse avec respect votre visage charmant.

NECKER DE STAËL-HOLSTEIN.

Junot, qui avait beaucoup d'amitié pour Juliette, fut témoin de l'événement et de retour auprès de l'Empereur il le commente avec véhémence. Voici la version de Napoléon, telle que la reproduit le *Mémorial* :

Dans la campagne d'Austerlitz, il vint trouver l'Empereur à Schönbrunn; mais cette fois, disait Napoléon, l'intercession n'était pas précisément pour lui. Il prenait en ce moment un vif intérêt à la belle Mme Récamier. Il arrivait de Paris et débuta auprès de l'Empereur par une sortie virulente contre M. de Marbois, alors ministre du Trésor, qui avait eu l'indignité, disait-il, de ne pas empêcher la faillite de M. Récamier en lui refusant un prêt seulement de deux millions. «Tout Paris en était dans l'indignation. Ce Marbois, disait-il, était un méchant homme, un mauvais serviteur; il n'aimait pas l'Empereur; lui, Junot, n'hésitait pas à le prononcer, et tout Paris pensait avec lui que, si l'Empereur eût été dans la capitale, il n'eût pas balancé à les lui faire donner. – Il s'adressait bien, disait l'Empereur. – Eh bien, Paris et vous, vous vous trompez, répondis-je froidement à cet admirateur passionné qui était tout hors de lui. Je n'aurais pas fait donner deux mille sous et j'eusse été fort mécontent de Marbois s'il eût agi autrement. Je ne suis point amoureux de Mme Récamier, moi, et je ne viens point au secours de négociants qui tiennent une maison de six cent mille francs par an; sachez cela, monsieur Junot...[1]».

Brave Junot! Bernadotte, à son tour, apprend la nouvelle. Sa réaction se fait à peine attendre, il s'en explique:

Une foulure à la main droite m'a d'abord empêché de répondre à votre lettre. À peine étais-je remis que les opérations ont recommencé; j'ai été frappé d'une balle à la tête: cette blessure m'a retenu un mois dans mon lit.

Je suis loin de mériter les reproches que vous me faites; le général Junot peut être mon témoin. J'appris le commencement de vos malheurs par lui, la veille de la bataille d'Austerlitz; je le quittai à onze heures du soir en l'assurant qu'en rentrant à mon bivouac j'allais vous écrire; il me chargea de mille choses pour vous; la tête et le cœur remplis de votre position, je vous peignis toute la peine que me causait le renversement de votre fortune. En vous parlant, en m'occupant de vous, je pensais que je devais contribuer, au crépuscule du jour, à décider du sort du monde; ma lettre fut recommandée à la poste, elle a dû vous être remise. Quand l'amitié la tendresse et la sensibilité enflamment une âme aimante, tout ce qu'elle exprime est profondément senti. Je n'ai pas cessé de vous adresser mes vœux et mes souhaits, et, quoique né pour vous aimer toujours, je n'ai pas dû hasarder de vous fatiguer par mes lettres. Adieu; si vous pensez encore à moi, songez que vous êtes ma principale idée et que rien n'égale les tendres et doux sentiments que je vous ai voués[2].

BERNADOTTE.

Forte des multiples démonstrations d'affection et de sympathie qu'elle reçoit, Juliette ne se départit pas de sa sérénité: avec raison et sang-froid, elle organise sa nouvelle existence. Elle n'a perdu ni ses amis ni sa réputation. Au contraire! On considère avec bienveillance sa tranquillité d'âme et comme nul n'ignore la responsabilité du pouvoir dans l'épreuve qu'elle traverse, on la plaint. Le noble faubourg se rapproche d'elle, maintenant qu'elle apparaît auréolée du prestige du malheur innocent, combien plus estimable à ses yeux que celui de l'argent!

---

1. *Mémorial*, 1, pp. 877-878.
2. Lenormant, *op. cit.*, t. 1, pp. 132-133.

Mme de Boigne en témoigne : «Je la trouvai si calme, si noble, si simple dans cette circonstance, l'élévation de son caractère dominait de si haut les habitudes de sa vie que j'en fus extrêmement frappée. De ce moment date l'affection vive que je lui porte et que tous les événements que nous avons traversés ensemble n'ont fait que confirmer[1].»

Suit un portrait de Mme Récamier, une analyse psychologique d'une grande pénétration, dont voici la première partie :

> On a fait bien des portraits de Mme Récamier sans qu'aucun, selon moi, ait rendu les véritables traits de son caractère, cela est d'autant plus excusable qu'elle est très mobile. Mme Récamier est le véritable type de la femme telle qu'elle est sortie de la main du Créateur pour le bonheur de l'homme. Elle en a tous les charmes, toutes les vertus, toutes les inconséquences, toutes les faiblesses. Si elle avait été épouse et mère, sa destinée aurait été complète, le monde aurait moins parlé d'elle et elle aurait été plus heureuse. Ayant manqué cette vocation de la nature, il lui a fallu chercher des compensations dans la société. Mme Récamier est la coquetterie personnifiée, elle la pousse jusqu'au génie et se trouve un admirable chef d'une détestable école. Toutes les femmes qui ont voulu l'imiter sont tombées dans l'intrigue et dans le désordre, tandis qu'elle est toujours sortie pure de la fournaise où elle s'amusait à se précipiter. Cela ne tient pas à la froideur de son cœur, sa coquetterie est fille de la bienveillance et non de la vanité. Elle a bien plus le désir d'être aimée que d'être admirée. Et ce sentiment lui est si naturel qu'elle a toujours un peu d'affection et beaucoup de sympathie à donner à tous ses adorateurs en échange des hommages qu'elle cherche à attirer, de sorte que sa coquetterie échappe à l'égoïsme qui l'accompagne d'ordinaire et n'est pas positivement aride, si je puis m'exprimer ainsi. Aussi a-t-elle conservé l'attachement de presque tous les hommes qui ont été amoureux d'elle. Je n'ai vu personne, au reste, si bien allier un sentiment exclusif avec tous les soins de l'amitié rendus à un cercle assez nombreux.
>
> Tout le monde a fait des hymnes sur son incomparable beauté, son active bienfaisance, sa douce urbanité ; beaucoup de gens l'ont vantée comme très spirituelle. Mais peu de personnes ont su découvrir, à travers la facilité de son commerce habituel, la hauteur de son cœur, l'indépendance de son caractère, l'impartialité de son jugement, la justesse de son esprit. Quelquefois je l'ai vue dominée, je ne l'ai jamais connue influencée[2].

Retenons ce dernier trait : il est la clé du caractère de Juliette.

La mort d'une mère

L'inoubliable victoire d'Austerlitz qui restera dans les esprits comme un modèle de bataille napoléonienne – et qui fit 22 000

---

1. *Op. cit.,* I, 237.
2. *Op. cit.,* I pp. 237-239.

morts – a mené au traité de Presbourg. L'Empereur des Français réorganise l'Europe du Sud, à son gré, en attribuant les royaumes vassaux à sa famille : son frère Joseph devient roi de Naples, son frère Louis roi de Hollande, son beau-fils Eugène de Beauharnais vice-roi d'Italie (Napoléon s'était attribué le titre royal, au printemps précédent) et le mari de Caroline est fait grand-duc de Berg, en Westphalie. La Bavière et le Wurtemberg ont, eux aussi, désormais, des rois en la personne de leurs princes légitimes. « À sa voix, dit Chateaubriand, les rois entraient ou sautaient par les fenêtres ! » Les pays du Nord, à commencer par la Prusse, s'inquiètent sérieusement…

Paris vit à l'heure des fêtes militaires – surtout à la mauvaise saison, quand les armées ne sont pas en campagne –, des *Te Deum* et des parades. Les Parisiens ne délaissent pas pour autant leurs habituelles réjouissances, à commencer par les bals masqués. Napoléon lui-même s'y rend : sa belle-fille, Hortense, raconte dans ses *Mémoires* qu'il lui conseille d'y aller avec sa mère. Elles optempèrent, mais personne, dans la cohue de l'Opéra, ne leur adresse la parole, jusqu'à ce qu'un masque s'approche d'elles : « Comment, on vous permet une distraction, ce qui est rare pour vous, et voilà comment vous en profitez ! Vous êtes une petite sotte ! » C'était l'Empereur…

Juliette aussi les aime. Nous savons, par une lettre du jeune Auguste de Staël à sa mère – il a quinze ans et se trouve à Paris pour préparer son entrée à Polytechnique – que la belle amie l'aurait volontiers débauché, si l'austère Mathieu de Montmorency n'y avait mis bon ordre : « J'avais dîné le même jour chez Mme R. qui a été charmante pour moi. Elle voulait que j'allasse le lendemain avec elle au bal masqué, comme étant une figure inconnue. Je t'avoue que cela m'aurait assez amusé, mais Mathieu a trouvé avec raison que ce n'était pas convenable et je n'y ai plus pensé. »

« Son petit pataud », comme l'appelait Mme de Staël, est passablement dénué de finesse, mais non d'une certaine insolence. Ainsi, quelque temps auparavant, il s'était fait remettre à sa place par l'aimable baronne pour lui avoir écrit ceci :

> J'ai été avant-hier, chère maman, porter ta lettre à Juliette ; elle m'a retenu auprès d'elle toute la journée. Il a fallu l'entendre jouer au piano, chanter médiocrement et causer d'une manière encore moins brillante. Après cela, il a fallu à toutes forces l'accompagner à la messe et puis la mener à pied chez sa mère. J'étais sur le boulevard avec elle lorsque pour mon malheur un vilain petit chien se met à nous suivre. Elle se sent touchée de pitié pour ce hideux petit animal et voilà qu'il faut que je le supporte dans mes jambes… Je me serais consolé de tout cela en la regardant, mais je l'avais vue le matin en négligé, sortant du bain, et elle n'avait plus ni belle taille ni figure agréable, de manière que j'étais désenchanté même sur sa beauté.

Dans peu d'années, il changera radicalement d'avis sur Juliette, et de ton...

Si elle n'en montre rien, qu'à ses intimes, Juliette est préoccupée par la santé de Mme Bernard, sa mère, dont la douloureuse maladie ne fait que progresser. Mme de Staël, à qui on a de nouveau permis ses quarante lieues, s'installe au mois de mai 1806, entre Auxerre et Avallon, au château de Vincelles, qu'elle a loué au banquier Bidermann. Juliette vient y passer une courte journée et constate que l'ambiance n'est pas à la détente autour de la baronne, tant s'en faut...

Mme de Staël traverse une crise personnelle grave : elle sent que Constant lui échappe, et la tension entre eux est perceptible. Le précepteur de ses enfants, et ami de la famille, Schlegel, qu'elle a ramené de son voyage en Allemagne, se montre difficile, «jaloux de tout le monde». Et le jeune Prosper de Barante avec lequel elle entretient une récente liaison vient d'être nommé à Paris, auditeur au Conseil d'État; lorsqu'il apparaît à Vincelles, les scènes succèdent aux scènes...

Juliette tente d'apaiser sa tumultueuse amie et, malgré ses soucis, elle revient quelques jours à ses côtés, entre le 20 et le 25 du même mois, mais elle se rend compte, rapidement, qu'elle ne peut guère s'éloigner de sa mère. Mme de Staël en est consciente :

Ce 30 mai.

Je vous envoie par ce courrier encore deux lettres, chère amie, qu'on vous a écrits ici, me croyant plus heureuse que je ne suis. J'attends toujours de vos nouvelles avec une anxiété difficile à exprimer. Je suis là dans l'auberge d'Auxerre, ne gagnant quelques heures de sommeil qu'avec de l'opium, n'entendant pas un coup de fouet sans tressaillir. Enfin, il faut que cet état finisse. Renvoyez-moi François [son domestique] le plus tôt possible; et s'il se peut que la belle sainte m'ait obtenu quelque soulagement. J'ai eu l'idée d'écrire à Murat ou Sébastiani; mais j'ai réfléchi que vos paroles valaient mieux que mes lettres et seraient moins négligées. Je vous embrasse de toute mon âme. Dites-moi des nouvelles de Mme Bernard.

Comme on le voit, elle n'abandonne pas la lutte, et Juliette est, une fois de plus, chargée de mission :

Auxerre, ce 13 juin.

Voilà, chère et parfaite amie, une lettre pour Murat que je vous prie de lui envoyer *tout de suite* après l'avoir lue, vous seule, car il est impossible que mon supplice ici se prolonge plus d'une semaine. Décidez-moi aussi, vous de qui je dépends. Si vous partez pour Plombières, mandez-le-moi pour que je vous suive. Je veux vous atteindre sur la route. Indiquez-moi la ville où je le pourrais. Si vous êtes menacée d'un malheur bien cruel que feriez-vous? Iriez-vous à Lyon? Resteriez-vous à Paris? Iriez-vous chez Mme de Catellan? M'y recevrait-elle ? Enfin en quoi mon dévouement à vous, qui est si peu de chose en comparaison de ce que vous faites pour moi, mais ce dévouement qui est tout moi en quoi pourrait-il vous être le moins du monde agréable ? Répondez-moi, chère amie. Il y a huit jours que je n'ai pas de lettres de vous.

L'état de Mme Bernard commence à devenir alarmant. Juliette, bien évidemment, ne peut faire aucun projet précis, tout au plus ira-t-elle quelques jours chez la marquise de Catellan, une autre de ses amies, au château d'Angervilliers, près de Dourdan, dans la région parisienne. Mathieu, qui séjourne non loin, à Dampierre, rentre avant elle et lui donne des nouvelles peu rassurantes : « Je trouve votre premier intérêt de sentiment et de famille dans un état toujours bien triste... »

Juliette ne bougera plus guère, hormis un séjour à Vincelles, entre le 15 juillet et le 27. Benjamin Constant, avec lequel elle fait le voyage à l'aller, note dans son *Journal abrégé* : « Visite à Fouché. Peu d'espérances. Incertitude sur les impressions laissées [sur le sort de Mme de Staël]. Départ de Paris avec Mme Récamier. » Le lendemain, il ajoute « Couru la poste toute la nuit. Nuit bizarre [1]. » Qu'est-ce à dire ? Nous y reviendrons.

Bref, Juliette vit de pénibles moments. Ruinée, surveillée, éloignée de son amie préférée, impuissante à soulager sa mère qu'elle adore... Son temps se passe en actions de bienfaisance et en démarches pour les proscrits... Parfois, elle est chargée d'intercessions plus délicates, quand par exemple Mme de Staël lui demande de plaider sa cause auprès du jeune Barante... Une lettre angoissée de l'imprévisible baronne l'en empêche au dernier moment :

> [...] Je crains, je vous l'avoue, que vous ne vous laissiez aimer par lui. Et ce serait pour moi une peine mortelle. Car mes deux premiers sentiments en seraient troublés. Ne le faites pas, Juliette. Proscrite que je suis, me confiant à vous, et si prodigieusement inférieure à vos charmes, la générosité vous défend de vous permettre avec lui la moindre coquetterie. Ce n'est pas que je crois beaucoup à son affection pour moi...

Comme toujours, Mme de Staël a le mérite de la franchise. Mais tout cela n'en demeure pas moins un peu pathétique et passablement agaçant. D'autant que les différentes démarches qu'elle a tentées ont eu peu de retombées positives : elle continue d'« errer autour de Paris comme une planète malheureuse », sans grand espoir – mais elle ne le comprend pas – de pouvoir y entrer. Pour l'heure, elle séjourne à Rouen, où Fouché lui permet, si elle le souhaite, de passer l'hiver. Elle préfère s'installer près de Meulan, au château d'Acosta. Elle se remet à son prochain roman, auquel elle pense depuis un séjour en Italie, au printemps 1805, et qui s'intitulera *Corinne*...

---

1. *Op. cit.*, p. 545.

C'est de Meulan qu'elle écrit à Juliette, lorsqu'elle apprend, au début du mois de janvier suivant, la mort de Mme Bernard : « Chère amie, combien je souffre de votre malheur ! Combien je souffre de ne pas vous voir ! N'est-il donc pas possible que je vous voie et faut-il donc que ma vie se passe ainsi ? Je ne sais rien vous dire. Je vous embrasse et je pleure avec vous. »

Le mardi 20 janvier, la mère de Juliette s'est éteinte, en son domicile parisien de la rue Caumartin – elle habitait, ainsi que son mari et Simonard, l'hôtel Marin-Delahaye, qui fait l'angle du boulevard – et jusqu'au bout elle était demeurée avenante et soucieuse d'elle-même, désireuse de faire bonne impression sur ses visiteurs. En pleine possession de ses facultés, elle avait, six jours avant sa mort, fait son testament[1].

C'est là un document révélateur qu'on a peu regardé. Il est établi par Simonard fils, commissaire-priseur, et nomme pour exécuteur testamentaire Simonard père. Juliette est légataire universelle de Mme Bernard, qui s'explique clairement sur « sa tendre amitié » pour elle et « sa sollicitude sur son sort à venir ». Mme Bernard est riche, et tout son souci est de protéger Juliette, y compris de M. Récamier. Mme Bernard stipule que « Juliette Récamier, légataire universelle [...] devra se charger de les [les biens qu'elle lui laisse] transmettre aux termes de l'article 1048 du Code civil à ses enfants nés et à naître… » Mme Bernard insiste pour « qu'elle [Juliette] dispose » de tout, sans que « dans aucun cas, elle ait besoin du concours, de la présence ou autorisation ou signature de son mari »… Si Juliette n'a pas d'enfants, sa fortune devra aller à ses neveux et nièces, du côté maternel. Elle nomme pour tuteurs d'une éventuelle restitution, MM. de Catellan et d'Andignac. En l'absence de l'un des deux, celui qui est présent suffit. Si on devait, en revanche, nommer d'autres tuteurs « ils seraient choisis par un conseil de six parents au moins ». Bref, la confiance règne, comme on le voit, envers le banquier malheureux !

Mme Bernard fait un legs commun à M. Bernard et à M. Simonard « pour en jouir par eux, conjointement, désirant concourir à ne point rompre l'habitude qu'ils ont eue depuis leur enfance de vivre ensemble ». Elle le justifie par la tendresse qu'elle éprouve envers M. Bernard, l'amitié qu'elle a pour M. Simonard et « la reconnaissance de son dévouement personnel pour nous sauver dans les crises de la Révolution ». Elle n'oublie rien : « Ma fille voudra bien disposer de la portion de mon mobilier, nécessaire pour compléter l'aménagement de mon mari et de M. Simonard. » Ajoutons que ce testament nous apprend que M. Bernard devait 30 000 francs à sa femme, « venant en compensation du legs », en réalité, le capital d'une pension que lui versait son épouse.

Il est clair, d'après ces dispositions, que Juliette Récamier est une femme normale. Nous l'avons déjà dit. Il est clair aussi qu'en aucun

---

1. Ms. B.N. N.A.F 14088.

cas M. Récamier ne doit s'approprier la fortune que laisse à Juliette Mme Bernard, laquelle avait singulièrement évolué vis-à-vis de lui… Nous verrons ce qu'il en sera. En tout cas, Juliette retrouve une autonomie financière qui la met à l'abri, de ce point de vue, pour longtemps.

Mme Bernard fut enterrée au cimetière de Montmartre et Juliette fit planter sur sa tombe un cèdre, dont nous ignorons s'il était africain ou asiatique, mais qui, de toute façon, a disparu.

CHAPITRE VI

L'IDYLLE PRUSSIENNE

Il fut du bonheur sans moi, des enchantements étrangers à mon existence aux rivages de Coppet...

CHATEAUBRIAND.

Vous seule m'avez fait connaître le véritable amour, qui exclut tout autre sentiment et ignore les limites du temps.

Auguste, prince de Prusse,
à Mme RÉCAMIER.

Juliette connaît la plus grande douleur de sa vie. La disparition précoce de cette mère qu'elle adorait ressemble à un abandon. Mme Bernard était son armature et son recours. Jamais elle ne l'avait quittée – mis à part les quelques mois de son enfance passés à Villefranche et au couvent de la Déserte – et cette mère-amie, cette confidente de chaque instant, de chaque circonstance petite ou grande de sa vie, cette femme si avisée, si soucieuse de la protéger, qui avait encouragé et entouré ses succès mondains comme s'ils étaient un prolongement, une émanation de sa propre volonté de puissance et de réussite, cette aimable dominatrice la laissait livrée à elle-même.

Il est bien regrettable que nous n'ayons pas plus d'informations sur Mme Bernard, qui a façonné Juliette et qui, surtout, se trouve au centre de son affectivité. Juliette ne la jugeait pas. De l'avis de ses familiers, elle l'idolâtrait, comme Mme de Staël idolâtrait son père. Mme Bernard était un modèle pour sa fille, depuis le plus jeune âge de celle-ci, qui tenait d'elle sa beauté, sa séduction et, en partie, son esprit de conduite. Sans doute, Mme Bernard était-elle plus froide, plus déterminée dans sa coquetterie, et sans doute faisait-elle servir à ses fins son incontestable ascendant sur autrui – alors que Juliette n'en attendait qu'une sorte de vérification d'elle-même – mais aussi elle s'était montrée une mère prévoyante et habile à défendre les intérêts de sa fille. Car, si Mme Bernard était l'instigatrice de l'étrange situation conjugale de Juliette, elle avait témoigné dans la rédaction de son testament d'une redoutable méfiance envers Récamier. Elle avait, probablement, mal accueilli la faillite de celui-ci et perdu toute estime pour lui. Cette femme d'affaires efficace avait, par-delà la mort, fait ce qu'elle avait pu en faveur de Juliette : ceci devait compenser cela.

Juliette était-elle consciente de la formidable responsabilité de sa mère dans son destin de femme ? Car elle est désormais adulte et à la fin de cette année 1807, elle atteindra l'étape fatidique des trente ans... Elle n'a jamais connu d'autre sentiment intense que l'amour filial. Sa gentillesse et son sens des convenances l'attachent aux siens, ainsi que l'esprit de devoir. Envers son mari, par exemple, dont elle n'ignore plus qu'il est son père – Mme Bernard le lui a expliqué, soit lors du voyage en Angleterre dont elle est revenue si préoccupée, soit au moment de la banqueroute qui put être l'occasion d'une crise familiale grave, soit avant sa mort – et cette relation, si elle n'est pas une entrave affective, si elle permettrait une réciproque autonomie, la bloque néanmoins. L'ultime volonté maternelle évoquant « les enfants à naître » a de quoi la rendre perplexe, car elle lui ouvre un monde...

Nous pouvons imaginer Juliette, tout à son deuil, seule, dans son petit salon du rez-de-chaussée de la rue du Mont-Blanc, ouvert sur un ciel opaque de fin d'hiver et sur un jardin détrempé, où tout est froidure et tristesse, où les arbres qui ont perdu toute grâce parlent, dans leur dépouillement, de mort, eux aussi... Juliette est en proie à « ses papillons noirs », comme on dit autour d'elle. À mesurer les perspectives qui se présentent à elle, elle est pensive...

Sa famille ? Les pères nobles se sont rapprochés plus encore, et il faut les soutenir, les consoler, les rassurer, animer leurs existences d'un peu de lumière féminine. D'ici à peu de mois, quand on aura vendu l'hôtel Récamier, tous – y compris Juliette – emménageront rue Basse-du-Rempart, à deux pas de la rue du Mont-Blanc, et la vie sera plus gaie... Et puis il y a, Dieu merci, le « bon Paul » qui, malgré l'emploi qu'il lui a fallu accepter dans l'administration, aide, va, vient, chargé de billets et de messages, adoucissant par sa disponibilité les aspérités quotidiennes... Déjà, le traumatisme de la ruine s'est estompé et M. Récamier travaille à assainir ses affaires : il a bon espoir de se remettre à leur tête, prochainement... Au fond, cette banqueroute a mis fin à une manière d'enchantement, d'artifice permanent, sans entamer la considération qu'on leur porte. Ils continuent de faire bonne figure et conservent leurs anciennes habitudes de société.

Ses amis ? Juliette doit songer avec nostalgie aux absents, à ces étrangers, vassaux ou ennemis de la France, et que la situation européenne bouleversée n'incite guère à voyager, sans parler des Anglais qui n'ont ni possibilité ni envie de revenir sur le continent. Il y a Mme de Staël, sur qui elle s'appuiera plus volontiers, tant elle a besoin de compenser l'influence maternelle, tant elle est accoutumée à sentir l'emprise sur elle d'une âme forte. Mme de Staël est-elle si forte qu'elle le croit ?... En tout cas, Juliette est prête à aller la voir à Meulan, à parler avec elle de beaucoup de choses les intéressant l'une et l'autre, notamment ce projet qu'a la fille de Necker de lui faire placer de l'argent en copropriété avec elle. On parlera aussi de Prosper de Barante, qui écrit de Breslau, où il suit l'armée, et que « le spectacle de mille horreurs » auquel il assiste révulse...

Car tout est bien morose. On est de nouveau en guerre. La Prusse a réuni une quatrième coalition contre l'Empereur des Français qui vient d'inventer la Confédération du Rhin, une sorte de ligue des États soumis, ou alliés, de l'Allemagne méridionale, et, à l'automne précédent, les hostilités ont repris. La Prusse a été battue à Iéna et à Auerstaedt, le même jour. Elle a perdu un prince de la famille royale, Louis, tué le 10 octobre, à Saalfeld après avoir affronté les hussards de Lannes. Son frère, le prince Auguste, a été fait prisonnier quelques jours plus tard, à Prentzlow, par les dragons de Beaumont et le vicomte de Reiset. La Prusse, écrasée, résiste en la personne de sa reine, la belle Louise, que suivent de nombreux patriotes...

Et cet hiver, la guerre s'est transportée en Pologne, où l'armée rencontre les Russes. L'horrible boucherie d'Eylau, qui écœurera Napoléon lui-même – 25 000 Russes, 18 000 Français gisant dans la neige de février – n'a pas été décisive... L'enthousiasme n'est plus de mise à Paris... À quoi riment ces conquêtes, ces milliers de cadavres ? Seules la péninsule Ibérique, Rome, la Sardaigne, la Sicile et la Russie ont échappé, sur le continent, à la botte française. Pour le moment. La Prusse est sur le point d'être démantelée et réduite à son noyau brandebourgeois, poméranien, silésien. L'Autriche est contrainte au silence, l'Italie du Nord, Naples, les Pays-Bas, la Belgique, Genève sont sous la domination de l'Empereur des Français. Les cantons suisses, la Bavière, le Wurtemberg, la Saxe, Bade, Francfort, Berg et bientôt la Westphalie le suivent, bien obligés... Triste Europe ! Quand aura-t-elle la force de se reprendre, d'échapper à cette absurde distribution de ses peuples et de ses richesses, au profit d'un seul maître !

Que Juliette aurait besoin d'oublier un peu ce sombre paysage ! Mais le moyen de se distraire ! Elle n'en a pas le cœur. Elle reste chez elle et reçoit quelques visiteurs, ses amis intimes. Cette autre famille qu'elle construit patiemment, ce réseau d'affections et d'échanges sans lequel elle ne pourrait vivre... Mathieu et Adrien, qui militent dans l'ombre en faveur de leurs idées, demeurent les plus assidus, les plus fidèles. Parmi les adorateurs discrets que ne décourage pas la réclusion de la Belle des Belles, il y a l'agréable Elzéar de Sabran qui se trouve être le frère de Delphine, marquise de Custine – cette dame de Fervacques liée à Chateaubriand – et un habitué de Coppet. Elzéar aurait bien envie de courtiser Juliette si les circonstances s'y prêtaient. En attendant, il compose de jolies romances où s'épanche son cœur attendri...

Il y a, tout près de Juliette, un autre soupirant éperdu et qu'elle voit souvent : le locataire de son ancien hôtel, le prince Alphonse Pignatelli. Frère cadet du comte de Fuentès, grand d'Espagne, comte d'Egmont en Belgique et prince Pignatelli en Italie, il est de la race des très grands seigneurs européens par les possessions, les titres, les alliances et par l'esprit aussi. Ce libéral, victime à Naples, ainsi que sa famille, de la répression obscurantiste de 1799 – celle-là même qu'a romancée Latouche dans *Fragoletta* – a préféré s'installer à Paris. Il n'est pas spécialement beau, il a des manières exquises et se meurt d'amour pour Juliette qu'il souhaiterait épouser. Malheureusement, il se meurt aussi de la poitrine et dépérit à vue d'œil... De sa jolie graphie, dont la petitesse et la régularité ne sont pas sans rappeler celle de sa voisine, il lui écrit : « Vous savez que le peu de vie que j'ai est à vous... » Il est sincère. Comme Lucien Bonaparte ou Dupaty l'ont fait avant lui, il l'appelle sa « sœur »... Et, avec une douceur, une constance parfaites, sa sœur le soigne. Elle comprend chaque jour davantage que le fil qui le rattache encore à la vie s'amenuise, même si jusqu'au bout il portera son nom...

Pauvre Juliette ! Comme elle aimerait égayer son existence, sortir de cette maussaderie ambiante, des souvenirs douloureux, des contraintes peu souriantes : les pères nobles, les actions de bienfaisance, réduites depuis la faillite, mais qu'elle continue cependant de partager avec Mathieu, les soupirants décolorés, qu'il faut sans cesse apaiser ou soigner... Le tout sur fond austère de guerre permanente... Où est-il le joli temps des fêtes, de l'insouciance et de la splendeur ?...

Elle aurait bien besoin de voir quelques amies distrayantes, de se faire raconter la rumeur de la grande ville, des sphères régnantes... Et quelques histoires de cœur... Caroline, la fraîche, la piquante Caroline, baigne, dit-on, dans les honneurs et le faste insolent... Il paraît qu'elle mettrait un terme à sa brève liaison avec ce beau blond sentimental, récemment arrivé à Paris, en poste à l'ambassade d'Autriche... « Il serait bon d'amuser ce niais ! » avait commandé l'Empereur. Ce niais s'appelait Metternich. Et ne dit-on pas aussi que le ménage Junot, ces enfants gâtés du régime, qui étalent sans retenue leur nouvelle richesse, se lézarde ? Caroline aurait jeté son dévolu sur Junot. Brave et manipulable à souhait, pense-t-elle. Et gouverneur de Paris... Après tout, l'Empereur passe sa vie en campagne, et un accident peut toujours arriver... Quant à Laure Junot, la « petite peste » parvenue, elle commencerait, à son tour, à regarder Metternich...

Comme Juliette aimerait se faire détailler tout cela par sa belle amie, la marquise de Catellan ! Ce qui se passe à la cour impériale aussi, cet ennuyeux ghetto, guindé, un peu vulgaire, riche en mesquineries, nourri de brouilles continuelles et de petits scandales permanents... Mme de Catellan est si enjouée, elle raconte si bien ces futilités, elle est si friande de commérages amoureux – comme elle est friande de ces mariages qu'elle échafaude et qui se révèlent, la plupart du temps, des catastrophes pour les intéressés – elle est si habile à démonter, des heures durant, avec une allègre férocité, l'écheveau embrouillé des chassés-croisés sentimentaux de la capitale... Car la vérité, c'est que Juliette est ravie – c'est là sa faiblesse – qu'on «lui dise des amours», pour reprendre l'expression de Mme de Boigne...

Mme de Boigne, précisément, voilà de toutes ses amies celle qui la réconforte le mieux. Ses paroles sont également sensées et pénétrantes... La fine mouche la comprend si bien! Elle seule peut saisir ce que le mariage, la célébrité, l'image de Mme Récamier ont de particulièrement incomplet... Mme de Boigne s'arrange, avec discrétion, de son apparente union conjugale. Mais Juliette, elle, songe-t-elle seulement qu'elle pourrait s'en arranger? Un jour, son cœur, enfin, battra-t-il? Son âme sera-t-elle occupée d'autre chose que du doux et rassurant miroir des amitiés féminines, des convenances et des obligations de famille ou de société? Qui le sait...

Pour le moment, d'une main tranquille, elle cachète ses lettres à la cire d'Espagne sur laquelle s'inscrit, sobre, éloquente, la devise qu'elle a choisie : «*Nulle dies sine nebula.*» Il n'y a pas de jour sans nuage pour la Belle des Belles... Mais, à son âge, la grisaille ne peut être éternelle...

Corinne, triomphale et prisonnière...

Juliette se trouve au creux de la vague et sa santé s'en ressent. Au mois de mars, elle quitte Paris, pour un court séjour, non à Angervilliers chez Mme de Catellan, mais à Sillery en Champagne, le ravissant domaine des Genlis, où elle rejoint Pulchérie de Valence, la seconde fille de la célèbre éducatrice qui s'est, ainsi que son mari, ralliée à l'Empire. Pulchérie a onze ans de plus que Juliette, l'âge exact de Mme de Staël, et si le système pédagogique avant-gardiste de sa mère n'a pas fait d'elle un modèle de vertu, il a développé sa vivacité d'esprit et sa sociabilité qui sont charmantes.

Pulchérie a repris la vie commune avec son mari et, la quarantaine atteinte, elle s'est assagie sans rien perdre de son charme ni de ses agréments de «brunette» – c'est le surnom que lui donne Mme de Genlis – au tempérament incisif. En d'autres temps, Pulchérie et Mme de Staël se sont affrontées sur le terrain compliqué de leurs amours : la seconde a pris Mathieu à la première, qui s'en est vengée en lui enlevant Ribbing, le «beau régicide» suédois, puis Adrien de Mun. Ajoutons, pour être complet, qu'elles se sont partagé les bonnes grâces de l'évêque d'Autun... Il n'est pas étonnant que Mme de Staël se froisse de ce que Juliette préfère l'amusante Pulchérie à l'atmosphère un peu lourde de Meulan :

J'apprends, ma chère Juliette, que ce billet que je vous ai écrit il y a trois semaines est resté dans la poche d'Eugène[1] parce que vous étiez à Sillery. Vous devez me trouver des torts envers vous ; et moi, pendant ce temps, je vous boude de ce que vous avez fait un si long voyage pour voir une autre femme que moi. Venez me voir le plus tôt possible, chère Juliette. Puis-je, hélas ! savoir si je resterai tranquille dans ma terre, si cette triste solitude de l'hiver me sera accordée. Ah ! je suis bien à plaindre. Quand je vous verrai, je le serai moins. Mais vous êtes une infidèle personne.

Deux jours plus tard, elle insiste :

> Ce dimanche, Acosta.

Il y a quatre jours, belle infidèle, que je n'entends pas le bruit du vent sans croire que c'est votre voiture. Car enfin vous ne m'avez donné qu'un jour et quinze à Sillery. Revenez donc enfin. On me dit que M. Lemercier pense à venir avec vous : c'est un des hommes que je verrai avec le plus de plaisir. J'ai aussi bien besoin de Lemontey. Mais c'est de vous avant tout que j'ai besoin pour le cœur et l'esprit. J'ai une querelle à vous faire, ce qui me rend encore plus nécessaire de vous voir.

Quel jour voulez-vous mes chevaux à Saint-Germain ? Dites-le à Eugène.

Lemercier et Lemontey sont devenus l'un et l'autre, hasard ou nécessité, des censeurs littéraires, dont l'appréciation est déterminante pour la publication des ouvrages romanesques et dramatiques. Et, au moment où elle achève *Corinne*, leur appui lui serait nécessaire.

Mme de Staël a des ennuis : elle vient d'acheter le château de Cernay, près de Franconville, à défaut d'avoir pu acquérir de ses hôtes, les Castellane, celui d'Acosta, et cela, dans l'idée – illusoire mais persistante – de se rapprocher de Paris. Mais elle n'obtient pas l'autorisation d'y résider : ordre lui est donné, le 8 avril, de quitter la Seine-et-Oise. Elle doit rejoindre ses quarante lieues... Comme d'habitude, elle essaie d'obtenir un sursis... Or Fouché n'a été que trop conciliant et il se fait rappeler vertement à l'ordre par son maître, quand celui-ci, de Pologne, apprend par sa contre-police que la baronne des baronnes s'obstine à venir clandestinement dans la capitale. « Tous les jours j'acquiers de nouvelles preuves, lui écrit Napoléon, qu'on ne peut être plus mauvaise que cette femme, ennemie du gouvernement et même de cette France dont elle ne peut se passer... » Il fera savoir violemment : « Mon intention est qu'elle ne sorte jamais de Genève ! » Cela n'arrange pas Mme de Staël qui voudrait être présente lors de la sortie de *Corinne* mais qui, passé le 25 avril, doit se résigner et reprendre le chemin de Coppet.

Corinne est un franc succès : on reconnaît l'auteur, sous les traits – embellis – de cette poétesse et femme d'esprit, dont le génie

---

1. Le domestique de Mme de Staël.

domine l'ouvrage. Corinne, comme Delphine avant elle, affronte la société et se perd. Mais Corinne possède tous les attributs du talent et de la supériorité intellectuelle. Son écartèlement – entre l'amour pour un jeune Anglais conformiste et son autonomie de créatrice son isolement, son malheur ont une résonance élevée qu'ennoblit sa primauté spirituelle. Corinne est, elle aussi, une héroïne de type romantique et ses premiers lecteurs y reconnaissent, comme dans *Atala*, *René* ou *Valérie*, la stylisation et l'expression de leur sensibilité... À quoi s'ajoute, sans doute, l'auréole de la persécution dont est victime Mme de Staël. L'Europe entière lit *Corinne* et s'enthousiasme à la fois pour le personnage et son auteur. Goethe la félicite chaleureusement.

Napoléon, lui, est exaspéré : le roman se passe principalement à Rome, les protagonistes en sont des Anglo-Saxons, Corinne elle-même est mi-anglaise mi-italienne, et pas un mot des Français, de leurs conquêtes, de leur présence en Italie, pas un mot de lui! Il considère ce livre comme «un fatras de phrases», il n'a aucune envie de s'identifier à ces chétifs personnages masculins, il abomine cette femme, portrait et original confondus, il n'en veut plus à Paris, ni en France, sous aucun prétexte, qu'elle s'enferme dans son Coppet et qu'il n'en entende plus parler!... Rendons-lui cette justice qu'à Sainte-Hélène il conviendra «qu'après tout Mme de Staël est une femme d'un très grand talent, fort distinguée, de beaucoup d'esprit : elle restera[1]». Bien dommage que Mme de Staël ne soit plus là pour entendre cette réhabilitation de la bouche de son ennemi... Cela eût adouci, rétrospectivement, les souffrances que représentaient pour elle ces années de luttes...

Lors de la parution de son «best-seller», Mme de Staël reçoit une autre réaction négative, celle de Prosper de Barante, qui n'est pas enchanté de se retrouver, partiellement, sous les traits d'Oswald, le jeune Anglais qui a si mal aimé Corinne :

Breslau, 6 et 30 juin et 13 juillet 1807.

[...] Vous me faites de cruels reproches et vous m'avez enfermé dans cet Oswald où je ne puis me défendre. Ah! Si quelque jour il peignait aussi ce qu'il a ressenti, on verrait ce qu'il a souffert [...]. Sa jeunesse est gâtée pour avoir rencontré Corinne; il a eu ses combats, ses agitations et souvent il les retrouve encore; mais il n'a l'injustice d'accuser personne; c'est bien assez du repentir qu'il a [...]. Enfin, il ne fera pas un livre de ses sentiments et de ses chagrins.

[...] Je vous disais l'autre jour comment ma pauvre vie était arrangée pour vous avoir connue et pour avoir résisté à mes pressentiments. Cela pourra vous servir dans vos matériaux. Vous voyez que si *Corinne* est une vengeance, elle fait son effet et que je la prends pour telle.

[...] Ah! ne parlez pas d'applaudissements et de succès, vous qui en avez vécu, qui en avez cherché de tout genre, qui ne craignez pas de

---

1. *Mémorial, op. cit.,* chap. 10, II, p. 205.

faire des livres avec ce qu'on a éprouvé de plus intime dans le cœur de ce qui est actuellement individuel, qu'une sorte de timidité devrait éloigner d'en faire un instrument de succès [1] […].

Qu'il est naïf, ce gentil Prosper ! Qu'il est blessé surtout, de cet épilogue inattendu à tant de crises, de turbulences, de déceptions amoureuses ! Ne sait-il pas que tout écrivain est, qu'il le veuille ou non, un anthropophage ? Et, dans son genre, Mme de Staël, rendons-lui cette justice, n'est pas la plus cynique…

Elle est même parfois d'une ingénuité, d'une inconscience qui émerveille… Voici ce qu'elle écrit à Juliette sur le chemin de Coppet :

Lyon, ce 5 mai.

Me voici, chère amie, dans un lieu qui est une patrie pour vous et où l'on désire vivement de vous voir. Je m'y suis acquis une sorte de considération tout à fait étrangère à moi en faisant espérer votre passage. Camille vous désire avec un sentiment très vif et parle de vous comme moi. Je me vante qu'on ne peut mieux dire. Vous avez *Corinne* à présent. Dites-moi ce que vous en pensez. Dites-moi ce que vous en entendez dire littérairement et si du côté du gouvernement il ne vous revient rien de mauvais. Car c'est de là que j'attends l'adoucissement de ma triste situation. Il me semble qu'une occupation si innocente doit désarmer si quelque chose désarme. […]

Ce qui désarme, c'est cet aveuglement sur son propre sort ! Comment peut-on, à ce point, se tromper sur l'effet qu'on produit ! Mme de Staël ne se rend pas compte que, non seulement elle est honnie de l'Empereur – et de son gouvernement – mais encore que son retentissant succès joue contre elle !

Juliette le sait bien : ce qui ne l'empêche pas d'envoyer le livre à Champagny, alors ministre de l'Intérieur, avec lequel elle garde de bonnes relations et qui lui est redevable d'avoir sauvé son enfant, lorsque celui-ci, victime d'un accident, fut menacé de perdre la vue.

Au début de l'été 1807, jamais Mme de Staël n'a été plus louée, plus universellement appréciée. Mais, si *Corinne* est un triomphe, jamais non plus la situation de son auteur n'a été plus désastreuse au regard de sa position personnelle : elle est désormais prisonnière à Coppet. Son roman a passé miraculeusement les frontières, mais elle se trouve reléguée « dans son Léman », comme en a décidé Napoléon. Il a pour lui la force, elle, une vitalité sidérante. L'Europe, sa vraie patrie, lui sera bientôt interdite, elle ne peut plus la parcourir. Qu'à cela ne tienne, la proscrite est aussi châtelaine, et désormais c'est l'Europe qui viendra à elle…

---

1. Ms. B.N. N.A.F. 14100.

Coppet, salon de l'Europe...

À la fin du printemps, Juliette voit s'éloigner Pignatelli, très affaibli mais décidé à chercher sous des cieux plus cléments un quelconque adoucissement à ses maux. Il espère se rendre dans les Pyrénées. De Chartres, il écrit à sa belle voisine : «[...] Oh! oui. Sans doute, il doit m'être permis de vous appeler *chère*, qui pourrait me l'être plus que vous, après tant de bontés, de soins et de patience à supporter le pauvre malade!...»

Il n'en reviendra pas et s'éteindra non sans soupirer après «sa chère sœur», au fur et à mesure qu'il poursuit sa route, chaque jour plus tendre, plus faible, plus déchirant : «[...] J'obéis aux ordres de mon aimable sœur, de cette tendre sœur que j'aime de toute mon âme et pour qui mon amitié ne peut finir qu'avec ma vie...»

De Pau, où il arrive enfin, il avoue d'une écriture défaite, pathétique : «J'ai cru avant-hier [le 28 juin] que je ne vous écrirais plus pour vous dire combien je suis comblé par l'amité que vous avez pour moi. J'ai éte au plus mal, mais aujourd'hui j'ai repris un peu de forces. Priez pour votre ami, il a bien souffert. Soignez-vous bien[1].»

La fin est imminente : grâce à Mathieu, qui œuvrait depuis quelque temps, elle sera chrétienne, pour ne pas dire édifiante...

Rien de tout cela n'est très gai, et Juliette, qui, de l'aveu de Pignatelli, a «perdu ses charmantes couleurs», se décide à partir pour Coppet.

Le 2 juillet, elle quitte Paris, dans sa voiture, avec ses gens, sa femme de chambre et Elzéar de Sabran pour compagnon. Elle voyage, comme toujours, à petites journées. Tout se passe bien jusqu'à Morez, dans le Jura. Fouché, de sa main, a rédigé ainsi le rapport de police, relatant la suite :

> Mme Récamier et M. de Sabran qui l'accompagnait ont éprouvé un accident grave en se rendant chez Mme de Staël : la voiture a versé dans un précipice. Les postillons et les chevaux sont blessés mortellement les deux jeunes voyageurs n'ont que des contusions peu dangereuses. La baronne qui venait au-devant d'eux les a recueillis dans sa berline et conduits à son château de Coppet[2].

Joseph, le domestique de Mme Récamier et le postillon à côté duquel il étais assis s'en remettront, mais l'émotion a été grande. Juliette en est quitte pour une foulure au pied et Mathieu se répand en actions de grâces et tremble en évoquant le «terrible endroit» où croit-il «un jour il fera un pèlerinage»...

Au sortir de cette série noire, et sans doute avec un saisissement qu'elle ne prévoyait pas, Juliette découvre – enfin! – le fief de son

---

1. Ms. B.N. N.A.F. 14073.
2. Hauterive, *op. cit.,* t. III, 4 juillet 1807, 17 juillet 1807.

amie, la baronnie de Coppet : un château reconstruit au XVIIIe siècle sur une légère éminence, en arrière du lac, non loin de Nyon. Au midi, vers Genève, un horizon alpin somptueux où se devine le massif du Mont-Blanc. La demeure est vaste, accueillante, richement aménagée : les beaux portraits, les bustes à l'antique, les tentures d'Aubusson, les tapis de la Savonnerie, le mobilier dont une part importante provient des résidences parisiennes de Necker, reflètent un classicisme de bon aloi et une opulence qui n'est pas sans majesté.

Au centre du rez-de-chaussée, du côté du lac, la galerie d'apparat qui sert, à l'occasion, de théâtre – elle sera transformée après la mort de Mme de Staël en bibliothèque –, s'ouvre sur une terrasse ornée de rosiers et sur un parc ombragé dans le goût anglais. Les jeux de la lumière estivale, la présence d'une nature généreuse et changeante à chaque heure du jour, la magie des crépuscules sur les cimes rosées des montagnes aux rives d'un des plus agréables lacs d'Europe font de Coppet un lieu enchanteur, à la séduction très prenante…

La chambre de Juliette est exquise : son harmonie vert pâle allégerait l'âme la plus sombre. Un papier de Chine représente des oiseaux de paradis évoluant parmi d'impalpables branchages stylisés. Le ciel d'un gracieux lit Louis XVI s'assortit aux autres meubles également tendus de soie damassée, et que rehaussent délicatement de fines dorures. Dans une encoignure, un petit bureau, à la table recouverte de cuir bronze, complète, sous l'œil impavide d'un buste de Necker, l'ensemble. La fraîcheur et la gaieté de ce décor, qui semble destiné à une jeune fille, vont sans doute contribuer à chasser les «papillons noirs»…

Coppet, cet été-là, semble un festival permanent de grâce et d'esprit. «Ma mère animait Coppet, vous l'embellissiez», écrira plus tard Albertine à Mme Récamier. On ne peut mieux dire ! Mme de Staël, tout à la joie de recevoir «son ange», réconfortée aussi par les témoignages qui continuent de lui parvenir des quatre coins du monde sur *Corinne*, se montre étincelante d'intelligence et de brio. Et pourtant, elle traverse une période particulièrement houleuse de sa vie sentimentale. Le centre de ses préoccupations, qui ne sont pas récentes mais qui menacent de prendre des proportions dramatiques, porte un nom : Benjamin Constant.

Constant – dont le patronyme constitue à lui seul la plus dérisoire des antiphrases ! – est un garçon à problèmes : il a des excuses, car, pour lui, tout a mal commencé. Sa mère est morte en le mettant au monde – un an après Mme de Staël – et Dieu sait quelle secrète culpabilité en est résultée dans son psychisme enfantin. Devenu l'enjeu des autres femmes du clan familial, les Constant de Rebecque, il en a conçu un double besoin : leur échapper autant qu'il requiert leur protection. Toute sa vie, il cherchera l'amour d'une femme plus âgée et plus puissante que lui – ou du moins toute-puissante envers lui – et en même temps il ne rêvera que d'une chose, fuir cette domination, sans laquelle pourtant il ne croit pas pouvoir vivre…

Il ne s'est jamais entendu avec son père, un officier vaudois servant à l'étranger, qui, par pudeur ou timidité plus que par réelle indifférence, s'est toujours déchargé de lui sur des précepteurs plus ineptes les uns que les autres. Benjamin n'a pas eu d'enfance. On l'a promené de ville en ville, de pays en pays, ce qui du moins a forgé, dans son jeune esprit, un solide sens de la relativité. Benjamin, très tôt, est devenu blasé, narquois, sceptique : il a beaucoup observé la nature humaine, il s'est beaucoup observé lui-même, et rien de tout cela ne l'a aidé à conquérir une armature, une colonne vertébrale, une échelle de valeurs.

Il avait subi l'influence d'une femme remarquable, Mme de Charrière, que les hasards de la vie avaient menée de l'antique château familial de Zuylen (près d'Amsterdam) à la retraite quelque peu endormie de Colombier (près de Neuchâtel), qui s'ennuyait à périr auprès d'un mari incapable de la comprendre et qui, quand elle n'écrivait pas – ce qu'elle faisait à ravir – s'adonnait à ses humeurs, désabusées jusqu'à la férocité. Il en résulta pour Benjamin un renforcement du pôle négatif de sa nature et, probablement, l'incapacité de s'épanouir jamais.

À Mme de Charrière – qui survivait grâce à son éclatant rationalisme et, probablement, un certain stoïcisme – avait succédé Mme de Staël, la tumultueuse, la généreuse Mme de Staël, dont la sensibilité autant que la pensée lui ouvraient un monde inconnu : celui du siècle à venir, nouveaux horizons, nouvel oxygène annonciateurs d'un autre mode de vie et de création et qu'on appellerait le Romantisme. Au sortir de la Terreur, leur liaison avait commencé, liaison qui ressemblait, pour Benjamin, à une brillante satellisation.

Enchaîné au char de cette femme célèbre, riche, créatrice, il s'était quelque peu stabilisé. Il était entré dans la vie politique active, à Paris, dont il soutenait le nouveau régime, mais son intelligence aiguisée par le contact permanent avec la fille de Necker n'arrivait pas à juguler son agitation intérieure. Benjamin était tourmenté, insatisfait, inquiet. Les années passant, il se dispersait, et subissait, avec un mauvais gré qui s'accentuait chaque jour, l'emprise de sa trop possessive compagne.

Benjamin, qui s'était une première fois marié à la cour de Brunswick, où son père l'avait envoyé faire ses débuts, avait divorcé. Aussi bien pensait-il que la noble baronne, après la mort de M. de Staël, l'épouserait et donnerait ainsi à leur fille Albertine un père légal. Il n'en fut rien. Ulcéré, mais silencieux, Benjamin était retourné à ses liaisons parisiennes, à ses velléités d'écriture – il était ce qu'on appelait alors un publiciste – et au jeu qui, depuis toujours, emplissait ou ravageait sa vie, comme on voudra.

Son Journal regorge, dans les années qui suivent l'établissement de l'Empire, de remarques désobligeantes sur « Minette » – le surnom de Germaine – dont on se demande si elles ne sont pas surtout l'expression de son malaise d'être, de son apparent ratage et de sa détestation de soi... Le problème, c'est que Benjamin est impuissant à affronter «son vampire», et qu'au moment de rompre il se laisse reprendre par faiblesse, lâcheté ou attendrissement et ne trouve son salut provisoire que dans la fuite. Il a affaire à forte partie, car Mme de Staël est au moins aussi violente que lui dans ses sentiments, mais combien plus éloquente lorsqu'il le faut! Petit détail supplémentaire, qui a son importance : la célébrité, c'est elle, l'argent aussi…

Drôle de couple! Benjamin ressemble à un étudiant germanique prolongé : il est long, dégingandé, légèrement voûté, complètement myope et il cache ses yeux pâles sous des besicles teintées. Ses cheveux ardents n'ajoutent guère à son charme, son bredouillage non plus… Ne parlons pas de la gaucherie inimitable de sa gestuelle. Bref, un désastre! Et pourtant quel esprit! Quelle lucidité cinglante, quelle virulente intelligence, quelle culture inépuisable se cachent sous cette enveloppe disgracieuse… «De l'esprit, encore de l'esprit, toujours de l'esprit!» dira Sainte-Beuve. Un cerveau d'élite, une affectivité déréglée, un sens moral faible, sinon nul, et un physique de zombie, tel est à peu près Benjamin lorsqu'il rejoint Coppet, le 17 juillet 1807.

Juliette le connaît bien et depuis longtemps. Souvent, elle l'a reçu, plus souvent encore ces derniers temps qu'il résidait à Paris. Elle sait tout ce que cette longue relation avec Mme de Staël a de complexe, d'explosif. Un ancien ami de Corinne, sachant qu'elle séjourne à Coppet, Claude Hochet, lui écrit : «Le sort de sa vie entière [celle de Mme de Staël] dépend peut-être de la conduite qu'elle va tenir avec Benjamin…» Suit une analyse du «point critique» où l'on en est arrivé et ce conseil : «C'est à vous dont l'âme est si délicate, de vous interposer entre eux[1]…» Plus facile à dire qu'à faire! En a-t-elle seulement l'envie, sans parler des moyens?… De son côté, Benjamin, lorsqu'il apprend la venue de Juliette, note : «Ce sera un moyen de distraction, mais aussi les convulsions de Mme de St[aël] seront plus ébruitées à Paris[2].» Il prévoit que, si les deux amies font une excursion, il en profitera pour s'éclipser et s'en aller retrouver Charlotte de Hardenberg, pour laquelle il s'imagine éprouver une intense passion.

*
* *

Peu après son arrivée, Juliette apprend la fin d'Alphonse Pignatelli. Benjamin note dans son Journal, le 23 juillet : «M. de Pignatelli mort. Juliette triste. Elle sera distraite dans 8 jours et consolée dans un mois[3].» En attendant, elle est bouleversée, ce que comprend Mathieu : «Je crois, comme vous paraissiez l'appréhender, que l'exaltation et la chaleur de notre amie [Mme de Staël] ne

---

1. Ms. B.N. N.A.F. 14102.
2. *Op. cit.,* p. 610.
3. *Op. cit.,* p. 615.

soient pas tout à fait en rapport avec la nature de vos impressions et la situation de votre âme[1]...

La situation de son âme... M. Récamier lui-même, s'en inquiète : «... [elle] finirait par te rendre malade si tu ne fais pas sur toy-même tous les efforts possibles pour la combattre, la surmonter et retremper ton caractère pour lui rendre toute son énergie [...]. Je me dis souvent : Mais que pouvais-je faire ? Quelle serait la vie bien adaptée au genre de cette intéressante amie ? J'en trouvai presque la réponse dans l'un des chapitres de *Corinne* où il est dit : «Vous me feriez très innocemment un mal affreux en voulant juger mon caractère d'après ces grandes divisions communes pour lesquelles il y a des maximes toutes faites ; je souffre, je jouis, je sens à ma manière, et ce serait moy seule qu'il faudrait observer si l'on voulait influer sur mon bonheur[2].» La paternelle sollicitude de Récamier sonne juste, mais sa clairvoyance ne peut que confirmer Juliette dans son isolement intérieur.

Un ami neufchâtelois de Mme de Staël, Gaudot, qui visite fréquemment Coppet, est témoin de ce que la gaieté et l'urbanité de Juliette ne sont que des masques : «Le premier jour, je ne lui ai dit que des bienséances ; le second, nous avons passé deux heures au piano, où elle m'a chanté tout ce que je lui ai demandé, et sur le balcon à causer d'abord musique et ensuite bonheur. Elle n'a jamais été heureuse, elle croit qu'elle ne le sera jamais[3]...»

Elle exagère sans doute un peu, la belle Juliette, à moins que le mot bonheur ne lui apparaisse maintenant chargé d'un sens qu'il n'avait pas jusqu'alors... Que peut-il signifier pour elle, lorsqu'elle s'entretient, sur le balcon, avec l'excellent Gaudot ? Un état, une circonstance ? Une impalpable alchimie, qui lui échappe toujours, à quoi elle se sent réfractaire ? Elle est «jeune comme à vingt ans», lui écrit Pulchérie de Valence, elle est la beauté personnifiée, elle a tous les talents, toute la finesse d'une femme accomplie, elle est célèbre, elle est recherchée, aimée de ses amis, de sa famille, ses rapports avec le monde sont colorés de cette harmonie qui, depuis qu'elle en est maîtresse, émane d'elle, elle a été riche et fêtée comme rarement femme le fut... Alors quoi ? Le bonheur ce pourrait être ce qu'elle n'est pas, ce qu'elle n'a pas... Peut-être ressent-elle, simplement, que le bonheur c'est l'unique chose qui lui manque : être deux.

Longtemps, elle s'est suffi d'elle-même. Son narcissisme emplissait son existence. Puis elle a appris à travers la présence et l'exemple de Mathieu qu'elle se devait aux autres, qu'il y avait une joie profonde à donner, à aider, à secourir. Mais depuis la disparition de sa mère, Juliette est désorientée. Elle a, sans doute, réfléchi à ce qu'avait jusque-là été sa vie : privilégiée mais incomplète. Elle mesure ce que doit être, ce que peut être un lien durable, un couple. Au fond, elle s'est laissé beaucoup courtiser, mais jamais, elle n'a

---

1. Ms. B.N. N.A.F. 14073.
2. Ms. B.N. N.A.F. 14105.
3. *In* P. Godet, *Histoire de la littérature suisse française*, reproduit par E. Herriot, p. 120.

aimé. Peut-être Pignatelli l'a-t-il émue… Mais c'était sans espoir… La rumeur dit qu'il lui aurait proposé de l'épouser… Elzéar de Sabran, qui est à ses côtés, à Coppet, aussi… Qu'est-ce à dire, si ce n'est que désormais elle se sentirait disponible, épousable…

Mme de Staël, pour la distraire, l'emmène voir la mer de Glace.

> Arrivées à une certaine hauteur, harassées de lassitude, les épaules et les bras brûlés de coups de soleil [nous sommes dans les derniers jours de juillet!], dont les étoffes légères de leurs vêtements n'avaient su les préserver, Mme de Staël et Mme Récamier déclarèrent qu'elles n'iraient pas plus loin. Le guide vantait le spectacle magique que présente la mer de Glace, il engageait à surmonter la fatigue : «Mon cher, lui répondit Mme de Staël, vous me le demanderiez dans toutes les langues de l'Europe que je n'irais pas[1].»

On regagna donc Chamouny, comme on disait alors, et l'on revint, contents tout de même de cette imprudente, mais rituelle «visite aux glaciers…»

Au retour, Mme de Staël trouve soudain la chaleur de Coppet intolérable, et elle décide de transporter tout son monde au pied de Lausanne, sur le bord du lac, dans une résidence appelée Le Petit Ouchy. Quand on a Coppet, ses vastes appartements, son armée de serviteurs pourvoyant aux dîners qui ne sont jamais de moins de trente couverts – une famille nombreuse, des hôtes, des visiteurs de passage, sans compter les amis genevois, comme Sismondi ou Lullin de Châteauvieux, qui viennent en voisins, – quelle idée d'aller se confiner subitement dans le charmant mais minuscule Ouchy!

Il se passait que Benjamin s'était sauvé, profitant de l'excursion aux glaciers! Il ne voulait pas quitter Lausanne, bien à l'abri dans sa tribu – sa tante, Mme de Nassau, et sa cousine Rosalie de Constant qui était prête à se battre pour le soustraire aux assauts du vampire… Le vampire possède un atout infaillible pour regagner Benjamin : lui proposer un rôle dans une pièce qu'on va monter, toutes affaires cessantes, canicule ou pas… Elle projette *Andromaque*, il sera Pyrrhus. Qu'en dit-il? Évidemment, il dit oui.

Le samedi 22 août, la première représentation a lieu, devant un public de Lausannois abasourdis de voir ce couple déjà si turbulent – pour ne pas dire scandaleux – à la ville, s'entre-déchirer à belles dents, sur la scène, par tragédie de Racine interposée!… Mme de Staël en Hermione fait à Benjamin l'effet «d'un vieux procureur avec des cheveux entortillés de serpents et demandant l'exécution d'un contrat en alexandrins!» Avec quelle hargne et quelle secrète jubilation, il lui lance publiquement :

> *J'épouse une Troyenne; oui, madame : et j'avoue*
> *Que je vous ai promis la foi que je lui voue…*

---

1. Mme Lenormant, *Coppet et Weimar, Mme de Staël et la grande-duchesse Louise*, Paris, Michel Lévy, 1862, p 107.

Avec quelle fureur, lourde de menace, elle lui répond :

Je t'aimais inconstant, qu'aurai-je fait fidèle ?
Et même en ce moment où ta bouche cruelle
Vient si tranquillement m'annoncer le trépas,
Ingrat, je doute encore si je ne t'aime pas...

La tragédie, à moins que ce ne soit le psychodrame qui la double implicitement, remporte un indiscutable succès.

Après quoi, Mme de Staël et sa cour, Benjamin compris, regagnent Coppet. Et là, se prenant encore pour les personnages qu'ils viennent d'interpréter, surexcités, implacables, les deux amants se livrent à une scène grandiose. Du Racine à domicile : Benjamin lui demande, une fois pour toutes, ou de l'épouser, ou de le laisser partir. Germaine réplique en réclamant ses enfants et leur précepteur. Elle déclare, alors, avec une emphase inimitable :

— Voici l'homme qui me met entre le désespoir et la nécessité de compromettre votre existence et votre fortune !

Benjamin surenchérit :

— Regardez-moi comme le dernier des hommes si j'épouse jamais votre mère !

Leur mère tente de s'étouffer avec son mouchoir ! Benjamin intervient et s'attendrit. Elle a gagné. Rideau, pour cette nuit du moins.

*
* *

L'ambiance n'est pas de tout repos... Les scènes paroxystiques sont monnaie courante, l'enflure verbale, les tentatives de suicide, aussi. Elles sont généralement suivies de trêves pendant lesquelles Benjamin ronge son frein, tandis que la châtelaine recourt à l'opium pour calmer ses nerfs. Le reste du temps, la vie est charmante, les horaires très souples et le niveau ordinaire de la conversation compense de très loin l'épuisante vulgarité de ces empoignades. Mme de Boigne qui s'y rendra en voisine à plusieurs reprises, un peu plus tard, nous a laissé une percutante synthèse, un témoignage très incisif de ce que pouvaient être les beaux jours de Coppet :

> La vie de Coppet était étrange. Elle paraissait aussi oisive que décousue, rien n'y était réglé, personne ne savait où on devait se trouver, se tenir, se réunir. Il n'y avait de lieu attribué spécialement à aucune heure de la journée. Toutes les chambres des uns et des autres étaient ouvertes.
>
> Là où la conversation prenait on plantait ses tentes et on y restait des heures, des journées, sans qu'aucune des habitudes ordinaires de la vie intervînt pour l'interrompre. Causer semblait la première affaire de chacun. Cependant, presque toutes les personnes composant cette société avaient des occupations sérieuses, et le grand nombre d'ouvrages sortis de leurs plumes le prouve. Mme de Staël travaillait beaucoup, mais

lorsqu'elle n'avait rien de mieux à faire ; le plaisir social le plus futile l'emportait toujours. Elle aimait à jouer la comédie, à faire des courses, des promenades, à réunir du monde, à en aller chercher, et avant tout, à causer.

Elle n'avait pas d'établissement pour écrire, une petite écritoire de maroquin vert qu'elle mettait sur ses genoux et qu'elle promenait de chambre en chambre, contenait à la fois ses ouvrages et sa correspondance. Souvent même celle-ci se faisait entourée de plusieurs personnes ; en un mot, la seule chose qu'elle redoutât c'était la solitude, et le fléau de sa vie a été l'ennui. Il est étonnant combien les plus puissants génies sont sujets à cette impression et à quel point elle les domine. Mme de Staël, lord Byron, M. de Chateaubriand en sont des exemples frappants, et c'est surtout pour échapper à l'ennui qu'ils ont gâté leur vie et qu'ils auraient voulu bouleverser le monde.

Les enfants de Mme de Staël s'élevaient au milieu de ces étranges habitudes, auxquelles ils semblaient prendre part. Il faut bien cependant qu'ils eussent des heures de retraite, car ce n'est pas avec ce désordre qu'on apprend tout ce qu'ils savaient, plusieurs langues, la musique, le dessin et qu'on acquiert une connaissance approfondie des littératures de toute l'Europe.

Au reste, ils ne faisaient que ce qui était dans leurs goûts. Ceux d'Albertine étaient très solides, elle s'occupait principalement de métaphysique, de religion et de littérature allemande et anglaise, très peu de musique, point de dessin. Quant à une aiguille, je ne pense pas qu'il s'en fût trouvé une dans tout le château de Coppet. Auguste, moins distingué que sa sœur, ajoutait à ses occupations littéraires un talent de musique extrêmement remarquable. Albert, que Mme de Staël avait elle-même qualifié de lovelace d'auberge, dessinait très bien, mais il faisait tache, dans le monde où il vivait, par son incapacité. Il a été tué en duel, en Suède, en 1813.

Mme de Staël jugeait ses enfants de la hauteur de son esprit et toute sa prédilection était pour Albertine. Celle-ci conservait beaucoup de naïveté et de simplicité malgré les expressions qu'elle employait dans son enfance. Je me rappelle qu'ayant été grondée par sa mère, ce qui n'arrivait guère, on la trouva tout en larmes.

— Qu'avez-vous donc, Albertine ?

— Hélas ! on me croit heureuse, et j'ai des abîmes dans le cœur.

Elle avait onze ans, mais elle parlait ce que j'appelais Coppet. Ces exagérations y étaient tellement la langue du pays que lorsqu'on s'y trouvait on l'adoptait. Il m'est souvent arrivé en partant de chercher le fond de toutes les belles choses dont j'avais été séduite pendant tant d'heures et de m'avouer à moi-même, en y réfléchissant, que cela n'avait pas trop le sens commun. Mais, il faut en convenir, Mme de Staël était celle qui se livrait le moins à ce pathos. Quand elle devenait inintelligible, c'était dans des moments d'inspiration si vraie qu'elle entraînait son auditoire et qu'on se sentait la comprendre. Habituellement son discours était simple, clair et éminemment raisonnable, au moins dans l'expression.

C'est à Coppet qu'a pris naissance l'abus du mot talent devenu si usuel dans la coterie doctrinaire. Tout le monde y était occupé de son talent et même un peu de celui des autres. «Ceci n'est pas dans la nature de votre talent. – Ceci répond à mon talent. – Vous devriez y consacrer votre talent. – J'y essaierai mon talent, etc. », étaient des phrases qui se retrouvaient vingt fois par heure dans la conversation[1].

Le parler Coppet... Juliette, elle-même, la douce, la judicieuse Juliette, va le subir, et pour peu de temps elle entrera dans le monde facile de l'illusion et de l'exagération...

Un prince peut en cacher un autre...

Le 11 août, Benjamin note l'arrivée, dans le cercle de Mme de Staël, du prince Auguste de Prusse, le dernier des neveux du grand Frédéric, fils du prince Ferdinand et frère de ce prince Louis, tué à Saalfeld, prestigieux prisonnier sur parole de Napoléon, auquel le traité de Tilsit, signé le 8 juillet précédent, avait rendu sa liberté de mouvement.

En fait, le prince Auguste, s'il est jeune et brave, s'il possède une prestance certaine, une âme droite et sincèrement patriote, est essentiellement un militaire formé à la prussienne, sans aucun esprit de finesse, bien qu'il ne soit pas exempt de chaleur humaine et, pour peu qu'on le froisse, d'une susceptibilité de réaction qui frise l'hystérie. Il est autoritaire, assez borné et habitué à ce que les dames ne lui résistent pas. Il sort d'une liaison avec Delphine de Custine et, au grand scandale de sa famille, il entretient, à Berlin, une jolie personne dont il a déjà deux enfants.

Mme de Staël, que ses antécédents paternels et ses goûts prédisposent à beaucoup de sympathie pour le monde germanique, l'aime bien. Elle est en bons termes avec les cours du Nord qui l'ont reçue agréablement et très flattée de compter parmi ses hôtes ce Hohenzollern, authentique descendant des princes électeurs de Brandebourg, qui ne manque ni d'allure ni de séduction. Parmi les aides de camp du prince, il en est un, son contemporain, et que nul encore ne remarque : Karl von Clausewitz...

Corinne, qui a autant d'imagination qu'elle a d'esprit, a construit un scénario qui l'enchante : elle croit avoir déniché le prétendant idéal pour sa chère Juliette. Elle n'ignore rien des désenchantements de « son ange », qu'elle souhaiterait voir enfin heureuse... Elle, qui vit dans les fièvres et les angoisses passionnelles, n'est sans doute pas sans admirer la chasteté forcée de Juliette, mais aussi elle aimerait y mettre un terme. En un mot, elle va tout faire pour que se déclenche entre le prince et la Belle une idylle qui, si possible, se prolonge efficacement : Mme de Staël veut marier Mme Récamier, sur son territoire et selon ses goûts. Pourquoi pas ? L'idée n'est pas mauvaise. Mieux même, elle vient à point.

Mme Lenormant et Chateaubriand sont étonnamment brefs sur cet épisode de la vie de Juliette. Le second, du moins, avoue ses rai-

---

1. *Op. cit.,* I, p. 254 à 256.

sons : il se sent exclu. «Je parcours des lettres qui me rappellent des jours heureux où je n'étais pour rien. Il fut du bonheur sans moi, des enchantements étrangers à mon existence aux rivages de Coppet que je ne vois pas sans un injuste et secret sentiment d'envie[1].»

Ce que voit le noble vicomte, c'est l'élan violent, l'intense et réciproque vibration qui, pour la première fois, va animer la vie affective de Juliette. Cet emportement, chez elle, ne résistera pas à la réalité qu'elle retrouvera à Paris, au sortir de cette fin d'été enchanteresse. Néanmoins il a eu lieu. Il laissera dans le cœur du prince Auguste de brûlantes, de durables traces.

Mme de Genlis, sous la Restauration, aura l'idée de faire parler Juliette sur le Coppet de cette année-là, sur ce coup de foudre entre un prince charmant venu du Nord et la belle Parisienne, sous l'aile protectrice de la plus spirituelle des femmes et que, pourtant, elle n'aimait guère, Mme de Staël : il y a là matière à roman historique, ce qu'elle ne se privera pas de faire… Cela dit, *Athénais – ou le château de Coppet*, remis à Juliette et publié avec l'accord de celle-ci au lendemain de la disparition de Mme de Genlis, comporte les séductions et les défauts du genre : charmante stylisation qui ne respecte pas la vérité historique. Jolie légende, mais fausse. Le premier à s'insurger sera le prince Auguste lui-même : dans une lettre à Juliette du 14 novembre 1832, il s'élève fermement contre la fausse allégation initiale, selon laquelle Juliette et lui se seraient connus avant Coppet. Nous n'avons pas de raison de ne pas le croire.

La vérité, c'est que Juliette, sur l'instigation de Mme de Staël, lui avait écrit pour renouveler, au nom de la baronne, une invitation à passer par Coppet[2].

Quoi qu'il en soit, lorsqu'il se présente, un mois plus tard, parmi la brillante petite colonie, il produit un effet formidable : «Combien les Allemands valent mieux que nous!» s'exclame Benjamin. La blanche Juliette ne dit rien : elle se laisse regarder et se montre plus que jamais gracieuse, gaie, séduisante. En deux jours, le prince Auguste est fou d'elle! Il est bien dommage que Benjamin navigue entre Lausanne, où il essaie de fortifier son âme douloureuse au contact des cercles piétistes, et Coppet, où ses apparitions provoquent les scènes et les tracasseries habituelles : quel témoin c'eût été des débuts de la romance entre Mme Récamier et son nouveau chevalier! Nous savons seulement qu'un jour, lors d'une promenade à cheval, celui-ci voulant parler en particulier avec Juliette se retourne vers Benjamin qui les accompagnait et lui dit, avec une délicatesse toute teutonne : «Monsieur de Constant, si vous faisiez un petit temps de galop?»

Dans la douceur généreuse de la vie de château, ponctuée de courses, de concerts, de promenades en bateau, de conversations

---

1. *M.O.T.,* 3ᵉ partie, 2ᵉ ép., livre septième 8, p. 339.
2. Mme de Staël, dans une lettre au prince Auguste, fait état d'une lettre de Juliette, à lui adressée, de «Moret [*sic*] après son affreuse chute…»

sous les riches ombrages du parc, l'idylle prend tournure : le prince Auguste est chaleureux, persuasif, et Juliette s'absorbe totalement dans cette inclination imprévue. Mme de Staël favorise le sentiment qui naît sous ses yeux et qui porte la marque de sa propre intensité.

Juliette s'éloigne quelques jours, au début du mois d'octobre. Elle regagne Paris, en passant par Lyon, où elle séjourne peu – assez toutefois pour s'entretenir avec Camille Jordan – et revient à Coppet, dans une disposition intérieure bien différente de celle qui était la sienne au mois de juillet. Que s'est-il passé à Paris ? A-t-elle vu Récamier ? Lui a-t-elle parlé de ce battement de cœur puissant qui changeait sa vie et qui, peut-être, pourrait, s'il y consentait, changer leur avenir ? Nous l'ignorons.

Mais, manifestement, il se produit quelque chose de sérieux entre le prince Auguste et elle. Il lui écrira, dans moins d'un mois : « Vous ne refuseriez sûrement pas ce sentiment [l'amour] à un home qui vous en a doné la plus grande preuve et qui veut vous consacrer sa vie[1]... » Cette plus grande preuve est ambiguë. Qu'est-ce à dire ? La retenue ou... l'inverse ? De la part d'Auguste, brutal, impérieux, sûr de lui, décidé à tout prix à la conquérir – Chateaubriand, rétrospectivement, ne s'y trompait pas – on pencherait plutôt pour la retenue, l'effort pour se dominer... En tout cas, le flirt dut être poussé assez loin. Cela, non plus, n'était jamais arrivé à Juliette !

Ils ont, l'un et l'autre, la tête assez tournée pour échanger des serments écrits et se promettre mutuellement de s'épouser – quand ils le pourront – ce qui dans le feu de l'action et dans l'atmosphère magique de Coppet semblait tout simple :
Serment du prince Auguste :

> Je jure par l'honneur et par l'amour de conserver dans toute sa pureté le sentiment qui m'attache à Juliette Récamier, de faire toutes les démarches autorisées par le devoir pour me lier à elle par les liens du mariage et de ne posséder aucune femme tant que j'aurai l'espérance d'unir ma destinée à la sienne.

> Auguste, prince de Prusse.

Serment de Mme Récamier :

> Je jure sur le salut de mon âme de conserver dans toute sa pureté le sentiment qui m'attache au P.A. de Pr. ; de faire tout ce que permet l'honneur pour faire rompre mon mariage, de n'avoir d'amour ni de coquetterie pour aucun autre homme, de le revoir le plutôt possible et quel que soit l'avenir de confier ma destinée à son honneur et à son amour.

> J. R.
> Coppet, le 28 octobre 1807.

---

1. Ms. B.N., N.A.F. 14073.

Pour la première fois, et non sans difficulté, Juliette avait accepté de monter, elle aussi, sur les planches. Le 27 octobre, elle paraît dans *Phèdre*, qu'on joue dans la galerie du château pleine à craquer et où, drapée de voiles blancs, elle interprète le rôle de la douce Aricie. Les nombreux invités applaudissent chaleureusement à ces vers qui, dans sa bouche, prennent un sens nouveau :

> *Partez, prince, et suivez vos généreux desseins :*
> *Rendez de mon pouvoir Athènes tributaire.*
> *J'accepte tous les dons que vous voulez me faire.*
> *Mais cet empire enfin si grand, si glorieux,*
> *N'est pas de vos présents le plus cher à mes yeux.*

Benjamin note : «Le prince Auguste voyait en quelque sorte son amour sanctionné par cette foule d'élite et le sentait redoubler.» Selon lui, il aurait été accueilli *chez* Juliette, fait nouveau, après la représentation, et la promesse de mariage aurait été obtenue cette nuit-là...

Quels moments intenses pour Juliette ! Au printemps, déjà, elle avait pu rêver au chevet de son ami tuberculeux que peut-être elle deviendrait princesse Pignatelli... Et maintenant, protégée «par l'honneur et l'amour» du premier homme qui l'ait fait vibrer et qui, à tant de points de vue, lui paraît digne d'elle, elle peut espérer devenir princesse de Prusse ! Un rang comparable à celui de son héroïne romanesque préférée, la princesse de Clèves. Et amoureuse, en plus ! Car quelque chose en elle a cédé, s'est enfin abandonné. Ces serments lui ouvrent un prestigieux destin...

Juliette est radieuse. Elle porte à son poignet un bracelet en or en forme de chaîne, auquel est attaché un cœur orné d'un rubis, cadeau du prince. À l'intérieur du ravissant bijou, comme un secret, une mèche blonde.

Après l'échange des serments, le prince Auguste et Mme Récamier s'étaient séparés. «Tout départ est triste», écrit sèchement Benjamin, qui s'y connaît. Chacun rentrait chez soi. Juliette à Paris, Auguste à Berlin, Corinne se préparait à partir pour Vienne, où elle comptait passer l'hiver. Benjamin demeurait à Lausanne, en attendant de rejoindre Charlotte à Besançon. Le château enchanté refermait ses portes. Peut-être attendait-il le retour de la blanche Juliette... Peut-être conservait-il, dans le silence de ses espaces déserts, l'écho de ses rires et de son éphémère bonheur...

La rupture

Quel retour ! À peine arrivée, Juliette reçoit un flot de lettres, brûlantes de passion et de sincérité malgré leur écriture quelque peu convenue et leur numérotation inflexible, à laquelle elle doit correspondre avec exactitude, sous réserve de se faire rappeler à l'ordre.

Évidemment, la réalité reprend ses droits, la vision se décolore en changeant d'angle : ce qui apparaissait si aisé à Coppet devient singulièrement complexe à Paris. Hors du délire collectif, hors de l'enchantement qui facilitait tout, le problème prend de nouvelles proportions. Juliette s'en rend compte, d'autant plus facilement qu'Auguste persiste, opiniâtrement, dans son engagement. Et plus il attend d'elle qu'elle en fasse autant, plus Juliette réfléchit et faiblit.

Sa situation est la suivante : quitter son monde, sa société, ses amis, ses habitudes, sa religion, M. Récamier, pour aller s'enterrer à Berlin, dans cette cour qui, vue de Paris, fait figure de petite coterie provinciale, où Dieu seul sait si on l'acceptera ! Roturière, peut-elle épouser un prince de sang royal, intimement lié à une maison régnante ? Les Hohenzollern n'ont pas la réputation d'être des plaisantins sur ces questions... Divorcée, elle doit abandonner sa religion et comme son prince se faire protestante. Divorcée, c'est vite dit... À supposer que M. Récamier, qui ne lui a jamais rien refusé, accepte, le quitterait-elle, publiquement, maintenant qu'il est ruiné ? Et qu'irait-elle faire à Berlin ? Des marais glacés, un pays démantelé, sous occupation française, une société rigide, crispée dans la défaite, pour laquelle elle serait l'ennemie ! Et le prince Auguste lui-même, si intransigeant, si éloigné de la douce compréhension que lui témoignent ses amis français, saurait-il l'entourer, la protéger, l'imposer ?

Juliette est bien ennuyée. Auguste piaffe :

> Mais sacrifier un home qui vous adore, qui veut vous consacrer toute sa vie et qui vous a déjà doné la plus grande preuve de son amour, à l'idée de causer peut-être quelques moments désagréables à une personne que vous n'aimez point, à laquelle vous ne serez liée qu'aussi longtemps que vous le voudrez et qui vous a fait perdre déjà 12 des plus belles années de la vie, ce serait une cruauté dont je ne puis vous croire capable. Elle serait d'autant plus grande que par vos sentiments et votre manière d'agir vous avez fait ce qui peut inspirer et justifier un amour passionné [1].

Il lui avoue :

> Ma constance me rend presque malade [2]...

Il insiste :

> Je sens bien, ma chère Juliette, qu'il ne dépend pas de vous seule de rompre certains liens ; mais vous-même n'étiez-vous pas entièrement persuadée que M. R[écamier] ne s'y opposerait pas, vous l'ayant déjà proposé deux fois ! Est-il croyable, les circonstances étant restées les mêmes qu'un homme de son âge puisse changer aussi complètement d'opinion [3] ?

---

1. 2. 3. Ms. B.N., N.A.F. 14073.

Là, nous dressons l'oreille ! Nous avons toutes les raisons de penser que le prince Auguste est incapable de mentir : Juliette croyait se libérer facilement du lien qui l'unissait à M. Récamier. Et non seulement elle savait qu'il ne s'y opposerait pas, mais encore, de l'aveu même du prince Auguste, il avait à deux reprises proposé à Juliette de divorcer. Cela dément complètement la version Lenormant qui, au contraire, bien gênée qu'elle est par toute cette histoire, nous dit que son oncle pour refuser le divorce à Juliette aurait évoqué les fameuses «susceptibilités et répugnances» qu'il aurait dû respecter… Non. Récamier n'a rien exprimé de semblable. Ce n'était d'ailleurs pas dans sa manière, ni avec Juliette ni avec quiconque. Le refus de tenir son engagement envers le prince Auguste vient de la seule Juliette. M. Récamier n'était pas un obstacle actif. C'est elle qui se ravise. C'est elle qui comprend à quoi elle s'exposerait en quittant ostensiblement un homme qui lui avait offert tout ce qu'il était en son pouvoir de lui offrir. Un homme auquel l'attachait son devoir filial. Et Juliette n'était pas femme à mépriser ses devoirs.

Le 7 janvier 1808, nouvelle argumentation de son prétendant :

> […] Vous dites que la barrière est à jamais posée entre le bonheur et vous, et je sais cependant par les lettres de M. R[écamier] et par vos propres aveux, qu'il ne dépend que de vous de rompre des liens qui font votre malheur. Si vous vouliez me sacrifier à des devoirs réels, j'admirerais moi-même ce qui ferait le tourment de ma vie. Mais sacrifier le bonheur d'un homme qui vous aime éperdument et qui ne vous paraissait guère indifférent à des caprices et à des préjugés de convenance, cela ne suppose pas de la force d'âme ; il ne faut que de l'indifférence ou une coupable légèreté. Lorsque nous nous promenions sur le lac de G[enève] et que nous prenions Dieu et la belle nature qui nous environait pour témoins de notre serment d'*être pour toujours l'un à l'autre quel que fût l'avenir*, je me fiais entièrement à votre promesse. Quelle folie de croire aux serments d'une femme ! Ce sont de ces préjugés dont j'aurais dû me guérir en France[1].

De lettre en lettre, désormais, le prince Auguste se plaint de Juliette, de sa froideur, de ses préjugés, de l'absence de Mme de Staël et de la cousine de Juliette, la baronne de Dalmassy, en qui il sentait des alliées, qui n'aimaient guère M. Récamier et dont l'influence et les conseils en faveur du divorce lui étaient bénéfiques.

Au mois de mars, Juliette lui annonce, comme une sorte de dédommagement, qu'elle lui envoie son portrait par Gérard. Le cadeau est somptueux. Il est parlant aussi. Elle sait qu'elle n'offrira jamais au prince Auguste l'original, mais sa copie. Ce simulacre dont il doit se suffire, est ce qui lui reste pourtant de plus précieux, le symbole de ses années fortunées. Le prince lui en est très reconnaissant. Jamais, il ne se séparera de ce chef-d'œuvre que le Tout-Paris

---

1. Ms. B.N., N.A.F. 14073.

avait contemplé, et qu'il accrochera dans son bureau. Il le fera restituer, après sa mort, à sa première propriétaire.

Peu après, il reçoit une lettre de Juliette qui le foudroie, une lettre
«qui détruit toutes ses illusions» et le libère de son serment envers
elle! Juliette atténue cette rupture en proposant une rencontre, l'été
suivant, soit en Suisse, soit en Italie. La réponse d'Auguste est dure :

> Les préjugés de votre pays s'opposent à votre bonheur, pourquoi ne
> pas les quitter? *Êtes-vous si heureuse? Pouvez-vous espérer de le deve-*
> *nir?* J'ai été pendant presque une année dans votre pays, j'ai vu la capi-
> tale et les provinces et je n'ai pas rencontré un homme qui devrait pou-
> voir vous plaire. Vous-même aviez cette opinion. Quel avenir vous
> préparez-vous?
> [...] Les jouissances de l'amour-propre durent peu [...] vous éprou-
> viez un vide dans votre cœur qu'elles ne pouvaient pas remplir[1]...

Jamais, il n'a brillé par sa délicatesse. Faire envisager à une jolie
femme le malheur, la vieillesse et la solitude qui l'attendent n'est pas
spécialement élégant, même si c'est de bonne guerre... Blessé, le
prince charmant devient un tigre. L'effort qu'il a fait depuis six mois
pour être fidèle à sa belle, il ne s'en est pas caché, a été héroïque.
Aujourd'hui, il explose! Sa déception est totale, sans nuances, et sa
passion n'est pas loin de ressembler à de la détestation.

Et pourtant le prince Auguste ne sait pas l'essentiel! Il évoquait,
au fil de ses lettres, les malaises et les évanouissements auxquels
était sujette Juliette tout cet hiver... Ses nerfs ont fini par craquer;
culpabilité envers M. Récamier, envers le prince, envers elle-même,
Juliette se sent accablée, incapable de se sortir de l'impasse dans
laquelle elle s'est – un peu légèrement, avouons-le – fourvoyée.
Mme de Staël n'est plus là pour apaiser d'une parole sans réplique
ses scrupules. Cette folle inclination, si elle fut exquise, lui fait peur.
Ce qu'Auguste lui répète, elle le sait pertinemment. Le bonheur lui
est peut-être interdit. À quoi sert cette existence vide et vaine?
Juliette est découragée : elle se décide à l'irréparable, elle tente de se
suicider.

Il semble que son cousin Brillat-Savarin l'en empêcha, la sauva
et recueillit de sa main les pilules d'opium qu'elle n'avait pas encore
avalées. Il conserva aussi le billet d'adieu laissé à l'intention de
M. Récamier et que Mme Lenormant fit acheter, le 30 juin 1884, lors
d'une vente d'autographes. Voilà ce que dit – à une date que nous
ignorons – le petit papier bleu pâle, délavé, plié en quatre et qu'em-
plit à peine la minuscule écriture de Juliette :

> Résolue à quitter la vie, je veux vous dire que je conserverai jusqu'au
> dernier battement de mon cœur le souvenir de vos bontés et le regret de
> n'avoir pas été pour vous tout ce que je devais. Je compte sur cet[te]
> amitié dont vous m'avez donné tant de preuves pour accomplir mes

---

1. Ms. B.N., N.A.F. 14073, lettre du 22 mars 1808.

derniers vœux. Je désire que ma mort ne rompe pas les liens qui vous attachaient à mes parents et que vous leur soyez utile autant que vous le pourez. Je vous recommande Delphine, j'ai promis à sa mère de veiller sur son bonheur – en vous la confiant elle n'aura rien perdu. Quelques amis ont contribué avec moi à un établissement d'orphelines. Je désire que vous fassiez autant que vous le pourez pour cet établissement. Je vous recommande les personnes qui m'ont été attachées. Je vous laisse la pensée consolante que je vous ai dû tout le bonheur que j'ai trouvé dans cette vie[1].

Juliette RÉCAMIER.

Ainsi se termine la romance avec le prince de Prusse. Ainsi dégénèrent les enchantements de Coppet et un attachement qui se voulait éternel... La correspondance continuera entre les deux héros de cette historiette assez classique : il se plaindra, la traitera de «perfide», de «cruelle», elle l'apaisera en lui envoyant, à la date anniversaire de leurs serments, un anneau sur lequel elle avait fait graver : «Je le reverrai.» Ils se reverront, plus tard. Les rôles seront inversés, le Prussien sera, cette fois, un officier vainqueur occupant Paris. Ils demeureront, longtemps encore, de vieux, de lointains mais fidèles amis. Le prince, sous la Restauration, demandera à Mme Récamier de lui trouver une gouvernante pour ses filles. Lorsque celles-ci seront devenues des femmes, Juliette les recevra à l'Abbaye-aux-Bois. Et le temps passera. Ni l'un ni l'autre, ils n'oublieront cet été-là, les charmants enivrements du bord du lac, non plus que leur fièvre qui s'assortissait de projets illusoires et qu'ils prirent pour de la passion.

Cette idylle, Napoléon la résumera ainsi, à Sainte-Hélène, avec sa concision habituelle, sa cruauté sèche et cependant si juste :

> Touché d'une vive passion, le prince, malgré les obstacles que lui opposait son rang, conçut la pensée d'épouser l'amie de Mme de Staël et le confia à celle-ci, dont l'imagination poétique saisit avidement un projet qui pouvait répandre sur Coppet un éclat romanesque. Bien que le prince fût rappelé à Berlin, l'absence n'altéra point ses sentiments : il n'en poursuivit pas moins avec ardeur son projet favori ; mais, soit préjugé catholique contre le divorce, soit générosité naturelle, Mme Récamier se refusa constamment à cette élévation inattendue[2].

Mme de Staël « offensée et offensive »...

Cette crise sentimentale, advenue après un double deuil – celui de Mme Bernard et celui du prince Pignatelli – agit sur Juliette comme une catharsis. Sa trentième année a été sombre, mouvementée, déchirée d'éclairs amoureux et de tourmente dépressive. Elle se reprend et en sort fortifiée : Mme Récamier elle est, Mme Récamier

---

1. Ms. B.N., N.A.F. 14087.
2. *Mémorial, op. cit.,* ch. II, pp. 347-348.

elle restera. Il lui apparaît préférable de demeurer à sa place, dans son monde, parmi les siens. Mieux vaut un mariage blanc, mais bien établi, qu'un mariage morganatique en territoire inconnu. Elle considère que le présent pour incomplet qu'il soit est préférable à l'incertitude mirifique d'un futur qui l'angoisse. D'autant que Juliette a gagné en aisance, en chaleur humaine : les assiduités de son prince-soldat l'ont émue et ont brisé ce carcan de froideur dans lequel – peur ou méconnaissance – elle se maintenait depuis tant d'années. Elle va se montrer désormais plus attractive encore, plus réceptive envers ses adorateurs.

Elle se sait particulièrement surveillée par la police impériale, depuis qu'elle a séjourné à Coppet, dans lequel l'Empereur ne voit qu'un nid de comploteurs contre son pouvoir. Il déclare hautement dans le salon de Joséphine «qu'il regarderait comme son ennemi personnel» tout étranger qui fréquenterait le salon de Mme Récamier. Le grand-duc héréditaire Georges de Mecklembourg-Strelitz, frère de la reine Louise de Prusse, arrivant à Paris, en cet hiver 1807-1808, en fait les frais, de façon plaisante, comme en témoigne cette anecdote que rapporte Mme Lenormant :

> Ce fut à un bal de l'Opéra qu'il rencontra pour la première fois Mme Récamier qu'il avait une vive curiosité de connaître : après avoir causé avec elle toute une soirée, il lui demanda la permission de la voir chez elle ; mais avertie de la défaveur que valait la fréquentation de son salon aux étrangers, princes souverains ou autres, venus à Paris pour faire leur cour au vainqueur de l'Europe, elle lui répondit que, profondément honorée du désir qu'il voulait bien lui exprimer, elle croyait devoir s'y refuser, et elle lui donna les motifs de ce refus ; il insista et écrivit pour obtenir la faveur d'être admis. Touchée et flattée de cette insistance, Mme Récamier lui indiqua un rendez-vous un soir où sa porte n'était ouverte qu'à ses plus intimes amis. Le prince arrive à l'heure indiquée, laisse sa voiture dans la rue à quelque distance de la maison et, voyant la porte de l'avenue ouverte, s'y glisse sans rien dire au concierge et avec l'espérance de n'en être pas aperçu. Mais le portier avait vu un homme s'introduire dans l'avenue et marcher rapidement vers la maison : « Hé ! monsieur, lui crie-t-il, monsieur, où allez-vous ? Qui demandez-vous ? Que cherchez-vous ? » Le grand-duc, au lieu de répondre, hâte sa course et entend les pas du portier qui le poursuit se rapprocher de lui ; il se met à courir et confirme ainsi le concierge dans la pensée qu'il a affaire à un malfaiteur. Le prince et le vigilant gardien arrivent en même temps dans l'antichambre qui précédait le salon au rez-de-chaussée habité par Mme Récamier ; elle entend un bruit de voix et des menaces, elle veut savoir la cause de ce trouble et trouve le grand-duc de Mecklembourg pris au collet par ce serviteur trop fidèle aux mains duquel il se débattait. Elle renvoya le portier à sa loge et reçut le prince avec beaucoup de reconnaissance et de gaieté.
>
> Au bout de quelques instants, la température étant douce et le clair de lune superbe, elle lui proposa de faire quelques pas dans le jardin devant les fenêtres ouvertes du salon ; comme ils causaient là de la situation de l'Europe, de l'état de l'Allemagne, de la position

particulière du prince et de sa sœur la belle reine de Prusse, on introduisit quelqu'un dans le salon, et à travers les fenêtres éclairées
parut la silhouette d'une figure d'homme. Mme Récamier, ne
sachant qui ce pouvait être, laissa le grand-duc dans le jardin et
s'avança dans le salon pour recevoir et congédier ce visiteur inattendu : c'était Mathieu de Montmorency. «Est-ce que vous êtes
seule, madame ? dit-il à sa belle amie, et ses regards restaient fixés
sur le chapeau du prince oublié sur la table. Mais oui, répondit-
elle.» Puis éclatant de rire, elle lui conta l'aventure du grand-duc et
la frayeur qu'elle avait eue en voyant arriver une visite, que la maladresse de ses gens n'eût laissé pénétrer quelqu'un dont l'indiscrétion ne trahît la visite du prince. M. de Montmorency alla chercher
le grand-duc de Mecklembourg, et la soirée s'acheva très agréablement et très paisiblement[1].

Succédant au comte Palfy, le prince Sapieha occupe la presque
totalité de l'hôtel de la rue du Mont-Blanc qui va bientôt être vendu
au banquier Mosselmann : les étrangers ne manquent pas dans la
mouvance du noble Polonais. Ils se font un devoir de visiter sa jolie
voisine. Le prince Paul Esterhazy, secrétaire de l'ambassade
d'Autriche est, paraît-il, un assidu de Juliette. De Vienne, Mme de
Staël s'en fera l'écho :

> Le prince Paul Esterhazy m'a dit qu'il était chez vous tous les soirs
> pendant son séjour à Paris. Ce prince m'a confié qu'il était fort amou-
> reux de vous et qu'il vous trouvait la plus aimable personne du monde.
> N'êtes-vous donc pas heureuse de pouvoir à votre gré inspirer un
> dévouement absolu à qui vous a vue seulement quelques jours. Je vous
> l'ai souvent dit : je ne connais rien sur cette terre qui doive autant plaire
> à l'imagination et même à la sensibilité.

Mme de Staël, qui est venue dans la capitale autrichienne, à la
fois pour y placer son deuxième fils, Albert, dans une école militaire
et pour y compléter sa documentation du gros ouvrage auquel elle
pense (*De l'Allemagne*) depuis son premier voyage en pays germanique, se grise de bals et de fêtes : l'accueil qu'on lui fait – dans la
ville la plus opposée à Napoléon – compense mal son tourment et
son inquiétude au sujet de Benjamin :

> Benjamin vous dit que je suis mécontente de lui. Mon Dieu ! Je n'ai
> qu'une peine, mais elle est cruelle : c'est la crainte de ne pas être
> aimée. Si je croyais l'être, tous les malheurs de ma vie disparaî-
> traient. Mais ni lui, ni vous, ni personne ne me parlerez vrai sur cela,
> et je sens moi-même que je ne puis provoquer la vérité, tant elle me
> ferait mal si elle n'était pas ce que je souhaite. Je me suis étourdie cet
> hiver, tant que j'ai pu, mais étourdie comme une personne de dix-huit
> ans...

---

1. Lenormant, *op. cit.,* t. 1, pp. 85-87.

Elle s'en remet à Juliette :

> Voyez Benjamin, voyez-le souvent. Vous avez plus de crédit sur lui que moi si vous lui parlez. Vous savez si bien faire valoir vos amis, et je vous devrai peut-être une vie. Il n'en est pas pour moi sans l'ami de toute ma jeunesse, et tous les succès et tous les hommages de la terre ne valent pas Coppet avec lui. J'essaye de me distraire parce qu'il est mal pour moi ; mais la blessure est au cœur, et, sans exagération, je puis dire que je mourrais s'il me quittait.

Si elle savait !

De nouvelles tempêtes se préparent aux rives de son beau lac : après avoir beaucoup travaillé à une indigeste tragédie intitulée *Wallenstein*, Benjamin se repose dans les bras de sa Charlotte, qu'il a épousée secrètement le 5 juin, à Brevans. Il essaie d'oublier qu'il va lui falloir affronter Mme de Staël, lorsqu'elle reviendra, et qu'un jour ou l'autre il faudra bien passer aux aveux...

Juliette, cet été, s'abstient d'aller à Coppet. Elle emménage, avec les pères nobles, dans une ravissante petite maison de style Louis XVI, a avec des glaces partout, construite sans doute par un fermier général pour une demoiselle de l'Opéra et sise au n° 32 rue Basse-du-Rempart, en contrebas du boulevard des Capucines, « ce qui justifiait son nom », nous dit Mme de Boigne : Juliette y vivra dix ans. M. Récamier tiendra ses bureaux dans la même rue, au n° 48.

Elle demeure fidèle à ses habitudes et à son style de vie, et le prince Auguste n'a pas tort lorsqu'il lui soumet cette réflexion : « Je crains que l'habitude de vivre dans le grand monde et d'y avoir des succès ne produise sur vous l'effet que La Rochefoucauld prétend que la cour a sur les courtisans : elle ne rend pas heureux mais empêche qu'on le soit ailleurs. »

C'est exactement ce que doit se dire Juliette.

Autant Mme de Staël est souveraine dans l'ordre de la pensée et de la création, autant elle est peu maîtresse des complications sentimentales au sein desquelles elle se débat : « Ma fille a besoin qu'on lui donne le premier mot, disait son père, mais elle veut toujours avoir le dernier et elle y réussit généralement. » En amour aussi. Elle sent obscurément qu'elle est perdante, que son partenaire la trompe, la fuit, mais elle est incapable de s'avouer vaincue, ni de désarmer. Elle se fait d'autant plus véhémente et possessive qu'elle sent qu'on lui échappe. Elle s'enferre dans un cercle vicieux, torture son monde de ses exigences et de ses contradictions, et s'épuise inutilement à souffrir et faire souffrir...

Benjamin louvoie. Il y est habitué et il a su devenir une sorte de champion de l'esquive, un maître de l'insaisissable. Il a l'art de la feinte : il connaît mieux que personne chacune des réactions de

Mme de Staël et, depuis son mariage qu'il n'a pas le courage d'avouer, il joue la carte de la soumission absolue… S'y trompe-t-elle ? Ou fait-elle semblant de s'y tromper ? Rien ne lui serait plus pénible que de perdre publiquement Benjamin, nous le savons… Elle compense en tentant de raccrocher le pauvre Prosper de Barante, ce à quoi Benjamin ne peut, évidemment, qu'applaudir des deux mains…

Prosper, une nature infiniment plus droite, plus ferme que Benjamin et combien lucide, lui aussi… Il n'aime plus guère Mme de Staël, mais il éprouve une manière de compassion pour cette tourmenteuse invétérée : il sait qu'elle souffre et en a pitié. Il sait aussi qu'il ne l'épousera pas, comme il en a été question un moment. Sa famille y a mis bon ordre. Et Corinne a dû s'incliner : ceux-là sont puissants et du côté de l'ennemi[1]. Force lui est d'accepter le nouvel éloignement de Prosper, nommé par l'Empereur sous-préfet dans les Deux-Sèvres. Là encore, elle est perdante.

Elle en ressent une espèce de désespoir. Mais au fond les aime-t-elle tant que cela ceux qu'elle essaie, en vain, de fixer dans son sillage ? Ne sont-ils pas, tout simplement, des alibis, indispensables à l'ordonnance de sa vie ? Cette vie qui lui est de plus en plus douloureuse, qui ressemble à une bataille perpétuelle et qu'elle ne conçoit pas sans une véritable cour qui l'apaise et la distrait… Ne sont-ils pas les masques successifs qu'elle oppose à son angoisse existentielle ? Benjamin a souvent eu la triste impression de n'être qu'un faire-valoir. Prosper se désole d'avoir laissé dévorer sa jeunesse par ce monstre de génie, mais monstre tout de même… L'infatigable agressivité amoureuse de Mme de Staël, sa terrible vitalité sont, peut-être, la rançon de son prodigieux talent, de son prodigieux tourment, et cela porte un nom : l'égoïsme.

À l'automne 1808, Benjamin, qui n'a pu retenir Prosper à Coppet, obtient tout de même de se replier à Genève, où il surveille la publication de sa tragédie, où, surtout, il continue de voir clandestinement Charlotte. Et Prosper, en partance pour Bressuire, s'arrête à Paris, un peu étourdi des assauts qu'il vient de subir…

Soudain, il prend conscience d'un fait nouveau : il est amoureux de Juliette ! Évidemment, quel contraste avec la terrifiante châtelaine de Coppet ! Juliette, la voilà la femme qui lui convient : quelle joliesse ! quelle douceur ! quelle qualité d'écoute et quelle compréhension, si nuancée, si féminine !… Il la connaît si bien, il a assisté à tant de choses de sa vie à elle… Et elle sait tout de son calvaire auprès de l'implacable amie… Elle a été, à plus d'une reprise, la confidente des deux parties, dans les fréquents conflits qui les opposaient. Combien de fois a-t-elle essayé de rendre un peu de calme à Mme de Staël… Combien de fois a-t-elle consolé Prosper…

---

1. Le père de Prosper, le baron Claude-Ignace de Barante, est alors préfet du Léman.

À Vincelles, à Meulan, Mme de Staël s'était inquiétée de l'ascendant que sa belle amie pourrait prendre sur Prosper. Elle l'avait mise en garde : « Ne le faites pas, Juliette ! » Ne faites rien pour séduire Prosper... Mais devant ce jeune homme sensible qui s'épanche au coin de son feu, devant cette âme souffrante qu'on dirait sortie d'un roman à la mode, devant cette netteté, aussi, de réaction – si proche de la sienne – Juliette est émue. Elle se rend compte qu'elle est une sorte de salut pour lui, un moyen de se guérir de l'emprise de Coppet, d'échapper à jamais à l'inflexible Corinne : elle est bien près « de le faire » et d'encourager ce qu'elle sent naître dans le cœur du charmant Prosper...

Le jeune sous-préfet quitte Paris, comme dans un rêve. Il ne cache pas ses sentiments : à peine installé dans son nouveau poste, il écrit :

> Allez, je défie tous les princes de la maison de Prusse en fait d'attachement sincère, de désirs réels pour l'avenir, et de soumission complette à un charme tel que je ne le soupçonnais pas [1].

Juliette lui répond « avec exactitude » mais d'un ton « d'obligeance un peu froide » qui le désole. La solitude et l'étude favorisent ses rêveries : il vient d'achever un *Tableau de la littérature française* au XVIIIe, dans lequel il n'a pas cru bon de placer Necker, ce qui lui vaudra quelques ennuis du côté de Coppet, on s'en doute, et il va bientôt travailler à rédiger les *Mémoires* de la marquise de La Rochejacquelein. Mais toute sa pensée est pour Paris, pour la belle personne qu'il y a laissée, et dont, à longueur de lettre, il analyse le comportement :

> [...] au reste, il est impossible de dire avec plus de grâce : « Si j'étais une personne d'esprit », mais je trouve cela un peu orgueilleux. Au fond, cela veut dire : je plais sans me donner de peine [2]...

Soit qu'on l'en ait informée, soit qu'elle l'ait decelé à travers les lettres qu'elle reçoit d'eux, Mme de Staël soupçonne bientôt ce qui se passe entre Juliette et Prosper. Sa réaction est étonnante : pour la première fois, elle se tait. Son silence envers Juliette va durer trois mois.

Peut-être parce qu'elle l'aimait, peut-être aussi parce qu'elle la savait inaccessible, Mme de Staël n'avait jamais considéré Mme Récamier comme une rivale. Depuis l'épisode prussien, elle aurait dû se méfier. Juliette, sous ses yeux, encouragée par elle, était sortie de sa légendaire réserve. Juliette s'était enflammée, et même si le prétendant était loin de pouvoir durablement lui convenir, Juliette, c'était clair, était inflammable. Depuis l'été dernier, l'ange était devenue une femme, une femme accessible à l'amour...

---

1. 2. Ms. B.N. N.A.F. 14099.

Mme de Staël se dit « offensée et offensive », et Prosper en prend acte. Juliette, pourtant, le désespère en « jetant de la glace à pleines mains » sur le sentiment qu'il éprouve pour elle, et ce n'est pas sans une ironie désabusée qu'il remarque : « Et d'ailleurs, pour ce que vous voulez faire de moi, il n'est pas nécessaire de s'inquiéter ni d'y regarder de si près... »

Au début du mois de février 1809, Juliette fait le premier pas envers Mme de Staël : elle lui écrit en lui proposant, pour preuve de coquetterie non active, de lui faire tenir les lettres de Prosper. Juliette est trop fine et trop bonne pour ne pas mesurer le tourment de son amie. Elle veut y mettre un terme et désamorcer le conflit en démontrant sa propre loyauté. Nous ne sommes pas sûrs, cependant, qu'elle ne soit pas un peu agacée de devoir en arriver là... Voici la réponse de Mme de Staël :

> [Genève,] Ce 9 février [1809].
>
> Je voudrais être à vos pieds pour votre lettre, ma chère Juliette. J'ai tort, et, quand j'aurais raison, rien ne vaut parmi les autres sentiments celui que vous daignez me montrer. Je ne peux point voir les lettres de Prosper ; je ne veux rien qu'un retour de votre affection. Si je vis, je serai au mois de novembre à quarante lieues de Paris. Aucune circonstance en mon pouvoir ne peut m'en empêcher. Et j'y passerai l'hiver pour profiter des instants que vous daignerez me donner. Là nous déciderons ce que je deviendrai ; mais, si vous me retiriez le sentiment qui a fait toute ma consolation depuis trois années, je sens que la vie aurait perdu pour moi le dernier charme que l'exil ne m'avait pas ravi. Écrivez-moi une lettre qui me rassure. Vous êtes si aimée, si digne de l'être qu'on n'ose se flatter de tout ce que votre cœur a de tendre pitié, et je me crois oubliée de vous parce qu'il me semble que je devrais l'être. Mais la douce surprise de votre ravissante lettre m'a causé une émotion que je ne puis vous peindre.
>
> Je vous écrirai par Auguste qui part pour Paris, mais je ne voulais pas une heure de retard pour vous embrasser à genoux, pour baiser vos jolis pieds et vous demander de pardonner à la susceptibilité du malheur. Pardonnez-moi aussi de regarder comme impossible qu'on puisse vous voir et ne pas vous aimer. Cette intime conviction vient de mon cœur encore plus que de l'admiration du monde.

La susceptibilité du malheur... Elle coûtera cher. Car jamais plus les relations entre les deux femmes ne seront comme avant, abandonnées et confiantes. Germaine se méfiera de la coquetterie de Juliette. Juliette déplorera la violence passionnelle de Germaine qu'elle essaiera de ne pas attiser ouvertement – la paix est à ce prix – et Prosper, continuera d'aimer Juliette, en sourdine : « Je m'efforcerai de ne pas aller plus loin que vous le voulez... »

Tel est désormais son leitmotiv. Parfois, il explose : « Ah ! Vous ne savez pas ce que c'est qu'aimer ! Peut-être quelque jour le saurez-vous pour votre malheur. Votre amour ira se briser contre je ne sais quel homme indigne de le posséder, tandis qu'il aurait pu être si bien senti. [...] Vous vous êtes trompée, vous ne m'aimez pas tant que vous avez cru. Mais aimez-moi un peu... »

Pendant quelques mois, il naviguera entre les deux amies, amoureux de la Beauté et raccroché par l'Esprit, malheureux, insatisfait, mécontent de lui-même, de sa faiblesse et du double jeu dans lequel il s'est laissé enfermer, incapable cependant, du moins pour le moment, de s'en libérer.

*
* *

À la fin d'un printemps particulièrement tumultueux, Mme de Staël se fait une joie de retrouver Juliette, à Lyon et, si elle y parvient, d'entraîner celle-ci à Coppet :

Dimanche, à 2 heures.

Chère amie, je vais donc vous voir. J'en ai l'émotion la plus vive. Je m'inquiète de votre santé. Pourquoi Aix ? Enfin, nous allons causer. Camille vous dira que je suis à la campagne jusqu'à neuf heures. Je passe à deux heures à votre porte. Arriverez-vous aujourd'hui ? Je serai ce soir à l'hôtel d'Europe à vous attendre. J'aurais voulu que vous logeassiez dans le même hôtel que moi. Chère Juliette, je crois rêver le bonheur de vous revoir.
Mille tendresses à notre ami.

Les rapports de la police impériale signalent l'arrivée de Juliette, le 18 juin. Le lendemain, Mme de Staël donne un thé pour son amie, auquel assistent Talma, le grand acteur – que la baronne voudrait aussi avoir en Suisse – et Camille Jordan, le fidèle ami : « On ne s'est entretenu que de théâtres, de la grande passion de Mme de Staël pour Talma, qu'elle espère toujours emmener à Coppet, où elle jouera les rôles de Sémiramis et d'Hermione... Mme Récamier devait accompagner Mme de Staël à Coppet. Il paraît qu'elle a changé de projet, elle a dû partir le 20 pour les eaux d'Aix[1]... »

Aix-en-Savoie, dont les Romains appréciaient déjà les eaux sulfureuses, était devenu une villégiature très à la mode et fort élégante : aux bords du lac du Bourget, qu'immortalisera Lamartine, elle offre le double charme d'une station thermale bien fréquentée et d'un site à la beauté sauvage, regorgeant de promenades et de parcs. Mme Récamier se proposait d'y retrouver son amie, Mme de Boigne, dont le mari possédait le château voisin de Buissonrond et qui y séjournait régulièrement à la belle saison.

Avec âpreté, Mme de Staël avait emporté une étrange victoire sur les époux Constant. Au cours d'une entrevue épique à Sécheron, la baronne avait imposé ses conditions à Charlotte : le mariage resterait secret jusqu'à son départ pour l'Amérique, dans trois mois – départ qui n'aura jamais lieu, mais qui constituait pour Mme de Staël

---

1. Hauterive, *op. cit.,* tome V, série F 7.

l'arme absolue, le recours de dernière extrémité, tant envers ses proches qu'envers les autorités – lesquels trois mois, Benjamin demeurerait avec elle, à Coppet. Charlotte avait tenu tête mais, devant les convulsions de Mme de Staël et les dérobades de son mari, elle avait fini par accepter. Puis, elle avait tenté de se suicider, et, remise, avait été dûment éloignée. Mme de Staël et Benjamin étaient intervenus à temps – ils ne manquaient pas d'expérience en la matière ! – et Charlotte, remise, avait été dûment éloignée.

> Tel était l'état des choses, raconte Mme de Boigne, dans ses *Mémoires*, lorsque Benjamin Constant et Mme de Staël se réunirent à Aix sous la médiation de Mme Récamier. Les matinées se passaient en scènes horribles, en reproches, en imprécations, en attaques de nerfs. C'était un peu le secret de la comédie. Nous dînions en commun, comme cela se pratique aux eaux. Petit à petit, pendant le repas, les parties belligérantes se calmaient. Un mot fin ou brillant en amenait un autre. Le goût mutuel qu'ils avaient à jouer ensemble de leur esprit prenait le dessus et la soirée se passait d'une manière charmante, pour recommencer le lendemain les fureurs de la veille[1].

Écoutons la suite, qui peint tout entière Mme de Staël à cette époque de son existence :

> Je me souviens particulièrement d'une des journées de cette époque. Nous allâmes tous dîner chez M. de Boigne à Buissonrond, près de Chambéry. Il avait réuni ce qu'il y avait de plus distingué dans la ville, y compris le préfet ; nous étions une trentaine. Mme de Staël était à côté du maître de la maison, le préfet vis-à-vis, à côté de moi. Elle lui demanda à travers la table ce qu'était devenu un homme qu'elle avait connu sous-préfet, il lui répondit qu'il était préfet et très considéré.
>
> « J'en suis bien aise, c'est un fort bon garçon ; au reste, ajouta-t-elle négligemment, j'ai généralement eu à me louer de cette classe d'employés. »
>
> Je vis mon préfet devenir rouge et pâle, je sentis mon cœur battre jusque dans mon gosier. Mme de Staël n'eut pas l'air de s'apercevoir qu'elle eût dit une impertinence, et au fond ce n'était pas son projet.
>
> J'ai cité cette circonstance pour avoir l'occasion de remarquer une bizarre anomalie de cet esprit si éminemment sociable, c'est qu'il manquait complètement de tact. Jamais Mme de Staël ne faisait entrer la nature de son auditoire pour quelque chose dans son discours, et sans la moindre intention d'embarrasser, encore moins de blesser, elle choisissait fréquemment les sujets de conversation et les expressions les plus hostiles aux personnes auxquelles elle les adressait.
>
> Je me rappelle qu'une fois, devant beaucoup de monde et en présence de M. de Boigne, elle m'interpella pour me demander si je croyais pos-

---

1. *Op. cit.,* I, p. 249. Grande mémorialiste, Mme de Boigne procède, trente ans après les faits, à un amalgame significatif de ce qu'elle a observé pendant les étés 1809 et 1811 tant à Aix qu'à Genève ou Coppet. Nous renvoyons au livre que nous lui avons consacré en 1997.

sible qu'une femme pût se bien conduire lorsqu'elle n'avait aucun rapport de goût, aucune sympathie avec son mari, insistant sur cette proposition de manière à m'embarrasser cruellement. [...]

Ce peu d'égards pour les sentiments des autres lui a fait bien plus d'ennemis qu'elle n'en méritait.

Je reviens au dîner de Buissonrond, nous étions au second service et il se passait comme tous les dîners ennuyeux, au grand chagrin des convives provinciaux, lorsque Elzéar de Sabran, voyant leur désappointement, apostropha Mme de Staël du bout de la table en lui demandant si elle croyait que les lois civiles de Romulus eussent conservé aussi longtemps leur influence à Rome sans les lois religieuses de Numa. Elle leva la tête, comprit l'appel, ne répondit à la question que par une plaisanterie et partit de là pour être aussi brillante et aussi aimable que je l'aie jamais vue. Nous étions tous enchantés et personne plus que le préfet, M. Finot, homme d'esprit.

On lui apporta une lettre très pressée, il la lut et la mit dans sa poche. Après le dîner il me la montra, c'était l'ordre de faire reconduire Mme de Staël à Coppet par la gendarmerie, de brigade en brigade, à l'instant même où il recevrait la lettre. Je le conjurai de ne pas lui donner ce désagrément chez moi, il m'assura n'en avoir pas l'intention, ajoutant avec un peu d'amertume :

«Je ne veux pas qu'elle change d'opinion sur les employés de ma classe.»

Je me chargeai de lui faire savoir qu'il était temps de retourner à Coppet, et lui se borna à donner injonction aux maîtres de poste de ne fournir de chevaux que pour la route directe. Elle avait eu quelque velléité d'une course à Milan.

Nous montâmes, pour retourner à Aix, dans la berline de Mme de Staël, elle, Mme Récamier, Benjamin Constant, Adrien de Montmorency, Albertine de Staël et moi. Il survint un orage épouvantable, la nuit était noire, les postillons perdaient leur chemin; nous fûmes cinq heures à faire la route au lieu d'une heure et demie. Lorsque nous arrivâmes nous trouvâmes tout le monde dans l'inquiétude, une partie de notre bande, revenue dans ma calèche, était arrivée depuis trois heures. Nous fûmes confondus de l'heure qu'il était et de l'émoi que nous causions; personne dans la berline n'y avait songé. La conversation avait commencé, il m'en souvient, dans l'avenue de Buissonrond sur les lettres de Mlle de L'Espinasse, qui venaient de paraître, et l'enchanteresse, assistée de Benjamin Constant, nous avait tenus si complètement sous le charme que nous n'avions pas eu une pensée à donner aux circonstances extérieures.

Le surlendemain elle partit de grand matin pour Coppet dans un état de désolation et de prostration de force qui aurait pu être l'apanage de la femme la plus médiocre [1].

Juliette rejoindra Coppet en juillet 1809. Comment revit-elle, deux ans après, les lieux de sa romance avec le prince Auguste? Nous l'ignorons. Nous savons que cette saison fut moins mémorable, mais néanmoins très animée : on y fit beaucoup de théâtre, on y rencontra des visages nouveaux. Ainsi le baron de Voght, que

---

1. *Op. cit.,* pp. 250-253.

Mme de Staël appelait plaisamment «le plus gros de tous les hommes sensibles», un riche philanthrope de Hambourg qui voyageait à travers l'Europe et qui s'était pris d'une affection paternelle – il est de la génération de M. Récamier – pour Juliette. En tout cas, les relations entre les deux amies sont rétablies, comme en témoigne cette lettre de Mme de Staël, alors que Juliette vient de la quitter :

Vous m'avez fait connaître, chère Juliette, un sentiment tout nouveau pour moi, une amitié qui remplissait mon imagination et répandait sur ma vie un intérêt qu'un autre sentiment m'avait seul inspiré. Vous avez, cette année surtout, quelque chose d'angélique, ce charme qui daignait se concentrer en moi ébranlait mon âme ; et je me suis crue séparée d'une influence céleste quand vous avez disparu. Je suis revenue avec M. de Sabran qui pleurait amèrement de vous avoir quittée. Enfin vous aviez produit sur toutes les âmes une impression surnaturelle. J'ai peur de cette impression. Il faut qu'il se passe en vous quelque chose d'extraordinaire pour émouvoir à ce point. Je ne voudrais pourtant pas que vous devinssiez comme Mathieu un ange, mais un ange triste et languissant sur la terre.

Mon Dieu que ce château m'a paru triste depuis votre départ.

Mme Hainguerlot a dîné ici et cette fois elle s'est laissée aller à son genre d'esprit. Je l'ai trouvée assez amusante, mais mauvaise langue et mauvaise compagnie. Il ne faut avoir avec elle ni explication ni relations. Voilà ma conclusion.

Je vous écrirai demain à Chaumont. Vous êtes dans ma vie au premier rang, je l'ai dit hier à ma cousine. J'avais besoin de le proclamer. J'étais ébranlée, même sur mon grand départ. Aujourd'hui mon sort m'a repris. Il me semblait, quand je vous voyais, qu'être aimée de vous suffirait à la destinée. Cela y suffisait en effet si je vous voyais. Dites-moi si le voyage ne vous a pas fatiguée, dans quelle disposition d'âme vous êtes, s'il y a quelque chose de nouveau dans votre vie. Moi, la mienne est monotone ou convulsive. J'ai travaillé. C'est encore ce qui me convient le mieux. M. de Sabran restera ici jusqu'au départ d'Auguste, c'est-à-dire encore deux mois. Je suis bien aise qu'il y soit heureux. Mais, vous qui me connaissez, vous savez comme il est facile d'obtenir ma bienveillance et difficile d'entrer dans mon cœur. Vous qui y êtes comme souveraine, dites-moi si vous ne me ferez jamais de peine ; vous en auriez à présent terriblement le pouvoir. Adieu, chère et adorable personne. Je vous serre contre mon cœur. Je voudrais me promener encore avec vous, vous protéger contre ces animaux qui vous effrayaient, vous parler encore de la nature et du ciel. Mais je suis seule avec ces sentiments rêveurs qu'on a tant de besoin de communiquer. Parlerai-je encore du fond de l'âme ou faudra-t-il que je vive et meure seule ? Adieu, ma Juliette, que le ciel vous bénisse ! Continuez à ne plus vivre que par le cœur. Les moissons du succès sont cueillies, mais aimer est divin.

Adieu encore. Je reverrai le baron de Voght avec émotion. Sera-t-il resté sur sa digne et grosse personne un peu de votre parfum ? Adieu donc. Moi que le sort condamne à ce cruel mot, écrivez-moi comme vous me parliez. Au mois de février. Qui sait si rien ne changera d'ici là ?

Peu après le retour de Juliette à Paris, il survient une petite ombre à ce céleste tableau : le prince Auguste, avec une certaine violence, avait rompu les liens qui le rattachaient encore à Mme Récamier : il lui reprochait de « l'avoir indignement trompé » et concluait par ces mots : « Je n'aurais pu être heureux avec une femme qui sait feindre des sentiments qu'elle n'a peut-être jamais éprouvés et qui met les convenances au-dessus de la moralité… » Pour se plaindre de son amie, il avait ensuite écrit à Mme de Staël qui avait immédiatement soumis cette lettre sévère pour elle à Juliette, qui s'était justifiée comme elle avait pu, ce que Corinne avait communiqué au prince, lequel s'apprêtait à répondre… Bref, les relations, pour le moment, étaient très refroidies entre les deux ex-amoureux. Le malheur, c'est que Mme de Staël n'avait pu s'empêcher de commenter autour d'elle ces péripéties, chargeant un peu sa coquette, son incorrigible amie. Après tout, l'affaire Prosper n'était pas loin ! Juliette s'en froisse et le lui fait savoir. Justification de Mme de Staël :

Ce 1er décembre.

Je veux avant tout, mon ange, m'excuser sur ce que vous appelez mon indiscrétion. J'ai dit, avant que vous reçussiez la lettre et que vous me défendissiez d'en parler, j'ai dit au baron de Voght et à M. Middleton que le prince A. exprimait toujours un grand chagrin de ne pas vous épouser. Aucun n'a vu un mot de ma lettre, et je vous ai traitée comme moi ; j'ai mis de l'amour-propre à ce que Middleton et le baron de Voght sussent une circonstance qui pourtant est flatteuse au point d'être historique. Il n'y a pas eu de l'indiscrétion mais du calcul d'amour-propre dans tout ce que j'ai dit. Benjamin m'écrit que vous avez senti ses raisons, que vous êtes parfaitement d'accord avec lui sur tout ; je n'en crois rien, mais je crains que des raisonnements dont il n'y a pas un de vrai ne vous aient persuadée. Enfin, je suis si lasse de moi que j'ai honte de vous en parler. J'ai la fièvre toute la nuit, ce qui m'abat dans le jour au point de n'avoir presque plus ma tête à moi. Mais je vous aime de toute mon âme et, au milieu de toutes mes peines, j'ai senti que l'inquiétude de vous avoir déplu dominait tout. Mettez, je vous prie, Prosper bien pour moi et ne lui dites rien qu'il ne sache pas. Si je n'allais pas à B. à présent, j'irais au moins à l'époque où j'ai l'espoir de vous voir. Je vous serre contre mon cœur et je vous remercie d'être un ange du ciel pour moi.

Lorsqu'elle reçoit la réponse du prince Auguste, Mme de Staël la transmet immédiatement à Juliette :

Voilà, chère amie, une lettre qui vous fera de la peine un peu ; mais songez d'abord *qu'âme qui vive* ne l'a vue ni n'en saura une syllabe, et qu'elle ne vous apprend rien que ce que vous savez, c'est que vous auriez mieux fait de ne pas donner la promesse. Mon avis serait que vous le vissiez une fois s'il venait aux eaux d'Aix, par exemple, je voudrais qu'il eût une douce impression sur vous parce qu'il mérite de l'avoir. Voulez-vous que je lui écrive et que voulez-vous que je lui

écrive? Vous savez que mon système en amitié c'est obéissance. Je
voudrais ajouter : dévouement. Mais j'ai tout reçu de vous et je ne vous
ai rien pu rendre.

J'en étais là dans ma lettre, chère amie, quand j'ai reçu votre adorable
lettre qui a l'air d'être de dix pages. Je m'en remets à ce que je vous ai
dit en commençant. Prosper est ici depuis avant-hier. Et ce matin il a vu
mourir sa pauvre sœur Adrienne. Dans ce trouble, nous avons peu parlé
de ce qui nous regarde. Mais, croyez-moi, j'ai trop souffert pour que je
pusse rendre heureux personne. La conduite de Benjamin est atroce,
croyez-m'en. La mienne envers lui est, j'ose le dire, d'une rare générosité. Je le défends ici où ce qu'il a fait est connu, et à Paris il m'attaque
en me suppliant de n'écrire à personne la vérité. Je n'écrirai pas une
ligne ni à mes amis ni à qui que ce soit ; mais ce qui est est, et toutes
ses fureurs ne le changeront pas. Il trompe Hochet, et Hochet lui fait du
mal. Comment se fait-il qu'un homme bon, qui a été lié avec moi,
s'acharne à faire tout le mal possible à une ancienne amie malheureuse ? Parlez-lui donc, je vous en prie, chère Juliette. Il a sûrement une
envie secrète de me faire le plus de mal possible. Mais comment ne s'en
fait-il pas plus scrupule ? Ma destinée, ce me semble, doit désarmer la
haine contre moi. S'il avait l'ordre d'amitié pour moi, il ne verrait pas
Benjamin dans ce moment. Car tout ce qu'il lui dit se peint dans les
lettres que je reçois avec une fureur qui me tue.

En voilà assez et trop sur moi. Je demande mille fois par jour à Dieu
de ne plus vivre, et c'est trop vivre que s'agiter ainsi. Mais vous, chère
enfant de mon cœur, pourquoi donc êtes-vous triste ? Voyez ma vie,
voyez quinze années les plus belles, les seules belles, prodiguées à un
homme qui n'en fait que du (*illisible*). Avez-vous de tels souvenirs ?
Quittez-vous tout le passé de votre destinée ? Chère amie, ne vous laissez pas abattre ainsi. Vous êtes une angélique personne. Et vous avez su
ne pas livrer votre cœur à ceux qui le déchirent. Croyez-moi cependant.
Écrivez au prince Auguste que vous irez à (*illisible*) l'été prochain.
Votre promesse doit être retirée, et vous l'aurez ainsi. Je ne connais
dans toute votre vie que cette promesse que vous puissiez un peu vous
reprocher. Et encore quand il sera content de vous, il sentira la noblesse
de vos motifs. Mais il ne faut pas qu'il y ait une telle promesse de vous
sans que vous ayez fait quelque chose pour vous en dégager convenablement […]

Rien de plus déplaisant que les soubresauts d'un amour qui
meurt ! Juliette doit ressentir combien cette dégradation est laide et
stérile, porteuse de vague culpabilité, de remords au goût cendreux.
Après leur belle flambée, dont ils eurent la spectaculaire lumière et
la brièveté, les émois de Juliette ont des retombées moroses…

Bien installée dans sa vie familiale et ses amitiés, ce qui, toujours,
lui est un appui dans l'épreuve, fût-elle anodine, Juliette peut mesurer le chemin parcouru depuis deux ans : elle a traversé des moments
douloureux et d'autres plus allègres. Il y a eu les pleurs, la désolation, puis, inespéré, le tremblement amoureux – le vrai – et les jolis
rêves. Ont suivi l'impasse, la retombée, le découragement. Et malgré ces flottements, elle continue de se savoir belle et aimée. Elle ne
peut vivre sans ces hommages ; elle y puise des raisons d'exister, de

réconfortants signes d'identité, une rassurante image d'elle-même. Elle a changé et, maintenant, elle sait les recevoir avec plus de proximité, d'intime acceptation. Mais ces adorateurs – qui tous sont des jeunes gens – s'ils agrémentent sa vie, ne lui apportent pas ce dont elle manque, ce dont elle manquera encore longtemps : une présence masculine indiscutable, l'adhésion consentie à plus grand qu'elle, plus fort qu'elle, plus célèbre qu'elle... Non, il n'est pas encore venu le partenaire idéal pour Juliette Récamier, l'homme aux mains duquel elle remettrait son destin. Et pendant quelques années encore sa vie sentimentale devra ressembler à une attente

CHAPITRE VII

L'EXIL

Le malheureux, devenu un pestiféré séquestré du genre humain, demeurait en quarantaine dans la haine du despote.

CHATEAUBRIAND.

Le même jour il a frappé la naissance et la vertu dans M. de Montmorency, la beauté dans Mme Récamier et, si j'ose le dire, en moi quelque réputation de talent.

MME DE STAËL.
(*Dix années d'exil.*)

En ce début d'année 1810, le Grand Empire marche vers son éphémère apogée. Pour réaliser son projet de domination européenne, Napoléon impose par la force ce que les consciences et les peuples lui refusent. Non sans difficultés.

L'Espagne brutalement conquise n'a pas été soumise : partout où elle le peut elle se rebelle. L'armée française avoue son impuissance devant de multiples actions de « guérilla », insaisissables et persistantes. Ce premier soulèvement national contre l'occupation étrangère a agi comme un stimulant sur l'Europe asservie : l'Autriche, se sentant soutenue par l'Angleterre et pensant n'être pas désavouée par le tsar, a envahi la Bavière et le grand-duché de Varsovie. En réponse à cette cinquième coalition, Napoléon est entré dans Vienne, pour la deuxième fois. Il lui a fallu vaincre l'ennemi en un combat complexe et coûteux – 20 000 Français et 35 000 Autrichiens tués – à Wagram, les 5 et 6 juillet 1809. Les Autrichiens ont dû céder les accès à l'Adriatique · Trieste, Fiume, l'Istrie et la Dalmatie, dites désormais les provinces Illyriennes.

Après Wagram, l'Europe continentale est remodelée de la façon suivante :

- L'Empire français proprement dit, qui comprend, en plus du territoire national : la Belgique, la Hollande, régie par Louis Bonaparte, les villes hanséatiques, Genève, le Valais, le Piémont, Gênes, la Toscane, gouvernée par Élisa, une partie des États pontificaux ainsi que les provinces Illyriennes. En tout, 130 départements soumis à une administration et une surveillance inflexibles.
- Les États vassaux de la France : la confédération du Rhin, qui englobe 36 États allemands, y compris le grand-duché de Varsovie, et dont fait partie la Westphalie, confiée à Jérôme Bonaparte ; la Confédération helvétique, le royaume d'Italie, administré par Eugène de Beauharnais, celui de Naples aux mains des Murat, celui d'Espagne – dont fait théoriquement partie le Portugal à demi occupé par les Anglais – remis à Joseph, autre frère de l'Empereur.
- Les États alliés de Napoléon : la Prusse, l'Autriche, la Russie, la Turquie, auxquels se joint la Suède – qui se prépare à nommer Bernadotte héritier du roi Charles XIII.

Malgré la mainmise familiale sur tant de peuples, malgré la perspective du mariage avec l'archiduchesse Marie-Louise qui resserre les liens avec l'Autriche, ce Grand Empire manque de la plus élémentaire cohésion : au sein même du clan, les dissensions apparaissent. Louis, Murat et Joseph refusent d'admettre qu'ils ne sont que « des préfets couronnés », sans la moindre autonomie. Ils ont du mal à juguler la haine envers la France, qui se développe, directement proportionnelle aux ponctions en hommes et en argent. Que peut-on, d'ailleurs, contre le rassemblement des forces vitales de ces populations vaincues, qui se résignent mal et s'organisent contre l'occupant ?

Napoléon doit faire face sur plusieurs fronts : à la résistance de type libéral, celle de Mme de Staël, s'ajoutent les résistances nationales, qu'elles soient déclarées comme en Espagne, où elles épuisent l'armée, ou qu'elles couvent sourdement, comme partout ailleurs, se livrant à un travail de sabotage continu contre la présence française. Et, fait nouveau, il se heurte maintenant à la résistance morale des catholiques, depuis qu'après avoir envahi Rome il a emprisonné le pape. Le souverain pontife, qui l'avait sacré, n'a pu faire moins que l'excommunier. Déjà ces lézardes sont perceptibles. L'Empire ne tient que grâce à l'alliance avec le tsar : combien de temps encore durera-t-elle ?

Si les esprits sont agités à l'extérieur, à l'intérieur ils sont inquiets : la conquête n'est plus ressentie comme glorieuse, et les Français se demandent si ce qui leur apparaît déjà comme une vision sanguinaire ne va pas devenir un cauchemar permanent : la guerre risque de se faire perpétuelle, faute de quoi l'artificiel édifice pourrait bien s'écrouler comme un château de cartes... Chateaubriand commente ainsi Wagram : « Ces énormes batailles de Napoléon sont au-delà de la gloire, l'œil ne peut embrasser ces champs de carnage qui, en définitive, n'amènent aucun résultat proportionné à leurs calamités. » « Pourvu que ça dure ! » dit lucidement Madame Mère. Se poser la question est, déjà, y répondre à demi : ça ne durera plus très longtemps…

*
* *

Juliette et ses amis, s'ils partagent ces appréhensions, n'en font jamais état dans leurs écrits. La prudence est de rigueur. Ne pas faire parler de soi lorsqu'on se sait surveillé est la seule politique raisonnable. Se renfermer dans sa vie domestique, aussi.

Sur les instances des Montmorency, la belle mondaine s'occupe de sa vie intérieure : elle a maintenant un directeur de conscience en la personne de l'abbé Legris-Duval, qui avait eu la charge du gendre de Mathieu, Sosthène de La Rochefoucauld, et qui d'une main très douce orientait ses pensées et ses lectures. Il lutte contre les « incertitudes du cœur » de Juliette. « Avancez vers votre but. Devenez ce que vous pouvez être », lui écrit-il. Il l'incite à persévérer dans l'action charitable : « Délivrez des prisonniers pour mériter vous-même la Liberté des Enfants de Dieu. » Pour endiguer les « discordances » de l'être et compenser « l'absence » du monde, il lui recommande la pratique des ouvrages de Pascal, Fénelon, Massillon. Il a reçu d'elle, sans doute, certaines confidences, sinon comment expliquer ce billet qui laisse rêveur : « Comme j'ai prié pour vous au pied de l'autel. Comme j'ai imploré le Dieu de vos pères, le Dieu de votre mère, qui est aussi le vôtre. » Il lui demandait de brûler ces deux lignes. Elle ne l'a pas fait[1].

Les tendres marivaudages de Mathieu se font plus moralisateurs. Lui aussi aimerait tirer Juliette de son « indécision » :

> […] Je vous avouerai que je ne suis pas sans quelque crainte sur les effets journaliers de cet entourage de futilités qui ne vaut rien pour vous et vaut bien moins que vous. Quand vous n'avez rien lu de sérieux dans votre journée, quand vous avez trouvé à peine quelques moments pour réfléchir et que vous passez le soir trois ou quatre heures dans un certain [*sic*] atmosphère contagieux de sa nature, vous vous persuadez alors que vos idées ne sont pas arrêtées, qu'il faudrait recommencer un examen qui doit avoir été fait une fois et être ensuite posé comme une base fixe qu'il n'est plus question d'ébranler. Vous vous découragez et vous vous effrayez vous-même[2]…

Christian de Lamoignon abonde dans le même sens :

> Votre lettre m'a fait de la peine. Vous êtes triste, et malheureusement je trouve qu'il n'y a pas grand-chose à vous dire là-dessus, car vous avez

---

1. Ms. B.N. N.A.F. 14103.
2. Ms. B.N. N.A.F. 14071.

le droit de l'être. Je ne parle pas de tous les avantages que vous avez perdus. Ce ne sont là que des moyens d'étourdissement, des accessoires de
la vie, et vous avez cent fois plus d'esprit et de raison qu'il en faut pour
savoir s'en passer. Mais le positif du bonheur, le premier besoin d'un
être aimant, où le trouverez-vous ? Et pourtant sans cela le cœur est sans
abri contre l'orage. Il vous faut des liens qui vous enchaînent, il vous
faut des devoirs qui vous protègent, oui, des devoirs, quand même ils ne
seraient pas toujours selon votre cœur[1]...

Nous le lisons à travers la sollicitude de ses confidents : Juliette
doit être passablement dolente, désoccupée. Cet hiver-là, elle tourne
à vide. L'heure n'est plus aux fêtes, aux faciles griseries qui distraient de soi-même. Elle n'est pas encore au grand sentiment qui
métamorphose l'être et colore toute chose de son rayonnement.
Juliette, c'est évident, est morose. Ces «futilités» que lui reproche
Mathieu ne mènent nulle part : un peu d'ennui, un peu de tristesse,
un peu de dispersion, et autant en emporte le vent... Au coin de sa
cheminée, entre deux romances esquissées d'une main négligente
sur son piano, entre deux visites de diplomates russes ou autrichiens,
deux papotages sans portée avec Mme de Catellan, elle doit songer
qu'il ne sert à rien d'être jeune et belle, si on ne sait quoi faire de son
existence...

L'aimable baron de Voght se révèle un conseilleur plus souple
envers sa belle amie : il n'entend pas qu'elle soumette son âme au
régime d'austérité que prône Mathieu. Non sans réalisme ni indulgence, il ne cesse de lui répéter, au contraire, que «[son] destin est
de plaire et d'inspirer les doux sentiments qui attachent impercepti-
blement et pour toujours...» Il l'engage à construire son existence,
à «la composer comme un ensemble». Il ne se méprend pas sur la
vocation primordiale de Juliette.

Mme de Staël non plus, qui travaille à son gros ouvrage sur
l'Allemagne, partagée entre la présence de Prosper et l'attente de
Benjamin. Lorsque Prosper regagne Paris, il est chargé d'une lettre
de Genève : «Chère Juliette, faites qu'il m'aime et qu'il ne vous
aime pas. Je sais comme le second est difficile, mais, dans ce
monde qui est à vous, vous respecterez ma vie. J'espère moins
souffrir par Benjamin à présent que je pourrais souffrir par
Prosper.» Elle est incorrigible, elle est pathétique : quelle somme
d'angoisse cachent ces éternelles complications sentimentales !
«Ne pas quitter Mathieu, ne pas quitter Juliette, passer ma vie avec
Prosper. Tout cela me semble un rêve de bonheur que ne comporte
plus ma triste destinée.» Quand la baronne des baronnes s'abandonne ainsi à ses noires humeurs, elle redouble d'effusion envers
Juliette. Cette lettre se termine par ces mots : «Adieu, ma jeune
sœur, ma belle Juliette. Je vous serre contre mon cœur. Et je vous
aime plus que l'amitié peut aimer. Je vous aime comme un lien du
sang. Adieu. Adieu.»

---

1. Ms B.N. N.A.F. 14103.

Sans cette chaleur extraordinaire qui fait tout oublier, Mme de Staël ne serait que déprimante... Et toute tristesse est contagieuse en ce temps de malaise... Que revienne le printemps ! Avec impatience, les deux amies attendent la saison qui favorise les projets et permet voyages et retrouvailles...

Voyage en Bugey

Aux beaux jours, ayant mis la dernière main à son livre et désireuse d'en surveiller la publication à Paris, Mme de Staël choisit de s'installer dans la limite de ses quarante lieues, au château de Chaumont-sur-Loire, près de Blois. Elle se rapproche ainsi de Prosper qui vient d'être nommé préfet de la Vendée. Elle a loué cette demeure prestigieuse à un banquier, James Le Ray, fils d'un armateur de Nantes, naturalisé américain et qui s'occupe, depuis New York, des importants placements financiers des Necker en Amérique et de leurs possessions en Pennsylvanie.

Le temps d'un été, la cour de la baronne, qui vaut en esprit et en animation celle des Valois, se transporte des rives du Léman à celles de la Loire. Haut lieu de la Renaissance tourangelle, « l'antique château », comme l'appelle Mathieu, a conservé du passage de Diane de Poitiers et de Catherine de Médicis une ambiance fastueuse et impressionnante : espaces solennels, cheminées polychromes, tapisseries des Gobelins ou de Beauvais pour adoucir la pierre nue, lourd mobilier à colonnes de bois torsadé... On y respire même encore cet air de féodalité qu'appréciera tant la génération suivante et que symbolisent les tours d'angle à mâchicoulis...

Juliette s'y rend au printemps, mais elle compte y séjourner longuement, après être allée prendre les eaux d'Aix-en-Savoie. Elle dispose de l'élégante calèche de son ami le comte de Nesselrode, diplomate en poste à Paris et informateur particulier du tsar, et elle voyage en compagnie du baron de Voght.

À Aix, elle reçoit, semble-t-il, la visite de l'une des sœurs Récamier, Marie-Antoinette, remariée avec M. Dupommier, et vivant à Belley. Peu après, Juliette lui rend sa politesse et, sur le chemin qui la mène en Touraine, elle s'arrête en Bugey. Elle découvre le domaine familial des Récamier ainsi que la petite Cyvoct, qu'un an plus tard elle fera venir à Paris près d'elle et qu'elle adoptera. Les méditations de l'hiver précédent et les conversations avec l'abbé Legris-Duval l'ont-elles incitée à s'engager dans cette aventure qu'est la maternité par procuration ? C'est possible.

Le docteur Charles Lenormant, petit-fils de Mme Lenormant, a reconstitué cette visite, en 1923. Elle est si peu connue et pourtant elle joue un rôle si déterminant dans la vie à venir de Mme Récamier qu'il nous paraît intéressant d'en citer quelques extraits :

> [...] Lorsqu'elle apprit la présence si voisine de son aimable et illustre belle-sœur, Mme Dupommier ne put résister au désir de faire

la connaissance d'une aussi célèbre personne. Elle se décida à faire le voyage, d'ailleurs facile, de Belley à Aix. Elle emmenait avec elle sa fille, Mariette Récamier, qui avait épousé quelques années auparavant un médecin de Belley, le docteur André Cyvoct.

Elle devait être charmante et pleine de vie et d'entrain, cette Mariette, que sa mère n'aimait pas et qui mourut à vingt-neuf ans. Elle aimait trop le bal et les parties de plaisir, et aussi la luge, puisque c'est une chute dans la neige, « en se lugeant dans le clos d'une de ses amies », qui fut, d'après Mme Dupommier, l'origine et la cause de sa maladie, « Pour ne s'être pas soignée et couchée de suite étant toute mouillée ». Mais elle était aussi « naturellement laborieuse » et fort experte aux soins de son ménage : c'est sa mère elle-même qui le dit et nous pouvons l'en croire, car elle était difficile sur ce chapitre et dépourvue de bienveillance. La pauvre Mariette, qui adorait son mari et ses enfants, voulait que « ses affaires pussent se concilier avec ses plaisirs ; mais, ajoute la sentencieuse Mme Dupommier, on peut difficilement servir deux maîtres ». Elle s'usa à la tâche et finit par contracter la maladie de poitrine qui devait l'emporter quelques mois plus tard.

Donc la mère et la fille, Mme Dupommier et Mme Cyvoct, se mirent en route et arrivèrent à Aix. Elles y trouvèrent le plus gracieux accueil. Tout de suite, elles furent conquises par le charme de Juliette, « qui fut jugée plus aimable encore que belle ». Et lorsqu'elle quitta sa belle-sœur, Mme Dupommier emportait la promesse flatteuse que sa visite lui serait rendue et que Mme Récamier accepterait à Belley et à Cressin l'hospitalité de ses parents du Bugey. [...]

Elle vint à Belley, dans la grande maison qu'avait fait construire le docteur Anthelme Récamier et qu'habitaient maintenant son gendre et sa fille. Cette maison de la rue Saint-Martin, « vaste, mais peu commode », qui est restée la demeure familiale des Cyvoct, garde encore aujourd'hui assez grand air, avec son balcon sur la rue, son large escalier de pierre à rampe de fer forgé et le jardin qui s'étend derrière elle, avec une vue agréable sur le coteau de Melon.

Mme Récamier fut ensuite passer une journée à Cressin, chez sa belle-sœur Dupommier. Ce domaine de Cressin appartenait aux Récamier depuis la fin du XVIIe siècle ; s'il n'était pas leur « berceau », comme le disait pompeusement Jacques Récamier, du moins avait-il vu déjà passer trois générations. Il était venu à Anthelme Récamier, chirurgien-juré à Belley, par son mariage en 1691 avec une demoiselle Louise Dutillet, de Chambéry. Quelques années plus tard, en 1709, un incendie avait détruit la maison et la grange. Anthelme Récamier les fit rebâtir l'année suivante, et je ne crois pas que la maison d'habitation ait été beaucoup modifiée depuis lors. C'est dans ce domaine que s'était retirée Mme Dupommier après son second mariage. M. Dupommier, « qui aimait à rendre service aux habitants de l'endroit, à les soulager de leurs maux », y était fort considéré et devint maire de Cressin.

Sa femme nous a laissé une description assez avantageuse de cette propriété, où elle se plaisait autant qu'elle avait en horreur sa grande maison de Belley. « Cressin est agréablement situé sur une plate-forme, à mi-côte entre la montagne et la rivière ; la maison est petite, peu apparente, mais elle est commode et bien distribuée ; elle est environnée de bâtiments utiles, de jardins, de vergers ; dans la cour, une fontaine d'eau courante. L'air y est bon ; des denrées dans tous les genres au-dessus de la médiocrité, une vie agréable, l'eau et l'ombrage près de la maison, ce qui en fait l'agrément. Les habitants de Cressin ne sont pas riches, mais il n'y a pas de mendiants ; ce qu'il y a de favorable au pays, c'est qu'il y grêle rarement, étant abrité par la montagne des vents impétueux. »

Mais ce que Mme Dupommier, préoccupée surtout des choses pratiques, n'ajoute pas, c'est le charme du vieux jardin qui entoure la maison, c'est surtout l'admirable situation de ce village de Cressin, bâti à flanc de coteau et dominant la vallée du Rhône : derrière lui, la montagne, peu élevée mais abrupte, sauvage, couverte de taillis et de bois qui prennent à l'automne les plus ardentes couleurs ; au-devant, la colline qui s'abaisse graduellement, avec sa parure de champs, de vignes et d'arbres fruitiers ; puis, au-delà, la plaine, le Rhône à peine entrevu à travers sa bordure de hauts peupliers et ses îles boisées, la ligne nettement découpée de la montagne de Lucey avec le village d'Ontex perché tout près de son sommet, le clocher de Massignieu-de-Rives et le château de Boigne ; enfin, fermant l'horizon, le mur majestueux de la dent du Chat. Cette vue de Cressin, si parfaitement encadrée, si variée et si harmonieuse, si riante et si noble, est l'une des plus belles de notre Bugey, pourtant bien riche en sites remarquables.

C'est dans ce cadre somptueux de nature, devant ce beau paysage que Juliette vint passer une radieuse journée du printemps de 1810. On était en Bugey : le dîner tint une place essentielle dans cette réception. Le menu ne nous en a pas été conservé – malheureusement – mais tout nous porte à croire qu'il fut digne du pays et de l'époque de Brillat-Savarin, de la vieille réputation de la cuisine bugiste. Ce qui est certain, c'est que le repas fut abondant, solennel et prolongé. On resta si longtemps à table que les petits-enfants de Mme Cyvoct, dont l'aîné avait bien huit ans, et le plus jeune cinq, prirent le parti de se glisser subrepticement hors de la salle à manger et d'aller jouer dans le jardin. Une chose les y attirait, qu'ils avaient aperçue avant le dîner : la somptueuse voiture qui avait amené Mme Récamier, la calèche du comte de Nesselrode ! Et vite, ils s'y installèrent, les deux garçons, Francisque et Antoine, sur le siège, et la petite Joséphine sur les coussins moelleux de l'intérieur. On les y trouva quand, le dîner enfin terminé, toute la compagnie sortit de table et vint se promener sur la pelouse entourant la maison. C'est à ce moment que Mme Récamier, remarquant la gentillesse et la mine éveillée de la petite Joséphine Cyvoct, eut pour la première fois l'idée de l'emmener à Paris et de la garder auprès d'elle, pour combler le vide de son foyer. S'approchant de la calèche, « avec un son de voix enchanteur, avec toute la grâce caressante qu'elle savait mettre aux moindres choses », elle demanda à la petite si elle voulait venir avec elle à Paris, et l'enfant, éblouie de tant d'élégance, de beauté et d'un si magnifique équipage, répondit « oui » d'enthousiasme. Quelques mois plus tard, le projet ébauché par Mme Récamier sur la pelouse de Cressin se réalisait, et la petite Joséphine Cyvoct – baptisée dès lors Amélie par sa tante – devenait la fille adoptive de Juliette.

Le lendemain de cette journée passée à Cressin, avant que Mme Récamier quittât le Bugey, sa belle-sœur et sa nièce, voulant lui faire admirer les beautés de leur pays, organisèrent une promenade. On fut, avec la femme du général Dallemagne, visiter Pierre-Châtel, la vieille chartreuse accrochée au flanc du rocher, et le défilé sauvage où le Rhône, resserré, tumultueux, précipite ses eaux vertes et profondes.

Pierre-Châtel était alors, comme aujourd'hui, une forteresse occupée par une petite garnison : c'était même une prison d'État où se trouvaient enfermés à cette époque des prisonniers espagnols, et parmi eux, paraît-il, de fort grands seigneurs. Sans doute, l'élégante compagnie visita-t-elle ces captifs, et ce ne fut peut-être pas la partie la moins sensationnelle de l'excursion. Mme Récamier était, comme Mme de Staël et les Montmorency, en opposition ouverte vis-à-vis du gouvernement impérial. Quant à Mme Dupommier, c'était une bourbonnienne enragée. Or il est curieux de noter l'extraordinaire prestige dont jouissaient alors aux yeux des antibonapartistes les Espagnols qui seuls tenaient en échec la toute-puissance de Napoléon.

Après ces trois journées, la brillante apparition, qui n'avait pas été sans impressionner Belley et ses environs, s'évanouit. Mme Récamier, toujours accompagnée du baron de Voght, remonta dans sa belle voiture et s'en fut courir la poste pour rejoindre Mme de Staël sur les bords de la Loire ; Mme Cyvoct et ses enfants rentrèrent dans leur maison de la rue Saint-Martin, tandis que Mme Dupommier reprenait à Cressin ses occupations ménagères[1].

La petite poste de Chaumont

Le 24 juillet 1810, Mme de Staël écrit à son ami O'Donnell :

[...] Voulez-vous connaître les habitants de mon château ? M. de Montmorency, M. de Sabran, Mme Récamier, Benjamin Constant, M. Schlegel, mes enfants. L'aîné a beaucoup d'esprit avec de l'indolence ; le pauvre Albert est un peu sourd, ce qui empêche surtout la raison de venir jusqu'à lui ; Albertine est charmante ; Prosper de Barante, dont je vous ai parlé, vient souvent de la Vendée dont il est préfet, ici, et M. de Balk, que vous connaissez, me fait la cour pour se consoler d'avoir été quitté par sa femme. Un musicien se fait entendre dans le château du matin au soir, et c'est l'Isle sonnante que cette habitation entourée de la Loire et que l'on voit de deux lieues de loin. Auguste débute dans l'amour par Mme Récamier. M. de Sabran erre comme une ombre au milieu des vivants et tout est assez original dans cette demeure.

Auguste débute dans l'amour... Le « petit pataud » qui, il y a cinq ans, persiflait la belle Récamier sortant de son bain, est aujourd'hui éperdument, et bruyamment, amoureux d'elle ! À vingt ans, on pouvait débuter plus mal... Auguste de Staël était le fils du comte de Narbonne, le séduisant, le volage ambassadeur qui venait de négocier le mariage autrichien et qu'on disait être un fils naturel de Louis XV, auquel il ressemblait étrangement... Lourde hérédité ! Sa mère, alors qu'il était encore au maillot, écrivait : « J'ai sur l'éducation d'un fils des idées sublimes, mais si Auguste s'avisait de n'être que le second homme de génie de son siècle, je serais

---

1. Charles Lenormant, extrait de la revue *Le Bugey*, Belley, 1923. « Mme Récamier en Bugey », pp. 7-27.

bien désappointée...» Les caprices génétiques ont voulu qu'Auguste soit dénué de tout panache, de tout brio, de tout génie : il n'est qu'un sérieux et brave garçon, dévoué à sa mère, qui mourra précocement sans postérité. Et qui sait si les heures passées aux pieds de la Belle des Belles n'ont pas été les plus mémorables qu'il ait vécues...

L'apparition de Juliette au sein de la petite colonie, et dans ce décor historique, déclenche un remuement sentimental généralisé : Benjamin observe mais ne reste pas insensible ; Prosper se souvient, il est jaloux ; Schlegel n'ose se déclarer et Auguste perd la tête... Heureusement que Mathieu est là, qui veille au grain, sans relâche... La jeune Sophie de Barante, sœur de Prosper et compagne d'Albertine, se souviendra longtemps «de [ces] petites intrigues, car Mme Récamier y menait à petit bruit plusieurs coquetteries innocentes qui divertissaient et occupaient tout le monde».

Parmi les invités, cet été-là, figure un témoin plus incisif, qui ne se laisse pas griser par les charmes de celle qu'il appelle «l'agréable Récamier» : il s'agit d'un ami de Schlegel, Adalbert de Chamisso, un Champenois que les hasards de l'émigration avaient fixé en Prusse et qui passera à la postérité pour son récit *Peter Schlemilh*, ou l'homme qui a perdu son ombre. Il se divertit hautement des coquetteries de Juliette, des entretiens secrets qui ont lieu, la nuit venue, dans l'allée des explications, à moins que ce ne soit dans celle des réconciliations, et auxquels les uns et les autres assistent subrepticement, entrant et sortant comme dans une pièce de Marivaux... Juliette aurait été ainsi surprise en conversation tendre avec Auguste, par le dévôt Mathieu... On imagine aisément qu'à la leçon d'amour avait dû succéder une implacable (et inutile) leçon de morale...

Mme de Staël suivait cela d'un œil relativement indulgent, sinon blasé. Après tout, la présence de Juliette irradiait une sorte de lumière qui animait tout ce qu'elle touchait. Tant de grâce et de séduction embellissaient leurs vies à tous, même si parfois elles la compliquaient un peu en agissant comme un révélateur.

On avait inventé un jeu qu'on appelait «la petite poste» : chacun écrivait à chacun – tous étant assis autour de la même table – et passait son papier plié, à la personne de son choix qui, après y avoir griffonné quelques mots, l'adressait à quelqu'un d'autre ou le retournait à l'envoyeur. Une préfiguration plus souple du jeu des «petits papiers», voire du «cadavre exquis» des surréalistes...

On ne s'étonne pas que sous l'influence de Juliette le jeu soit devenu une sorte de marivaudage collectif, l'occasion de suggérer ce qu'on n'osait dire, d'avouer l'inavouable, de provoquer, de charmer, de répliquer, à l'abri de l'anonymat, avec le risque – secrètement souhaité – d'être démasqué. Ambigus, fragmentaires, révélateurs, ces bribes de dialogues entrecroisés nous sont partiellement parvenues. En voici un échantillonnage conservé par Juliette, dont nous indiquons quand nous pouvons en reconnaître l'écriture. l'auteur :

J.R. : Vous avez votre mauvais regard, pourtant la personne à qui vous avez parlé est toute décidée à être raisonnable – et, moi, je suis plus reconnaissante que je ne puis l'exprimer de votre aimable bonté.

Quand vous me parlez de mauvais regard même au-delà de mon intention, si je voulais mériter ma réputation de peste, je dirais que c'est un petit mouvement intime de conscience qui vous le fait craindre.

Je vous remercie de votre aimable bonté, mais j'ai surtout besoin de votre amitié et de votre bonheur.

*

Auguste : Je vous en conjure, chère Juliette, soyez bonne pour votre ami, j'ai peur de votre terrible lettre.

*

J.R. : Qu'avez-vous écrit ? Que vous a-t-on écrit ? Je veux tout savoir, je suis jalouse, je suis exigeante, je suis despotique et je vous aime assez pour justifier tous ces défauts.

*

(?) : Chère Juliette, je vous aime tous les jours plus, cela recommence comme du nouveau avec du passé.

*

J.R. : Vous ne m'avez pas parlé aujourd'hui vous me traitez plus m[al que M. de] Sabran.

*

Mme de Staël : Cher ange, ne blasphémez pas même en riant. J'ai travaillé jusqu'au point d'être malade mais il m'a paru que je causais avec vous parce que j'ai écrit au son de votre voix.

*

Albert ou Auguste de Staël : Chère maman, voilà M. de Sabran qui m'écrit encore que je l'ai tué ! C'est pourtant fâcheux de se trouver comme cela un assassin sans s'en douter. Chère maman, tu as l'air froide pour moi et j'en suis particulièrement fâché aujourd'hui, car, si tu me permets d'emprunter ta comparaison, je suis tout à fait pour toi au haut des deux degrés variables qui sont à côté de cent degrés fixes. Au reste, c'est peut-être par mon faible parisien pour la mode que je me sens tant de goût pour toi aujourd'hui, car tout le monde t'écrit de belles lettres et te fait la cour.

*

Mme de Staël : Je t'assure que je ne te suis plus du tout nécessaire. Je m'y connais bien et jamais je ne me suis trompée dans ce monde qu'en bien – malgré cela je t'aime, je souhaite ton bonheur, tu fais ce que tu peux pour le mien. Mais je suis une personne singulièrement facile ou difficile selon qu'on le considère.

*

Mme de Staël : Chère J[uliette], ce séjour va finir. Je ne conçois ni la campagne ni la vie intérieure sans vous. Je sais que de certains sentiments ont l'air de m'être plus nécessaires, mais je sais aussi que tout s'écroule quand vous partez. Vous étiez le centre doux et tranquille de notre intérieur ici, et rien ne tiendra plus ensemble. Dieu veuille que cet été se renouvelle !

*

(?) : Chère Juliette, je vous aime.

Le retour imprévu des propriétaires de Chaumont, à la mi-août, contraint Mme de Staël à changer de résidence : on abandonne le grand château historique pour une gentilhommière appartenant au comte de Salaberry, Fossé, dont le charme un peu négligé repose, après tant de grandeur spectaculaire…

L'aimable compagnie poursuit son indolente vie estivale : on chante des romances, on joue de la harpe ou de la guitare en compagnie de Pertosa, le maître de musique napolitain d'Albertine, on se promène, on bavarde légèrement ou sérieusement, on joue à la « petite poste ». Auguste se pâme aux pieds de Juliette qui l'encourage, parce que c'est délicieux d'être aimée ainsi, qui le décourage ensuite, parce que cela n'a pas le sens commun, qui le console comme elle peut, pour finir, parce qu'il est attendrissant. Un peu maussade aussi, et elle le lui reproche : elle l'appelle Bartolo et essaie de lui rendre sa bonne grâce et son sourire…

Mme de Staël, parmi ces petites agitations, réussit, comme elle l'a toujours fait, à s'isoler et à travailler : elle relit les épreuves de son troisième tome. Elle croit toucher au but…

De l'Allemagne *supprimé*

Le 23 septembre, Mme de Staël finit de corriger les dernières épreuves de son livre. Les deux tomes précédents avaient déjà été soumis à la censure. Elle était confiante. Le lendemain, elle écrit à Mme de Custine, alors à Genève : « […] Mon ouvrage est fini ; les deux premiers volumes sont censurés et j'attends le troisième. Je compte partir les premiers jours d'octobre pour Nantes ; là, j'attendrai l'effet de mon livre et je partirai de là soit pour Rouen, soit pour Morlaix… » Comprenons que, selon que l'accueil sera bon ou mauvais, elle se rapprochera de Paris ou s'embarquera pour l'Amérique.

Le mardi 25, Juliette repart pour Paris avec une mission précise : faire tenir à Esménard les épreuves que lui confie Mme de Staël. Juliette emporte ce troisième tome, ainsi qu'un jeu complet des épreuves de l'ensemble de l'ouvrage. À son arrivée dans la capitale, Mme Récamier alerte immédiatement le censeur de la librairie qui répond à son appel par le billet suivant :

Samedi matin.

Madame,

Je serais allé moi-même chercher le volume que vous avez eu la bonté de m'envoyer si je n'avais craint, presque autant que je le désire, de vous trouver seule : il y a, dans l'union de la douleur et de la beauté, mille fois plus de charme que dans la vue d'un bonheur sans orages ; et quoique je n'aie pas *appris* la sensibilité en *Allemagne*, je ne me défends pas bien d'un intérêt et d'un sentiment que vous m'avez défendus. Mais il serait trop héroïque de résister au plaisir que vous m'offrez de vous voir un moment, et je vous prie de permettre que ce soit dans la soirée. Je me présenterai chez vous à huit heures. Vous seriez trop aimable de recevoir sans distraction de société l'hommage respectueux de tout ce que vous m'inspirez.

Alf. Esménard.

Cependant que Juliette partait, chargée de tout l'espoir de Mme de Staël, celle-ci s'en allait avec Mathieu visiter La Forest, une propriété des Montmorency voisine de Fossé. Le lendemain, le 26, sur le chemin de retour vers Fossé, ils se perdent et trouvent refuge au château de Conan. C'est là que dans la nuit arrive Auguste de Staël, également perdu et cherchant sa mère ! Mathieu juge bon de ne pas la déranger avant le lendemain matin. Il a raison, le messager est porteur d'une terrible nouvelle. Le préfet Corbigny vient de remettre à Auguste une lettre de Savary, duc de Rovigo, qui avait succédé au trop conciliant Fouché au ministère de la Police, et qui, lui, était l'exécuteur zélé de son maître : cette lettre contenait un ordre de partir pour l'Amérique dans les 48 heures, ou à défaut de rejoindre Coppet. Il réclamait le manuscrit du livre ainsi que les épreuves. Il annonçait que les 5 000 exemplaires déjà tirés par l'éditeur étaient saisis (les deux premiers tomes) ainsi que le troisième tome d'épreuves. Les scellés étaient apposés sur les planches d'imprimerie.

Auguste retourne immédiatement à Fossé, dans la crainte d'une perquisition, et Mme de Staël, le jeudi 27, l'y rejoint et apprend, dans la voiture qui l'y mène, son malheur. Dieu merci ! C'est Mathieu qui est auprès d'elle, pour l'informer, la soutenir et l'aider à réagir, car son bouleversement est immense.

Mme de Staël pare au plus pressé : elle gagne du temps et, mal remise de son émotion, elle s'organise. Il faut tenter d'agir à Paris, de fléchir l'Empereur. Juliette, dont certaines relations sont encore influentes, est mise à contribution. Voici ce que lui écrit Mathieu :

Fossé, près Blois, ce 2 octobre 1810.

Je ne saurais me refuser, aimable et parfaite amie, à vous écrire au moins quelques mots. Notre première pensée, qui est bien naturellement commune entre vos amis d'ici, portait d'abord uniquement sur votre santé, que vous avez si peu écoutée dans votre parfait dévouement, sur ces souffrances de votre route d'Angervilliers à Paris, qui m'ont été vraiment au cœur. J'espère qu'elles n'auront pas eu de suite et que vous êtes bien remise. Mais notre amie vient de recevoir à l'instant, par Albert, votre lettre si parfaite, si dévouée, si détaillée. Je n'ai pas besoin de vous dire tous les sentiments qu'elle nous a fait naître ; un seul domine en ce moment en moi : c'est de sentir combien vous avez de générosité et de dévouement dans l'âme. *Elle* en a été vivement émue et vous l'exprimera sûrement elle-même par le retour de son fils. Je voulais le remplacer et vous arriver dans la journée de demain ; il paraît qu'elle veut absolument me garder deux jours de plus. Ce sera donc samedi soir, au plus tard, que je vous verrai. Jusque-là mes pensées et mes sentiments s'unissent aux vôtres. Que de si bons actes de dévouement ne vous empêchent pas de vous élever et vous portent au contraire vers la source de tout ce qu'il y a de bon et d'élevé ! Adieu, aimable amie.

Fossé, ce 2 octobre 1810.

Je vous ai écrit ce matin une petite lettre par la poste, aimable amie. Mais la poste arrive et nous en apporte plusieurs de vous. Il y en avait heureusement une petite tout aimable pour moi ; votre silence m'aurait affecté. Notre amie, tout occupée de son courrier obligé pour le retour d'Albert, qui doit partir cette nuit par la diligence, me charge de commencer une lettre à laquelle elle ajoutera quelques mots. Je crois que tout le monde devra être content de celle qu'on vous envoie. Il faut actuellement la faire valoir le mieux possible par l'obligeante ci-devant reine [Hortense de Beauharnais], et tâcher d'obtenir, avant tout, le rendez-vous auquel notre amie mettrait le plus grand prix et qui pourrait en effet contribuer à changer son sort. Pendant qu'on sollicitera, Auguste obtiendra peut-être quelque prolongation de délai dans une ville à quarante lieues pour attendre le dernier avis de la censure et vous ferez toutes vos gentillesses à Esménard, pour qu'elle soit la plus prompte et la plus raisonnable possible, si elle peut l'être. Voilà comme je conçois cette campagne d'amitié, dans laquelle, samedi prochain, sans faute, j'irai vous servir d'aide de camp.

Je renvoie à nos conversations tout ce qu'il y a d'observations à faire sur les détails curieux de votre lettre, dans laquelle vous avez été une parfaite amie et correspondante. Je ne vous répète pas ce que je vous disais ce matin, de toute votre perfection de soins, de dévouement, et je reconnais là votre cœur, tout ce que je sais de vous, tout ce qui vous rend digne des nobles et pures affections auxquelles vous êtes appelée.

Mme de Staël ajoute :

Il n'est point d'expression pour vous peindre ce que me fait éprouver votre sensibilité pour moi. C'est un affreux malheur de vous quitter.

Lorsque Mathieu regagne la capitale, il est porteur d'une lettre de Mme de Staël pour Juliette, dont le ton à lui seul est éloquent ·

30 septembre.

Chère amie, lui dit-elle, je suis tombée dans un état de tristesse affreuse. Le départ s'est emparé de mon âme, et pour la première fois j'ai senti toute la douleur de ce que je croyais facile. Je comptais aussi sur l'effet de mon livre pour me soutenir ; voilà six ans de peines et d'études et de voyages à peu près perdus. Et vous représentez-vous la bizarrerie de cette affaire ? Ce sont les deux premiers volumes déjà *censurés* qui ont été saisis, et M. Portalis ne savait pas plus que moi cette aventure. Ainsi, l'on me renvoie de quarante lieues, parce que j'ai écrit un livre qui a été approuvé par les censeurs de l'Empereur. Ce n'est pas tout, je pouvais imprimer mon livre en Allemagne je viens volontairement le soumettre à la censure ; le pis qui pouvait m'arriver, c'était qu'on défendît mon livre. Mais peut-on punir quelqu'un parce qu'il est venu volontairement se soumettre à ses juges [...] Chère amie, Mathieu est là, l'ami de vingt années, l'être le plus parfait que je connaisse, et il faut le quitter. Vous, cher ange, qui m'avez aimée pour mon malheur, qui n'avez eu de moi que l'époque de mon adversité, vous qui rendez la vie si douce, il faut aussi vous quitter. Ah ! mon Dieu ! je suis l'Oreste de l'exil et la fatalité me poursuit. [...]

Hélas ! Rien n'y fait ! Les démarches entreprises par Juliette et Auguste – celui-ci était chargé de lettres pour l'Empereur et Savary – n'aboutissent pas. Cédant aux prières de sa belle-fille, Hortense, Napoléon demande à revoir le livre de Mme de Staël : il en est tellement exaspéré qu'il jette l'exemplaire dans la cheminée ! La baronne ne réussit qu'à obtenir un délai de « sept à huit jours ». Savary le lui signifie dans une lettre d'une rare brutalité :

[...] votre exil est une conséquence naturelle de la marche que vous suiviez constamment depuis plusieurs années. Il m'a paru que l'air de ce pays-ci ne vous convenait point, et nous n'en sommes pas encore réduits à chercher des modèles dans les peuples que vous admirez. Votre dernier ouvrage n'est point français...

Sous chaque mot, perce la colère de l'Empereur. On croit l'entendre et on se prend à regretter la cautèle et la suavité de Fouché : du moins la bonne éducation savait-elle y mettre les formes !

Mme de Staël a le choix : s'embarquer pour l'Amérique – les ports de la Manche lui sont interdits, de peur qu'elle ne passe en

Angleterre – ou Coppet. Elle choisit Coppet, pour lequel elle repart le 6 octobre 1810, la mort dans l'âme, car elle n'a revu aucun de ses amis. Elle a cependant réussi à sauver l'essentiel : trois manuscrits de son ouvrage. Comme Goethe et Schiller, elle sera bientôt interdite de publication dans l'Empire.

Napoléon reprochait moins à Mme de Staël sa grosse étude sur les mœurs, la littérature et la philosophie allemandes que son tempérament qui lui était radicalement antagoniste. Certes, au moment où la baronne s'apprêtait à donner son livre au public, la renaissance multiforme du sentiment national parcourait souterrainement les pays germaniques occupés, et, dans l'optique de l'occupant, l'ouvrage pouvait être pernicieux. Mais, allégé de quelques passages spécieux aux yeux du pouvoir impérial, *De l'Allemagne* était publiable : il se présentait comme un volumineux dossier informatif destiné à faire découvrir au lecteur français un mode de pensée et dé création différents. Il opposait le Midi et son héritage gréco-latin, le classicisme, au Nord, à la féodalité et au romantisme qui en est issu qu'il analysait en le révélant.

Ce que l'Empereur ne pouvait admettre était d'un autre ordre, bien plus profond : Mme de Staël était une fille des Lumières, une héritière de Montesquieu et de Rousseau, qui croyait au progrès, à la civilisation, à la liberté. Elle était une irréductible rebelle à toute forme d'absolutisme. Elle ne supportait pas l'asservissement de la pensée. Elle détestait la dictature militaire. Elle s'élevait contre tout arbitraire. Avec une intelligence supérieure, elle détectait immédiatement tout abus. Avec générosité, esprit et véhémence, elle le fustigeait. Elle était courageuse, ardente, dérangeante. En face d'elle, elle avait un visionnaire implacable qui ne croyait qu'en la force et la conquête et qui n'avait que mépris pour l'humanité, peuples et individus confondus. Il lui fallait contraindre, plier à sa volonté tout ce qui lui résistait : par le sang, par la terreur policière, par la flatterie, qu'importe ! Son fragile édifice reposait sur sa seule puissance, l'idée qu'il se faisait de sa grandeur : Mme de Staël n'était qu'un grain de sable, mais un grain de sable dangereux, déplaisant. Il fallait l'éliminer.

Plus facile à dire qu'à faire ! On peut tenter d'asservir la pensée, on peut la juguler, on ne l'assassine pas... Quand tout se sera effondré, Napoléon reconnaîtra qu'il avait pour lui les petits écrivains et contre lui les *grands*... Son règne est d'une éloquente stérilité en ce qui concerne la vie des lettres et de l'esprit, il en était conscient et, probablement, il le regrettait. À qui la faute ? Il ne concevait la littérature que circonstancielle et laudative : toute création indépendante – et sans indépendance, y a-t-il création ? – le gênait. Il prétendait mettre au pas les écrivains : on sait ce qu'il lui en a coûté d'avoir perdu Chateaubriand et Mme de Staël...

Prisonnière à Coppet, Mme de Staël devenait un symbole. Et quel symbole ! La spirituelle Mme de Chastenay le résumait à sa manière : «En Europe, il fallait compter trois puissances :

l'Angleterre, la Russie et Mme de Staël. » En dépit des apparences, la balle était désormais dans le camp de la baronne. Saurait-elle en profiter ?

*
* *

L'Histoire n'a pas manqué de styliser ce duel au sommet entre l'esprit et la force : l'ennui, c'est que l'Esprit n'avait pas les nerfs solides et que la Force se trouvait dotée d'une finesse que beaucoup d'esprits pouvaient lui envier...

Mme de Staël, avec sa lucidité coutumière, avait mis en avant, dans l'une de ses suppliques à l'Empereur, l'argument primordial qu'il allait utiliser en le retournant contre elle :

> La disgrâce de votre Majesté jette sur les personnes qui en sont l'objet une telle défaveur en Europe que je ne puis faire un pas sans en rencontrer les effets : les uns craignent de se compromettre en me voyant, les autres se croyant des Romains en triomphant de cette crainte, les plus simples rapports de la société deviennent des services qu'une âme fière ne peut supporter. Parmi mes amis, il en est qui se sont associés à mon sort avec une admirable générosité, mais j'ai vu les sentiments les plus intimes se briser contre la nécessité de vivre avec moi dans la solitude et j'ai passé ma vie depuis huit ans entre la crainte de ne pas obtenir de sacrifices et la douleur d'en être l'objet.

En mettant un accent quasi cornélien sur sa vulnérabilié, elle offre à Napoléon l'arme absolue pour la vaincre : à l'évidence, il ne va pas se priver de l'isoler – ce qu'elle redoute le plus – ni de la confiner dans son Léman, qu'elle déteste. C'est de bonne guerre. Et elle aurait pu prévoir la réaction d'un adversaire allergique à la rhétorique et aux larmes et qui se durcissait chaque fois qu'on prétendait l'apitoyer... Mais, après tout, si le coup était rude, il y avait peut-être plus à plaindre des rigueurs de l'Empire que cette femme éminemment intelligente, célébrée dans l'Europe entière, propriétaire d'une demeure splendide, héritière d'une fortune immense qu'elle gérait elle-même, et avec quelle vigilance !

On attendait de Mme de Staël une force d'âme à l'échelle de sa trempe intellectuelle, dans cette nouvelle épreuve. Déception ! Au lieu de faire montre de dignité et de maîtrise de soi, Corinne redouble ses agitations, ses bruyants désespoirs et gémit à tous vents que « l'exil est une prison ». Certes ! Mais comment ne comprend-elle pas qu'elle joue contre elle – encore et toujours ! – qu'elle consterne ses vrais amis, désolés de ces nouvelles convulsions qui, elle l'avouera, épuisent sa santé, cependant que les autres se détournent par lassitude ou par lâcheté. Quant à son ennemi, il triomphe, puisqu'il a réussi à l'atteindre et qu'elle le clame à qui veut l'entendre !

Les tourments et les souffrances de Mme de Staël sont réels. Le malheur, c'est qu'elle est incapable de les dominer. Au contraire, elle les décuple en les décrivant avec cette emphase qu'elle a héritée de son père et que rien n'endigue. Quel dommage que cette femme d'esprit n'ait jamais eu l'idée d'emprunter à ses amis anglais un trait typique de leur psychologie – qu'eux-mêmes avaient sans doute retenu et adapté du lointain Marc-Aurèle – le flegme !

À Sainte-Hélène, Napoléon dira : « Mme de Staël, dans sa disgrâce, combattait d'une main et sollicitait de l'autre [1]. » Le paradoxe était qu'elle combattait comme un homme et sollicitait comme une femme. À la suite de quoi, elle se débattait comme elle le pouvait au sein de ses contradictions : elle détestait le tyran et, en même temps, elle se mettait à sa merci. Elle espérait toujours de l'absolutisme qu'elle dénonçait un adoucissement à sa situation... Et cette attitude relevait moins d'une faute d'appréciation politique que de l'illusion, persistante chez elle, qu'elle était exceptionnelle et qu'en conséquence elle devait échapper à la norme, au sort commun. Erreur qui lui a valu une indéniable gloire, mais qui a transformé, dès lors, son existence en véritable calvaire !

Chateaubriand lui envoie une petite lettre solidaire lui réclamant une aide financière pour le libraire Nicolle, éprouvé par la suppression de *De l'Allemagne*. Il ajoute ceci :

> Je vous écris du fond de ma retraite [la Vallée-aux-Loups]. J'ai une petite chaumière à trois lieues de Paris; mais j'ai grand-peur d'être obligé de la vendre, car une chaumière est encore trop pour moi. Si j'avais comme vous un bon château au bord du lac de Genève, je n'en sortirais jamais. Jamais le public n'aurait une seule ligne de moi. Je mettrais autant d'ardeur à me faire oublier que j'en ai follement mis à me faire connaître. Et vous, chère madame, vous êtes peut-être malheureuse de ce qui ferait mon bonheur [2] ?

De la part d'un gentilhomme désargenté qui toute sa vie tirera le diable par la queue – et qui saura dépenser sans compter quand il le pourra, et qu'il le faudra – cette façon de voir se comprend... Mme de Staël, le croirait-on, s'offusque de ces propos et elle en tiendra rigueur longtemps à leur signataire ! Elle les relève dans une lettre à Juliette : « Ah ! que M. de Chateaubriand connaît mal le cœur en me trouvant heureuse. Il dit qu'il n'écrirait plus s'il avait de l'argent. Il considère le bonheur sous le même point de vue. C'est un côté vulgaire dans un homme d'ailleurs bien supérieur. » On voit bien qu'elle est née riche ! Et qu'elle n'a connu d'autre insécurité que celle qu'elle s'est fabriquée. M. de Chateaubriand, plus tard, sera contraint, pour avoir bravé le pouvoir, de vendre, non seulement sa maison, mais sa bibliothèque : il en souffrira, mais fera semblant de s'en moquer... Il y a une défaillance de comportement, pour ne pas dire une certaine médiocrité, chez cette grande bour-

---

1. *Mémorial* : *op. cit.*, I, 1035.
2. Lettre du 18 octobre 1810, Correspondance générale, *op. cit.* t II. pp. 83-84.

geoise qu'est Mme de Staël, cette privilégiée égocentrique à qui tout a été donné, dans le fait de jamais n'être en mesure de comprendre plus démuni qu'elle. Que Juliette la surclasse dans ce domaine ! Comme elle sait, elle qui a tout perdu, apprécier et se suffire du peu qui lui reste ! Et comme elle réagira différemment lorsqu'à son tour elle sera frappée !...

L'enfant paraît...

Après les heures tendres et les jeux enjôleurs de Chaumont et de Fossé, Auguste de Staël était reparti dans le sillage de sa mère : il fera désormais des navettes entre Paris et Coppet, mais son amour pour Juliette ne se refroidit pas pour autant. Il l'aime « sérieusement, chevaleresquement », écrit celle-ci à l'intéressée. Ira-t-il, le chevalier Auguste, jusqu'à échafauder des projets d'avenir, jusqu'à la demander en mariage ? Il semble que oui, encore que Mme de Staël et Mathieu – le tuteur des enfants Staël depuis la mort du baron suédois – s'inquiètent et tentent de neutraliser cette folle idée.

Juliette avait eu le loisir de méditer sur ses nouvelles amours tout au long de l'automne qu'elle avait passé chez ses amis les Catellan, à Angervilliers. Mathieu y venait, de Dampierre, en voisin. Peut-être avait-on évoqué aussi un projet, plus grave, concernant les Récamier : celui de l'adoption d'un enfant de la famille, cette petite fille blonde, entrevue sur la jolie pelouse de Cressin et qui s'était prise de passion pour l'élégante visiteuse de sa grand-mère, à moins que ce ne soit – elle avait cinq ans et demi – pour la belle calèche aux coussins blancs dans laquelle celle-ci était apparue ?...

Lorsqu'elle regagne Paris, peu avant les fêtes de fin d'année, Juliette apprend la mort de Mariette Cyvoct, la fille de sa belle-sœur Récamier, qui aimait tant les fêtes et « ne manquait jamais un bal » : elle avait vingt-neuf ans et laissait un mari médecin et trois jeunes enfants, dont cette charmante petite Joséphine. Juliette, qui déjà en avait exprimé le souhait, redemande l'enfant, après en avoir longuement débattu avec M. Récamier.

Celui-ci, le printemps venu, profite d'un voyage à Lyon, puis en Italie, pour visiter sa famille en Bugey. Il écrit à Juliette : « Si décidément, nous nous arrêtons à ce parti [prendre l'enfant] je considère que ce serait une satisfaction pour toy, comme pour moy, d'élever et de voir éclore cette jeune plante. »

Il lui demande de réfléchir aux inconvénients futurs : « Il faudra la marier, admettre ou éloigner les prétendants [...], lui renforcer sa dote... [sic] »

La famille ayant accepté, l'enfant est envoyée à Paris au courant du mois de juillet 1811. Elle a raconté cette arrivée mémorable dans les bureaux de son oncle, qui la mène chez lui, ouvre la porte du salon où Juliette s'entretient, allongée sur sa méridienne, avec Junot, et dit en la poussant dans la pièce : « Voici la petite ! »

Je reconnus tout de suite la belle personne pour laquelle j'avais senti un si vif attrait ; je n'eus avec elle ni crainte ni sauvage timidité, sa bonté me mettait à l'aise, la connaissance fut bientôt refaite et l'intimité établie entre nous. Je lui chantais une chanson mi-partie patoise et française, j'y mettais un accent qui la divertit fort. Mon lit fut dressé dans un cabinet attenant à sa chambre et il est facile de comprendre qu'au milieu de cette lanterne magique incessante de visages inconnus qui passaient devant moi je m'attachai avec passion à cette bonne et sympathique protectrice qui veillait tendrement sur la pauvre enfant dépaysée [1].

La petite Joséphine – née en 1804, elle portait, comme beaucoup de ses contemporaines, le prénom de la (future) impératrice des Français – fut rebaptisée du prénom de sa nouvelle marraine, la marquise de Catellan, Amélie. Elle était vive, fine, extrêmement intelligente, et pendant plus de trente années, à de rares exceptions près, sa vie n'allait plus se dissocier de celle de sa tante.

La réaction de Mme de Staël est typique :

Pourquoi avez-vous pris cette petite fille de Belley ? Par bonté ! Mais a-t-elle de la sensibilité ? Plus que ses parents qui ont ainsi abusé de votre générosité ? Comment vous en trouvez-vous [2] ?

Pourquoi ? Mais parce qu'elle était une femme comme les autres, qu'elle aspirait, elle aussi, à la maternité et qu'elle pensait, judicieusement, que cette enfant éclairerait la vie familiale, car les pères nobles commençaient à vieillir. Plus tard, elle se remémorera cette décision et avouera à Amélie : « Je croyais par cette adoption charmer la vieillesse de ton oncle ; ce que je croyais faire pour lui, je l'ai fait pour moi. C'est lui qui t'a donnée à moi. J'en bénirai toujours sa mémoire. » Juliette, qui en aurait douté, va se révéler une mère extraordinaire d'attention et de tendresse.

« Mme Récamier née Juliette Bernard se retirera à quarante lieues de Paris... »

Durant tout l'hiver et le printemps 1811, Juliette avait reçu des appels déchirants en provenance du Léman :

Est-il vrai que l'Empereur vient à Cenève au printemps ? Ce n'est pas assurément pour le chercher, mais pour l'éviter que je vous le demande. Dites-moi aussi avec franchise si vous croyez le moindre danger à notre rendez-vous avec Mathieu ? Ah ! quelle douleur que cette crainte per-

---

1. Mme Lenormant, *Mme Récamier et les amis de sa jeunesse*, Paris, Michel Lévy, 1872, pp. 162-163.

2. Ms. B.N. N.A.F. 14079, f. 42.

pétuelle d'être comme une pestiférée pour tout ce qui nous approche !
Je lutte contre mon cœur pour ne pas me plonger dans l'amertume de
tout ce que l'exil m'attire…

Quelle ingénuité ! Comment Mme de Staël peut-elle douter du
danger qu'il y a à venir auprès d'elle ? Au fur et à mesure que les
mois passent, tout ce qui l'entoure est frappé : le préfet Corbigny, de
Blois, a été destitué pour avoir été trop conciliant envers elle. Le préfet Barante, de Genève, également et pour les mêmes raisons. On a
contraint Schlegel à s'éloigner… Se plaindre ainsi, c'est évidemment toucher la corde sensible de ses deux fidèles amis que sont
Juliette et Mathieu, les encourager à la rejoindre et, à plus ou moins
long terme, provoquer leur exil à eux aussi.

J'ai reçu, ma chère Juliette, quelques petites lignes de vous et une
lettre de Mathieu qui se révolte à l'idée que j'ai désiré que vous vins-
siez me voir. Je me soumets si cela est mal. D'ailleurs je craindrais le
voyage pour vous dans cette saison. Mais convenez que M. de Balk
[un Livonien, leur ami commun] s'est bien mal conduit envers moi. Je
n'aurais jamais cru qu'il fût capable de cette peur déguisée en mal de
poitrine […]. Au reste, qui excepté vous, Mathieu, et j'ose dire moi,
sait être bien pour une amie malheureuse ! Aussi, je suis bien lasse du
malheur…

La belle âme ! Elle récidive :

[…] Pouvez-vous me dire que je n'ai pas remarqué les mots qui me
faisaient espérer votre présence ? Mais j'ai si peur de ne pas vous voir
et de vous compromettre que je m'agite sur ce sujet à un excès que je
n'aime pas à exprimer…

Ou encore :

Quel malheur que l'exil ! Tout ce qu'il décolore, tout ce qu'il déchire !
Peut-il rester une illusion à qui l'a souffert ? Ce n'est pas une illusion
que votre noble caractère…

Juliette s'est donc décidée à lui rendre visite : elle partira sous
couvert d'aller prendre les eaux, avec un passeport pour Aix-en-
Savoie, se rendra à Coppet qu'elle quittera pour Schaffhouse, le beau
site des chutes du Rhin, où elle a pris rendez-vous avec le prince
Auguste de Prusse, à la mi-septembre. Les cousins Montmorency la
précéderont à Coppet.
Inutile de dire qu'autour d'elle on s'inquiète. Les mises en garde
lui arrivent de tous côtés : Esménard, Junot, Fouché lui-même viennent la trouver et essaient de la dissuader d'entreprendre ce voyage.
Selon Ballanche, Fouché lui aurait fait valoir qu'après s'être rendue
auprès de Mme de Staël elle ne pourrait ni revenir à Paris, ni rester
à Coppet. Juliette aurait rétorqué : « Les héros ont eu la faiblesse
d'aimer les femmes, Bonaparte [elle a dû dire "l'Empereur"] est le

premier qui ait celle de les craindre...» On aurait, toujours selon Ballanche – dont il faut se méfier, car il est d'une rare complaisance envers son idole –, rapporté ces paroles à Napoléon qui, sans doute, aurait décidé à ce moment de l'exiler.

Le 21 août 1811, Mathieu apprend, à Coppet, qu'il est frappé. Il faut avouer qu'il méritait ses quarante lieues depuis pas mal de temps : Mathieu et son cousin Adrien ne cessaient de s'activer en faveur du Pape et des Cardinaux noirs. Ils avaient organisé une souscription pour les aider. Ils tentaient aussi d'intervenir auprès des princes espagnols détenus à Valençay, chez M. de Talleyrand. Ils avaient tout l'été visité les dépôts et les prisons d'État, pour secourir les prisonniers de guerre...

Le 23 août, Juliette quitte Paris en compagnie de la petite Amélie. Elle est en route, alors que Mathieu lui écrit :

> Je n'ai pas besoin de vous dire, aimable amie, ce que nous éprouvons tous en ce moment. Le pire de tout, c'est l'état de notre pauvre amie qui se reproche tout par excès de délicatesse et qui me fait sentir véritablement la peine de cette petite persecution, contre laquelle sans cela je me trouverais de la force. Cependant, je vous avouerai que votre pensée serait une de celles que j'ai besoin d'éloigner en ce moment pour ne pas être faible.
>
> [...] Adieu. Permettez-moi de vous rappeler au nom de la plus sincère et plus véritable amitié que, dans ces moments mêmes où tout porte à l'attendrissement, vous devez être plus en garde que jamais...

C'est le 30 août, à Morez, dans le Jura – où sa voiture avait versé, quatre ans auparavant – que Juliette apprend l'exil de Mathieu : Auguste de Staël, dépêché par sa mère, la conjure de ne pas aller plus loin. Juliette décide de passer outre et reprend sa route le lendemain.

> Nous arrivâmes à Coppet à la nuit close, j'entrai dans le salon à la suite de ma tante. Une femme en larmes dont les gestes et l'action me parurent véhéments se jeta dans ses bras ; puis la femme de chambre m'emmena et on me mit au lit...

Mme Lenormant n'oubliera jamais ces heures bouleversées, cette ambiance de drame auquel elle ne comprenait rien[1].

Dès son arrivée à Coppet, le neveu de Juliette, Paul David, qui fait un stage dans l'administration, à Genève, s'entremet pour l'en faire repartir immédiatement. Voici le rapport du nouveau préfet du Léman, M. Capelle, rédigé le 2 septembre, cependant que Juliette, après avoir quitté Mme de Staël et les siens, se repose à Genève.

---

1. *Mme Récamier et les amis de sa jeunesse*, pp. 164-165.

Monseigneur,

Voici quelques détails point assez sérieux pour être écrits au ministre, mais assez piquants pour que je les raconte en confidence à M. le duc de Rovigo.

Depuis deux ou trois mois, Mme de Staël appelloit Mme Récamier ; celle-ci ne se souciait pas trop d'aller courir les aventures à Coppet. Les lettres deviennent plus pressantes, elles parlent malheur, abandon, désespoir. Mme Récamier s'émeut ; elle voit dans ce voyage un dévouement héroïque ; elle le cache à ses amis et part. Une lettre la devance à Coppet et y arrive peu de jours après que M. Mathieu de Montmorency, qui y était encore, y avait reçu l'ordre de son exil. Il court au-devant de la belle voyageuse, la prévient du danger auquel elle s'expose, l'arrête dans un village ; Mme de Staël accourt ; le mystère couvre leur première entrevue ; le religieux Montmorency en est seul témoin. Mais les deux amis s'attendrissent, s'exaltent ; leur courage renaît et les voilà à Coppet. Mme de Staël rassemble le lendemain tout ce qu'elle peut de personnes qu'elle nomme ses amis pour prouver à Mme Récamier qu'elle est moins abandonnée qu'on ne le pense. Mais un neveu de celle-ci qui est à Genève, auprès de M. Pasquier, Directeur des droits réunis, et qui avait eu vent de la mésaventure de M. de Montmorency, ce qui n'est pas étonnant, parce que tout ce dont Mme de Staël est instruite est bientôt répété par les cent voix avec les couleurs qu'il plaît à son imagination d'y ajouter, ce qu'elle n'a pas manqué de faire dans cette circonstance, parce qu'il lui a paru beau de dire que c'était pour elle qu'un Montmorency, que le *dévot* Mathieu s'était fait exiler – le neveu donc de Mme Récamier que ces bruits ont alarmé pour sa tante et qui vient d'être instruit de son arrivée à Coppet, y accourt pour l'en enlever. Mme de Staël oppose à ce funeste projet son éloquence, et, à ce qu'on assure aussi, ses larmes ; mais l'intrépide ravisseur, qui la connaît depuis longtemps et ne l'aime pas plus qu'il ne faut, persiste dans l'enlèvement ; il s'opère, et, je crois, à la satisfaction de Mme Récamier, qui quoique n'étant que de la veille à Coppet sentait déjà plus son imprudence que son amitié pour Mme de Staël ; elle est arrivée hier au soir à Genève vers dix heures, et j'ai lieu de croire qu'elle en repart pour Paris au moment où j'écris ces lignes, accompagnée par son neveu, qui ne veut la quitter qu'aux portes de la capitale. Celui-ci est venu me consulter pour savoir s'il n'avait pas bien fait d'agir ainsi. Sans paraître appuyer ni combattre les craintes qui l'avaient dirigé, je lui ai dit que c'était toujours bien fait que d'avoir séparé quelqu'un qui l'intéressait d'une femme qui, par son inconduite, avait encouru la disgrâce de l'Empereur.

Le deuil est, dit-on, à Coppet ; tant mieux. C'est une leçon de plus. Je souhaite qu'on en profite. M. Mathieu de Montmorency en était parti quelques heures avant la défection de Mme Récamier. Il est moins affligé de son exil que de la cause qu'il lui suppose. « Si du moins, dit-il, on pouvait croire que c'est pour la cause de la religion, pour les affaires du concile, la circonstance était si propice et l'exil eût été pour moi si honorable, si méritoire devant Dieu et devant les hommes ! Mais que dira-t-on lorsqu'on saura que c'est pour Mme de Staël, pour une protestante, pour une femme si mondaine, que c'est chez elle que l'ordre m'a été signifié, etc. »

Il est persuadé que, de cette circonstance, la plus grande partie de son crédit religieux va s'écrouler. Aussi paraît-il disposé à aller loin du monde expier cette tache de sa vie. Ce qu'il y a de plus plaisant dans ces plaintes, c'est qu'il les faisait devant Mme de Staël.

On m'assure à l'instant que le fils aîné de cette dernière, qui brûle dès longtemps pour Mme Récamier du feu le plus ardent mais le moins couronné, pour se dédommager de la fuite de la belle de ses pensées, va la suivre à Paris.

Je prie V. E. d'excuser la liberté et le désordre de ces lignes que j'ai écrites en toute hâte pour ne pas manquer le courrier.

Je la prie en même temps..

CAPELLE[1].

Pour fielleuse et caricaturale que soit cette lettre, elle nous apprend que « le bon Paul » s'était affolé : sa démarche n'était pas très courageuse, et peut-être tremblait-il plus pour lui-même que pour Mme Récamier... Quoi qu'il en soit, elle dut tout ignorer de cet entretien dont elle était l'objet dans les bureaux du préfet Capelle.

Ce qu'elle ignorait aussi, c'était que son ordre d'exil venait d'être signifié à sa famille. Le 3 septembre, M. Récamier lui écrit depuis Paris[2] :

[...] J'ai été fort exact à t'écrire d'abord jeudi passé une assez longue lettre et depuis tout ce qui m'est venu pour toy, toujours sous le couvert de M. Mentsch et Cie. Je continuerai de même jusqu'à ce que tu me désignes toi-même le changement que je devrais aporter dans la marche de notre correspondance pour laquelle il conviendra désormais d'aporter la régularité et la méthode que pourra exiger son importance dans la circonstance délicate et critique où je viens d'apprendre que nous nous trouvons.

Tu sais que je ne retrouve pas toujours cette fermeté de caractère que j'aime dans certains hommes mais que malheureusement on ne se donne pas. J'en ai éprouvé assez peu pour m'inquiéter et m'alarmer beaucoup dimanche matin, à Dix heures en recevant une injonction du conseiller d'État préfet de Police, M. le baron Pasquier, de me rendre le lendemain à midi dans son cabinet « pour affaire urgente qui me concerne ».

Préoccupé, le banquier passe une nuit blanche.

Pasquier lui dit :

J'ai bien le regret de devoir être chargé auprès de vous d'une commission désagréable, il est question de Mad. Récamier, j'ai l'ordre de l'Empereur, il le tenait à la main, de lui signifier celuy de se retirer à 40 lieues de Paris et d'y rester en état d'exil jusqu'à révocation, j'ai été informé que Madame ne se trouvait pas à Paris, j'ai cru devoir...

1. Cette lettre publiée par C. Nauroy, *Le Curieux*, du 15 décembre 1883, a été reprise par E. Herriot, pp. 194-195.

2. Ms. B.N. N.A.F. 14105.

M. Récamier répond qu'il la fera prévenir. Il demande les motifs de cet exil :

> Il [Pasquier] me répondit que pareils ordres ne portaient ni considérants ni explications, il me lut simplement : Mad. Récamier née Juliette Bernard se retirera à 40 lieues de Paris.

Suit un commentaire circonspect :

> Il n'y a pas un des individus de la famille, de la maison et du peu d'amis que j'ai mis dans la confidence de la chose qui ne se soit écrié : j'avais dit et prévu ce qui arrive, si j'avais eu quelque autorité sur Mad. Récamier, je me serais opposé à ce fatal voyage. Je ne te feray quant à moi aucune observation parce que déjà nous nous les étions fait ensemble, et que ta volonté, tes goûts, tes affections et les prétendus devoirs religieux à l'amitié ont été toujours la règle et le bonheur de ma conduite à ton égard.

Vient enfin le plus important : M. Récamier enjoint Juliette de ne pas aggraver sa situation « par de nouvelles légèretés », ce qui pourrait avoir des conséquences négatives sur sa propre situation financière, ainsi que « sur les progrès des carrières diverses de chaqu'un des individus de la famille ». Il lui recommande « prudence et sagesse » ainsi que défiance envers « l'influence qui l'environne », traduisons Mme de Staël… M. Récamier est un chef de clan, débonnaire envers Juliette, mais chef de clan tout de même…

Que fait Juliette en quittant Coppet, où elle n'a passé que quelque heures ? La version officielle, celle de Mme Lenormant, et qu'ont pieusement reprise tous les biographes de Mme Récamier, veut qu'elle se soit en hâte rendue à Richecour, en Haute-Saône, chez ses cousins Dalmassy, puis ignorant l'ordre d'exil mais s'attendant à être frappée incessamment, elle serait repartie pour Paris, aurait rencontré M. Récamier qui l'attendait à Dijon, aurait tout appris et, poursuivant son idée, serait venue régler ses affaires dans la capitale, avant d'aller s'établir, avec Amélie, à Châlons-sur-Marne.

La vérité est différente. Lorsqu'elle publia son premier livre sur sa tante, en 1859, Mme Lenormant reçut de la comtesse de Boigne, qui vivait encore, une longue lettre commentant l'ouvrage. Elle lui écrit notamment ceci : « […] Je puis attester l'exactitude des faits que vous racontez : hormis peut-être ce qui a rapport au moment de l'exil ; mais vous avez ménagé l'égoïsme de Mme de Staël, l'ingratitude de M. de Dalmassy et la dureté de M. Récamier[1]… »

Dans ses *Mémoires*, Mme de Boigne esquisse un autre scénario, d'où il ressort que Juliette, après s'être rendue imprudemment auprès de Mme de Staël, cedant aux appels répétés de celle-ci, aurait

---

1. Lettre du 18 septembre 1859, Ms. B.N. N.A.F. 14097.

repris la route de Paris. À Dijon, elle aurait rencontré, non pas M. Récamier, mais un cousin (M. de Dalmassy) qui lui aurait repris sa fille qu'elle élevait, parce qu'il ne pouvait se compromettre avec une personne exilée. (Nous ignorons si Juliette élevait aussi la petite Dalmassy, qui avait sensiblement le même âge qu'Amélie ; ce que nous savons, c'est que les deux enfants se trouvaient réunies peu de temps après, à Châlons.) Ensuite, toujours selon Mme de Boigne, Juliette aurait débarqué à Paris, à minuit :

> M. Récamier frémit de la voir :
> – Mon Dieu ! que faites-vous ici, vous devriez être à Châlons, remontez vite en voiture.
> – Je ne puis, j'ai passé deux nuits, je meurs de fatigue.
> – Allons, reposez-vous bien ; je vais demander les chevaux de poste pour cinq heures du matin.
> Mme Récamier partit en effet, elle alla chez Mme de Catellan qui lui prodigua toutes les consolations de l'amitié et l'accompagna à Châlons avec un dévouement on peut dire héroïque, car on voit quel effroi la qualification d'exilé inspirait aux âmes communes [1].

Juliette alla effectivement à Angervilliers, très brièvement, et Mme de Catellan réunit pour elle quelques amis intimes, heureux élus admis à voir la belle exilée en partance, Dieu seul savait pour combien de temps... Claude Hochet lui écrira à Châlons pour lui exprimer sa désolation d'avoir été absent de Paris, alors qu'il figurait sur la liste de Mme de Catellan. Il attribue l'exil à « l'intérêt constant » que Juliette témoignait à Mme de Staël, mais aussi à la qualité des personnes qu'elle recevait ordinairement ces derniers temps : des étrangers de marque, parmi lesquels des Russes, ainsi que des personnalités indépendantes. De fait, si l'ordre d'exil qu'avait signé l'Empereur ne portait pas de justification, Juliette figurait sur la liste des exilés à l'intérieur de l'Empire, établie le 17 août précédent. En regard de son nom, le motif : « Mauvais esprit dans les sociétés. »

La jolie Mme Marmont, la duchesse de Raguse, réagit chaleureusement lorsqu'elle apprend la nouvelle. Elle écrit à Juliette d'une plume affectueuse et généralement bien informée. Elle lui nomme les « auteurs » de son exil : « Deux espions de son entourage, lui dit-elle, M. de Montey [2] et M. d'Aubusson. On assure que l'ordre ne se motive pas du tout sur votre visite à Mme de St., mais sur ce qu'on tenait chez vous des propos sur la guerre et sur la politique... » Dans l'esprit de l'Empereur, cela revenait au même.

---

1. *Op. cit.*, t. 1, p. 263.

2. Nous lisons Montey. Herriot lit Montet. Inconnus au bataillon du personnel impérial. Il pourrait s'agir de Moncey, le maréchal de France qui avait la haute main sur la gendarmerie. Quel qu'il soit, Mme Récamier disculpera cet « espion »-là dans sa réponse à Mme Marmont. Ms. B.N N.A.F 14104.

Châlons·sur-solitude

À la mi-septembre 1811, Juliette quitte Paris en compagnie de la petite Amélie et de sa femme de chambre, Joséphine. M. Récamier l'accompagne jusqu'à Château-Thierry, soit la moitié du chemin. Elle se rend donc à Châlons-sur-Marne, qu'elle a choisi pour plusieurs raisons : la ville se trouve à quarante lieues, précisément, de la capitale, sur la route très fréquentée de Metz et de l'Allemagne, ce qui peut faciliter ce que les exilés appellent des «occasions», c'est-à-dire un acheminement facile des courriers. Ensuite, la préfecture de la Marne est administrée par un homme avenant, M. de Jessaint, ce qui n'est pas négligeable, lorsqu'on songe aux mille petites tracasseries qui peuvent, dans le cas contraire, empoisonner l'existence de la personne surveillée. Enfin, Châlons est relativement voisine du château de Montmirail, résidence habituelle des Doudeauville et de leur fils Sosthène de La Rochefoucauld, dont nous avons déjà dit qu'il était le jeune époux d'Élisa de Montmorency, la fille de Mathieu : le voisinage du clan, avec lequel Juliette entretient de bonnes relations, pouvait s'avérer précieux, en cas de difficulté grave.

Châlons-sur-Marne était – et demeure – une ville ravissante, siège d'un évêché, dotée d'une cathédrale du XIIIe siècle, de belles places, d'un palais préfectoral splendide qui est l'ancienne résidence des intendants de Champagne, de plusieurs bras d'eau au charme tranquille et de grands jardins, dont ceux du Jard, qui font les délices de ses habitants. Une jolie ville, mais une ville de province... Et aux yeux d'une élégante Parisienne comme Mme Récamier, vivre à Châlons, ce n'est pas vivre, c'est s'enterrer. Le vide social, à cette époque, est synonyme de mort.

Juliette, pourtant, ne se plaint pas : elle est sereine. Elle laisse aux autres le soin de gémir sur son compte. Elle est calme et commence par s'organiser : elle est descendue à son arrivée à l'auberge de la Pomme d'Or, située sur l'ancienne voie romaine qui reliait Milan à Boulogne et qu'on emprunte pour entrer dans Châlons, en venant de Paris. Cette hostellerie avait une réputation européenne depuis que Stanislas Leczinski, l'ancien roi de Pologne, y avait par hasard découvert une délectable soupe à l'oignon. Ce moment gastronomique dut être mémorable, car il se rendit régulièrement à la Pomme d'Or depuis Nancy ou Lunéville. Après lui, y séjourneront, entre autres, la princesse de Lamballe, le duc de Cumberland et Joseph II le frère de Marie-Antoinette.

Quelque temps après, Juliette loue un appartement dans le voisinage, aux abords de la cathédrale Saint-Étienne, dans une rue paisible, dite alors «du cloître», et qui aujourd'hui porte son nom. Cette maison dans laquelle elle vécut plusieurs mois a disparu : il n'en demeure qu'un panneau de bois sculpté – conservé à la bibliothèque municipale – qui atteste qu'elle fut construite ou redécorée dans la seconde moitié du XVIIIe siècle. La Pomme d'Or fournit les repas, ce qui allège le service de Joséphine.

Voici la Belle des Belles installée au cœur de la Champagne, en compagnie d'une enfant de sept ans, coupée de ses amis, de ses amours, de sa société habituelle de ses plaisirs... Que fait-elle? Comment occupe-t-elle ses journées? Est-elle sensible à ce que Balzac appellera «une vie de sablier»? Les heures succédant aux heures, les volées de cloches du dimanche, les longues soirées paisibles, la régularité de petites réunions choisies, le battement endormi de la vie en province...

Elle se consacre à Amélie : elle lui apprend à lire, l'initie au latin, lui fait réciter des poèmes. L'enfant ne la quitte jamais. Elle partage ses tristesses et ses anxiétés. Plus tard, elle racontera qu'une nuit on frappe violemment à la porte de la maison. Mme Récamier réveillée en sursaut s'écrie : «Ah! mon Dieu, que nous veut-on encore?» L'enfant, qui couche dans sa chambre, lui répond : «Que craignez-vous, chère tante, ne sommes-nous pas à nos quarante lieues?» La fillette, avec la perspicacité qu'ont certains enfants, la regarde. Peut-être cela aide-t-il Juliette à se maintenir dans cette constance d'âme que tous ses amis admireront...

Amélie la rassure, Amélie l'amuse, parfois, elle l'irrite : un jour, Juliette, agacée, lui dit : «Tu n'es pas la petite fille que j'avais dans la tête. Tu n'es pas sensible...» Et Amélie qui entendait sa tante lui parler sans cesse «des talents qu'elle voulait (lui) donner», réplique, en lui demandant «un maître en sensibilité»! Voilà qui promettait...

Juliette est reçue par les Jessaint qui sont si compétents et si peu discutables qu'ils resteront trente-huit ans préfets de la Marne. Louise de Jessaint confie ses premières impressions à l'une de ses amies :

> Nous avons ici une femme de votre connaissance [...], c'est Mme Récamier qui est exilée pour avoir été chez Mme de Staël, elle sort fort peu, mais dans le peu que je l'ai vue il m'a semblé qu'elle parlait très bien, qu'elle avait de l'instruction, elle a beaucoup de gracieux dans le ton et les manières, enfin je l'ai trouvée simple, je la crois bonne, tout cela fait l'éloge de son bon esprit, car elle pourrait être toute différente après ses succès quoique sa position soit changée[1]...

Chez ces officiels qui cependant n'étaient pas sectaires, Mme Récamier pouvait retrouver, l'espace d'une soirée, un peu de l'urbanité et de l'élégance parisiennes... Cependant, elle était discrète : la réserve de son comportement était garante de sa tranquillité et de celle de sa famille. On lui avait fait entendre – et d'ailleurs, elle le savait d'expérience – que quelques mois de silence et d'éloignement calmeraient probablement la colère impériale. Elle se gardera bien d'enfreindre cette élémentaire et implicite consigne.

---

1. Ms. de la bibliothèque municipale de Châlons-sur-Marne. Nous ignorons à qui cette lettre (inédite) de Louise de Jessaint, datée du 2 novembre 1811, est adressée.

Comme partout où elle passe, Juliette se dédie aux œuvres charitables : elle laissera un souvenir durable parmi les religieuses des hospices de charité châlonnais. Son ami, le duc de Doudeauville, en témoignera à plusieurs reprises sous la Restauration, et même la monarchie de Juillet[1]. Elle se lie avec l'organiste de la cathédrale, M. Charbonnier, dont on dit qu'ayant deux fils à l'armée il n'était guère favorable à l'Empereur. Ce devait être un personnage amusant que ce petit homme, aussi distrait qu'il était excellent musicien, compositeur à ses heures – dans la tradition gluckiste – et enchanté des dispositions de Juliette. Il lui propose assez vite de jouer le dimanche à la grand-messe, ce dont, paraît-il, elle s'acquittait à merveille.

Au fil des leçons de la petite Amélie, des promenades le long du cours d'Ormesson ou dans les allées du Jard, des visites aux pauvres et des moments musicaux à Saint-Étienne, le temps passe... Les heures douces de Châlons font-elles regretter à la divine Récamier les heures endiablées de Paris, ou celles, enivrantes et tendres, de Coppet et de Chaumont ? Regarde-t-elle avec nostalgie, ou une pointe d'ennui, les berges givrées de la Marne, aux portes de la ville ? Se félicite-t-elle de cette réclusion ouatée, qui la tient à l'écart des ridicules de la société provinciale : les jeunes filles niaises, les jeunes gens engoncés, les interminables et rituelles parties de bouillotte ou d'écarté dans des salons mal chauffés, mal éclairés, où papotent aigrement quelques austères vieilles demoiselles ?... Quelles sont ses pensées ? Ses lectures ? Est-elle allée à l'église Saint-Loup contempler le tableau de Simon Vouet, dont Kleist – qui l'avait découvert quatre ans auparavant, alors qu'il était prisonnier de guerre des Français, disait qu'il « n'avait jamais rien vu de plus émouvant ni de plus exaltant » ? Un agonisant remet son âme aux anges : le symbole avait troublé violemment le poète prussien. Toucha-t-il un instant la jolie Parisienne ?

Juliette était exilée, elle n'était pas délaissée. Elle reçoit, pendant les huit mois que durent son séjour à Châlons, de nombreuses visites : Mme de Catellan l'y installe pratiquement. Nous aimerions mieux connaître cette amie si proche de Juliette, malheureusement, elle n'a guère laissé de traces, à la différence de son mari qui se montre toujours très affectueux dans les lettres qu'il envoie à Juliette. Mme de Catellan ne s'entendait pas très bien, semble-t-il, avec lui, mais elle était riche, ce qui expliquait et compliquait les choses. Amélie, devenue femme, la jugera très durement :

---

1. En août 1841, il lui écrira, de Montmirail, après une visite à Châlons : « Les habitants de la préfecture ne sont pas les seuls à me parler de vous, les bonnes sœurs de la Charité s'en ressouviennent avec reconnaissance. » (Ms. B.N. N.A.F. 14101.)

[...] Mme de Catellan est une personne spirituelle d'un esprit faux, mais elle rédige avec tant de précision qu'on est tenté de croire juste ce qu'elle dit si bien. Elle n'a point de raison, une imagination vive, aucun principe arrêté, aucune idée d'ordre. Son éducation a été fort mauvaise. Héritière d'une immense fortune, elle a pris l'habitude de ne jamais (…) ses dépenses et de regarder comme ignoble toute occupation de ménage. Elle a de la générosité, de bons mouvements et surtout une grande faculté de s'enjouer. Elle a eu pendant dix ans une passion pour ma tante[1].

Le portrait n'est pas tendre. Le comte Golowkine le complète d'une phrase sèche, dans une lettre qu'il écrit à Juliette, à cette époque : «Elle est froide, elle voit venir.» Qui plus est, Mme de Catellan a des états d'âme. À son retour de Châlons, elle exaspère un autre correspondant de Juliette, le duc Eugène d'Harcourt, dont Victor Hugo notera, pour l'avoir observé à la Chambre des pairs, «l'air spirituel et bon», qui alors n'a que vingt-cinq ans et se trouve à Angervilliers, dans une certaine intimité de relation avec la tempétueuse marquise. Elle mène à ses soupirants une vie dure, pour ne pas dire infernale : «Elle tient toujours à se noyer ou à se jeter par les fenêtres», gémit le pauvre Eugène d'Harcourt, qui n'en peut plus de ces chantages répétés. Il avoue bientôt à Juliette qu'il est «excédé, au point que je ne saurais vous rendre[2]!»...

Il ressort de tout cela que Mme de Catellan ne devait pas être une personne facile, ni prévisible. Juliette, qui était très gaie, aimait sans doute l'esprit allègre de sa belle amie, à qui on ne peut dénier un réel courage : c'est elle qui centralisait certaines correspondances pour l'exilée, ainsi que le faisceau des petites nouvelles concernant leurs amis communs. Ajoutons que Mme de Staël, qui la connaissait, en était jalouse.

Une autre femme vient partager la solitude de Juliette, pendant un mois : Mme de Dalmassy, sa cousine. D'elle non plus nous ne savons pas grand-chose si ce n'est qu'elle était malheureuse dans son ménage, qui aurait été arrangé par Mme de Catellan. Mme de Dalmassy était douce et soumise à Juliette. Elle n'était pas téméraire : elle écrira à Mathieu de Montmorency, dans le dos de sa cousine, pour le dissuader de venir à Châlons, alors que, le même jour, celle-ci lui fait savoir qu'elle l'attend avec impatience !

Les pères nobles se relaieront auprès de Juliette : M. Récamier, pour commencer, au mois d'octobre, suivi en décembre du divertissant Simonard. Puis, c'est M. Bernard qui viendra en compagnie de M. Récamier, dans le courant de janvier 1812. Les cousins Montmorency ne manqueront pas, eux non plus, de prouver leur dévotion à «la belle amie» comme ils l'appellent. Adrien viendra le premier : il passe la soirée du 13 décembre en sa compagnie. Il lui écrit, dès son retour à Montmirail :

1. Ms. B.N. N.A.F. 14093.
2. Ms. B.N. N.A.F. 14102.

Jamais je n'eusse pu croire que vous ajoutiez tant de force à tant de charme. Nous avions vu celle qui est la cause innocente de votre malheur si [amollie], si écrasée de cet insupportable exil! Cependant quelle différence entre sa situation et la vôtre[1]!

Adrien, quelques jours plus tard, insistera de nouveau sur la force morale de Juliette et ne se fera pas faute de citer, à ce propos, Bossuet, leur maître à tous, en relevant chez elle «ce je ne sais quoi d'achevé que le malheur donne à la vertu»…

Mathieu est, de tous les amis de Juliette, celui qui souffre le plus de cette épreuve. Il se doit d'être particulièrement prudent et ne séjourne que peu à Montmirail. Il avoue sa préoccupation la concernant, comme un leitmotiv obsédant : Auguste de Staël. Il écume d'apprendre que le chevalier Auguste a rejoint sa belle «en route». L'a-t-il accompagnée sur le chemin de Châlons? Bien possible. Car Auguste est toujours aussi amoureux et Juliette, malgré les exhortations de Mathieu, ne paraît pas désireuse de s'en détacher… Les lettres de Mme de Staël le confirment.

L'amitié «sévère» et sentencieuse de Mathieu s'adoucit parfois :

Je conçois parfaitement quelques émotions, quelques regards en arrière après un généreux sacrifice. Enfin je ne répugne pas à l'éloge d'un jeune homme que j'aime et qui mérite une grande part de mon estime…

À défaut de pouvoir se rendre au grand jour à Châlons tant qu'il n'en a pas reçu l'autorisation de l'administration, il lui envoie, de Montmiral, son gendre Sosthène, qui «rapporte une impression d'estime, je dirais même de respect pour votre intéressante situation. Je vous vois toujours avec vos deux filles entre l'église que vous visitez et certaines autres visites auxquelles votre bon cœur vous entraîne…»

Les deux filles sont Amélie et la petite Dalmassy qui, apparemment, aurait obtenu de son père de revenir un temps auprès de Mme Récamier.

Mathieu verra Juliette dans la deuxième quinzaine de janvier : nous pouvons imaginer la teneur de leur entretien… S'avouait-il, le noble vicomte, que la relative solitude dans laquelle elle vivait ne messeyait point à «l'incomparable amie», mieux même, qu'elle était l'occasion rêvée pour la corriger de sa coquetterie, de ce besoin irrépressible d'hommages et d'attentions sans lequel elle ne se sentait pas exister?… Était-il conscient de ce que trahissaient toutes les lettres qu'il lui envoyait? Au-delà de l'ardente moralisation, de la pénétrante direction de conscience, n'y avait-il pas un secret contentement de la savoir, à son cœur défendant, éloignée de

---

1. Ms. B.N. N.A.F. 14072.

toute tentation ? En un mot, Mathieu savait-il à quel point il aimait Juliette ?

Un de leurs soucis communs était Mme de Staël. Les lettres de la baronne étaient étranges : elle s'agitait, mais elle ne proposait pas à Juliette – comme on aurait pu s'y attendre – une réunion concrète. Que cache-t-elle ?

Ce 5 décembre [1811].

Quelle sérénité religieuse il y a dans vos lettres, ma chère amie, et que je suis loin de ce calme courageux qui y règne. Je ne puis concevoir comment la résignation a si peu de pouvoir sur une âme, et, quelques efforts que je fasse, je souffre à tous les moments et sans relâche. La prière, l'occupation, la réflexion, tout échoue contre mon âme, et je ne puis obtenir que de ne pas exprimer à tout le monde, et particulièrement au sort, une amère disposition. Mon procès me détourne de Genève encore quelque temps et Auguste a singulièrement insisté sur ce que je restasse encore à la campagne ; je ne sais pas trop le motif de cette insistance, mais j'y cède et j'en souffre cruellement, comme aussi j'aurais souffert de Genève dans les circonstances actuelles. Enfin, je ne puis plus vivre. Je suis hors de mon élément sous tous les rapports ; et la douleur comme la résolution de ne pas revoir ni vous ni Mathieu me tuent. Mon cœur est aride à force de souffrir, et puis je suis entourée d'amis bienveillants, mais non choisis par moi ; et cela met le cœur mal à l'aise. Mon Dieu, parlez-moi donc de vous, vous à qui je parle tant de moi. Ne dirait-on pas, en lisant votre correspondance, que c'est moi qui souffre pour vous et non pas vous pour moi. Vous êtes plus isolée, plus à plaindre dans votre situation que je ne le suis dans la mienne, et c'est vous qui me consolez. Mais ce que j'ai et dont Dieu vous a préservé parce que vous ne méritez pas une si cruelle peine, c'est un sombre découragement qui ne laisse pas percer dans mon âme un rayon d'espoir. Ce n'est point une folie, c'est un jugement que je ne m'avoue pas à moi-même et que j'appelle pressentiment pour ne pas lui donner le nom de certitude. Vous êtes assez bonne pour me demander des nouvelles de ma santé. La souffrance physique se confond avec celle de l'âme et j'éprouve un malaise continuel qui achève d'énerver mon âme. Mais cet état n'a rien ni de dangereux ni d'assez varié pour m'occuper un instant. Je suis mal de toutes les manières, et la vie dans ses deux thèmes, le moral et le physique, m'est insupportable. Si je passais quelque temps avec vous, tout serait changé pour moi. Vous avez plus de caractère que moi et l'harmonie intérieure de votre âme se communique à la mienne. Personne ici n'a de l'ascendant sur moi, personne n'est à mille lieues de vous égaler. Ah ! quel mal ils m'ont fait ! Écrivez-moi.

Il se passe que Mme de Staël, à quarante-six ans bientôt, est enceinte d'un jeune officier de hussards, auquel elle avait fait une allusion discrète dans une lettre à Juliette, l'année précédente, John Rocca, vingt-trois ans, «beau comme le jour» et passionnément épris d'elle. Un mariage secret les unira. La baronne dissimule soigneusement son état, si soigneusement que ses propres enfants ne se rendront pas compte qu'elle accouche (dans la nuit du 7 au 8 avril 1812) et qu'on parlera d'une attaque d'hydropisie… Mais évidemment, pour l'instant, elle ne tient ni à se déplacer ni à recevoir auprès d'elle quiconque…

Genève.

Je suis profondément affectée, chère et noble amie, de l'impression que vous avez reçue par mes lettres. J'ai un défaut que vous avez aussi. C'est de recevoir une impression très vive par les lettres. Benjamin a augmenté en moi cette disposition naturelle. Je ne puis la vaincre. Mais Dieu m'est témoin que j'ai pour vous le sentiment le plus tendre et que je n'aurais pas pensé un instant à me mettre en opposition avec le sentiment d'Auguste si nous avions pu être réunies. Je suis si profondément triste qu'il faut me pardonner des moments d'agitation. Je tâche autant que je puis de ne pas tourmenter ce que j'aime, et je me crois assez de douceur. Mais je ne puis répondre d'un moment de trouble, dans une situation qui pourrait faire perdre la raison par tous les sentiments opposés qu'elle met en lutte. Vous ne nous avez pas dit un mot du passage de l'Empereur à Châlons. Je ne sais pourquoi, j'avais espéré quelque chose pour vous de ce passage, et je vois que vous n'avez rien essayé. Vous avez un caractère d'une étonnante noblesse ; et le contraste de vos traits si délicats et si gracieux avec une si grande fermeté d'âme est quelque chose d'incomparable. Mathieu a, comme vous savez, l'autorisation d'aller à quarante lieues partout, et à Montmirail seulement vingt-cinq. Il choisit Vendôme. C'était aussi mon château en Espagne que Vendôme. Comme on appelle du bonheur ce qui semblait de la peine quand la destinée descend plus bas. Il vient un temps où la moindre parcelle de vie est un bien ; et j'ai vu un paralytique heureux de remuer le bout du doigt. Un paralytique, homme d'esprit, écrivait : je l'ai éprouvé dans la maladie, la vie physique prend absolument le dessus quand elle est souffrante. Enfin j'ai terriblement réfléchi depuis nos deux exils ; car, depuis cet instant, je n'ai pas eu un jour sans que mon âme fût oppressée, et souffrir fait penser. Auguste désire extrêmement que vous alliez à Lyon. Moi qui ne jouirai de rien, je ne puis rien sentir avec joie, je crains aussi qu'Auguste ne soit de nouveau gêné comme il l'était il y a un an. Enfin, la vie est pour moi un tissu de douleurs. Je vous serre contre mon cœur et je couvre vos jolies mains de mes larmes.

Cependant que Mme de Staël se désespère, que le chevalier Auguste vient rendre visite à sa belle, ses amis, s'ils lui écrivent abondamment, se préoccupent aussi, depuis Paris, d'améliorer son sort. Bien que Juliette s'y soit formellement opposée, quelques démarches sont tentées en sa faveur. Adrien lui en rend compte avec ponctualité : Mme Marmont parle aux Murat qui sont bien disposés – ils le resteront – envers Mme Récamier. On voit aussi Junot. Mais rien de tout cela n'aura d'effet. D'ailleurs Juliette n'y tenait pas.
    Elle n'a rien d'une héroïne. Simplement, elle est ferme, elle se conduit avec la tenue et le sang-froid qui, depuis toujours, consti-

tuent son code intime. Et cependant cet exil lui pèse, lui fait l'impression d'une «solitude glacée». Plus que jamais elle aurait besoin de se sentir entourée, réchauffée, aimée. «Paris vous adore», lui écrit l'aimable Eugène d'Harcourt. Paris lui est interdit. Alors elle songe à voyager. Le 27 mars, elle fait part à Gérard, le peintre, de son désir d'aller en Italie. Mme de Boigne voudrait l'en dissuader : Vienne lui paraît préférable à un double point de vue, social et financier. Juliette hésite, parce qu'elle ne veut, ni ne peut, renoncer à abandonner l'idée de rejoindre Mme de Staël.

Un coup de théâtre survient qui va clarifier son incertaine situation.

Amitiés lyonnaises

Ainsi qu'elle le raconte dans *Dix années d'exil*, le samedi 23 mai 1812, Mme de Staël monte dans sa voiture, «son éventail à la main», en compagnie de John Rocca et de deux de ses enfants : on la croit sortie pour une anodine promenade. Elle quitte Coppet à deux heures de l'après-midi, on l'y attend pour dîner   Elle n'y reviendra que deux ans plus tard.

Les autorités n'ont pas eu le temps de le comprendre que déjà la baronne est hors de leur portée : elle s'est bel et bien évadée ! À la différence de la famille royale, vingt et un ans avant elle, Mme de Staël a minutieusement préparé sa fuite, qui réussit. Elle ne supportait plus d'être confinée entre Coppet et Genève. La délation et les pressions lui étaient intolérables, l'idée qu'on pouvait l'arrêter l'épouvantait. Elle avait obtenu la permission de passer en Amérique, mais quitter l'Europe civilisée lui était inenvisageable. Elle entendait résider dans un pays libre et, dans sa situation, le seul convenable était l'Angleterre. Pour y arriver, en échappant à la police napoléonienne, elle devra faire le détour qui s'impose. Et quel détour ! Il lui en coûtera treize mois avant qu'elle arrive à Londres.

La voilà sur les grands chemins qui la mèneront d'abord à Berne, puis Vienne, puis à travers la Moravie et la Galicie, en Russie : Kiev, Moscou, Pétersbourg, enfin, à travers la Finlande et le golfe de Botnie, à Stockholm où elle résidera un temps, avant de s'embarquer à Göteborg, pour Harwich… Elle a décrit son périple dans ses *Mémoires d'exil*, publiés par son fils Auguste après sa mort.

Juliette, quand elle apprend ce départ inopiné, tombe des nues ! Le jour même de sa fuite, la baronne lui avait écrit, mais sans rien lui proposer de concret, si ce n'est une éventuelle réunion aux «eaux de Suisse qu'[elle] préférerai[t] à tout autre endroit»… Un billet suivait, contenant cette phrase révélatrice : «Je vous aime plus que vous ne croyez.» Car, ignorante de la situation réelle de son amie, Juliette pouvait penser à bon droit que ce départ qui la comptait pour rien, même si Mme de Staël «lui confiait Auguste», était le comble de l'égoïsme… Elle en est profondément choquée.

L'attente à Châlons n'a plus de sens. Juliette décide d'aller passer quelque temps à Lyon : sa ville natale lui offrira du moins plus de ressources de société que la préfecture marnaise. Elle y sera bien accueillie par les membres de sa famille, en particulier par sa belle-sœur, l'excellente Mme Delphin, elle y retrouvera quelques amis, elle y sera aussi, sur la route de cette Italie qu'elle aurait aimé découvrir en compagnie de Corinne…

Juliette descend à l'hôtel de l'Europe, place Bellecour. Elle est passablement triste. La lettre que lui adresse M. Récamier n'est pas de nature à dissiper cette humeur mélancolique :

> Observe-toi seulement beaucoup sur les personnes avec lesquelles tu te lieras, parce que, quoiqu'il n'y paraisse pas, tu te trouves toujours en surveillance tacite de la police. Ton changement ou ta translation de Châlons à Lyon t'a jetée dans une autre division de la police générale. J'ai par hasard un ami dans cette nouvelle division, que je rencontrai ces jours derniers sur le boulevard, qui me dit qu'il était déjà venu de Lyon deux rapports sur ton compte : le premier pour informer de ton arrivée et le second pour dire que tu t'y comportais fort bien, que tu voyais peu de monde et que tu vivais beaucoup chez toi…

Vivre beaucoup chez soi : c'était bien tout ce qu'elle pouvait faire. Quand les Junot passeront par Lyon, ils la verront partager son temps entre son piano et son métier à broder, toujours gracieuse et vêtue de blanc… Dans le sillage de Mme Delphin, elle visite les pauvres, les malades et les prisonniers. M. Récamier met Juliette en garde, il connaît bien sa jeune sœur :

> Garde-toi seulement de l'excès dans les aumônes ou générosités auxquelles pourraient naturellement te provoquer les tableaux de l'indigence qu'elle te mettra journellement sous les yeux, parce que je fais déjà beaucoup moi-même ici et qu'en tout il ne faut jamais dépasser les bornes raisonnables…

Cela n'empêchera pas Mme Récamier d'enlever une petite Anglaise à des saltimbanques et de la faire élever à ses frais.

Mais ces habituelles actions de bienfaisance, si elle constituent un dérivatif au désenchantement passager de Juliette, si elles lui permettent de sortir d'elle-même et de ses inquiétudes sur sa peu agréable situation, n'offrent rien qui puisse alléger l'oppression qu'elle ressent, la sensation de vide et d'abandon qu'elle éprouve depuis la défection de Mme de Staël. Juliette, à Lyon, n'a pas, du moins au début de son séjour, le même détachement serein qui, à Châlons, lui valait les compliments admiratifs de ses amis. Elle est beaucoup plus vulnérable. Ce qu'elle nécessite, et Lyon va le lui donner, c'est le ressourcement d'elle-même au contact de nouvelles et profondes relations sociales. Toujours, dans le regard qu'autrui porte sur sa personne, Juliette puise une force morale, l'indispensable certitude qu'elle existe puisque son aura, sa lumière, son charme continuent d'agir. Le hasard va placer sur son chemin des types humains radicalement différents : deux grandes dames et un poète.

*
* *

Dans le même hôtel loge une autre exilée, mais combien différente de Juliette : la duchesse de Chevreuse. Née Hermesinde de Narbonne-Pelet, elle se trouvait depuis son mariage avec Albert de Luynes, la belle-sœur de Mathieu de Montmorency. Elle avait, au moment où Juliette se lie avec elle, vingt-sept ans. Pour des considérations qui tenaient essentiellement à la fortune, une partie du clan Luynes-Montmorency s'était ralliée à l'Empereur, le père de Mathieu en tête. La duchesse de Chevreuse et sa belle-mère, la duchesse de Luynes, étaient des irréductibles. Napoléon ne s'y trompait pas lorsqu'il définissait l'hôtel de Luynes comme «la métropole du faubourg Saint-Germain»… On avait cependant sacrifié Hermesinde en l'obligeant à devenir dame du Palais, ce qu'elle faisait avec mauvaise grâce et impertinence. Lorsque l'Empereur la désigne pour accompagner la reine d'Espagne détrônée, elle lui répond que c'est bien assez d'être prisonnière, sans vouloir, en plus, se faire geôlière… L'exil est immédiat.

Elle le supportait très mal. Elle se mourait de la poitrine et, comme beaucoup de phtisiques, elle était fébrile et capricieuse. Elle avait pourtant auprès d'elle la plus complaisante des amies, en la personne de sa belle-mère, qui l'adorait, la comblait d'attentions. Mme de Chevreuse était altière, elle avait, comme on disait, «le cœur haut placé», mais aussi elle se conduisait de façon bizarre. Elle avait, par exemple, écrit pendant dix-huit mois à Mme de Genlis après que celle-ci fût rentrée d'émigration, en se faisant passer pour une jeune paysanne. Elle signait ses missives admiratives «Jeanneton» et rendit visite à la femme écrivain déguisée en jardinière[1]. «Quoique rousse, elle était extrêmement jolie et élégante», dira d'elle Mme de Boigne, qui jugeait sévèrement ses inconséquences. Elle souffrait horriblement de sa rousseur, ne savait que faire pour la dissimuler et, ultime caprice, se fera raser la tête deux heures avant sa mort, survenue l'année suivante.

Mme de Luynes, sa belle-mère, née Guyonne de Montmorency, était un personnage extraordinaire qui, bien plus encore que sa malade, distrayait Juliette des honorables dames patronesses de la famille Récamier. Supérieurement intelligente, elle avait abdiqué toute féminité et partageait le temps qu'elle ne donnait pas à Mme de Chevreuse entre ses deux passions : la typographie et le jeu. Mme Lenormant la décrit telle qu'elle lui apparaît à Lyon :

---

1. Gabriel de Broglie, *Mme de Genlis*, p. 334.

Ses traits durs et irréguliers étaient masculins, comme le son de sa voix. Lorsqu'elle portait des vêtements de femme (ce qui n'arrivait pas tous les jours), elle endossait une sorte de costume qui n'était ni celui qu'elle avait dû porter dans sa jeunesse avant la Révolution, ni celui que la mode avait introduit sous l'Empire : il se composait d'une robe très ample à deux poches et d'une espèce de bonnet monté ; on ne lui vit jamais de chapeau. Mme de Luynes se moquait fort gaiement elle-même de ce qu'elle appelait sa *dégaine* et néanmoins, avec ce visage, cette toilette et cette grosse voix, il était impossible aux gens les plus ignorants de ce qu'elle était, de ne pas reconnaître en elle, au bout de cinq minutes, une grande dame. La sensibilité et l'élévation de son âme se montraient de même sous la brusquerie de ses allures, comme à travers la crudité de son langage perçaient l'habitude et l'élégance du grand monde. Elle était très instruite, savait bien l'anglais et lisait énormément. Que dis-je ? Elle imprimait ; elle avait fait établir une presse au château de Dampierre, et non seulement elle *était*, mais elle avait la prétention d'*être* un bon ouvrier typographe.

Un jour elle se rendit avec Mme Récamier aux Halles de la Grenette, à l'imprimerie de MM. Ballanche père et fils. Après avoir attentivement et très judicieusement examiné les caractères, les presses, les machines ; après avoir apprécié en personne du métier les perfectionnements que MM. Ballanche avaient introduits dans leur établissement, elle relève tout à coup sa robe dans ses poches, se place devant un casier et, à l'admiration de tous les ouvriers, la duchesse compose une planche fort correctement, fort lestement, sans omettre même en composant un certain balancement du corps en usage parmi les imprimeurs de son temps [1].

Voilà pour la typographie… Quant au jeu, Mme Lenormant n'en parle évidemment pas, mais il était de notoriété publique que la duchesse de Luynes ne désemparait pas, y laissait des sommes importantes, d'autant qu'avec générosité et chaleur elle soutenait financièrement des partenaires moins fortunés qu'elle. Talleyrand appréciait son esprit, autant que sa libéralité : il était un habitué de la rue Saint-Dominique, où « les tables de jeux de whist, de creps et de biribi » ne désemplissaient pas de toute la nuit, surveillées par « une domesticité qui prenait son service par quart [2]… »

Elle éprouve une immédiate affection pour Juliette, qu'elle appelle « ma belle », qu'elle voit une demi-heure chaque jour, qu'elle emmène au théâtre, à qui elle fait de gracieux petits cadeaux et dont elle apprécie la présence apaisante sur l'âme fantasque et douloureuse de sa belle-fille. Ce lien sera durable : jusqu'à la mort de la duchesse de Luynes, en 1830, Juliette recevra d'elle de savoureux et vivants petits billets. Qui plus est, cette grande dame apprécie sans préjugés les autres membres de la tribu et démêle parfaitement les motivations et les travers de chacun. Quand elle traite Mathieu de « grand niais », nul doute que Juliette doit sourire…

---

1. *Op. cit.*, pp. 190-191.

2. Michel Poniatowski : *Talleyrand et le Directoire*, Paris, Librairie Académique Perrin, 1983, pp. 86-87.

Une autre rencontre va marquer ces semaines d'exil dans la capitale des Gaules, celle du poète et philosophe chrétien Pierre-Simon Ballanche. Présenté à Mme Récamier par Camille Jordan, ce fils d'imprimeur va s'éprendre, au premier regard, de la blanche Juliette et lui dédier tout son être, toute sa vie et toute sa pensée. Il était plus âgé qu'elle d'un an, et malgré un physique assez disgracieux – il était affublé d'une loupe sur le visage – il révèlera des trésors de dévotion et d'allégeance à la dame qu'il s'est choisie une fois pour toutes : dès qu'il sera libéré des contraintes familiales, il la rejoindra et vivra à ses côtés. On a dit de lui qu'il était son « Platon domestique » : rien n'est plus juste. Cet amoureux chaste et pudique sera de plus une sorte de tuteur moral d'Amélie, son père d'adoption. Il poursuivra son œuvre, mal connue, et qui, selon Herriot, le classe parmi les « métaphysiciens lyonnais » : « Leurs idées s'enveloppent d'un brouillard qui parfois les obscurcit tout à fait, et, à coup sûr, ce n'est pas la pure tradition du génie français qui les guide. En revanche, ils ont une originalité profonde et la poésie, une poésie pénétrante et très douce, infléchit les sinuosités de leur pensée, adoucit les nuances de leur langage : on ne les comprend pas toujours, on est souvent charmé[1]... » Avis aux amateurs : sa *Palingénésie*, qui lui vaudra les honneurs de l'Académie française, a été publiée en 1830.

M. Ballanche, au naturel et au quotidien, et après tout c'est ainsi qu'il entre dans la petite famille d'élection de Juliette, est désarmant de bienveillance et de naïveté. Témoin cette anecdote de ses débuts auprès de la Belle des Belles :

Le lendemain de sa présentation chez Mme Récamier, M. Ballanche y revint seul et se trouva tête à tête avec elle. Mme Récamier brodait à un métier de tapisserie la conversation d'abord un peu languissante prit bientôt un vif intérêt, car M. Ballanche, qui trouvait avec peine ses expressions lorsqu'il s'agissait des lieux communs ou des commérages du monde, parlait extrêmement bien, sitôt que la conversation se portait sur l'un des sujets de philosophie, de morale, de politique ou de littérature qui le préoccupaient.

Malheureusement les souliers de M. Ballanche avaient été passés à je ne sais quel affreux cirage infect, dont l'odeur, d'abord très désagréable à Mme Récamier, finit par l'incommoder tout à fait. Surmontant, non sans difficulté, l'embarras qu'elle éprouvait à lui parler de ce prosaïque inconvénient, elle lui avoua timidement que l'odeur de ses souliers lui faisait mal.

M. Ballanche s'excusa humblement en regrettant qu'elle ne l'eût pas averti plus tôt et sortit ; au bout de deux minutes il rentrait sans souliers, et reprenait sa place et la conversation où elle avait été interrompue. Quelques personnes, qui survinrent, le trouvèrent dans cet équipage et lui demandèrent ce qui lui était arrivé. « L'odeur de mes

---

1. *Op. cit.*, p. 217.

souliers incommodait Mme Récamier, dit-il, je les ai quittés dans l'antichambre[1]. »

Ainsi commence une amitié – le mot est faible, mais dans « amitié » il y a « âme » – qui va durer jusqu'à la mort. Autour de Juliette, on a parfois mal compris cette présence opaque, sans brio particulier. Juliette, cette femme si belle, si éprise de qualité, qui toujours attirait à elle ce qu'il y avait de plus remarquable dans l'ordre du prestige, de la compétence, de la célébrité, comment pouvait-elle s'affubler de ce lourdaud?... C'était tout à son honneur et tout à la louange de son bon goût que d'avoir, la première, compris ce que Ballanche était sans qu'il osât le dire : un homme très fin, très bon et dont la pensée, si elle ne se perdait pas dans les méandres d'une culture solide et même érudite, se développait pour le plus grand plaisir de ses interlocuteurs : Chateaubriand, c'est tout dire, l'appréciera hautement. Ballanche avait eu, il est vrai, la bonne idée d'imprimer, en 1802, la deuxième et la troisième édition du *Génie du christianisme...*

Malgré sa maladresse et ses distractions de savant, Ballanche se révélera d'une exceptionnelle délicatesse en ce qui concerne Juliette : il en fera sa Muse, sa Laure, sa Béatrix, il saura choisir les mots qui élèvent, rehaussent et transfigurent. Ballanche, cette trouvaille de Juliette, sera pour elle le plus délicieux, le plus rassurant des compagnons, un miroir magique.

*
* *

Au fur et à mesure qu'avance l'année 1812 la situation de Napoléon devient préoccupante. Sans doute, à Châlons, Juliette avait-elle assisté au passage des troupes qui, insensiblement mais continûment, allaient renforcer les garnisons d'Allemagne. Peut-être s'était-elle posé, comme Goethe à Fulda, quelques semaines plus tard, l'inévitable question : « Combien en reviendra-t-il? »

Une fois réalisée la concentration des forces, des deux côtés, l'alliance franco-russe peut se rompre. Après l'échange rituel des ultimatums, le tsar et l'Empereur des Français sont prêts à s'affronter. Le 24 juin, Napoléon passe le Niémen : la désastreuse campagne de Russie vient de commencer. Elle sera le prélude à sa chute.

À Lyon, ville passablement impérialiste, on attend, comme partout en Europe, des nouvelles de cette lointaine guerre et, malgré les précautions de la propagande, on comprend assez tôt qu'elles ne sont pas bonnes. Plus il s'enfonce au cœur de la Russie, plus Napoléon s'inquiète : sur les conseils du vieux Koutousov – le général d'Austerlitz – l'ennemi se dérobe, et lorsqu'il accepte la bataille – à Borodino, sur la Moskova – il ne subit qu'une demi-défaite, puisqu'il parvient à s'échapper. Le 14 septembre, Napoléon s'installe dans Moscou désertée. Deux jours plus tard, il est contraint d'éva-

---

1. *In* Lenormant, *op. cit.*, t. 1, pp 200-201.

cuer le Kremlin. La ville sainte a préféré s'incendier plutôt que de subir une occupation étrangère. Napoléon perd du temps... Il attend les premières neiges d'octobre pour se décider à la retraite. C'est trop tard, elle sera effroyable : à son départ de Moscou, la Grande Armée comptait 462 000 hommes, moins de 20 000 repasseront le Niémen. Le 18 décembre, tard dans la soirée, l'Empereur accompagné de Caulaincourt rentre incognito aux Tuileries. Il declare : « J'ai fait une grande faute, mais j'ai les moyens de la réparer. »

Les moyens, on les imagine : des recrutements massifs pour reconstituer ses forces militaires. En plus des 130 000 conscrits de 1813, convoqués par anticipation, il procède à la « levée des quatre classes » qui rappelle sous les drapeaux les conscrits de 1808 à 1813, substituts compris. Il oblige les jeunes gens de l'aristocratie à s'enrôler dans la garde d'honneur, il reprend les divisions d'infanterie qui servaient temporairement dans la marine, il renforce la vieille et la jeune garde : bref, il procède à une sévère réorganisation de l'armée. Elle est particulièrement impopulaire.

Paris est agité depuis la malheureuse et ridicule affaire Malet : une tentative de coup d'État par un général républicain qui profite de l'absence de l'Empereur pour annoncer sa mort et, par surprise, essaie de s'emparer des rouages principaux du pouvoir. On la règle sur-le-champ, Malet est fusillé. Le marasme économique accroît encore le mécontentement et la fermentation des esprits. Jusqu'en juin 1813, on vit dans une fausse accalmie : l'édifice impérial tremble sur ses bases et l'on attend de savoir quand il va s'effrondrer.

Rome, préfecture du Tibre

Dans ce contexte troublé, Juliette, encouragée par Mathieu de Montmorency, qu'elle voit en janvier 1813, se décide à partir pour l'Italie. Elle quitte Lyon dans les premiers Jours du carême. Il y a un petit mystère sous ce départ brutal, et qui ne s'imposait pas : elle était suffisamment informée par ses amis parisiens de passage ou par M. Récamier lui-même, qui trouvait toujours un moyen de lui communiquer ses « Bulletins » récapitulatifs de ce qui se passait dans les sphères politiques, pour s'attendre à ce qu'à la reprise du conflit l'Europe soit de nouveau à feu et à sang.

Aucun de ses biographes ne s'est préoccupé de cette phrase de la duchesse de Luynes qui lui écrira dix ans plus tard au lendemain d'un autre départ brutal pour l'Italie : « Sans Mathieu qui m'a dit la raison qui vous a porté à le faire [partir précipitamment], je craignais que ce ne fût pour un motif semblable à celui de Lyon [le départ de 1813] [1]. » Quel motif ? sentimental ? politique ? financier ?

---

1. Lettre du 29 octobre 1823, Ms. B.N. N.A.F. 14072. Le prétexte officiel au départ de 1823 est la santé d'Amélie. Le mobile réel est d'ordre affectif. Lequel Mathieu a-t-il exposé à sa belle-mère ?

Une des raisons apparentes du voyage de Juliette en 1813 est qu'elle est désormais libre de tout projet avec Mme de Staël. Elles sont même en froid : la baronne, de Stockholm, où elle était installée, réclamait son fils Auguste. Après une visite à Lyon, qui dut être de rupture mutuelle, l'indolent jeune homme rejoint sa mère dans la capitale suédoise.

Mme de Staël n'apprécie guère que son fils ne lui apporte rien de Juliette :

> J'ai cru voir dans ce silence un reproche tacite du parti que je le forçais à prendre et dont votre générosité lui a donné la force. Ce serait une grande douleur pour moi que d'avoir perdu votre affection par l'accomplissement d'un devoir qu'il m'est impossible de ne pas regarder comme impérieux...

Nous sommes loin des cris d'amour d'il y a deux ou trois ans ! Que s'est-il passé ? Juliette se contentait-elle de se laisser aimer par Auguste ou lui était-elle réellement attachée ? Nous l'ignorons. Ce que nous savons, c'est que cette rupture lui fut désagréable parce qu'elle lui était imposée. Mais fut-ce bien douloureux ? Envisageait-elle de l'épouser ? Auguste était un gentil chevalier servant, mais un piètre parti... Franchement, cette idée n'avait rien de séduisant, à part peut-être la perspective de devenir une autre Mme de Staël... La plaisanterie n'a pas dû amuser Juliette plus d'une demi-minute. Quoi qu'il en soit, la baronne avait repris ses droits sur le prétendant de son amie, comme elle avait, jadis, reconquis Prosper.

Lorsqu'au début du mois d'août suivant le cadet des fils Staël, Albert, que sa mère traitait d'« hurluberlu », se fera tuer en duel dans le Mecklembourg, à la suite d'une querelle de jeu, Juliette enverra une lettre de condoléances. La baronne répondra par un billet ému et chaleureux : « Je suis sûre que vous m'avez plainte, ma chère amie. Mais que serais-je devenue si Auguste n'avait pas été près de moi ? Songez-y et pardonnez... »

Juliette pardonna-t-elle ? En tout cas, elle se tut.

*
* *

Elle part pour l'Italie d'assez mauvaise humeur, semble-t-il. Mathieu, qui lui avait promis de se joindre à elle, se désiste : il ne l'accompagne que jusqu'à Chambéry. Elle voyage dans sa propre voiture, qui contient une bibliothèque enrichie par Ballanche d'une récente *Histoire des croisades*. S'y ajoute *Le Génie du christianisme* – qu'elle reprend dix ans après le séjour en Angleterre – des poètes italiens aussi, sans doute pour se préparer aux découvertes qu'on allait faire... Car c'était encore une grande aventure de l'esprit qu'un périple à travers la patrie de Dante et du Tasse...

Elle le commence par la capitale des rois de Savoie, Turin, qui désapprend, sous l'administration française, son ancienne féodalité. Mme Récamier descend chez Auguste Pasquier, le frère du baron préfet de police qui l'a exilée, qui, comme à Genève, dirige les Droits réunis. Le 26 mars 1813, elle écrit deux lettres à ses amis lyonnais, Ballanche et Camille Jordan. La lettre à Ballanche, commencée par la nouvelle femme de chambre Jenny, se termine ainsi :

> L'idée qu'il est de mes amis que je ne reverrai peut-être pas, l'idée surtout qu'ils ne méritent peut-être pas tant de regrets m'entre dans l'âme et attriste toutes mes pensées. Comment est-il possible que Camille, qui sait tout de ce que je sens, tout ce que je pense, tous les motifs qui m'ont déterminée à partir, vienne me parler de ceux qui lui disent que j'ai quitté Lyon pour ennuy. N'est-ce pas donc pas assez qu'à une époque si triste de ma vie je ne trouve pas un seul ami pour me suivre sans qu'on vienne encore me troubler l'imagination par de petites malveillances de détails. Je ne puis vous dire ce que j'ai éprouvé en passant le mont Cenis, moi qui suis si craintive...

Nous y revoilà : les motifs qui l'ont déterminée... Elle avoue à Camille Jordan son état névralgique, et après quelques impressions de voyage elle rompt le ton :

> Je reçois votre seconde lettre, cher Camille, j'en suis furieuse, est-il possible qu'un homme supérieur comme vous s'amuse à éventer et à répéter des dits et redits de petite ville...

Juliette furieuse : c'est plus que rare, c'est exceptionnel ! Que s'est-il passé ? L'accumulation de l'amertume – la défection de Mathieu – de la tristesse – la double déception Staël – et l'irritation provoquée par les ragots qu'on lui apprend, justifient-elles sa colère et deux « crises de nerfs comme [elle] n'en avai[t] jamais eu... » ?

Nous aimerions bien le savoir...

Elle poursuit sa route, à petites journées, visitant successivement Alexandrie, Parme, Plaisance, Modène, Bologne, Florence. Pasquier lui a conseillé, à Turin, de ne pas voyager seule. Il lui a trouvé un parfait compagnon en la personne d'un Allemand, que Mme Lenormant présente ainsi :

> C'était un Allemand très instruit, très modeste, botaniste distingué, qui venait de terminer l'éducation d'un jeune homme de grande maison, et qui, libre désormais, voulait visiter Rome et Naples. L'association avec cet excellent homme ne laissa à Mme Récamier et à sa petite compagne qu'un souvenir tout à fait agréable. M. Marschall était extrêmement réservé, et le plus souvent se tenait sur le siège de la voiture. On se mettait en route à six heures et demie du matin ; vers onze heures ou midi on s'arrêtait pour déjeuner et pour faire manger les chevaux ; on repartait vers trois heures, et l'on marchait jusqu'à huit, qu'on atteignait la couchée.

Fréquemment à l'heure où le soleil s'était abaissé à l'horizon de telle sorte qu'on ne souffrît plus de la chaleur, Mme Récamier montait auprès du discret Allemand pour causer avec lui et pour jouir de la belle nature des pays qu'on traversait. Bien souvent, après avoir échangé quelques paroles gracieuses avec ce compagnon de voyage dont la discrétion, le respect et l'humeur toujours égale la touchaient fort, Mme Récamier saisie par le sentiment de sa situation, par le souvenir des amis éloignés, de la famille absente, perdue en quelque façon dans un pays étranger avec un enfant de sept à huit ans, sous la protection de cet inconnu, excellent sans doute, mais sans liens avec son passé comme avec son avenir, Mme Récamier tombait dans de longs et tristes silences. Un soir, entre autres, c'était au pied des murailles de la ville fortifiée d'Alexandrie, par un clair de lune splendide ; on dut attendre le visa des passeports et l'abaissement du pont-levis plus d'une heure. La douceur de l'air, la transparence de la lumière, le silence des campagnes, la beauté de la nuit avaient plongé Mme Récamier dans une rêverie profonde, et ses compagnons de voyage s'aperçurent tout à coup que son visage était baigné de larmes. La petite Amélie essaya par ses caresses de consoler un chagrin dont elle ne comprenait pas la cause ; pour M. Marschall, témoin respectueux de cette profonde mélancolie, jamais il ne la troubla, même par un mot de sympathie inopportun. Ce silence plein de délicatesse était une des choses dont la belle exilée lui avait conservé le plus de reconnaissance [1].

Jenny, écrivant à Ballanche, de Florence où ils passent huit jours, évoque ce brave Allemand « toujours en contemplation devant elle » qui ne sait que faire pour se rendre utile et qui « ce matin, ajoute-t-elle, s'est levé à 5 heures pour aller lui cueillir des fleurs qui lui ont donné [à Mme Récamier] un mal de tête affreux »... Symptomatique... Ils se séparent à leur arrivée à Rome, pendant la semaine sainte.

*
* *

Rome végétait. Depuis vingt ans, elle s'arrangeait comme elle pouvait des désordres que lui avaient valu les débordements révolutionnaires. Elle avait vu arriver les premiers émigrés – Mme de Boigne enfant en était – puis les premiers Jacobins, envoyés par David, le peintre, qui avaient fait de l'Académie de France un club d'excités. Les Romains regardaient d'un mauvais œil l'appauvrissement du trésor pontifical, conséquence immédiate de ce déferlement idéologique ! Le Directoire puis Bonaparte avaient commis une grossière erreur : plaquer leurs schémas sur un autre peuple, qui n'en avait que faire. Ils s'imaginaient, d'assez bonne foi, que Rome était Paris et qu'une irrésistible rébellion contre son « gouvernement de prêtres » allait la soulever et l'entraîner, dans le sillage de la Révolution, vers les cieux resplendissants de la liberté et de la fraternité !

1. *Op. cit.*, t. 1, pp. 217-218.

Vaste malentendu ! C'était mal connaître les Romains, qui aimaient le système patriarcal dans lequel ils vivaient, qui aimaient leur pape comme ils aimaient leurs fêtes et leurs somptueuses processions, auprès desquelles les parades en carton-pâte d'inspiration jacobine leur semblaient de minables parodies. Bonaparte leur avait envoyé, en 1797, son frère Joseph, puis Berthier l'année suivante. Il avait voulu que cette occupation militaire ait l'air d'une protection. On l'avait légitimée, en provoquant une artificielle République romaine, que les Romains appelaient – et appellent encore – « le régime français ». Ils étaient consternés, mais impuissants.

Le pillage de Rome par l'armée française, sous le couvert de l'admirateur de Juliette, Masséna, adjoint de Berthier, demeure un des scandales de la politique directoriale. La guerre, on le sait, devait nourrir la guerre. On ne se contentait pas de saigner la population, on vidait systématiquement les églises, les palais et les musées de leurs trésors, on mettait à sac le Vatican et ses richesses – dont la prestigieuse bibliothèque – et tout cela, bien évidemment, comme toujours, au nom de la sacro-sainte liberté. La statue de Pasquin, cette institution romaine par excellence, regorgeait chaque matin de billets vengeurs ou facétieux exprimant la *vox populi*. « Est-il vrai que les Français soient tous des voleurs ? » lui demandait-on. Pasquin répondait en jouant sur les mots : « *Tutti, no, ma buona parte !* » Ironie qui dissimulait de moins en moins la haine envers l'occupant.

Sous le Consulat, les choses avaient eu l'air de s'arranger : la signature du Concordat permettait une accalmie. Mais dès qu'il se fit sacrer, Napoléon redevint une menace pour les Romains. Il était d'une déroutante ambiguïté envers la cité papale. Fasciné par son passé glorieux et sa vocation, il la voulut pour seconde ville de son ambitieux empire. Il fit son fils roi de Rome, il rêva d'aller s'y faire couronner. Et pourtant il se montra sévère à son endroit et n'y vint jamais. Napoléon campa sans scrupules dans toutes les cours de l'Europe, mais, jamais, il n'osa se montrer dans la Ville Éternelle. Il la fit occuper en juin 1809 par Miollis. Peu après, il lui enleva son pontife. Il y établit la Consulta, un conseil de gouvernement composé de cinq Français, il la saigna de nouveau, puis, purement et simplement, il l'annexa.

C'est dans une ville en deuil qu'arrive Juliette. Le chef-lieu du département du Tibre supporte mal la gestion imposée par les forces étrangères que symbolisent le gouverneur militaire, le tout-puissant général Miollis, le préfet, M. de Tournon et le chef de la police, M. de Norvins. L'aristocratie, pour une part, s'en arrange mieux que le peuple, tres sombre, exaspéré.

Il faut dire, à la décharge des représentants officiels du gouvernement français, qu'ils n'avaient rien de bourreaux : ils faisaient ce qui était en leur pouvoir pour comprendre les mœurs et la psychologie particulière de la population qu'ils administraient. Miollis s'éprendra sincèrement de Rome et il ne se résoudra à la quitter que la mort dans l'âme. Il n'empêche : le carcan que le visionnaire voulait imposer aux Romains, mélange de dirigisme aveugle et de modèle inspiré par la lecture des Anciens revus par Corneille – autant dire la plus fausse des idées sur Rome et les Romains – les blessait, les étouffait. Cette absurde *régénération* leur semblait le comble de l'inconfort, pour ne pas dire de la régression…

Juliette descend chez Serni, place d'Espagne, en attendant de s'établir durablement, ce qu'elle fera un mois plus tard, choisissant pour sa première résidence romaine, le *piano nobile* du palais Fiano, sur le Corso. Les autorités françaises viennent à elle, en vertu de la considération qui demeure attachée à son nom. D'ailleurs quel danger peut représenter pour le pouvoir impérial cette jeune femme seule accompagnée d'une enfant ?

Assez souffrante à son arrivée, Juliette commence son initiation romaine par la plus belle et la plus symbolique des cérémonies chrétiennes : elle assiste aux offices crépusculaires des jours saints en la basilique Saint-Pierre. Pendant les derniers d'entre eux jusqu'au vendredi, jour de la Passion du Christ, le rituel voulait qu'on éteignît graduellement les cierges, et la messe des Ténèbres achevée, l'obscurité étant alors complète, que les chœurs de la chapelle Sixtine chantassent le *Miserere* d'Allegri.

Grand moment ! Le *Miserere*, écrit au début du XVIIe siècle par le compositeur attitré de la célèbre chapelle, était un trésor jalousement gardé. Composé pour un double chœur, sur le psaume 51, il saisissait l'âme autant par la pureté des voix que par la mise en scène qui présidait à son exécution. On dit que le jeune Mozart, quand il l'entendit en 1770, fut capable, à la sortie de l'office, de le transcrire intégralement. Une copie – signée d'un génie, il est vrai – en circula. Cela fit scandale…

Juliette aura d'autres occasions de le réentendre et nous y reviendrons. Mais en ce début d'année 1813 elle n'eut pas accès à la Sixtine, fermée en l'absence du Saint-Père. Vêtue et voilée de noir, comme il se devait, elle prit place dans la grande chapelle du Chœur – et non du Chapitre, comme le dit par erreur Mme Lenormant – richement décorée de stucs et de dorures et où il était de tradition de placer le cercueil du pape récemment disparu avant que soit achevé le monument qui lui était destiné. Ce soir-là, elle eut une surprise : cependant que s'élevaient les sublimes et douces volutes des voix des castrats, « émue et transportée », elle entendit auprès d'elle un homme sanglotant d'émotion. C'était le préfet de police, M. de Norvins… Qui aurait cru qu'un haut fonctionnaire impérial, doté d'une fonction si rébarbative, eût tant de réceptivité ?…

Mme Récamier va se plaire à Rome. Très rapidement, elle va aimer les beautés inimitables du ciel, des collines, des ruines – que les archéologues délégués par Napoléon fouillaient et, pour ce qui est des Fori, révélaient – des églises et des palais. À Rome, elle retrouve son entrain. La ville pourtant sans allégresse, la ville orpheline, désertée des brillants étrangers qui animaient sa saison mondaine, la ville occupée la séduit et la guérit.

Voici ce qu'elle écrit à Camille Jordan, le 21 avril :

Rome, 21 avril [1813]

Vous avez raison : je suis un peu difficile à vivre, mais pour rancuneuse, je ne le suis pas ; je dis ce qui me blesse et puis je n'y pense plus. – Me voici à Rome depuis douze jours. J'en ai passé cinq ou six couchée et souffrante ; me voici mieux, et je vais commencer à faire quelques courses. – J'ai déjà vu de fort belles choses, et je regrette de n'avoir pas le talent descriptif du baron de Voght pour vous en parler. Il a laissé de bons souvenirs ici, et votre ami Deg. [Degérando], pour lequel c'était bien plus difficile comme situation[1], n'a laissé aussi que des impressions flatteuses. S'il n'a pas pu contenter tout le monde, du moins il n'a mécontenté personne, et tous rendent justice à son caractère et à ses intentions. – Vous êtes bien bon de penser à lui demander des lettres pour moi ; elles seraient inutiles. J'ai été priée en arrivant chez toutes les autorités, le gouverneur, le préfet et l'administrateur de police. Je n'ai pas accepté les invitations parce que j'étais encore souffrante ; mais je me trouve en relation de visite avec tout le monde. – Werner, que vous connaissez, je crois [auteur d'*Attila* et de *Luther*, deux tragédies qui ont fait un grand bruit en Allemagne], se trouve dans ce moment à Rome. Il s'est fait catholique et me paraît dans la plus haute exaltation religieuse. – J'ai vu aussi M. de Chabot, ami de Matthieu, un jeune homme aimable et bon, passant aussi sa vie dans les églises. Voilà les heureux du siècle ! – Il vient d'arriver M. Millin l'antiquaire : il m'a parlé de M. Artaud, de M. Richard, de M. Revoil[2] ; mais je n'ai trouvé d'autre charme dans sa conversation que les souvenirs de la *patrie lyonnaise*. Quoiqu'il soit homme d'esprit et qu'il ait le goût et l'habitude du monde, je ne sais pourquoi il ne me plaît guère. Il vient de m'envoyer ses derniers ouvrages ; si je les trouve dignes de vous, je vous les ferai passer. – Le directeur de la police, M. de Norvins, m'a parlé de vous ; il connaît plusieurs de vos amis et des miens et parle de vous comme tout le monde en parle. C'est une chose rare dans les temps actuels que d'avoir traversé tous ces orages sans se faire un ennemi et d'être suivi dans sa retraite de l'affection de ses amis et de la haute estime des indifférents. – Ce M. de Norvins est certainement un homme d'esprit. Il m'a mise dans la confidence de quelques écrits qui prouvent du talent ; mais il y a en lui un mélange de l'ancien et du nouveau régime qui m'étonne toujours. C'est quelquefois M. de Narbonne et l'instant d'après c'est Regnaud de Saint-Jean d'Angély. Du reste il est parfaitement soigneux et aimable pour moi. – Le général Miollis paraît le meilleur homme du monde ; il est aimé. Je lui ai parlé de *Corinne* ; il ne savait pas ce que je voulais dire. Il a cru que c'était une ville d'Italie qu'il ne connaissait pas. – Pourquoi donc vous opposer au départ de M. Ballanche ? Voilà un vrai sujet de querelle. Savez-vous bien que M. Ballanche est, après vous, la personne avec laquelle j'aimerais le mieux voyager ! Mais j'avoue que c'est après

---

1. Degérando avait fait carrière dans l'administration impériale.

2. Richard et Revoil sont deux peintres lyonnais que Juliette avait rencontrés dans le salon de Mme de Sermézy, la nièce de Simonard.

vous. Il me plaît, lui, par tout ce que j'ai de bon dans l'âme ; mais, vous, vous me plaisez également par ce que j'ai de bon et par ce que j'ai de mauvais. Prenez cela pour une épigramme, si vous voulez...

Juliette, on le constate, n'a pas de peine à s'entourer agréablement. Son installation sur le Corso, l'artère élégante de Rome – qui relie la place de Venise à la place du Peuple – lui permettra d'ouvrir un salon discret mais plaisant. Le palais Fiano, depuis Almagià, y occupait une position centrale : à l'angle de la place in Lucina, face à la rue Frattina, elle-même parallèle et très proche de la rue Condotti, menant à la place d'Espagne. Cette résidence des Peretti puis des Ottoboni, baroque, mais remaniée à la fin du siècle dernier, conserve encore tout son charme et sa jolie fontaine dans la cour d'entrée. C'est dans ses fondations qu'avaient été trouvés les premiers neuf blocs sculptés de l'Ara Pacis d'Auguste, qui aujourd'hui, dûment complétés, sont présentés dans un monument construit à cet effet, près du Tibre. Du temps de Mme Récamier, le palais Fiano était célèbre pour son théâtre de marionnettes. C'était une distraction très prisée, car elle n'était pas censurée. Stendhal l'appréciera particulièrement... À deux pas, l'église de Saint-Laurent in Lucina, fondée au IVe siècle, s'enorgueillit de ses trois trésors : le gril sur lequel mourut le saint, la belle crucifixion du Guide, au-dessus de l'autel, et le tombeau de Poussin. Juliette, qui le trouvait trop peu marqué, œuvrera aux côtés de Chateaubriand, plus tard, pour y faire élever un bas-relief digne du grand peintre qu'il commémorait...

Ses habituels visiteurs, en plus des officiels avec lesquels elle est en bons termes, sont pour la plupart des Français. Le plus romanisé d'entre eux, leur doyen aussi, est le vieux marquis d'Agincourt, archéologue et numismate, qui, depuis près de quarante ans qu'il s'était fixé dans la Ville Éternelle, en explorait les merveilles et rédigeait son *Histoire de l'art par les monuments*. C'était le prototype du gentilhomme de l'Ancien Régime, dont Mme Lenormant se rappelle « la politesse parfaite, la galanterie toute chevaleresque et la bienveillance expansive ». Il habitait la maison dite de « Salvatore Rosa » près de La Trinité-des-Monts, et lorsqu'elle lui rendait visite, la belle Juliette repartait, dit-on, les bras chargés de fleurs et de branches d'oranger.

Juliette, tout naturellement, était accueillie par le banquier Torlonia, d'origine française et qui, au sortir de la tourmente révolutionnaire, avait édifié une immense fortune que, à la différence de M. Récamier, il n'avait pas perdue : il était un célèbre amateur d'art et de fêtes. Il recevait fastueusement et ne se fit pas faute de bien traiter l'épouse de son homologue et correspondant parisien.

Plus amusant était ce M. de Chabot, « ami de Mathieu », que nomme Juliette à Camille Jordan : le futur duc de Rohan, le futur prélat – qu'on retrouve dans *Le Rouge et le Noir* comme dans *Les Misérables* – n'était alors qu'un jeune homme de vingt-cinq ans que sa famille avait contraint à se faire chambellan de l'Empereur et auquel son récent mariage avec Mlle de Sérent n'avait ôté ni son visage virginal, ni son dandysme vestimentaire, ni apparemment sa vocation. Sa jeune femme mourra en janvier 1814, brûlée vive chez elle, alors qu'elle s'apprêtait pour un bal, et dès lors le joli Auguste aura tout loisir de préparer son entrée dans les ordres. Elle aura lieu sous la Restauration, et le duc-abbé fera les délices de ses contemporains par le soin qu'il continuait d'apporter à sa gracieuse personne. Nous le retrouverons, lui aussi.

Autre personnage accroché au char de Juliette, le sculpteur Canova. Ce Vénète de cinquante-cinq ans restait d'une beauté exceptionnelle, mais peu ravageuse, dit-on, auprès du beau sexe, qu'il n'aimait pas. Collaborateur notoire du régime napoléonien, Canova était le maître d'un néo-classicisme académique et rigoureux. L'époque le portait aux nues. Il vivait avec son demi-frère, l'abbé, dans une charmante maison proche de la rue du Babouin. Il était casanier et susceptible, mais dès qu'il connut Juliette il s'éprit d'elle et dérogea à ses précieuses habitudes pour l'accompagner à la promenade ou faire une apparition dans son salon. Cet amour de tête, qui s'exprimait chaque matin dans de petits billets enflammés, entraîna un temps la Belle des Belles.

Au début du mois de juillet, Ballanche vient passer une semaine auprès de Mme Récamier. Il apportait de Lyon de tristes nouvelles : Mme de Chevreuse s'était éteinte. Voici la lettre que, peu après, sa belle-mère, la duchesse de Luynes, adresse à Juliette :

Dampierre, ce 18 juillet 1813.

Vous aurez vu, ma belle, par la dernière lettre que je vous ai écrite de Lyon, l'horrible malheur qui m'était réservé. J'ai perdu celle que j'aimais de toute l'étendue de mes forces, de toute mon âme enfin, le 6 juillet dernier. Il n'est pas possible de peindre le chagrin que j'ai. Vous avez jugé vous-même comme elle était attachante, comme elle méritait que je l'appelasse *ma charmante*, comme elle m'aimait, comme elle était spirituelle, aimable ! Qu'il est cruel de ne plus parler d'une si brillante personne qu'au passé ! Je ne puis me faire à cette idée ; c'est un arrêt solennel que je ne puis croire prononcé. Je la vois, je la soigne toujours ; je trouve que ma maison me fait bien souffrir en me faisant sortir de cette illusion.

Combien vous, qui avez de graves et aimables qualités, vous l'auriez encore plus appréciée que vous ne faites, si elle n'eût pas été si malade et si, de voir souvent une personne distinguée comme vous, pour qui elle voulait se montrer tout entière, ne l'eût pas fatiguée, au point qu'elle me disait : « Je la trouve charmante, je la verrais souvent ; mais je l'ennuierais, je souffre trop. »

Quel état et quelle maladie, chère belle ! Elle a souffert presque tout son exil, et les trois dernières années ont été les plus douloureuses.

Elle était, quelques jours avant le dernier, d'un changement à faire peur, décrépite et l'œil hagard. Une fois qu'elle m'a été enlevée, c'était un ange, sa figure revenue et superbe. Je suis restée près d'une heure à la contempler, à baiser ses mains ; j'étais absorbée au point que je n'ai pas pensé à la faire modeler, j'en suis au désespoir. Je n'ai d'elle qu'un portrait du temps qu'elle était enfant, peu ressemblant. Pensez à moi et aimez-moi comme je vous aime[1]

Pour court qu'il ait été, le premier séjour romain de Ballanche fut coloré de la joie de retrouver sa muse. D'après Mme Lenormant, il n'aurait été que peu sensible à la beauté des lieux que Juliette était heureuse de lui révéler : Ballanche préférait les idées aux pierres, fussent-elles les plus symboliques d'une civilisation, d'une histoire et d'une religion. Voici une anecdote, qui, une fois encore, nous le dépeint en pied :

Il fit la route par le courrier, sans s'arrêter ni jour ni nuit, dans la crainte de perdre quelques-uns des moments dont il disposait. La joie de voir arriver ce parfait ami fut grande, et le soir même, après dîner, Mme Récamier voulut lui faire les honneurs de Rome. On était assez nombreux et on partit en trois voitures : il s'agissait de faire une promenade au Colisée et à Saint-Pierre. La soirée était resplendissante ; chacun selon son humeur exprimait ou contenait ses impressions. Canova s'enveloppait de son mieux dans un grand manteau dont il avait relevé le collet, et tremblant que le serein ne lui fît mal, trouvait que les dames françaises avaient de singulières fantaisies de se promener ainsi à l'air du soir. Pour M. Ballanche, heureux de retrouver la personne qui disposait de sa vie, [...] il se promenait à grands pas sans mot dire, les mains derrière le dos. [Cette attitude lui était familière.] Tout à coup Mme Récamier s'aperçoit qu'il a la tête nue : « Monsieur Ballanche, lui dit-elle, et votre chapeau ? – Ah ! répondit-il, il est resté à Alexandrie. » Il y avait en effet oublié son chapeau et n'avais pas depuis songé à le remplacer, tellement sa pensée s'abaissait peu à ces détails de la vie extérieure[2].

Pauvre Juliette ! On ne peut s'empêcher de la plaindre un peu... Pour cette rituelle promenade nocturne, parmi les ruines et les monuments transfigurés par la lune qui en cisèle les plans, en accuse les proportions, se trouver ainsi, dans les plus beaux espaces de l'Antiquité et de la chrétienté, les plus chargés de sens, en compagnie du plus froid des créateurs – au propre et au figuré – et d'un eunuque au charme incertain... ! Qu'il est loin d'elle encore celui qui saurait apprécier comme il se doit un pareil spectacle :

Du haut de La Trinité-du-Mont, les clochers et les édifices lointains paraissent comme les ébauches effacées d'un peintre, ou comme des côtes inégales vues de la mer, du bord d'un vaisseau à l'ancre.
Ombre de l'obélisque : combien d'hommes ont regardé cette ombre en Égypte et à Rome ?
Trinité-du-Mont déserte ; un chien aboyant dans cette retraite des Français. Une petite lumière dans une chambre élevée de la villa Médicis.

---

1. Lenormant, *op. cit.*, t. I, p. 228.
2. *Op. cit.*, t. I, pp. 229-230.

Le Cours : calme et blancheur des bâtiments ; profondeur des ombres transversales. Place Colonne : colonne Antonine à moitié éclairée.

Panthéon : sa beauté au clair de la lune.

Colisée : sa grandeur et son silence à cette même clarté.

Saint-Pierre : effet de la lune sur son dôme, sur le Vatican, sur l'obélisque, sur les deux fontaines, sur la colonnade circulaire.

Une jeune femme me demande l'aumône ; sa tête est enveloppée dans son jupon relevé ; la *poverina* ressemble à une Madone : elle a bien choisi le temps et le lieu. Si j'étais Raphaël, je ferais un tableau. Le Romain demande parce qu'il meurt de faim ; il n'importune pas si on le refuse ; comme ses ancêtres, il ne fait rien pour vivre : il faut que son Sénat ou son prince le nourrisse.

Rome sommeille au milieu de ces ruines. Cet astre de la nuit, ce globe que l'on suppose un monde fini et dépeuplé promène ses pâles solitudes au-dessus des solitudes de Rome ; il éclaire des rues sans habitants, des enclos, des places, des jardins où il ne passe personne, des monastères où l'on n'entend plus la voix des cénobites, des cloîtres qui sont aussi déserts que les portiques du Colisée.

Que se passait-il, il y a dix-huit siècles, à pareille heure et aux mêmes lieux ? Non seulement l'ancienne Italie n'est plus, mais l'Italie du Moyen Âge a disparu. Toutefois la trace de ces deux Italies est encore bien marquée à Rome : si la Rome moderne montre son Saint-Pierre et tous ses chefs-d'œuvre, la Rome ancienne lui oppose son Panthéon et tous ses débris ; si l'une fait descendre du Capitole ses consuls et ses empereurs, l'autre amène du Vatican la longue suite de ses pontifes. Le Tibre sépare les deux gloires : assises dans la même poussière, Rome païenne s'enfonce de plus en plus dans ses tombeaux, et Rome chrétienne redescend peu à peu dans les catacombes d'où elle est sortie [1].

Qu'il est encore improbable dans la vie de Juliette, le Magicien, l'Enchanteur, l'irremplaçable Chateaubriand...

*
* *

Peu après le départ de Ballanche, Juliette va chercher un peu de fraîcheur dans les environs de Rome, sur ces collines que les Romains appellent les Castelli (les châteaux), et les Français, les monts Albains : Frascati, Albano, Nemi, Rocca di Papa... Elle choisit Albano, où les Canova louent chaque été un appartement dans une auberge appelée « la Locanda di Emiliano ». Ils conviennent d'y partager leur villégiature, située près de la place du marché, près de l'église – qui pourrait être le Duomo, plus que San Pietro, une église romane du XIIIᵉ siècle surmontée d'un clocher à quatre étages dominant la mer. La vue est éblouissante de beauté, entre, de part et d'autre de la voie Appienne, un lac volcanique et des collines parse-

1. *Voyage en Italie*, Pléiade, pp. 1457-1458.

mées de villas somptueuses… Son ancien ami Lucien Bonaparte en
acquerra une, la villa Tuscolana, non loin, à Frascati[1].

Mme Lenormant a su évoquer les délices de ce séjour, ainsi,
malheureusement, que la triste histoire du pêcheur d'Albano. Écoutons-la :

> Chaque matin, de très bonne heure, Mme Récamier et sa petite com-
> pagne parcouraient ensemble les belles allées qui bordent le lac
> d'Albano, auxquelles on donne le nom de *galeries*. Ces ombrages mer-
> veilleux, l'aspect du lac et de ses rives s'éclairant à la lumière du matin
> avaient une incomparable beauté. Dans ces heureux pays où la lumière
> a tant de magie, on peut contempler indéfiniment et sans se lasser le
> même point de vue ; la lumière suffit à varier incessamment le spectacle
> et à le rendre toujours nouveau et toujours beau. Canova et l'abbé
> venaient de temps en temps respirer, pendant trois ou quatre jours, l'air
> salubre et parfumé de ces bois.
> Dans cette vie douce et monotone, Mme Récamier, comme à Châlons,
> s'était mise en relation avec l'organiste, et chaque dimanche touchait
> les orgues à la grand-messe et à vêpres. Un dimanche du mois de sep-
> tembre, la *signora francese*, car c'était sous cette dénomination que la
> belle exilée était connue à Albano, revenait chez elle après vêpres et
> descendait avec la jeune Amélie la rue qui conduit de l'église à la place.
> Une foule nombreuse d'hommes en grands chapeaux et en manteaux
> stationnait dans cette rue devant une porte basse. La foule paraissait
> morne et conternée ; aux questions de la dame étrangère il fut répondu
> qu'on venait d'amener et de déposer dans la salle basse et grillée qui
> servait de prison un pêcheur de la côte, accusé de correspondance avec
> les Anglais, et qui devait être fusillé le lendemain au point du jour. Au
> même moment, le confesseur du prisonnier, prêtre d'Albano que
> Mme Récamier connaissait, sortit du cachot : il était extrêmement ému
> et, apercevant la dame française dont les aumônes avaient plus d'une
> fois passé par ses mains, il imagina qu'elle pourrait avoir quelque cré-
> dit sur les autorités *françaises* de qui dépendait le sort du condamné. Il
> s'avança vers elle : le peuple, qui sans doute eut la même pensée que
> lui, s'ouvrit sur le passage de la prison et avant d'avoir échangé dix
> paroles avec le confesseur, Mme Récamier, sans se rendre compte de la
> manière dont elle était entrée, se trouva avec le prêtre dans le cachot du
> prisonnier.
> Le malheureux avait les fers aux pieds et aux mains ; il paraissait
> jeune, grand, vigoureux ; sa tête était nue, ses yeux étaient égarés par la
> peur ; il tremblait, ses dents claquaient, la sueur ruisselait de son front,
> tout décelait son agonie. En voyant l'état d'inexprimable angoisse de
> cet infortuné, Mme Récamier fut saisie d'une telle pitié que, se pen-
> chant vers lui, elle le prit et le serra dans ses bras. Le confesseur lui
> expliquait que la *signora* était française, qu'elle était bonne et géné-
> reuse, qu'elle avait compassion de lui, qu'elle demanderait sa grâce. Au
> mot de grâce le condamné parut reprendre quelque peu sa raison :

---

1. En 1816, Canova offrira à Mme Récamier une peinture de J.B. Bassi la représentant assise dans sa chambre d'Albano, lisant devant une fenêtre ouverte sur la
campagne…

Pietà! *pietà*! s'écriait-il. Le prêtre lui fit promettre de se calmer, de prier Dieu, de prendre un peu de nourriture, pendant que sa protectrice irait à Rome solliciter un sursis.

L'exécution étant fixée au lendemain matin, il n'y avait pas un moment à perdre. Mme Récamier retourna chez elle, demanda des chevaux de poste et partit une heure après, résolue à faire tout ce qui serait en son pouvoir pour sauver le malheureux que la Providence n'avait pas vainement, du moins l'espérait-elle, mis sous ses yeux dans cet affreux état. Elle vit les autorités françaises de Rome et les trouva inflexibles ; elle intercéda pour le pauvre pêcheur, mais ce fut en vain. Le général Miollis fut poli et affectueux, mais il ne pouvait rien. M. de Norvins se montra dur et presque menaçant : il répondit aux pressantes prières de Mme Récamier, en l'engageant à ne pas oublier dans quelle situation elle se trouvait elle-même et en lui rappelant que ce n'était pas à une *exilée* à se mêler de retarder la justice du gouvernement de l'Empereur. Le lendemain, elle revint à Albano dans la matinée, désespérée de l'insuccès de ses démarches et l'imagination toujours poursuivie par la figure de l'infortuné qu'elle avait vu en proie à toutes les terreurs de la mort. Dans la journée, le confesseur du malheureux pêcheur vint la voir ; il lui apportait la bénédiction du supplicié.

L'espoir de la grâce l'avait soutenu jusqu'au moment où on lui avait bandé les yeux pour le fusiller ; il avait dormi dans la nuit ; le matin avant de monter sur la charrette, car on l'avait exécuté sur la côte, il avait pris quelque nourriture et ses yeux se tournaient sans cesse du côté de Rome, où il croyait toujours voir apparaître la *signora francese* apportant sa grâce. Ce récit, sans diminuer les regrets de Mme Récamier, calma pourtant son imagination par la certitude que si son intervention n'avait pas sauvé le prisonnier, elle avait du moins adouci ses derniers moments[1].

Le commentaire de Chateaubriand, dans les *Mémoires d'outre-tombe*, est admirable :

Pour dégoûter des conquérants, il faudrait savoir tous les maux qu'ils causent : il faudrait être témoin de l'indifférence avec laquelle on leur sacrifie les plus inoffensives créatures dans un coin du globe où ils n'ont jamais mis le pied. Qu'importaient aux succès de Bonaparte les jours d'un pauvre faiseur de filets des États romains ? [...] Le monde n'aperçoit en Napoléon que des victoires ; les larmes, dont les colonnes triomphales sont cimentées, ne tombent point de ses yeux [...] le sang pacifique répandu jaillit en gémissant vers le ciel – Dieu le reçoit et le venge. Bonaparte tua le pêcheur d'Albano ; quelques mois après, il était banni chez les pêcheurs de l'île d'Elbe et il est mort parmi ceux de Sainte-Hélène[2].

L'inflexible Norvins avait des raisons d'être crispé : l'Empire français s'effondrait. Napoléon ne pouvait faire face à la sixième coalition dressée contre lui, qui avait rallié au tsar la Prusse et la Suède. Le front, cette fois-ci, s'étendait du Mecklembourg, où agis-

---

1. *Op. cit.*, t. I., pp. 23s-239.
2. *M.O.T.*, 3ᵉ partie, 2ᵉ ép., livre septième, 14. pp. 359-360.

sait le prince héritier de Suède, Bernadotte, au sud de la Bohême, contrôlée par le prince de Schwarzenberg, en passant par la Silésie où l'attendait Blucher : 500 000 hommes prêts à attaquer séparément ou simultanément, les lieutenants de l'Empereur. Celui-ci tente de centrer ses forces sur Leipzig, pour affronter Blücher et Schwarzenberg conjointement. La bataille qui se déroule du 16 au 19 octobre est un désastre. Napoléon se replie précipitamment vers la France. Mais ses adversaires sont décidés à l'y poursuivre : l'invasion est imminente. La campagne de France, la plus savante qu'ait menée l'Empereur, commencera avec l'année nouvelle : le 31 mars 1814, Paris signera sa capitulation.

Juliette, lorsqu'elle regagne le palais Fiano, ne peut manquer de commenter avec ses amis Français la situation dans laquelle se trouve son pays : elle doit ressentir une joie mitigée, car la libération de tant de peuples soumis, l'effondrement du régime arbitraire, la fin de son exil et celui de ses proches – Mme de Staël, Mathieu de Montmorency, Elzéar de Sabran qu'on avait emprisonné dix-huit mois auparavant – signifient aussi la défaite et l'invasion.

En cet automne 1813, son petit cénacle s'aggrandit : s'y joignent M. Lullin de Chateauvieux, un ami de Mme de Staël, qu'elle avait rencontré à Coppet, le baron Auguste de Forbin, un peintre plein de verve et d'esprit qui avait eu une liaison avec Pauline Bonaparte, ainsi que M. d'Ormesson, d'une parfaite amabilité. Ces deux derniers gentilshommes courtisent leur belle hôtesse, le premier manifestant une plus grande assiduité. Forbin, que la Restauration fera directeur des Musées nationaux, restera longtemps un ami de Mme Récamier. Croise-t-elle un autre exilé, qui vient d'arriver dans la Ville Éternelle, l'ancien directeur Barras ? C'est douteux.

Auguste de Chabot venait de partir pour Naples. Il écrit à Juliette que les souverains – les Murat – l'y attendent et, pour peu qu'elle le veuille, la recevront chaleureusement. C'est assez pour qu'elle se décide à aller à la découverte du Pausilippe et de la merveilleuse baie qui s'ouvre à ses pieds.

Au pays du roi Joachim...

Aux premiers jours de décembre, Mme Récamier quitte Rome, accompagnée d'Amélie – qui commence à parler couramment l'italien et découvre la musique – et du chevalier Coghill, le célèbre antiquaire anglais qui, comme Juliette, voyage dans sa voiture, avec ses gens, utilisant des chevaux de poste. Les chemins étaient si peu sûrs que Chabot avait conseillé à sa belle amie de demander à Miollis une escorte armée, au moins sur le territoire relevant de son autorité. Une curieuse aventure leur advient. Voici le récit d'Amélie :

Au second relais, à la poste de Velletri, on trouva les chevaux néces-saires aux deux voitures tout harnachés, tout sellés, les postillons le fouet à la main ; on relaya avec une promptitude féerique. Même chose se produisit aux postes suivantes ; les voyageurs ne comprenaient rien à ce miracle. À un des relais pourtant on leur parla du *courrier* qui les précédait et qui faisait préparer leurs chevaux. Il devint évident qu'on profitait depuis le matin d'une erreur, et Mme Récamier s'amusa du mauvais tour qu'on jouait au voyageur victime du malentendu dont elle profitait.

Grâce à la façon dont on avait été servi et mené, on arriva de fort bonne heure à Terracine où l'on devait souper et coucher. Mme Récamier venait de refaire sa toilette en attendant que le repas fût servi, lorsqu'un grand bruit de grelots, de chevaux et le claquement du fouet de plusieurs postillons attira la voyageuse à la fenêtre. C'étaient deux voitures avec le même nombre de chevaux que celle de la petite caravane anglo-française : ce ne pouvait être que les voyageurs aux-quels on avait avec persistance enlevé les relais préparés ; puis un bruit de pas se fait entendre dans l'escalier et une voix d'homme haute et irri-tée se fait entendre : « Où sont-ils ces insolents qui m'ont volé mes che-vaux sur toute la route ? » À cette voix, que Mme Récamier reconnut à merveille, elle sortit de sa chambre et répondit avec un éclat de rire : « Les voici, et c'est moi, monsieur le duc. »

Fouché, duc d'Otrante, car c'était lui, recula un peu, honteux de sa fureur, en apercevant Mme Récamier ; quant à elle, sans paraître se dou-ter de l'embarras qu'il éprouvait, elle lui proposa d'entrer chez elle. Fouché se rendait à Naples en toute hâte, chargé d'une mission de l'Empereur : il s'agissait de maintenir le roi Murat dans la fidélité à son beau-frère [1].

La narratrice ajoute que Fouché, après s'être entretenu un moment avec Mme Récamier, lui donna quelques conseils de pru-dence : « Oui, madame, rappelez-vous qu'il faut être doux quand on est faible… – Et juste quand on est fort ! » aurait répondu son inter-locutrice… Voilà qui sent son mot historique… Mais le dialogue est assez dans la manière des deux voyageurs… Que de chemin par-couru depuis les insidieuses avances dans les jardins de Clichy, mais qui peut dire, en vérité, lequel des deux, aujourd'hui, est le plus menacé ?…

L'accueil du roi Joachim – c'est l'appellation officielle de Murat – et de la reine Caroline est on ne peut plus gracieux : dès son arri-vée à l'hôtel de Grande-Bretagne, à Chiaja, un page du palais vient porter à Juliette un message empressé des souverains. Ils mettent à sa disposition tous les moyens possibles pour qu'elle retrouve, à Naples, un peu de la vie brillante qu'elle a connue à Paris : loges dans les principaux théâtres, place de choix dans les fêtes qu'ils organisent, soins particuliers de sa santé et de son confort.

Et pourtant les Murat sont préoccupés. Ils ont été comblés par l'Empereur qui, successivement, a fait son beau-frère : gouverneur

---

1. *Op. cit.*, t. 1, pp. 243-244.

militaire de la place de Paris, maréchal, grand amiral, grand-duc de Clèves et de Berg, puis, après un passage à Madrid qui s'est soldé par la mémorable tuerie du «dos de mayo», il lui a attribué cette sinécure dorée : le royaume de Naples… Et s'il demeure un sabreur impénitent, qui, le premier, est entré à Vienne en 1805, et à Moscou en 1812, Murat prend très au sérieux sa couronne. Le pouvoir l'enchante. Ce qu'il peut prévoir de la décomposition de l'Empire napoléonien et du retournement des forces européennes l'inquiète. Murat n'a aucune envie de lâcher son trône.

Caroline l'y encourage… Souvenons-nous que la plus jeune des trois sœurs Bonaparte était aussi la plus intelligente et la plus arriviste. Elle aimait jouer à la souveraine, et Dieu sait qu'il lui avait fallu attendre pour, après les autres femmes de la famille, en arriver là : après Joséphine qu'elle détestait, après Hortense, après Élisa… Caroline était moins altière, moins dédaigneuse qu'Élisa, mais elle visait plus loin. Elle n'y mettait pas toujours les formes et se montrait cassante, péremptoire. Sa nouvelle belle-sœur, l'impératrice Marie-Louise, l'appelait d'ailleurs «la Mère Emptoire»! Cela dit quand elle le voulait, elle savait plaire. Elle avait parfaitement manipulé ses deux amants notoires : Junot et Metternich. Talleyrand la définissait comme «la tête de Machiavel sur le corps d'une jolie femme», et son frère reconnaîtra, à Sainte-Hélène, «qu'il y avait chez elle de l'étoffe, beaucoup de caractère et une ambition désordonnée».

Au moment où leur arrive la belle exilée – et il est en soi significatif qu'ils réservent à cette victime de Napoléon un accueil royal – les Murat s'interrogent : on vient de les pressentir pour entrer dans la coalition contre Napoléon. L'Angleterre et l'Autriche sont évidemment désireuses de se rallier Naples. Le comte de Neipperg est présent, chargé auprès d'eux d'une mission extraordinaire, en provenance des Habsbourg. Fouché vient de les quitter, ayant plaidé la cause inverse. Que vont-ils faire?

Neipperg, le brillant feld-maréchal et diplomate est porteur d'une autre mission, privée celle-là : donner à Juliette des nouvelles de leur amie commune, Mme de Staël. Il la voit souvent et l'on peut supposer qu'il participe à une fouille organisée à l'intention de la belle Parisienne, sous la direction de M. Clarac, à Pompéi : un très élégant déjeuner clôture la séance de travail qui, dit-on, a révélé de beaux bronzes…

L'heure était grave, mais on continuait à s'amuser, à se griser, avec l'insouciance d'un désespoir qu'on refusait de s'avouer. Ultimes tourbillons qui annoncent la fin d'un monde, et plus modestement, ici, la fin d'illusoires et trop récentes grandeurs… Caroline trouva le moyen de s'éprendre du joli Auguste de Chabot. Évidemment, Juliette était dans la confidence, évidemment, la petite Amélie n'en sut rien, ou n'en voulut rien savoir. Quand on pratique quelque peu Mme Lenormant, on se doute que ses catégories mentales l'empêchaient absolument de s'avouer qu'un futur prélat pouvait s'être trouvé dans une situation scabreuse! L'histoire est piquante, et c'est

Mme de Boigne, qui, elle, avait en horreur la bigoterie et les simagrées du Rohan, qui nous la raconte. Inutile de préciser qu'elle la
tenait de Juliette :

> [...] Une vive coquetterie s'établit entre eux. Des apartés, des prome-
> nades solitaires, des lettres, des portraits s'ensuivirent. La reine avait la
> tête tournée et ne s'en cachait pas. Les choses allèrent si loin, quoique
> M. de Chabot professât dès lors les principes d'une certaine dévotion
> ostensible, qu'il reçut la clef d'une porte dérobée conduisant à l'appar-
> tement de la reine. Le moment de l'entrevue fut fixé à la nuit suivante.
> Auguste s'y rendit.
> Le lendemain matin il reçut un passeport pour quitter Naples dans la
> journée. Un messager plus intime vint en même temps lui redemander
> l'élégante petite boîte qui contenait la clef.
> Depuis ce jour la reine, qui en paraissait sans cesse occupée jusque-là,
> n'a plus prononcé son nom. M. de Chabot n'a jamais pu comprendre le
> motif de cette disgrâce ; car il se rendait la justice d'avoir été parfaite-
> ment respectueux.
> Le portrait lui resta. Et je l'ai vu entre les mains de la personne confi-
> dente de cette intrigue à laquelle il en fit don au moment où il entra dans
> les ordres[1].

Ajoutons que le héros en question devint duc et pair de France à
la mort de son père, en 1816, qu'il entra dans les ordres en 1819,
qu'il devint vicaire de Paris, archevêque d'Auch puis de Besançon et
qu'il mourut cardinal, en 1833. Il est le prélat devant lequel paraît le
jeune Julien Sorel, dans *Le Rouge et le Noir*, et celui qui prêche, gra-
cieusement, au couvent du Petit-Picpus, dans *Les Misérables* : on se
souvient qu'une pensionnaire un peu folle et grande dame au demeurant, le reconnaît soudain et s'écrie en pleine chapelle : « Tiens,
Auguste ! »

*
* *

Le 11 janvier 1814, Murat s'associe à la coalition. Selon
Mme Lenormant, Juliette est le témoin direct de ces moments historiques :

> Au moment de rendre cette transaction publique, Murat, extrêmement
> ému, vint chez la reine sa femme ; il y trouva Mme Récamier : il s'ap-
> procha d'elle, et espérant sans doute qu'elle lui conseillerait le parti
> qu'il venait de prendre, il lui demanda ce qu'à son avis il devrait faire :
> « Vous êtes français, sire, lui répondit-elle, c'est à la France qu'il faut
> être fidèle. » Murat pâlit et, ouvrant violemment la fenêtre d'un grand
> balcon qui donnait sur la mer : « Je suis donc un traître », dit-il, et en
> même temps il montra de la main à Mme Récamier la flotte anglaise
> entrant à toutes voiles dans le port de Naples puis se jetant sur un
> canapé et fondant en larmes, il couvrit sa figure de ses mains. La reine

---

1. *Op. cit.*, 1, 358.

plus ferme, quoique peut-être non moins émue, et craignant que le trouble de Joachim ne fût aperçu, alla elle-même lui préparer un verre d'eau et de fleur d'oranger, en le suppliant de se calmer.

Ce moment de trouble violent ne dura pas. Joachim et la reine montèrent en voiture, parcoururent la ville et furent accueillis par d'enthousiastes acclamations ; le soir, au Grand Théâtre, ils se montrèrent dans leur loge, accompagnés de l'ambassadeur extraordinaire d'Autriche, négociateur du traité, et du commandant des forces anglaises, et ne recueillirent pas de moins ardentes marques de sympathie. Le surlendemain, Murat quittait Naples pour aller se mettre à la tête de ses troupes, laissant à sa femme la régence du royaume [1].

Cependant qu'en Champagne l'Empereur remporte les victoires de Montmirail et de Champaubert, ses amis romains réclament Mme Récamier : Forbin lui envoie de fidèles comptes rendus de l'ambiance qui règne dans la ville, et nous apprenons ainsi que « M. d'Ormesson était un peu blessé de n'avoir pas reçu une réponse [d'elle] et déguisait mal son chagrin »... Nous apprenons aussi que les compatriotes de Juliette désertent Rome, qui, dit-il, « est d'une tristesse épouvantable, on n'y reçoit point de lettres de France, on n'y donne que des nouvelles étranges, plus multipliées, plus sinistres les unes que les autres. Les Français partent en bandes de cinquante personnes et se dirigent presque tous sur Gênes [2] ». Cela n'interrompt pas pour autant les festivités du carnaval, et les deux compères – Forbin et d'Ormesson – lorsqu'ils parcourent en calèche l'élégant Corso, lèvent un regard nostalgique vers la loge du palais Fiano, où ils croient un instant voir apparaître leur gracieuse amie...

C'est dans cette ambiance défaite et anxieuse que Juliette – qui, elle, n'a évidemment rien à craindre de la chute du pouvoir impérial – rejoint la cité papale. Une surprise l'y attend : Canova en son absence avait réalisé deux bustes de sa belle amie. L'un en cheveux, l'autre voilé. Il en était enchanté. Juliette ne partage pas cet enthousiasme et, malheureusement, elle le dissimule mal. Canova en sera très dépité.

Dès qu'elle apprend la chute de Napoléon, Juliette repart, seule, très brièvement, aux côtés de Caroline Murat. Amélie, qui n'y était pas, raconte qu'au reçu de « la brochure » de Chateaubriand *De Buonaparte et des Bourbons* – en fait de brochure, il s'agissait d'un pamphlet au vitriol contre Napoléon – la reine de Naples aurait proposé à son amie de la lire ensemble. Après y avoir jeté un coup d'œil, Juliette aurait répliqué : « Vous la lirez seule, madame ! » Nous n'en croyons pas un mot. La curiosité en matière d'information était immense à l'époque et tout élément arrivé en droite ligne de Paris devait être impatiemment dévoré, sur-le-champ, quel qu'il soit... Juliette était – et demeura – soigneusement et rapidement

1. *Op. cit.*, t. I, pp.249-250.
2. Ms. B.N. N.A.F. 15459.

informée des événements de son temps et de son monde. C'était là un indispensable attribut du rayonnement et du pouvoir d'une femme considérée.

Et, considérée, Juliette ne tarderait pas à le redevenir : elle souhaitait regagner Paris le plus vite possible, mais elle attend cependant le retour du pape dans sa ville, avant de quitter celle-ci. Ce furent des moments inoubliables qu'Amélie reproduit excellemment :

> La Providence réservait à Mme Récamier, prête à quitter la ville éternelle, un de ces spectacles extraordinaires qui remplissent l'âme d'une émotion profonde et ineffaçable. Elle eut le bonheur d'assister à l'entrée de Pie VII dans sa capitale. Du haut de gradins placés sous les portiques que forment à l'ouverture du *Corso* les deux églises qui font face à la porte du Peuple, elle vit le pontife rentrer dans Rome. Jamais foule plus compacte, plus enivrée, plus émue ne poussa vers le ciel les clameurs d'un enthousiasme plus délirant. Les grands seigneurs romains et tous les jeunes gens de bonne famille s'étaient portés au-devant du pape jusqu'à la Storta, dernier relais avant la ville. Là, ils avaient dételé ses chevaux ; la voiture de gala du souverain pontife s'avançait ainsi traînée, précédée de ces hommes dont les figures étaient illuminées par la joie et animées par la marche. Pie VII se tenait à genoux dans la voiture ; sa belle tête avait une indicible expression d'humilité ; sa chevelure parfaitement noire, malgré son âge, frappait ceux qui le voyaient pour la première fois. Ce triomphateur était comme anéanti sous l'émotion qu'il éprouvait ; et tandis que sa main bénissait le peuple agenouillé, il prosternait son front devant le Dieu maître du monde et de ses hommes, qui donnait dans sa personne un si éclatant exemple des vicissitudes dont il se sert pour élever ou pour punir. C'était bien l'entrée du souverain, c'était bien plus encore le triomphe du martyr.
>
> Pendant que le cortège fendait lentement la foule qui se reformait toujours sur ses pas, Mme Récamier et sa nièce quittant l'estrade et montant en voiture gagnèrent Saint-Pierre par des rues détournées. Des gradins avaient aussi été préparés autour de la Confession. Après une longue attente, elles virent enfin le saint vieillard traverser l'église et se prosterner devant l'autel ; le *Te Deum* retentissait sous ces immenses voûtes, et les larmes inondaient tous les visages [1].

Au moment de quitter la ville en liesse, la ville rendue à elle-même – et qu'elle reverra longuement et dans de bien meilleures conditions –, Juliette a un geste qui la caractérise pleinement. Elle est, en tant que victime du vaincu, du côté des vainqueurs. Cependant, comme toujours, elle songe à ceux dont la situation vient de se renverser brutalement, ceux qui, maintenant, risquent de connaître à leur tour les amertumes de la défaite et de la proscription : Juliette rend visite au général Miollis, qu'elle trouve seul et abattu. Il l'avait bien traitée. Elle l'assure de sa sympathie. Juliette

---

1. *Op. cit.*, t. 1, pp. 257-259.

est l'unique personne, il le lui avoue, qui ait songé à se manifester auprès de lui, depuis qu'il ne commande plus Rome...

Sur cette note réconfortante d'humanité et de gentillesse, se referme la page la plus sombre de la vie de Mme Récamier. Le « tyran » s'est effondré sans avoir révoqué son ordre d'exil. C'est le nouveau gouvernement qui, le 25 avril 1814, fait « l'état des personnes qui ont été exilées de Paris », et autorise leur rentrée. Une nouvelle ère commence. Juliette a tout à en attendre. Elle a raison.

CHAPITRE VIII

LE RETOUR

L'habitude de la société a fourni à son esprit le moyen de se déployer, et son esprit n'est resté au-dessous ni de sa beauté ni de son âme.

BENJAMIN CONSTANT.

L'élite de la société européenne lui décerna l'empire de la mode et de la beauté.

MME LENORMANT.

Lorsqu'elle fait sa rentrée à Paris, à la mi-juin 1814[1], Juliette est radieuse. Son humeur s'accorde à celle de la capitale libérée. Car les souverains alliés ont agi en libérateurs et non en occupants.

Le peuple ne s'y trompe pas, il est soulagé, et pour la plus évidente des raisons : on lui a rendu la paix. Le faubourg Saint-Germain se réjouit, car les alliés, en plus de la paix, lui ont rendu son roi. En effet, grâce au tsar Alexandre et à Talleyrand – chez lequel le tsar avait choisi de descendre – la solution bourbonienne avait été préférée aux autres : république, régence de Marie-Louise, royauté de Bernadotte ou de la branche cadette, les Orléans. Les libéraux ainsi que les notables sont rassurés par la charte qui vient d'être octroyée et qui institue le système constitutionnel, garantie fondamentale contre l'absolutisme. Qu'ils soient civils ou militaires, les serviteurs de haut rang du pouvoir impérial se rallient ou se maintiennent, dans leur majorité.

Seule une partie de l'armée – non sa base, car les conscrits désertaient en masse, les derniers temps – son encadrement de rang inférieur, est mécontente. On le comprend : ces sous-officiers sont

---

1. Et non le 1er juin, comme l'écrivent ses biographes, à la suite de Mme Lenormant : ce jour-là, Juliette est encore à Florence.

des professionnels de la guerre, ils ne savent rien d'autre et n'ont que faire de la liberté restaurée ! Démobilisés, ils ne sont plus rien. Ils entretiennent une dévotion fervente envers leur chef vaincu qui les avait, il est vrai, habitués à se considérer comme les piliers de sa puissance.

On oublie trop souvent ces faits, mais, en 1814, la France respire. La chute de l'Aigle est ressentie comme une délivrance. Mme de Boigne l'exprime très justement :

> J'en demande bien pardon à la génération qui s'est élevée depuis dans l'adoration du libéralisme de l'Empereur, mais à ce moment amis et ennemis, tout suffoquait sous sa main de fer et sentait un besoin presque égal de la soulever. Franchement, il était détesté ; chacun voyait en lui l'obstacle à son repos, et le repos était devenu le premier besoin de tous [1].

Contraint d'abdiquer sans conditions, Napoléon, après des adieux déchirants à ses fidèles, était parti régner sur l'île d'Elbe, aux larges des côtes de la Toscane. Louis XVIII était rentré d'Hartwell, fait « roi des Français » par le Sénat, dont il avait, le 6 avril, accepté la Constitution. Monsieur, son frère, l'élégant comte d'Artois, l'avait précédé, et le mot gracieux qu'on lui prêtait à son retour sur le sol natal : « Il n'y a qu'un Français de plus ! » avait eu un véritable succès. Le traité de Paris, le 30 mai, avait ramené la France à ses frontières du 1er janvier 1792 : elle conservait Avignon, le comtat Venaissin, Montbéliard, Mulhouse, une partie de la Savoie ainsi que ses forteresses du Nord. Elle cédait l'île de France (île Maurice) aux Anglais, de même que quelques petites Antilles. Elle n'était pas soumise à la contribution de guerre, et les troupes alliées l'évacueraient immédiatement.

L'impression générale était qu'on s'en tirait à bon compte. Les sanglantes conquêtes étaient annulées, mais à quoi rimaient-elles ? Qu'avaient en commun ces peuples soumis, sinon de participer de la même vision de Napoléon ? Aucun Français n'admettait pour son compatriote un Hambourgeois ou un Genevois, et seul un despotisme militaire encore plus sanglant, encore plus étouffant aurait pu prétendre les préserver. Et encore, pour combien de temps ? À quel prix ?

La légende napoléonienne naîtra plus tard. Elle sera l'œuvre de la génération suivante qui, elle, n'aura pas vécu dans un système dictatorial, mais s'épanouira dans la formidable éclosion culturelle de la seconde Restauration, au sein d'une société prospère et stable, faisant, pour la première fois depuis la Révolution, l'apprentissage conjoint de la paix et du parlementarisme. La nostalgie de l'épopée, de la domination européenne et du chef charismatique, tout cela fermentera dans les têtes des enfants bien nourris du Romantisme, en

---

1 *Op. cit.,* I, p. 319.

mal de grands rêves et de grandes causes, pour aboutir à une recréa-
tion idyllique d'une grandeur disparue. Comme toujours lorsqu'on
se sépare de la réalité historique, lorsqu'on invente un âge d'or, on
en oublie les envers. La mystique bonapartiste niera la terrible responsabilité de son héros dans l'hécatombe qui saigna l'Europe pendant plus de dix ans : c'est tout juste si le grand homme ne fut pas
l'innocente victime des coalisés ! Quant aux centaines de milliers de
cadavres, qu'importe ! on les gommera pour ne retenir que les morts
spectaculaires de quelques « braves »…

*
* *

Lorsque Mme Récamier se réinstalle rue Basse-du-Rempart,
Paris, après un printemps animé, est redevenu allègre. Les journaux
reparaissent, les brochures et les pamphlets aussi. Les théâtres et les
bals ne désemplissent pas. Cependant que la cour se reforme aux
Tuileries, les salons rouvrent leurs portes et l'art éminemment parisien de la conversation y reprend ses droits. Personne, à part les
fidèles du noble faubourg, ne connaît très bien les Bourbons en
place, mais la monarchie constitutionnelle, après tant d'années d'oppression et de silence, rassure. Les Alliés ont d'ailleurs pris la pré-
caution de ne pas humilier la population : ils ont clairement fait
savoir que c'est Napoléon qu'ils combattaient et non les Français.
Les souverains alliés, et particulièrement l'empereur Alexandre, ont
ménagé les amours-propres et se sont conduits avec civilité. Ils sont
maintenant repartis ainsi que leurs troupes – soigneusement canton-
nées hors la capitale – parmi lesquelles ces étranges Cosaques dont
les badauds allaient voir le campement établi sur les Champs-Élysées, à peu près comme on va au cirque… Ne demeurent que des
diplomates et des officiers supérieurs, dont un certain nombre de
vieux amis de Juliette. Un oxygène nouveau parcourt la société parisienne. Paris revit dans la lumière de ce début d'été, Paris prête son
insouciant esprit et sa turbulence aux réjouissances retrouvées
comme la liberté, de bon cœur.

Après trois ans d'absence, Juliette apparaît comme plus belle
encore. Elle a trente-six ans et demi et pourtant elle semble aussi
fraîche et aussi gracieuse qu'à vingt. Cette juvénilité, qu'elle saura
ne pas perdre, est l'une de ses particularités : sa silhouette est parfaite et son visage reflète un équilibre intérieur qui la préserve des
flétrissures. Juliette, au fil des années et des récentes épreuves, a
même acquis un éclat d'une nature bien différente de celui qui avait
ébloui la société consulaire. Il s'agit d'autre chose que de l'évidente
primauté de la première jeunesse : il émane d'elle ce charme accompli, typique de la Parisienne approchant la quarantaine, un mélange
de rayonnement intelligent et de soin attentif à sa personne, un art de
la mise en valeur qui, en quelque sorte, est la rançon de la féminité
expérimentée, du savoir-faire et du savoir-séduire, doublée d'une
vigilance envers soi-même, qu'on peut aussi appeler la sûreté du

goût. Auparavant, Juliette était mythique, désirable et inaccessible. Elle est devenue irrésistible.

Elle s'entoure on ne peut mieux : dans une ville qui de nouveau est le carrefour de la société européenne, le centre des élégances et de l'esprit, délivrée des contraintes et des maussaderies impériales, délivrée aussi des excès clinquants et fastueux des parvenus, de ces enfants chéris de l'Empereur qui se couvraient de ridicule en étalant des richesses qu'ils étaient incapables d'employer à bon escient, Juliette est plus recherchée qu'elle ne l'a jamais été.

On lui fait sentir de toute part la considération qui s'attache à la tenue qu'elle a observée pendant son exil, à la bienveillance qu'elle offre aux vainqueurs d'hier, à la mesure avec laquelle elle accueille ceux d'aujourd'hui. Elle n'est d'aucune coterie, ce qui n'est pas nouveau, elle se contente de regrouper autour d'elle l'assemblée la plus choisie qui soit à l'époque. Plus de cohues, comme au temps de la rue du Mont-Blanc, plus d'émeutes sur son passage. Juliette bénéficie d'un succès décanté et subtil qui ressemble à une élection.

Mme Lenormant prend soin d'expliquer comment la position financière de Mme Récamier étaie cette position mondaine :

> La situation financière de M. Récamier n'était pas sans doute ce qu'elle avait été avant la catastrophe qui l'avait frappé ; néanmoins, tout en poursuivant la liquidation de sa première maison, il avait renoué beaucoup d'affaires, et la confiance d'aucun de ses anciens correspondants ne lui avait fait défaut. Mme Récamier était d'ailleurs en possession de la fortune de sa mère qui s'élevait à quatre cent mille francs. Elle avait des chevaux, objet pour elle de première nécessité, attendu qu'elle ne savait pas marcher à pied dans la rue ; elle reprit une loge à l'Opéra et recevait ce jour-là après le spectacle [1].

Visite à Saint-Leu

Pour nombre de ses amis, la roue a tourné, et leurs situations se trouvent inversées par rapport à ce qu'elles étaient sous le régime précédent. Les Montmorency, les Noailles, les Doudeauville et les Luynes exultent : Adrien vient d'être nommé ambassadeur à Madrid Mathieu, chevalier d'honneur de la duchesse d'Angoulême, ce qui lui convient à merveille, car la fille de Louis XVI est, sans doute, sa plus grande rivale en dévotion de tout le royaume !

Mmes de Catellan et de Boigne sont ravies de retrouver celle qu'elles ont attendue fidèlement et aidée dans son épreuve. La seconde va bientôt devoir quitter Paris pour accompagner son père, le marquis d'Osmond, ambassadeur de Louis XVIII auprès de son beau-frère, le roi de Sardaigne. La jolie comtesse n'est pas autrement enchantée d'aller s'enterrer dans la petite cour de Turin,

---

1. *Op. cit.*, t. 1., p. 262.

Madame Bernard.
Miniature de Jean François Gérard Fontallard.
(Coll. David-Weill, ph. Sotheby's)

Jacques Rose Récamier. Dessin de Mme Édouard Payen.
(Ph. G. Kritoff)

Juliette Récamier. Dessin de Gérard. *(Coll. Roger-Viollet)*

Juliette Récamier. Tableau d'Eulalie Morin.
(Musée de Versailles, ph. Roger-Viollet)

Lucien Bonaparte.
(Coll. Roger-Viollet)

Madame Récamier. Tableau de Jacques-Louis David.
(Musée du Louvre, ph. Roger-Viollet)

Benjamin Constant.
Lithographie d'Esbrard.
*(Bibliothèque nationale,
ph. Roger-Viollet)*

Le prince Auguste de Prusse.
Gravure de Vendramini
d'après le tableau de Strochling.
(Bibliothèque nationale,
coll. Roger-Viollet)

Mme de Staël.
Tableau de Mme M.-E. de Godefroy.
(Musée de Versailles, ph. Roger-Viollet)

Le Château de Mme de Staël à Coppet. Lithographie de Muller d'après un dessin de Deroy.
(Bibliothèque nationale, coll. Roger-Viollet)

Chateaubriand par Paulin Guérin.
(Bibliothèque nationale, coll. Roger-Viollet)

Adrien de Montmorency.
Lithographie d'Aubry-Lecomte.
(Bibliothèque nationale, ph. Roger-Viollet)

Mathieu de Montmorency.
Lithographie de Villain.
*(Bibliothèque nationale,
ph. Tallandier/J. Dubout)*

Maison de Chateaubriand à la « Vallée aux Loups », à Châtenay (Hauts de Seine).
(Bibliothèque nationale, coll. Roger-Viollet)

La reine Hortense. Tableau d'après Gérard.
(Musée de Versailles, coll. Roger-Viollet)

Amélie Lenormant.
Aquarelle anonyme, 1826.

L'Abbaye-aux-Bois.
Lithographie d'après Régnier.
(Bibliothèque nationale, ph. B.N.)

Chateaubriand à la fin de sa vie par Alophe.
(Bibliothèque nationale, ph. Roger-Viollet)

Mme Récamier à l'Abbaye-aux-Bois.
Lithographie d'Aubry-Lecomte d'après le tableau de Dejuinne.
(Bibliothèque nationale, coll. Roger-Viollet)

Adèle d'Osmond,
comtesse de Boigne.
Miniature d'Isabey.
*(Musée du Louvre,
h. Musées nationaux)*

Benjamin Constant.
Lithographie d'après Berr.
(Strasbourg, ph. Roger-Viollet)

Le salon de Mme Récamier à l'Abbaye-aux-Bois.
Aquarelle de A. G. Toudouze. *(Coll. Roger-Viollet)*

Mme Récamier sur son lit de mort, le 11 mai 1849. Lithographie de Deveria.
(Bibliothèque nationale, coll. Roger-Viollet)

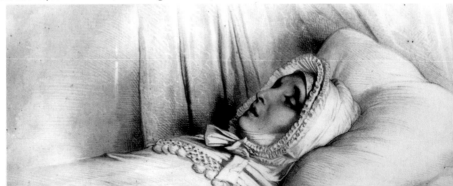

mais elle est trop grande dame pour en laisser rien paraître. Elle aussi se réjouit de la présence à Paris de ses amis étrangers, particulièrement le prince Wolkonski, aide de camp du tsar, de Pozzo di Borgo, son ambassadeur. Elle aime énormément celui-ci, qu'elle connaît depuis longtemps, et elle a suivi attentivement la vendetta qu'il menait depuis vingt ans, à travers l'Europe, contre le clan Bonaparte.

Mme de Staël est présente ainsi que ses enfants et Benjamin Constant. Elle aurait préféré, quant à elle, la solution suédoise aux Bourbons, auxquels « elle se résigne »... Sa joie est profonde de reprendre pied, après tant d'années, dans la ville qu'elle aime entre toutes. Elle est cependant très changée : pâle et amaigrie, sa longue lutte l'a visiblement fatiguée. Benjamin note qu'elle « est distraite, presque sèche, pensant à elle, écoutant peu les autres... » Elle a près d'elle le touchant Rocca qui la suit comme son ombre et se meurt lentement de tuberculose. Albertine, en revanche, est devenue ravissante. Sa mère songe à la marier. Elle songe aussi à recouvrer les deux millions de Necker que le Trésor français lui doit toujours.

Elle revoit Juliette fréquemment. Les billets d'arrangement qu'elle lui adresse jusqu'à son départ pour Coppet, à la mi-juillet, témoignent que certains nuages sont dissipés entre les deux femmes, en apparence du moins.

Mme de Staël entraîne Juliette dans une visite de remerciement qu'elle doit à la reine Hortense qui, on s'en souvient, était intervenue en faveur de la baronne, lors de sa désagréable affaire de *De l'Allemagne*. Hortense, qui connaissait Mme Récamier depuis sa prime jeunesse, était sur le point d'obtenir la grâce de celle-ci lorsque l'Empire s'était effondré. Mais sa situation personnelle était loin d'être tragique : sur l'instigation du tsar Alexandre, Louis XVIII venait de la faire duchesse de Saint-Leu, érigeant en duché une terre qu'elle possédait dans les environs de Paris.

Cette journée, Hortense l'a racontée dans ses *Mémoires*, comme sa lectrice, Mlle Cochelet, dans les siens[1]. La fille de Joséphine écrit avec beaucoup de naturel, sa lectrice, elle, donne le point de vue de Bécassine, qui ne manque ni d'authenticité ni de saveur involontaire. Écoutons-les tour à tour. Nous aurons un aperçu de l'effet produit par les deux amies dans un milieu qui était tout, sauf intellectuel.

Les préparatifs, au château de Saint-Leu, agitent la compagnie . le problème est en effet de savoir qui inviter en même temps que ces célébrités ? qui, surtout, est capable de « tenir tête » avec esprit à la baronne ? À force d'éliminations – génie oblige ! – on finit par se mettre d'accord sur MM. de La Tour Maubourg, de Canouville, ainsi que la duchesse de Frioul, alias Mme Duroc, une Espagnole de haute volée. Le général Colbert, passant par là, est réquisitionné et saura se

---

1. *Mémoires* de la reine Hortense, Paris, Plon, 1928, pp. 369-370. *Mémoires* de Mlle Cochelet, Paris, 1836, I, pp.427-441. Nous nous permettons de renvoyer à notre ouvrage intitulé *La Reine Hortense*, Lattès, 1992.

montrer à la hauteur de la situation. La jeune Cochelet décrit à merveille cette ambiance de volière qui entoure Hortense, ainsi que la
nervosité de la petite troupe qui s'exerce aux mots d'esprit en guet-
tant la voiture des glorieuses Parisiennes : «Nous avions l'air de
comédiens qui vont entrer en scène et qui se regardent en attendant
le lever de la toile…»

Voici comment lui apparaissent les invitées :

> Mme Récamier, encore jeune, fort jolie avec son air naïf, me fit l'ef-
> fet d'une jeune première victimée par une duègne trop sévère, tant son
> air doux et timide contrastait avec l'assurance trop masculine de sa
> compagne. On disait pourtant Mme de Staël très bonne, surtout pour
> son amie, et je ne parle ici que de l'effet qu'elle produisit au premier
> coup d'œil sur les spectateurs auxquels elle était étrangère. La figure de
> mulâtre de Mme de Staël, sa toilette originale, ses épaules entièrement
> nues, qui auraient été belles l'une ou l'autre, mais qui s'accordaient si
> mal entre elles ; tout cet ensemble me parut réaliser bien peu l'idée que
> je m'étais faite de l'auteur de *Delphine* et de *Corine* [*sic*]…

On décide, après les compliments d'usage, de faire une prome-
nade dans un grand char à banc, à travers le parc et la forêt de
Montmorency qui le jouxte. Pendant l'excursion, l'incorrigible
Hortense commet une petite bévue qu'elle avoue avec bonne grâce :

> J'ai dû piquer bien innocemment l'amour-propre d'auteur de Mme de
> Staël. En nous promenant dans le jardin, on parlait de voyages, de
> beaux pays, et, comme je suis fort distraite, je lui demandai si elle était
> allée en Italie. Tout le monde se récria à la fois : «Et *Corinne*!
> *Corinne*!…»

Hortense était distraite, en effet! Mais elle est sans malice et
Mme de Staël le sait… De toute façon, celle-ci était bien trop intelligente pour se laisser aller aux petitesses de la vanité littéraire!
Cependant, le courant passe mal entre la magistrale femme de lettres
et cette pensionnaire attardée que demeure Hortense. Hortense, «si
sensible, dira Napoléon, qu'on pourrait craindre pour son jugement»,
primesautière, toujours prompte à s'enjouer d'un rien, agissant au
jour le jour, apte à oublier au premier petit plaisir, au premier jeu de
société qui s'offre à elle, les complications sentimentales dans lesquelles elle se débat et les orages qui, sans cesse, traversent sa vie…

Ne dit-on pas qu'au moment où elle reçoit Juliette, Hortense
s'est consolée de la mort brutale de sa mère, survenue à la fin du
mois de mai, dans la compagnie du plus séduisant des souverains
alliés, du plus complaisant aussi envers sa famille : le tsar
Alexandre… Sans doute, elle qui éprouve pour Juliette une attirance
qui ne se démentira jamais – fondée sur leur mutuelle gaieté et leur
égale simplicité – aimerait-elle lui faire ses confidences… Elle n'en
a pas le loisir. La présence de la «doctorale» – c'est l'épithète
qu'elle emploie – Mme de Staël crée une tension : Hortense, comme

tout Saint-Leu, est intimidée, elle voudrait ne pas décevoir son illustre invitée.

Dans la forêt, l'orage surprend les promeneurs et trempe les belles dames. Catastrophe ! Les cieux ne sont pas, décidément, avec la châtelaine... Un appartement est aussitôt mis à la disposition des deux amies pour qu'elles puissent, en présence de Mlle Cochelet, se remettre et se préparer pour le dîner. Aveu charmant de la lectrice qui, un instant, est admise dans les coulisses de la gloire :

> On ne faisait plus d'esprit, maintenant : on se nettoyait, on se refrisait, on se reposait avec un entier abandon de tous les frais d'amabilité dont je venais d'être témoin un instant auparavant. Je me disais : les voilà pourtant comme tout le monde, revenues à la simple nature, au terre à terre de la vie positive, ces deux femmes célèbres qu'on reçoit avec tant d'apprêts et qu'on recherche en tous lieux. Les voilà mouillées comme moi, et aussi peu poétiques...

Au moment de passer à table, un bruit de bottes, un fracas de voix à l'accent allemand emplissent la cour : comme par hasard débarque le prince Auguste de Prusse qu'on s'empresse, naturellement, de retenir à dîner :

> Le prince fut placé à droite de la reine [Hortense] et Mme de Staël à sa gauche. Le domestique de cette dernière avait mis sur sa serviette une petite branche d'arbre qu'elle avait l'habitude de tourner entre ses doigts pendant qu'elle parlait. La conversation fut très animée et c'était fort drôle de lui voir toujours rouler cette petite branche en gesticulant. On aurait pu supposer qu'une fée lui avait donné ce talisman et qu'à cette branche tenait tout son génie.

Voici le plus intéressant : Hortense se remémorant les propos de Corinne :

> Mme de Staël me questionna beaucoup sur l'Empereur, parla d'aller le voir à l'île d'Elbe et voulut connaître en détail tout ce qu'il m'avait dit sur elle. Je lui appris qu'il s'était montré sévère à son égard mais indulgent pour Mme Récamier dont, sans doute, il aurait bientôt abrégé l'exil. Elle ne put s'empêcher de paraître flattée de cette différence et s'empressa d'appeler son amie pour lui raconter ce qu'elle venait d'entendre. Ce fut avec tant d'emphase qu'elle semblait lui dire : « Vous n'êtes qu'une enfant. On vous traitait sans conséquence, mais moi, on me redoutait. » Puis elle me répétait avec complaisance « Vraiment ! Il ne m'aurait jamais laissée revenir ? »

On croit l'entendre ! Hortense se serait épargnée bien des angoisses si, au lieu de chercher à Mme de Staël des partenaires brillants, elle s'était contentée de répondre à la curiosité inépuisable et fascinée de son invitée envers tout ce qui touchait à Napoléon ! La baronne étourdit son auditoire par la diversité et l'élévation des sujets qu'elle aborde : la Turquie, la liberté de la presse aussi bien que l'exil. Elle flatte Hortense en évoquant cette romance de sa composition : «Fais ce que dois, advienne que pourra», qu'elle se plaisait à chanter, à Fossé. Et surtout elle interroge à feu roulant les deux enfants de celle-ci – l'aîné a dix ans, le cadet, le futur Napoléon III, en a six – toujours sur le même thème : leur oncle. L'aimaient-ils ? Est-il vrai qu'il leur faisait répéter cette «fable qui commence par ces mots : *La raison du plus fort est toujours la meilleure*»? Les enfants sont interloqués...

Quel tourbillon! Quand la brillante visiteuse sera repartie, au terme de cette journée révélatrice, le prince Napoléon, le fils aîné d'Hortense, aura le mot de la fin : «Cette dame est bien question-neuse. Est-ce que c'est cela qu'on appelle l'esprit?»

*
* *

C'est à peu près à ce moment – fin du mois de juin ou début du mois de juillet 1814 – que Mme Récamier organise chez elle une lec-ture du *Dernier Abencérage*, de Chateaubriand, un petit récit inspiré par le voyage en Orient qu'avait fait, quelques années auparavant, l'auteur d'*Atala*. Ballanche et Albertine de Staël, depuis duchesse de Broglie, l'attestent. L'écrivain lyonnais a même pris soin de dresser la liste des participants à cette séance de choix :

> Mme de Staël, Bernadotte et sa femme, la maréchale Moreau, le maré-chal Macdonald, le duc de Wellington, la duchesse de Luynes, Camille Jordan, le duc de Doudeauville, Mathieu de Montmorency, Benjamin Constant, le peintre David, le vieux chevalier de Boufflers, le prince Auguste de Prusse, Canova, Gérard, Sismondi, Pozzo di Borgo, Humboldt, Talma, Montlausier, Metternich.

L'auteur lisait lui-même, comme il se doit. Mme de Boigne, qui n'était pas présente, ce qui se conçoit car elle n'était pas une spéciale admiratrice de l'écrivain, avait assisté à une date que nous ne connaissons pas, probablement sous l'Empire, à une lecture du même texte, chez Mme de Ségur. Voici comment elle retrace la scène :

> Il lisait de la voix la plus touchante et la plus émue, avec cette foi qu'il a pour tout ce qui émane de lui. Il entrait dans les sentiments de ses per-sonnages au point que les larmes tombaient sur le papier; nous avions partagé cette vive impression et j'étais véritablement sous le charme. La lecture finie, on apporta du thé :
> – M. de Chateaubriand, voulez-vous du thé?
> – Je vous en demanderai.
> Aussitôt un écho se répandit dans le salon :
> – Ma chère, il veut du thé.
> – Il va prendre du thé.
> – Donnez-lui du thé.
> – Il demande du thé !

Et dix dames se mirent en mouvement pour servir l'idole. C'était la première fois que j'assistais à pareil spectacle et il me sembla si ridicule que je me promis de n'y jamais jouer de rôle. Aussi, quoique j'aie été dans des relations assez constantes avec M. de Chateaubriand, je n'ai point été enrôlée dans la compagnie de ses *Madames*, comme les appelait Mme de Chateaubriand, et ne suis jamais arrivée à l'intimité, car il n'y admet que les véritables adoratrices[1].

Juliette sert-elle du thé, ce jour-là? Probablement pas. L'heure n'était pas encore venue…

Chateaubriand n'a pas inclus cette lecture dans l'historique de ses relations avec la Belle des Belles tel qu'il le présente aux lecteurs de ses *Mémoires*. Il lui plaisait de situer leur rencontre chez Mme de Staël, et leur coup de foudre au chevet de cette dernière, mourante. La mise en scène était meilleure, pour axer la présentation de la Beauté, en contrepoint de l'Esprit, et dans le sillage de celui-ci. La vérité, nous le savons déjà, est un peu différente. Il a connu Juliette sur le terrain de celle-ci, dans les splendeurs des réceptions de la rue du Mont-Blanc. Il la retrouve, chez elle encore, alors qu'il est maintenant un écrivain célèbre et qu'il vient d'obtenir un franc succès pour un pamphlet *De Buonaparte et des Bourbons*, dont le roi se plaisait à dire qu'il avait fait plus pour lui qu'une armée de cent mille hommes!

On peut imaginer qu'au moment où il faisait de brillants débuts dans la vie politique – on lui donne le 6 juillet l'ambassade de Suède, où il ne mettra jamais les pieds – cette lecture chez Mme Récamier était importante pour lui, en raison de la qualité de l'auditoire réuni par Juliette : le tout-puissant Wellington, en passe de devenir la coqueluche des salons, Metternich, Bernadotte, Pozzo et un Hohenzollern, ne croirait-on pas un congrès de Vienne en miniature, et avant la lettre? Et pourtant, pas un mot…

Il en avait parcouru du chemin, le noble vicomte, depuis *Atala*! D'abord, il avait donné à celle-ci son jumeau, comme elle, détaché du *Génie*, et publié à part, en 1805, *René*. Un ravissant récit, un *Werther* à la française peignant ce «vague des passions» qui allait devenir le «mal du siècle», la maladie obligée de la génération suivante, qui grandira, portant son jeune cœur en écharpe et soupirant après des demi-sœurs vaguement incestueuses, qui mouraient de la poitrine quand elles ne choisissaient pas de s'enfermer dans un quelconque couvent… Cette nuée de petits René, plus vrais que nature, excédait – il faut le savoir – leur inventeur. Il les désavouera publiquement. Cette mode, créée par lui, lui semblait détestable, mais elle l'avait sacré père fondateur du Romantisme français et après tout, malgré ce qu'avaient de réducteur et de niais de telles étiquettes, il s'en accommodait.

Après son malheureux passage dans la diplomatie, il était rentré de Rome renfrogné et avait saisi le prétexte de l'assassinat du duc

---

1. *Op. cit.*, 1, p. 296.

d'Enghien pour s'éloigner du pouvoir et voyager. Il avait commencé par l'Auvergne, puis la Suisse, puis la Bretagne. Puis le grand départ, comme jadis vers l'Amérique, le périple oriental : la Grèce, les lieux saints, l'Égypte, la Tunisie et l'Espagne. Comme il était très amoureux et que la dame de Méréville – qui avait succédé dans son cœur à la dame de Fervacques – l'attendait à Grenade, il avait pressé l'allure. Il avait cependant accumulé une belle matière et, sitôt installé dans la « petite chaumière » qu'il acquiert en 1807, il se consacre à l'écriture : *Les Martyrs*, l'*Itinéraire de Paris à Jérusalem* et le petit *Abencérage* qu'on venait de lire chez Juliette étaient le fruit de sa vaste et (trop) rapide exploration.

Ses rapports avec Napoléon se gâtent franchement quand celui-ci fait fusiller, le vendredi saint de 1809, son cousin Armand de Chateaubriand qui s'était fait prendre alors qu'il accomplissait clandestinement une mission en France pour les princes émigrés. Lorsque l'Académie française l'élit en 1811, Chateaubriand rédige un discours de réception dont on se doute qu'il était sans tendresse pour le pouvoir en place. Refusant d'accepter les modifications indiquées par l'Empereur, il est admis parmi les Immortels, sans y être reçu, ce qui ne s'était encore jamais vu ! Là, comme ailleurs, le destin de Chateaubriand était de se singulariser.

Avec l'effondrement de l'Empire prenait fin, selon lui, sa carrière d'écrivain. Commençaient les choses sérieuses : devenir un homme d'État. Pour cela, il comptait beaucoup avec l'influence de la plus récente en date des *Madames* : la dame d'Ussé, la duchesse de Duras, contemporaine exacte de la belle Récamier, mariée à un pilier du nouveau régime et très désireuse d'aider son idole. Nous verrons ce qu'il en sera.

*
* *

On publiait d'abondance dans le Paris de la première Restauration, car, aussi curieux que cela puisse paraître, des deux souverains qui se succédaient aux Tuileries le plus intellectuel était à l'évidence le second que son obésité puis ses infirmités inclinaient vers le bel esprit et les plaisirs littéraires. Louis XVIII, dont les goûts voltairiens étaient connus, ne manquait ni de finesse, ni de tolérance, ni d'ironie brillante : s'il ne pourra toujours maîtriser les excès des coteries qui se réclament de la légitimité, il saura du moins laisser la bride sur le cou aux tendances libérales, étouffées par la censure de son prédécesseur.

Autour de Mme Récamier, Ballanche s'apprête à donner son *Antigone* dont il lui avoue qu'elle lui doit beaucoup et, surtout, Benjamin Constant surveille les 3ᵉ et 4ᵉ éditions d'un remarquable démontage de l'absolutisme : *De l'esprit de conquete et d'usurpation*. Benjamin travaille à mettre la dernière main à un récit autobiographique qui sera son chef-d'œuvre, *Adolphe*, et il propose une monumentale épopée rimée, intitulée *Le Siège de Soissons*, vaste poème anti-impérialiste, lui aussi, et dans lequel le lecteur courageux peut, au fil des deux mille vers, trouver une ressemblance avec des personnages connus de lui : une certaine esclave surnommée Anaïs emprunterait certains de ses traits, comme l'Antigone du bon Ballanche, à Juliette…

Quelle est la réaction de l'intéressée ? Nous l'ignorons, mais, sans doute, elle est amusée ou flattée, quelle femme ne le serait ?… Juliette est heureuse en cet été 1814 : elle se trouve de nouveau au centre du mouvement qui anime Paris, avec cette nuance supplémentaire qu'elle n'est pas seulement entourée des personnalités marquantes de l'époque, mais aussi des beaux esprits, des hommes les plus intelligents, voire les plus créateurs du moment. Les écrivains se pressent dans son salon, au lieu des hommes d'affaires, des politiciens et des sabreurs des gouvernements précédents, les artistes aussi : elle donne des lectures, des concerts. Les causeries du soir où elle réunit parmi bien d'autres, les Montmorency, les Bernadotte, Benjamin Constant ou le duc de Wellington ne manquent pas d'allure. S'y mêlent parfois des personnages inattendus, comme ce Montlausier, qu'elle avait accueilli au palais Fiano, quelques mois plus tôt, et dont la versatilité est déconcertante : cet ancien élève des Bons Pères était passé par la Constituante, il avait ensuite rejoint l'armée des Princes, avait poursuivi son émigration à Londres, où il avait connu Chateaubriand, était rentré en même temps que lui, s'était rallié à l'Empire et, pour finir, se présentait à Paris, avec une publication de son cru : une anachronique apologie de la féodalité ! L'auteur de *René* avouait du goût pour « sa personne hétéroclite » et, certes, Montlausier n'avait pas épuisé l'étonnement de ses contemporains à son égard.

Un autre ami de Rome était auprès de Juliette : Canova. Il ne lui en voulait plus trop de ne s'être pas reconnue dans les impavides matrones préparées pour elle à son retour de Naples. Il avait même décidé de transformer l'une d'elles, celle qui était voilée, en une « Beatrix » aux yeux froids, couronnée de lauriers et que possède aujourd'hui le musée de Lyon…

Le cercle des adorateurs se renouvelle et le plus assidu – Juliette n'a pas de chance ! – est le duc de Wellington. Mme de Boigne nous dit malicieusement « qu'il était le personnage le plus important de l'époque. Tout le monde en était persuadé, mais personne autant que lui… » Depuis que Juliette l'avait rencontré chez Mme de Staël, l'Irlandais entêté ne la quittait plus. Il multipliait ses visites rue Basse-du-Rempart, il l'accompagnait partout où elle voulait : c'est ainsi qu'il ira à Saint-Leu, car la belle-fille de Napoléon, le croirait-on, mourait d'envie de le connaître ! Il l'accompagne aussi à l'hôtel de Luynes. Ils se voient en petit comité avec Talleyrand, ce qui est intéressant, car Juliette, si elle était liée à Archambauld de Périgord, l'un des frères du prince, ne semble pas avoir eu de relations suivies avec le grand homme d'État… On aurait aimé son opinion..

Les lettres de Julie de Lespinasse viennent d'être révélées : Paris se les arrache... Elle les prête à son britannique soupirant. Voici le petit billet qui en résulte :

Paris, le 20 octobre 1814.

J'étais tout hier à la chasse, madame, et je n'ai reçu votre billet et les livres qu'à la nuit, quand c'était trop tard pour vous répondre. J'espérais que mon jugement serait guidé par le vôtre dans ma lecture des lettres de Mlle Espinasse, et je désespère de pouvoir le former moi-même. Je vous suis bien obligé pour la pamphlete de Mme de Staël.
votre très-obéissant et fidèl [sic] serviteur

WELLINGTON.

« La pamphlete » de Mme de Staël est *De l'Allemagne*... Et comme pamphlet, on fait mieux ! Prodigieux, comme il écrit avec l'accent, le noble duc...

Benjamin devient fou !

Revenons au mois d'août, à Juliette toute à son éclatant retour. L'élégant tourbillon dans lequel elle se meut ne lui fait pas oublier pour autant ses amis éloignés et, parmi eux, ceux qui paraissent à plus ou moins long terme menacés, les Murat. Leur position est instable, elle peut à tout moment devenir délicate. Le Congrès de Vienne va s'ouvrir en septembre et la reine Caroline s'inquiète : combien de temps l'Autriche respectera-t-elle le traité d'alliance conclu avec Naples ? Après tout, le royaume est aux mains d'usur-pateurs napoléonides. Si les puissances décident d'appliquer le principe de la légitimité, l'Autriche pourrait se souvenir que la reine précédemment détrônée était une Habsbourg, la sœur de Marie-Antoinette...

Caroline a une idée : demander à son amie Juliette, entourée des plus brillantes plumes parisiennes, de lui trouver un publiciste qui rédige un opportun mémoire sur la nécessité de conserver aux sou-verains actuels leur incertaine couronne.

Juliette réfléchit : tout naturellement, elle pense à Benjamin Constant. Il écrit vite, il est habile à manier les idées les plus para-doxales, il n'est marqué ni du côté impérialiste ni du côté royaliste. De substantielles récompenses si l'affaire – c'en est une – réussit peuvent lui être offertes... Bref, en réponse à l'appel de Caroline, Juliette, elle aussi, croit avoir une bonne idée. La malheureuse, si elle savait !

Le 31 août, elle s'entretient en particulier avec Benjamin, qui fait partie de ses familiers, et lui soumet sa proposition. Juliette se veut convaincante. Elle appuie vivement la demande de la reine Caroline. Elle est enjouée et, comme à plaisir, elle provoque son vieil ami, se mêle de l'entraîner sur le terrain léger du marivaudage, l'étourdit de charme et, par plaisanterie, met le feu aux poudres... « Si j'osais ! » lui dit Benjamin – qui la connaît depuis plus de quatorze ans et la sait par cœur à travers sa propre expérience autant que celle de Mme de Staël. « Osez ! » lui réplique Juliette, qui, pour une raison ou une autre, est d'humeur accorte. Ils auraient pu rire de leur étrange dialogue, et tout aurait pu s'arrêter là. Personne n'en aurait jamais rien su. L'enjôleuse amie, dont Benjamin n'ignorait ni la séduction, ni la coquetterie, ni la bienveillance, aurait obtenu son mémoire, et le tour était joué !

Le destin a voulu que, ce soir-là, l'imprévisible Benjamin ait du vague à l'âme, soit d'une inhabituelle vulnérabilité. Il n'allait pas bien depuis quelque temps : il avait manqué son retour en France, à la chute de l'Empire, en pariant sur Bernadotte. Il se plaignait de l'absence de sa femme qui, en même temps, l'assommait. Il était – vingt ans après leur rencontre – définitivement éloigné de Mme de Staël. À quarante-sept ans, Benjamin ne se sentait assuré de rien. Le cœur vagabond et la tête chaude de ses derniers exercices littéraires – il venait d'adresser une copie d'*Adolphe* à Juliette – son détachement et son ironie ne l'aidaient pas à vivre. Elles ne résolvaient pas son inaccomplissement, tout au plus le masquaient-elles plaisamment. Entre le jeu, les filles, les salons et sa table de travail, Benjamin mesurait trop bien la vanité du monde et sa propre inutilité. Benjamin s'ennuyait.

Et soudain, coup de théâtre psychologique : il tombe foudroyé d'amour aux pieds de la belle Récamier ! Dieu le protège ! Car il est bien près d'en perdre la tête...

Rentré chez lui, il note dans son journal, comme il le fait chaque jour, ses faits et gestes : « Dîner au cercle. Mme Récamier. Ah ! ça ! Deviens-je fou ? » Ce qui nous reste de son journal ainsi que les lettres dont il abreuve Juliette nous permettent de suivre cet imprévu et palpitant feuilleton[1].

Juliette, c'est l'évidence, n'y attache aucune importance. Elle n'ignore rien de Benjamin, qu'elle a pratiqué de très près. Elle l'a observé sous toutes ses facettes : bonheur, scènes épouvantables avec Mme de Staël, doubles jeux sournois, ruptures et reprises trépidantes à Coppet, Aix, Chaumont... Que n'a-t-elle partagé ? Elle sait que la plus grande infirmité de Benjamin est la difficulté qu'il éprouve à se laisser aller à ses sentiments. Son analyse perpétuelle, son persiflage incessant tuent l'émotion. Il s'est usé à ce comportement qu'elle appelle du « scepticisme » et qu'elle n'aime pas.

Juliette n'a pas tort : chez Benjamin le sentiment part bien plutôt de la tête que du cœur. Il excelle à fabriquer ce qu'il ne ressent pas spontanément. Une fois que la tête est prise – ce qu'il a de

---

1. Nous renvoyons, pour ce qui est des papiers intimes de B. Constant, à l'édition de ses *Œuvres* dans la collection de la Pléiade, Gallimard, pour sa correspondance avec J. Récamier, à l'édition E. Harpaz, chez Klincksieck, Paris, 1977.

meilleur – il lui est difficile de revenir en arrière, de rattraper sa raison dont il lui reste cependant suffisamment pour assister à son propre tourment et le décupler par la conscience qu'il en a... En cet été fatal, Benjamin est mûr pour s'absorber dans n'importe quoi qui le détourne de sa morose stérilité et, disons le mot, de son apparent ratage. S'engouffrer dans une passion, s'inventer une fièvre qui engourdisse son terrible et acerbe désenchantement, voilà la thérapeutique rêvée ! Comme le jeu, n'est-ce pas le moyen d'abolir le temps, de fuir, sans grand dommage, les grimaces de la réalité, de sentir, autrement, l'inéluctable battement de la vie ?...

Comme il se heurte à une fin de non-recevoir, il s'obstine et s'enferre. Et le voilà déchaîné, frénétique. Il va se dérégler chaque jour davantage. Juliette, qui oscille entre la gentillesse attendrie car, après tout, elle l'aime bien et depuis longtemps – et la froideur agacée – car rien n'est plus déplaisant qu'un agité qui se contorsionne, et celui-là a fait ses classes à Coppet ! – assiste à cette montée irrépressible d'une passion sans frein. Elle reçoit tour à tour des déclarations enflammées, des menaces de suicide, des promesses de renoncement et des cris de haine et de reproches... Car Benjamin amoureux a ceci d'odieux : il essaie toujours de culpabiliser la femme qu'il s'imagine aimer. Bref, sa relation avec Juliette, qui soudain se métamorphose, va ressembler, pour lui, à un enfer et, pour elle, à une bien regrettable et bien ridicule péripétie sentimentale.

Il rédige le mémoire pour les Murat, mais, au terme de tractations compliquées par l'état de susceptibilité dans lequel se trouve l'auteur, sont refusées et la récompense et la mission – qui serait restée officieuse – auprès du Congrès de Vienne. Juliette séjourne souvent, comme elle en a l'habitude, chez les Catellan, à Angervilliers. Benjamin l'y suit. Plus tard, il s'y fera refuser. Mme de Staël revient à la fin du mois de septembre et s'établit dans le château de Clichy, celui-là même où résidait Juliette lorsqu'elle l'avait rencontrée. Les gémissements et les aveux de Benjamin, en présence du chevalier Auguste, n'arrangent en rien l'amitié des deux femmes... Il faut remarquer que curieusement Juliette a séduit deux des jeunes gens qui entouraient la baronne : Prosper – qui avait fini par se marier – et son fils. Et maintenant, elle s'attaquait – car c'est ainsi que Benjamin devait exposer les faits – au concubin de vingt ans ! Quelle amoralité...

Juliette continue sa vie, normalement, et elle fait bien, car la folie de Benjamin finirait à la longue par être contagieuse. Voici le genre de lettres qu'il lui adresse, alors qu'il la voit à peu près tous les jours de cet hiver :

[1er octobre 1814.]

Vous m'avez dit de vous écrire. Vous m'avez promis de me répondre. Vous lirez donc ma lettre et, en me répondant, vous interrogerez votre

cœur, votre pitié, avant de tracer une réponse qui, je vous le jure, décidera de mon séjour, ou de mon départ, et de tout mon avenir et de ma
destinée entière. Votre habitude de moi a dû vous convaincre que je
n'exagère rien. Je me contrains quand je suis auprès de vous, j'atténue
ce que j'éprouve, j'évite tout ce qui pourrait vous ébranler, parce que
je sai[s] que tout ébranlement vous est pénible. J'ose vous le dire, cet
empire sur moi-même, cet empire que jusqu'à présent je n'ai jamais eu
sur moi, au milieu de la plus vive souffrance, est une preuve de sentiment telle que peu d'hommes vous en donneraient, car elle va contre
tout ce que je désire sur la terre, et je sacrifie le seul vœu que mon cœur
forme à la moindre crainte de vous affliger. Enfin vous l'avez senti
vous-même, vous m'avez dit d'y réfléchir, vous m'avez promis d'y
penser vous-même. Prononcez donc. Je vous aime chaque jour plus et
vous n'en voulez pas. Je n'ai pas une autre occupation que vous. Vous
voir un instant chaque jour, voilà ma journée. Tout l'intervalle est une
agonie, et cependant je me soumets à tout. Je me replie dans des
convulsions de douleur quand vous vous éloignez ; tout mon sang s'arrête à la moindre preuve d'indifférence ou d'inattention, et je vous
déguise, et nul ne me devine, décidé que je suis à me briser intérieurement, plutôt que de vous causer le moindre embarras. J'en atteste votre
bonne foi : ne voyez-vous pas tout cela en moi et ne me rendez-vous
pas justice ? Vous l'avez senti, il faut que vous prononciez sur ce sentiment. Il mérite que vous daigniez y faire attention. Qui vous a aimée
comme je vous aime ? Carrière, ambition, étude, esprit, distraction, tout
a disparu. Je ne suis plus rien qu'un pauvre être qui vous aime. Ne vous
trompez pas. Ce n'est pas sur mon sentiment seul et sur nos rapports
que vous allez vous prononcer, c'est sur tout moi, car je ne puis rien si
je n'ai de votre cœur ce que j'ai mérité d'en obtenir et ce dont j'ai
besoin pour vivre. Juliette, Juliette, ne reprenez pas cette froideur qui a
pensé me coûter la raison, je ne parle pas de la vie, car je ne veux point
menacer. Jugez-moi dans la bonté de votre âme, sauvez-moi, vous le
pouvez seule, et votre cœur vous dit que vous ne manquerez, en le
fesant, à aucun devoir. Vous parlez de loyauté, et la pitié pour un malheur si vrai, et la reconnaissance pour un sentiment si dévoué ne sont-
elles pas aussi de la loyauté ? Les engagements portent sur des actions,
et quelles actions vous demandé-je, moi, qui, sans cesse entraîné vers
vous, passe à vous regarder, à m'enyvrer de votre vue, la moitié des
courts instants que vous m'accordez, moi qui ne peux vous voir ôter un
de vos gants sans que tous mes sens soient bouleversés, et qui pourtant
n'ose pas vous prendre la main quand votre regard me repousse ? Quels
engagemens avez-vous pu prendre qui soient contraires à ce que vous
reconnaissiez ce qu'un sentiment pareil a de valeur pour la femme [à
laquelle] on le consacre ? Peut-on s'engager à ne pas estimer ce qui est
bon, à ne pas aimer ce qui est pur, à ne pas être reconnaissante de ce
qui est profond et sincère ? Que vous demandé-je encore une fois,
sinon de me juger comme je le mérite, et pouvez-vous le refuser ? C'est
là que serait la déloyauté, c'est là que serait l'injustice. C'est votre âme
que j'invoque. Tout ce qu'il y a de noble et de passionné dans la
mienne réclame de la vôtre le prix qui lui est dû. Laissez là de vains
sophismes, ne disputons pas sur la place que vous m'accorderez.
Donnez-moi ce que votre cœur, ce que votre sentiment intime, ce que
la conviction que je suis digne de votre affection, ce que la certitude
que vous me frappez à mort en me repoussant, vous disent de m'ac-

corder. Appelez-le amour, amitié, qu'importe le nom ? Mais qu'il n'y ait pas entre nous une barrière de fer, ou soïez sûre que cette barrière me tuera. Je puis tout supporter, je vous l'ai prouvé, tout, hors votre indifférence. Mais répétez-vous sans cesse, car cela est, que c'est aux dépens non pas seulement de mon bonheur, mais de toute mon existence que vous laisseriez subsister une pareille barrière entre nous. Vous m'avez vu, lorsque vous avez essayé de rompre. Tout le monde m'a vu hors de toute raison, de toute mesure, sans force, et ne parlant que comme un mourant ou un insensé […].

Je vous implore à genoux. J'attends de vous tout ce qui me reste d'avenir. Un mot et vous le détruisez. Je ne puis rester près de vous si nos cœurs ne s'entendent. Je ne puis vivre avec une espèce de tranquillité si je ne vous parle librement. Je ne puis supporter des privations nécessaires, si je ne suis sûr d'une attention vraye, vive, occupée de moi, et préparant à mes sacrifices, à ma soumission des dédommagemens et des récompenses.

Je finis cette lettre, car je crains que vous la lisiez à peine. Je la finis comme un condamné finirait une lettre pour demander grâce. Vous m'avez promis une réponse. Je la réclame. Elle décidera de toutes mes résolutions. Je ne démentirai point cette soumission, cet abandon que je vous ai voués. Ne craignez rien de moi. Si vous me repoussez, je partirai. Je partirai et je ne verrai plus la seule créature qui me calme ou me donne du bonheur. Croyez-vous que quand je parle de Nantes ce soit pour aller avec Prosper ? Nantes est un port de mer, et le monde peut s'ouvrir devant moi, et l'Amérique où l'on se bat, où l'on peut se faire tuer sous prétexte de la liberté, et ma fortune peut être à ma femme, et vous pouvez être délivrée d'un malheureux sentiment qui vous importune, et je puis mourir en défendant une noble cause. Dites-vous alors que j'étais mécontent de ma situation en Europe. Cherchez les causes apparentes d'un parti bizarre. Je ne vous envie pas ces consolations dont peut-être pendant quelques jours votre cœur aura besoin. Je les désire, car à Dieu ne plaise que je veuille vous coûter une heure de peine.

Mais aujourd'hui que mon sort est en vos mains, Juliette, chère Juliette, ne vous faites pas ces illusions. Un mot peut me sauver. Dites que vous me verrez sans cesse, que vous laisserez votre cœur me juger, que, si vous me trouvez digne de votre affection, vous ne ferez pas violence à votre âme pour la repousser, que, si je suis le plus passionné, le plus dévoué, le plus fidèle de vos amis, vous reconnaîtrez que je suis le plus passionné, le plus dévoué et le plus fidèle. Surtout que je vous voye, que je vous voye souvent, librement, que je puisse vous ouvrir mon cœur, vous consulter, vous prendre pour guide. J'en ai tant besoin. Un peu d'espérance renaît dans mon âme. Ne la tuez pas, par pitié, ne rejettez [sic] pas un rocher sur ce cœur qui se rouvre à peine. Non, vous ne voudrez pas me replonger dans un état qui a pensé me perdre, et qui si j'y retombais me perdrait infailliblement.

Je vous ai obéi en tout. Je vous ai quittée dans une auberge. Je me suis hâté d'arriver. J'ai couru à ce bal par obéissance. J'ai parlé pour vous plaire comme si vous étiez près de moi. J'ai causé avec M. de Blacas. J'ai soigné mon avenir comme s'il était en moi. Auguste et Victor [de] Broglie veulent que j'aille avec eux lundi à Angervilliers. Vous m'avez dit qu'avec eux et reparta[nt] avec eux cela n'aurait point d'inconvénient. Si vous en trouvez, dites-le-moi. Je ne veux rien faire qui vous déplaise. Mais avec eux mon voyage est bien simple. Seulement ne me fuyez pas plus qu'eux. Accordez-nous à chacun une heure de causerie. Suis-je assez humble et assez docile.

Répondez, décidez. Vous disposez souverainement de toute ma destinée. Adieu. Pitié, affection, justice au nom de Dieu, et point de barrière factice entre mon sentiment et celui dont vous me trouverez digne[1].

Tout y est : le ton paroxystique, le faisceau d'arguments destinés à séduire l'autre en l'encensant, à l'apitoyer en gémissant, à se mettre à sa merci pour, en fin de compte, l'amener sur son terrain, le faire entrer dans la logique de ce qu'il faut bien appeler une névrose... À défaut de la possession, la culpabilisation, à défaut de réel dialogue, le monologue de la soumission. « Disposez... » Juliette s'en garde bien.

Alors, au fur et à mesure que passent les jours, émaillés de dîners, de bals, de spectacles, de soirées en tête à tête aussi, de promenades au Luxembourg ou au Jardin des Plantes, Benjamin s'aigrit. Les lettres demeurent implorantes et transies, le *Journal* l'est moins :

[14 novembre]

Il n'est plus question d'amour, mais d'une simple amitié, plus apparente au fond que réelle. Juliette a le cœur plus sec que le ciel, ou l'enfer, ait jamais formé. Quant à Mme St[aël], c'est un serpent dont la vanité est féroce. Elle me hait au fond et je le lui rends. Mettons ma fortune à l'abri de ses griffes de harpie...

Le même jour, Benjamin déclare sans sourciller à sa belle : « Vous êtes l'être le plus spirituel, le plus fin, le plus gracieux, le plus angélique de bonté... »

Et il note, à part lui : « Prenons-la pour ce qu'elle est ! »

Vipérine lucidité, qui en dit long ! Benjamin, ce joueur invétéré – souvenons-nous de la lettre qu'il écrivait à sa grand-mère, à l'âge de onze ans, où il avouait, non sans une candeur étudiée, que « l'or qu'[il] voyai[t] rouler[lui] causait quelque émotion »... – mise sur Juliette ! Benjamin joue l'amour. Cette jeune femme, qui lui plaisait depuis qu'il la connaissait, mais qui était imprenable, ne serait-ce que parce qu'elle était l'amie intime de sa virulente égérie, il en parie la conquête contre son marasme intérieur, son indélébile ennui. Il a beau s'échauffer, tenter d'infléchir la chance en sa faveur, il n'a aucun espoir de gagner : il le sait parfaitement. Mais il a du mal à l'admettre, à réviser sa stratégie. Il sait pertinemment que Juliette n'est pas une femme pour lui, ni lui un homme pour elle.

Les contorsions de Benjamin ont fait couler beaucoup d'encre. Beaucoup trop. À la lecture de ses pathétiques missives, à quelles

---

1. *Lettres à Mme Récamier, op. cit.*, pp. 43-46.

gémonies n'a-t-on pas vouée la frivole Récamier, qui de ses blanches mains a brisé un aussi noble cœur ? Mais quelle attitude pouvait-elle avoir envers ce malade, dont elle connaissait depuis des années la notoire inconstance et qui, pour cela même, devait surenchérir et la convaincre que cette fois-ci était la bonne… ? Tout au plus, essayait-elle de ne pas entrer trop avant dans le cercle vicieux dont l'entourait Benjamin. Elle continuait à mener son existence, sans non plus le rejeter brutalement, car avec les insensés tout est toujours envisageable…

Quant à la coquetterie, on l'aura compris, celle de Juliette était du type anodin : elle avait besoin d'hommages par insécurité, par goût d'être entourée, divertie, reconnue, aimée. Cette disposition, dont Chateaubriand aura l'intelligence de ne pas s'inquiéter une seconde, était transparente : elle relevait du manque affectif. Rien à voir avec les Célimènes professionnelles, celles qui exercent leur séduction à froid, délibérément, pour s'assurer d'un pouvoir sur l'homme, quand ce n'est pas, de façon plus pernicieuse, pour le manipuler… Juliette n'est pas en mesure de répondre aux flambées qu'elle déchaîne, qui compromettraient son équilibre, son intégrité, son harmonie intérieure, sans lui apporter ce dont elle aurait besoin et qui est plus profond qu'un feu de paille attisé par un refus… Elle attend. Elle est incapable, pour le moment, de s'abandonner. Aucun des hommes de son entourage ne saurait l'y inciter. Benjamin moins que tout autre. Juliette ne manque pas de cœur mais pour qu'il accélère son imperceptible et délicate pulsion, il lui faudra ressentir une réelle, une puissante émotion. Ce qui n'est cncore pas le cas.

Juliette est navrée des facéties de Benjamin. Elles doivent lui rappeler l'épisode Lucien Bonaparte… Benjamin, qui s'applique, quand il en a le loisir, à rédiger avec elle quelques fragments des « Mémoires » de sa belle, se place en compétition rétrospective avec l'emphatique Roméo ! Il le dépasse même, sur le terrain de la jalousie et de l'agressivité. Pendant ces mois fiévreux – de l'été 1814 à l'été 1815 – il provoque en duel, successivement, trois amis de Juliette : Auguste de Forbin, qu'elle reçoit avec un empressement évident, car il est vif, amusant et plein de charme – tout le contraire du Benjamin d'alors – le marquis de Nadaillac, un autre soupirant qui n'en demande pas tant, et pour finir le chatoyant Montlausier, qui se fera blesser à la main…

Benjamin, cependant, n'est pas dupe de lui-même, et le gracieux de l'affaire, c'est que malgré la franche détestation qu'il sécrète envers Juliette, une fois son délire retombé, il ne lui tiendra pas rigueur d'avoir été l'objet de cette conduite déréglée, passablement ridicule. Ni rancœur, ni mépris, ni indifférence : comme par enchantement, il redeviendra l'ami, le familier qu'il avait été. Elle le traitera comme elle l'avait toujours traité avant ce coup de folie, avec naturel, élégance et complicité.

*
* *

Cette romance ne serait que fastidieuse et instructive quant aux atermoiements du cœur humain – ou, mieux, comme le relève Chateaubriand, de «la tête humaine» – encore qu'il nous soit permis de préférer ceux d'*Adolphe*, leur version littéraire la plus aboutie, la plus décantée, si les événements politiques ne venaient à la traverse des pitoyables gesticulations de Benjamin.

Benjamin, depuis qu'il avait éte mis à la porte du Tribunat, ne nourrissait aucune indulgence envers Bonaparte et, malgré des velléités de s'inventer une carrière politique, il ne s'était pas gêné pour dire avec beaucoup de vigueur et de fermeté ce qu'il pensait de l'absolutisme. *L'Esprit de conquête et d'usurpation* l'avait récemment prouvé. Lorsque des rumeurs agitent Paris sur un possible retour du tyran, Benjamin est bien décidé à persévérer, à défendre les idées qu'il a toujours eues et que, d'ailleurs, il aura toujours. Le 11 mars 1815, alors que l'Empereur était déjà dans Lyon et qu'on attendait l'affrontement avec le maréchal Ney, que le roi lui envoyait pour l'arrêter, Benjamin écrit un article dans le *Journal de Paris*, plaidant le ralliement à la cause des Bourbons, face au danger impérialiste. Il s'était engagé, et cela n'avait rien de surprenant.

Ce qui l'agace, ce sont les tremblements de peur des royalistes : «Je suis le seul qui ose proposer de se défendre, écrit-il dans son *Journal*. Périrai-je? Nous en saurons bien plus demain soir.» Il le fait remarquer à Juliette : «On croit que nous serons cernés dans trois jours. Les troupes des environs se mettent, dit-on, en mouvement contre nous. Il y a peut-être de l'exagération, car tout le monde a une peur terrible. Ma seule peur est de n'être pas aimé de vous[1].»

Lorsque Paris apprend la défection de Ney, un vent de panique souffle sur la ville. L'usurpateur revient, l'ogre est aux portes : tous ceux qui sont marqués par leur franche adhésion aux Bourbons s'interrogent, s'agitent, s'affolent… et sont bientôt prêts à décamper. Mme de Staël en tête, qui n'a aucune envie de retomber sous la coupe de son bourreau et qui regagne Coppet : elle exhorte Juliette à en faire autant. Toutes les belles dames – surtout les impérialistes ralliées qui ont le plus à craindre d'éventuelles représailles – se font des adieux à la volée… Dieu sait quand on se reverra, et si on se reverra… !

Juliette ne bouge pas. Elle attend tranquillement. Elle n'a pas envie de reprendre le chemin de l'exil et elle considère – elle a raison – qu'il sera toujours temps de partir lorsqu'on le lui signifiera, si on le lui signifie, ce qui reste encore à prouver. Benjamin essaie, comme Mme de Staël, de la persuader qu'elle fait du tort à M. Récamier, que c'est une folie de rester, qu'elle devrait s'enfuir

---

1. Le 11 mars 1815.

avec lui... Benjamin a plus de raisons qu'elle, c'est vrai, de craindre le retour de l'Aigle. Le 19 mars, au plus fort de l'affolement – le roi s'enfuira dans la nuit – il publie dans *Le Journal des Débats* un article plus violent encore que le précédent, il y a huit jours, qu'il conclut de façon on ne peut plus tranchée, ni énergique :

> Parisiens ! non, tel ne sera pas notre langage, tel ne sera pas du moins le mien. J'ai vu que la liberté était possible sous la monarchie, j'ai vu le roi se rallier à la nation. Je n'irai pas, misérable transfuge, me traîner d'un pouvoir à l'autre, couvrir l'infâmie par le sophisme et balbutier des mots profanes pour racheter une vie honteuse.

Voilà qui était clair ! Les Parisiens allaient voir ce qu'ils allaient voir... !

Le même jour, il écrit à Juliette :

[19 mars 1815]

> Pardon si je profite des circonstances pour vous importuner. Mais l'occasion est trop belle. Mon sort sera décidé dans quatre à cinq jours seulement. Car quoique vous aimiez à ne pas le croire, pour diminuer votre intérêt, je suis certainement, avec Marmont, Chateaubriand et Laîné, l'un des quatre hommes les plus compromis de France. Il est donc certain que, si nous ne triomphons pas, je serai dans huit jours, ou proscrit ou fugitif, ou dans un cachot ou fusillé. Accordez-moi donc, pendant les deux ou trois jours qui précéderont la bataille, le plus que vous pourrez de votre temps et de vos heures. Si je meurs, vous serez bien aise de m'avoir fait ce bien, et vous serez fâchée de m'avoir affligé. Cela ne peut pas vous compromettre, car dans trois ou quatre jours tout sera fini. Alors ou j'entrerai dans une carrière qui me forcera à y donner tout mon tems, ou je partirai. Quant à vos autres amis, j'ai plus de droit qu'eux à votre bonté dans ce moment, parce qu'il y a plus de danger pour moi. M. de Nad[aillac] et M. de F[orbin], si Buonaparte est vainqueur, feront leur paix et reprendront du service sous le nouveau gouvernement. Moi seul je périrai, si je tombe en ses mains. Ainsi donc soyez bonne. Ne préparez pas des remords à votre âme, quoique votre cœur soit insensible. Je dîne avec vous, mais accordez-moi aussi un entretien ce soir. Mon sentiment pour vous est ma vie. Un signe d'indifférence me fait plus de mal que ne pourra le faire dans quatre jours mon arrêt de mort, et quand je pense que le danger est un moyen d'obtenir de vous un signe d'intérêt, je n'en éprouve que de la joye.
> Avez-vous été contente de mon article ? Et savez-vous ce qu'on en dit ?

[Benjamin Constant]

Dans son *Journal*, il notait la veille : « Si le Corse est battu, ma situation ici améliorée. Si ! Mais il y a 20 contre 1 contre nous. » Le 19 : « L'article paru. Bien mal à propos. Débâcle complète. On ne pense plus même à se battre. » Le lendemain, 20 mars : « Le roi parti. Bouleversement et poltronnerie universelle. » Le jour suivant : « Je pars.» Malheureusement, Paris manque de chevaux. Il lui faudra attendre encore deux jours avant de s'enfuir, lui, comme les autres... Le 25, il change d'avis et recourt la poste dans le sens inverse! Il se réinstalle dans la capitale, sans que quiconque songe à le faire périr : la situation générale est bien trop délicate pour que l'Empereur s'occupe de poursuivre un journaliste!

Celui-ci prend bientôt des contacts avec des membres du gouvernement impérial restauré : il voit Fouché, plusieurs fois, et aussi Joseph Bonaparte. Le 14 avril, Benjamin note sur ses tablettes : «Entrevue avec l'Empereur. Longue conversation. C'est un homme étonnant. Demain, je lui porte un projet de constitution.» Le 19, il le revoit et réussit à lui faire accepter quelques-unes de ses idées constitutionnelles. Benjamin est fait conseiller d'État. Il rédige l'«Acte additionnel», qu'on appellera la «Benjamine» et qui régira la France pendant les trois mois que durera le rétablissement de Napoléon. Voilà : les Parisiens ont vu! Ils ont vu Benjamin, fulminant le 19 mars contre le nouvel Attila et devenu, un mois plus tard, son dignitaire le plus précieux, puisqu'il apporte la caution d'une façade de libéralisme, sans laquelle, il aurait été impossible à l'Empereur de se maintenir aux Tuileries!

Pour Benjamin, c'est une extraordinaire promotion! Cette palinodie, ce revirement – qui n'est pas sans logique, puisque c'est l'Empereur qui venait à ses idées, et non lui qui les reniait pour aller à l'Empereur – déchaînent évidemment les foudres des royalistes que Benjamin appelait véhémentement au combat, il y a un mois à peine, et qui étouffent de rage dans leur exil forcé! Benjamin est un traître! Il est marqué à jamais... Écoutons Chateaubriand, qui a suivi le roi à Gand :

> Depuis ce moment, Benjamin Constant porta au cœur une plaie secrète; il n'aborda plus avec assurance la pensée de la postérité; sa vie attristée et défleurie n'a pas peu contribué à sa mort. Dieu nous garde de triompher des misères dont les natures élevées ne sont point exemptes! Les faiblesses d'un homme supérieur sont ces victimes noires que l'Antiquité sacrifiait aux dieux infernaux, et pourtant ils ne se laissent jamais désarmer.

René n'est pas, Dieu merci, de cette race-là!

On n'a pas manqué, évidemment, d'attribuer cette volte-face à la femme dont Benjamin était alors amoureux, c'est-à-dire Juliette. C'est absurde! On savait l'opposition de Benjamin à Napoléon, depuis longtemps. Il n'avait besoin de personne pour lui dicter des idées qu'il continuera d'énoncer à la face de l'Europe jusqu'à sa mort! Benjamin était seul responsable de sa témérité verbale, et son tort est d'avoir, dans son article du 19, «attaqué» *ad hominem*, l'homme de qui il acceptait, peu de jours après, une élévation brillante. Et cette acceptation le regardait seul. Juliette n'était aucunement vindicative, en aucun sens : sous l'absolutisme, elle avait payé son goût de la liberté et de l'amitié. Mais elle ne craignait pas

Napoléon : la preuve, à son retour, elle ne s'enfuit pas. Quant aux Bourbons, si elle les préférait, ce n'était pas au point d'appeler aux armes ! Et combien nous la verrons, plus tard, tempérer les ardeurs de Chateaubriand dans ce même registre ! Juliette n'était pas plus responsable des prises de position de Benjamin que de son arrivisme. Enfin, il était quelqu'un ! Depuis le temps qu'il attendait cela… Si son allégeance était rapide et bruyante, si elle manquait d'élégance Benjamin était plus maladroit qu'infâme. Et il n'était pas le seul… Une fois de plus, Benjamin avait risqué. Il avait joué. Il avait joué la mauvaise carte.

La fin des illusions

Si la fulgurante remontée de Napoléon demeure dans les mémoires comme une légende d'une saisissante beauté, si ce parcours, appuyé « sur le peuple, les soldats et les sous-lieutenants » qui en vingt jours mène le souverain de l'île d'Elbe aux Tuileries semble miraculeux, la réalité de l'ultime soubresaut bonapartiste allait vite apparaître à ses acteurs pour ce qu'elle était : inextricable, pour ne pas dire impossible à tenir.

L'intérieur du pays est en ébullition : autant la première Restauration s'était déroulée en souplesse, de par la volonté de Louis XVIII, celle des Alliés et celle de la nation épuisée par des années de guerre, autant cette brutale restauration impériale bouleverse et inquiète. Que veut Napoléon ? Rétablir son pouvoir en l'appuyant cette fois sur les libertés, lui qui les avait foulées aux pieds pendant dix ans ? Qui peut y croire sérieusement ? L'ambiguïté est totale : la versatilité populaire, une sorte d'enthousiasme sans fondement, l'a aidé à reconquérir son trône. Va-t-il le conserver, en l'étayant sur l'esprit révolutionnaire resurgi, ou va-t-il composer avec les notables en place, rassurant la bourgeoisie libérale ? Sa situation est loin d'être solide.

La « Benjamine », nous l'avons dit, se veut la caution de la paix civile. En fait, elle réussit à mécontenter tout le monde : les hommes issus de la Révolution, les néo-Jacobins, se scandalisent de l'institution d'une Chambre des pairs et, de toute façon, cet « acte additionnel » accordé par l'Empereur, le caractère autocratique qu'ils connaissent à celui-ci les laissent sceptiques : à tout moment, il peut rétablir une dictature de fait. Les bonapartistes écument : leur chef a temporisé et laissé échapper, pour plaire à l'opinion, son pouvoir absolu. Les libéraux sont extrêmement méfiants : ce à quoi ils tiennent, les libertés individuelles, l'égalité devant la loi, la liberté de la presse, l'esprit des Droits de l'homme, le régime constitutionnel, leur paraît mal garanti par cet éternel homme providentiel qu'est Napoléon, dont on sait dans quel mépris il tient les valeurs des Lumières. L'armée piaffe : elle a retrouvé son Empereur et sa soif d'agir pour lui ; cela dit, ses principaux chefs lui manquent.

Bref, tout le monde est déçu, sans parler des royalistes qui, eux, sont consternés : le retour intempestif de Bonaparte compromet tous les acquis de la pacification obtenue il y a neuf mois. Fouché a raison de dire que «Paris se trouvait placé sur un volcan». Cet observateur parfait qui avait été l'artisan de la première Restauration, avec Talleyrand, se tenait de nouveau dans le saint des saints : Napoléon n'avait pas cru devoir se passer de sa compétence et l'avait fait son ministre de la Police...

À l'extérieur, la position de Napoléon est désespérée : lorsqu'ils ont appris son débarquement à Golfe-Juan, les souverains alliés, réunis en congrès à Vienne, l'ont immédiatement déclaré «hors la loi», mis au ban de l'Europe. Il a violé ses engagements. On est décidé à le tenir en respect et, si on le peut, à l'éliminer : la guerre, désormais, est inévitable.

Le 18 juin, c'est Waterloo, une des plus effroyables batailles de l'histoire impériale. Pour Napoléon, la défaite est complète. Désavoué par la nation, contraint par la Chambre des députés d'abdiquer, il s'incline au profit de son fils (Napoléon II), pensant que l'Autriche soutiendrait cette solution, qui supposait une régence de Marie-Louise. Les Anglais et les Prussiens, ses vainqueurs à Waterloo, pensent autrement : pas de régence, pas même celle d'un Orléans («un usurpateur de bonne famille», selon Wellington) mais le rétablissement de Louis XVIII, sous contrôle allié.

Dans ses *Mémoires*, Chateaubriand nous a laissé quelques pages très vivantes sur son exil à Gand, dans le sillage de son roi. Il nous a conté aussi la jonction opérée, à Saint-Denis, entre le chef du gouvernement provisoire, Fouché, Talleyrand revenu sans hâte du Congrès de Vienne où il avait habilement manœuvré pour défendre les intérêts français, et Louis XVIII. Le régicide de 1793 et l'ex-évêque apostat entrant ensemble dans le cabinet du roi revulsent le noble vicomte ! Il n'a pas de mots assez durs pour évoquer la lente marche «du vice appuyé sur le bras du crime» et qui passent devant lui sans le voir... Il n'admet pas que les deux hommes d'État aux fidélités successives, soient indispensables à tous ceux qui prétendent reprendre en main les affaires d'un pays dont eux seuls détiennent les dossiers les plus brûlants, les plus complexes... S'il n'y avait que cela !

La situation générale est catastrophique : plus encore que des multiples retournements du personnel politique et militaire, la fin des illusions s'accompagne d'un effondrement national. Le second traité de Paris (20 novembre 1815) se révèle draconien : les Alliés sont décidés, cette fois-ci, à faire payer à la France sa versatilité, son absurde incartade : 1 200 000 soldats étrangers l'occupent. On lui enlève la partie de la Savoie qu'elle conservait encore. On démantèle ses forteresses du Nord – elle peut à tout moment être envahie – on exige d'elle une énorme indemnité de guerre – 700 millions de francs – ainsi que l'entretien pendant trois ans d'une armée d'occupation. Elle doit aussi restituer toutes les œuvres d'art raflées depuis vingt ans dans l'Europe entière : ce n'est que justice, cette razzia artistique étant scandaleuse et indéfendable. Il a coûté cher le dernier vol de l'Aigle ! Le territoire national est réduit par rapport à ce qu'il était avant la Révolution... Tant de morts pour en arriver là !

Les Alliés ne se comportent plus en libérateurs mais en occupants, en vainqueurs méfiants et sourcilleux. Les plus vindicatifs, pour ne pas dire haineux, sont les Prussiens. Les ambassadeurs des puissances surveilleront de près, pendant trois ans, chaque acte gouvernemental, on ne pardonnera rien aux Français rendus responsables du retour de Napoléon : à la différence de 1814, la France n'était pas délivrée, elle était belle et bien défaite.

Au congrès de Vienne, quelques jours avant Waterloo, l'Europe est réorganisée de la façon suivante, les quatre puissances alliées se taillant la part du lion :

– La Russie conserve la Finlande et la Bessarabie. Elle reçoit les provinces polonaises de la Prusse, jusqu'à Varsovie, qu'elle érige en royaume juxtaposé à son empire.

– L'Angleterre, indépendamment de la maîtrise des mers avec Malte, les îles Ionniennes, Le Cap et Ceylan qui lui sont restitués, reprend le Hanovre.

– La Prusse acquiert la Poméranie suédoise, le nord de la Saxe, la Westphalie, le grand-duché de Berg, la rive gauche du Rhin.

– L'Autriche retrouve le Tyrol, le royaume lombardo-vénitien, les provinces Illyriennes.

– La Suisse récupère Genève et le Valais et s'organise en une confédération neutre. La Belgique et les Pays-Bas constituent un royaume uni. La Norvège est donnée à la Suède. Le Danemark reçoit les duchés de Schlevig-Holstein. Les anciens vassaux de la Confédération du Rhin napoléonnienne sont regroupés sous l'égide autrichienne en une Confédération germanique. L'Espagne et le Portugal se reconstituent comme auparavant. L'Italie retrouve son découpage antérieur : États du pape, royaumes de Naples, de Piémont-Sardaigne, de Lombardo-Vénétie, à quoi s'ajoutent quelques principautés : Toscane, Modène et Parme (à Marie-Louise).

L'équilibre était judicieux, mais on n'avait pas tenu compte des aspirations nationales : la réaction au traité de Vienne écrira l'histoire européenne du XIXe siècle.

*
* *

Et Juliette ? Elle ne s'est pas absentée, sauf pour un court séjour à Saint-Germain, aux portes de Paris, à la fin du printemps. Juliette assiste à ce nouveau bouleversement, beaucoup plus âpre cette fois-ci, dans une ville qu'oppressent les exigences et les humiliations dues à l'occupation militaire. Tant qu'il sera présent dans la capitale, le tsar Alexandre essaiera d'atténuer la hargne des Prussiens, particulièrement de Blücher : il réussit à sauver le pont d'Iéna et la colonne Vendôme que le vieux maréchal voulait faire abattre sans autre forme de procès.

L'autre vainqueur de Waterloo, Wellington, est à peine moins arrogant, par vanité plus que par haine. Lorsqu'il se présente rue Basse-du-Rempart et déclare, content de lui : «Je l'ai bien battu!» Juliette lui oppose une sévérité peu dans sa manière. Mais l'heure n'est pas aux fanfaronnades! Que le noble lord aille se faire complimenter ailleurs...

Si les amis royalistes de Juliette reprennent possession de leurs postes, de leurs ambassades, de leurs fonctions à la cour – Chateaubriand sera inclus dans la prochaine fournée de pairs – certaines autres de ses connaissances ont des ennuis. Car le ton n'est plus à la modération, à la tolérance comme il y a un an : on règle des comptes et, bien que le roi déclare qu'il veut «nationaliser la royauté et royaliser la nation», des mesures rédhibitoires sont prises envers ceux qui se sont ralliés aux Cent-Jours. Les régicides sont exilés dont Fouché et le peintre David – seize généraux sont condamnés. Ney, qui avait promis d'arrêter Napoléon, à son retour de l'île d'Elbe, et de le ramener au roi dans une cage de fer, est jugé puis fusillé. La Bédoyère, en dépit de toutes les interventions tentées en sa faveur, également.

Murat, toujours intempestif, n'a pas résisté aux succès de celui qu'il avait abandonné : il est venu se mettre à sa disposition, plantant là femme, enfants, royaume et alliance avec Vienne. À Tolentino, le 23 mai, il est défait par les Autrichiens, contraint de se réfugier à Cannes, puis en Corse. L'Empereur lui interdit Paris, et ses anciens alliés reprennent possession de Naples, réglant du même coup le problème de la restitution de sa couronne à son légitime souverain. Murat tentera un débarquement qui échoue lamentablement à Pizzo, en Calabre. Une commission militaire le jugera sur-le-champ, sans qu'il ait le temps de très bien comprendre ce qui lui arrive. On le fusillera le 13 octobre, et ce brave mourra courageusement. Juliette n'oubliera pas Caroline, dont les tribulations, comme celles des autres membres de la famille Bonaparte, ne font que commencer.

Après Waterloo, Benjamin Constant trouve un dérivatif à ses préoccupations en se plaçant quelque temps sous l'égide de la baronne de Krudener, une Livonnienne de grande naissance, qui avait sillonné l'Europe aux côtés de son ambassadeur de mari, lorsqu'elle était jeune et belle, qui ensuite s'était essayée brillamment à la littérature avec *Valérie*, un roman tracé d'une plume prolixe, fraîche et sensible, puis était devenue une sorte d'illuminée à la mode, évangélisant les salons et tenant sous sa coupe le tsar lui-même. Chateaubriand, comme Mme de Boigne, nous a brossé ces étranges séances qui se tenaient dans un hôtel du faubourg Saint-Honoré, dont les jardins communiquaient avec ceux de l'Elysée résidence du souverain russe – et auxquelles ce dernier venait assister en voisin, incognito. Séances qui mêlaient la méditation, le prêche, la politique et qui se terminaient par des prières collectives. Mme de Krüdener avait poussé le tsar à conclure la Sainte-Alliance qui unissait dans un esprit de croisade chrétienne, trois monarques de religion différente : le Russe, l'Autrichien et le Prussien. Les diplomates étaient, bien entendu, les premiers à dénoncer le ridicule de cette mode du mysticisme qui ne se contentait pas d'envahir les salons mais visait aussi les chancelleries ! Mme de Krudener, qui aimait la belle Récamier, lui demandait de ne pas se faire trop séduisante quand elle apparaîtrait pour la prière, en compagnie du tsar ou de quelque autre de ses soupirants !

Benjamin se ressent de l'influence apaisante de la prophétesse et il retrouve assez de raison pour s'éloigner de Paris. Il avait été exilé par le roi, mais, le 24 juillet, il avait réussi à obtenir la révocation de son ordre : malgré cela, il était conscient qu'il lui fallait se faire oublier. Sa position à Paris n'était plus viable : tous les partis l'exécraient pour avoir insulté l'Empereur – ou pour s'être rallié à lui.

Benjamin prend à l'automne la route de Bruxelles, puis de Londres. Est-il tranquillisé par les bonnes paroles de l'Illuminée, est-il soulagé de respirer un autre air ? À sa sortie de France, Benjamin se reprend. Sa fièvre sentimentale peu à peu se calme : d'ici à trois mois, le ton de ses lettres à Juliette sera redevenu normal.

Ainsi se clôt, pour lui, une série noire, une période de sa vie qui ne fut pas heureuse si elle fut agitée… Benjamin avait beaucoup gémi depuis plus d'un an, beaucoup écrit, il avait pleuré, il s'était battu, il s'était livré à mille extravagances, il avait eu son heure de gloire, et son initiation de courtisan, pour brève qu'elle ait été, laissait une trace spectaculaire ! Il avait joué, il avait perdu. Auprès de la Belle des Belles, auprès, aussi, du prince qu'il souhaitait éclairer de ses lumières. Ou plutôt, ils avaient été assez fous l'un et l'autre pour s'imaginer que leur beau rêve pouvait durer ! Juliette, Napoléon, désillusions ! Benjamin se rend-il compte, le long de sa route solitaire, que son plus beau titre de gloire, son passeport pour la postérité, ne réside ni dans cet amour insensé ni dans ce rôle politique surréel, mais bien plutôt dans ce petit *Adolphe* que durant ces mois tourmentés il n'a cessé de lire dans les salons, y compris dans celui de Juliette ? Sait-il seulement, le désabusé, l'aventureux Benjamin, qu'il vient de justifier à jamais sa vie, cette vie qu'il traîne avec amertume et qu'il avoue trouver « horrible »…? Rien n'est moins sûr.

La mort de Mme de Staël

Mme de Staël vieillissait mal. Sa santé déclinait, son déséquilibre nerveux s'accentuait. Comme sa mère, elle était insomniaque et prenait ce qu'elle pouvait d'opium pour trouver le repos : le calmant le plus couru de l'époque était aussi le plus meurtrier qui soit. Mal raffiné, mal administré, il créait une dépendance prévisible et ravageait celui qui s'y adonnait à un degré difficilement imaginable.

Surprise par le retour de Napoléon, la baronne s'était réfugiée à Coppet, bien incertaine du sort de l'Europe et surtout terriblement agacée par ce contretemps qui survenait à la veille de « sa liquidation », entendons les formalités lui permettant de recouvrer ses deux millions. Elle ne pensait qu'à cela, comme si cet argent dont elle se proposait de doter Albertine et dont dépendait donc, le sort de celle-ci, fiancée au duc Victor de Broglie, était le pivot de son existence, le but impératif de celle-ci. Il y avait dans cette urgence comme un pressentiment. Mme de Staël termine une lettre à son amie la duchesse de Devonshire par une formule saisissante : « Je suis pâle comme la mort et triste comme la vie... »

Durant les Cent-Jours, elle prend contact, via Joseph Bonaparte, avec Paris, pour que sa négociation financière interrompue reprenne. Napoléon ne s'y oppose pas. Voici ce que la baronne écrit à Benjamin, qu'elle tient au courant puisque aussi bien il est le père d'Albertine :

[Coppet] 7 avril [1815].

[...] Comme j'ai su positivement que l'Empereur avait bien voulu dire qu'il était très content de mon silence pendant cette année et de toute ma conduite envers lui et que je pouvais revenir, j'ai écrit au ministre de la Police et au prince Joseph pour leur dire que ce n'était pas revenir à Paris que je souhaitais, mais que la promesse d'inscription que je possède ne fût pas refusée, puisque le mariage de ma fille tenait à cela. [...] Ne dites cela à personne et surtout pas à Mme R[écamier], mais *mandez-moi* ce que vous en savez...

Irritée par sa situation qui n'avance pas assez vite à son gré, elle s'engage bientôt dans une épouvantable querelle avec Benjamin, au sujet de 80 000 francs que celui-ci lui doit – depuis des années – qu'elle lui réclame impatiemment et qu'il est bien incapable de lui rendre. Elle le menace d'un procès, il lui répond en la mettant en garde : il est prêt à publier les lettres qu'il tient d'elle ! On ne peut pas dire que le ton de cet échange ajoute quoi que ce soit à la gloire de ces deux brillants esprits... Waterloo vient mettre un terme à cette déplorable empoignade. Commentaire de Mme de Staël, dans une autre lettre à son amie anglaise : « Cet homme (Napoléon) est comme la lave, il s'est éteint, mais il a tout consumé... » À commencer par elle, sans aucun doute.

Force lui est de se rallier aux Bourbons : elle obtient finalement gain de cause. La voilà donc en mesure de marier sa fille et d'établir son fils Auguste, ce qui apaise son humeur. Elle n'a pas l'intention de regagner Paris dont l'occupation lui déplaît ainsi que l'ambiance d'intolérance qui semble y régner. L'état de santé de Rocca ne

s'améliorant pas elle décide de passer l'hiver en Italie. Le
27 octobre, elle écrit à Juliette, de Milan, où elle s'est arrêtée :

> [...] Quand tout sera arrangé pour le mariage d'Albertine, je vivrai à
> Paris solitairement ; mais, dans ce moment, j'ai bien fait, croyez-moi,
> de me faire représenter par Auguste. Mathieu, que je ne veux pas bles-
> ser, est dans une ligne tout exagérée. Les étrangers qui sont bons pour
> moi me font mal à Paris. Les divisions de parti sont telles qu'on ne peut
> les réunir dans une chambre à moins d'être comme vous un ange de
> paix qui couvre tout de ses ailes et de ses roses.

Le mariage d'Albertine a lieu en février 1816, à Pise. Il s'agit
d'un mariage mixte, protestant et catholique, que sa mère évoque
auprès de Juliette en ces termes :

> Notre mariage s'est extrêmement bien passé, chère Juliette. Aucune
> émotion de la vie ne peut se comparer à celle-là, surtout avec la liturgie
> anglaise. La cérémonie catholique n'était rien. Mais ce qui vaut mieux
> que des impressions, c'est qu'il n'est pas un moment où je ne m'attache
> plus à M. de Broglie. Toute sa conduite a été d'une délicatesse et d'une
> sensibilité véritables. Son caractère est vertueux et je bénis Dieu et mon
> père qui m'a obtenu de ce Dieu de toute bonté un ami pour ma fille
> aussi digne d'estime et de sentiment. Il faut que je vous avoue, mais
> pour vous seule, que je suis moins contente d'Auguste. [...] J'aurais
> bien envie que le petit-fils de M. Necker se fît un nom, mais il est jus-
> qu'à présent tout à fait restreint aux agréments de société. Qui vous
> trouverez, j'espère, très perfectionné, c'est M. de Rocca. Pendant sa
> maladie, qui n'est pas encore, hélas ! guérie, il a lu huit heures par jour.
> Et cela, joint à son esprit naturel, lui a fait un grand bien. [...] Comment
> vous trouvez-vous de la société de Paris et comment m'en trouverais-
> je ? Votre esprit est si pénétrant, vos observations si fines et si justes que
> je m'en remets à vous comme à un oracle. Lord Wellington m'écrit
> pour me parler de ma *belle amie*. Il se plaint d'être négligé par vous.
> [...] Il y a en vous un charme qui frappe tout le monde, mais aussi des
> qualités mystérieuses que vos amis seuls connaissent bien. Adieu, belle
> des belles. Écrivez-moi et aimez-moi pour tout ce que vous avez fait
> pour moi.

Le ton demeure aimable, mais il est facile, compte tenu du
lyrisme habituel de Mme de Staël, de mesurer à quel point les relations entre les deux femmes sont refroidies. Jamais la possessive
Germaine n'avait pardonné à Juliette ses trop faciles succès auprès de
Prosper de Barante. L'épisode Auguste avait aggravé la fêlure. Du
point de vue de Juliette, c'est l'attitude de la baronne, lors de son exil,
qui avait été déterminante. Le coup de folie de Benjamin n'avait évidemment rien arrangé. Toutefois, le point de non-retour ne sera pas
atteint : l'Esprit et la Beauté s'étaient chaleureusement aimés. La
Coquetterie et l'Égoïsme s'en souvenaient encore quelquefois...
Le « vertueux » ménage n'aidait en rien : Victor de Broglie, que
les Anglais traitaient de « Jacobine Duke », alors que sa belle-mère
voyait en lui « le seul Anglais de France », faisait partie de cette

famille d'esprit qui se distinguera sous la monarchie de Juillet, prônant les idées du Juste Milieu, et qui sous le nom de «doctrinaires» regroupait Guizot, Royer-Collard, Bertin de Vaux, Sébastiani, parmi les plus connus. Ni la souplesse ni le pragmatisme politique n'étaient son fort. C'était un homme austère, féru de principes et d'abstraction, ce qu'on appellerait aujourd'hui un idéologue pur et dur. Inutile de préciser qu'à la différence de l'élégant Guizot il détestait Mme Récamier et tout ce qu'elle incarnait.

Quant à la charmante Albertine, que Byron aurait demandée en mariage et dont Lamartine se serait inspiré pour sa Graziella, elle évoluera bizarrement : une sorte d'ascèse la mènera du langage hyperbolique de Coppet à la sécheresse du méthodisme le plus exclusif. Confite en dévotion, émaciée, ayant perdu toute joliesse, elle mourra précocement à quarante et un ans. Elle non plus n'aimait guère Mme Récamier, encore qu'elle ait toujours maintenu envers elle – ne serait-ce qu'en souvenir de sa mère – les formes qui convenaient. Il y aura un conflit entre elles, lorsque Albertine tentera de remettre la main sur des lettres que possédait Juliette. Celle-ci saura résister, grâce à Dieu[1] ! La dévote Albertine, fille de Corinne et d'Adolphe, commettra le crime bête et irréparable de brûler tout ce qui, dans la correspondance de ses parents, lui parut avoir un goût de péché. L'étroitesse d'esprit, la pruderie et l'absence de sens littéraire ont perdu ainsi un patrimoine irremplaçable... Juliette, elle, saura – et ses héritiers, plus tard – préserver la beauté des pages reçues quand elles étaient signées Staël, Constant ou Chateaubriand. La mesure et le discernement ne s'apprennent pas. L'aptitude à détacher son jugement des préjugés et des scrupules, non plus. Sous le couvert du rigorisme, Albertine exerçait le défaut majeur de sa mère, ce dont au moins elle avait hérité : l'excès.

*
* *

À la belle saison suivante, une série de travaux entreprise dans l'hôtel de la rue Basse-du-Rempart décide Juliette à quitter Paris. Nous aimerions nous figurer avec précision cette résidence parisienne des Récamier qui, comme les autres, a disparu et où se cotoyèrent pendant les jours tumultueux des Restaurations successives tout ce que la ville comptait de célébrités. Mme de Boigne et sa mère y étaient venues, en l'absence de Juliette, pour assister, des fenêtres du premier étage, au défilé des armées alliées sur le boulevard, en 1814 : par égard pour l'hospitalité de M. Récamier, elles n'avaient manifesté aucun enthousiasme particulier, mais leur joie pour être silencieuse n'en était pas moins grande.

Après son retour, Juliette y avait hébergé Ballanche, que ses obligations familiales retenaient à Lyon et qui séjournait peu à Paris,

---

1. Il lui en coûtera cependant, car le ménage était tenace. Nous reviendrons plus en détail sur ce pénible épisode.

puis les deux frères Canova : le sculpteur avait été chargé par le Vatican des négociations de rapatriement des œuvres d'art que les Français avaient subtilisées aux Romains. Une aimable et régulière correspondance continuait de relier la Belle des Relles à ses amis, comme un vaste réseau d'affections savamment choisies et fidèlement entretenues. Certains d'entre eux, plus tard, constitueront même une sorte de famille de substitution, un cercle affectif restreint mais vital dont nous connaissons déjà trois membres : la petite Amélie, Ballanche et Paul David.

Juliette commence par séjourner cinq semaines chez ses cousins Dalmassy, en Haute-Saône, au château de Richecour. L'ambiance qu'elle y trouve l'attriste passablement : sa cousine est très changée, «maigre, tourmentée, malheureuse», écrit-elle au «bon Paul», qui est redevenu, depuis la chute de l'Empire, son indispensable et exact messager. Adèle de Dalmassy se meurt de la poitrine et son mari, «bien médiocre et fort jaloux», s'emploie à rendre la vie familiale plus pesante encore. Juliette s'ennuie, partagée entre les soins dont elle entoure celle qu'elle aime tendrement depuis l'enfance et le temps qu'elle réussit à se ménager «dans une petite galerie sur le jardin», où elle se consacre à sa correspondance et à ses lectures. Comme elle l'avoue à son neveu, «la vie de Châlons était dissipée en comparaison de celle-ci…»!

Sur les conseils de son cousin, le docteur Récamier, elle quitte les Dalmassy pour aller prendre les eaux à Plombières. La jolie station vosgienne, bien que peu fréquentée cet été-là – Juliette se plaint de n'y connaître que le comte Golowkine, dont elle se méfie comme du «plus grand tracassier qui existe» – lui paraît un havre de paix et de civilisation, au sortir de l'atmosphère maladive et méphitique de Richecour. Elle respire, ses migraines s'allègent et, geste symptomatique, elle fait «ouvrir ses fenêtres à six heures du matin»…

Son médecin et parent, Joseph Claude Anthelme Récamier, était depuis dix ans chef d'un service à l'Hôtel-Dieu de Paris – où il exercera pendant quarante ans – et sa célébrité, toute professionnelle s'étendait à l'Europe entière. Cela valut à sa jolie cousine d'être, à Plombières, l'objet d'un quiproquo qui divertit longtemps la famille. Voici l'histoire, rapportée par Amélie :

> Elle y était depuis une quinzaine de jours, […] lorsqu'un matin on lui remet la carte d'un Allemand qui, en se présentant chez elle à une heure où elle ne recevait pas, avait vivement insisté pour que Mme Récamier daignât, en l'admettant à la voir, lui accorder un honneur qu'il ambitionnait au plus haut titre.
>
> Mme Récamier était assez accoutumée à l'empressement d'une curieuse admiration pour que la démarche et l'insistance de cet étranger lui parussent naturelles; elle indique une heure dans la matinée du lendemain et voit entrer un jeune homme de fort bonne mine qui, après l'avoir saluée, s'assied et la contemple en silence.
>
> Cette muette admiration, flatteuse mais embarrassante, menaçait de se prolonger; Mme Récamier se hasarde à demander au jeune Allemand si

parmi ses compatriotes il s'en est trouvé qui l'eût connue et qu'elle eût elle-même rencontré et si c'est à cette circonstance qu'elle doit le désir qu'il a manifesté de la voir.

«Non, madame, répond le candide jeune homme, jamais on ne m'avait parlé de vous, mais en apprenant qu'une personne qui porte un nom célèbre était à Plombières, je n'aurais, pour rien au monde, voulu retourner en Allemagne sans avoir contemplé une femme qui tient de près à l'illustre docteur Récamier et qui porte son nom.»

Ce petit échec d'amour-propre, cette admiration qui, dans sa personne, cherchait autre chose qu'elle-même, amusa beaucoup Mme Récamier, qui contait fort gaiement sa mésaventure[1].

Ce même été 1816, Mme de Staël, entourée de ses enfants, le passe à Coppet, qui pour la circonstance brille de tous ses feux : ce seront les derniers, mais qui, à part Corinne, en a l'intuition? Le ton est très anglais, et l'un des plus illustres parmi les Britanniques y vient en voisin : il s'agit de lord Byron, locataire de la villa Diodati, sur la rive opposée du lac, et dont la sulfureuse réputation n'est pas sans agiter le cénacle de la baronne. Elle serait heureuse d'accueillir Juliette si, de Plombières, celle-ci consentait à faire le détour. Juliette hésite. Elle est sur le point de recevoir le prince Auguste, désireux de lui faire une visite aux eaux. Revoir ces lieux enchantés? Rencontrer Childe-Harold? Se remettre dans de possibles agitations, fussent-elles rétrospectives? Auguste de Forbin, de Lyon, le lui déconseille franchement :

Je crains votre voyage à Copet. Je redoute cette femme. Ne soyez *pas trop faible*. Rappelez-vous l'abandon dans lequel ils vous laissèrent tous ici, ne faites donc pour eux que ce qui vous conviendra autant qu'il les arrangeait de vous quitter après avoir abîmé votre vie[2].

Il sera entendu : Juliette n'ira pas à Coppet.

D'ailleurs, elle a hâte de retrouver Paris, qui s'est beaucoup passionné pour le mariage du fils cadet du comte d'Artois, le duc de Berry, avec Marie-Caroline de Bourbon, une petite princesse de Naples, âgée de seize ans et dont on se demande si elle aura la grâce de sa grand-tante Marie-Antoinette.

C'est Eugène d'Harcourt qui, le premier, confie à Juliette ses impressions sur la nouvelle duchesse de Berry, qu'il a observée lors des fêtes données en son honneur. Le nouveau chef d'escadron des hussards de la Garde ne manque pas d'humour :

Entre nous, elle n'est pas charmante et on aurait dû l'envoyer quelque temps à l'école chez vous. Cependant pour une princesse elle n'est pas mal. Elle louche mais avec la dignité convenable à son rang, et en prenant bien sa direction on peut en espérer un regard favorable[3]…

---

1. *Op. cit.*, t. 1., pp. 335-336.
2. Lettre du 17 août 1816. Ms. B.N. N.A.F. 15459
3. Lettre du 28 juin 1816. Ms. B.N. N.A.F 14102.

Le jugement de Mme de Boigne sera plus sévère encore : la jeune femme lui fait mauvais effet : elle est « maussade et pensionnaire », marchant « les pieds en dedans », « ricanant » lorsqu'elle tient la petite cour qu'on lui compose... Et tout cela semble d'autant plus regrettable à l'amie de Juliette que la princesse ne manque pas d'étoffe : « Une main habile aurait pu en tirer parti... » Cela ne sera pas le cas. La duchesse de Berry, qui intéresse les Parisiens parce que la cour est pauvre en princesses – le roi et son frère sont veufs – apparaît à tous comme une oie blanche de bonne naissance : on la voulait inoffensive, et certes son ignorance et sa gaieté ne portent nul ombrage à sa rigide belle-sœur (et tante), la duchesse d'Angoulême. Pour le moment...

La duchesse de Berry fera beaucoup parler d'elle, et nous la retrouverons : ses caprices et ses folles aventures auront une incidence sur la vie de Juliette quand ils atteindront de façon spectaculaire et répétée M. de Chateaubriand en personne.

Ce qui attend Juliette à son retour, c'est une crise politique ouverte : en septembre, le roi dissout la chambre, dite « Introuvable », parce que, contre toute attente, elle avait réuni une puissante majorité réactionnaire. Le souverain essayait d'enrayer le fanatisme s'installant dans le Midi, cette « Terreur blanche » qui risquait de s'étendre à Paris, creuset des passions et des mécontentements.

La majorité du pays, comme son souverain, aspire à l'apaisement. Pour cela, il faut désamorcer les tensions partisanes, alimentées en premier lieu par ceux qui sont « plus royalistes que le roi » et que, pour cette raison, on appelle les ultras : ils n'admettent pas la charte, ne jurent que par le trône et l'autel, ne rêvent que représailles et restauration des anciens privilèges. Leur animateur encore discret est le propre frère du roi, le comte d'Artois. Louis XVIII a eu la sagesse de ne pas remettre en cause l'acquis principal de la Révolution qu'avait consolidé Napoléon : la propriété des biens nationaux. Il entend qu'on respecte l'égalité de tous devant la loi, le Code civil, le libre accès aux emplois ainsi que la liberté de culte, quoique la religion catholique ait été reconnue religion d'État. Certes la France est prête à le suivre, mais beaucoup de cicatrices sont encore trop fraîches pour que le calme revienne facilement.

Face au parti ultra, le parti constitutionnel – ou ministériel – regroupe des hommes modérés, respectueux du système parlementaire, aussi divers que le duc de Richelieu, Mathieu Molé, Pasquier ou encore, parmi les « doctrinaires », Royer-Collard ou Guizot. Ce sont eux qui emportent les nouvelles élections. Pendant les trois années à venir, ils reconstruiront les assises d'un pays ébranlé par des années de guerre et ruiné par sa récente défaite. Parmi eux, une personnalité que le roi distinguera publiquement : Decazes.

L'arrivée aux affaires des constitutionnels, si elle irrite les ultras, rassure l'aile gauche des députés que bientôt Chateaubriand appellera les «libéraux» et qui rassemble des républicains fidèles aux idées de la Révolution, mais aussi des bonapartistes ou des indépendants opposés à tout absolutisme. Parmi les plus célèbres d'entre eux : La Fayette, le général Foy, l'avocat Manuel. Benjamin Constant les rejoindra et, jusqu'à sa mort, siégera à leurs côtés.

Chateaubriand, nommé par le roi, en juillet 1815, ministre d'État, puis le 17 août suivant, pair de France, se fait remarquer pour avoir blâmé vivement, dans un codicille ajouté à la hâte à la réédition de sa *Monarchie selon la charte*, la dissolution de la Chambre introuvable. Il est destitué de son ministère. Contraint de mettre en loterie sa maison de la Vallée-aux-Loups et de vendre aux enchères sa bibliothèque, le noble vicomte traverse quelques moments difficiles : comme toujours l'adversité le stimule, il va désormais animer, d'une manière vigoureuse et inattendue, le paysage politique. Ses traversées du désert ressemblent toujours à de solitaires et flamboyantes royautés.

*
* *

L'une des premières visites de Mme de Staël, à son arrivée dans la capitale, en octobre 1816, est pour Mme Récamier. Elle lui apporte un livre qu'elle n'aura pas la force d'achever, ses *Considérations sur la Révolution française*. Elle s'avoue «abattue par l'opium». Elle est méconnaissable. Juliette doit en être, comme tout le monde, très impressionnée.

Avant de quitter Coppet, Mme de Staël avait mis en ordre ses affaires : elle avait épousé Rocca, prenant ses dispositions pour qu'après elle l'enfant qu'ils avaient eu soit admis à sa succession : cela se fera sans problème. Elle avait aussi rédigé son testament : Juliette n'y figure pas. L'omission est significative.

Le 21 février suivant, se rendant à un bal chez Decazes, ministre de l'Intérieur, elle s'écroule dans l'escalier, au bras de son gendre. Frappée d'une attaque d'hydropisie, elle est partiellement paralysée. On la transporte chez elle, rue Royale, où Chateaubriand la voit un matin :

[...] les volets des fenêtres étaient aux deux tiers fermés ; le lit rapproché du mur du fond de la chambre ne laissait qu'une ruelle à gauche ; les rideaux retirés sur les tringles formaient deux colonnes au chevet. Mme de Staël à demi assise était soutenue par des oreillers. Je m'approchai et quand mon œil se fut un peu accoutumé à l'obscurité, je distinguai la malade. Une fièvre ardente animait ses joues. Son beau regard me rencontra dans les ténèbres, et elle me dit : «Bonjour, *my dear Francis*. Je souffre, mais cela ne m'empêche pas de vous aimer.» Elle étendit sa main que je pressai et baisai. En relevant la tête, j'aperçus au bord opposé de la couche, dans la ruelle, quelque chose qui se levait blanc et maigre : c'était M. de Rocca, le visage défait, les joues creuses, les yeux brouillés, le teint indéfinissable : il se mourait ; je ne l'avais jamais vu, et ne l'ai jamais revu. Il n'ouvrit pas la bouche ; il s'inclina en passant devant moi; on n entendait point le bruit de ses pas : il s'éloigna à la manière d'une ombre. Arrêtée un moment à la porte, la *nueuse idole frolant les doigts*[1], se retourna vers le lit, pour ajourner Mme de Staël. Ces deux spectres qui se regardaient en silence, l'un debout et pâle, l'autre assis et coloré d'un sang prêt à redescendre et à se glacer au cœur, faisaient frissonner[2].

Pauvre Corinne! Elle souffrait de se voir diminuée, mais elle entendait que ses amis continuent de se retrouver sous son toit, et parfois, quand elle le pouvait, elle faisait une brève apparition parmi eux... Sa fille présidait le plus souvent ces étranges réunions.

Au mois de mai, elle quitte la bruyante rue Royale pour s'établir rue Neuve-des-Mathurins, dans une maison qui a l'avantage de lui offrir un jardin, où l'on transporte son fauteuil. Si elle en a la force, elle offre à ses visiteurs, d'une main engourdie mais encore généreuse, quelques roses.

Elle fait un ultime cadeau à son «dear Francis» et à la belle Juliette : elle les associe lors d'un dîner auquel elle n'assiste pas. Chateaubriand date de ce moment l'entrée dans sa vie de l'inégalable muse :

> Peu de jours après Mme de Staël changea de logement. Elle m'invita à dîner chez elle, rue Neuve-des-Mathurins; j'y allai. Elle n'était point dans le salon et ne put même assister au dîner; mais elle ignorait que l'heure fatale était si proche. On se mit à table. Je me trouvai assis près de Mme Récamier. Il y avait douze ans que je ne l'avais rencontrée, et encore ne l'avais-je aperçue qu'un moment. Je ne la regardais point; elle ne me regardait pas; nous n'échangions pas une parole. Lorsque vers la fin du dîner elle m'adressa timidement quelques mots sur la maladie de Mme de Staël, je tournai un peu la tête, je levai les yeux et je vis mon ange gardien à ma droite[3].

Parmi les autres convives, ce 28 mai 1817 : Adrien, duc de Laval-Montmorency, Prosper de Barante et George Ticknor, un journaliste américain qui observe passionnément, comme tout journaliste américain qui se respecte :

> [...] Mme Récamier doit avoir maintenant quarante ans ou plus, bien qu'elle ne paraisse pas tant, et l'éclat de cette beauté qui a été réputée dans toute l'Europe est certainement atténué. Je ne veux pas dire qu'elle ne soit plus belle, car elle l'est assurément, et même très belle. Sa taille est élégante, ses doux yeux remplis d'expression, son bras et sa main extrêmement beaux... J'ai été surpris de constater que sa physionomie n'est pas du tout mélancolique et que sa conversation est gaie, remplie de vivacité...

---

1 *Nueuse idole*, expression faite de deux mots empruntés à la langue du XVIᵉ siècle, équivaut à « fantôme inconsistant comme un nuage ». (Note de Levaillant).

2. *M.O.T.* 3ᵉ partie, 2ᵉ ép., livre septième, 23., pp. 387-388.

3. *M.O.T.*, 3ᵉ partie, 2ᵉ ép., livre septième, 23 , p. 388.

Chateaubriand est un petit homme au teint brun, aux cheveux noirs, aux yeux noirs [*ou bleu marine ou pers la question n'est pas tranchée...*] et avec cela il a une expression très marquée ; il ne faut pas être grand physionomiste pour dire tout de suite que c'est un caractère ferme et décidé : chacun de ses traits, chacun de ses gestes l'affirment [1].

Une bien jolie table et qui devait distraire Juliette de ses préoccupations. Car, en effet, sa cousine Adèle n'était guère en meilleur état que Mme de Staël, et elle avait dix ans de moins qu'elle : la baronne de Dalmassy sentant sa fin proche était venue à Paris mourir auprès de sa cousine bien-aimée. Juliette l'avait établie dans le pavillon La Vallière, à Montrouge, aux portes de Paris, qui était encore une oasis de verdure et de calme. Dans cette ravissante maison de campagne construite à la fin du XVIIIᵉ siècle, dont le péristyle d'ordre ionique était surmonté d'une terrasse, Juliette soignait, sans grand espoir de la sauver, celle qu'elle considérait comme une sœur et qui a disparu dans les brouillards du temps sans même que nous puissions nous représenter ses traits. Était-elle résignée, fiévreuse comme Mme de Beaumont ou capricieuse jusqu'au dernier jour comme Mme de Chevreuse ? Nous savons tout des derniers moments de Mme de Staël, auxquels Juliette n'assista pas, elle qui veillait une autre agonisante, dont nous ne savons rien. Ainsi va l'Histoire...
Dans la nuit du dimanche 13 au lundi 14 juillet 1817, ayant pris son opium des mains de miss Randall, la gouvernante anglaise de la maison, Mme de Staël s'endort pour ne plus se réveiller. Le 14 à midi, sous une pluie battante, Adrien et la duchesse de Luynes arrivent à Montrouge pour réconforter leur amie qu'ils croient déjà informée de la nouvelle. Ils lui apportent un mot de Mathieu, dont la brutalité la fait se trouver mal :

Quel malheur, qui a trouvé le moyen d'être subit. Les pauvres enfants. Je sors pour les voir dans cette maison d'où je suis sorti hier à onze heures sans rien craindre pour (la) nuit.
Unissons nos douleurs.

La nièce de Mme Récamier précise qu'« on fut obligé de couper ses lacés », de desserrer son corset pour qu'elle revienne à elle. À ce mot de Mathieu s'ajoutait les quelques lignes de Schlegel reçues par lui au début de la matinée et que Juliette conservera dans ses papiers :

Monsieur,
Je suis appelé à vous apprendre une funeste nouvelle. Votre illustre et incomparable amie s'est endormie pour toujours ce matin à cinq heures. Si vous venez chez nous vous verrez une maison remplie de deuil et de douleur.

---

1. « George Ticknor, un Américain en Europe », *in Mercure de France*, 1.12.1952.

Mathieu y avait adjoint ces mots à l'intention d'Adrien :

Cher ami ! Quelle nouvelle ! Hier à onze heures, j'ai quitté sa maison et sa pauvre fille. On espérait une nuit tranquille. Je suis bouleversé. J'ai absolument besoin de solitude. Je ne veux voir que toi ! Si tu passes voir Mme Récamier, viens et rapporte-moi cela.

Juliette se rend immédiatement rue Neuve-des-Mathurins. Elle ne voit que Schlegel. Albertine opère un barrage selon des critères qui ne regardent qu'elle : son père n'a pas été admis tant que Corinne était vivante ; morte, il a le droit de la veiller en compagnie de Victor de Broglie. Juliette, en revanche, avait pu rendre visite à son amie déclinante, mais elle n'a pas accès à la chambre mortuaire ! L'entourage éprouve une réelle affliction : personne ne s'attendait à une fin si rapide. Mme de Staël avait cinquante et un ans.

Un grand règne prenait fin sur la vie de Juliette. Un autre, beaucoup plus puissant, allait lui succéder.

CHAPITRE IX

LA PASSION

*... mon amour, ma vie, mon cœur, tout est à
vous.*

Juliette à René (mars 1819).

*Je ne vis que quand je crois que je ne vous
quitterai de ma vie.*

René à Juliette (novembre 1820).

L'Europe était en deuil : la voix forte et fascinante qui, pendant
tant d'années, l'avait animée de part en part – certains diraient agitée –, laissait, maintenant qu'elle s'était tue, un vide considérable.
Dans les cours, les salons, les cénacles resserrés, les universités, à
Stockholm, Londres, Vienne, Berlin ou Weimar, on commenta et on
déplora sa perte. Si, de son vivant, Mme de Staël était loin d'avoir
fait l'unanimité, morte on la célébra sans partage, tant on reconnaissait en elle la supériorité de l'esprit. Certains regrettèrent la propa-
gatrice inlassable des Lumières, d'autres le précurseur de la sensibilité nouvelle qui avait préparé l'avènement du Romantisme, d'autres
encore la femme politique qui conseillait les gouvernants, la dénon-
ciatrice de l'absolutisme, l'adversaire de Napoléon. Tous s'accordè-
rent à saluer le rayonnement vivace de sa pensée.

En France, cet esprit curieux, libre, toujours en éveil, stimulait
les consciences, mais il dérangeait : Mme de Staël y faisait figure
d'étrangère, on l'appréciait comme une personnalité inclassable. Le
relief qui accompagnait immanquablement chacune de ses prises de
position, chacune de ses publications, chacun de ses bonheurs ou de
ses malheurs semblait par trop tapageur : la société parisienne, si
éprise de mesure et de goût, ne réussit jamais totalement à considérer Mlle Necker, non plus que Corinne, comme partie intégrante
d'elle-même. C'est que Mme de Staël ne se coulait dans aucun carcan, elle échappait à toute espèce de critères, à l'exception des siens

propres. Son nom – ou plutôt ses deux noms, car elle ne s'était pas contentée d'être la fille d'un célèbre homme d'État, elle avait su illustrer l'identité nouvelle que lui donnait son mariage – sa fortune, son appartenance sociale, ses amours, ses maternités, ses résidences, ses voyages, autant que ses idées, tout portait une marque unique, hors du commun, à l'image très particulière, et souvent surprenante, de son caractère.

Celui-ci, ses amis le savaient bien, était contrasté, puissant et, sur le tard, terrifiant. Corinne se voulait un être à part – comme Juliette, dans une certaine mesure –, elle avait réussi à ce que nul en Europe ne l'ignore, même si, pour reprendre son expression qui semble une pathétique devise, « la gloire (signifiait) le deuil éclatant du bonheur »... L'empreinte de ses propos demeurait – tous les témoins l'attestent – indélébile : elle y mettait tout son feu, toute son intelligence et aussi toute l'angoisse qu'elle ressentait devant l'éphémère. Chez elle, comme chez Chateaubriand, la mort, la conscience qu'elle en avait, animait la vie.

Mme de Staël ne jugulait pas toujours les forces obscures qui la troublaient. Sa fin précoce en est une expression. Ses défauts, comme sa vitalité et sa passion de raisonner, étaient excessifs. Elle fut cependant la première à les subir. Courageuse mais indiscrète, elle fut écartée du pouvoir qui l'attirait tant. Amoureuse de Paris, elle n'y fut pas toujours comprise. L'une des femmes les plus entourées d'Europe, elle fut aussi une paria et elle en souffrit : cette âme forte ne supportait pas la solitude. Cette femme d'exception, généreuse, entraînante, directe, se montra possessive, dominatrice, lassante. Prodigieusement égoïste mais aussi enfermée dans son tourment.

Que laissait-elle ? Une œuvre composite dont on n'avait pas fini d'explorer les incidences, une correspondance éblouissante en ce qu'elle se rapproche de ce que devait être sa conversation et la trace durable de son agissante et lumineuse pensée.

Sa disparition, est-il nécessaire de le préciser, navrait ses amis proches. Chacun réagit à sa façon : Benjamin, il l'écrit à Juliette, se trouve « triste et surtout indifférent », indifférent à la vie qui a perdu son goût, maintenant que lui est retiré l'esprit complice du sien, son idéal partenaire. Mathieu se révèle le plus affligé, proprement inconsolable. Prosper, Sismondi, Bonstetten, les fidèles de Coppet expriment leur bouleversement dans de longues lettres éloquentes. Sa cousine, Mme Necker de Saussure, se recueille et se prépare à lui consacrer les pages les plus justes et probablement les plus fines jamais écrites sur elle[1]. Chateaubriand lui rendra cet hommage dans ses *Mémoires* :

Le talent qui expire saisit davantage que l'individu qui meurt : c est une désolation générale dont la société est frappée ; chacun au même

---

1. Il s'agit d'une longue notice, publiée pour la première fois en 1820, lors de la parution des *Œuvres complètes* de Mme de Staël.

moment fait la même perte. Avec Mme de Staël s'abattit une partie considérable du temps où j'ai vécu ; telle de ces brèches, qu'une intelligence supérieure en tombant forme dans un siècle, ne se répare jamais[1].

Juliette la pleure affectueusement. Il n'était pas dans sa nature d'être oublieuse, et quels qu'aient été les ressentiments et les mécomptes des dernières années, elle vouera à la mémoire de Mme de Staël un culte fidèle et qui durera jusqu'à sa mort. Juliette se souvenait de l'éblouissement qu'elle avait ressenti à Clichy, n'étant encore qu'une jeune femme ravissante et timide, devant cette force qui sut la révéler à elle-même, favoriser en elle l'éclosion de son charme, de sa finesse et de la confiance en soi sans quoi elle n'eût jamais été la femme si recherchée qu'elle avait su devenir. Mme de Staël avait su distinguer au-delà de la beauté de Juliette sa vocation de médiatrice : peut-être parce qu'elle-même ne possédait ni l'une ni l'autre. Corinne emportait dans la tombe un long moment de l'histoire européenne, ainsi que le « temps vécu » de M. de Chateaubriand, presque exactement son contemporain. Elle emportait aussi vingt années de la vie de sa jeune compagne.

Et, caprice du destin ou logique compensation, la belle Récamier, qui allait avoir quarante ans et approchait de son zénith, était sur le point de réaliser enfin ce que son amie disparue souhaitait pour elle : l'accomplissement de soi dans une passion amoureuse. Mme de Staël lui avait designé du doigt, avant d'entrer dans l'éternité, celui qui en serait l'incitateur et dont, désormais, le nom serait à jamais lié au sien.

Elle et Lui

Pour nous qui savons la fin de l'histoire, cela paraît tout simple : Juliette et René étaient destinés à s'aimer. De façon profonde, durable, éclatante. Le couple qu'ils formeraient pendant trente ans connaîtrait ses heures passionnées, ses traverses, ses tourments, ses complicités et son émouvante inscription dans la durée. Durée de leurs existences, bien sûr, mais, au-delà, durée de la légende qu'ils sécréteraient et qui leur survit encore.

Lorsqu'ils ont l'idée de se regarder, tous deux sont adultes. Elle, à l'apogée de son rayonnement, lui, à l'aube de la cinquantaine. L'un et l'autre d'une évidente juvénilité. Juliette, toujours aussi fraîche et gracieuse, auréolée du blanc qu'elle a choisi très tôt, dont elle a répandu la mode emblématique jusqu'aux confins du monde civilisé : à Saint-Pétersbourg, la ravissante, la reposante amie de prédi-

---

1. *M.O.T.*, 3ᵉ partie, 2ᵉ ép., livre septième, 22, p. 389.

lection du tsar Alexandre, la princesse Marie Narychkine en personne, ne s'est pas cachée d'emprunter à la Belle des Belles la simplicité étudiée de ses robes immaculées, rehaussées de perles…
René, brun et virulent, les traits ciselés, animés d'une énergie que
décuplent les récentes péripéties politiques.

Tous deux sont ce qu'on appelle alors des gloires : se seraient-
ils aimés, si l'un ou l'autre eût été anonyme ? C'est douteux. Chacun
des deux acceptait la notoriété. Celle-ci le leur rendait bien et, s'ils
prétendaient ne l'avoir pas excessivement sollicitée, elle ne leur était
tout de même pas venue par hasard… Narcissisme chez Juliette, arrivisme chez René, mais surtout instinct très puissant de leur spéci-
fique identité. Ni l'un ni l'autre n'admettraient de se laisser porter
par la vague. Ils sont singuliers, le savent, et pour cela aussi se
conviennent.

En 1817, ces deux célébrités abordent un tournant décisif de
leurs vies. Lui, qui s'est conquis de haute lutte une solide réputation
de voyageur et d'écrivain novateur – bien que défenseur du traditionnel christianisme – considère – ô ironie ! – que sa carrière littéraire est achevée : il lui faut désormais et vite – car la patience n'est
pas son fort – devenir un homme d'État, de premier plan si possible.
Elle, est mûre pour une grande aventure intérieure. Elle est comblée,
elle demeure un mythe vivant dont les étrangers de passage à Paris
continuent d'acheter les portraits gravés, elle est assaillie, comme à
vingt ans, de multiples admirateurs – le plus charmant est Henry de
Montmorency, le fils d'Adrien, «c'est un mal de famille !» commente son père – et pourtant, comme le lui fait remarquer l'attentif
Ballanche : «Vous n'avez personne à qui consacrer vos pensées[1]…»
Rien n'est plus juste.

Ils sont aussi peu mariés l'un que l'autre : Juliette, nous le
savons, a su se construire, au sein d'un ménage en trompe-l'œil, un
équilibre personnel qui tient autant à la famille qu'elle a rassemblée
qu'au cercle plus vaste, mais très choisi, de ses amitiés. René, marié
très jeune et un peu rapidement, mène une vie conjugale épisodique
et en porte à faux. La vicomtesse de Chateaubriand, qui ne manque
ni de caractère ni d'entendement – et qui porte bien mal son prénom :
Céleste ! – a compris depuis longtemps à quel extravagant personnage elle a lié son sort. Cette femme incisive lui demeure solidaire,
malgré quelques aigreurs d'épouse délaissée et mal résignée. Elle se
reconvertira dans les bonnes œuvres et trouvera dans Mme Récamier
une alliée efficace. Très vite, Mme de Chateaubriand admettra,
comme un moindre mal, la relation de Juliette avec son mari : mieux
vaut, pense-t-elle, cette bienveillante influence sur lui que le défilé
des imprévisibles *Madames*… Mme Récamier jouit d'une réputation
universelle de bonté que Mme de Chateaubriand ne se privera ni de

---

1. La graphie de Juliette, à cette époque, révèle sa forte émotivité, l'effort qu'elle
fait pour la dominer, le brio de son intelligence et ce que Monique Deguy appelle son «
magnétisme indéniable ». *Cf.* en annexe l'analyse graphologique n° 2.

requérir ni d'exploiter quand il le faudra. Sans se départir de son autoritaire dignité, elle y mettra toujours les formes les plus alertes. Ses lettres à Juliette sont nettes, cordiales et non dénuées d'une certaine grâce.

Juliette et René sont des séducteurs notoires. Ils passent même pour irrésistibles… À cette nuance près, toutefois, qu'elle réserve son cœur. Elle attend la présence masculine qui emplira sa vie, qui en deviendra l'axe déterminant. Elle attend et, peut-être, a-t-elle un peu peur : seul un amour de fibres, une force toute-puissante, la soumettrait, et cela supposerait la chose au monde qu'elle sait le moins : l'abandon de soi. Lui, en revanche, est un conquérant au cœur innombrable, un charmeur vite comblé et vite lassé, qui a connu toute la gamme des variations amoureuses. Avant Juliette, il a eu les succès féminins qu'il a voulus, et il en aura encore… N'importe ! Juliette entre dans sa vie, non comme une femme de plus, mais comme la Femme, l'image – et la réalité – tant désirée qui réunit et annule toutes les autres, mais aussi, qui incarne la Muse, celle qui aurait accès à l'essentiel. Et, l'essentiel pour lui, c'est son œuvre. Juliette, d'emblée, est associée dans l'esprit et l'affectivité de Chateaubriand à ce qu'il y a de plus sacré sur terre : l'écriture.

Elle n'aimera que lui. Lui, après l'avoir rencontrée, vivra une brève et brûlante aventure et quelques attachements plus ou moins durables. Néanmoins, Juliette restera centrale, fondamentale, indispensable à la tumultueuse existence de René, parce qu'elle saura ne jamais séparer en lui l'homme de l'écrivain. Elle les séduira, les favorisera, les préservera ensemble. Elle y mettra tout son être, sa fine intelligence, son instinct de l'autre, ce tact qui, chez elle, s'apparente à un art de vivre, à une éthique. Sans Mme Récamier, n'en déplaise à certains trop zélés adorateurs du maître, les *Mémoires d'outre-tombe*, son chef-d'œuvre, ne seraient pas ce qu'ils sont… Nous y reviendrons.

Ainsi donc, la Beauté et le Génie se trouvent. Juliette écoute René. René regarde Juliette. Ou l'inverse peut-être. La déesse du bon goût, l'animatrice de la société parisienne affronte le romantique échevelé, le sauvage auteur d'*Atala* et des *Martyrs*… Comment cette femme, si rompue aux relations humaines, si élégamment entourée, peut-elle s'arrêter à cet homme vibrant et talentueux mais dont l'égocentrisme est reconnu ? Juliette, si sereine, si soigneuse de l'harmonie en toute chose, si experte à faire se rencontrer dans sa mouvance des hommes différents, opposés, antagonistes, mais qui tous, à travers elle, réussissent à se parler, s'entendre et se respecter, que peut-elle attendre de ce solitaire, de ce marginal volontaire qu'est Chateaubriand, qui ne se sent exister qu'à l'écart de la mêlée et si possible au-dessus d'elle ? René n'est pas un homme facile. Alors, pourquoi lui ?

Eh bien, précisément, parce qu'il est radicalement distinct des autres. Elle l'avouera bientôt à son amie, Mme de Boigne : « C'est peut-être le piquant de la nouveauté, les autres se sont occupés de moi et lui exige que je ne m'occupe que de lui[1]…» Que nous sommes loin, avec lui, des aimables soupirants qui jamais n'oseraient outrepasser les normes convenues! René est d'une autre texture : c'est un homme comme Juliette en a peu rencontré, Bonaparte mis à part, volontaire, décidé, entreprenant. Il possède la fougue et la conviction de celui à qui rien n'a été acquis facilement. D'ailleurs, il aime se battre, et nul doute que l'imprenable Juliette ne lui apparaisse, aussi, comme un défi. Ce séducteur actif, à l'intelligence aiguë est, de plus, un gentilhomme qui ne se départit jamais de son sens de l'honneur – aucun risque de débordement geignard avec lui! – ni de sa parfaite courtoisie. Bref, un homme complet, l'homme idéal tel que pouvait le rêver la belle Juliette. Inaccessible et avenante, elle le trouble. Impérieux et disponible, il la retient. Parce qu'il le veut, il va s'imposer à elle. Parce qu'elle en est profondément désireuse, elle saura le garder.

Alors, la belle et l'écrivain, la coquette et l'égoïste, la mondaine et le sauvage, l'ange et le don Juan… Prenez-le comme vous voudrez, mais lorsque ces deux-là inventent de se lier et de conjuguer leurs sortilèges, cela commence par un sérieux choc d'âmes.

Le malheur pour nous, c'est qu'ils ont pris le soin d'en effacer les traces. Après tout, c'était leur droit, et leur intimité leur appartenait exclusivement. Comme ils avaient conscience, cependant, d'être un couple hors du commun, pour ne pas dire public, ils nous ont révélé de leur lien une version autorisée, ce qu'ils jugeaient digne d'être connu. Nous disposons de près de quatre cents lettres de Chateaubriand à Mme Récamier, ainsi que d'un livre entier des *Mémoires d'outre-tombe* que leur auteur dédie à sa belle, comme «une chapelle» dans «la Basilique» qu'il se «hâte d'achever». S'y ajoutent les quelques bribes échappées à leur vigilance, parmi lesquelles nous comptons huit lettres ou billets de Juliette à René[2]. On comprend sans peine qu'ils aient soustrait à la curiosité future ce qu'avaient de trop personnel certains de leurs écrits : ces infimes morceaux du puzzle disparu sont extrêmement révélateurs.

Des débuts de leur liaison, nous ne savons pratiquement rien. Ce qu'on peut dire, c'est qu'ils sont, depuis la première Restauration, en relations de société. Le Paris d'alors n'est pas grand et Juliette y possède une surface mondaine d'autant plus étendue que son salon est prestigieux et ouvert à l'Europe entière. Il n'est plus la maison à la mode où se donnent les plus belles fêtes, comme au temps du Consulat, il n'est pas encore le cénacle intellectuel qu'il deviendra à

---

1. Lettre de Mme de Boigne à Mme Lenormant, du 18 septembre 1859, Ms. B.N. N.A.F. 14097.

2. Nous les reproduisons en annexe.

l'Abbaye-aux-Bois. Il reflète, tout simplement, l'esprit de variété et de sélection de la maîtresse de maison. Nous en avons un échantillonnage en considérant l'auditoire de haut vol réuni, par exemple, pour la lecture des *Abencérages*... Connaissant Juliette, il est inimaginable qu'elle n'ait pas conservé avec Chateaubriand un contact plus ou moins rapproché. Quant à lui, rien ne lui était plus utile – et plus agréable – qu'un accueil comme celui de Juliette. Il n'avait que peu de goût pour le monde – sauf pour faire rayonner ses œuvres et avancer ses affaires – et il ne disposait d'aucun autre terrain de rencontre que celui que lui offraient les diverses *Madames*, et la plus récente d'entre elles, la duchesse de Duras. En comparaison de l'ampleur du salon de Mme Récamier, le salon de Mme de Duras ressemble à une coterie, efficace mais restreinte.

Mme de Duras, née la même année que Juliette mais disparue plus de vingt ans avant elle, avait eu un destin bien différent : fille du conventionnel Kersaint, mort sur l'échafaud, elle s'était mariée pendant l'émigration, à Londres, avec un ardent légitimiste. Elle avait cependant hérité de son père un authentique libéralisme de la pensée. Elle se souvenait des humiliations subies dès les premiers temps de son mariage, lorsqu'on lui fit savoir qu'il était impossible qu'elle accompagnât son mari à Mittau, auprès des princes : la duchesse d'Angoulême, qui n'oubliait jamais qu'elle avait été l'Orpheline du Temple, ne l'aurait pas reçue...

Ayant vécu assez à l'écart, sous l'Empire, Mme de Duras, lorsqu'elle reprend sa place dans la société parisienne, se dédie à la politique – maintenant que les Bourbons sont revenus, de nouveau, les femmes, en sous-main, tiennent le gouvernail – et à la création littéraire. Douée d'une plume élégante, sensible, comme en témoignent *Ourika* et *Édouard*, Mme de Duras partage avec son ami Chateaubriand un intérêt de plus. Leur proximité se fonde sur de réelles affinités : ils sont tous les deux bretons, dotés d'un vif esprit d'observation et d'une certaine violence de tempérament. Le noble vicomte apprécie hautement ce que cette influente et intelligente amie peut pour aider sa carrière politique.

Cela dit, Mme de Duras, la «chère sœur» comme il l'appelle, possède, comme les précédentes égéries de Chateaubriand, un trait de caractère assez désagréable : la véhémence. Et chez elle cette ardeur entraîne un ton péremptoire, voire possessif. Sa nature est trop semblable à celle de René pour qu'entre eux il n'y ait pas problème. Malgré – ou à cause de – son dévouement pour lui, Mme de Duras est perpétuellement insatisfaite. Elle souffre et le fait savoir... Par contraste, sur ce terrain-là, l'aimable Juliette joue sur du velours...

Son biographe, l'abbé Pailhès, a révélé que le grand tourment qui consuma Mme de Duras n'a pas été le sentiment qu'elle avait pour Chateaubriand mais un amour excessif pour sa fille aînée : facette différente, peut-être, d'une même disposition affective... Félicie de Duras, devenue à quinze ans princesse de Talmont, s'était faite l'amie de sa belle-mère, ce qui avait irrité sa mère. Contre la volonté de celle-ci, mais avec l'assentiment de celle-là, elle s'était remariée, le prince de Talmont étant mort deux ans après son mariage, avec le comte de La Rochejaquelein, entrant ainsi dans une famille grandement illustrée lors des guerres vendéennes. Sa mère, en 1819, en reçoit un «coup mortel» qu'on a attribué à tort à la défection de Chateaubriand, alors pleinement occupé de Juliette...

Mme de Duras, Dieu merci! ne sera plus là pour assister, sous la monarchie de Juillet, à la folle équipée de la duchesse de Berry, venue intempestivement, en compagnie de Félicie de La Rochejaquelein, ranimer la Vendée! Les deux amazones se condui-sant en garçons manqués et faisant le coup de feu pour défendre la légitimité vivront quelques moments de grande exaltation roma-nesque... Ils finiront piteusement : après l'arrestation de la duchesse de Berry, la fille de Mme de Duras passera, avec son mari, en Portugal...

Premiers symptômes...

Il semble que les relations de Juliette avec Chateaubriand se sont accentuées dès avant le dîner chez Mme de Staël. Écoutons la mar-quise de Montcalm, la sœur du nouveau président du conseil – le duc de Richelieu – une curieuse petite personne, bossue, dissimulant sa difformité sous un amoncellement de châles mais possédant un esprit vif et une langue pointue et qui, du fond de son salon, comme une araignée immobile au centre de sa toile, observe et guette les moindres vibrations du monde extérieur :

[15 mai 1817.]

Je suis persuadée que Mme de Ré[camier] qui est la rivale de Mme de D[uras] et qui, sous une apparence de froideur, cache une âme vive et élevée, ignore ces démarches [de Mme de Duras, en faveur de Chateaubriand]. Son dévouement pour M. de Chateaubriand est sans bornes et l'a déterminée à se lier intimement avec Mme de Ch[ateau-briand] (dont le caractère est aigre et difficile) pour voir son mari à toute heure; ses écrits, ses actions, les qualités qu'il a, celles qu'elle lui prête exaltent son enthousiasme et, jalouse de sa gloire plus encore que de son affection, elle s'opposerait (j'en suis certaine) à ces conces-sions si elle en avait le pouvoir; mais il y a bien plus de vraie passion dans l'âme de Mme de Récamier que dans celle de Mme de Duras. Un entier oubli d'elle-même, un dévouement absolu la mettent toujours dans la dépendance de celui qui les lui inspire. Mme de Duras en s'exaltant ne s'oublie jamais : elle jouit encore plus des sacrifices qu'elle obtient que de ceux qu'elle offre et met bien plus de domina-tion que d'abandon dans ses sentiments. Mme de Récamier risque sou-vent d'être victime de ceux qu'elle aime; en aimant Mme de Duras, on risque de devenir la sienne. Ces deux dames qui étaient fort liées autre-fois ont été brouillées par leur rivalité. M. de Chateaubriand est resté l'ami des deux, mais en acceptant le dévouement de Mme de Récamier, je crois qu'il serait plus habituellement influencé par Mme de Duras, quand pourtant ses conseils ne se trouvent pas en opposition avec son amour-propre qui est le grand dominateur des actions des pauvres hommes[1].

Mme de Montcalm anticipe : il n'y a aucun refroidissement déclaré entre les deux rivales. Mme de Duras, cette même année ou plus probablement au printemps 1818, confie à Mme de Boigne que :

> M. de Chateaubriand pense toujours à se défaire de sa pauvre petite Vallée. Je lui ai demandé à quel prix il la laisserait, il m'a dit 70 000 F. Je voudrais qu'elle passe à Mme Récamier dont le bon goût conserverait et embellirait encore ce petit jardin[2]...

Et c'est exactement ce qui va arriver. On se souvient que Chateaubriand, après sa disgrâce, avait mis en loterie le domaine de la Vallée-aux-Loups. Devant le peu de succès de l'entreprise, il avait renoncé et fait restituer aux souscripteurs ce qu'ils avaient versé. Le 18 mars 1818, Juliette prend en location la propriété de Chateaubriand, pour une durée de trois ans, conjointement par moitié avec son ami Mathieu de Montmorency. Au mois de juillet suivant, Mathieu s'en rendra acquéreur pour la somme de 50 100 F et Juliette, qui aurait souhaité participer à l'achat, doit malheureusement y renoncer, car son mari traverse de nouveaux ennuis financiers. Cela dit, pendant deux ans encore, elle y séjournera fréquemment.

Comment en était-on arrivé là ?

Après la mort de sa cousine Adèle de Dalmassy, le 7 novembre 1817, Juliette était allée passer un temps auprès de ses amis Catellan, à Angervilliers, selon une vieille habitude. Mais l'ambiance y était de plus en plus pénible, car Mme de Catellan et sa fille, Mme de Gramont, ne s'entendaient pas, et leurs querelles – pour des questions d'argent, le plus souvent – prenaient un tour odieux. Or Juliette était accoutumée, depuis toujours, à passer la belle saison dans une résidence proche de Paris, qui lui permette, le cas échéant, de faciles allées et venues dans la capitale. La Vallée, située en contrebas de Sceaux, à trois lieues de la rue d'Anjou, était, de ce point de vue, parfaite. La présence voisine de Mme de Boigne à Châtenay, chez ses parents, ajoutait à la séduction de l'endroit. Mathieu et Juliette se montraient ravis de partager une maison, car cet arrangement leur paraissait concrétiser leur amitié. Et puis le plus important, peut-être, la Vallée était l'âme et le reflet de Chateaubriand, qui y avait vécu dix ans...

1. Marquise de Montcalm, *Mon journal pendant le premier ministère de mon frère* (1815-1818), Grasset, 1936, pp. 255-256.
2. Ms B.N. N.A.F. 14106.

René et Juliette s'étaient revus d'assez près, pour qu'en septembre 1817 Adrien, de retour à son ambassade madrilène, écrive à sa belle amie ceci :

> Ce griffonnage est sûrement bien honteux auprès de votre correspondance en *Grèce* dont vous me dites des merveilles. Voilà précisément ce dont je doute, c'est de la sincérité, de l'attachement d'une personne dans laquelle le soin, l'amour de soi-même sont si dominants[1].

Adrien faisait référence à une nouvelle, ébauchée par Chateaubriand, dont nous possédons une page, un portrait de Juliette, appelée Léonie, et une esquisse de scénario dans lequel René se serait peint sous les traits d'un Grec, Antimaque l'Athénien, fuyant l'arrivée des Barbares et trouvant refuge dans une île dont la prêtresse aurait été, semble-t-il, ladite Leonie[2]. Voici les premières lignes consacrées par Chateaubriand à sa nouvelle inspiratrice :

> Léonie est grande ; sa taille est charmante, Léonie est belle. Ce qui lui donne une rare expression de beauté, c'est cette ligne ovale qu'on ne voit que dans les têtes de Raphaël et que jusqu'ici on aurait pu croire idéale. Il y a une harmonie parfaite entre tous les traits de Léonie. Ils expriment la douceur, la finesse et la beauté.
>
> L'esprit et le caractère de Léonie se distinguent par les mêmes traits que sa beauté, mais ce qui ajoute un caractère particulier à sa personne, c'est un esprit piquant et une imagination romanesque en contraste avec sa tranquillité naturelle. Quelquefois, ses paroles sont passionnées, tandis que sa physionomie est timide et naïve. On trouve en elle, par un mélange extraordinaire, le double enchantement de la vierge et de l'amante. Elle séduit comme Vénus, elle inspire comme la Muse. On tombe d'amour à ses pieds et l'on y est enchaîné par le respect.

Lignes de complaisance, dira-t-on... Elles nous renseignent sur l'image que Juliette voulait donner d'elle : Vénus, Béatrix, le respect, pour ne pas l'effaroucher... Bref, sans se donner grand mal, Chateaubriand fait ce qu'il faut pour qu'elle soit contente. Et, d'après Adrien, elle l'est. C'est bien le principal...

*
* *

La voici donc installée au Val-des-Loups – comme dit Mathieu – chez cet homme qui, déjà, fait battre son cœur. Le cherche-t-elle dans ces lieux solitaires qu'il a tant aimés et qui portent son empreinte ? Se plaît-elle à détailler les ajouts architecturaux qui ont transformé « l'espèce de grange » achetée en 1807 en une gentil-

---

1. 8 septembre 1817, Ms B.N. N.A.F. 14072.

2. Chateaubriand, *Lettres à Mme Récamier, in* Introduction de M. Levaillant, p. 18, Flammarion, 1951.

hommière au charme tchékovien, enchâssée dans une abondante verdure, et qui, aux portes de Paris, garde des allures de thébaïde soigneusement préservée du monde? Que ressent-elle dans ce vallon
caché qu'on croirait inventé pour abriter l'amour autant que pour
favoriser l'étude ou la délectation morose?

La maison proprement dite, «la chaumière» comme ils l'appelaient, les Chateaubriand l'avaient agrémentée à leur façon, disparate
mais non déplaisante. Du côté de l'arrivée, assez encaissée, ils
avaient chargé la façade de motifs néo-gothiques, dans le «style
troubadour» qui enchantera la duchesse de Berry, et du côté du parc,
très dégagé et dont l'horizon se fermait de hauteurs boisées, ils
avaient construit sur une façade de briques, à la française, très
simple, un monumental portique de marbre, dans un indéfinissable
style gréco-virginien, décoré d'un fronton triangulaire qui surmon-
tait deux cariatides encadrant deux colonnes d'ordre ionique... De
loin, l'effet était grandiose. De près, la demeure, sans prétention,
était agréablement distribuée : de part et d'autre d'un vestibule cen-
tral doté d'un escalier à double révolution, à l'armature gracieuse et
légère – dessinée par Chateaubriand – s'ouvraient les pièces de
réception, de plain-pied avec la nature. Au sous-sol, les cuisines, au
premier étage, séparées par le palier, les chambres : celle qu'occupera Juliette à droite, celle qu'avait occupée René à gauche, l'une et
l'autre ouvertes sur le parc.

Le parc était l'œuvre personnelle de l'écrivain : admirablement,
amoureusement dessiné et planté par lui. Cathédrale de verdure, foi-
sonnant d'espaces profonds, de longues pelouses et de hautes
futaies, impressionnante sculpture créant l'illusion de la solitude, du
mystère et du renouvellement. Des cèdres de Virginie, du Liban, des
pins de Jérusalem, un chêne d'Armorique, des érables, des syco-
mores, des rhododendrons, deux catalpas, un arbre de Judée, un
cyprès chauve du Canada, sans oublier le magnolia à fleurs pourpres
offert par Joséphine... On n'en finirait pas d'évoquer les graines, les
plants et les arbustes que les Chateaubriand, en sabots, par tous les
temps, allaient soigneusement distribuer, selon un agencement longuement discuté auparavant... Mme de Chateaubriand le raconte
dans son *Cahier rouge* : elle s'estimait plus habile à concevoir les
allées mais reconnaissait que son mari «plantait à merveille»... Le
résultat est somptueux.

À quoi songeait la jolie promeneuse, assise sur le banc de pierre
qu'elle avait fait installer à l'une des extrémités du parc?
Chateaubriand, le savait-elle, considérait ses arbres comme ses
enfants : «C'est ma famille, je n'en ai pas d'autre, écrira-t-il, j'espère mourir auprès d'elle»... Allait-elle dans la petite fabrique octo-
gonale où l'écrivain avait établi sa bibliothèque et son cabinet de travail, et qu'il appelait pompeusement la tour de Velléda?
Caressait-elle d'une main discrète les meubles du salon Jaune qui,
comme la plupart du mobilier, appartenaient à l'ancien propriétaire,
choisis et disposés selon son goût? Croyait-elle, parfois, y sentir sa

présence, aux heures crépusculaires, lorsque ces pièces au plafond bas accueillaient la pénombre comme une insidieuse promesse ?

Symptôme nouveau : à partir du mois de juin, Juliette est souffrante, c'est Mathieu qui le signale. La très forte séduction de René agit et, en réaction, Juliette commence par se cabrer. Comme on dirait aujourd'hui, elle opère une évidente somatisation : tout l'été, elle se plaint de sa santé, de ses nerfs. Ses «papillons noirs» sont revenus, en nombre semble-t-il. Est-elle consciente de l'origine de ce mal-être ? Elle n'avoue rien. Et son entourage n'y comprend pas grand-chose.

Elle passe la première quinzaine de juillet 1818 à Dieppe, en compagnie de Ballanche, qui la suit, du 3 août au 1er octobre, à Aix-la-Chapelle, où elle prend les eaux. René, lui, réside à Noisiel et se consacre à l'élaboration d'un nouveau journal, *Le Conservateur*. La petite Amélie, qui a maintenant quatorze ans, a été confiée aux dames du Sacré-Cœur pour préparer sa première communion. Pendant une année, elle poursuivra ses études dans cette institution sous l'égide de Mme de Gramont, sœur d'Antoine de Gramont, lui-même gendre de Mme de Catellan, et, par parenthèse, amoureux fou de Mme Récamier. Lors de cette séparation, nouvelle pour elle, l'enfant reçoit de sa tante des lettres affectueuses mais bien mélancoliques :

Dieppe, 2 juillet 1818.

Je ne retournerai à Paris, ma chère enfant, que le 17 de ce mois. Si, comme je l'espère, Mme de Gramont est contente de toi, je lui demanderai la permission de te faire sortir le jour de mon arrivée. Je suis satisfaite de l'intention que tu as de t'occuper. Je trouve ta dernière lettre plus raisonnable ; je me désolais de l'opinion que tu donnais de toi par ton peu de résignation, mais j'espère que tu effaceras cette impression. Je prends deux bains par jour, ce qui me fatigue et me force à me coucher dans les intervalles.

Je pense souvent à toi, j'en parle souvent avec M. Ballanche : tu seras un grand malheur ou un grand bonheur dans ma vie, et cela dépend de toi. Je t'embrasse et j'attends avec impatience le 17 juillet.

Je prie Mme de Gramont d'agréer mes tendres souvenirs[1].

Aix-la-Chapelle, 26 août 1818.

Je t'écris bien peu, ma pauvre chère petite, parce que je suis toujours souffrante, mais je pense beaucoup à toi, et avec une vive tendresse. Je n'ai pas un chagrin, je n'ai pas une contrariété que je ne me dise que je ferai tout ce qui sera en mon pouvoir pour que tu ne sois pas exposée aux mêmes peines ; je veux que ton bonheur me console, prouve-moi ta reconnaissance en t'attachant à tes devoirs. J'ai été vivement touchée que tu aies prié pour moi après avoir reçu l'absolution. Pauvre chère petite, que le ciel te bénisse et que tu sois plus heureuse que moi[2] !

---

1. Ms. B.N. N.A.F. 14077.
2. Ms. B.N. N.A.F. 14077.

Manifestement, Juliette fait l'effort de se concentrer sur sa seule famille, mais le découragement affleure à chacun de ses mots. Le traitement, à base de douches, qu'elle subit à Aix la «fatigue horriblement et ajoute encore à la disposition (qu'elle a) de se tourmenter de tout[1]»...

C'est à Paul David que Juliette se confie le plus aisément : «J'aimerais mille fois mieux mourir car la vie n'est qu'un suplice varié...» Ou ceci, qui n'appelle aucun commentaire : «Je ne vaux rien pour le monde, je ne sais pas me tirer de cette vie, j'y souffre dans mille sens contraires, je me tourmente et je tourmente tout ce qui m'aime[2]...»

Comment expliquer ce ton, sinon par la profonde perturbation qu'elle ressent. Juliette éprouve un double malaise, encore diffus : elle est attirée par une séduction extérieure à son monde si structuré, si protégé, si familier. Elle n'est pas sûre du tout qu'y céder ne soit synonyme de déstabilisation et donc elle tente de resserrer autour d'elle son entourage qui, par contraste avec ce qui l'anime, lui paraît un peu fade, un peu dérisoire. Juliette n'a aucun sens du risque, du jeu. Aucune allégresse, pour le moment, à considérer le péril que représente, à ses yeux, une intimité de relation avec le difficile Chateaubriand. Tout au contraire, elle glisse dans une sorte de dépression. Elle s'y débat comme elle peut, et tout cela est bien sombre.

Pour ne rien arranger, le prince Auguste se présente «par hasard» à Aix-la-Chapelle. Et le comble, c'est «qu'il se remet dans toutes ses habitudes d'autrefois», ce qu'elle avoue la toucher, mais l'embarrasser grandement.

Évidemment, quand on sait, quand on imagine ce qu'elle éprouve, «la vivacité» comme elle dit, la brutalité, l'assiduité sans nuance du Prussien lui deviennent intolérables... Elle finit par le renvoyer à Paris, avec la vague promesse de l'y rejoindre. Elle a conscience d'être réticente, dure même, envers le malheureux soupirant, mais, cette fois-ci, elle peut établir une comparaison avec un homme non moins résolu, qui sait cependant se comporter en toute situation comme un parfait gentilhomme.

Plus tard, beaucoup plus tard, elle fera cette confidence au mari d'une des filles de Mme Lenormant, Louis de Loménie, un lourdaud qui la rapporta en ces termes :

Le souvenir de ces quinze jours [à Coppet, en 1807] et celui des deux années de l'Abbaye, au temps des amours avec M. de Chateaubriand, sont les plus beaux, les seuls beaux de ma vie. Il y a cependant une différence, c'est que, s'il manquait quelque chose au prince de Prusse, à M. de Chateaubriand il ne manquait rien[3].

---

1. Ms. B.N. N.A.F. 14072.
2. Ms. B.N. N.A.F. 14086.
3. Propos publiés en 1961, par E. Beau de Loménie *in L'Histoire pour tous*, n° 18.

Bien entendu, la grossièreté gauloise n'a pas manqué d'interpréter, comme on s'en doute, la dernière phrase ! Traduisons plutôt qu'il manquait quelque chose au prince Auguste pour plaire sans réserve à Juliette, et c'était ce que possédait le duc de Nemours, auquel elle rêvait à Clichy, et ce que possédaient ses amis Montmorency et Chateaubriand ; cette nuance de grâce parfaite dans la galanterie, cette élégance dans la séduction et la stratégie amoureuse, ressenties alors comme typiquement françaises...

« Le précipice qui est à côté d'elle... »

À son retour, un changement s'opère dans son existence : en compagnie de sa famille, elle quitte la maison de la rue Basse-du-Rempart, où elle était établie depuis dix ans, pour un hôtel situé rue d'Anjou-Saint-Honoré, au n° 31, à peu près à la hauteur de l'actuel boulevard Malesherbes. Chateaubriand, comme en témoignent ses *Mémoires* l'y visitera régulièrement :

> J'allai voir Mme Récamier rue Basse-du-Rempart et ensuite rue d'Anjou. [...] À la maison de la rue d'Anjou il y avait un jardin ; dans ce jardin un berceau de tilleuls entre les feuilles desquels j'apercevais un rayon de lune, lorsque j'attendais Mme Récamier : ne me semble-t-il pas que ce rayon est à moi et que, si j'allais sous les mêmes abris, je le retrouverais [1] ?

Hélas ! non, le baron Haussmann allait passer par là... Juliette demeurera un an rue d'Anjou, à deux pas de chez Mme de Boigne.

Arrive bientôt auprès d'elle une de ses plus anciennes amies, une Anglaise, femme exceptionnelle, liée aux Montmorency – qui l'appellent « la duchesse-cousine » – et, longtemps aussi, à Mme de Staël. Un mot à propos de celle dont le témoignage sur cette période cruciale de la vie de Mme Récamier est déterminant : Élisabeth Foster, deuxième épouse du cinquième duc de Devonshire – mort en 1811 –, était la fille du comte de Bristol qui s'était plu à parcourir l'Europe et y avait laissé une chaîne de palaces qui portent encore son nom. La fille n'était pas moins originale que le père et au temps de sa jeunesse – elle était née en 1758 – elle avait défrayé la chronique en s'associant, sans ambiguïté aucune, au premier ménage du duc. Celui-ci était alors marié à Georgi(a)na Spencer, une jeune femme brillante, chaleureuse et joueuse invétérée. Quand elle n'animait pas son salon londonien, à forte coloration whig, la première duchesse de Devonshire voyageait sur le continent, accompagnée de sir Charles Grey, son sigisbée, et de son amie Élisabeth, elle-même tendrement liée au duc, son mari. Georgi(a)na étant morte en 1806,

---

1. *M.O.T.,* 3e partie, 2e ép., livre septième, pp. 389-390.

Élisabeth était devenue, comme on pouvait s'y attendre, la seconde duchesse de Devonshire.

Elle avait connu Juliette lors du séjour en Angleterre de 1802 et n'avait jamais manqué, à chacun de ses passages à Paris, de lui rendre visite. Mme de Staël avait, jadis, rendu un hommage plein de grâce à l'intelligence pénétrante, au charme particulier de la duchesse qui, comme Juliette, savait si bien mêler la douceur et la fermeté : «Le plus beau de toutes les fêtes, c'est de passer une heure en tête à tête avec vous...» Plus tard, Adrien reconnaîtra les affinités qui unissent la «duchesse-cousine» à la «charmante amie» : «Cette femme est comme vous, écrira-t-il à Juliette, formée de *pierre aimantée...*»

Après la chute de l'Empire, Élisabeth Foster avait décidé de se fixer dans la Ville Éternelle. Elle était devenue l'intime amie du cardinal Consalvi, l'une des plus éclatantes intelligences du Vatican, et réunissait dans son salon romain les notabilités civiles, religieuses et artistiques du moment. C'est à elle qu'on doit ce mot si fin sur Juliette : «D'abord elle est bonne, ensuite elle est spirituelle, après cela, elle est très belle !» Sous ces rapports, elle n'était pas mal partagée non plus !

Il est clair qu'à son arrivée à Paris elle reçoit les confidences de la belle Récamier. Rien de décisif n'est pour le moment advenu, mais Juliette est de plus en plus troublée. Lorsque la duchesse de Devonshire reprend sa route vers l'Italie, elle écrit à son amie, et ses propos sont le reflet de l'état d'âme de celle-ci :

> De Fontainebleau, le 13 janvier 1819.
>
> Soignez votre santé et notre amie
> [le sujet est tellement brûlant que la duchesse emploie un code : cette amie étant Juliette elle-même]
> ... Qu'elle prenne garde au «précipice qui est à côté d'elle[1]...»

Suivent des recommandations sévères qu'on croirait inspirées par Mathieu lui-même : attention ! danger ! Rien n'est plus grave que de perdre la considération et l'estime de soi-même...

Elle continue, de Lyon, quelques jours plus tard, en abandonnant le code convenu et en s'adressant directement à sa correspondante :

> Vous m'occupez continuellement l'esprit, j'ai mille inquiétudes à votre égard, je ne pourrais souffrir l'idée que vous ajoutiez à vos peines le moindre mécontentement de vous-même [...]. Je connais tous les dangers de votre situation [...]. Le plus grand danger pour une femme est quand elle croit pouvoir rendre une personne très heureuse, sans que personne en souffre – excepté elle-même – mais vous, ma chère et belle amie, vous rendriez malheureuse et très malheureuse la plus belle âme

---

1. Ms. B.N. N.A.F. 14101.

qu'on puisse connaître, pour satisfaire une [sic] qui est dominée par l'imagination, et puis d'autres encore qui tient à vous par des liens d'attachement, d'intérêt, d'estime, de confiance intime, tout cela serait troublé. Oh! mon Dieu, conservez-vous telle que vous êtes[1]...

On n'est pas plus explicite! La duchesse défend, il faut le savoir, les couleurs de Mathieu de Montmorency qui, lui aussi, doit commencer à s'inquiéter de l'état dans lequel se trouve Juliette, et probablement en soupçonner la cause.

Car Juliette est littéralement surveillée par son entourage, et cela doit ajouter à son dérèglement : pas un mot, pas un geste, pas une visite, pas une sortie dont tous ne soient plus ou moins rapidement informés : c'est la rançon du bonheur qu'elle s'était ménagé. Elle souffre autant de cet étouffement que du risque de voir ce cocon affectif sur le point d'être pulvérisé par le sentiment qui la torture...

Ballanche fait ce qu'il peut pour la distraire : il l'incite à fixer son esprit sur un travail intellectuel suivi, traduire Dante ou Pétrarque en français, par exemple, s'astreindre à retracer ses souvenirs... Peine perdue, quand M. de Chateaubriand débarque dans une vie, c'est la tempête! Et la pauvre Juliette est bien près d'être débordée... Le précipice est à côté d'elle, comme le lui rappelait crûment son amie anglaise, elle le regarde, et le vertige l'étreint et l'angoisse. Mais, comme chacun sait, le vertige aussi a ses délices...

Entre le début du mois de janvier (date du départ de la duchesse de Devonshire) et le 20 mars 1819, l'irréparable a lieu. La police de M. Decazes intercepte ce billet de la Belle des Belles à M. de Chateaubriand :

Vous aimer moins! Vous ne le croyez pas, cher ami. À huit heures. Ne croyez pas ce que vous appelez des projets contre vous. Il ne dépend plus de moi, ni de vous, ni de personne de m'empêcher de vous aimer; mon amour, ma vie, mon cœur, tout est à vous. - 20 mars 1819, à trois heures après-midi.

Quand on sait la retenue habituelle de Mme Récamier, on se tait devant un tel aveu. La reddition paraît accomplie. Retenons la minutie de la datation : ce souci de fixer le détail de moments mémorables est, peut-être, plus parlant encore que les mots eux-mêmes.

Donc, oui. Maintenant, où?

Maurice Levaillant a avancé, sans preuve, l'hypothèse de Chantilly. Chantilly, c'est plus tard, en 1822, et c'est autre chose, nous le verrons. Alors? Reste l'imagination, car rien ne nous permet, à ce jour, de répondre avec certitude à cette délicate question. En tout cas, abandonnons une fois pour toutes cet absurde fantasme de Chantilly : une nuit d'automne, à l'orée d'une forêt humide, sur les marches de pierre de l'escalier d'une maison amie, furtivement...

---

1. Ms. B.N. N.A.F. 14101.

Juliette, qui ne se risquait pas à marcher à pied dans une rue, aurait-elle admis un tel inconfort ? Peu probable.

Juliette devait surmonter un très ancien et très réel blocage. Pour réaliser ce qu'on appelle souvent une défaite, mais qui en l'occurrence est bien plutôt un triomphe sur soi, elle avait besoin de persuasion et de temps. Et M. de Chateaubriand était tout, sauf inexpert... Quel pouvait être un des rares endroits où ils pussent s'échapper sans aucun scandale, pour peu qu'ils y prissent garde ? Et un lieu qui ait un sens pour eux ? Dans leur situation, il n'y avait pas grand choix... Nous penchons pour la Vallée-aux-Loups, qu'ils aimaient tant l'un et l'autre, qui avait favorisé successivement leurs rêves et où, maintenant, il leur pouvait être délicieux de les mêler... Mais ce n'est guère qu'une intuition.

L'épervier dans la volière

Cette grande révolution dans l'existence de Mme Récamier s'accompagne d'une catastrophe financière : comme elle l'écrit à sa belle-sœur Delphin de Lyon, « la confiance de M. Récamier a encore été trompée... » L'année 1819 va, en grande partie, être occupée par ces problèmes d'argent. Il va falloir vendre la maison de la rue d'Anjou – que Juliette avait acquise en son nom, sur sa fortune personnelle – et chercher un nouvel établissement. Cela se réglera à l'automne. En attendant le bilan de cette seconde faillite, Juliette prend une décision surprenante : elle offre à M. Récamier ce qui lui reste de l'héritage de sa mère, contre la volonté soigneusement édictée par Mme Bernard dans son testament. Juliette n'écoute qu'elle-même. Elle renfloue son mari et, bientôt, elle aura quasiment tout perdu... Elle était trop raisonnable pour ne pas savoir qu'elle mettait en péril son avenir et celui d'Amélie, mais c'est ainsi.

Il y a, parmi ses amis, quelqu'un qui voit tout cela et qui essaie de la freiner avant qu'elle accomplisse ce geste incompréhensible, c'est Benjamin Constant. Voici une lettre, inédite à notre connaissance, écrite à Mme de Catellan et qui exprime avec sincérité, sinon avec sérénité, la préoccupation où il se trouve :

Il s'est entretenu avec Juliette, la veille : elle va être ruinée :

M. Récamier me l'a dit à peu près et elle, avec son noble et adorable caractère, y est toute résignée […].
« Savez-vous, madame, ce qui lui restera ? Environ 5 000 F pour elle et *son mari* ? Et concevez-vous ce qu'elle souffrira, sa fierté, sa bonté, toute sa manière d'être, toutes ces bonnes qualités et même les petits défauts qu'elle peut avoir, tout sera froissé et en douleur perpétuelle […].
[…] Je l'ai fait pleurer d'effroi sur son avenir mais sans la déterminer à l'éviter. Je n'ai de recours et d'espoir qu'en vous […]. Je me consume ici sans trouver aucun expédient pour la sauver d'elle-même. »

Benjamin demande à Mme de Catellan d'intervenir auprès de Juliette, de parler avec M. Récamier, M. Bernard, M. Simonard... Sinon, «c'est la ruine entière, sans utilité pour personne, c'est la perte de toute une vie qu'il faut empêcher. Ne lui dites pas, madame, que je vous en ai écrit, mais agissez et sauvez-la. Songez à l'indépendance, à la fierté de son caractère. Nous la verrons souffrir, sans pouvoir même obtenir de lui être utile. Pardon, madame, si je pouvais être bon à quelque chose... Vous êtes sa meilleure amie. Pardon encore et mille respects[1]».

Rien n'y fera... Benjamin évoquant l'indépendance du caractère de Juliette nous rappelle la notation si juste de Mme de Boigne · «Quelquefois je l'ai vue dominée, je ne l'ai jamais connue influencée.» Mais à quoi rimait cette dépossession? Défi? Remords? Émancipation?

Dorénavant, Juliette devra gérer au plus près ce qui lui reste de biens. Elle s'y entend. Voici ce qu'elle écrit à la fin du printemps à la jeune Amélie, toujours au Sacré-Cœur :

> Je suis consternée, ma chère enfant, des comptes que tu m'envoies, il m'est impossible de suffire à de pareilles dépenses. [...] La réparation de la harpe est énorme, tu ne dois plus prendre de musiques [il s'agit des partitions] je t'en enverai, une leçon par semaine fait un louis par mois, le corset à vingt-quatre francs est de six francs trop cher, je ne paie les miens que dix-huit francs[2]...

Elle réfléchit à la nouvelle organisation qu'elle va proposer et imposer à sa famille : à la rentrée, elle ira en compagnie d'Amélie s'établir dans un couvent, l'Abbaye-aux-Bois, rue de Sèvres. Les pères nobles demeureront à proximité, rue du Vieux-Colombier, leur ménage étant réduit au minimum, puisqu'ils viendront dîner chaque jour chez elle. Paul David aura un petit appartement séparé, rue du Cherche-Midi, et Ballanche sera son voisin. C'est un excellent plan.

Les proches de Juliette ne peuvent ignorer longtemps le sentiment qu'elle éprouve pour Chateaubriand et, à partir du printemps 1819, nous assistons à un concert de gémissements et de mises en garde.

Adrien :

le 25 mars 1819.

> Je vous entrevois tellement distraite, de vos nouvelles circonstances romanesques, que je ne goûte pas beaucoup ce rôle secondaire. Je connais toute la puissance de votre imagination quand elle se fixe sur un

---

1. Lettre autographe, non datée, Ms. B.N. N.A.F. 14089 f.l41.
2. Ms. B.N. N.A.F. 14077.

seul objet. [...] et quand un endroit si faible est attaqué par la plus exercée, la plus habile séduction du Monde, je demande à mon bon sens ce
que je vais vous adresser de 400 lieues, et après deux ans d'absence[1]...

La duchesse de Devonshire :

April 29th 1819.

Je n'ai pas la confiance dans le caractère de l'auteur comme je l'ai
dans celui du *Preux chevalier*[2]. Vous êtes jeune et belle, ainsi il vous
aime, mais soyez sûre qu'il y entre beaucoup de vanité de sa part et que
la franchise de caractère n'est pas la première de ses qualités. Croyez
aussi que l'inquiétude qu'il donne au faubourg Saint-Germain ajoute à
ses sentiments pour vous, il en est flatté[3].

Mathieu :

Du château de La Forest, le 27 juillet 1819.

[...] Vous laissez même errer mon imagination vagabonde sur des sup-
positions que je repousse : je veux me fier davantage à votre raison, à
vos promesses, aux conseils de votre bon ange et surtout de celui qui est
au-dessus de tous les anges et qu'on n'invoque ou ne consulte jamais en
vain... Daignerez-vous envoyer, immédiatement après cette lettre reçue,
quelques mots à l'hôtel de Luynes qui me disent où vous êtes, comment
vous vous portez et si vous n'avez rien fait pour vous rendre complètement malheureuse? Ah! le soupçon même est bien cruel...

On croit entendre le Grand Inquisiteur en personne! Juliette est
établie, avec Amélie, à la Vallée. Et Mathieu ne peut qu'espérer
«qu'elle ne recevra pas trop souvent l'ancien propriétaire[4]»...

Quant au bon Ballanche, il se désole de toute cette agitation.
Amélie ne cache pas non plus ses sentiments : comme Mathieu,
comme Ballanche, comme la «duchesse-cousine», comme Mme de
Boigne, elle redoute le pouvoir destructeur de Chateaubriand sur
l'harmonieuse personnalité de Juliette :

[...] ils [les amis proches de Mme Récamier] s'effrayaient des inégalités de caractère d'un homme que les succès mêmes de son talent
n'avaient jamais défendu de la plus incroyable mélancolie. Objet d'une
sorte d'idolâtrie pour ses contemporains, et plus particulièrement
encore gâté par l'enthousiasme des femmes. M. de Chateaubriand, souverain par le génie, avait subi les inconvénients de tous les pouvoirs
absolus : on l'avait enivré de lui-même[5].

---

1. Ms. B.N. N.A.F. 14072.
2. Mathieu de Montmorency. Le faubourg Saint-Germain signifie Mme de Duras.
3. Ms. B.N. N.A.F. 14101.
4. Ms. B.N. N.A.F. 14071.
5. Mme Lenormant, *op. it.*, t. 1, pp. 315-316.

Ce qu'aucun d'eux ne serait prêt à admettre, c'est que Mme Récamier, parce qu'elle est enfin une femme complète, une femme amoureuse et qui écoute son cœur, a cessé de leur appartenir. Mathieu et Ballanche, Adrien, les pères-nobles et le bon Paul, dans une moindre mesure, avaient tout loisir d'exercer une manière de possession sur Juliette. Possession indirecte, sublimée et qui semblait devoir ne pas finir... Le jour où elle cesse d'être totalement disponible à son entourage, Juliette déclenche une panique... Avec le temps et des trésors de diplomatie, elle réussira, en partie, à résorber la sourde détestation que tous éprouvent envers le ravisseur de leur idole. Ce sera long, et il n'est pas sûr qu'au fond d'eux-mêmes ils n'aient pas gardé rancune à l'irrésistible Chateaubriand des ravages que celui-ci avait provoqués en apparaissant sur le seuil de leur petite volière...

La duchesse de Devonshire parle d'expérience : les tumultes sentimentaux, elle en a connu ! La future Mme Lenormant et Mme de Boigne sont, elles, des femmes de tête, trop réfléchies pour céder à une passion et sur lesquelles M. de Chateaubriand, quel qu'ait été son talent, n'exerçait aucune espèce de séduction... Question de goût, de personnelle alchimie. Amélie, dans son ménage, montrera l'âme d'une régente, et les inégalités d'humeur de l'écrivain lui étaient proprement insupportables.

Quant à Mme de Boigne, la longue habitude qu'elle entretiendra avec le baron, puis le duc Pasquier ne l'exposera à aucun désordre de ce type. Il est vrai que son partenaire était aux antipodes du sauvage René : le grand homme d'État s'était toujours révélé un modèle de souplesse, de modération, de longévité politique, pour ne pas dire d'équilibrisme virtuose... Juliette leur apparaît comme une victime, aliénée par l'inclination qu'elle ne peut réfréner pour un personnage impossible. Juliette méritait mieux ! Elles ont bien tort, car si la partie ne lui fut pas toujours facile, ni avantageuse, elle valait largement la peine, à ses yeux – et aux nôtres – d'être jouée.

*
* *

C'est à la Vallée que Juliette apprend, à la fin du mois d'août, la triste nouvelle qui frappe les Montmorency : le fils unique d'Adrien, Henry, que Juliette appelait « le plus jeune de ses amis », est perdu. À vingt-trois ans, il meurt de la poitrine, comme tant d'autres. Le coup est rude, car avec lui s'éteint le dernier descendant d'une longue et prestigieuse lignée : Adrien était le seul des quatre frères de la branche aînée qui ait eu des enfants, et son épouse, la duchesse de Laval, n'était plus en âge de remplacer celui qu'on pleurait. Le conseil de famille a recours au ménage Mathieu, tentative de la dernière chance pour se survivre.

Curieuse situation ! Et que nous n'évoquerions pas si elle n'avait passablement amusé la galerie et si Juliette n'avait conservé dans ses papiers les lettres des deux époux concernés[1]. Mathieu, alors qu'il n'était pas encore un grand ni même un petit saint, avait épousé sa cousine Hortense de Luynes, la fille de la pittoresque duchesse que nous avons vue, à Lyon, soigner Mme de Chevreuse. Hortense n'avait rien de la générosité de tempérament et d'allure de sa mère, qu'elle critiquait aigrement ainsi que les autres membres de la tribu. Mesquine, étroite, avare, elle n'avait jamais pardonné au séduisant Mathieu ses incartades premières et depuis leur séparation sous la Terreur, depuis surtout la mort de son père, qui lui avait laissé une fortune considérable, elle tenait à son mari la dragée haute... Dès le retour d'émigration de celui-ci, elle lui avait clairement signifié avoir fait vœu de chasteté, dans les geôles terroristes, pour sauver les siens. Mathieu, devenu dévôt, ce qui n'empêchait pas une légitime bien que tardive ardeur conjugale, avait dû s'incliner. Il lui en avait coûté, mais les voies du Seigneur étant insondables et la mansuétude du converti incommensurable, il avait sublimé ce manque comme il avait pu, dans les bonnes œuvres et la direction de conscience de ses belles amies... Plus grave encore, Hortense l'humiliait à tout moment, en ne perdant pas une occasion de lui rappeler qu'il n'avait pas de fortune : obtenir d'elle qu'elle lui prêtât ses chevaux étaient toute une affaire, et le plus souvent saint Mathieu allait en diligence, comme le premier bourgeois venu...

Là-dessus, les voilà sollicités par la chose au monde à quoi ils étaient le plus sensibles : le devoir familial ! Comment régler cela ? Mathieu prend sa plus belle plume et concocte une lettre de «réconciliation» à l'adresse d'Hortense, petit chef-d'œuvre d'onction et de diplomatie tant conjugales que chrétiennes. Le charmant Mathieu ! Comme il y met les formes :

> Ce vendredi 3 septembre (1819) au soir.

> Pour parler avec une franchise amicale, privilège de deux époux chrétiens qui ne craignent pas de revenir sur leur vie passée, je crois que tous les deux nous avons eu tort pour notre intimité, pour notre propre bonheur [...] Je vous ai toujours rendu la justice de croire que vous ne refuseriez rien à l'idée du devoir...

Il a fallu la mort d'Henry pour qu'il se décide à «tenter la réparation du temps perdu et célébrer réellement [leur] trente et unième anniversaire de mariage. [...] Il y aurait presque du Sara et Abraham dans [leur] affaire ! [...] Y aurait-il un inconvénient pour [sa] santé ?»...

Mathieu propose le... rapprochement pour le 21 septembre, fête de son saint patron (!) et surtout qu'Hortense n'ait pas de «timidité» ni de «doute» quant aux ravages possibles d'«un long intervalle dans leur intimité» : un «trop grand embarras» de sa part «ne serait ni fondé ni raisonnable»... Qu'elle soit confiante, «tout s'arrangera

---

1. Mme de Boigne, dans ses *Mémoires*, consacre à cet épisode quelques pages savoureuses.

pour le mieux», ils recommanderont leur âme à Dieu, et, conclut l'allègre mari : «J'y mettrai beaucoup de simplicité[1]!...»

Le plus drôle, le plus inattendu, c'est que passée l'épreuve, la vicomtesse Mathieu se reprend d'une passion effrénée pour son époux! «Elle n'existait pas hors de sa présence, c'était un véritable roman, commente Mme de Boigne. Et la figure de cette héroïne de quarante-cinq ans, laide, mal tournée et surtout vulgaire à l'excès achevait le ridicule de cette bouffonne lune de miel que Mathieu supportait avec sa résignation accoutumée[2]...»

La résignation était mitigée, si l'on en croit les quelques lignes que Mathieu écrit, au lendemain de leurs retrouvailles, à Hortense :

> [...] Il se passe en moi quelque chose de fort extraordinaire : je me surprends sans cesse dans des pensées qui prennent la même direction, peut-être avec plus d'[intensité] qu'il n'en faudrait pour conserver un grand calme[3]...

Que c'est aimablement exprimé! Et dès lors qu'ils ont été relevés de leurs vœux de chasteté, par courrier spécial, à Rome, rien ne les empêche de se livrer à loisir à leur mutuelle affection : malheureusement, Sara et Abraham ne procréeront pas, quel que soit l'enthousiasme dont ils aient fait preuve.

*
* *

Aux premiers jours d'octobre, Mme Récamier s'installe dans un lieu désormais associé à son nom : l'Abbaye-aux-Bois. Il s'agissait d'un couvent – démoli en 1906 – qui s'étendait sur 7 500 m^2 entre la rue de la Chaise et la rue de Sèvres, à l'angle de l'actuel boulevard Raspail : autant dire à la périphérie occidentale de Paris, regorgeant de jardins, d'églises et de maisons religieuses.

Cette abbaye fondée par les Annonciades de Bourges, passée aux Cisterciennes de Noyon, s'était fixée à Paris avec l'autorisation de Louis XIII et considérablement agrandie au siècle suivant. Maison puissante que cette abbaye royale dont les abbesses, jusqu'à la Révolution, appartenaient toujours aux plus grandes familles du royaume. Supprimée, puis transformée en prison sous la Terreur, elle venait de se reconstituer : les chanoinesses de Saint-Augustin, congrégation de Notre-Dame, l'avaient acquise pour y exercer leurs talents pédagogiques notoires : elles y tenaient un pensionnat de jeunes filles de bonne famille, un externat gratuit et, de plus, elles ouvraient la partie de leurs bâtiments construits en 1779 par Verniquet, donnant à la fois sur la rue de Sèvres, le jardin et la cour

---

1. Ms. B.N. N.A.F. 14098.
2. *Op. cit.,* tome III, p. 108.
3. Ms. B.N. N.A.F. 14098. Lettre du 22 Septembre 1819.

d'honneur, à des locataires, le plus souvent des dames veuves ou des demoiselles âgées. La vie de celles-ci étant, comme il se doit, indépendante de la communauté religieuse.

Ce que faisait Juliette, d'autres femmes avant elle l'avaient fait : Mlle Clairon, la comédienne, Mme du Deffand et Mme de Genlis avaient résidé rue Saint-Dominique, dans la maison des Filles de Saint-Joseph. Penthémont, rue de Grenelle, ou les Bernardins de la rue de Vaugirard étaient assez prisés aussi. Cette formule avait l'avantage de l'économie, de la stabilité, du bon ton et de la tranquillité.

Pour Juliette, c'était une vie nouvelle qui commençait : à quarante-deux ans, elle se séparait de sa famille, ne gardant avec elle que sa nièce, gérant ce qui lui restait de fortune. Elle découvrait l'indépendance. Lorsqu'elle avait pris sa décision, aucun grand appartement n'était vacant, aussi s'était-elle établie dans la célèbre « petite cellule » du troisième étage, étant entendu avec les dames de l'Abbaye qu'elle descendrait au premier étage dès que celui-ci se libérerait. Le loyer était de 40 F par an, et moyennant 10 000 F Juliette signait un bail à vie sur le grand appartement occupé depuis 1810 par Mme de Montmirail[1].

Le premier intérieur de Juliette à l'Abbaye était incommode, exigu, haut perché : une seule pièce qu'elle agrémentera d'une alcôve, où elle tient son salon. Le lit fait face à la cheminée, encadrée de deux corps de bibliothèque. Entre les deux croisées ouvertes sur le jardin, regardant la rue de Babylone, un tableau de Gérard représentant Mme de Staël en Corinne surmonte le piano forte. Une harpe, un petit bureau et son fauteuil, la méridienne favorite de la maîtresse de maison constituent l'essentiel du mobilier en acajou rescapé des splendeurs passées. Une entrée et un cabinet complètent ce petit appartement, si modeste qu'il n'est que carrelé. On y accède par un escalier greffé sur celui qui mène au premier étage. La vue est ravissante : elle domine une opulente verdure sur laquelle se détachent les clochers des Incurables, des Récolettes, des Missions étrangères, des Petits-Ménages...

Un tableau peint en 1826, par Dejuinne, rend parfaitement l'élégance et la douceur du nouveau cadre dans lequel évolue la belle Juliette. Enfin, nous la voyons chez elle, entourée des objets qu'elle aime : elle est accoudée sur sa dormeuse – qui rappelle celle du portrait de David, mais qui, elle, est l'authentique – un livre à la main, à la fois pensive et attentive, comme si elle écoutait une voix intérieure, une résonance de la phrase qu'elle vient de lire. Auprès d'elle, son piano, sa harpe, un guéridon qui reçoit un arbuste fleuri. La transparence du voilage relevé sur la fenêtre ouverte, la blancheur de sa robe, le moelleux du châle ou de la nappe à demi repliée sur le

---

1. Bail signé le 7 avril 1820. Juliette devait payer en tout 25 000 F : 10 000 F à la signature 10 000 F à la mort de Mme de Montmirail et 5 000 F étalés sur plusieurs années. *Cf.* en annexe le détail de l'acte notarié.

guéridon, tout suggère l'ambiance nimbée de grâce qui entoure Mme Récamier, ce parfum de femme qui n'appartient qu'à elle… La lithographie exécutée par Aubry-Lecomte, l'année suivante, a popularisé cette image exquise qu'on croirait volée à l'intimité d'une déesse plutôt que d'une simple mortelle.

Qui, plus que Chateaubriand, y est sensible ? On connaît la célèbre page des *Mémoires d'outre-tombe* traduisant cette impression :

> Un corridor noir séparait deux petites pièces. Je prétendais que ce vestibule était éclairé d'un jour doux. La chambre à coucher était ornée d'une bibliothèque, d'une harpe, d'un piano, du portrait de Mme de Staël et d'une vue de Coppet au clair de lune ; sur les fenêtres étaient des pots de fleurs.
>
> Quand, tout essoufflé après voir grimpé trois étages, j'entrais dans la cellule aux approches du soir, j'étais ravi : la plongée des fenêtres était sur le jardin de l'Abbaye, dans la corbeille verdoyante duquel tournoyaient des religieuses et couraient des pensionnaires. La cime d'un acacia arrivait à la hauteur de l'œil. Des clochers pointus coupaient le ciel et l'on apercevait à l'horizon les collines de Sèvres. Le soleil couchant dorait ce tableau et entrait par les fenêtres ouvertes. Mme Récamier était à son piano ; l'angélus tintait : les sons de la cloche « qui semblaient pleurer le jour qui se mourait » *il giorno pianger che si muore*, se mêlaient aux derniers accents de l'invocation à la nuit de *Roméo et Juliette* de Steibelt. Quelques oiseaux se venaient coucher dans les jalousies relevées de la fenêtre ; je rejoignais au loin le silence et la solitude, par-dessus le tumulte et le bruit d'une grande cité.
>
> Dieu, en me donnant ces heures de paix, me dédommageait de mes heures de trouble ; j'entrevoyais le prochain repos que croit ma foi, que mon espérance appelle. Agité au-dehors par les occupations politiques ou dégoûté par l'ingratitude des cours, la placidité du cœur m'attendait au fond de cette retraite, comme le frais des bois au sortir d'une plaine brûlante. Je retrouvais le calme auprès d'une femme de qui la sérénité s'étendait autour d'elle sans que cette sérénité eût rien de trop égal, car elle passait au travers d'affections profondes [1].

Et pourtant, les débuts n'avaient guère été euphoriques ! Voilà comment se les rappelle Mme Lenormant :

> Le premier dîner fut horriblement triste : toute la petite colonie, comme autant de naufragés après cette nouvelle tempête, n'envisageait le ciel et l'avenir qu'avec effroi. Mme Récamier, bien qu'elle ne fût pas la moins émue, s'efforça sans beaucoup de succès de ranimer les courages. Après le dîner, il vint un certain nombre d'amis fidèles, et la soirée se termina comme elle se terminait chaque jour, par l'arrivée tardive de Mathieu de Montmorency que son service auprès de *Madame* retenait assez tard aux Tuileries. Dès les jours suivants, l'impression lugubre de l'arrivée au couvent s'était effacée. Mme Récamier recueillait non seulement l'expression de l'entière approbation de ses

---

1. *M.O.T.*, 3ᵉ partie, 2ᵉ ép., livre septième, 23, pp. 395-396.

amis, mais l'empressement très vif et général des personnes les plus haut placées dans l'opinion lui prouvait que sa conduite était comprise et appréciée. Ce fut encore un moment heureux dans cette vie si souvent troublée.

Tous ces hommages du monde, ce concours des indifférents qui laissent l'âme bien vide, parce qu'ils s'adressent d'ordinaire à la situation, au rang ou à la fortune, prenaient par la circonstance la signification d'un véritable témoignage d'estime uniquement offert à la personne et au caractère ; Mme Récamier devait en être aussi touchée que flattée ; et comme la mode se mêle à tout dans notre pays, il devint à la mode d'être admis dans la cellule de l'Abbaye-au-Bois[1].

Avec aisance, Juliette vient de passer un cap difficile. En quelques mois, elle a réussi l'improbable : reconnaître l'homme qu'elle aimerait, s'abandonner à un grand sentiment, lui donner une place majeure au sein de sa vie et réorchestrer celle-ci autour de ce nouveau pôle. Depuis l'été à Coppet, en compagnie du prince Auguste, elle se savait accessible, elle attendait la présence masculine qu'elle conjuguerait à la sienne. Encore fallait-il que celle-ci fût justifiée, forte, irrésistible, pour triompher de ses défenses. L'heure venue, Juliette ne s'était pas trompée. Et Chateaubriand n'avait pas failli au rendez-vous du destin. Il avait su, à force d'énergie et de séduction, s'imposer complètement à elle. Juliette, avec une lucidité qui n'exclut pas l'inquiétude, accepte cette domination. L'enchanteresse est enchantée. Écoutons le trouble, l'émotion, la sincérité aussi qu'elle met dans ces quelques lignes adressées à René, à la veille d'un des séjours qu'elle effectue à la Vallée, au printemps ou à l'été 1819, quelques lignes autographes, échappées à la destruction :

Ne me dites pas que vous êtes triste, tourmenté. Vous me ferez perdre la tête, je souffre toujours mais je veux aller après-demain à la Vallée. Voulez-vous venir demain à trois heures ou à huit heures. Faites-le-moi dire ce soir, je suis bien souffrante et bien tourmentée, mais je sens plus que jamais que je ne puis vivre sans être aimée de vous et que s'il faut y renoncer je renonce à tout. Mais vous m'aimez, vous me le dites, vous ne me tromperiez pas, pourquoi donc nous séparer ? J'ai le cœur serré comme si je ne devais jamais vous revoir. Ah ! venez demain, je ne puis partir avec un si triste pressentiment.

Qu'on nous parle encore, après cela, de sa froideur !

Cette passion avait ses nécessités : c'est le ressort profond qui anime la Belle des Belles lorsqu'elle opère, contre l'avis général, une véritable liquidation de son passé. Compromettre sa fortune, puis avec la même détermination, construire son indépendance, sa vie personnelle sur des bases différentes : tout cela va dans un même sens, celui de la décantation. Les arrangements qu'elle prend vis-à-vis de sa famille, dont elle s'éloigne sans se séparer, vis-à-vis de la société parisienne, qu'elle continue de visiter le

---

1. *Op. cit.*, t. I, pp. 324-325.

matin, mais qui ne l'envahit plus, et surtout vis-à-vis de son avenir qu'elle fixe, comme elle se fixe à l'Abbaye, relèvent d'un choix à long terme, d'un engagement durable. Ce qui pourrait sembler une réclusion, un isolement, une retraite forcée est en fait une mise en place équilibrée et stable qui la protège de manière définitive des variations du sort...

Sans Chateaubriand, Juliette n'aurait sûrement pas pris l'orientation pour laquelle nous la voyons opter : cette grande mondaine, cette notoire coquette, s'installant à vie dans un couvent, faisant de son salon un cénacle politique et littéraire centré sur l'homme qu'elle aime et consacrant aux yeux de tous – quelles que soient les réticences – le nouveau règne, sous lequel désormais elle a choisi de vivre et de mourir, voilà qui dut en déconcerter plus d'un !

Le salon devient cénacle

Il est sans doute dans la vocation des grands séducteurs de devoir sans cesse tempérer les sentiments qu'ils savent si bien susciter et entretenir envers eux. Juliette et René n'échappent pas à la règle et vont s'efforcer de rassurer les sourcilleuses affections dont ils sont l'objet, pour défendre ce à quoi ni l'un ni l'autre n'a, du moins pour le moment, envie de renoncer : leur exclusive intimité.

Juliette réussit à s'échapper lorsqu'elle le souhaite et, comme ce fut le cas le 25 octobre, il lui arrive de rejoindre Chateaubriand discrètement : nous savons, de source policière, qu'au retour d'un voyage que l'écrivain avait fait en Normandie Juliette vint l'attendre à Versailles. L'espion note dans son rapport que, le domestique renvoyé à Paris, «tout indique qu'il [Chateaubriand] a passé cette journée en tête à tête avec Mme Récamier»... Il y en eut, très probablement, d'autres.

Le tête-à-tête est devenu la grande affaire de Juliette, et son entourage a quelque mal à s'y habituer. Témoin, peu après l'installation à l'Abbaye, ces lignes de Mathieu que sa lune de miel ne rend guère plus compréhensif et qui fulmine :

Ce dimanche matin 10 octobre [1819].

... Je ne puis m'accoutumer à ce qu'après deux jours d'absence, quand je viens avec un intérêt bien franc et bien sincère, pour la deuxième fois de la journée, savoir de vos nouvelles, vous me fassiez fermer votre porte et faire un vrai conte par votre femme de chambre pour être plus à votre aise dans votre tête-à-tête avec M. de Ch. que vous désiriez *si vivement* me faire rencontrer naturellement chez vous[1]...

---

1. Ms. B.N. N.A.F. 14072.

Pas facile d'être amoureux quand on est si attentivement sur-veillé ! Il faudra un peu de temps et de l'habileté pour que l'évidence soit admise... Il en va de même pour René qui, lui, emploie la manière orageuse pour essayer de désamorcer les jalouses inquiétudes de Mme de Duras. Il n'y réussira pas toujours... Toutefois, il la ménage : les circonstances politiques se prêtent à un possible retour en grâce. Il n'a aucune intention de laisser passer l'occasion, pour peu qu'elle se présente. Et désormais il peut aussi compter avec ce que Sainte-Beuve appelle « la médiation clémente » de Juliette :

> Mme Récamier ne tint jamais plus de place dans le monde que quand elle fut dans cet humble asile à une extrémité de Paris. C'est là que son doux génie, dégagé des complications trop vives, se fit de plus en plus sentir avec bienfaisance. On peut dire qu'elle perfectionna l'amitié et lui fit faire un progrès nouveau ; ce fut comme un bel art de plus qu'elle avait introduit dans la vie et qui décorait, ennoblissait et distribuait tout autour d'elle. L'esprit de parti était alors dans sa violence. Elle désar-mait les colères, elle adoucissait les aspérités ; elle vous ôtait la rudesse et vous inoculait l'indulgence. Elle n'avait point de repos qu'elle n'eût fait se rencontrer chez elle ses amis de bord opposé, qu'elle ne les eût conciliés sous une médiation clémente. C'est par de telles influences que la société devient société autant que possible et qu'elle acquiert tout son liant et toute sa grâce[1]...

Pendant les deux années qui vont suivre, Juliette va essentielle-ment se dédier à ceux de ses amis qui arrivent au pouvoir : Mathieu et René. Voici dans quelles circonstances.

Le premier ministère du duc de Richelieu s'était acquitté d'une double tâche particulièrement délicate : le remboursement de l'in-demnité de guerre, originellement fixée à 700 millions de francs, et la libération du territoire par les armées alliées. Le congrès d'Aix-la-Chapelle, à l'automne 1818, s'était rapidement et heureusement conclu pour la France qui commençait à respirer et allait pouvoir relever la tête. Les oppositions se revitalisaient et, bientôt, une crise ministérielle avait évincé l'artisan de ce redressement au profit du récent favori du roi, Decazes, nettement plus libéral que son prédé-cesseur.

Decazes s'était employé à démanteler l'opposition ultra menée par le comte d'Artois, ou, comme on disait communément, « le Pavillon de Marsan », sa résidence au « Château ». Il avait favorisé, par de nouvelles lois sur la presse qui assouplissaient la censure, le renforcement des libéraux. Il s'était attaqué de front au bastion du royalisme pur, la Chambre des pairs. Chateaubriand, pour sa part, avait mené dans son *Conservateur*, d'octobre 1818 à mars 1820, une action très remarquée contre le gouvernement. Inutile de dire qu'il haïssait cordialement le président du Conseil, cet ancien secrétaire des commandements de la mère de Napoléon, devenu l'instrument

---

1. *Causeries du lundi*, tome I, pp. 133-134.

de Louis XVIII, et d'une politique beaucoup trop tolérante à ses yeux.

Arrêtons-nous un instant sur les réactions politiques de Chateaubriand, qui sont complexes et passionnelles. Pour les comprendre, il faut démêler les apparentes contradictions que contiennent trois éléments : sa parole fulminante d'opposant, ses actes lorsqu'il disposa du pouvoir et les justifications qu'il a amplement présentées dans les *Mémoires d'outre-tombe*. Cet ultra pur et dur prétendait marier liberté et légitimité et, à ce titre, défendait la charte. Cependant, dès qu'il en aura l'opportunité, il enverra l'armée française renverser une monarchie constitutionnelle voisine qui le gênait ! Et dès qu'il sera destitué, il criera à la censure et à l'atteinte aux libertés ! Puis, avec une rare ostentation, il détaillera les péripéties du rôle très éphémère qu'il aura joué pendant les dix-huit mois de son pouvoir effectif, à croire que le sort de l'Europe dépendait de lui !

Sachons d'emblée, et nous y reviendrons, que les actes politiques de Chateaubriand, qui nous autorisent à le juger puisque, aussi bien, il entendait les inscrire dans l'Histoire, sont franchement absolutistes. Son opposition, brillante, circonstancielle est trompeuse : la virtuosité fait oublier le manque de sang-froid et le manque de sincérité d'une plume qui devient incandescente lorsque son auteur est atteint au vif. Celui qui, dans ses actes, avait bafoué la liberté trouve soudain des mots de feu pour la défendre quand il se croit censuré... Enfin, si l'éthique de Chateaubriand est peu solide, voire indéfendable, l'esthétique de la reconstitution qu'il fait du siècle, et de lui-même présent dans le siècle, est sublime. Ses *Mémoires* semblent littéralement portés par l'Histoire : brassage souvent mensonger, mais inégalé quant au souffle et à la puissance. Cet homme qui n'a d'illusions sur rien, pas même sur les princes qu'il sert, qui se débat contre ses contemporains et parie, à chaque mot, sur la postérité qu'il veut séduire, n'a qu'une excuse : le génie de l'écriture. Son comportement politique, maladroit, excessif – à côté d'un Guizot ou d'un Pasquier, Chateaubriand fait figure d'apprenti – n'a qu'une explication recevable à notre avis : si Chateaubriand s'est engagé dans les allées du pouvoir, c'est pour ensuite, à partir de ce qu'il y a connu et vécu, nous en retransmettre à loisir son altière, sa subjective et somptueuse vision.

Ne nous étonnons pas, cependant, qu'autour de lui, jusque dans les rangs de ses amis ultras, on ait été déconcerté, irrité, découragé : le noble vicomte, nous aurons l'occasion de nous en apercevoir, n'était pas facile à manier. Et d'aucuns ne se privèrent pas de mépriser son arrivisme, ses rodomontades et son égocentrique aveuglement. Ne nous plaignons pas : ce qu'il a fait dans ce domaine, il l'a fait moins, peut-être, pour lui, que pour ses futurs lecteurs, c'est-à-dire pour nous.

Le ministère Decazes aurait pu durer dans un pays qui se reprenait à la stabilité et redécouvrait la prospérité, si une catastrophe n'était survenue, qui va redistribuer les cartes de l'échiquier politique :

Le 13 février 1820, en plein carnaval, le duc de Berry, fils cadet du comte d'Artois, brave et turbulent garçon et seul des Bourbons susceptible de donner une descendance – son frère, le duc d'Angoulême, en étant notoirement incapable – est assassiné, à l'Opéra, par un fanatique isolé, Louvel. Le coup de poignard inattendu frappe les esprits et bouleverse le pays, opposition comprise. Le duc de Berry laissait une fille légitime – la petite Mademoiselle - et trois bâtards : deux enfants d'une ancienne liaison avec une Anglaise, Mlle Brown dont Juliette s'occupera discrètement – et un fils d'une danseuse parisienne. Au moment du drame, la duchesse de Berry est enceinte : le duc de Bordeaux, «l'enfant du miracle», que célébreront bruyamment Hugo, Lamartine et Chateaubriand, naît le 29 septembre suivant. Le crime de Louvel a été inutile.

De la tragédie qui atteint la branche aînée, Chateaubriand fait ce que nous appellerions aujourd'hui une exploitation politicienne : immédiatement après l'assassinat, il dénonce Decazes – et ce qu'on dirait son «laxisme» – de la façon la plus virulente. Il a la plume cinglante lorsqu'il écrit du président du Conseil – qui évidemment n'y est pour rien – que «le pied lui a glissé dans le sang»! Decazes est renversé. Le duc de Richelieu est rappelé. Sa situation n'est rien moins que facile : cet honnête gentilhomme accepte sans enthousiasme un poste qu'il sait intenable. Le roi, navré du départ de son favori – qu'on enverra en ambassade à Londres – ne sera guère coopérant. Son frère, quelles que soient ses promesses, n'attendra pas pour recommencer son irréductible opposition. Après la politique de centre gauche de Decazes, Richelieu pouvait tenter une politique de centre droit. Elle va rapidement s'infléchir vers l'extrême droite : aux élections partielles qui suivent la naissance du duc de Bordeaux, les ultras reviennent en force.

La constitution du nouveau gouvernement doit en tenir compte : Chateaubriand s'entremet pour pousser en haut lieu ses amis royalistes, Villèle et Corbière. Mathieu de Montmorency tente pour sa part – et Juliette n'y est pas étrangère – une «réconciliation» entre Chateaubriand et le roi : le résultat est deux ministères sans portefeuille pour les amis du vicomte et l'ambassade de Berlin pour celui-ci. C'est sa deuxième ambassade : Chateaubriand, on s'en souvient, avait obtenu lors de la première Restauration celle de Suède, où il ne s'était pas rendu. A-t-il réellement envie de s'éloigner du Château, où tout se joue en permanence, de quitter l'influente Mme de Duras et la douce Juliette, pour aller prendre sa petite ambassade dans un pays maussade, lointain, glacé… ? L'essentiel, il le sait parfaitement, c'est que cet exil est une promesse de retour aux affaires et, s'il piaffe, il est indiscutablement satisfait de ce premier succès.

*
* *

Pendant cette première année à l'Abbaye, le salon de Mme Récamier se transforme : il perd en nombre ce qu'il gagne en assiduité. L'existence de Juliette s'articule autour des volontés, des caprices et des intérêts de M. de Chateaubriand. Il est clair, désormais, que sans négliger ses amis elle apprend à vivre à l'heure des soubresauts et des incertitudes de l'activité politique.

Compte tenu de la nature exigeante de René, Juliette réserve à celui-ci une place privilégiée auprès d'elle, qui, au fil des années, s'établira selon un rituel intangible : chaque jour, il lui adresse « de bonne heure » un petit billet. Puis, après le dîner – qui regroupe autour de Juliette M. Récamier, toujours optimiste et jovial, les pères nobles égaux à eux-mêmes, Paul David, un peu brusque mais dévoué, ainsi que Ballanche et la jeune Amélie – à trois heures précises, M. de Chateaubriand arrive rue de Sèvres. Sa ponctualité était telle que des promeneurs le connaissant réglaient, paraît-il, leurs montres sur son passage... On lui accordait dans la petite cellule ce qu'il appelait *son heure*. Après quoi se présentaient les différents visiteurs : habitués, nouveaux venus et, parfois, étrangers traversant la capitale.

Au printemps 1820, après dix-sept ans d'absence, Maria Edgeworth revient à Paris, en compagnie de sa sœur Harriet. Leurs lettres à leur famille décrivent le petit salon de Juliette, les soixante-dix-huit marches qui y mènent et l'aspect physique de la Belle des Belles : « *She is still very handsome but is grown too fat* », constate Harriet : elle est toujours très belle mais elle est devenue trop grasse... Ce que les Anglais appellent « *forty fatty* » : l'embonpoint de la quarantaine. Elle reperdra prochainement cet épanouissement passager, lui aussi, révélateur.

Parmi les nouveaux venus, qui sans cesse apportent un oxygène frais au cercle de Mme Récamier, il en est un qui ressemble à Chérubin : le jeune, l'imberbe et volubile Jean-Jacques Ampère, né avec le siècle, et qui entraînera bientôt à l'Abbaye les éléments les plus remarquables de la génération montante. Fils du grand savant André-Marie Ampère, lui-même lyonnais et très lié à Ballanche, il est présenté à Juliette le jour de l'an 1820. Elle a l'âge exact qu'aurait sa mère, Julie Carron, si elle vivait encore. Le jeune homme, qui a lu *Oberman* et *Werther*, s'éprend au premier regard de son hôtesse. Cette platonique passion résistera aux années et, très vite, Chérubin s'intègre à sa nouvelle famille. N'est-il pas, pour une part, le fils spirituel de Ballanche ? Comme Amélie qui grandit et reçoit du penseur lyonnais une véritable formation morale et politique...

Amélie est confiée, par ailleurs, à Mme de Genlis qui surveille ses rédactions : l'empreinte reçue sera plus durable que celle du bon Ballanche – qui n'était peut-être pas si bon que cela, qui, en tout cas, était très conscient de lui-même et de son apport à la pensée contemporaine et conservatrice – car à bien des égards Amélie, dont l'élégance de plume est indéniable, dont l'esprit critique et le moralisme bien-pensant sont flagrants, est plus fille de l'auteur des *Veillées du château* que de celui de la *Palingénésie*.

Au début de l'été, Mme de Genlis, qui avait le projet de refaire l'*Encyclopédie* à sa manière (!), demande à Juliette de lui amener son grand homme rue Pigalle où elle réside alors, chez son gendre, le général de Valence : «C'est une folle. Je ne veux pas me mêler de son *Encyclopédie*», aurait dit Chateaubriand à Juliette, avant de l'accompagner dans sa visite. Mme de Genlis s'y prit si bien qu'à la sortie René ne trouvait plus le projet «fou» mais «superbe»! Cela dit, il se récusera rapidement : «Vous voyez, madame, le cœur m'a manqué : refaire l'*Encyclopédie* m'a semblé vouloir recommencer le monde, et pour cela il faut être immortel comme vous[1].»

À l'automne, Juliette fait un séjour à la Vallée-aux-Loups, en compagnie du jeune Ampère et d'un ami à lui, Adrien de Jussieu, dont le père Antoine-Laurent, appartenant à la célèbre tribu des botanistes, était lui-même directeur du Muséum. Adrien de Jussieu, né en 1797, remarquable par la finesse de son esprit, épousera sa cousine germaine, Félicité, un moment courtisée par Jean-Jacques Ampère. Alexis de Jussieu, le frère de Félicité, né en 1802, et dont Juliette déplorera «la légèreté de caractère», était lui aussi très lié au fils du savant. Au retour de celui-ci, une scène cocasse émeut l'Abbaye : Chérubin éclate en sanglots, il est amoureux, c'est l'évidence! Et tout le monde s'attend, naturellement, que ce soit d'Amélie – une union entre les deux enfants d'adoption de la maison aurait été parfaite! – mais pressé d'avouer son trouble, le pauvre Ampère s'écrie en désignant Amélie : «Ah! ce n'est pas pour elle!» Non, c'était pour la tante! Hommage flatteur, après tout.

À cette époque, on fit chez Juliette une lecture des premières *Méditations* de Lamartine : un grand poète pleurait un amour brisé avec des accents personnels souverainement harmonieux. *Le Lac*, *L'Isolement, le Vallon* connurent un immédiat triomphe. Le romantisme à la française venait de naître... Mme Lenormant se rappelle une autre soirée mémorable : l'apparition, peu de temps après, d'une jeune diseuse de vers promise à un bel avenir, Delphine Gay :

> Le souvenir de cette soirée m'est resté fort présent; le cercle était nombreux : Mathieu de Montmorency, la maréchale Moreau, le prince Tufiakin, la reine de Suède, M. de Catellan, M. de Forbin, Parseval-Grandmaison[2], Baour-Lormian[3], MM. Ampère, de Gérando, Ballanche, Gérard se trouvaient avec beaucoup d'autres chez Mme Récamier.
> Parmi les sujets de conversation qu'on avait successivement parcourus, on était arrivé à parler d'une petite pièce de vers, vrai chef-d'œuvre

---

1. *In* Gabriel de Broglie, *Mme de Genlis*, *op. cit.*, p. 434.
2. De l'Académie française, auteur d'un poème sur Philippe-Auguste.
3. De l'Académie française, auteur d'une traduction du Tasse.

de sensibilité, alors dans la fleur de sa nouveauté, *La Pauvre Fille*, de
Soumet. Mme Récamier demanda à Delphine Gay, assise auprès de sa
mère, de vouloir bien, pour les personnes qui ne la connaissaient pas,
réciter cette pièce d'un poète, leur ami. Elle le fit avec une grâce, une
justesse d'inflexions, un sentiment vrai et profond qui charmèrent l'auditoire. Mme Gay, ravie du succès de sa fille, se pencha vers la maîtresse de la maison et lui dit à demi-voix : «Demandez à Delphine de
vous dire quelque chose d'elle.» La jeune personne fit un signe de
refus, la mère insistait ; Mme Récamier, n'ayant pas la moindre idée du
talent de Mlle Gay, craignait, en la pressant davantage et en lui faisant
réciter ses vers en public, de l'exposer à des critiques plus ou moins
malveillantes ; mais Mme Gay persistant, toutes les personnes présentes
joignirent leurs instances à celles de la maîtresse de la maison. La jeune
muse se leva ; elle récita d'une façon enchanteresse les vers sur les
sœurs de Sainte-Camille, que nous vîmes couronner par l'Académie
française quelque temps après. Delphine Gay était grande, blonde,
fraîche comme Hébé ; sa taille élancée était alors celle d'une nymphe ;
ses traits étaient forts et son profil tourna plus tard au grand bronze
romain, mais, à l'époque dont je parle, la grâce de la jeunesse prêtait à
cet ensemble un charme infini. On remarqua combien elle s'embellis-
sait en disant des vers et combien il y avait d'harmonie entre ses gestes
et les inflexions de sa voix [1].

Mme Lenormant se souvient, dans la foulée, d'une anecdote,
contemporaine de ces moments littéraires et qui touchait une des
plus fidèles amies de Juliette :

Miss Berry était à Paris ; c'était une Anglaise qui avait passé la
seconde jeunesse, mais belle encore ; très spirituelle, parfaitement amusante, bonne et naturelle, et d'un entrain à tout animer. Miss Berry a dû
la célébrité dont elle a joui en Angleterre au sentiment qu'elle inspira,
presque au sortir de l'enfance, à Horace Walpole qui avait atteint un âge
avancé. Il était dans la destinée de cet homme éminent, et qui craignait
tant le ridicule, d'exciter, quand il était jeune, une affection passionnée
chez une très vieille femme, Mme du Deffand, et à son tour d'éprouver
un penchant vif et romanesque pour une très jeune fille, alors qu'il était
lui-même un vieillard. Horace Walpole légua à miss Berry tous ses
papiers et une partie de sa fortune ; elle ne se maria point, et jusqu'à
plus de quatre-vingt-dix ans conserva une existence entourée de considération et de respect.
Miss Berry venait souvent chez Mme Récamier ; elle y arrive un soir
et, la trouvant seule avec sa nièce, se met à lui conter une aventure arrivée le matin même et dont elle riait encore.
[...] Miss Berry faisait une visite à lady Charles Stuart, femme de
l'ambassadeur d'Angleterre à Paris ; elles causaient au coin du feu, sans
lumières ; l'ambassadrice attendait une gouvernante dont elle avait
besoin et qu'on lui avait recommandée. La porte s'ouvre, un nom quelconque est prononcé par un domestique anglais et une femme de taille
moyenne, un peu ronde et simplement vêtue, se glisse dans le salon.

---

1. *Op. cit.*, t. I., pp. 328-330.

Lady Stuart se persuade que cette dame est la personne qu'elle attend ; elle indique de la main un fauteuil à la nouvelle arrivée, et avec toute la politesse d'une femme comme il faut, qui sait rendre à chacun ce qui lui est dû, adresse quelques questions à la gouvernante supposée.

La dame interrogée, qui n'était autre que la reine de Suède, s'aperçoit d'une erreur et, pour y mettre un terme, dit tout à coup : « Il fait un froid très rigoureux ; le roi mon mari me mande... » Et l'ambassadrice de se confondre, et miss Berry de rire.

À l'instant où elle faisait le récit, la porte s'ouvre (on n'annonçait pas chez Mme Récamier) et une dame, petite, ronde, se glisse auprès d'elle.

La rieuse et spirituelle Anglaise continuait à s'amuser de son histoire et répétait : « C'était la reine de Suède, comprenez-vous ? »

Mme Récamier avait beau lui dire : « De grâce, taisez-vous, c'est encore elle. » Miss Berry en riait plus fort : « Charmant, charmant ! s'écriait-elle, vous voulez compléter l'aventure en me faisant croire que c'est la reine [1]. »

Ce que Mme Lenormant ne nous raconte pas, c'est que la peu royale reine de Suède, dite plus simplement Mme Bernadotte, lorsqu'elle résidait à Paris dans un semi-incognito – ce qui lui arrivait fréquemment depuis la chute de l'Empire – s'était prise d'une frénétique passion pour le duc de Richelieu. Du jour où elle l'avait rencontré, elle s'en était entichée et depuis lors le poursuivait où qu'il aille, se livrait à toutes sortes d'excès et d'acrobaties pour s'en faire remarquer et, dans sa névrose, allait même jusqu'à s'alimenter au dégoût qu'elle suscitait chez lui... Mme de Boigne a décrit dans ses *Mémoires* ce dérèglement que la persuasive Juliette ne réussit pas à tempérer. Désirée Clary, l'ex-petite fiancée de Bonaparte, si elle avait été appelée à un destin glorieux, n'en était pas moins devenue la fable de Paris.

*
* *

À la fin du mois de novembre, les tractations vont bon train pour faire aboutir la combinaison ministérielle souhaitée par Chateaubriand et ses amis. Voici à titre d'exemple un échantillonnage de la correspondance entre Mathieu de Montmorency, Mme Récamier et Chateaubriand :

M. MATHIEU DE MONTMORENCY À Mme RÉCAMIER

Lundi, 20 novembre 1820, 1 heure.

Je suis sorti de chez vous hier soir, aimable amie, bien touché d'abord de votre charmante amitié à laquelle la mienne répond bien parfaitement ; et puis frappé, comme cela m'arrive souvent, de cette justesse d'esprit et noblesse de caractère qui font que vous saisissez tout de suite le véritable intérêt de vos amis à travers toutes les nuances d'opinions,

---

1. *Op. cit.*, pp. 330-332.

et même à travers toutes les petites passions. Plus je réfléchis *aux idées* qui doivent rester *entre nous*, plus j'ai la conviction qu'elles peuvent seules nous tirer, et *lui*[1] surtout, d'une position embarrassante. J'ai du reste revu ce matin *Jules*[2] qui m'a donné la certitude que celui que nous appelons *notre général*[3] approuve tout à fait cette idée et verrait avec peine qu'elle fût rejetée. Il a aussi des raisons très fortes de ne pas douter du succès.

Mille tendres hommages. Je serai chez vous avant cinq heures.

M. DE CHATEAUBRIAND À Mme RÉCAMIER

Lundi matin.

Vous aurez vu Mathieu de Montmorency hier soir. Il vous aura dit qu'il n'y a encore rien de décidé ; cela me fait mourir d'impatience.

Nous avons aujourd'hui chambre des pairs. Je ne sais à quelle heure nous sortirons. J'ai bien peur de ne pas vous voir à 5 h 1/2, et cependant je n'ai que ce bonheur dans le monde entier.

M. MATHIEU DE MONTMORENCY À Mme RÉCAMIER

[Paris], mardi 21 novembre 1820.

Je crois être sûr de notre succès, aimable amie ; je dis *nôtre*, car vous y avez mis un sentiment très aimable dont le premier intéressé doit être touché. Vos conseils nous ont parfaitement guidés, et je m'associe de tout mon cœur à cet intérêt commun d'amitié. M. Pasquier, préparé sûrement à cette idée, m'a déclaré vouloir la suivre comme *sienne* : je dois à la justice de vous dire qu'il y a mis très bonne grâce et se fait honneur en y mettant de l'intérêt, ne doutant pas du succès, ce qui prouve qu'il a tâté la disposition du roi sur l'idée générale. Mais pour aller plus vite, il a désiré que j'allasse sur-le-champ chez M. de Richelieu et que je forçasse sa porte avant qu'il allât au Château. J'ai trouvé la même disposition, le même désir d'obliger notre ami, et surtout d'opérer la réconciliation avec le roi, ce qui est l'essentiel. Tous deux ont dit que la place de ministre d'État ne devait pas faire difficulté, qu'elle serait rendue ; que pour l'époque précise on ne disputerait pas, mais qu'il fallait ménager une certaine répugnance d'en haut à défaire précisément ce qu'on avait fait.

Mais tout semble indiquer que les procédés seront assez gracieux pour que le reste s'arrange et se simplifie. Tous deux sentent la nécessité de ne pas perdre un moment et de finir d'ici à huit jours.

Vous serez contente, je crois, de ces détails. Dites à Chateaubriand que je m'estimerai toujours heureux d'avoir rendu tout à la fois au roi et à lui un véritable service, en les replaçant dans des rapports convenables.

Recevez tous mes hommages.

---

1. M. de Chateaubriand.
2. Le prince de Polignac.
3. Monsieur le comte d'Artois.

M. DE CHATEAUBRIAND À Mme RÉCAMIER

Paris, 21 décembre 1820, 11 heures et demie.

Tout est fini. J'ai accepté selon vos ordres. Je vais à Berlin ; on promet le ministère d'État. Dormez donc. Au moins le tourment de l'incertitude est fini. À demain matin.

Le temps de quelques préparatifs, une course en compagnie de Juliette pour choisir une parure pour Mme de Chateaubriand, laquelle n'accompagne pas son mari, mais demeure à Paris, pour surveiller son infirmerie ouverte au mois d'octobre, rue d'Enfer, sous le patronage de la duchesse d'Angoulême, et destinée à accueillir des malades âgés ayant eu des revers sous la Révolution, et voilà le nouvel ambassadeur parti : il est décidé à revenir le plus tôt qu'il pourra, mais il est ravi, comme à son ordinaire, de reprendre la route. Cet incorrigible voyageur n'est pas fâché, il l'avoue dans ses *Mémoires*, des conditions agréables dans lesquelles un ambassadeur de Sa Majesté Très Chrétienne se déplace…

L'ambassade à Berlin

Chateaubriand quitte Paris dans la nuit de la Saint-Sylvestre 1820. Il reviendra le 26 avril 1821 : cette ambassade à Berlin pour être lointaine aura été courte, à peine quatre mois. De Juliette, nous ignorons les lettres ou les dispositions d'âme. Elle passe tout le mois de février à Angervilliers, ce qui irrite Mathieu, et nous devinons à travers ce que lui écrit Chateaubriand qu'il lui faut être rassurée quant au retour prochain de celui-ci. Voici quelques-unes des missives les plus significatives de l'ambassadeur découvrant les forteresses de la Germanie, comme il dit, les corbeaux tournoyant sur les marais glacés, mais aussi, pour le dédommager de l'inconfort et du délabrement de sa résidence située sous les tilleuls, l'avenue élégante de Berlin, et qui appartenait à la duchesse de Dino, les amabilités d'une cour familiale et accueillante :

Berlin, samedi 13 janvier 1821

Je suis arrivé jeudi matin ici ; j'ai été désolé de ne pas pouvoir vous écrire de la route aussi longuement que je l'aurais voulu. La crainte que le roi ne fût parti pour Laybach avant mon arrivée à Berlin m'a fait précipiter mon voyage et ne m'a pas laissé un moment. J'ai passé entières les quatre dernières nuits. Me voilà arrivé au milieu des plaisirs du carnaval ; quand ce temps sera passé tout retombera dans le silence et, comme je souffre beaucoup, ces joies d'un moment n'existeront pas même pour moi.
J'attends les promesses de mes amis, et c'est sur vous que je compte pour les obliger de les remplir. D'ailleurs, s'ils manquaient de parole, j'aurais bientôt pris mon parti.

Je crains bien d'être peu utile ici : il n'y a point d'affaires ; j'ai écrit hier ma première lettre officielle. Vous devez croire avec quelle impatience j'attends de vos nouvelles : je me figure des choses étranges. Me voilà dans l'ombre ! Tant mieux si l'on a beaucoup de gens qui servent mieux que moi.

Je n'ai point encore vu M. d'Alopéus[1] à qui j'ai porté votre lettre. Il donne ce soir une grande fête où se trouve la famille royale, mais je ne puis y assister parce que je n'ai point encore vu le roi. Je lui serai présenté lundi ou mardi. Je vais écrire à Mathieu.

Le courrier est arrivé, mais il était du 2, lendemain de mon départ, et il ne m'a rien apporté de vous.

*

Berlin, 20 janvier 1821.

Enfin j'ai reçu un premier petit mot de vous ! Que vous êtes loin de la vérité. Je vous assure, sans aucune de *mes modesties*, que cette révolution que vous voyez est une chimère. S'il est vrai que nul n'est prophète dans son pays, il est vrai aussi qu'on n'est bien apprécié que dans son pays. Sans doute on me connaît ici, mais la nature des hommes est froide, ce que nous appelons enthousiasme est inconnu. On a lu mes ouvrages ; on les estime plus ou moins ; on me regarde un petit moment avec une curiosité fort tranquille et on n'a nulle envie de causer avec moi et de me connaître davantage. M. d'Alopéus ne vous dira pas autre chose ; c'est la pure vérité, et je vous assure que cela me convient de toute façon. Il n'y a ici nulle société hors des grandes réunions de carnaval qui cessent au commencement du carême, après quoi on vit dans la plus entière solitude. Le corps diplomatique n'est reçu nulle part, et je serais Racine et Bossuet que cela ne ferait rien à personne. Si j'ai été un peu distingué, c'est par la famille royale qui est charmante et qui m'a comblé d'égards et de prévenances. J'eus l'honneur mardi, à une grande fête chez le ministre d'Angleterre, d'être choisi par la grande-duchesse Nicolas, fille chérie du roi, et par S.A.R. Mme la duchesse de Cumberland pour leur donner la main dans une marche polonaise. Hier j'ai eu une longue conversation avec le grand-duc Nicolas. Voilà mes honneurs et ma vie dans toute sa vérité. Tous les jours je vais me promener seul au parc, grand bois à la porte de Berlin ; quand il n'y a pas de dîners ou de réunions, je me couche à neuf heures. Je n'ai d'autre ressource que la conversation d'Hyacinthe[2] ; nous parlons des *petites lettres* ; que puis-je dire autre chose ? Je suis à ma troisième dépêche diplomatique. Tâchez de savoir par Mathieu si on est content. Le congé est sûr au mois d'avril, mais c'est à vous de le presser. Je n'ai pas cessé de vous écrire par tous les courriers. C'est ici ma troisième lettre de Berlin ; les deux premières ont dû vous être remises par mon bon Lemoine[3] ; je vous adresse celle-ci directement.

---

1. Ambassadeur de Russie à Berlin, que Mme Récamier avait connu en 1818, à Aix-la-Chapelle, lors du congrès.

2. Hyacinthe Pilorge, son secrétaire.

3. Son homme de confiance, hérité de Mme de Beaumont.

Les quatre petites lignes ont parfaitement réussi ; elles n'étaient pas du tout visibles, et elles ont paru au feu comme par enchantement. Vous verrez que tout ce que j'ai prévu s'accomplira. Je reviendrai au printemps et vous me retrouverez avec le même dévouement.

Il commentera d'un ton beaucoup plus dégagé son entrée dans le monde, lorsqu'il écrira à Mme de Montcalm :

[...] cette grande-duchesse qui est charmante et Mme la duchesse de Cumberland m'ont fait l'honneur de me choisir pour me donner la main dans une marche polonaise. Vous représentez-vous mon iroquoisie menant la danse avec deux grandes princesses sur les bords de la Sprée ?

*

Berlin, 10 février 1821.

Voilà que je suis obligé de vous trouver légère et un peu *étourdie*. Je reçois ce matin votre n° 5 (c'est toujours un numéro de perdu). Dans ce n° 5, vous grondez dans une page et vous faites amende honorable dans une autre, parce que vous venez de recevoir une lettre de moi ; et puis vous dites que vous ne pouvez pas tout lire. Cependant mon écriture est belle comme vous voyez, et quoique ma dernière encre fût pâle, vous auriez dû pourtant avec vos beaux et bons yeux me lire à merveille. Autre chicane : vous me dites que vous recevez une lettre de moi, mais vous ne me dites pas de quelle date ; de sorte que je ne puis juger s'il vous manque une lettre. Je vous répète pour la dernière fois que je vous ai écrit et que je continuerai à vous écrire chaque courrier. Ainsi, en comptant ma lettre d'aujourd'hui 10 février, voilà dix lettres de Berlin : seriez-vous capable de cela ?

Passons à autre chose : je viens d'écrire vivement au ministre au sujet de cette chicane dont vous me parlez, ainsi que mes autres amis. Je n'ai pas écrit un mot au prince de Hardenberg et je ne sais ce que signifie cette tracasserie. J'ai déjà de tout ceci cent pieds sur la tête. On ne m'a pas tenu une seule des paroles qu'on m'avait données. On n'a rien fait pour les royalistes. On n'a pas voulu m'envoyer à Laybach, où nos grands diplomates ont fait de belles œuvres ; le ministère d'État qui devait me suivre ici s'est perdu en chemin. Comme toute la loyauté a été de mon côté, comme j'ai fait tous les sacrifices personnels et amené les royalistes au ministère, je suis dans la position la plus noble pour me retirer. Tous les royalistes et même tous les *libéraux* m'appellent. Qu'on me fasse encore une tracasserie et vous me verrez quinze jours après. Je suis d'ailleurs très inquiet de Mme de Chateaubriand : elle vient de m'apprendre par une lettre fort triste qu'elle a été très malade. Elle l'est peut-être encore. Ah ! il n'y a de bon que de vivre dans sa patrie au milieu de ses amis Si je suis quelque chose, une ambassade n'ajoute rien à ce que je suis.

Voilà une lettre pour Mathieu. Je vous en ai envoyé une de M. d'Alopéus.

Berlin, 20 février 1821.

Vous allez à Angervilliers : et mes pauvres lettres ! je vous y ai trop accoutumée, et vous n'en faites plus de cas ; j'ai envie de les supprimer, puisque vous les traitez si légèrement ; qu'en pensez-vous ?

[...] Je vous ai envoyé une nouvelle lettre pour Mathieu ; j'ai peur qu'elle n'arrive pendant votre séjour à Angervilliers ; elle est assez pressée. Je suis en querelle.

Je ne sais si on est content de mes dépêches, mais moi j'en suis très content. Ce n'est pas là de l'amour-propre, mais un juste orgueil, car, dans ces dépêches, je n'ai cesse de détendre les libertés des peuples européens et celles de la France et de professer invariablement les opinions que vous me connaissez ; vos libéraux en feraient-ils autant dans le secret de leur vie ? J'en doute.

J'ai dû insister pour aller à Laybach, par honneur et parce qu'on me l'avait promis, mais c'est ma bonne étoile qui m'a empêché de faire ce voyage. Je vous dirai un succès : j'avais écrit certaines choses et blâmé certains hommes dans une dépêche à propos de ce congrès ; il s'est trouvé que dans le conseil de nos ministres on avait aussi été mécontent. En croira-t-on mieux ma politique ? Pas davantage.

J'attends bientôt une lettre de vous.

*

Berlin, 10 mars 1821.

Votre lettre me tourmente ; elle m'apprend que vous souffrez. Je suppose que vous êtes maintenant à Paris, et je le désire, car il me semble que vous vous êtes rapprochée de moi.

Nous touchons au dénouement. Il est assez singulier que Mathieu parle de l'humeur que prennent certaines gens quand je leur parle comme je dois leur parler. A-t-il cru que c'était à moi à tout supporter ? Je n'ai besoin de personne, on a besoin de moi. Il faut bien que je pense à ce que je puis quand on l'oublie. Cela serait aussi trop fort que l'on m'eût trompé aussi grossièrement et que je fusse encore le très humble serviteur de ces messieurs. Mes ennemis sont bien ignobles, et mes amis bien faibles. Au reste, il est possible qu'à la fin du mois je me décide à envoyer Hyacinthe à Paris ; alors tout s'expliquera mieux et plus clairement.

J'attends avec bien de l'impatience une lettre de vous pour m'apprendre que vous ne souffrez plus. Je suis bien aise que mon exactitude vous prouve au moins que je suis homme de parole et ami fidèle.

*

Berlin, 14 avril 1821.

J'ai reçu les deux petites lettres retardées n°s 13 et 14. Elles sont de vieille date, l'une est du 15, l'autre du 22 mars ; elles ont été évidemment gardées, surtout votre n° 13 qui est passablement indiscrète pour vos amis les libéraux. Vous nommez Benjamin [1] en toutes lettres et vous

_____

1. Constant.

dites qu'il vous avait dit six semaines auparavant que le Piémont se soulèverait. Je le crois bien ; il était prophète à coup sûr ! Le prince de la C*** était à Paris où il faisait imprimer ses proclamations et machinait toute son affaire. Il voyait Benjamin et compagnie. Et ce vaillant conspirateur, ce prince qui voulait l'indépendance de l'Italie, a été le premier à fuir et à laisser ceux qu'il avait séduits dans l'abîme, lors même que ceux-ci n'étaient pas dispersés et se battaient encore. Tout cela est d'une canaillerie abominable, et les libéraux sont désormais déshonorés. L'indépendance de l'Italie peut être un rêve généreux, mais c'est un rêve, et je ne vois pas ce que les Italiens gagneraient à tomber sous le poignard souverain d'un carbonaro. Le fer de la liberté n'est pas un poignard, c'est une épée. Les vertus militaires qui oppriment souvent la liberté sont pourtant nécessaires pour la défendre ; et il n'y a qu'un béat comme Benjamin et un fou comme le noble pair qui ouvre votre porte[1] qui aient pu compter sur les exploits du polichinelle lacédémonien. Qu'ont fait vos incorrigibles amis ? Ils ont attiré 120 000 Autrichiens et 100 000 Russes dans le pays qu'ils prétendaient délivrer, c'est-à-dire *livrer* à toutes les horreurs révolutionnaires. Croyez-moi, voyez si je vous ai jamais trompée, si je ne vous ai pas constamment dit que tout ce bruit n'était rien, lors même qu'à Paris tout semblait perdu à mes pauvres amis. Ah ! ceux-ci sont bien pauvres, j'en conviens, bien faibles, mais au moins ce sont d'honnêtes gens.

Voilà une terrible lettre politique. Je l'ai écrite de colère.

Ces lettres à Juliette semblent dénuées de tendresse, en comparaison de ce qu'elle recevra de Londres ou de Rome, où le sentiment éclate à chaque phrase ! C'est étrange mais c'est ainsi. On sent que Chateaubriand à Berlin est tendu, essentiellement désireux de justifier et d'affirmer ses positions, de faire valoir ses vues au sein du ministère. À cet égard, il ne sera pas déçu : rentré pour assister au baptême du duc de Bordeaux, il redevient ministre d'État et on le nomme chevalier dans la Légion d'honneur (il était chevalier de Saint-Louis depuis l'automne 1814). Hochets qu'il ne dédaigne pas, au contraire !

Les retrouvailles durent être chaleureuses si l'on en croit le persiflage de Mathieu évoquant, dans un billet à Juliette, « la joie, la surprise et tout ce qui s'ensuit… ». Elles ne furent pas de très longue durée. Le 30 juillet 1821, le cauteleux Villèle suivi de l'inévitable Corbière s'étant retirés du gouvernement, Chateaubriand donne sa démission au baron Pasquier. C'est reculer pour mieux sauter : le 15 décembre suivant, un nouveau cabinet de droite est constitué. On nomme Villèle aux Finances, Corbière à l'Intérieur et Mathieu aux Affaires étrangères. Bien que la fonction de président du Conseil soit temporairement supprimée, Villèle est le chef réel de ce cabinet, dont Chateaubriand ne peut attendre qu'un avancement : cela se fait bientôt. Une ordonnance royale du 9 janvier 1822 le nomme ambassadeur à Londres en remplacement de l'ancien favori, Decazes. C'est un poste passionnant, autrement intéressant que Berlin. Le

---

1. M. de Catellan.

vicomte exulte ! Notons au passage ce mot spirituel que nous croyons de Mme de Boigne, lorsqu'on apprit au même moment la nomination du duc de Doudeauville, père de Sosthène de La Rochefoucauld, à la direction des Postes, fonction jugée alors peu reluisante. Elle s'exclama avec une fausse ingénuité : « Et qui sera duc de Doudeauville ? »

L'ambassade de Londres

Dans ses *Mémoires*, Chateaubriand commente sa nomination à Londres en soulignant les souvenirs qu'elle réveillait : sa jeunesse en Angleterre, lorsque pauvre et émigré il se nourrissait de ses seules chimères et la charmante idylle nouée avec Charlotte Ives – qu'il retrouvera bientôt, mariée et mère de deux grands fils. « La faiblesse humaine me faisait aussi un plaisir de reparaître connu et puissant là où j'avais été ignoré et faible », ajoute-t-il honnêtement.

Son ambassade, assortie d'un généreux traitement de 300 000 F, sera éclatante. L'accueil à Portland Place, sa résidence londonienne, laissera un souvenir prestigieux : le cadet breton se révélera un parfait grand seigneur. Il est vrai qu'en la circonstance il aura les coudées franches : la pointilleuse Mme de Chateaubriand demeure rue d'Enfer, soignant ses continuelles bronchites et s'occupant de ses chers pensionnaires avec une inimitable et sévère compétence. L'ambassadeur se promet de poursuivre la rédaction de ses *Mémoires* et d'observer de près la société anglaise : « Ce m'était une étude utile que ce passage de la secrète et silencieuse monarchie de Berlin à la publique et bruyante monarchie de Londres : on pouvait retirer quelque instruction du contraste de deux peuples aux deux extrémités de l'échelle[1]. »

Très certainement, Juliette est moins sereine qu'avant le départ pour Berlin. Mais comment aimer un homme turbulent et décidé sans aussi tout faire pour favoriser sa réussite, dût-elle s'assortir d'une longue absence. Et Chateaubriand est trop épris de Juliette pour ignorer ce qu'elle ressent. Cela dit, il n'est pas envisageable une seconde qu'il renonce à sa trajectoire ascendante, à ce tremplin de premier ordre qu'est le poste de Londres vers une plus haute fonction qu'il ne se cache pas de briguer : le ministère des Affaires étrangères. Bref, ils s'encouragent et se rassurent mutuellement.

Peu avant le départ prévu pour avril 1822, Juliette et René se rendent à Chantilly, dans une maison au lieu-dit *La Grande Fontaine*, une maison construite en 1786, appartenant à Louis-Martin Berthault, le neveu de l'architecte des Récamier. Que se passa-t-il ? Il sera plusieurs fois fait référence, dans la correspondance qu'ils échangeront à ce moment, à Chantilly. « N'oubliez pas Chantilly ! » reviendra comme un leitmotiv sous la plume du noble

---

1. *M.O.T.*, 3e partie, 2e ép., livre troisième, pp. 99-100.

vicomte, chaque fois, semble-t-il, qu'il sent Juliette incertaine de lui ou découragée. Chantilly est comme un nouveau mot de passe dans leur relation. Jusqu'au fidèle Adrien qui, s'en allant bientôt prendre son ambassade de Rome, cite, dans une lettre à sa belle amie, « l'homme de Chantilly [1]... »

On peut supposer que Chantilly fut l'occasion d'un tête-à-tête marquant, d'une promesse entre eux, d'un pacte ou d'un engagement mutuel important. Et si ce pacte était rassurant, c'est qu'il se projetait dans l'avenir. Alors, idée d'un établissement commun : Juliette ira-t-elle visiter, comme le laisse entendre M. Récamier dans une lettre à Mme Berthault, une maison à vendre près de Chantilly ? Projet d'une union dès qu'elle serait possible ? Serment de fidélité ? On ne sait [2]...

*
* *

Pendant les six mois qu'il passera à Londres, Chateaubriand écrira fréquemment à Juliette : plus d'une trentaine de lettres. On l'y sent vibrant, éclatant de sûreté de soi, menant de main de maître ses affaires – au moins autant que celles de son souverain – et ses états d'âme : il aime Juliette, il n'oublie pas Chantilly, qu'elle le comprenne et qu'elle l'assiste au mieux depuis Paris. Sa grande idée est de se faire envoyer au prochain congrès de la Sainte-Alliance, dont on ne sait encore où il se tiendra mais qui risque d'être animé si la situation en Espagne s'aggrave encore : Ferdinand VII, de la famille de Bourbon, mais notoirement incapable, risquait d'être débordé par l'opposition libérale qui, déjà, avait imposé l'installation du parlementarisme à Madrid.

Chateaubriand joue sur deux tableaux parallèlement : d'une part, il attend de Mme de Duras, toujours dévouée mais aigrie par la préférence de son idole pour l'Abbaye, qu'elle convainque Villèle. D'autre part, la belle Juliette ayant l'oreille de Mathieu, rappelons-le, ministre des Affaires étrangères (et dont dépend René), doit amener celui-ci à accepter la présence de son ambassadeur à Londres, à ses côtés, dans la prochaine réunion des puissances.

La cause n'est pas entendue d'avance, loin de là ! Car si le noble vicomte pense *bien*, dans l'optique du Château, nul ne doute de son arrivisme. Le mot recouvre mal le besoin frénétique de se mettre en avant, qui n'a rien d'un vulgaire goût du pouvoir pour le pouvoir : ce que les alliés politiques de Chateaubriand ne comprennent pas très bien, c'est moins *où* il veut arriver que *pourquoi*... Ils le regardent mourir d'impatience avant qu'il n'obtienne ce qu'il veut – un poste, une ambassade – puis, à la première anicroche

---

1. Lettre du 20 septembre 1822, écrite de Parme, Ms. B.N. N.A.F., 14072.

2. *Cf.* les études de A. de Luppé, « le Rendez-vous de Chantilly » *in Revue des Deux-Mondes*, 1er déc. 1959 et de P. Riberette, « Mme Récamier, quatre lettres inédites à Chateaubriand », *in Bulletin de la société Chateaubriand*, n° 16, 1973.

venue, déclarer hautement qu'il « en a de cent pieds par-dessus la tête ! », autrement dit « ras le bol ! » À quoi rime cette susceptibilité ? Ses colères sont légendaires, sa vivacité de réaction surprenante. Il est brillant, fougueux, d'une éloquence redoutable quand il le faut : il rayonne, il le sait, il en joue et il est prêt à faire payer le plus cher possible à qui se mettrait en travers de sa route. En un mot, il n'a pas l'étoffe d'un grand commis de l'État, il est trop difficile à employer et, cependant, il vaut mieux avoir *pour* que *contre* soi ce prestigieux phénomène !

On comprend aisément que dans les antichambres feutrées du pavillon de Marsan la coterie ultra se méfie d'un aussi bouillant personnage. Mme de Duras et Mme Récamier n'auront pas la tâche facile… Et pourtant elles réussiront.

Mme de Boigne, qui n'était ni ultra ni feutrée et qui ne l'aimait guère, juge très durement les lettres que René écrit à Juliette : elle en prend connaissance en 1859, dans la version publiée par Mme Lenormant. Voici ce qu'elle écrit alors à la nièce de Juliette :

> […] Quant à la correspondance de Londres, elle aussi m'a confirmée dans ce que je pensais et, si j'osais vous dire cette parole, c'est que tout bonnement elle est *odieuse*. Cette vanité intolérante, cette ambition effrénée voulant sans cesse exploiter la tendresse de cette pauvre femme au profit d'intrigues auxquelles sa nature répugnait si visiblement et qu'il lui (soldait) en deux petits mots de cajolerie et une aspiration à *cette petite celule* si évidemment destinée à servir de passage à des salons dorés, tout cela a réveillé en moi l'indignation que j'avais si souvent sentie. Il fallait que la fascination exercée sur elle fût bien profonde pour qu'avec la perspicacité d'un esprit si distingué elle ne fût pas révoltée de tout ce manège. Elle l'était bien quelques fois mais cela ne durait pas [1].

Mme de Boigne n'avait lu qu'une transcription expurgée de la correspondance qu'elle attaque si nettement : la prude Amélie avait gommé les petites phrases personnelles qui ponctuaient le propos de l'ambassadeur. Les connaître eût-il modifié l'appréciation de Mme de Boigne ? Nous en doutons. Pour Juliette, il en allait autrement : c'était tout Chateaubriand que ce ton bref, impératif, cette ardeur sèche. Une seule de ces injonctions devait colorer durablement le paysage intérieur de celle à qui elle était destinée… Et Chateaubriand était trop grand écrivain pour n'être pas conscient de ses effets, non pas qu'il ne fût sincère, mais c'est ainsi : la force des mots possède d'étranges pouvoirs, ceux, entre autres, d'une immédiate absolution de celui qui les agence.

À chacun de juger, à travers les quelques spécimens que nous reproduisons ici, si René était odieux ou irrésistible [2].

---

1. Lettre du 18 septembre 1859, Ms. B.N. N.A.F. 14097.
2. Dans la version imprimée de Maurice Levaillant.

[Paris, le 1er avril 1822.]

Ne vous désolez pas, mon bel ange. Je vous aime, je vous aimerai toujours. Je ne changerai jamais. Je vous écrirai ; je reviendrai vite quand vous l'ordonnerez. Tout cela sera de courte durée, et puis je serai à vous a jamais ! Bonsoir. J'écrirai de Calais après-demain.

*

Douvres, ce vendredi 5 [avril 1822].

Vous voyez que j'ai passé la mer. Je serai ce soir à Londres. Je vous écrirai. Je ne me vois pas dans ce pays où j'ai été si malheureux et si jeune, sans avoir le cœur serré.

*

Londres, mardi 9 avril 1822.

J'ai grand besoin de recevoir une ligne de vous. Je vous ai écrit de Calais et de Douvres. Me voilà à Londres, où je n'ai que de bien tristes souvenirs et où je suis bien seul, quoi que vous en pensiez et en disiez. Je ne fais pas un pas ici sans reconnaître quelque chose qui me rappelle mes souffrances et ma jeunesse, les amis que j'ai perdus, le monde qui a passé, les espérances dont je me berçais, mes premiers travaux, mes rêves de gloire et enfin tout ce qui compose l'avenir d'un jeune homme qui se sent né pour quelque chose. J'ai saisi quelques-unes de mes chimères, d'autres m'ont échappé, et tout cela ne valait pas la peine que je me suis donnée. Une chose me reste et tant que je la conserverai, je me consolerai de mes cheveux blancs et de ce qui m'a manqué sur la longue route que j'ai parcourue depuis trente années.

Je ne puis rien vous dire de la société et de la politique, car je ne sais rien encore. Je n'ai vu personne et je suis au milieu des embarras d'une maison que l'on meuble et que l'on peint. Je suis un peu souffrant de la peinture, du charbon et du brouillard.

*

Londres, ce 19 avril [1822].

Mille remerciements de votre billet du 14. Je ne vous écris aujourd'hui que deux mots. Je sors de l'audience royale. J'ai été reçu avec une rare bienveillance. Je commence à réussir, politiquement parlant, dans ce pays. J'y fais beaucoup de bien à nos amis et je pense que de leur côté ils doivent être assez contents de ma correspondance.

Maintenant la société va s'ouvrir pour moi. Mais c'est là que je vais sentir ce que j'ai perdu en vous quittant. Écrivez-moi.

À l'avenir, numérotez vos billets.

*

[Londres, 23 avril 1822.]

Deux petits billets de vous valent mieux que les éternelles lettres dont je vous ennuie. Les affaires m'accablent si fort ici que je n'ai pas le temps de respirer. Je commence à réussir en politique et j'ai donné à notre diplomatie un caractère qui convient à ce beau nom de Français que je porte. Je ne m'occupe qu'à nous relever. On nous avait mis bien bas. J'exerce autant que je puis l'hospitalité. Je fais rechercher tous les voyageurs français qui arrivent, quelle que soit leur opinion, et je les invite chez moi. J'ai fait hier mon entrée dans le monde. Je me suis fort ennuyé à un *rout*. Je n'ai pas cessé de souffrir depuis que je suis ici. J'ai des nuits affreuses. Le climat est détestable. S'il n'y a pas guerre, il y aura *congrès* : vous savez que c'est là notre secret et notre espérance. Je vous ai dit que le roi m'a reçu merveilleusement. J'attends jeudi un mot de vous. Puisque vous ne pouvez pas me dire tout ce que je voudrais, dites-moi au moins des nouvelles de votre monde de France. Lord Bristol n'est pas encore arrivé. Du moins il me parlera de vous. N'oubliez pas la forêt de Chantilly.

*

[Londres, 30 avril 1822.]

Vous ne m'écrivez que de petits mots froids. Cela me désole. Ne pouvez-vous au moins me parler de ce que vous faites, de ce que vous dites ! Moi, je raconte longuement mes journées. Elles sont en effet bien longues sans vous. Je m'occupe à gagner les suffrages anglais par les royalistes. Je crois que je réussirai. On m'annonce MM. de Broglie, de Staël et d'Argenson. Cela est assez amusant. Je les comblerai de politesses, surtout les deux premiers. C'est une innocente malice que vous me pardonnerez. Je trouve, ne vous en déplaise, que le plaisir d'avoir sauvé *Coudert* devrait vous rendre moins cruel le sort de *Sirejean*[1].

Tâchez donc de m'écrire un peu plus longuement. Songez au congrès et à tout ce qui peut me rappeler. J'ai grande envie de savoir ce que voulait la dame mystérieuse. Elle pourrait puissamment nous servir.

*

[Londres] 7 mai 1822.

On attend demain, ici, M. de Broglie et M. de Staël. Ils me donneront de vos nouvelles. Je vous en prie, soyez un peu discrète avec Adrien. Vous n'avez pas d'idées des lettres que m'écrit Mme de D[uras].

Je suis accablé de travail. Nos affaires vont merveilleusement ici ; si elles allaient aussi bien en France, vos amis les libéraux ne seraient pas si hargneux. Quoi qu'il en soit, ma prédiction s'accomplira et ils seront battus par le pauvre petit ministère royaliste qui a l'air de rien du tout.

---

1. Il s'agissait de jeunes gens compromis dans le premier complot de Saumur, complot bonapartiste, déjoué en décembre 1821. Benjamin Constant avait demandé à Juliette son intervention pour tenter de sauver les condamnés. Sirejean sera exécuté le 2 mai. Juliette en fut très affectée.

Cependant ce ministère a fait bien des sottises depuis mon départ, et les royalistes ont raison de se plaindre. J'ai écrit pour tout raccommoder. Les correspondances privées qu'on imprime dans les journaux anglais me font aussi sans cesse rappeler en France pour être Premier ministre. Je ne sais ce qui peut donner naissance à ces sots bruits.

Je vous quitte ; je tombe de fatigue. J'ai écrit aujourd'hui une longue dépêche de la plus haute importance.

Que ne suis-je dans la petite cellule !

*

[Londres] 14 mai [1822].

Voulez-vous aussi me faire maudire les courriers ? Toutes les lettres que je reçois de Paris sont des plaintes ; tandis que je reçois parmi les étrangers un bon accueil que je n'ai recherché que pour mes amis de France, ces amis semblent d'accord pour me désoler. Les amis politiques m'écrivent des fureurs et veulent que je quitte tout pour les sauver. Mme de D. est à moitié folle à cause de vous, Mme de Chateaubriand grogne, et voilà que vous vous mettez à gémir. Allons, il ne me reste plus qu'à me noyer.

C'est pourtant dommage. Je commençais à être en pleine fortune. J'ai donné hier mon premier dîner diplomatique avec plein succès. Le 26, le duc d'York vient dîner chez moi, et le roi en meurt d'envie. Les jalousies diplomatiques l'empêchent seules de venir et peut-être passera-t-il par-dessus.

Je calcule cette faveur croissante avec plaisir, parce que tout ce qui m'élève me rend nécessaire, et qu'en devenant nécessaire j'ai une chance plus prochaine de vous revoir.

Vous ne méritez pas tous ces calculs, puisque vous grondez aussi. Au nom du ciel, ne vous mettez pas dans la foule. Songez à Chantilly et écrivez-moi de manière à me consoler.

*

[Londres], 31 mai 1822.

Avec quelle joie j'ai revu la petite écriture ! Tous les courriers qui arrivaient sans un seul mot de vous me crevaient le cœur. Suis-je assez fou de vous aimer ainsi, et pourquoi abusez-vous tant de votre puissance ? Pourquoi avez-vous cru un moment ce qu'on a pu vous dire ? Je hais mortellement ceux qui m'ont fait tant de mal, quels qu'ils soient. Nous nous expliquerons, mais en attendant aimons-nous, c'est le moyen de nous défaire de nos ennemis. Si vous étiez allée en Italie, je vous y aurais suivie.

À propos d'Italie, le congrès paraît plus probable que jamais. Je vais avoir besoin de vous pour attaquer Mathieu. Je vous donnerai le signal. Le prince d'Esterhazy, ambassadeur d'Autriche à Londres, ira au congrès, vous sentez combien nous pouvons faire valoir cette circonstance. Ce congrès a l'immense avantage de me ramener à Paris. Et toute cette politique ne signifie autre chose, sinon que je meurs du besoin de vous revoir. Je ne vous ai point écrit par le dernier courrier, j'étais trop triste et trop malheureux de votre silence ; vous le verrez bien par les lettres que vous aurez reçues avant celle-ci. Je tiens toujours que nos amis triompheront malgré leurs innombrables fautes. J'aime beaucoup l'abbé Frayssinous, mais je crois que l'opinion n'est pas encore mûre pour mettre un prêtre à la tête de l'éducation publique. On mécontente Delalot, et Delalot est une puissance dans la chambre. Une division dans le côté droit peut seule perdre nos amis.

Il faut donc vous dire encore que je vous aime !

*

Londres, ce 21 juin 1822.

Il me serait impossible, sans la plus inexcusable inconvenance, de demander un congé dans ce moment ; les affaires sont trop graves pour que je puisse les quitter. La longue lettre que m'a écrite Mathieu est bien peu raisonnable, et il me dit des choses bien faciles à réfuter. Mais il y avait un mouvement d'humeur dans son fait, et quoiqu'il ne dise pas oui, il ne dit pourtant pas non. Ainsi, avec de l'adresse et de la prudence, nous pouvons venir à bout de notre affaire. Dans tous les cas, je serai en mesure de demander un congé dans six semaines, après le renvoi du parlement et le départ du roi. Je vois que Mathieu a envie lui-même d'aller au congrès. Il aurait grand tort. Un ministre, dans un gouvernement représentatif, ne peut assister à un congrès où il s'agirait de laisser l'Italie au pouvoir des Autrichiens. Mathieu se perdrait et deviendrait impopulaire dans les Chambres et en France. Je suis très mécontent d'Adrien, sa vanité blessée l'a rendu méchant ; je me repens d'avoir été si bien pour lui ; je sais qu'il fait cent paquets et cent tripotages.

N'allez pas vous mettre en tête que vous pouvez me fuir. J'irai vous chercher partout. Mais si je vais au congrès, ce sera l'occasion de vous mettre à l'épreuve, et de voir enfin si vous voulez tenir vos promesses.

*

[Londres], vendredi 12 juillet 1822.

Allons ! j'aime mieux savoir votre folie que de lire des billets mysté-rieux et fâchés. Je devine ou je crois deviner maintenant. C'est appa-remment cette femme dont l'amie de la reine de Suède vous avait parlé ? Mais, dites-moi, ai-je un moyen d'empêcher Vernet, Mlle Levert, qui m'écrit des déclarations, et trente artistes, femmes et hommes, de venir en Angleterre pour chercher à gagner de l'argent ? Et si j'avais été coupable, croyez-vous que de telles fantaisies vous fissent la moindre injure et vous ôtassent rien de ce que je vous ai à jamais donné ?

Vous n'avez pas été ainsi punie, mais convenez qu'après quatre années de manque de paroles et de *tromperies*, vous mériteriez bien une légère infidélité. J'ai vu un temps où vous vouliez savoir si j'avais des *maîtresses*, et vous paraissiez ne vous en soucier. Eh bien, non, je n'en ai pas ! On vous a fait mille mensonges ; je reconnais là mes bons amis. Au reste, tranquillisez-vous : la dame part et ne reviendra jamais en Angleterre ; mais peut-être allez-vous vouloir que j'y reste à cause de cela ? Soin bien inutile, car quel que soit l'événement, congrès ou non congrès, ministère ou non ministère, je ne puis vivre si longtemps séparé de vous, et je suis déterminé à vous voir à tout prix[1]. [...]

*

[Londres], mardi 20 août 1822.

Hyacinthe ne revient pas. On le garde peut-être pour m'apporter une réponse définitive. Ah! puisse-t-elle me rappeler auprès de vous. J'ai reçu du roi de Prusse une lettre et une boîte avec son portrait enrichi de diamants. Voici ce que M. de Bernstorff m'écrit en même temps : *si la perspective que votre cour vous nommât pour le prochain congrès venait à se réaliser, le roi aurait un plaisir très véritable à vous y rencontrer. Je ne crois pas avoir besoin de dire à Votre Excellence que ma satisfaction en serait extrême; il n'est point d'augure qui me paraîtrait plus favorable pour le succès des travaux de ce congrès.*

Faites usage de cela selon votre sagesse. Vous savez que Pozzo va au congrès; c'est encore en ma faveur. Si la Russie envoie au congrès son ambassadeur en France, la France peut bien envoyer à ce même congrès son ambassadeur en Angleterre. Les chances sont ici pour le duc de Wellington, mais il paraît lui-même faire des difficultés ou imposer des conditions. On vous dira que je suis utile ici; repoussez cela comme une absurdité. Jamais ambassadeur étranger n'a influé sur *un choix* en Angleterre, et les gazettes diront tout ce que je puis dire.

Vraiment, je rabâche et je vous assomme de ce congrès. Mais, dans le fond, tout est là pour moi. Villèle est toujours très bien dans la question; il me fait dire *qu'il ne pense qu'à moi*. Cela est-il vrai? Je ne suis pas dans le cœur de l'homme et je ne puis dire que ce que je vois. Ah! si je vous voyais dans huit jours! Cela se peut, quel bonheur!

Quelle horreur que cette mort! J'ai assisté ce matin aux funérailles[2], vos amis les *radicaux* ont insulté le cadavre. Le peuple a été très décent. J'ai vu pleurer le duc de Wellington.

*

Londres, mardi 3 septembre [1822].

L'affaire est faite; mais avec quelle mauvaise grâce de la part de Mathieu! Villèle a été excellent et par conséquent tout votre côté. Je ne puis plus partir que dimanche prochain 8 septembre. Je ne vous verrai donc que le 11 ou le 12. Mais, dites, ne pourriez-vous venir au-devant de moi à Chantilly? J'aurai soin de vous faire connaître juste le jour et l'heure auxquels je pourrais y arriver. Je vous verrais avant tout le monde, nous causerions! Que j'ai de choses à vous dire, et que de sentiments je renferme dans mon cœur depuis cinq mois! L'idée de vous voir me fait battre le cœur.

---

1. Bien évidemment, Juliette avait vu clair : René avait eu une brève aventure avec la femme du violoniste Lafond, alors en tournée en Angleterre. À lire ces lignes cependant, on ne se demande même pas qui, de l'éphémère Mme Lafond ou de Mme Récamier, eut la meilleure part...

2. Lord Castlereagh, ministre des Affaires étrangères, s'était coupé la gorge dans un accès de folie.

Et Juliette? A-t-elle aussi le cœur battant lorsqu'elle le rejoint à Paris où il demeure du 10 septembre au 3 octobre? Nous l'ignorons, mais comment en douter? Ce retour serait suivi par un autre départ, très allègre celui-là, pour Vérone où allait se tenir le nouveau congrès de la Sainte-Alliance. Même s'il n'en sortait rien, Chateaubriand s'y rendait avec entrain : le parterre diplomatique réuni sur les bords de l'Adige, à lui seul, valait le détour.

De Vérone au Trocadéro

Cependant que la paisible Vénétie prépare en grande pompe le prochain congrès, Juliette séjourne à Montmorency, en compagnie du jeune Ampère qui, de son propre aveu, «s'enivre d'elle». Mathieu, qui dirige la délégation française – et qui n'a pu éviter que son obsédante épouse ne l'y suive –, rejoint Vérone et s'arrête en chemin dans «cette fameuse et curieuse et triste Venise» qu'il ne connaissait pas. Il est le premier à apprendre à Juliette la mort brutale, survenue le 13 octobre, d'un ami cher au cœur de celle-ci : l'illustre Canova. Ses compatriotes en ont grande peine. Mme Récamier aussi, qui s'empresse de transmettre à Mathieu une lettre pour le frère abbé du sculpteur, que le courrier consulaire acheminera vers Rome.

À la mi-octobre 1822, se regroupent à Vérone, autour de leur ministre des Affaires étrangères, les personnalités françaises pressenties pour assister au congrès, les quatre ambassadeurs auprès des puissances : celui à Londres, le vicomte de Chateaubriand ; à Saint-Pétersbourg, le comte de La Ferronnays ; à Vienne, le duc de Caraman, et à Berlin, le comte de Rayneval. Souverains importants ou moins importants, tous sont là, à l'exception de Louis XVIII, intransportable, et du roi d'Angleterre, qui envoie à sa place Wellington, ce qui permettra à Chateaubriand de dire en toute simplicité : «Je fus présenté aux rois : je les connaissais presque tous.»

Depuis qu'elle existait, c'est-à-dire depuis la chute de Napoléon, la Sainte-Alliance, comprenant les quatre alliés – Angleterre, Autriche, Prusse et Russie –, ne s'était pas contentée de réorganiser l'Europe. Elle surveillait les frontières redéfinies par elle au congrès de Vienne, elle suivait de près – et même de très près – chacun des membres de la famille Bonarparte et, d'une main de fer, maintenait la tranquillité du kaléidoscope continental. En 1818, elle avait accueilli un nouveau participant, la France. Les libéraux français avaient été indignés : animé par le tsar Alexandre et le prince de Metternich, rien n'était plus conservateur, plus absolutiste que l'esprit de cette ligue toujours prête pour la croisade, et réelle dominatrice de l'Europe.

Metternich était, au premier chef, concerné par l'agitation libérale, et souvent nationaliste, que menaient, depuis 1815, les principaux foyers d'opposition : en Prusse, où la prépondérance autrichienne sur la Confédération germanique était mal acceptée, en Italie du Nord, où le caractère rétrograde et borné de l'occupation militaire faisait naître et s'activer nombre de sociétés secrètes dont la plus célèbre demeure celle des carbonari, et dans l'Empire austro-hongrois lui-même, où les multiples nationalités aspiraient à la reconnaissance.

Successivement, l'Alliance avait réglé les problèmes allemands aux congrès de Karlsbad (1819) et de Vienne (1820), puis la question italienne, traitée à Troppau (1820) et à Laybach (1821). Vérone, nous l'avons dit, se proposait de trouver une solution au problème espagnol. Là, comme ailleurs, il ne s'agissait que de se mettre d'accord pour savoir d'où viendrait la répression.

Juliette est particulièrement bien placée pour recevoir de ces pourparlers un double écho. Voici, à titre d'exemple, ce que lui écrivent Mathieu, puis René :

M. DE MONTMORENCY À Mme RÉCAMIER

Vérone, 17 octobre au matin.

Je suis arrivé hier ici : j'y avais été précédé de deux jours par M. de Chateaubriand avec qui le premier abord a été fort gracieux. J'espère que nous nous maintiendrons sur le même pied ; c'est tout à fait mon projet qui, j'imagine, entre dans les siens. Ce n'est pas que nos diplomates français de différentes classes ne le trouvent singulièrement renfrogné et renfermé dans un excès de réserve politique. Vous savez qu'il lui arrive souvent d'être peu aimable pour ceux à qui il ne désire pas immédiatement plaire. J'imagine qu'il réserve tous ses frais de coquetterie, en l'absence de certaine dame, pour les souverains qui sont déjà ici nombreux ; surtout pour un empereur[1] qu'il doit voir incessamment. Je serais curieux de savoir ce qu'il mandera d'ici à l'Abbaye-aux-Bois ; mais vous ne voudriez pas que je fisse usage des privilèges de la diplomatie au point de satisfaire complètement ma curiosité. J'ai toujours l'espérance de le laisser d'ici à une quinzaine de jours s'évertuer seul, ou du moins avec ses deux collègues, et d'aller moi-même vous porter de ses nouvelles. Il a bien fallu lui demander des vôtres, quoique nous goûtions peu tous les deux ce sujet de conversation. Il m'a dit que vous étiez assez bien portante, lorsqu'il est parti le 5. J'ai beaucoup approuvé en moi-même que vous n'eussiez pas quitté votre séjour champêtre de la belle Vallée[2], et que vous fussiez seulement venue lui faire quelques visites à Paris.

Adieu, bien aimable amie ; j'imagine que c'est chez vous que Sosthène, qui me parle de lui, l'aura rencontré. Confirmez-lui la nouvelle de nos bons rapports ensemble.

*

1. Le tsar Alexandre.

2. Mme Récamier y séjournait avec sa nièce et Ballanche.

M. DE CHATEAUBRIAND À Mme RÉCAMIER

Vérone, ce 25 octobre 1822.

Je n'ai pas reçu un seul mot de vous. Je vous ai écrit de tous les points de la route et deux fois depuis que je suis ici. Si vous n'avez pas envoyé vos lettres chez Mathieu, ou si vous les avez mises à la poste sans être affranchies, elles ne me parviendront pas. Vous devez juger cependant dans quelle impatience je dois être d'apprendre votre résolution. Elle décidera de la mienne.

Il est très certain que le congrès finira dans les derniers jours du mois prochain, ou plus tard dans la première semaine de décembre. Si vous ne venez pas, je serai dans un mois à Paris ; car il n'y a pas de raison pour que j'assiste à la clôture même du congrès. Vous verrez Mathieu avant moi. Il partira dans les premiers jours de novembre. Nous sommes très bien ensemble. Il s'était élevé un petit nuage qui a promptement passé. J'ai rencontré, comme vous deviez bien le croire, quelques difficultés au début ; mais quand on a vu que j'étais bonhomme, on m'a pardonné le reste. J'ai vu l'empereur de Russie, j'ai été charmé de lui. C'est un prince plein de qualités nobles et généreuses. Mais, je suis fâché de vous le dire, il déteste vos amis les libéraux. En tout, je crois que nous ferons de bonne besogne. Le prince de Metternich est un homme de très bonne compagnie, aimable et habile.

Au milieu de tout cela, je suis triste et je sais pourquoi. Je vois que les lieux ne font plus rien sur moi. Cette belle Italie me dit plus rien. Je regarde ces grandes montagnes qui me séparent de ce que j'aime et je pense, comme Caraccioli, qu'une petite chambre à un troisième étage à Paris vaut mieux qu'un palais à Naples. Je ne sais si je suis trop vieux ou trop jeune ; mais enfin je ne suis plus ce que j'étais, et vivre dans un coin tranquille auprès de vous est maintenant le seul souhait de ma vie.

Chateaubriand a peine à le dissimuler, il est enchanté, grisé de se trouver parmi les grands de la terre, tirant avec eux les ficelles de la haute diplomatie… Il a ses idées sur ce que devrait être l'issue du congrès. Il les revendiquera hautement dans le livre de ses *Mémoires* consacré à cette brillante réunion : contre son président du Conseil et bien plus ardemment que son ministre de tutelle, il est favorable à une intervention armée de la France en Espagne, dont il est convaincu qu'elle est menaçante. Restaurer au plus vite l'absolutisme monarchique à Madrid, voilà le fier projet de René ! Il va s'employer, surtout après le départ de Mathieu, à déjouer la méfiance anglaise, les oppositions prussiennes et autrichiennes – redoutant une action unilatérale d'une puissance qu'ils n'aiment guère – et à obtenir le soutien du tsar…

À l'entendre – et quand on le lit on a l'impression de l'entendre – Vérone, c'est son congrès, la guerre d'Espagne qui en découle sa guerre. Bien. Disons-le à peu près comme Juliette devait le penser, il n'y avait pas de quoi se glorifier de vouloir rétablir sur son trône un roi incapable, pour qui toute pensée était synonyme de crime, à peu d'exceptions près ! L'imbécillité politique et la cruauté obscurantiste peuvent être compatibles, hélas ! Et le retour de Ferdinand VII va signifier, bientôt, une implacable reprise en main par l'Inquisition d'un pays qui émergeait tout juste du Moyen Age, quelle que soit la caricature « espagnoliste », inventée par les romantiques français, et purement imaginaire, d'une Espagne séduisante, aristocratique et orgueilleuse, façon siècle d'or... Comme à Naples, en 1799, tout ce que les royaumes hispaniques comptaient d'esprit et de talent sera décimé avec une telle sauvagerie que le chef des forces françaises en personne, le duc d'Angoulême, en sera écœuré : il n'avait pas la réputation d'un libéral, tant s'en faut, mais ce qu'il verra lui paraîtra tellement révoltant qu'il s'empressera de publier sa désapprobation – dans la déclaration d'Andujar – et de regagner Paris au plus vite.

Mais qu'avait à faire Chateaubriand des élites hispaniques, de leurs Cortès, de leurs Lumières ! Contradiction cynique chez l'écrivain : lui, qui n'admet pas la moindre censure sur ce qu'il écrit, fait tout pour la rétablir de l'autre côté des Pyrénées. Chateaubriand ne voyait dans cette opération qu'une habile manœuvre de politique intérieure, destinée à renforcer, au moyen d'une expédition militaire rapide et facile – et elle le fut –, le prestige du cousin français de Ferdinand VII. Il voulait avant tout conforter son roi. Oui, mais qu'on était loin de l'esprit qui animait le frère aîné de celui-ci, le « tyran » Louis XVI, lorsqu'il envoyait armes, officiers et appuis aux insurgents américains pour qu'ils conquièrent leur liberté ! Il faudra du temps, et le soutien apporté aux Grecs dans leur guerre d'indépendance, pour que la France retrouve une réputation conforme à sa vocation. Dieu merci, après les brillants éclats de Chateaubriand, son pays, peu à peu, se séparera de l'Alliance...

*
* *

Mathieu, le premier, revient de Vérone : pour le remercier de sa mission, le roi, le 1er décembre 1822, le fait duc. Précision protocolaire : Louis XVIII voulait lui donner le titre de duc de Vérone. Mathieu refusa – cela avait un relent napoléonien – et comme il n'était pas question qu'il fût duc de Montmorency, titre exclusivement porté par le chef de sa maison, on le fit, exceptionnellement, « duc Mathieu de Montmorency ». Le 25 décembre, lors d'un conseil houleux, Mathieu, qui divergeait nettement d'avec l'avis du roi et de Villèle, beaucoup plus modérés que lui sur la question d'Espagne, donne sa démission du ministère des Affaires étrangères.

Comment Chateaubriand, qui, demeuré en arrière-garde à Vérone, avait poussé ses idées ultras à leur point extrême, et notamment auprès du tsar, s'y prit-il pour convaincre Villèle qu'il était l'homme de la situation ? Nous ne le savons pas. Toujours est-il qu'après s'être fait prier – le minimum dû à Juliette et à son ami – il accepte de remplacer Mathieu, le 28 décembre. Triomphe ! Il peut croire qu'il dirige les affaires du pays et, pendant qu'on y est, pourquoi pas, celles de l'Europe ! Petite correspondance, à Juliette, qui dans l'ombre assiste à tout, sait tout, et dont la position n'est, avouons-le, pas spécialement facile .

René :

Samedi, 10 heures.

J'ai refusé Villèle à midi. Le roi m'a envoyé chercher à quatre et m'a tenu une heure et demie à me prêcher, et moi résistant. Il m'a donné enfin l'*ordre* d'obéir. J'ai obéi. Me voilà resté auprès de vous. Mais je périrai dans le ministère. À vous !

*

Mathieu ·

Val-du-Loup, ce 31 décembre 1822.

J'avais la confiance de recevoir une lettre de vous, aimable amie, quoique vous aimiez peu à écrire ; je ne vous en fais nullement le reproche, car c'était aussi à moi à vous prévenir, d'après la manière si bonne, si délicate dont vous avez été pour moi dans cette occasion. Mon cœur en garde un profond souvenir. Je vous plains réellement de vous trouver ainsi placée entre un ministre sortant et un ministre entrant à la même place : outre l'ennui des pétitions qui ne feront que changer d'adresse, nos rapports gâtés de nos deux dernières lettres en particulier vous causeront un sentiment pénible, que je voudrais adoucir. Vous me reprocherez peut-être d'avoir été un peu sec ; il fallait l'être ou prendre la chose au sensible, ce qui était une véritable duperie.

Je causerai de tout cela avec vous demain à huit heures ; c'est mon rendez-vous de bonne année auquel je tiens beaucoup.

Le temps est triste, surtout depuis la neige, la solitude profonde ; mais tout cela est très supportable. Ce qui le serait moins, ce serait l'absence de mes amis.

Adieu, adieu. Vous savez quelle place vous occupez. Hommages bien tendres.

*

René :

1er janvier 1823.

Combien de fois vous ai-je déjà souhaité la bonne année depuis que je vous aime ? Cela fait frémir. Mais ma dernière année sera pour vous, comme aurait été la première, si je vous avais connue. J'ai encore couché rue de l'Université. C'est ce soir que je passe les ponts. J'irai ce soir vous présenter mes respects accoutumés.

Une année qui va leur réserver quelques surprises...

*
* *

René a gagné : sa joie est indescriptible... Sa jubilation, son enthousiasme sont presque touchants! Il se grise de puissance : il n'est que de lire les *Mémoires d'outre-tombe*, particulièrement le livre consacré à la guerre d'Espagne de 1823[1], pour s'en convaincre :

> La guerre d'Espagne pouvait sauver la Légitimité; elle lui mit à la main le pain de la victoire : la Légitimité a abusé de la vie que je lui ai rendue. Il m'avait semblé utile à son salut, d'une part de la fixer dans la liberté, de l'autre de la pousser vers la gloire : elle en a jugé autrement[2].

Voilà le ton !

En mars 1823, cent mille hommes commandés par le duc d'Angoulême s'en vont donc sauver la légitimité française en renversant une monarchie constitutionnelle voisine qui pourrait s'avérer contagieuse. La victoire est rapide : le siège de Cadix, où s'était réfugiées les Cortès, se conclut, après la prise du Trocadéro le 31 août, par la reddition des assiégés, le 1er octobre. Les représailles furent mémorables : nous avons déjà évoqué la déclaration d'Andujar. Chateaubriand triomphait...

Il avait d'autres raisons d'exulter. Après une liaison avec l'ancienne merveilleuse, Fortunée Hamelin – celle-là même qui avait provoqué l'incident destiné à compromettre Juliette avec Montrond – le nouveau ministre des Affaires étrangères s'était lancé dans une aventure amoureuse qui le faisait proprement délirer. L'heureuse élue était ravissante, blonde et angélique. Née Cordelia Greffulhe, cette fille de finance avait été mariée sous l'Empire avec le comte de Castellane, un militaire. Elle avait vingt-sept ans lorsqu'elle rencontra le tout-puissant Chateaubriand : leur liaison fut volcanique. René a laissé quelques billets enflammés qui n'en cachent rien : « [...] La peur de gâter une vie qui est à toi, à toi à qui je dois de la gloire pour me faire aimer, peut seule m'empêcher de jeter tout là et de t'emmener au bout de la terre[3]... »

Bref, c'est physique, étourdissant... Probablement peu sentimental, car le lien ne résistera pas à la chute brutale du beau ministre aux yeux bleu marine... Cordelia avait-elle un cœur? Elle s'attachera notoirement à l'un des bons amis du vicomte, Mathieu Molé, dont on ne peut dire qu'il ait été un modèle de loyauté et d'honneur chevaleresque... Elle vieillira vite et mal, sa bonne amie, Mme de Dino, ne cache pas sa déconvenue lorsqu'elle la retrouve en 1834: « Elle n'a plus de jeunesse du tout, c'est une grosse personne, courte, trappue[4]... » Molé, apparemment, s'en accommodait. Gardait-elle le

---

1. *M.O.T.* 3e partie, 2e ép., livre cinquième.
2. *Op. cit.,* p. 185.
3. *In* M. Levaillant, *op. cit.,* p. 155.
4. *Chroniques,* I, p. 303.

souvenir de cet été de folie qu'elle parut partager, en 1823?...
Chateaubriand n'avait pas été prudent. À moins que la perspicacité
de Juliette ait su déchiffrer la fiévreuse occupation du ministre...
Toujours est-il que Mme Récamier passe beaucoup de moments, cet
été-là, à Angervilliers. Nous ne savons rien de plus.

Et puis, soudain, c'est le coup de théâtre : Chateaubriand qui,
depuis un an, a volé de succès en succès, qui se croit au faîte de sa
carrière – encore qu'il lui manque le pouvoir suprême, la présidence
du Conseil, mais il y rêve – Chateaubriand, l'irrésistible, le séduisant
et l'impérieux, perd, mais s'en rend-il compte, pour une maladresse,
pour un égarement, ce qu'il avait de plus précieux peut-être : le cœur
de Juliette. Juliette ne dit rien. Elle s'en va. La décision fait l'effet
d'un coup de foudre à l'Abbaye : elle est prise le 24 octobre. Le
2 novembre, en compagnie de sa nièce, de Ballanche et de sa femme
de chambre, Juliette prend la route de l'Italie. Le jeune Ampère les
suivra. La passion, brutalement, se clôt, comme la porte de la « petite
cellule ». Elle ne renaîtra plus.

CHAPITRE X

VACANCES ROMAINES...

*Je suis placée dans la solitude mais sur les
confins du monde et de manière à distinguer
beaucoup d'objets sans être obsédée par aucun.*

Épigraphe manuscrite de Mme Récamier sur
la page de garde d'un recueil de pensées.

Il ne s'agit pas d'une fuite mais d'un départ. La décision de
Juliette, pour soudaine qu'elle soit, n'a rien d'une réaction panique.
C'est au contraire un geste sensé dont les motivations s'expliquent
parfaitement : Juliette ne supporte plus les anxiétés de la passion.
Elle emploiera les mots de *trouble* et d'*agitations* ce qui revient au
même. Depuis le début de l'été et peut-être avant, le comportement
de Chateaubriand provoque en elle une inéluctable perturbation :
Juliette a perdu son équilibre. Elle veut le reconquérir. La frénésie
qui anime le nouveau ministre, et sur laquelle elle n'a pas de prise,
la blesse. Et elle se sent atteinte par la récente absence de ménagement dont il a fait preuve envers elle. La passion qui l'assujettit à
René l'émeut plus qu'elle ne voudrait. Elle entend s'y soustraire en
mettant une distance entre eux.

Avec sa fermeté coutumière, elle choisit d'aller à Rome où, une
fois déjà, dans des circonstances difficiles, elle s'est réconciliée avec
ce qu'elle excelle à cultiver en elle et à répandre, son harmonie intérieure.

Y songe-t-elle, sur la route, qui la mène à Lyon, où elle séjournera avant de s'acheminer à petites journées, en compagnie de son
escorte familiale, vers d'autres cieux ? Probablement. Elle est partie sèchement, sans équivoque, et n'est pas femme à le regretter.
Elle n'a guère eu le temps de mettre de l'ordre dans ses affaires,
mais le bon Paul est aussi un excellent ministre des Finances : il y
remédiera selon les instructions très détaillées qu'elle lui enverra.
Les pères nobles doivent être décontenancés d'être ainsi abandonnés, mais ils sont solides en dépit de leur âge, et c'est un inévitable

risque à courir. Quant à la société parisienne, c'est tout simple : la santé d'Amélie justifie amplement qu'on la mène passer l'hiver dans le Midi. Amélie, à dix-neuf ans, commence à tousser – qu'on se rassure, elle mourra nonagénaire ! – et l'Italie ne peut que lui être bénéfique…

À Rome, Juliette est attendue, réclamée depuis des mois par deux de ses plus chers amis : la duchesse de Devonshire, qui vieillit mais dont l'intelligence et la perspicacité peuvent tout comprendre, et Adrien, le charmant duc de Laval, le courtisan des jeunes années de Juliette, qui maintenant mène dans la Ville Éternelle le train brillant d'un ambassadeur de Sa Majesté Très Chrétienne… Juliette a la certitude qu'elle sera parfaitement entourée dans la mouvance de ces puissances locales…

Amélie est en mesure de comprendre, elle aussi, ce que refuse sa tante en quittant Paris, ce qu'elle veut, en rejoignant Rome. Mais l'accepte-t-elle ? Elle va se révéler une compagne agréable, fine, piquante, dont l'entrain animera la vie de Mme Récamier. N'est-elle pas, d'ailleurs, en âge d'être recherchée ? Dans son sillage vont apparaître de jeunes présences aux idées nouvelles – Adrien l'appelle déjà «la petite libérale» – qui rafraîchissent la pensée… Dommage qu'avec Ampère fils… Lui ne voit que Juliette : c'est un cas d'envoûtement. En fait, il cherche sa mère, et la suavité affectueuse de Mme Récamier lui fait oublier une enfance aride auprès d'un père physicien qui a du mal à admettre que son fils ne soit pas modelé à son image. Le grand Ampère est en conflit d'autorité avec la belle Récamier qui détourne son enfant, croit-il, d'une vocation scientifique… Mais, peu à peu, il admet qu'à défaut de devenir un grand savant Jean-Jacques peut espérer faire une belle carrière littéraire… N'a-t-il pas écrit l'été dernier une tragédie que Talma a lue et dont on a l'espoir qu'elle soit acceptée pour être jouée…

Chérubin, qui n'a pas quitté Juliette de l'automne, ne cache pas sa jalousie envers le trop bouillant, le trop volage ministre dont les absences étaient, peut-être, encore plus obsédantes que la présence dans la vie de l'Abbaye… Au moins en est-on éloigné, s'en éloigne-t-on à chaque tour de roue… Écrira-t-il ? Répondra-t-elle ? Saura-t-il respecter ce besoin de calme qu'on s'en va chercher ailleurs ? Ou viendra-t-il rompre le cercle enchanté et fidèle dont elle a su ne pas se séparer ?

À Lyon, Juliette a reçu une des deux lettres que lui a adressées René. Elle se termine par ces mots : «Revenez le plus tôt possible. Je tâcherai de vivre jusqu'à votre retour. Je souffre cependant.» Elle ne répond pas. Elle attendra Chambéry, pour envoyer à Paris un billet. Distant. Le grand homme en accuse réception dans une lettre du 29 novembre : «[…] J'ai reçu votre billet de Chambéry. Il m'a fait une cruelle peine. Le *Monsieur* m'a glacé. Vous reconnaîtrez que je ne l'ai pas mérité.»

Inconscience ? Mauvaise foi ? Chateaubriand, que le départ de Juliette a saisi, contre-attaque et c'est de bonne guerre : Que va-t-elle faire en Italie? On ne peut que s'incliner puisque telle est sa volonté... Mais qu'elle reconnaisse qu'elle l'a voulu... Et qu'il souffre de son absence. Et qu'il l'attend. C'est exactement ce qu'elle souhaite. Qu'il attende. Le temps et l'espace qu'elle met entre eux a pour but de tempérer une relation inégale et orageuse. Quand elle se sentira guérie, fortifiée, elle reviendra. D'ici là ils échangeront quelques lettres et billets. «Revenez; c'est mon refrain», dira-t-il.. Et puis le silence, pendant de longs mois. Jusqu'au jour, encore lointain, où elle reparaîtra.

Pendant ses vacances romaines, Juliette n'ignorera évidemment rien de ce qui se fait ou se dit à Paris : sa famille, Mathieu, Adrien lui-même l'en informeront. Et c'est bien ainsi : elle doit se défaire de sa vulnérabilité. Elle doit reconstituer, au fond d'elle-même, un humus. Retremper son esprit d'indépendance et cette force qui la caractérise, mais que bien peu soupçonnent tant elle s'entend à lui prêter les formes les plus gracieuses et les plus veloutées. Inutile de préciser qu'elle y réussira pleinement.

Dix ans ont passé depuis sa première et progressive descente vers l'Italie. Souvenons-nous de sa nervosité, de son amertume, de sa déception au lendemain de la défection de Mme de Staël, d'Auguste et même, dans une moindre mesure, de Mathieu, qui s'était engagé à l'accompagner et avait renoncé au dernier moment : Mathieu, comme Napoléon, ne verra jamais Rome... Juliette, l'exilée, la belle solitaire, avait été séduite par la douceur égale du ciel et des mœurs romaines : dans la ville occupée, impuissante, elle avait réussi à recréer un salon discret et plaisant... Et le temps avait passé : le retour éclatant, la féminité qui s'épanouissait sur fond de rebondissements politiques, de défaites et de Restaurations... Et puis Mme de Staël avait disparu. Et Chateaubriand l'avait remplacée, il était devenu le centre grandiose et menaçant de toute sa vie, de toutes ses pensées... Chateaubriand, l'homme des tempêtes, des orages et des ouragans, le séduisant, le dangereux poète, le diplomate altier, le ministre immodéré, se grisant de ses propres visions, amoureux de ses excès et de ses vertiges, l'extravagant voyageur qui ne voit que lui où qu'il soit, mais aussi l'être le plus juvénile, entraînant, désarmant de charme et d'aristocratique courtoisie... Chateaubriand, le destin de Juliette, son vainqueur.

Comme elle est avisée d'avoir élu, pour endormir les turbulences de son cœur, une ville – elle le sait maintenant – qu'il a aimée et où, pour autant qu'il en soit capable, il a souffert! Non, Juliette ne fuit rien. Ou bien elle serait allée autre part, dans un lieu, dans un pays libre de tout souvenir, de toute trace de lui, et non dans la capitale de la civilisation, de la chrétienté, du monde en un mot, où plus qu'ailleurs Chateaubriand rayonne... Juliette, elle en est convaincue, retrouvera René : elle a souhaité intimement ce qu'elle impose, non une rageuse rupture, mais un éloignement fructueux et raisonné.

Elle s'est cabrée – comme en témoigne son écriture très changée
et dont le redressement trahit son effort[1] – mais elle sait que ces
souffrances sont les dernières : à elle, désormais, d'infléchir le cours
de son existence et ce sentiment auquel elle est condamnée, pour
qu'ils soient à son image, paisibles, riches, maîtrisés.

Le voyage se poursuit heureusement, passé le col du Mont-
Cenis, qu'on appréhende de franchir, de même qu'on appréhende de
traverser la mer... Ballanche, comme à son ordinaire, demeure
enfermé dans sa pensée, mais cette présence opaque et familière est
un réconfort pour Juliette, une douillette habitude. Ballanche eût été
un bon père : il ne manque ni de bienveillance ni de savoir-faire
pédagogique pour chaperonner les jeunes gens. Amélie ne s'y
trompe pas, qui l'appelle malicieusement « sa duègne »... La paix
quasi familiale de la caravane le stimule : il déborde de projets et, de
fait, commencera à Rome sa monumentale *Palingénésie*. Pour
l'heure, il partage avec Ampère l'idée de rédiger un Guide détaillé
de l'Italie, quelque chose de parfait et d'idéal que, bien sûr, ils ne
réaliseront pas mais dont ils caressent et alimentent l'ébauche au fil
de leur paisible itinéraire.

On s'arrête une quinzaine de jours à Florence, du 19 novembre
au 10 décembre, le temps précisément d'en savourer les merveilles
architecturales et picturales. Pour le jeune Ampère, c'est une découverte – qui comptera dans son futur travail d'historien – et dont l'allégresse est contagieuse : il est à parier que ses compagnons, grâce à
lui, portent un regard neuf sur les chefs-d'œuvre admirés ensemble.
Il remarque que Juliette « sentait vivement dans les arts et dans les
lettres le très beau ; le mérite secondaire ne la touchait pas... » En
cela, comme en tout, cette sagittarienne a toujours su aller à l'essentiel. Aussi, pendant cette halte, la trouve-t-on le plus souvent à la
galerie des Offices et au palais Pitti...

Auprès du ministre de France en Toscane, M. de La Maisonfort,
Mme Récamier s'informe de la comtesse d'Albany qui, depuis plus
de trente ans, tient dans la cité des Médicis un salon réputé. Cette
gloire déclinante – elle mourra au début de l'année suivante – dont
la beauté laiteuse et le regard sombre avaient été célèbres, s'était
alourdie avec l'âge et ressemblait, si l'on en croit Chateaubriand, à
un Rubens vieillissant. Elle continuait cependant à fasciner son
époque : cette aura légendaire tenait sans doute autant au relief de
son accueil qu'à celui de sa vie privée...

Née princesse de Stolberg, elle avait épousé à dix-neuf ans le
prétendant, Charles-Édouard Stuart, beaucoup plus âgé qu'elle et
ivrogne notoire. Sous le nom de comtes d'Albany, le couple s'était
fixé à Rome et, très vite, la jeune femme avait lié son sort à un poète
et dramaturge de grande allure, le comte Alfieri. Cela se passait en
1777, l'année de la naissance de Juliette. Cette liaison, ponctuée de
fuites, de tentatives de réconciliation de la part du mari, avait séduit

---

1. Cf. *in* annexe l'analyse graphologique n° 3 de Monique Deguy.

l'Europe. Lorsqu'en 1803 il assistera aux funérailles du poète, Chateaubriand s'inclinera devant ce lien et reproduira l'épitaphe conçue par Alfieri pour son amie : « Il la préféra pendant vingt-six ans à toutes les choses de la terre. Mortelle, elle fut constamment suivie et honorée par lui, comme si elle eût été une divinité [1]... » Mme de Staël aura ce mot admiratif : « Ils n'étaient pas mariés, ils s'étaient choisis tous les jours... »

La divinité avait fini par se consoler avec le jeune peintre Fabre, de Montpellier, qui partageait sa vie florentine. Sans grand esprit, mais dotée de goût et de bon sens, la comtesse d'Albany apparaissait à Horace Walpole comme une Allemande assez commune, alors que Sainte-Beuve voyait en elle une authentique femme du XVIIIe siècle « et des meilleures, sensible et sensée ». L'amie de Beaumarchais, de Mme de Genlis, de Corinne, de Sismondi, de la duchesse de Devonshire aura la bonne idée de léguer ses collections à Fabre, qui lui-même les laissera à sa ville natale... En sa personne, Juliette aurait pu rencontrer un peu de ce qui subsistait de ses grandes ancêtres, les du Deffand, Geoffrin, Tencin..., celles qui, à la toute-puissance de la cour, avaient opposé la toute-puissance des salons, de la convivialité et du rayonnement féminin.

La Sirène apprivoise le Babouin...

Juliette arrive à Rome à la mi-décembre, sous un ciel gris. Elle prend possession d'un appartement, retenu pour elle par ses amis, la duchesse de Devonshire et le duc de Laval, situé entre la place d'Espagne et la place du Peuple, au-delà de laquelle s'ouvre le Pincio, récemment aménagé par l'occupant napoléonien. Sa nouvelle adresse est charmante : rue du Babouin (Via del Babuino), numéro 65. La maison existe toujours, faisant face à l'église des Grecs (i Greci) : elle est incontestablement plus modeste que la précédente résidence romaine de Juliette, le palais Fiano, mais bien qu'à proximité du Corso elle est aussi plus tranquille. La façade badigeonnée à l'hématite, comme nombre de bâtiments méditerranéens, possède cette indéfinissable couleur sanguine que dore le crépuscule... Dans une petite cour d'entrée une fontaine, ornée d'une tête de femme d'un style néo-canovien, puis un escalier, clair, reposant.

L'appartement dans lequel s'installent Juliette, Amélie et Ballanche – Ampère loge dans une ruelle voisine, Vicolo dei Greci – est charmant : on y retrouve l'atmosphère d'élégante simplicité, cette indestructible nébuleuse qui suit la Belle des Belles où qu'elle vive... Sa nièce témoigne de ce que la moindre chambre d'auberge, fût-ce pour une nuit, se trouvait instantanément métamorphosée par le goût de cette incomparable maîtresse de maison : quelques livres distribués çà et là, une courtepointe de mousseline, un tapis jeté sur

---

1. *Voyage en Italie*, Pléiade, p. 1495

un meuble, des fleurs coupées, et le tour était joué ! Ne nous étonnons point qu'à peu de frais et en peu de jours la Sirène apprivoise
le Babouin...

Dans la Rome de la Restauration, la vie de société possède un
caractère brillant et composite. Il n'est pas rare de rencontrer dans
les salons de tel *palazzo* les plus jolies personnes de l'aristocratie
locale mêlées à de vieux et spirituels prélats, aux membres du prestigieux corps diplomatique et aux notables étrangers de passage. Le
naturel et le cosmopolitisme – tout le monde parle français – sont les
traits distinctifs de réunions où prévalent la gaieté, le bien-être et une
certaine insouciance intellectuelle...

Juliette n'a aucune peine à reconstituer autour d'elle une petite
assemblée amicale et douce. L'obsédante présence qui dominait
l'Abbaye ne pèse plus sur son nouveau salon. À l'enseigne du
Babouin, règne une agréable cohésion, malgré les disparates des
habituels visiteurs. On y rencontre en effet des « officiels », et le premier d'entre eux, l'ambassadeur de France, l'aimable Adrien, qui
pour être ultra n'en est pas moins l'incarnation de l'urbanité, deux
prêtres, Canova et le duc-abbé de Rohan – que Juliette avait connu
dans cette même ville, il y a dix ans alors qu'il n'était encore ni duc
ni abbé, mais le séduisant Auguste de Chabot – et des « intellectuels ». Ballanche avait retrouvé Dugas-Montbel, un ami lyonnais,
helléniste distingué et traducteur d'Homère, dont l'érudition n'empêchait pas le libéralisme actif, et le jeune Ampère renouait avec un
groupe d'amis dénués de préjugés – du moins le croyaient-ils – et
qui se passionnaient pour les mœurs de la Ville Éternelle plus que
pour ses ruines : Beyle, qu'on commençait à peine à connaître sous
le pseudonyme allemand de Stendhal, Duvergier de Hauranne,
Schnetz, Delécluze... Victor Schnetz, un peintre talentueux, qui
osait regarder la rue pour y prendre ses modèles, appartenait, ainsi
que Léopold Robert, à l'Académie de France. Tous deux, sous
l'égide de leur directeur, l'intéressant et maladif Guérin, se rendaient
chez Juliette.

Des amis d'Ampère, seul Delécluze y devient un fidèle : présenté par la comtesse de Bonneval, il délaissait souvent ses chères
études et les *Promenades dans Rome* qui s'élaboraient en commun[1],
pour partager la vie du Babouin. Quel personnage sympathique ! Il
s'attache immédiatement à Juliette sans aucune ambiguïté, précise-t-
il, puisqu'il est un célibataire endurci, et son contemporain : ce qu'il
ne pouvait prévoir, c'est qu'il allait s'éprendre d'Amélie... Sainte-
Beuve le définira comme un typique bourgeois de Paris, badaud,
content de lui, campé sur ses certitudes, touche à tout, inexact, bon

---

1. Stendhal séjourne à Rome depuis le début du mois de décembre 1823. Il y demeurera tout le mois de janvier suivant. S'il y verra souvent Ampère et Delécluze, pour faire
en leur compagnie de nombreuses excursions et visites, il ne se rendra pas rue du
Babouin. Ses *Promenades dans Rome* paraîtront en septembre 1829: elles sont censées
se dérouler pendant les deux années antérieures à leur publication.

humaniste au demeurant, mais farouche ennemi du « gothique », ce qui ne manque pas de piquant quand on sait qu'il était l'oncle de Viollet-le-Duc !

Delécluze avait commencé par peindre : il était l'auteur d'un ouvrage sur David, qu'il avait eu pour maître dans sa jeunesse, puis il était devenu critique d'art. Pour l'heure, il rédigeait, entre deux études historiques consacrées à la Renaissance – ce qui n'était pas si courant, alors – une chronique, publiée dans le *Journal des Débats* et qui, sous forme de « Lettres », un genre très prisé au siècle précédent, décrivait les mœurs et la société romaines. Pendant ce séjour hivernal – il partira à la fin du mois d'avril 1824 pour Naples – il tient un *Carnet de route*, publié récemment, qui nous renseigne sur Juliette et Amélie, de façon amusante et vivante. Delécluze est un observateur dénué de complexes : il écrira avec une verve infatigable d'abondants Mémoires, intitulés *Souvenirs de soixante années* où nous retrouvons, bien entendu, les protagonistes de l'époque qui nous occupe. Sainte-Beuve l'égratignera en le définissant avec une lumineuse justesse : « l'homme qui ne rature jamais [1] » !

Grâce à lui, nous nous représentons l'effet produit par la belle Parisienne lorsque, assistant à telle fête religieuse, la foule s'écarte sur son passage, nous la voyons, dans son salon, accueillir ses hôtes, nous la suivons dans ses promenades en ville ou à la campagne, nous sommes en mesure de préciser certains contours... La qualité première de ce mémorialiste satisfait qu'est Delécluze, ou plutôt « Étienne » – il ne parle de lui qu'à la troisième personne ! – est le naturel. Voici quelques vignettes qu'on dirait saisies sur le vif :

Sa présentation .

[...] Les choses en étaient là, lorsque Mme la comtesse de B***, à qui Mme Récamier avait parlé du retard qu'Étienne mettait à lui faire visite, vint le prendre chez lui, le conduisit chez Mme Récamier, à qui elle présenta son captif en disant : « Enfin le voilà ! » Puis, après quelques mots de politesse pour s'excuser de sa prompte retraite, Mme de B*** alla remonter dans sa voiture pour achever le cours de ses visites.

Cette brusque introduction fit sourire tous les assistants y compris Mme Récamier et Étienne à qui ce coup de théâtre épargna les préliminaires, toujours un peu embarrassants, d'une connaissance nouvelle. Selon son habitude, la maîtresse de la maison, vêtue d'une robe blanche nouée par une ceinture bleu clair, reposait sur un sopha, non loin duquel était assise sa nièce. Tout étourdis de l'arrivée imprévue d'Étienne, Ampère et Montbel étaient restés debout, et le bon Ballanche, méditant auprès du feu, ne laissa voir sur sa figure étrange aucun étonnement.

---

1. Étienne-Jean Delécluze : *Carnet de route d'Italie 1823-1824, Impressions romaines*, Paris, Boivin, 1942. *Souvenirs de soixante années*, Paris, Michel Lévy frères, 1862.

En entrant dans cette maison, Étienne s'était bien dit qu'il ne voulait faire qu'une visite de politesse ; mais il n'en fut pas ainsi. Un quart d'heure était à peine écoulé que la conversation entre Mme Récamier et lui avait pris une aisance qui ne résulte ordinairement que d'une connaissance déjà ancienne. Il est vrai que des souvenirs communs aux deux causeurs à peu près du même âge, en réveillant dans leur mémoire les souvenirs des mêmes événements dont chacun d'eux avait été témoin, durent contribuer à leur faire croire qu'ils se connaissaient depuis longtemps. En somme, l'accueil fait à Étienne fut si cordial et lorsqu'il se retira, Mme Récamier lui dit avec tant de grâce : «*À demain!*» qu'il fallut céder[1].

*

Adrien :

Neuf ou dix personnes au plus composaient la société de Mme Récamier où bien des gens désiraient en vain d'être admis. On s'y rendait en général avec exactitude, et il fallait que M. le duc de Laval, l'un des plus fidèles, eût des devoirs importants à remplir, pour manquer à ces réunions. Après les deux dames, la tante et la nièce, c'était lui qui donnait la vie à ces soirées. On retrouvait encore en toute sa personne la tradition des manières du grand seigneur d'autrefois. Poli sans affectation, parlant à peu près sur le même ton de choses tristes, sérieuses ou badines ; écoutant, sans laisser paraître ce qu'il éprouvait, les discours qui contrariaient le plus ses idées, sa physionomie douce et bienveillante restait au fond toujours impassible. Le caractère et l'esprit de cet homme n'étaient pas fortement trempés ; mais, comme la plupart de ceux que leur naissance et leur position dans le monde ont mis à même de frayer habituellement avec les hommes d'élite en tous genres, M. de Laval, à l'instar d'une abeille diligente, avait confié à sa bonne mémoire tout le butin qu'il avait fait et savait en tirer le plus heureusement parti. Aussi, quoique ce qu'il disait ne se résumât guère qu'en citations, il les plaçait avec un tel à-propos, savait leur donner un air si nouveau, qu'il se les appropriait. Il n'était même pas jusqu'à son léger bégayement dont il ne profitât avec grâce, pour donner de l'inattendu et du piquant à ce qu'il disait[2].

*

Le bon Ballanche :

Faible de santé, lourd dans ses mouvements, ce pauvre homme avait la tête et particulièrement le visage concassés comme s'ils eussent reçu deux ou trois coups de pilon dans un mortier. Originairement il avait exercé la profession d'imprimeur à Lyon, sa ville natale ; mais son goût pour les lettres et l'érudition l'avait entraîné à écrire et, en 1824, au moment le plus florissant de la réunion chez Mme Récamier, sa compatriote, il étudiait les antiquités de l'histoire de Rome, travaillait aux ouvrages qui l'ont fait connaître, particulièrement à la *Palingénésie*, ou

---

1. *Souvenirs de soixante années*, 1862, pp. 186-187.
2. *Op. cit.,* p. 189.

rénovation de la société. Tout le temps qu'il ne donnait pas à l'étude, il le consacrait à Mme Récamier qu'il aimait et a toujours vénérée comme une sainte. Habituellement plongé dans ses méditations, ce n'était qu'en certaines occasions, lorsqu'il entendait exprimer des idées et des sentiments contraires aux siens, que cet homme, qui habituellement paraissait végéter plutôt que vivre, s'animait et parlait quelquefois avec une véhémence qui allait jusqu'à l'emportement. Chaque jour, après son travail, il arrivait régulièrement chez Mme Récamier vers trois heures du soir et, après lui avoir fait affectueusement ses politesses, allait s'établir devant la cheminée où il restait immobile comme un sphinx égyptien. Les allées et venues des personnes de la maison, les visites, rien ne le tirait de son calme, à moins que quelques paroles malsonnantes à son oreille ne vinssent, comme une étincelle électrique, enflammer son cerveau. Entre plusieurs explosions de ce genre il en est une qui a longtemps égayé le petit cercle de la rue del Babuino. Après un très bon dîner chez Mme la duchesse de Devonshire, Ampère et Ballanche, qui y avaient assisté, revinrent vers dix heures du soir chez Mme Récamier où se trouvaient le duc de Laval, lord Kinnaird, le duc-abbé de Rohan, Montbel et Étienne. Le travail littéraire dont s'occupait Ballanche en ce moment lui faisait diriger ses lectures sur les ouvrages de Bossuet, et comme le dîner de la duchesse lui avait délié la langue, il laissa échapper sur le grand évêque quelques paroles dédaigneuses qui furent relevées aussitôt par Mme Récamier et le duc de Laval. Mais Ballanche, levant la tête et prenant un ton d'autorité, commença une diatribe fulminante en motivant, comme il l'entendait, les reproches qu'il faisait à Bossuet et, s'échauffant toujours davantage, il arriva enfin à la péroraison en disant comme s'il eût été hors de lui : « Qu'on ne me parle plus des vertus et des talents de Bossuet ; d'un homme qui a osé dire que Dieu n'a pas révélé le dogme de l'immortalité de l'âme aux juifs, parce qu'ils n'étaient pas dignes de recevoir cette vérité ! Ces mots, ajouta-t-il, en devenant presque furibond et marchant à grands pas, ces mots le rendent digne du feu, et les cinquante mille bûches de l'Inquisition ne suffiraient pas pour le rôtir ! » Puis, s'arrêtant tout à coup : « Il y aurait là cinquante mille fenêtres que je m'en précipiterais d'un coup, en témoignage de ce que j'avance. » En laissant échapper ces dernières paroles, il appuyait la main tantôt sur l'épaule de M. de Laval, tantôt sur celles de lord Kinnaird et du duc de Rohan qui, ainsi que les autres assistants, ne pouvaient se tenir de rire, hilarité à laquelle le bon Ballanche se laissa bientôt aller lui-même [1]

*

Le jeune Ampère :

À Rome, pendant les promenades, dans les musées, sous les antiques murs du Capitole, comme dans le salon de Mme Récamier, il conservait, malgré ses vingt-quatre ans, les habitudes, les inégalités d'esprit et de caractère propres à un adolescent. Dans la même journée, que le temps fût radieux ou obscur, on le voyait, sans cause apparente, gai ou triste, aimable ou soucieux, passant tout à coup de joies folles à des

---

1 *Op. cit.,* pp. 190-191.

humeurs noires et, après avoir goûté le charme de la société dont il faisait partie, témoignant tout à coup le désir d'aller à Naples ou de s'embarquer pour la Grèce dont le sort occupait toute l'Europe en ce
moment. Ainsi que l'a dit Shakespeare d'un de ses personnages,
Ampère était alors changeant comme le mois d'avril, *fickle as April*.
Aussi, dans cette Rome qui fait naître tant d'impressions si variées,
avait-il l'occasion de mettre toutes les ressources de son imagination et
de son savoir en jeu, et soit dans la conversation, ou par ses écrits en
prose ou en vers, il se montrait en réalité l'homme le plus littéraire de
la société française à Rome en ce moment [1].

*

Le peintre Schnetz :

D'une douceur, d'une aménité charmante, V. Schnetz, malgré son
aspect un peu rude et un peu sauvage, tenait fort agréablement sa place
dans cette société où sa franchise et ses observations originales contras-
taient avec le poli des paroles que l'on y employait le plus ordinairement. Les modèles que la nature de son talent lui faisait rechercher, les
habitudes des brigands, des ermites, des capucins et des gens de la campagne lui fournissaient des remarques fort originales. Un soir, entre
autres, où, la conversation étant tombée sur les galériens, il s'efforçait
de prouver qu'à Rome cette peine n'était considérée comme infamante
ni pour le condamné ni pour ses parents, il ajouta que dans la rue
Ripetta il avait connu une femme dont le mari était condamné aux fers,
et que cette digne épouse, en souvenir de son époux et par tendresse
pour lui, avait fait faire à leur fils, âgé de cinq ou six ans, un petit habit
de galérien, avec des chaînes de fer-blanc, absolument avec le même
entrain que les dames de Paris font porter des habits de hussard ou de
garde national à leurs enfants [2].

*

Le peintre Guérin :

L'autre artiste, P. Guérin, alors directeur de l'école de France à Rome,
n'avait pas dans le monde la verve de V. Schnetz. C'était au contraire
un homme réservé, parlant très peu, mais à propos, et ayant les
manières les plus distinguées. La faiblesse de sa santé contribuait
encore à augmenter son calme, mais il est certain qu'il écoutait avec
esprit. Le talent de ce peintre n'était de son aveu rien moins que facile ;
dans une réunion pendant laquelle Schnetz et Étienne faisaient des croquis pour ces dames, celui-ci ayant dit à l'oreille de Guérin qui regardait le travail leste des deux dessinateurs : « Vous devriez bien faire
quelque croquis pour Mme Récamier, je sais que vous lui feriez un plaisir extrême », l'auteur du *Marcus Sextus* et de *Phèdre* répondit à voix
basse : « On me donnerait un million pour improviser un dessin comme
le fait Schnetz que je ne pourrais y réussir. » Et en effet cet artiste,

---

1. *Op. cit.*, pp. 195-196.
2. *Op. cit.*, p. 194.
3. *Op. cit.*, p. 195.

comme beaucoup de grands maîtres d'ailleurs, ne pouvait rien produire sans avoir la nature devant les yeux[3].

*
* *

Si Juliette s'était immédiatement posée dans la société romaine, son séjour avait débuté par un grave désagrément domestique : sa femme de chambre était tombée sérieusement malade. On désespérait de la sauver, quand le duc-abbé de Rohan demanda à s'entretenir avec elle : bien que mariée à un catholique, elle était protestante. Le croirait-on, au sortir de la conversation avec l'irrésistible Auguste, la mourante, non seulement se convertit, mais elle guérit ! Double miracle, dont ne manqua pas de s'émouvoir à distance l'excellent Mathieu...

Avait suivi un deuil brutal qui frappait de plein fouet la duchesse cousine. Le pape Pie VII (Chiaramonti) s'était éteint l'été précédent. Léon XII (Della Genga) lui avait succédé – Juliette était arrivée à temps pour assister à sa prise de possession de Saint-Jean-de-Latran, ce qui avait entraîné un renouvellement du haut personnel politique du Vatican. Le vieux cardinal Consalvi, le secrétaire d'État qui avait œuvré pendant les difficiles années post-révolutionnaires, l'habile négociateur du Concordat qui, ensuite, avait partagé l'exil et l'emprisonnement de Pie VII, s'était, de ce fait, trouvé écarté des affaires. Il n'avait pas tardé à en mourir. La douce amitié de la dame de ses pensées n'empêcha rien...

Juliette avait partagé les inquiétudes de celle-ci pendant les cinq semaines qu'avait duré la maladie du prélat. Il mourut le 24 janvier 1824. Elle n'avait pas connu Hercule Consalvi, mais, avec l'assentiment de la duchesse cousine, elle se rendit, accompagnée d'Amélie, à son palais où, comme c'était l'usage, le cardinal, revêtu de la pourpre, était exposé sur un lit de parade. Amélie écrit à Ballanche, parti avec Dugas-Montbel pour Naples et la Grande Grèce : « [...] Ma tante vous a-t-elle dit que nous avions vu le cardinal sur son lit de mort ? Il avait une figure noble et calme, point altérée et nullement effrayante. Cela m'accoutume à la mort de la voir si peu laide[1]. »

Initiation à la vie romaine on ne peut plus typique !

La duchesse souffrait de ne pouvoir porter le deuil de son ami dans le silence et la réclusion. Il lui fallait – compte tenu de l'illégitimité de leur relation – continuer à mener une vie mondaine normale, comme auparavant... Cette longue femme amaigrie, aux traits ciselés, au port altier, ressemblait à un spectre. Lorsqu'elle paraissait dans un salon, sa tristesse était perceptible : Juliette se tenait près d'elle et d'un regard la consolait, lui faisant entendre combien elle la comprenait, combien elle aussi aurait aimé être ailleurs...

C'est le cas, le jeudi 5 février 1824, lorsque la comtesse Apponyi, ambassadrice d'Autriche, donne une grande réception au

---

1. Ms. B.N. N.A.F. 14092.

palais de Venise, réception que l'entourage de Juliette aurait garde de manquer, car elle s'assortit d'un spectacle particulier. On y joue une pièce de Sedaine, une autre de Scribe, le *Nouveau Pourceaugnac*, avec, parmi les acteurs, une petite débutante : Amélie Récamier, comme on a coutume de l'appeler. Delécluze a noté dans son *Carnet de route* les circonstances détaillées de cette soirée, à laquelle Juliette se rend dans l'équipage – mis à sa disposition dès son arrivée à Rome – du duc de Laval :

[...] Nous sommes arrivés dans les énormes salons du palais de Venise, qui étaient déjà remplis de monde. Mme Récamier était fort belle ; je ne sais plus qui lui donnait la main. L'ambassadeur donnait le bras à la duchesse de Devonshire et Ampère et moi nous faisions les pages. J'ai rencontré là le prince Dolgorouki, le comte Swetchine, le duc de Rohan, le cardinal Caccia Piatti, le comte Deportes, la comtesse de Bonneval, son fils, la marquise de Beaumetz et sa jolie fille, l'admirable princesse Doria, miss Bathurst, la duchesse de Bracciano et sa fille, qui peut dire comme la Sulamite : *Je suis noire, mais je suis belle* ; l'envoyé de Hesse, homme que je vois souvent sans savoir son nom, mais plein de savoir et d'instruction ; milord Kinnaird, un déluge de belles Italiennes et Anglaises et en général toute la crème de ce qui est à Rome. (Tous les ambassadeurs étaient là.)

On a commencé par représenter *La Gageure imprévue*. À ce moment, j'étais hors de la salle, placé auprès de la porte sur une banquette, entre le cardinal Rivarola et le duc de Rohan. Ce jeune homme a une physionomie tout à fait singulière. Il a toujours l'air de sourire tristement à une idée qu'il renferme dans son esprit. Il regardait parfois la pièce avec une certaine curiosité, puis se rasseyait. Le cardinal s'amusait comme un bienheureux, entendait fort bien la pièce et me demandait avec vivacité le nom des différentes personnes qui remplissaient les rôles. Le prince Gagarin et le prince de Mecklembourg remplissaient les rôles de valets. Cosacowski faisait M. Détieulette et M. Craven, Anglais, celui du mari.

À cette première pièce ont succédé des *tableaux* exprimant les deux parties de *dé lire* et le tout : *délire*. Le premier représentait un jeu de soldats hollandais du XVIIe siècle, au moment où le coup de *dé* détermine l'expression du désespoir ou de la joie parmi les joueurs et les assistants. C'était fort joli. Je m'attendais à une niaiserie et j'ai été étonné fort agréablement. Le second était, pour exprimer *lire*, Sapho entourée des filles de Lesbos et chantant sur sa lyre. C'était admirable à voir : on avait réuni toutes les plus belles femmes, anglaises et italiennes. J'ai remarqué surtout Mmes Bonacorsi, Dodwell et miss Bathurst, etc. C'était ravissant. On a relevé le rideau trois fois à la demande des spectateurs.

Délire : le dernier tableau a été le moins bon. Il y avait de la pantomime et cela a été faible. On [a] chanté – (M. Duvivier, pour remplacer quelqu'un qui a manqué) – et cela n'a pas été bon. Les *tableaux* avaient été disposés par ce pauvre Guérin, qui n'a pas pu assister à la fête, car il est malade et il a craché le sang ce matin.

[...] Ampère était ému pour Mlle Amélie qui allait jouer. Cependant, il dit qu'il ne l'aime pas, et je serais tenté de le croire d'après ce qu'il m'a dit d'elle, quoique je ne parierais pas un fétu de paille que la chose n'est pas. Moi qui suis bien sûr de n'être pas amoureux d'elle, j'avais un peu peur pour son début. Cette jeune personne fait naître de l'intérêt. Elle est jolie, bien faite, elle a le pied charmant, l'esprit juste, de la mesure, du calme, de la finesse, enfin, c'est une idée de la perfection et c'est pour cela que je crois qu'Ampère ne l'aime pas. Les femmes qui inspirent des passions très vives ont souvent de grandes qualités, mais elles ont au moins un grand défaut.

La représentation a été assez bonne ; la prononciation anglaise a trahi parfois la verve comique de M. Craven, qui jouait le nouveau Pourceaugnac. Mais Mlle Amélie a été le coryphée de la fête. Son embarras, sa timidité (elle jouait pour la première fois) ont ajouté du charme à son jeu. Elle a été le principal ornement de la comédie, qui, du reste, a été extrêmement curieuse. À la fin, tous les acteurs ont chanté des couplets faits par Artaud. Amélie ne chantant pas, on lui avait fait un petit épilogue en vers (Artaud), assez joli, qu'elle a lu avec une grâce parfaite. Amélie est le chef-d'œuvre de l'éducation française, qui manière le naturel. Les Italiennes ne comprennent même pas ce genre de mérite, mais elles en ont un autre. Mme Récamier, tante d'Amélie, était fort belle. Tournure superbe, bien mise, tenue française dans la perfection. Les Italiennes, auprès de cela, on l'air de petites sauvages, mais quel charme puissant il y a dans leur naturel.

[...] La maîtresse n'est pas très jolie, mais elle a une figure extrêmement bonne et gracieuse. Toute cette fête était à l'occasion de la sienne.

Voici le nom des personnages et des acteurs qui ont figuré dans cette soirée brillante.

Dans *La Gageure imprévue* :

Mme de Clainville : la comtesse Turnheim.
M. de Clainville : M. Craven, Anglais.
Marquis Détieulette : le comte Cosacowski, Polonais.
Mlle de Clainville : lady Belfast, Anglaise.
La gouvernante : la princesse Lignotinsky, Polonaise.
Soubrette : Mlle Lina, nièce.
Dubois : le prince de Mecklembourg.
Lafleur : le prince Gagarin, Russe.
Laquais : le jeune Apponyi, Hongrois.

Dans *Le Nouveau Pourceaugnac*

Pourceaugnac : M. Craven.
3 hussards : le jeune Apponyi ; Duvivier, Belge.
le colonel : le prince de Mecklembourg.
Futet : le comte Lipart, Belge.
Mme Futet : la marquise La Grua, Espagnole.
Tiennette : Mlle Amélie Récamier, Française.

Dans les trois tableaux qui ont été présentés entre les deux pièces, tableaux où l'on avait fait entrer toutes les belles personnes qui sont à Rome, il est à remarquer qu'il n'y avait pas de Françaises. C'est de toutes les nations de l'Europe les femmes dont il y a le moins ici. Je n'en vois que six ou sept dans le monde, et dans ce nombre il n'y en a que deux qui auraient pu figurer avec avantage pour elles et la nation dans ces tableaux : Mme Récamier et la fille de la marquise de Beaumetz. L'une n'est plus d'âge à se mettre en évidence, l'autre est trop jeune.

Voici, autant que je m'en souviens, les noms des dames qui ont figuré dans les tableaux : la comtesse Bonacorsi, Italienne ; Mme Dodwell, Italienne ; lady Francis Goro, Anglaise ; miss Bathurst, Anglaise ; la ragazza Bischi. Les tableaux ont été composés et disposés par Guérin, directeur de l'Académie de France.

À la fin du dîner, M. de Laval a dit un mot fort joli à propos de la langue française que tout le monde parle ici et des pièces françaises jouées par toutes personnes étrangères à notre pays ; il a dit : que *c'est la revanche de la tour de Babel*[1].

Le commentaire de Juliette à Paul David est qu'Amélie a joué avec «une perfection, une grâce ravissante et une nuance de timidité» unanimement appréciées. Et si sa tante la ramène tôt rue du Babouin, parce qu'elle lui trouve un petit visage tiré, la jeune fille peut s'endormir tranquille : ses débuts romains sont un succès...

*
* *

Amélie est enchantée. Elle se réjouit de ce que, bientôt, elle va participer au plus beau des divertissements, à ce feu d'artifice annuel, cette grande distraction rituelle et qui approche : le carnaval...

Le carnaval romain, écrit Goethe, est une fête qui, au fond, n'est pas donnée au peuple, mais que le peuple se donne à lui-même. Pendant ces jours, le Romain de notre temps se réjouit apparemment que la naissance du Christ n'ait pu abolir les saturnales et leurs privilèges, même si la date ne coincide plus avec celles-ci...

Les bacchanales, les saturnales, les lupercales, les libérales, certes, les quatre anciens «excès» païens qui rythmaient le cycle saisonnier, avaient été canalisés par l'Église, qui admettait ces débordements, pour peu qu'ils s'arrêtassent au seuil du Carême, le mercredi des Cendres. À Rome, le carnaval était inoubliable parce qu'il était demeuré le vivant apanage de la population tout entière : la ville étincelait d'illuminations, de fêtes, de bals, de défilés masqués que ponctuaient les inévitables batailles de confetti... La concentration traditionnelle se faisait tout au long du Corso — le Cours, qui empruntait son nom aux antiques courses de chevaux qui s'y déroulaient — et dans ses rues adjacentes.

Le samedi 21 février, le grand bal donné à l'ambassade de France ouvre les réjouissances : neuf cents invités se pressent dans les salons du palais Simonetti. Étienne n'en perd pas une miette :

---

1. *Impressions romaines*, Paris, Boivin, 1942, pp. 90 à 95.

[...] Devenu libre, je suis allé voir danser. Ampère était près de moi et nous étions tous deux assis sur une ottomane. Mlle Amélie était de la contre-danse et pendant que je regardais ses jolis pieds, que je suivais ses mouvements nonchalants je parlais à Ampère du mal affreux de la jalousie. Je ne sais s'il accouchait clandestinement de quelques vers, mais il me répondait par monosyllabes ou terminait ses phrases par un vers tragique. Je suivais toujours des yeux Amélie qui dansait avec M. de Saint-Priest le fils, celui qui lui parle toujours de *la nature*. Elle souriait en lui répondant, parce qu'elle voyait qu'Ampère et moi l'observions et qu'elle pensait sans doute que nous faisions des contes sur sa conversation avec cette espèce de tonneau qui dansait avec elle. [...] Ampère me disait d'Amélie que cette femme ne mourrait que d'ennui. Cela est assez juste. Ce sont de ces personnes qui dans la vie ne considèrent jamais que le point de départ et l'arrivée. [...] Il y a en France beaucoup de femmes comme Amélie, qui n'ont point de sens, ou chez lesquelles ils restent presque toujours endormis. Malheur à ces personnes si elles prennent des attachements, car tout se porte à la tête et il n'y a pas de soulagement à espérer. Ces femmes sont celles que j'appelle *nées religieuses*. Ce que fait Amélie est bien fait, mais sans amour, sans vie ; elle danse bien, mais on voit à son air, à ses mouvements qu'elle méprise la danse[1]...

Le bal, très réussi, se termine à trois heures du matin sur une valse de cinquante-deux minutes...

Un mot, au passage, sur le chassé-croisé sentimental qui se noue à Rome : Ampère, le capricieux, l'imprévisible Chérubin, est amoureux de Juliette, qui le rassure, le protège, encourage ses premières tentatives d'écriture et, surtout, constitue pour lui le meilleur des alibis pour ne pas s'affronter soi-même. Delécluze, qui se pensait hors d'atteinte, est séduit par Juliette et, plus encore, par Amélie, même si ce sentiment qui va aller s'accentuant est sans grand espoir... Ce qui complique les choses, c'est la possible relation, antérieure à ce séjour, d'Ampère et d'Étienne. Il y a un aveu intéressant dans le *Carnet de route* de ce dernier, qu'à défaut d'expliciter on se doit de reproduire :

Je ne me suis jamais trompé sur l'amitié qu'Ampère m'a montrée ; il était de bonne foi avec lui-même : il croyait m'aimer. R. est la preuve du contraire. Il croyait poursuivre le même but que moi ; il l'a bien recherché quelque temps en effet, mais il sent à présent qu'il s'est trompé, quoique au fait je perde plus que lui : c'est lui qui aura le plus de chagrin, parce qu'il sentira qu'il s'est fait illusion et, moi, je n'ai jamais compté sur rien de bien solide. Ce que je viens d'exprimer est un des secrets les plus importants de la vie[2]...

Le ton désabusé d'Étienne trahit une sorte de lucidité sur les limites de sa propre puissance. Y a-t-il là un cas d'homosexualité plus ou moins latente ? Ce ne serait pas invraisemblable... Ampère note dans son *Journal*, à la date du 18 septembre 1824 : « À seize

---

1. *Impressions romaines, op. cit.,* pp. 183-184.
2. *Impressions romaines, op. cit.,* p. 83.

ans, distrait des femmes par un accident funeste et éloigné de plus par la vie qu'on me faisait mener, mon imagination se porte sur deux choses : la poésie et la philosophie [1]. »

Quel type d'accident funeste ? Le jeune Ampère se débattait alors entre la flagrante médiocrité de sa veine poétique et son «roman» enflammé mais cérébral pour la belle Juliette. Nous ne croyons pas à la véracité de certaines indiscrétions distillées par Duvergier de Hauranne dans le petit groupe d'amis qui entourait Stendhal alors et que Mérimée entendra à son tour, et colportera… La barre qu'Ampère aurait voulu franchir est hypothétique : Juliette accueillait ces marivaudages avec son habituelle réserve, et ce que reprochait un témoin beaucoup plus crédible – Delécluze – à cette affection, c'était précisément sa totale désincarnation ! Quant à la virilité d'Ampère, qu'on nous permette de dire qu'elle restera sans doute éternellement douteuse…

En revanche, ce qui est logique, c'est que la féminité éclatante mais retenue de Juliette, son aptitude à écouter, comprendre et partager les heures de sa vie – mais non les plus secrètes – avec ceux qu'elle entraîne dans son sillage attirent toujours à elle des attachements platoniques, des amours de tête, violents parfois, mais jamais… dangereux. Canova, Ballanche, Ampère, Delécluze lui-même… Autant de relations écloses sur la base tacite d'une totale et mutuelle immunité.

Juliette est une séductrice de la plus belle eau et la variété de ses affections parle en faveur de la richesse et de la subtilité de sa nature : rien ne lui résiste, ni les hommes les plus masculins, ni les homosexuels, ni les gentils eunuques, ni les jolies femmes…

Jeux de masques avec Hortense

L'une des amies de Juliette, précisément, vient d'arriver dans la Ville Éternelle, au moment où débute le carnaval : il s'agit de l'ex-reine de Hollande, Hortense de Beauharnais, ou, si l'on préfère, la duchesse de Saint-Leu. Les deux femmes avaient été séparées par la seconde Restauration. Hortense, comme tous les membres de la famille Bonaparte, était étroitement surveillée par les puissances alliées et résidait ordinairement sur les bords du lac de Constance. On lui avait permis ainsi qu'à ses deux fils de rejoindre pour un temps ceux d'entre les siens qui avaient reçu l'hospitalité du souverain pontife, dont le moins qu'on puisse dire est qu'il ne manquait pas de générosité…

Sous l'égide de Mme Letizia – qui occupait le *piano nobile* du palais Rinuccini, à l'angle du Corso et de la place de Venise – une partie du clan s'était reformée : le cardinal Fesch, Lucien et sa famille, Jérôme et la sienne, Pauline, séparée de son mari, mais qui

---

1. Édité par Louis de Launay, Paris, 1927, p. 139.

avait aménagé la villa Paolina, vivaient entre eux et leurs fidèles et, dans l'ensemble, ne pouvaient que se féliciter de leur choix.

Les retrouvailles avec Hortense furent un moment quasi romanesque de la vie de Juliette : en effet, la situation respective des deux amies était, une fois de plus, inversée. Et c'est Juliette qui se trouvait, en février 1824, en position de puissance. Son amitié intime pour l'ambassadeur du roi de France et les facilités dont elle jouissait en témoignaient à tout instant. Hortense, en revanche, n'était admise à visiter sa famille qu'à titre exceptionnel, en vertu d'une sorte de congé spécial. Il était clair qu'aucune des deux femmes ne pouvait introduire ouvertement l'autre dans son cercle... Cette difficulté les amusait et voici comment elles inventèrent de la tourner : Juliette elle-même le raconte.

Je m'étais rendue un jour de fête à l'église de Saint-Pierre pour y entendre la musique religieuse si belle sous les voûtes de cet immense édifice. Là, appuyée contre un pilier, recueillie sous mon voile, je suivais de l'âme et de la pensée les notes solennelles qui se perdaient dans les profondeurs du dôme. Une femme d'une taille élégante, voilée comme moi, vint se placer près du même pilier ; chaque fois qu'une émotion plus vive m'arrachait un mouvement involontaire, mes yeux rencontraient le visage de l'étrangère tourné vers moi. Elle semblait chercher à reconnaître mes traits ; de mon côté, à travers l'obstacle de nos voiles, je croyais distinguer des yeux bleus et des cheveux blonds qui ne m'étaient pas inconnus. « Madame Récamier ! – C'est vous, madame ! dîmes-nous presque à la fois. – Que je suis heureuse de vous retrouver ! continua la reine Hortense, car c'était elle ; vous savez que je n'ai pas attendu ce moment pour chercher à me rapprocher de vous, mais vous m'avez toujours tenu rigueur, ajouta-t-elle en souriant. – Alors, madame, répondis-je, mes amis étaient exilés et malheureux ; vous étiez heureuse et brillante ; ma place n'était point auprès de vous. – Si le malheur a le privilège de vous attirer, reprit la reine, vous conviendrez que mon tour est venu, et vous me permettrez de faire valoir mes droits. »

J'éprouvai un peu d'embarras à lui répondre. Ma liaison avec le duc de Laval-Montmorency, notre ambassadeur à Rome, et avec tout ce qui tenait au gouvernement du roi à cette époque, était autant d'obstacles à ce que la reine me vînt voir chez moi ; il n'y en avait pas moins à ce que je me présentasse chez elle ; elle comprit mon silence. « Je sais, dit-elle avec tristesse, que les inconvénients de la grandeur nous suivent encore alors même que ses prérogatives nous ont quittés. Ainsi la perte du rang que j'occupais ne m'a point acquis la liberté de suivre le penchant de mon cœur ; je ne puis même aujourd'hui goûter les douceurs d'une amitié de femme, et jouir paisiblement d'une société agréable et chère. »

Je m'inclinai avec émotion, mon regard attendri lui dit seul ce que j'éprouvais. « Il faut cependant que je vous parle, reprit la reine avec plus de vivacité ; j'ai tant de choses à vous dire !... Si nous ne pouvons nous voir l'une chez l'autre, rien ne nous empêche de nous rencontrer ailleurs ; nous nous donnerons des rendez-vous, cela sera charmant ! Charmant, en effet, madame, répondis-je en souriant, surtout pour moi ; mais comment fixer l'heure et le lieu de ces rendez-vous ? – Ce serait à moi de vous le demander, car, grâce à la solitude qui est pour moi d'obligation, mon temps m'appartient tout entier ; mais il n'en peut être de même du vôtre : recherchée comme vous l'êtes, sans doute vous allez beaucoup dans le monde. – Dieu m'en garde ! Je mène au contraire une vie assez sauvage. Il serait absurde d'être venue à Rome pour y voir des salons et un monde qui se ressemblent partout ; j'aime mieux visiter ce qui n'appartient qu'à elle, ses monuments et ses ruines. – Eh bien, voilà qui s'arrange à merveille. Si vous n'y voyez pas d'inconvénients, je serai de moitié dans vos excursions ; vous me ferez part chaque jour de vos projets pour le lendemain, et nous nous rencontrerons *par hasard* au lieu que vous aurez choisi. »

J'acceptai cette offre avec empressement. Je me faisais une fête de ces courses dans la Rome antique, en compagnie d'une femme aimable et gracieuse, qui aimait et comprenait les arts ; de son côté, la reine était heureuse de penser que je lui parlerais de la France, et, pour l'une comme pour l'autre, le petit air de mystère jeté sur ces entrevues n'était qu'un attrait de plus.

« Où comptez-vous aller demain ? me dit la reine. – Au Colisée. – Vous m'y trouverez certainement. J'ai à causer longuement avec vous : je tiens à me justifier à vos yeux d'une imputation qui m'afflige. » La reine allait entrer dans des explications, et l'entretien menaçait de se prolonger ; je lui rappelai sans affectation que l'ambassadeur de France, qui m'avait conduite à Saint-Pierre, allait venir m'y reprendre : car je craignais que la rencontre ne fût embarrassante pour elle et pour lui. « Vous avez raison, dit la reine, il ne faut pas qu'on nous surprenne : adieu donc, à demain, au Colisée. » Et nous nous séparâmes.

Le lendemain, à l'heure de l'*Ave Maria*, j'étais au Colisée ; j'aperçus la voiture de la reine Hortense, qui n'avait précédé la mienne que de quelques minutes. Nous entrâmes ensemble dans le cirque, en nous félicitant mutuellement de notre exactitude ; nous parcourûmes ce monument immense au rayon du soleil couchant, au son lointain de toutes les cloches :

Che paja il giorno pianger che si muore[1].

Nous nous assîmes ensuite sur les degrés de la croix au milieu de l'amphithéâtre. Le prince Charles-Napoléon Bonaparte et M. Ampère, qui nous avaient suivies, se promenaient à quelque distance. La nuit était venue, une nuit d'Italie ; la lune montait doucement dans les airs, derrière les arcades ouvertes du Colisée, le vent du soir résonnait dans les galeries désertes. Près de moi était cette femme, ruine vivante elle-même d'une si étonnante fortune. Une émotion confuse et indéfinissable me forçait au silence. La reine aussi semblait absorbée dans ses réflexions. « Que d'événements n'a-t-il pas fallu, dit-elle enfin en se tournant vers moi, pour nous réunir ici ! Événements dont j'ai souvent été le jouet ou la victime, sans les avoir prévus ou provoqués ! »

Je ne pus m'empêcher de penser intérieurement que cette prétention au rôle de victime était un peu hasardée. J'étais alors persuadée qu'elle n'avait pas été étrangère au retour de l'île d'Elbe. La reine devina sans

---

1. Juliette affectionnait cette invocation à la nuit, extraite du *Roméo et Juliette* de Steibelt. C'est le morceau qu'elle exécute à la chute du jour, dans la « cellule » décrite par Chateaubriand, dans les *Mémoires d'outre-tombe*.

doute ce qui se passait dans mon esprit; d'ailleurs il ne m'est guère possible de cacher mes sentiments; mon maintien, ma physionomie les trahissent malgré moi. « Je vois bien, dit-elle avec vivacité, que vous partagez une opinion qui m'a profondément blessée; c'est pour la détruire que j'ai voulu vous parler librement[1]. ».

Suit une longue justification que Juliette avoue avoir trouvé convaincante… L'insolite de leur situation les divertissait et les charmait. Chaque jour, elles se retrouvaient en un lieu différent : au temple de Vesta, au tombeau de Cécilia Métella, dans les églises, dans les galeries des palais ou dans les plus beaux sites de cette campagne romaine qu'avait décrite Chateaubriand vingt années auparavant et dont la relative désolation était toutefois bien séduisante…

Mais il y a mieux : Hortense et Juliette décident de transgresser l'interdit qui pesait sur leur amitié. Cela se passe chez le fastueux Torlonia, le 23 février, lors d'un bal masqué – comme il se doit, puisqu'on était depuis deux jours en carnaval – et qui, par elles, demeura mémorable. Juliette poursuit son récit :

[…] Ce bal était masqué, ce qui fit venir à la reine la fantaisie d'y aller et de m'y donner rendez-vous. Nous convînmes de nous faire faire un costume semblable; c'était un domino de satin blanc tout garni de dentelle. Ainsi vêtues, on pouvait facilement nous prendre l'une pour l'autre; seulement, comme signe de reconnaissance, je portais une guirlande de roses et la reine un bouquet des mêmes fleurs.

J'arrivai au bal conduite par le duc de Laval-Montmorency; au milieu de l'immense et brillante cohue qui remplissait les salons, je cherchais la reine des yeux et je l'aperçus enfin accompagnée du prince Jérôme Bonaparte. Tout en passant et repassant l'une près de l'autre, nous trouvâmes moyen de nous dire quelques mots et nous eûmes bientôt organisé un petit complot. Dans un moment où la foule était excessive, je quitte tout à coup le duc de Laval et, m'éloignant de quelque pas, je détache à la hâte ma guirlande; la reine, attentive à ce mouvement, me donne son bouquet en échange et va prendre ma place au bras de l'ambassadeur de Louis XVIII, tandis que j'occupe la sienne sous la garde de l'ex-roi de Westphalie. Elle se vit bientôt entourée de tous les représentants des puissances étrangères et moi de tous les Bonaparte qui se trouvaient à Rome. Tandis qu'elle s'amusait des saluts diplomatiques que lui attirait la compagnie de l'ambassadeur, et dont quelques-uns sans doute n'étaient pas nouveaux pour elle, je m'étonnais, à mon tour peut-être, à la révélation de regrets et d'espérances que d'ordinaire on ne dévoile que devant les siens.

Avant qu'on ne pût soupçonner l'échange qui avait eu lieu, nous reprîmes nos premières places; puis à une nouvelle rencontre nous les quittâmes encore; enfin, nous répétâmes ce jeu jusqu'à ce qu'il eût cessé de nous amuser, ce qui ne tarda guère, car tout ce qui amuse est de sa nature peu durable.

Cependant cette ruse, dont on avait fini par se douter, avait mis le trouble dans nos sociétés respectives. Le bruit s'était répandu dans le

17 *In* Lenormant, *op. cit.,* t. II, pp. 72 et suiv.

bal que la reine Hortense et Mme Récamier portaient le même déguisement, et l'embarras de ceux qui nous abordaient l'une ou l'autre, tant
qu'ils n'avaient pas constaté notre identité, prolongea quelque temps le
plaisir que nous prîmes à cette plaisanterie. Tout le monde du reste s'y
prêta de bonne grâce, à l'exception de la princesse de Liéven que la
politique n'abandonne jamais, même au bal, et qui trouva fort mauvais
qu'on l'eût compromise avec *une Bonaparte*[1] !

La revêche comtesse, puis princesse de Liéven, alors ambassadrice de Russie à Londres, était, comme beaucoup de ses compatriotes, dévorée de volonté de puissance. Y trouvait-elle un écho ou
une compensation aux excès du monde slave d'où elle venait, à l'absence de mesure de ses proportions, de ses espaces, de sa psychologie ? Elle ne rêvait que d'une chose : devenir l'instigatrice de la
diplomatie alliée, la *Sibylle de l'Europe*, comme on l'appellera lorsqu'elle aura fixé son destin à Paris et se sera faite l'égérie de Guizot.
Chateaubriand, pourtant si courtois à l'égard du beau sexe, se montrera d'une rare acidité envers elle, lorsqu'il l'évoquera dans ses
Mémoires :

> Mme de Liéven, au visage aigu et mésavenant, est une femme com-
> mune, fatigante, aride, qui n'a qu'un seul genre de conversation, la
> politique vulgaire ; du reste, elle ne sait rien et cache la disette de ses
> idées sous l'abondance de ses paroles[2]...

Dans l'ensemble, ses contemporains la détestaient. Sa réaction
vinaigrée au jeu d'Hortense et de Juliette n'a rien qui puisse étonner.
Avouons que les deux masques blancs, à la différence de l'ambassadrice, ne manquaient ni d'humour ni de fine et allègre insolence.

*
* *

De bals masqués en fêtes, de mascarades de rues en courses de
chevaux barbes sur le Corso, le carnaval se poursuit à grand renfort
de batailles de bonbons ou de confetti. Delécluze, toujours aux premières loges, nous raconte qu'Amélie, alors qu'elle se rend en compagnie de sa tante et d'Adrien au théâtre de marionnettes du palais
Fiano, en reçoit plein sa collerette... Chaque jour, il va rue Ripetta,
qui, comme le Corso et la rue du Babouin, aboutit à la place du
Peuple :

> À l'extrémité de la rue, près de la place du Peuple, était une masca-
> rade tout à fait populaire composée d'une trentaine d'hommes en cha-
> peau à trois cornes, dont la cocarde et les glands étaient figurés par des
> chicorées entières. Ils en avaient aussi à leurs jarretières et à leurs sou-
> liers. Plusieurs tenaient des flûtes dites *Pans Syrinz* et ils faisaient un

---

1. *Id.* pp. 80-81.
2. *M.O.T,* III, livre troisième, 3, p. 103.

vacarme horrible. Dans la rue on en voyait beaucoup d'autres, la figure peinte moitié noire moitié rouge et déguisés en marquis avec des habits en guenille. Le grand plaisir est de se faire suivre par un laquais déguisé. La bataille de confetti allait bien au Corso. Cependant, j'ai cru remarquer que les étrangers, mais particulièrement les Anglais, étaient ceux qui étaient les plus animés dans ces combats burlesques [...]. Le coup d'œil de la rue du Cours est magnifique. Toutes les croisées sont couvertes de tapisseries pavoisées. Les balcons en dehors sont garnis de *palii* cramoisis et quelquefois de l'or [*sic*]... Jusqu'ici la gaieté n'a rien eu d'extraordinaire; seulement il est à remarquer que ces fêtes sont tout à fait populaires, en ce sens que tout le monde indistinctement y prend part et que les rangs sont oubliés, sans cependant que l'on manque aux égards. Cette double disposition est très remarquable en Italie. Cela vient-il des lois ou du naturel des peuples ? Grande question [1].

Bientôt, on entre en Carême : Juliette est lasse, semble-t-il, « des folies du carnaval » et le calme revenu convient à ses pensées. D'après Amélie, elle a été « vivement émue » d'une lettre « contrainte mais si triste » de Chateaubriand. S'agit-il de la lettre datée du 28 janvier, ou d'une autre, qui aurait disparu ? Il lui disait notamment ceci :

> Que vous êtes heureuse d'être au milieu des ruines de Rome ! Que je voudrais y être avec vous ! Quand retrouverai-je mon indépendance et quand reviendrez-vous habiter la cellule ? Dites-moi cela ; écrivez-moi. Ne m'écrivez pas des billets si secs et si courts et pensez que vous me faites du mal sans justice. C'est une double peine que de souffrir sans avoir mérité le mal qu'on vous a fait. À vous, à vous pour la vie [2].

Juliette n'a aucun désir, pour le moment, de réintégrer la petite cellule. Elle écrit à Paul David qu'« avec une personne (Chateaubriand) qui manque de vérité, on ne sait jamais rien et (qu'elle est) décidée à ne pas se remettre dans toutes ces agitations ».

Elle explicite son attitude, dans la lettre suivante :

> Si je retournais à présent à Paris, je retrouverais les agitations qui m'ont fait partir Si M. de Chateaubriand était mal pour moi, j'en aurais un vif chagrin ; s'il était bien, un trouble que je suis résolue à éviter désormais. Je trouve ici dans les arts une distraction et dans la religion un appui qui me sauveront de tous les orages [3].

Comme on le constate, Juliette est en voie de guérison...

---

1. *Impressions romaines, op. cit.,* p. 157.
2. M. Levaillant, *op. cit.,* pp 173-174.
3. Ms. B.N. N.A.F. 14078.

La mort de la duchesse de Devonshire

La fin du Carême allait être marquée d'une nouvelle épreuve : si peu de temps après l'avoir retrouvée, Juliette perdait brutalement son amie Elisabeth Foster, duchesse de Devonshire. Amélie raconte dans quelles circonstances troublées, cela se passa :

> Le 30 mars 1824, après une maladie de quelques jours, cette personne si célèbre par ses agréments, si distinguée par tant de dons heureux, et par le don le plus heureux de tous, celui de plaire et de se faire aimer, s'éteignit doucement dans la patrie qu'elle s'était choisie.
>
> De ses parents, le seul qui se trouvât en ce moment à Rome était son beau-fils, le duc de Devonshire. On a beaucoup dit, on a même publié que cet héritier d'une des plus énormes fortunes et d'un des plus grands noms de l'Angleterre était le fils, non point de l'épouse légitime, la première duchesse de Devonshire, Georgina Cavendish, mais de son amie la belle lady Elisabeth Hervey, mariée alors à M. Foster et dont le duc était en effet dès cette époque passionnément amoureux. D'après ce récit romanesque, la duchesse, accouchée d'une fille en même temps que son amie donnait le jour à un fils, aurait consenti à la substitution de ce fils à sa propre fille. On expliquait la persistance du jeune duc de Devonshire à garder le célibat dans lequel il est mort, en l'attribuant à un engagement pris envers les héritiers légitimes ou à un scrupule de délicatesse qui ne lui permettait pas de perpétuer en se mariant cette usurpation d'état.
>
> Quoi qu'il en fût de ces rumeurs de salon, les rapports de lady Elisabeth Foster, devenue duchesse de Devonshire, avec celui qui passait légalement pour son beau-fils, étaient affectueux, attentifs, mais sans expansion et empreints d'un peu de roideur.
>
> Lorsqu'elle approcha de sa fin, elle fut, pendant les quelques jours que dura sa courte maladie, séquestrée de toute communication avec ses amis. C'était en vain que Mme Récamier, profondément émue de son dangereux état, insistait pour être admise auprès d'elle ; les ordres du duc de Devonshire de ne laisser pénétrer personne étaient inflexiblement suivis. Cette exclusion, si cruelle pour des amis, choquait le duc de Laval autant pour Mme Récamier que pour lui-même. Dans la société de Rome on renouvelait, on se racontait l'histoire ou la fable de la substitution d'enfant et l'on accusait le duc de Devonshire de séquestrer la mourante, dans la crainte qu'elle ne révélât quelque chose de ce secret.
>
> Le duc de Devonshire crut devoir s'excuser auprès des amis de sa belle-mère ; il adressa à Mme Récamier, le 29 mars au matin, le billet suivant ·

Ce 29 mars

Très chère Madame Récamier,

Je vous supplie de ne pas me croire dur en vous priant de vous tranquilliser. Lorsque le moment où je voudrai la voir entourée de ses amis sera arrivé, vous serez la première à qui je penserai, et je vous enverrai chercher.

Aujourd'hui on ne permet à personne, pas même à moi, d'entrer dans sa chambre. Croyez, je vous en prie, que je sais apprécier votre tendre amitié pour elle.

Votre dévoué serviteur,

DEVONSHIRE.

Dans la nuit qui suivit, on apporta tout à coup à Mme Récamier ces quelques lignes :

Venez, chère Madame, si vous avez la force de me promettre de ne pas entrer trop tôt dans sa chambre.

DEVONSHIRE.

Elle se rendit en toute hâte chez sa pauvre amie, et y rencontra le duc de Laval, qui, mandé comme elle, était venu comme elle avec le plus douloureux empressement. On les introduisit dans un salon qui précédait la chambre à coucher de la duchesse. Ce magnifique appartement, à peine éclairé par quelques bougies, avait un aspect lugubre. Des domestiques en pleurs allaient et venaient. Le duc de Devonshire et le médecin anglais de la duchesse, avertis de l'arrivée de Mme Récamier et du duc de Laval, vinrent les recevoir. Quelques tristes et froides paroles s'échangèrent. Le médecin annonça que le moment suprême approchait, puis il retourna auprès de la malade ; le duc le suivit.

Après une assez longue attente, le duc revint ; il semblait fort ému et engagea les deux amis à entrer chez la mourante.

La duchesse, à demi assise dans son lit et maintenue dans cette position par une pile d'oreillers, avait le visage un peu coloré et les yeux très animés par la fièvre ; sa respiration était courte et oppressée, une de ses mains était étendue hors de son lit ; ses femmes tout en larmes l'entouraient et la soutenaient.

Mme Récamier se mit à genoux, prit la main de son amie, la baisa et resta ainsi sanglotant, la tête appuyée sur le bord de la couche. Le duc de Laval se mit à genoux de l'autre côté. La malade ne parlait plus ; elle parut reconnaître ses deux amis, et l'anxiété peinte sur son visage fit place un moment à un éclair de joie : elle serra faiblement la main de Mme Récamier. Le silence de cette agonie, interrompu par la respiration toujours plus difficile de la malade, devint absolu au bout d'un moment. La duchesse était morte.

L'impression de cette fin pompeuse, froide et sans consolations religieuses fut navrante pour Mme Récamier. Elle crut, et le duc de Laval partagea sa conviction, que le duc de Devonshire, qui connaissait les tendances catholiques de sa belle-mère, avait redouté qu'au lit de mort elle n'exprimât la volonté d'une abjuration et qu'afin d'éviter l'éclat et, à ses yeux, le scandale d'une semblable démarche il n'avait consenti à laisser approcher d'elle l'ambassadeur de France et Mme Récamier que lorsqu'elle avait déjà perdu la parole.

Le lendemain, le duc de Devonshire envoya à Mme Récamier une des bagues que sa belle-mère portait encore au moment suprême, et qu'elle lui avait léguée [1].

---

1. Mme Lenormant, *op. cit.*, II, pp. 95-99.

Ce qu'Amélie ne nous dit pas, et qui ajoute encore à la noirceur et à l'expressionnisme «gothique» de la scène, c'est que l'agonie s'accompagna d'un orage épouvantable et que toute la nuit il plut à verse... Ampère, lui, fut sensible à ce détail et le nota.

*
* *

Une autre mort frappe le microcosme romain et, comme celle de la duchesse-cousine, plus encore peut-être, atteint Adrien : la jeune miss Bathurst dont tous louaient la grâce aérienne, la comparse d'Amélie dans le triple divertissement théâtral donné au palais de Venise, la danseuse enjouée qu'admirait Delécluze, se noie dans le Tibre, lors d'une promenade à cheval organisée par le duc de Laval. Personne ne parvient à la sauver... C'est la consternation générale. Adrien est inconsolable : il se reproche d'être à l'origine du drame.

Les esprits furent saisis au point que, longtemps après, on continua d'évoquer la jolie jeune fille qui avait enchanté Rome mais n'avait dansé qu'un seul hiver... Stendhal se fera l'écho à plusieurs reprises de l'horrible accident. Chateaubriand aussi, lorsqu'il écrira dans ses *Mémoires*, à propos de son ambassade à Londres :

> (Lord Bathurst) avait trois ou quatre filles qui couraient, ou plutôt qui volaient comme des hirondelles de mer, le long des flots, blanches, allongées et légères. Que sont-elles devenues ? Sont-elles tombées dans le Tibre avec la jeune Anglaise de leur nom [1] ?

Henry James, qu'intéressait Ampère et son séjour romain auprès de Mme Récamier, a pu se souvenir de ce tragique épisode qu'on croirait emprunté à l'une de ses nouvelles. Il y a du *Daisy Miller* chez cette charmante Anglo-Saxonne venue rencontrer la mort dans une ville qui en est tout entière l'expression.

Pour compléter cette série noire, la reine Hortense apprend, au mois d'avril, la mort précoce de son frère bien-aimé, le prince Eugène, «cette tête carrée», comme disait Napoléon, lequel, néanmoins, s'appuyait sur son obéissance et son dévouement... Juliette n'hésite pas : elle rend, au sein du clan Bonaparte éploré, une visite de deuil à son amie, au mépris des ragots que ne manqueront pas de susciter la malignité ambiante. Sa loyauté envers ceux qu'elle aime prime tout et lui donne tous les courages : «En pareil cas, il m'est impossible de tenir compte des intérêts de parti ou d'opinion : on m'en a souvent blâmée, on m'en blâmera peut-être encore ; ce blâme, il faut bien me résigner à le subir, car je sens que je ne cesserai jamais de le mériter [2].»

---

1. *M.O.T*, II, p. 113.
2. Lenormant, *op. cit.*, II, p. 83.

Hortense et Juliette se rencontrent une dernière fois, avant que la fille de Joséphine ne regagne la Suisse : on décide d'une excursion à Tivoli, le lundi 26 avril. La reine et sa suite s'y rendent en compagnie de lord Kinnaird, un pair d'Irlande, qui après avoir participé au complot de 1817 contre Wellington a choisi de s'expatrier. Les deux femmes aiment sa forte personnalité, en dépit des rumeurs malveillantes qui s'attachent aux dérangements périodiques de sa vie privée ou de sa fortune. Ballanche et Ampère escortent, pour leur part, Mme Récamier. C'est au *Journal* que rédige plus ou moins soigneusement Chérubin – ses humeurs sont si changeantes et parfois, si puériles ! – que nous empruntons le récit de cette journée :

Lundi 26 avril. Nous sommes partis par un fort beau temps. J'étais fort en train tout le long du chemin. Je soignais mon bonheur. J'étais décidé à éviter tout sujet de discussion, à éloigner tout ce qui pourrait troubler le plaisir que je me promettais de cette journée... À Tivoli, on descend, à travers de petites rues tortueuses, à l'Auberge de la Sibylle. C'est une maison sans apparence dans une vilaine rue ; on traverse une espèce de cuisine et on arrive dans une cour de derrière. Là on découvre à sa gauche le charmant petit temple de Vesta. À côté de là on se trouve en face d'une chute de l'Anio, dans une vallée bordée partout de hautes montagnes. Le coup d'œil inattendu des cascades, le bruit de l'eau, ce temple dans la cour d'une auberge, l'horizon imprévu que l'on découvre tout à coup, tout cela m'a mis, pendant deux minutes, tout à fait hors de moi... Nous avons été salués par le précepteur du prince... Je craignais, en lui faisant des politesses, que ce fût un domestique. Bientôt on vit la reine, les deux princes, la dame d'honneur et le chambellan. La reine est laide, bonne, d'un ton naturel et sans affectation. Le prince Napoléon Bonaparte est, je crois, un assez brave jeune homme d'assez mauvais ton, aux bancs de l'école de droit. Louis, le plus jeune, a l'air d'avoir beaucoup plus de finesse, de sensibilité, d'esprit. Le chambellan a été choisi par la reine pour ne donner d'ombrage ni par sa figure ni par son esprit... Mlle Piot, la suivante, est une jolie personne d'une voix désagréable ; elle a l'air d'une petite perruche qui se rengorge. Lord Kinnaird était avec eux ; il n'était pas en train et avait l'air ennuyé, je crois, d'être en bonne compagnie un peu trop longtemps. Comme nous étions 13, on a mis un petit garçon à table pour rompre le charme, et le chambellan s'est mis à le tourmenter. Le pauvre petit, persécuté par l'un pour cacher ses mains, par l'autre pour bien tenir sa cuiller, était d'abord sur le point de pleurer... J'étais près de Mme Récamier. Le temps était frais. Nous partîmes pour faire le tour des cascatelles... Je suis tombé en voulant descendre trop vite pour donner le bras à Mme Récamier. Elle me l'a fait donner à la reine. Je n'oublierai de ma vie que j'ai vu les cascatelles de Tivoli avec la reine Hortense me faisant des foules [de récits] sur les cours, le naturel, le sentiment, et me racontant sa douleur de la mort du prince Eugène et que moi, dans ce moment, j'étais si distrait par les cascatelles et par l'envie de rejoindre Mme Récamier ! Enfin, arrivé au petit pont, j'ai campé Sa Majesté sur un âne et j'ai été rejoindre Mme Récamier... Nous sommes montés à la terrasse en passant le torrent sur des planches

assez étroites. Ce torrent se précipite avec un bruit et une fureur épouvantables. Mme Récamier marchait à quelques pas devant moi en donnant la main au prince Napoléon. Au milieu de la planche, son manteau
a glissé. Heureusement je n'ai pas eu le temps de me tromper. Le manteau a été ressaisi avant de tomber. Mais j'ai frémi en songeant à la peur
que j'aurais eue si je m'étais trompé… Nous sommes revenus par la
villa d'Este… Là nous avons dit adieu à notre royale société, avec un
souhait de se retrouver au bord du lac de Constance. Mon ami
Napoléon Bonaparte m'a serré la main. Nous sommes rentrés à l'auberge. L'âne avait fini par fatiguer beaucoup Mme Récamier et, en
montant à la villa d'Este, le prince et moi nous la soutenions des deux
côtés. C'est ce que nous appelions faire le deuxième et le troisième cheval, et ce que j'aimais beaucoup à faire.

Rentrés à l'auberge, tandis qu'eux se retiraient sur leurs lits, je suis
resté dans la cour à écouter le bruit des cascades… (Puis) j'ai été,
avec Mme Récamier et M. Ballanche, à la grotte Neptune. Grand
effet, eau blanche, fond noir, oiseaux qui la traversent.
Mme Récamier s'est assise auprès d'une colonne, occupée et attristée
par ses souvenirs [1].

De retour à Arenenberg, voici ce qu'écrit Hortense à son amie,
demeurée à Rome :

                                                    10 juin 1824.

Vous avez été assez aimable, madame, pour désirer de mes nouvelles.
Je ne puis pas dire que je suis bien, quand j'ai tout perdu sur cette terre ;
cependant ma santé n'est pas mauvaise. Je viens encore d'éprouver les
impressions les plus déchirantes : j'ai revu tout ce qui tenait à mon
frère. Je ne recule pas devant la douleur, et peut-être au milieu d'elle
trouve-t-on quelque consolation.

Cette vie si remplie de troubles n'agite plus ceux qu'on regrette. Je
n'ai que des larmes, et sans doute il est heureux ! Vous qui sentez si
bien, vous devinerez tout ce que j'ai dû éprouver.

Je suis à présent dans ma retraite. La nature est superbe. Malgré le
beau ciel de l'Italie, j'ai encore trouvé Arenenberg bien beau ; mais il
faut toujours que des regrets me suivent : c'est sans doute là ma destinée. L'année dernière, je m'y étais trouvée si satisfaite ! J'étais toute
fière de ne rien regretter, de ne rien désirer dans ce monde : j'avais un
bon frère, de bons enfants. Aujourd'hui ! que j'ai besoin de me répéter
qu'il me reste encore des liens auxquels je suis nécessaire !

Mais je vous parle beaucoup de moi et je n'ai rien à vous apprendre,
si ce n'est que vous avez été pour moi d'une bien douce consolation,
que je serai toujours heureuse de vous retrouver. Vous êtes de ces personnes auxquelles on n'a pas besoin de raconter sa vie, ses impressions ; le cœur devine tout, et l'on se devient nécessaire quand on s'est
deviné.

Je ne vous demande pas vos projets et cependant je suis intéressée à
les voir. Ne faites pas comme moi qui vis sans avenir et qui compte res-

---

1. *Un amoureux de Mme Récamier*, Journal de J.-J. Ampère, Louis de Launay. Paris,
1927, pp. 79-82.

ter où le sort me pose ; car peut-être resterai-je à ma campagne cet hiver, si je puis faire chauffer toutes les chambres. Le vent semble quelquefois prêt à enlever la maison ; la neige y est, dit-on, d'une épaisseur effroyable. Mais il faut bien peu de courage pour surmonter ces obstacles ; au contraire, ces grands effets de la nature ne sont pas quelquefois sans charme.

Adieu ; ne m'oubliez pas tout à fait ; croyez que votre amitié m'a fait du bien. Vous savez ce que c'est qu'une voix amie qui vous vient de la patrie dans le malheur et l'isolement. Veuillez me répéter que je suis injuste, si je me plains trop de la destinée, et qu'il me reste encore des amis [1].

HORTENSE.

*
* *

Passé ces heures sombres, le printemps s'achève dans le plaisir renouvelé, inlassable des courses, des visites aux sites et aux monuments les plus évocateurs. Avec émotion, Juliette retourne à Albano. Comme il y a dix ans, lorsqu'elle partageait le séjour estival des Canova, elle joue de l'orgue à l'église, sur la place du marché. Elle est si reprise par la douceur des *Castelli*, si pensive, qu'elle perd son châle en arrivant à Arriccia, d'où l'on s'achemine à dos d'âne vers le sauvage et antique lac de Nemi... Adrien ne la quitte pas, ce jour-là, prévenant, attentif comme au premier jour. Le jeune Ampère est morose : il n'aime pas voir son idole « attendrie » par ses souvenirs et cet enfant gâté est un peu déçu, paradoxalement, de toutes ces beautés.

Chaque matin, on va se promener à la villa Borghese, à la villa Médicis. Au crépuscule, on préfère le Pincio. Ampère se plaît à lire Dante, l'Arioste ou Byron sous les ombrages. Juliette est sereine. Il se peut, lorsqu'elle parcourt les immenses jardins de la villa Doria Pamfili, qui épousent les ondulations du Janicule, qu'elle cherche des yeux les pins plantés par Le Nôtre et qu'aimait tant Chateaubriand... Elle s'enchante de revoir Saint-Pierre et le Colisée sous la lune. Elle refait les circuits de la Rome antique. De nouveau, elle va s'asseoir sous le chêne du Tasse – que la foudre n'avait pas encore réduit à l'état de souche calcinée – et visite à Saint-Onuphre la tombe du poète... Retourne-t-elle, malgré sa réticence, à Saint-Louis-desFrançais ? Mme de Beaumont y repose et, non loin d'elle désormais, au pied des Caravages, l'ancien ami des jours d'exil de Juliette, le marquis Séroux d'Agincourt...

Les grandes chaleurs approchent : elles sont porteuses de projets. Ira-t-on se rafraîchir au bord de la mer ? À Naples ?...

Et soudain une nouvelle parvient dans le paisible salon de la rue du Babouin, une nouvelle qui ne saurait passer inaperçue : celle de la chute, sans ménagement et sans appel, de M. de Chateaubriand.

---

1. Mme Lenormant, *op. cit.,* II, pp. 87-89.

Naples, quand même...

C'est arrivé le matin de la Pentecôte, mais à Rome on ne l'apprend que dix jours plus tard, le 16 juin, exactement[1] : le ministre des Affaires étrangères a été destitué aussi brutalement qu'il avait été promu. S'étant présenté au Château pour faire sa cour au comte d'Artois, il n'avait pas été reçu. Un huissier l'avait mené à son secrétaire particulier, Hyacinthe Pilorge, chargé de lui remettre en main propre l'ordonnance de son renvoi. Le règne de Chateaubriand sur la diplomatie française avait duré dix-huit mois, au-delà desquels il venait d'apprendre à ses dépens ce qu'était le fait du prince. Sa première destitution – d'un ministère d'État sans portefeuille – en 1817, était prévisible. Celle-ci, moins que pas. Chateaubriand en fut foudroyé : en deux heures, il avait fait place nette rue des Capucines. Mais, comme toujours, l'adversité aiguisait ses réflexes : il ne se passe guère de temps qu'il n'entre dans l'opposition, une opposition qu'il qualifiera lui-même de « systématique »...

C'est peu dire qu'il aurait eu besoin des attentions de Mme Récamier : mais Mme Récamier n'avait aucune envie de revenir en France. Il lui eût été facile de quitter Rome où elle se trouvait encore à l'annonce de la disgrâce qui frappait René. Elle choisit, au contraire, de prolonger son séjour et prend ses dispositions pour aller passer quelques mois à Chiaja, dans le royaume de Naples.

Le 6 juillet, elle se met en route, dans des conditions qui méritent d'être précisées. Il était plus dangereux que jamais de traverser les marais Pontins, infestés de brigands. Aussi avait-on l'habitude de se constituer en caravane et de se faire escorter militairement. Le jeune Ampère, toujours réceptif aux ambiances, nous décrit l'étrange chevauchée sous la lune – avec les chaleurs, on voyageait ordinairement de nuit – des soixante hommes en uniforme et en armes, entourant les voitures et s'apprêtant à tout moment à intervenir :

> L'aspect de notre cortège défilant au son des tambours, au milieu des soldats, avait quelque chose de menaçant et de rassurant à la fois, qui donnait le plaisir du danger sans l'effroi.
>
> Nous sommes entrés dans l'endroit redoutable, après plusieurs discussions et petites alarmes avec les postillons et les chevaux plus rétifs encore que leurs maîtres, et le cortège s'est mis à défiler paisiblement dans l'ordre qu'il a toujours gardé depuis. Le bois que nous avons traversé a été réellement fait pour y placer une scène de brigands... On ne rencontrait que quelques-uns de ces hommes à cheval, au chapeau pointu, à la grande lance, à la physionomie sinistre, poussant devant eux des troupeaux à demi sauvages de bœufs et de chevaux. Pour compléter l'aspect lugubre du tableau, le soleil s'est couché de la manière la plus menaçante. Le ciel était sillonné de grandes

---

1. Ampère en fait état dans son *Journal*, p. 113.

bandes couleur de fumée. Devant nous, nous voyions les montagnes et les plaines solitaires et les vieux forts éclairés par un jour d'orage incertain et faux. Le disque de la lune presque pleine se montrait pâle et terne à travers des nuages de pluie... Nous sommes entrés dans les marais Pontins. La route est une grande allée de dix lieues, bordée des deux côtés de marécages. Au clair de la lune, ce pays était assez beau. Je la voyais derrière les arbres, ou blanchissant tout à coup quelque flaque d'eau. Je suis monté deux fois dans la voiture de Mme Récamier. J'avais de la peine à me livrer à son charme ; mais elle a été si tendre, si douce [1] !

Bonheur tranquille à Chiaja : Juliette va passer six mois chez ses amis Lefebvre, une riche famille établie à Naples sous le règne du roi Joseph, qui avait prospéré sous celui du roi Joachim et n'avait pas souffert du rétablissement des Bourbons. Charles Lefebvre était un homme d'affaires actif, à qui l'on devait l'établissement dans l'Isola di Sora d'une papeterie ultra-moderne et florissante.

De cette vie élégante et douce, aux rives d'une des plus belles baies du monde, nous savons peu de chose. Tous s'en trouvaient bien. On faisait des promenades en bateau, on montait chaque soir à Capo di Monte assister au coucher du soleil, on lisait, on écrivait, et même le bon Ballanche consentait à trouver le golfe d'une inégalable beauté. Juliette eut l'idée d'un pèlerinage au cap Misène, où Mme de Staël avait situé la célèbre improvisation de Corinne. Amélie raconte :

Mme Lefebvre, qui était la plus entendue et la plus attentive des maîtresses de maison, prit la peine de combiner et d'ordonner tous les détails matériels de cette journée dont l'intérêt et le plaisir étaient loin de la séduire. On partit de grand matin dans une barque commode, avec de très bons rameurs et une voilure solide. La prévoyance de Mme Lefebvre avait abondamment pourvu aux vivres ; on établit Mme Récamier sur des coussins et des châles et on vogua par un temps superbe, une mer bleue, un ciel sans nuages, en relisant *Les Martyrs* et même en consultant Strabon dont M. Ballanche s'était muni. Au milieu des enchantements de ce voyage, on fut très surpris et, je dois le dire, très désappointé en débarquant au cap Misène. Ce cap est une langue de terre, plate et sans caractère ; quelques tristes peupliers y élèvent leurs cimes, et si on dépouillait ce coin du rivage de Naples de la lumière qui prête à tout de la beauté, il n'y resterait rien. Assise au pied d'un arbre, Mme Récamier se fit relire l'improvisation au cap Misène, et on dut convenir unanimement que Mme de Staël n'avait sans doute pas visité ces lieux, avant de les donner pour cadre à la grande scène de son roman. De Misène, on n'aperçoit qu'à peine dans un lointain effacé la cime du Vésuve, et on loua Gérard de ne s'être pas cru obligé à une plus stricte exactitude. Le paysage dans lequel il a placé sa *Corinne* vaut mieux que la réalité [2].

---

1. *Journal, op. cit.*, pp. 125-126.
2. Mme Lénormant, *op. cit.*, II, pp. 141-142.

Un des faits marquants de ce séjour est la présentation à Mme Récamier et à sa nièce d'un jeune archéologue, ami des Lefebvre : Charles Lenormant. Ce fils d'un notaire parisien – précocement disparu – avait fait de solides études classiques et semblait promis à un bel avenir scientifique : entre deux visites à Herculanum, à Paestum ou au tombeau supposé de Scipion, le jeune érudit dut impressionner Amélie, de deux ans sa cadette. L'idylle se noua-t-elle dès ce moment? Elle survenait à point, Juliette avait dû démêler peu avant son départ de Rome une petite crise sentimentale dont sa nièce était l'objet : l'ami Delécluze qui s'était arrêté quelques jours du mois de juin dans la Ville Éternelle, avant de reprendre le chemin de Paris, avait avoué à Mme Récamier être amoureux d'Amélie. Il n'avait apparemment pas compris qu'il n'avait aucune chance d'être agréé. Juliette le lui expliqua et dissipa discrètement ce léger nuage... Étienne reprendra très vite ses habitudes de vieux garçon.

*
* *

Si le silence persiste entre Juliette et René, la belle estivante ne manque pas d'informations en provenance de Paris. Au détour des correspondances régulières que lui adressent ses trois fidèles amis, Mathieu, Adrien – lui-même en congé en France – et le duc de Doudeauville, elle peut se faire une idée du comportement que choisit d'adopter «l'homme malheureux», comme ils l'appellent...

Celui-ci allait devoir interrompre une flânerie de quelques jours du côté de Neufchâtel : Louis XVIII est à l'agonie. C'est le duc de Doudeauville qui en informe Juliette. Il lui écrit :

Le 13 septembre 1824, sur la table du Conseil, le roi mourant.

Il va partir une estafette pour Naples, madame, j'en profite avec empressement pour me rappeler à votre souvenir. Nous sommes dans un moment bien triste, le pauvre roi touche à sa fin : il a reçu ses sacrements ce matin de la manière la plus édifiante, il a montré lui-même les endroits où il fallait mettre l'extrême-onction et a donné sa bénédiction à sa famille. Il est impossible de montrer plus de courage et d'être plus pénétré dans tous les instants de ses devoirs de roi. Son règne marquera dans l'histoire, et nos neveux lui rendront plus de justice que ses contemporains. Il n'a pas vingt-quatre heures à vivre, [Louis XVIII mourra le 16 septembre.]

Monsieur nous a dit hier [à tous les ministres] que si ce malheur arrivait il n'y aurait rien de changé, ni pour les personnes ni pour les choses. Qu'il fallait suivre la marche actuelle et s'en tenir à l'ordre présent, que le règne ancien était impossible et impraticable maintenant. Vous voyez que tout cela est très sage.

Je ne crois pas que M. de Chateaubriand ait rien à espérer du moins pour l'instant, les dispositions ne sont pas non plus très favorables pour M. de Montmo... Mais on reviendra plus facilement pour ce dernier. Sa fille Élisa est bien tourmentée pour la petite qu'elle a nourrie et qui est fort malade depuis quelque temps. Mon fils est bien portant et, s'il savait que je vous écris (ce que je fais sur la table du Conseil qui est assemblé), il voudrait sûrement être rappelé à votre souvenir. Je désire l'être à celui de Mlle votre nièce et j'aime à vous prouver la constance du mien et la sincérité de mes vœux comme de mon dévouement[1].

Peu après la mort du roi, Mathieu fera envoyer à Juliette des bijoux de deuil, puisque, regagnant Rome, elle se doit, comme les autres dames de la colonie française, de marquer, jusqu'au prochain sacre, la perte de son souverain.

« *Je quitte à regret cette belle Italie...* »

Lorsqu'elle se réinstalle à Rome, décidée à y passer un second hiver, Juliette loue à son ami lord Kinnaird, un bel appartement dans le palais Sciarra-Colonna, sur le Corso. Dans cette impressionnante demeure baroque, au monumental portail à colonnes et qui renferme une galerie de peinture qu'appréciait Stendhal, Juliette est établie confortablement. Tant de faste lui fait-il oublier le charme du Babouin ?

Ampère est reparti pour Paris où son père, qui venait d'être nommé professeur de physique expérimentale au Collège de France et qui traversait des difficultés financières, le réclamait depuis un moment. Chérubin n'avait pas envie de quitter la vie facile, délicieuse, qu'il menait dans le sillage de sa comtesse, mais il lui fallut bien finir par obtempérer. Il rejoindra la capitale française le 10 décembre. En route, il écrivait à Juliette des lettres tendres, un peu maladives, car le capricieux jeune homme était comme un drogué en manque. Juliette lui répondait de temps en temps. Cette affection, qu'elle ne décourageait pas et qui avait ses douceurs, lui pesait : Ampère était intempestif, fiévreux, velléitaire. La pression qu'il exerçait sur elle et sur son entourage s'était accentuée ces derniers mois, et il n'est pas sûr que Juliette n'ait pas ressenti un soulagement à son départ sans cesse retardé.

Au seuil de l'année 1825, année sainte, les pèlerins commençaient d'arriver dans la cité papale. L'usage commandait que les grandes dames de la ville les accueillent. Ce service déplaisait à Juliette. Voici ce qu'elle écrit au jeune Ampère :

[...] L'année sainte n'est point ce que j'imaginais. Une trentaine de pèlerins et dix ou douze pèlerines, voilà tout ce que nous avons vu jusqu'à présent. Nous fûmes hier assister au souper des pèlerines ; elles étaient servies par la princesse de Lucques et toutes les grandes dames romaines et la princesse Doria, belle comme un ange. Toutes ces dames, avec des robes noires et des tabliers blancs, faisaient l'office de servantes ; elles lavaient les pieds aux pauvres pèlerines quand nous sommes arrivés. Le croiriez-vous ? Je n'ai point été touchée de ce

---

1. Ms. B.N. N.A.F. 14101.

tableau, moi, dont l'imagination se prend si facilement à ces sortes de choses! Ces pauvres pèlerines me semblaient si embarrassées d'être ainsi mises en spectacle, le secours qu'on leur donne, qui se borne à une hospitalité de trois jours, m'a paru si misérable pour des apprêts si pompeux que je me suis presque trouvé la philosophie de M. Lemontey, et je n'ai vu dans l'abaissement passager et théâtral de ces grandes dames qu'une manière nouvelle de se donner le sentiment de leur grandeur, un orgueil de plus, dont elles ne se rendent pas compte assurément. Mais malgré ma facilité à entrer dans les impressions des autres, je n'ai pu me prêter à cette illusion. Adieu, adieu. Que faites-vous? Travaillez-vous à *La Juive*? Parlez de moi à monsieur votre père; vous savez combien je lui suis attachée. Dites à M. Delécluze que je me garde bien de lui écrire quand je puis vous avoir pour interprète. Nous nous faisons un plaisir de le retrouver à Paris[1].

Juliette demandera à Mathieu de s'acquitter de quelques commissions envers certains de ses amis parisiens. Le 26 janvier, il écrit à Rome, sa mission accomplie, évoquant : « [...] M. Ampère dont vous ne me dites pas plus de bien que j'en pense[2]... »

Juliette, le 14 février, dans une lettre au jeune homme, précise : «J'ai eu de vos nouvelles par le duc Mathieu, qui a été charmé de vous voir[3]... »

Duplicité? Peut-être pas... Juliette aimait bien Chérubin, mais elle mesurait son inconsistance. Elle souhaitait pour lui un peu plus de travail, un peu moins de rêveries : cela viendra...

Juliette n'avait pas oublié René. Elle avait relu *Les Martyrs* pendant l'été, avait conçu le projet d'en faire illustrer une scène par un élève de Thordwaldsen – le maître de la statuaire romaine depuis la disparition de Canova – et commande au jeune Tenerani un bas-relief représentant le supplice d'Eudore et de Cymodocée. Elle en surveille elle-même l'exécution[4].

De Naples, elle avait transmis à l'ex-ministre une lettre dont elle supposait, à juste titre, qu'elle lui serait agréable et qui faisait état des inquiétudes ressenties en Grèce à l'annonce de sa destitution : Chateaubriand, comme les puissances – à l'exception toutefois des Autrichiens – soutenait le soulèvement indépendantiste contre l'occupation turque et faisait partie du comité philhellène constitué en sa faveur à Paris :

L'ordonnance du 6 juin nous est parvenue, elle a produit sur nos chefs la plus vive sensation. Leurs espérances les plus fondées étant dans la générosité de la France, ils se demandent avec inquiétude ce que présage l'éloignement d'un homme dont le caractère leur promettait un appui[5].

1. 32 *Mme Récamier et les amis de sa jeunesse*, Paris, Michel, Lévy frères, 1872. pp. 240-241.
2. Ms. B.N. N.A.F. 14071.
3. *Mme Récamier...*, *op. cit.*, p. 243.
4. Il a disparu dans l'incendie de Saint-Malo, en 1944 : Juliette l'avait légué à la ville natale de l'écrivain.
5. Lettre envoyée par Juliette le 29 octobre 1824.

Malgré cela, le long refroidissement durait encore. Nous ne croyons pas que la correspondance ait continué, après la chute de Chateaubriand, entre Juliette et lui, ni qu'elle aurait été éventuellement détruite en raison de possibles violences politiques exprimées par l'écrivain : nous n'en voulons pour preuve que l'événement constitué par une lettre qu'il écrit à Juliette le 9 février. Ballanche, qui réside alors à Pise, en est immédiatement averti et il s'en déclare, dans sa réponse à Amélie, « soulagé ». Voici la lettre de René, dont le ton cérémonieux, est à lui seul explicite :

Paris, ce 9 février 1825.

Votre proposition, Madame, a réveillé en moi de pénibles souvenirs : je ne puis l'accepter. Je ne sais ce que je deviendrai, et il est possible que ma vie ne s'achève pas en France. Cette vie a été trop agitée et ce qui m'en reste est trop court pour faire des projets. C'est à vous, madame, qui avez tant et de si fidèles amis, de venir vous placer au milieu d'eux pour ne plus les quitter. Moi qui ne méritais pas de rencontrer des ingrats, puisque j'ai fait si peu de bien, je subirai mon sort jusqu'au bout. Que le vôtre soit heureux, Madame ! et que justice soit faite à votre bonté, à votre générosité, à la douceur et à l'élévation de votre âme, comme elle a été faite à votre beauté [1] !

La proposition à laquelle Chateaubriand fait allusion était, peut-être, une invitation à Rome... Le commentaire direct de Ballanche à Juliette ne manque pas de sagacité : « Le chemin du retour est débarrassé de quelques épines... »

Car il va bien falloir envisager de rentrer un jour ! Juliette y songe... Une fois accompli son jubilé, rien ne la retiendra plus en Italie, cette Italie dont elle écrit à Ampère « qu'elle la quittera à regret... », parce qu'il semble impossible d'en épuiser jamais les charmes. Elle vient d'y nouer deux amitiés nouvelles : la première, avec la spirituelle Mme Swetchine, qui connaît admirablement le cœur humain et se révélera une remarquable épistolière. Juliette avait séduit cette amie d'Adrien, pourtant fortement prévenue contre le charme de la Belle des Belles : à l'arrivée de celle-ci, et sans la connaître, Mme Swetchine avait eu cette réflexion acide : « Les débris ne font guère de sensation dans un pays de ruines ! » Quelques mois plus tard, elle déclare à Juliette : « J'ai cédé à ce charme pénétrant, indéfinissable, qui vous assujettit même ceux dont vous ne vous souciez pas. »

La seconde rencontre est plus médiocre : il s'agit de Mme Salvage, fille d'un ami de M. Récamier, M. Dumorey, consul de France à Civita-Vecchia. Extrêmement riche, passablement exaltée, cette fervente royaliste s'éprend de Juliette, puis, l'ayant connue par l'entremise de celle-ci, d'Hortense de Beauharnais : elle liera son

---

1. M. Levaillant, *op. cit.*, p. 180.

sort à la reine exilée, deviendra une farouche bonapartiste, et se mêlera des affaires d'argent du clan...

Dans les semaines qui suivent, il est question, enfin, de préparatifs de départ. Juliette a été avertie par Mathieu qu'au début du mois de janvier Mme de Montmirail est morte : le grand appartement du premier étage, à l'Abbaye, est libéré. Tout le monde s'attend à ce qu'elle regagne Paris. M. Récamier a connu de nouveaux déboires et Juliette sait qu'elle devra prendre en main, à son retour, un certain nombre de charges financières, régler ou aider à assainir une situation familiale compromise, mais dont pour le moment nul ne s'est aperçu...

Elle assiste aux cérémonies pascales avec ravissement. Une fois encore, la dernière, elle entend le sublime *Miserere*, qui, écrit-elle à Ampère, «était admirablement beau», et cette fois exécuté dans la chapelle Sixtine. Elle avoue avoir fondu en larmes.

Le 20 avril 1824, Juliette, Ballanche et Amélie quittent Rome. Ils s'arrêtent à Bologne et à Ferrare, où sont les souvenirs de la maison d'Este et du Tasse. Sans doute, visite-t-on l'hôpital Saint-Anne où fut détenu le poète, ainsi que le château et le palais Schifanoia... Lorsqu'on découvre Venise, le 30 avril, plus lagunaire, plus endormie que jamais, on a le bonheur d'être rejoint par Charles Lenormant. Dans la cité des doges, on célèbre les fiançailles qui se sont décidées à Rome, peu avant le départ. Et lorsque le jeune archéologue quitte la petite caravane, avec l'espoir de la retrouver bientôt à Paris, Juliette est heureuse : elle a conduit la petite fille de Belley jusqu'au seuil de sa vie de femme, jusqu'au point de non-retour. Amélie, qui est la maîtrise de soi personnifiée, semble en mesure de fixer son destin... Avec une intelligence perçante et un entendement sans faille, la future Mme Lenormant se prépare à mener fermement son existence et celle de sa famille.

Écoutons-la raconter la suite de ce voyage de retour, qui l'entraîne, selon les désirs de sa tante, à Possagno d'abord, dans la Vénétie natale de Canova, où Juliette veut honorer la mémoire d'un ami mort, puis à Trieste, sur les bords de l'Adriatique où elle rend visite à une amie vivante, mais déchue et exilée, l'ex-reine de Naples, Caroline Murat :

> De Padoue, Mme Récamier et les fidèles compagnons de sa vie, sa nièce Amélie et M. Ballanche, se rendirent à Bassano, où le bon abbé Canova les attendait avec ses chevaux et une calèche très légère, car la route de Bassano à Possagno était alors fort mauvaise, en voie de redressement sur un espace considérable, et une voiture de poste chargée ne se fût jamais tirée de certains horribles passages. Il pleuvait à verse, et il fallait un vrai désir de complaire à un ami, et tout l'intérêt qu'une illustre mémoire donnait à cette course, pour l'accomplir à travers les difficultés du temps et des chemins.
>
> Le bourg de Possagno n'a rien qui le distingue des autres villages de la Vénétie. La maison du grand homme, religieusement maintenue dans sa modestie primitive, ressemblait tout à fait à un presbytère ; on n'y

avait ajouté que ce qui, dans nos arrangements modernes, accroît le bien-être et les douceurs des habitudes quotidiennes. On fit visiter à Mme Récamier la petite église de village que le monument élevé par les ordres de Canova devait bientôt remplacer ; elle ne comptait guère d'autre ornement à sa nudité qu'un tableau de l'éminent sculpteur, placé au-dessus du maître-autel.

Après le dîner, l'abbé reconduisit à Bassano, avec les mêmes difficultés de chemin et sous les mêmes déluges de pluie, les voyageurs français, qu'il ne devait revoir que bien des années plus tard, à Paris. L'abbé Canova fit, en effet, un dernier voyage en France, dans l'année 1840 ; il avait alors terminé l'église où le corps de son glorieux frère est déposé, et il avait reçu du souverain pontife le titre d'évêque de Myndus.

Le voyage de Padoue à Trieste, en passant par Trévise, Conegliano et Udine, s'accomplit à travers une contrée admirable. La nature semble avoir particulièrement favorisé ces belles provinces : fertilité du sol, riche culture, paysages pittoresques, tout conspire à faire de ce trajet un enchantement.

Le 8 mai, assez tard dans la soirée, on atteignit Trieste, et Mme Récamier voulut se faire conduire immédiatement, et nonobstant l'heure avancée, chez la majesté déchue à laquelle son amitié apportait un hommage affectueux. Guidée par un domestique de l'auberge où elle était descendue et avec le bras du fidèle Ballanche, elle arriva chez Mme Murat. Il était bien onze heures du soir ; la reine venait de se mettre au lit. On ne peut se figurer la joie qu'elle exprima, lorsqu'on introduisit auprès d'elle l'amie qu'elle avait tant désiré et si peu espéré de revoir.

La conversation se prolongea longtemps ; il fallut à Mme Murat un effort de raison pour qu'elle consentît à se séparer de Mme Récamier, qui avait grand besoin de repos. Pendant ce temps, M. Ballanche, oublié dans un corridor et plongé dans quelque noble et philanthropique méditation, se promenait en long et en large, sans même voir les valets qui ronflaient à ses côtés. Le lendemain, de grand matin, un message de la reine accompagnait un bouquet des fleurs les plus belles et les plus odoriférantes.

Voici son billet :

LA COMTESSE DE LIPONA À Mme RÉCAMIER

Trieste, ce lundi matin, 9 mai 1825.

Je vous envoie, ma chère et bonne Juliette, des fleurs à votre réveil. Je désirerais pouvoir jouir du même plaisir tous les matins ; vous allez partir, et le bonheur que j'éprouve sera passager, mais il me laissera de doux souvenirs.

Dites, je vous prie, à votre aimable compagnon de voyage ma peine de savoir qu'il a été durant une heure dans les corridors avec mes gens ; mais il sait vous apprécier et il doit facilement concevoir le plaisir que j'ai eu de vous revoir et, tout occupée de vous, il m'excusera d'avoir négligé une personne que je n'ai pas le plaisir de connaître.

Quelle journée je vais passer, chère Juliette ! Dites, je vous prie, à votre nièce l'impatience que j'ai de la revoir.

Ma fille ne me pardonne pas de ne l'avoir pas fait réveiller ; vous serez la cause de la première bouderie que nous aurons eue ensemble.

Je vous embrasse, ma chère Juliette.

CAROLINE.

Dites à mon valet de chambre à quelle heure vous désirez la voiture et ce que vous voulez faire aujourd'hui.

Après un déjeuner fait à l'auberge, et selon le rendez-vous indiqué le matin, on monta dans une voiture envoyée par Mme Murat, et on se rendit chez elle. Mme Récamier presenta alors à la reine son noble et modeste ami, M. Ballanche, et sa nièce que, dans d'autres temps, la reine avait accueillie enfant avec une si indulgente bonté. À son tour Mme Murat présenta à Mme Récamier sa seconde fille, la princesse Louise, qui devait quelques mois après épouser le comte Rasponi, et le général Macdonald. Après avoir été aide de camp du roi Joachim, ministre sous la régence de Caroline, le général Macdonald, seul ami et seul courtisan de l'adversité, ne s'était point séparé de la veuve et des enfants de son ancien maître.

Ces présentations achevées, on monta dans deux calèches découvertes et on se rendit en traversant Trieste à une villa appartenant à la princesse Napoléon (depuis la comtesse Camerata), fille unique de Mme Élisa Bacciochi, et par conséquent nièce de Mme Murat.

La villa, dont les propriétaires étaient absents, devenait pendant l'été l'habitation de la reine. Ce qu'on traversa de Trieste parut gai, propre et bien bâti ; la route du casin, vers lequel on se dirigeait, côtoyait en s'élevant les bords de l'Adriatique, et c'était un panorama ravissant que celui dont on jouissait du casin lui-même : la mer, dans les flots de laquelle se mirait Trieste assise sur son rivage, et la ville elle-même couronnée par des collines bien boisées, bien cultivées, où l'œil découvrait de tous côtés d'élégantes habitations.

Mais la curiosité des voyageurs était beaucoup plus captivée par l'examen des personnes que par l'aspect des lieux.

La reine était encore singulièrement jolie : elle conservait presque l'éclat de sa jeunesse, sa blancheur était celle du lis ; elle avait pris beaucoup d'embonpoint et, comme elle n'était pas grande, sa tournure n'avait pas gagné en élégance. Elle avait une conversation vive, des manières caressantes, et on comprenait qu'elle devait, quand elle voulait plaire, exercer un grand empire de séduction.

Il régnait, entre sa fille et elle, le ton de la plus confiante tendresse ; avec le général Macdonald, un sentiment affectueux mêlé à une nuance de domination ; envers ses hôtes, en particulier pour Mme Récamier, c'était une effusion, une reconnaissance très aimables, mais qui prouvaient, hélas ! combien peu de témoignages désintéressés la sympathie et la reconnaissance avaient offerts à cette royale infortune.

Au surplus, il faut dire qu'excepté pendant le dîner et durant les moments qui se passèrent en voiture Mme Murat, qui calculait avec tristesse la brièveté du temps que Mme Récamier pouvait lui donner, s'arrangea pour se ménager avec elle un tête-à-tête de douze heures [1].

---

1. Mme Lenormant, *op. cit.*, t. II, pp. 171 à 176.

Le 16 mai, on rejoint Milan. Puis on passe le Simplon par très beau temps. Ensuite, on se sépare : Ballanche prend la route de Genève, d'où il se rendra à Lyon. Juliette arrive à Paris le dimanche 29 mai. « Tous nos messieurs vont bien », écrit Amélie à Ballanche. Seul M. Bernard est un peu vieilli : « MM. de Montmorency et de Chateaubriand sont au Sacre. Cela nous donne le temps de respirer », ajoute-t-elle...

Les vacances romaines auront duré dix-neuf mois. Juliette est en droit de se demander comment va se dérouler l'irrémédiable confrontation qui les attend, René et elle... C'était là l'enjeu de sa longue mais nécessaire absence.

CHAPITRE XI

LES RICHES HEURES DE L'ABBAYE-AUX-BOIS

*M. de Chateaubriand était l'orgueil de ce salon,
mais elle en était l'âme...*

SAINTE-BEUVE.
(Causeries du lundi.)

L'Abbaye, cette académie dans un monastère...

LAMARTINE.
(Cours familier de littérature.)

Un mot de Mme Récamier apprit à M. de Chateaubriand qu'elle était rentrée dans la cellule de l'Abbaye-aux-Bois. Il y accourut le jour même, à son heure accoutumée, comme s'il y fût venu la veille. Pas un mot d'explication ou de reproches ne fut échangé ; mais en voyant avec quelle joie profonde il reprenait les habitudes interrompues, quelle respectueuse tendresse, quelle parfaite confiance il lui témoignait, Mme Récamier comprit que le ciel avait béni le sacrifice qu'elle s'était imposé, et elle eut la douce certitude que désormais l'amitié de M. de Chateaubriand, exempte d'orages, serait ce qu'elle avait voulu qu'elle fût, inaltérable, parce qu'elle était calme comme la bonne conscience et pure comme la vertu [1].

Ce commentaire de Mme Lenormant est le seul témoignage existant sur les retrouvailles de Juliette et de René, dont nous pouvons préciser qu'elles eurent lieu le mardi 31 mai 1825. Sa part faite à la rhétorique volontiers édifiante de l'ancienne élève de Mme de Genlis – le « calme » et la « vertu » étaient assez peu dans la nature de Chateaubriand ! – nous apprenons ce que nous voulions savoir : la modalité de cette entrevue décisive. Elle fut lisse et d'une éloquente sobriété.

---

1. *Op cit.*, II, p. 181.

Juliette avait eu l'habileté et la force morale de se soustraire à l'influence perturbatrice de René et ce faisant, de le priver d'elle. La crise ouverte qui les avait separés avait duré près de deux ans : une relation moins puissante, moins authentique aurait pu ne pas y résister et se défaire. Au lieu de quoi, elle retrouvait un second souffle, une vitesse de croisière qui, durant les vingt-trois prochaines années, n'allait plus changer. Juliette sortait gagnante de l'épreuve : au moyen d'une élégante stratégie du retrait, elle avait, la première, dompté le fauve ! Le fauve avait eu le loisir de mesurer durablement, pour ne pas dire définitivement, ce que signifierait pour lui que la perdre… Il saurait désormais la ménager et, le cas échéant, mettre plus de discrétion dans ses possibles écarts…

Dès lors, ils se reconnaîtront comme indispensables l'un à l'autre. Ils ne se quitteront presque plus – ou toujours avec l'espoir de se réunir – ils n'éprouveront ni peine ni scrupule à rendre public leur sentiment. Aux heures passionnées succède la tendresse amoureuse, et nul ne l'ignore. La société parisienne acceptera cette liaison comme celle de Mme de Boigne et de Pasquier, comme, plus tard, celle de Guizot et de la princesse de Liéven : liens consacrés par la durée, institutionnalisés par l'habitude, préservés par de soigneuses précautions formelles. On peut y voir un modèle de civilisation hérité du siècle précédent, infiniment plus riche et plus intéressant que les petits – ou grands – scandales nés des bruyants adultères de la génération romantique…

Le couple hors du commun que forment Juliette et René s'enrichit encore de ce que leur code de sociabilité leur apporte : leur amour est infiniment plus qu'une union banale fondée sur le désir, d'autant plus intense qu'il est contrarié, ou le primaire instinct de possession. Il atteint à la plénitude en s'approfondissant jour après jour, au fil des confidences et du partage, en s'amplifiant de l'échange permanent, en s'arrimant à ce qui leur semble primordial : la création de René. Et l'insoumis, le réfractaire Chateaubriand accepte l'évidence : c'est Juliette, et elle seule, qui lui permet l'irremplaçable, la magique médiation de soi à soi, sans quoi il n'y a pas d'écriture possible. Il le reconnaîtra :

> En approchant de ma fin, il me semble que tout ce que j'ai aimé, je l'ai aimé dans Mme Récamier, et qu'elle était la source cachée de mes affections. Mes souvenirs de divers âges, ceux de mes songes, comme ceux de mes réalités, se sont pétris, mêlés, confondus pour faire un composé de charmes et de douces souffrances, dont elle est devenue la forme visible [1]…

Désormais, Juliette accompagnera René dans son projet le plus ambitieux qui sera de mener à bien la vaste orchestration de ses souvenirs. Elle s'appliquera à le distraire et à l'apaiser, à lui donner ce

---

1. *M.O.T.,* 3e partie, 2e ép., livre septième, p. 397

qu'au fond il n'a jamais connu : un foyer, un centre vital où se retrouver, se ressourcer. Elle le pouvait : elle avait reconquis sa propre stabilité, dominé le tremblement dans lequel le comportement de René l'avait maintenue naguère et conjuré les pouvoirs dangereux et stériles de la passion.

Juliette n'est plus une jeune femme. Si, de l'avis général, elle reste une beauté que rehausse sa rayonnante personnalité, elle approche doucement de la cinquantaine. « Ses cheveux ont blanchi à Rome en 1824 », nous dit sa nièce, qui ajoute qu'elle les cachait : la mode y pourvoit, il y a mille façons seyantes de le faire. Sa taille, sa démarche, son visage demeurent superbes, son sourire intact. Juliette étonne par une fraîcheur qu'elle saura préserver. Mais aussi elle a trop de finesse et de sincérité pour lutter contre le temps qui passe. Elle sait ne se montrer ni ostentatoire ni soucieuse à ce moment critique où elle entre dans une saison de la féminité qui malgré les clichés persistants, est loin d'être la plus désagréable…

René, lui, demeure le charme même : ses cheveux grisonnent mais ses traits ciselés, fermes, son regard pénétrant, magnétique démentent son âge : seules quelques crises épisodiques contraignent ce rhumatisant à ne pas l'oublier tout à fait. Détail qui a son importance, particulièrement aux yeux de Juliette : il reste très attentif à son élégance, une élégance soignée que nombre de ses contemporains ont signalée. À une époque où l'hygiène était toute relative, cette distinction était notoire.

Ainsi donc, les voilà réunis, après l'orage, tacitement désireux d'assiduité et d'attentions réciproques. Ils composent un couple admirable qui possède toutes les séductions de la maturité, de la force et de la conviction. Le Génie et la Beauté reprennent leur commune marche. Où les mènera-t-elle ?

Le grand salon du premier étage

Une des premières choses que Juliette doit faire, à son retour, est de réorganiser sa vie domestique : elle dispose maintenant de l'appartement du premier étage, libéré par la mort de la marquise de Montmirail. Delécluze est formel : elle donne, dans la seconde quinzaine de juin, une soirée d'adieu, avant de quitter la cellule dont il semble qu'elle soit reprise, depuis le mois de janvier, par Mme Swetchine… Cependant, Mme Lenormant et tous les biographes de Mme Récamier après elle ont situé l'emménagement définitif au premier en 1829. Qu'est-ce à dire ?

Juliette, en fait, occupe deux appartements de l'Abbaye : la première petite chambre peinte par Dejuinne, qu'elle réintégrera bientôt et où elle ménage son intimité et la tranquillité dont elle aime jouir. Cette jolie pièce ouverte sur le jardin, elle la réservera, plus tard, aux Lenormant, du moins pendant les premiers temps de leur mariage. Encore lui arrivera-t-il, en leur absence, de s'y réinstaller.

Dans le même temps, elle commande une série de travaux destinés à rafraîchir le grand appartement : « Notre maison est pleine d'ouvriers. Nous faisons reprendre le premier et le troisième. Ma tante est accablée d'affaires », écrit Amélie à Ballanche, fin juin. Ouvert à la fois sur l'entrée du couvent, au numéro 16 de la rue de Sèvres, sur la cour d'honneur et sur le jardin, ce grand appartement est vaste : il comporte une antichambre, une salle à manger, un salon dont deux fenêtres donnent sur la rue de Sèvres, et deux autres sur une terrasse construite en avancée sur la conciergerie, une chambre à coucher, un boudoir, un cabinet à l'anglaise ainsi qu'une chambre de service. Trois autres pièces de service le complètent, à l'entresol, ainsi qu'au rez-de-chaussée, la cuisine et l'office. On y accède par l'escalier d'honneur. Juliette, en outre, comme il était stipulé dans son bail, pouvait ouvrir une porte particulière sur la rue, « dont elle seule aura la clef », et qu'on utilisera « les jours où elle aura du monde ».

Juliette, après avoir effectué ces travaux, a sous-loué quelque temps ce grand appartement à deux dames anglaises amies – Mme Clarke et sa fille, qui épousera tardivement l'orientaliste Mohl – en se réservant toutefois la possibilité de recevoir dans le grand salon, les jours d'affluence [1].

Elle fera redécorer les lieux avant d'en prendre définitivement possession à l'automne 1829. En attendant, elle vit au troisième étage, du moins les jours normaux, et, selon le témoignage recueilli auprès d'une sœur tourière qui l'avait bien connue, elle aurait disposé, en plus du grand appartement, de quelques pièces lui étant attenantes et non mentionnées dans le bail, ce qui expliquerait que, jusqu'en 1829, les Lenormant aient pu bénéficier de la chambre du troisième [2]…

Nous pouvons continuer d'imaginer les entrevues avec Chateaubriand, dans l'ambiance féminine qu'a si bien rendue Dejuinne. Cela dit, dès 1825, c'est au premier que Juliette officie, dans un cadre qui gagne en espace, en confort et en solennité ce qu'il perd en charme gracieux et familier.

La seule représentation connue de ce décor, et encore n'en figure-t-elle que la partie centrale, est une aquarelle due à Auguste Gabriel Toudouze (1811-1854), datant probablement des années 1830. La pièce « bleu, noir et blanc, d'un goût sévère mais excellent », dixit Amélie, respire un parfait classicisme à la française : hautes boiseries claires qui s'achèvent en une corniche arrondie, finement travaillée, cheminée de marbre blanc qu'encadrent les fauteuils respectifs de Juliette à droite, de Chateaubriand à gauche, que surmonte une haute glace ornée de fins pilastres. Elle accueille de beaux bronzes, une pendule et deux torchères, qui nous semblent provenir de l'ancien hôtel de la rue du Mont-Blanc, comme la plu-

---

1. Il est fait mention de cette sous-location par O'Meara, dans *Un salon à Paris*, Paris, Plon, 1886.

2. Cette annexe au grand appartement est évoquée dans les *Procès-verbaux établis par la commission du vieux Paris*, année 1905, pp. 285 et suiv.

part des sièges, aux accoudoirs soutenus par des chimères ailées, et que Lamartine trouvera, ainsi que le reste du mobilier, « simples et usés »... Les arabesques de l'immense tapis masquant les parquets, adoucissent quelque peu cette relative austérité.

Aux murs, trois tableaux imposants : le plus considérable est la *Corinne au cap Misène*, que le prince Auguste, en remerciement du portrait de Juliette par Gérard, avait, en 1819, commandé à l'artiste, pour en faire don à son amie. Exposé au Salon de 1822, il avait eu un succès retentissant. Mme de Staël, très stylisée, une lyre à la main, improvise, les yeux tournés vers le ciel... Juliette et les siens avaient pu vérifier sur place, durant l'été 1824, l'irréalisme total du livre et du tableau qui en illustrait une scène fameuse...

De part et d'autre de la cheminée, deux portraits, deux présences clef dans l'affectivité de la maîtresse de maison : Mme de Staël et Chateaubriand. La toile représentant la dame de Coppet est ravissante : le regard et le sourire attentifs, le turban, le rameau d'olivier dont Corinne ne se séparait jamais et qui mettait en valeur sa jolie main, tout est embelli mais ressemblant. Il s'agit de la copie exécutée à la demande de Juliette par Marie-Éléonore Godefroid, deux ans après la mort de Mme de Staël, qui, sous les yeux de Gérard, avait peint l'original pour la duchesse de Broglie. Quant à Chateaubriand, on peut supposer qu'il ne détestait pas s'asseoir, chaque jour, sous le portrait byronien qu'avait fait de lui, en 1808, le peintre d'*Atala au tombeau*, Girodet. Il aimait à rappeler le mot de Napoléon qui, au Salon de 1809, en découvrant la noirceur pré-romantique du tableau – mèches au vent, manteau et cravate sombres sur fond de ruines vaguement romaines – s'était écrié : « Il a l'air d'un conspirateur qui descend par la cheminée ! »... Mme Récamier ne possédait pas l'original, mais une copie réalisée en 1811, comme il était d'usage alors d'en faire exécuter, pour soi et ses amis [1].

Dans ce décor élégant et feutré – les témoins rapportent que de lourdes tentures atténuaient la lumière très vive de cet appartement bien exposé – Juliette inaugure une nouvelle vie mondaine. Environ deux fois par mois, elle donne une grande réception priée : il s'agit le plus souvent d'une lecture, d'un concert ou d'une déclamation poétique. Ces matinées, ou soirées, très attendues n'empêchent pas d'autres réunions, vouées à la seule conversation. Au lieu de faire cercle autour du lecteur ou de l'artiste, on circule parmi de petits groupes bien distribués, les dames étant généralement assises...

Delécluze, dont l'amertume à l'annonce des fiançailles d'Amélie s'est bientôt dissipée, nous raconte le cérémonial de l'Abbaye, auquel il est d'autant plus attentif qu'il y est nouveau venu :

---

1. Nous empruntons ce détail à Pierre-Émile Buron, *in Le Cœur et l'esprit de Mme Récamier*, Atimco, Combourg, 1981, p. 355.

Le tableau de Gérard représentant *Corinne au cap Misène* a été légué par Mme Récamier au musée de Lyon, celui de M.-E. Godefroid se trouve au musée de Versailles.

[…] c'était avec un art, bien négligé depuis, que Mme Récamier préparait les soirées où ses invités devaient se suffire à eux-mêmes par la
conversation. Ces réunions, ordinairement nombreuses, se composaient
naturellement de différents groupes de personnes liées entre elles par
des goûts analogues, mais surtout par les mêmes opinions politiques,
car, à cette époque de la Restauration, la société était bien divisée. Pour
mettre plus facilement en harmonie les invités à mesure qu'ils arrivaient, Mme Récamier, pendant la matinée, prenait le soin de faire former avec des sièges cinq ou six cercles assez distants l'un de l'autre,
pour que les dames étant assises, les hommes pussent circuler dans les
intervalles et s'arrêter là où il leur convenait. Ces espèces de couloirs
donnaient en outre à la présidente de la fête le moyen de faire prendre
à ses hôtes, à mesure qu'ils arrivaient et sans qu'ils s'en aperçussent, la
direction qui les conduisait vers leurs amis, ou au moins vers les personnes dont les idées et les goûts avaient le plus de rapport avec les
leurs. Lorsque ces cercles étaient garnis de causeurs et de causeuses
élégantes, c'était un tableau curieux que tout ce monde animé par la
conversation, au milieu duquel Mme Récamier, vêtue de sa robe de
mousseline blanche nouée par un ruban bleu, allant, venant dans les
détours de ce labyrinthe vivant, adressait, avec ce tact qui lui était particulier, un mot amical aux uns, des paroles bienveillantes à tous ; poussant même l'attention jusqu'à aller chercher les modestes et les timides
dans les encoignures où ils se retranchaient[1].

Le 27 juin 1825, Delécluze est compris parmi les heureux élus
conviés à écouter la belle Delphine Gay dire des vers de sa composition sur le récent sacre. Talma déclamera ensuite des morceaux
choisis de Racine et de Ducis. Une cinquantaine de personnes sont
réunies dans le grand salon de Juliette : il s'agit d'un parterre prestigieux et varié.

Aux côtés de l'idole, M. de Chateaubriand, dont la virulente
opposition au gouvernement et son chef Villèle lui rallie les libéraux,
les bonapartistes et les républicains, se rencontrent des officiels tels
Adrien, de passage à Paris, Mathieu de Montmorency, toujours bien
en cour, le duc de Doudeauville et son fils Sosthène de La
Rochefoucauld, tous deux membres du Conseil, mais aussi des jour-
nalistes comme Dubois du *Globe*, Bertin de Vaux, l'animateur avec
son frère Bertin l'aîné, du *Journal des Débats*, Henri de Latouche,
qui va bientôt publier *Fragoletta*, des libéraux comme le comte de
Sainte-Aulaire ou le marquis de Catellan, des savants comme le
grand Ampère ou Mohl, mais aussi de vieux amis de Juliette : les
frères Pasquier, le comte de Forbin, Prosper de Barante, Alexandre
de Humboldt… Sans compter les messieurs de la famille et les
amies : Mme de Boigne, Mme de Catellan et sa fille Mme de
Gramont, la jeune poétesse Élisa Mercœur et deux dames, locataires
de l'Abbaye, venues en voisine : Mme d'Hautpoul – dont la fille
avait, un temps, partagé avec Amélie les leçons de Mme de Genlis –
et l'ancienne gloire impériale, aujourd'hui bien décatie et bien rui-

_____

1. *Souvenirs de soixante années, op. cit.,* p. 287.

née, la duchesse d'Abrantès, alias Mme Junot… Non loin du jeune Ampère et de Charles Lenormant, Étienne, qui regarde :

> […] Avant la lecture, l'inspection seule de ce monde d'élite suffisait et au-delà pour faire de l'attente un des moments les plus intéressants de la soirée ; mais, sitôt que la lecture allait se faire entendre, les regards et l'attention de tous, disséminés jusque-là, se dirigeaient sur un seul point, en sorte que personne ne pouvait éprouver ces moments de vide et de lassitude, inévitables dans presque tous les salons.
>
> On avait été invité pour entendre une nouvelle pièce de vers de la composition de Mlle Delphine Gay, et ensuite Talma, qui devait réciter quelques morceaux de nos belles tragédies. L'auditoire était déjà au grand complet et attendant la jeune muse, lorsque Talma, qui ne devait se faire entendre qu'à la fin de la soirée, arriva le premier. L'accueil qu'on lui fit parut l'émouvoir ; et en effet, s'il ne reçut pas les applaudissements bruyants du théâtre, le murmure flatteur qui se fit entendre et la satisfaction qui éclata sur toutes les physionomies à son entrée dans le salon durent le toucher profondément. La présence de Talma augmenta d'autant le désir de l'entendre que Mlle Delphine ne paraissait pas. On commençait à se préoccuper de son arrivée tardive ; et déjà inquiète comme toute maîtresse de maison en pareille circonstance, Mme Récamier avait fait venir les rafraîchissements pour calmer l'impatience de son auditoire et le soulager de l'excessive chaleur de la fin du mois de juin. L'assemblée était donc en proie à l'agitation, toujours un peu comique, qui résulte de la distribution des sorbets et des boissons, lorsque Mlle Delphine Gay et sa mère, toutes deux en grandes parures, firent, non sans peine, leur entrée dans le salon. Mmes Récamier et Lenormant[1] les conduisirent jusqu'au petit espace circulaire qui leur était réservé, et il se passa encore quelque temps avant que l'ordre et le calme pussent se rétablir complètement. Quand chacun eut repris sa place, Mme Récamier demanda à la jeune Delphine comment elle voulait se placer. Pour toute réponse, elle prit un siège, se tourna du côté du tableau de Corinne, et dit en souriant : « Je suis bien. »
>
> Alors se fit le plus profond silence.
>
> Les vers que récita Mlle Delphine avaient pour objet de célébrer le sacre de Charles X, l'événement remarquable à ce moment. Le cadre de cette composition est une vision. L'auteur croit voir sortir du lac enflammé une jeune fille. C'est Jeanne d'Arc, qui a assisté aussi au sacre d'un roi de France, et ordonne à Delphine de chanter le grand événement qui vient d'avoir lieu. Là, la jeune muse parle du serment que le roi Charles X a juré de maintenir la *Charte* ; elle rappelle qu'il a maintenu la *liberté de la presse* et l'engage à se confier au *parti libéral*. Cette hymne, si tant est que c'en soit une, se termine par une espèce de parallèle entre la vierge d'Orléans et l'auteur, d'où il résulterait qu'ainsi que Jeanne fut désignée pour être l'héroïne de la patrie Delphine en sera le poète, la muse.
>
> La teinte politique de cette pièce de vers flatta peu, comme on le pense bien, une partie de l'auditoire. Mais bien qu'une curiosité invincible fit tourner quelques regards indiscrets vers les personnes qui n'avaient pas un goût bien prononcé pour l'opposition libérale, les

---

1. Étienne anticipe.

ducs Mathieu de Montmorency, de Laval, de Doudeauville et de Larochefoucauld conservèrent une sérénité qui ne se démentit pas un seul instant.

Quant à l'ensemble des assistants, ce petit incident fut éclipsé pour eux, par la curiosité que faisait naître cette jeune fille de vingt ans, d'une grande beauté, mise avec une rare élégance, faisant partie du monde et ayant assez d'empire sur elle-même pour se mettre en spectacle et réciter ses vers devant une assemblée si nombreuse.

La jeune muse, la nouvelle Corinne, fut comblée d'éloges, et ce fut en compliments de la part des auditeurs et en remerciements modestes exprimés par la jeune Delphine que s'écoula l'intervalle de temps qui sépara son récit de celui de Talma. Malgré la chaleur, qui faisait sentir à chacun le besoin de quitter son siège pour prendre quelque mouvement, dès que le grand acteur s'avança à son tour au milieu du salon, tout le monde reprit sa place et il se fit un profond silence. Talma déclama successivement le songe et le monologue de *Macbeth* de la tragédie de Ducis, puis les prédictions du grand prêtre dans l'*Athalie* de Racine. Privé des ressources de la scène, sans costume et touchant en quelque sorte à ceux qui l'écoutaient, ce grand comédien fut admirable. À peine avait-il débité quelques vers que l'on avait oublié le lieu où l'on était ; on se croyait dans la forêt d'Inverness ou dans le temple de Jérusalem. Chose étrange ! l'illusion fut complète et tout le monde fut profondément touché. Quant à Étienne, il fut ravi, et c'est à la suite de cette expérience décisive qu'il est resté convaincu que le luxe des décorations théâtrales nuit plus à la représentation des chefs-d'œuvre qu'elle ne les fait valoir[1].

*
* *

Chateaubriand, lui aussi, va bientôt changer de cadre : dans la lettre qu'Amélie écrit à Ballanche au lendemain de cette soirée de déclamation, pour lui en faire le récit, figure cette petite réflexion acide : les Chateaubriand ont acheté près de l'infirmerie «une baraque en ruine». Ils l'ont payée 100 000 francs : «Toujours la même déraison!» Prochainement donc, l'ancien ministre va s'installer dans cette modeste résidence, rue d'Enfer et il y demeurera jusqu'en 1838. Ayant refusé la pension de ministre d'État à laquelle il avait droit, l'imprévoyant vicomte s'inquiète assez peu de son avenir financier. Il va cependant se décider à conclure un marché avec son éditeur Ladvocat : celui de la publication de ses *Œuvres complètes*, dont les 27 volumes – y compris 7 inédits – lui rapporteront 550 000 francs, échelonnés sur une quinzaine de versements. Il croyait ainsi se mettre à l'abri pour un certain temps. Il se trompait.

Pour le moment, une seule chose lui importe : la polémique qu'il entretient – dans ses discours à la Chambre des pairs, dans ses articles et parfois même au sein de l'Académie – sur un thème majeur : la liberté de la presse. Le talent qu'il déploie renforce son

---

1. *Souvenirs de soixante années, op. cit.*, pp. 288 à 291.

prestige auprès de la jeune génération montante : paradoxalement, ce gentilhomme ultra, défenseur de la chrétienté et du royalisme exclusif, devient l'allié objectif et l'inégalable porte-parole de l'opposition libérale… Il ne perd pas de vue, cependant, son but principal : abattre Villèle. Ce sera chose faite à la fin de 1827. Et d'ici-là, pendant ces deux années et demie de lutte inexorable, Chateaubriand s'appuie sur Julielte : il sait combien le salon de celle-ci constitue pour lui un terrain bénéfique. Il peut y rencontrer à son aise des interlocuteurs de tous bords : adversaires, amis et alliés. S'il devient l'oracle de son temps, c'est aussi parce que cet homme, si souvent isolé, se montre, au coin de la cheminée de l'Abbaye, accessible : parmi les jeunes visiteurs qui viennent l'y connaître et l'y retrouver fréquemment, on peut nommer Montalembert, Kératry ou Duvergier de Hauranne, qui feront de belles carrières sous le prochain régime.

On défendait une autre cause, chez Mme Récamier, celle de l'indépendance de la Grèce. Chateaubriand l'évoque dans ses *Mémoires* et nous avons vu Juliette, de Naples, lui transmettre l'expression de la déception ressentie par les chefs de la lutte nationale à l'annonce de sa chute… Bientôt, la France, l'Angleterre et la Russie les aideront à remporter sur la flotte turque la victoire de Navarin. En 1829, le traité d'Andrinople consacrera la liberté retrouvée.

Juliette surveillait les études de Thémistocle Canaris, le fils d'un des héros de la lutte grecque, le vengeur des massacres de Chio, et que nomme Chateaubriand dans ses souvenirs, lorsque, recevant un billet du père, il demande au fils de le lui traduire en français. Le jeune collégien écrit souvent à sa belle protectrice. Il est charmant et sans complexe, ce petit garçon, lorsqu'il lui demande, par exemple, ceci : « Je vous prie de me faire sortir un de ces trois jours, sans les autres Grecs, ils sont indignes de votre amitié[1]… »

Il est précoce aussi, il signe toujours « votre petit obéissant » !

La mort de Mathieu

À son retour de Rome, Juliette renoue plus étroitement avec un ami des anciens jours : Benjamin. Il a bien changé depuis quelques années : il a vieilli et traîne sa longue silhouette pathétique entre les béquilles dont il a besoin pour se déplacer depuis un accident à la jambe dont il ne s'est jamais remis…

Son libéralisme ne s'est pas démenti depuis dix ans, il lui a même valu de sérieux ennuis : on a contesté la nationalité de ce parlementaire et deux procès de presse l'ont confronté à la justice. Cela pouvait s'avérer grave et sans l'intervention de Juliette et de ses amis, lors du ministère de Chateaubriand, Benjamin aurait sans doute encouru des peines de prison. On maintiendra les amendes. Benjamin avait aussi fait appel à sa belle amie chaque fois qu'il y

---

1. Ms. B.N. N.A.F. 14100.

avait un condamné à mort politique à défendre et, si possible, à sauver. Inlassablement, Mme Récamier agissait...

Enfin, Benjamin aurait aimé être appelé parmi les Immortels, et on prêtait à Juliette une influence sur les élections à l'Académie française... Justement, il s'en préparait une, à l'automne, pour remplacer Bigot de Préameneu...

Un autre ancien soupirant réapparaît, alors que Juliette se repose, à la fin de l'été, à la Vallée-aux-Loups : le prince Auguste. Le temps a passé mais toujours, lorsqu'il la retrouve, il s'échauffe et pendant un moment retombe sous son charme, sous le charme de leur intimité de Coppet : il n'ignore rien de l'attachement présent de Juliette pour Chateaubriand, qu'il connaît depuis son ambassade à Berlin. Le prince et l'ambassadeur s'étaient rencontrés sous le portrait de Gérard qui, peut-être, leur avait donné l'impression de les considérer pensivement l'un et l'autre... L'ambassadeur avait triomphé, mais le prince n'oubliait pas.

La tranquille Vallée est agitée d'enfantillages, de fantasmes en série : Auguste fait comprendre à Juliette qu'il l'épouserait volontiers si elle était libre. Si elle était libre : autrement dit, si M. Récamier disparaissait... Or M. Récamier, malgré son âge et ses récents problèmes financiers, demeure d'une jovialité et d'un optimisme réjouissants ! Et le jeune Ampère, qui passe par là, entend cette proposition. Aussitôt, alors qu'il semblait s'être assagi depuis son retour d'Italie, Chérubin se reprend à aimer Juliette. Ce que le prince propose, pourquoi ne l'obtiendrait-il pas ? Juliette ne dit pas non... Elle dit même : «J'en ris, et cela pourrait arriver...» Et Ampère rêve... Il lui avoue, de Vanteuil, où il séjourne peu après, chez ses amis Jussieu : «...que le prince, et plus que lui, une autre personne qui pourrait être libre aussi m'alarment beaucoup...»

Le prince, pendant ce temps, chasse en compagnie du roi de France. Le 7 octobre, il fera hommage à la belle Récamier d'une partie du gibier du roi : un chevreuil et vingt faisans... Et puis il repartira.

Le 3 novembre 1825, ce n'est pas Benjamin Constant mais le duc Mathieu de Montmorency qui est élu au fauteuil de Bigot de Préameneu. L'Abbaye exulte ! On considéra généralement à Paris que cette élection était l'œuvre de Mme Récamier : une campagne de presse se déclencha contre elle. Une *Biographie des quarante de l'Académie française*, anonyme, comme de juste, parut au seuil de l'année suivante. On y épinglait Mathieu :

Il ne manquait plus à M. de Montmorency que le titre d'académicien ; son histoire est maintenant complète : semi-républicain en 1789, marguillier de paroisse sous le gouvernement impérial, jésuite en 1821, restaurateur de l'Espagne en 1822, ministre disgrâcié, puis académicien ; *abyssus abyssum avocat.*

On y égratignait Juliette :

> Cette Circé de l'Abbaye-aux-Bois
> Beauté fantasque et fière châtelaine,
> Qui réduisit tant d'amans aux abois,
> Et qui, depuis, amante de la croix,
> Pour sa patrone a choisi Magdeleine,
> La R***r, puisqu'il faut par son nom
> Vous désigner la moderne Ninon,
> Disait un soir : Tout ce que chante Homère
> Des compagnons d'Ulysse et de Circé
> Paraît fort simple et ne m'étonne guère.
> Prodige égal de nos jours s'est passé :
> Or n'allez pas me traiter de Lamie ;
> Par mon pouvoir, sans bouger de mon val,
> Hier, j'ai fait de messire Laval
> Un membre de l'Académie [1].

Un bonheur n'arrive jamais seul : le nouvel académicien reprenait bientôt du service à la cour : le 11 janvier 1826, Mathieu était nommé gouverneur du duc de Bordeaux, une fonction très enviée.

Le 1er février, dans la chapelle de l'Abbaye, Amélie devient Mme Lenormant. Delécluze note dans son *Journal* qu'il découvre, à cette occasion, le nom de famille de la jeune fille. Le faire-part est ainsi libellé : « Monsieur Cyvoct (de Belley), Monsieur et Madame Récamier ont l'honneur de vous faire part du mariage de Mademoiselle Amélie Cyvoct, leur fille et nièce, avec Monsieur Charles Lenormant. »

Quelques jours plus tard, le discours de réception de Mathieu est suivi d'une fête en son honneur, à l'Abbaye. Tout s'est on ne peut mieux passé à l'Académie : c'est le comte Daru qui lui a répondu et Chateaubriand a donné lecture, pour l'occasion, d'une partie de sa préface aux *Études historiques*. Benjamin écrit à Juliette, le 17 février, pour s'excuser de n'être pas allé faire sa cour « ni à l'occasion du mariage de Mlle Amélie ni lors des succès littéraires de M. de Montmorenci (une des graphies communes). J'espère, [ajoute-t-il], que le premier contribuera à votre bonheur. Les seconds sont un triomphe ».

Le triomphe ne sera pas de longue durée. Mathieu était souffrant, mais pas au point d'inquiéter ses amis. Mme de Boigne nous raconte la suite :

> Il était mieux : on l'espérait guéri, lorsque le vendredi saint de l'année 1826, n'étant pas assez rétabli pour assister aux offices, il sortit de chez lui pour aller avec sa femme et sa fille à l'église Saint-Thomas d'Aquin à l'Adoration de la Croix. Il se prosterna, appuyé sur une chaise ; sa prière se prolongeant outre mesure, Mme de La Rochefoucauld l'engagea à ne pas rester plus longtemps à genoux. Il ne répliqua pas, elle

---

1. Extraits reproduits par E. Herriot, *op. cit.*, pp. 404-405.

attendit encore, puis répéta ses paroles, puis s'effraya puis chercha à le soulever ; il était mort. On le transporta dans la sacristie. Les secours lui furent vainement prodigués, il ne respirait plus. Une maladie de cœur venait de terminer sa vie au pied de cette Croix qu'il avait si vivement et, je crois, si sincèrement invoquée depuis trente ans[1].

Juliette accourut à Saint-Thomas d'Aquin, elle revit une dernière fois son ami...

«J'ai toujours beaucoup aimé Mathieu et je l'ai pleuré», nous confie Mme de Boigne, qui ajoute : «Le désespoir de la duchesse Mathieu fut très violent. Dans cette âme si sèche, il n'y a de place que pour la passion...», ce qui, somme toute, est assez commun. Le désespoir de Juliette ne fut pas bruyant. Il fut profond, concentré. Et on imagine que ce n'est pas le commentaire de la duchesse de Broglie : «Mais quelle belle mort ! » qui pouvait la consoler... Mathieu foudroyé, en prières, d'une rupture d'anévrisme : Albertine n'a pas tort, mais était-ce bien le moment de dire pareille chose à Juliette ? Celle-ci est en état de choc. Avec Mathieu, elle perd non seulement sa jeunesse et le plus aimant, le plus vigilant des amis. Elle perd aussi sa conscience.

Juliette est accablée. Elle choisit d'aller, seule, dès le dimanche de Pâques, s'enfermer à la Vallée. Elle écrit à Amélie :

> J'ai éprouvé un tel déchirement de cœur en entrant ici, les premiers moments ont été si douloureux que je trouve encore que j'ai bien fait de ne pas te laisser venir avec moi...

Puis elle ira quelques jours chez ses amis d'Angervilliers, comme elle le fait si souvent dans les moments de crise ou de découragement... Juliette a besoin que le temps passe, que s'accomplisse le deuil, que vienne l'acceptation après l'amortissement du traumatisme. Les morts violentes ne sont pas les plus faciles pour ceux qui restent.

Adrien, de Rome, est bouleversé : comme Juliette, il ressent le même besoin de fuir la ville, de se réfugier dans l'isolement et d'écouter son cœur. Il lui écrit, le 9 avril, «à 24 miles de Rome» :

> [...] Je vous remercie, chère amie, de m'avoir adressé vos peines, de m'avoir envoyé vos larmes, et si votre cœur est navré, est déchiré, a besoin de rencontrer des malheureux comme vous, pour la même cause que vous, vous avez eu raison de penser à moi. Vous connaissiez toutes les vertus de sa vie comme vous connaissiez toutes les faiblesses de la mienne...

Que veut dire Adrien ? L'aimable, le parfait Adrien ? Comme il est étrange qu'à la faveur d'une intense douleur – Mathieu était comme un frère pour lui, dont jamais le destin ne s'était séparé du

---

1. *Mémoires*, *op. cit.*, III, pp. 109-110.

sien – Adrien exhale cette confidence, le secret de son existence que Juliette, évidemment, connaissait depuis longtemps, que masquaient si bien les apparences, mais qui soudain affleure avec une sincérité que la plume ne retient plus. Nous nous en doutions un peu : Adrien n'est pas seul dans sa romantique et douloureuse solitude, dans un cadre somptueux, au bord de la mer – il le décrit – évoquant la grande lignée décimée, avec l'abandon de celui qui reste, de celui qui pleure et se pleure… Il a près de lui un petit secrétaire « de dix-sept ans, établi dans une vieille masure à côté d'un vieux fort déman-telé, gardé par 17 soldats et une vingtaine de pêcheurs [...]. Ces ruines, cette solitude, cette mer, tous ces objets si muets me plai-sent », avoue-t-il…

Il y revient, quelque temps après. Lui, dont l'écriture est tou-jours très tenue, d'un seul jet, évoque le petit compagnon :

> Je l'emmène avec moi, cette espèce d'enfant, d'ailleurs si raisonnable, aimable, sensé, intéressant, pour de bonnes études et je vous demande-rai pour lui l'amitié que lui promettait l'ami de mon sang [1]…

On aura compris. Avouons que cette effusion dans un pareil moment, est singulièrement révélatrice.

Juliette eut l'idée de réunir des documents relatifs à la vie chré-tienne et militante de Mathieu – dont nous savons, aujourd'hui, le rôle qu'il joua sous l'Empire, en faveur du pape prisonnier, puis, pendant la seconde Restauration, au sein de sociétés occultes, les chevaliers de la Foi, la Congrégation –, et de demander au chantre du christianisme d'écrire sa biographie : Chateaubriand y pensera, mais ne mènera pas à bien ce projet. Comme beaucoup de ses contemporains, il rendra hommage à Mathieu : dans ses *Mémoires*, il relate l'enterrement à Picpus et note, terrible détail, que la bière se tourna sur elle-même avant d'arriver au fond de la fosse, comme si ce chrétien « se fût soulevé sur le flanc pour prier encore… »

*
* *

Il y a un autre projet cher au cœur de Juliette, celui d'assurer la carrière de Lenormant : elle souhaiterait lui faire obtenir un poste officiel ou une mission, et pour cela elle s'adresse au duc de Doudeauville, qui le 30 juillet lui envoie un billet, lui assurant qu'il récidive pour faire mettre le jeune archéologue « sur la liste ». Il ajoute : « Je parlerai aussi au roi. Je désire vivement que nos efforts puissent surmonter les difficultés fort grandes. on ne peut se le dis-simuler [2]. »

Grâce à l'influence de Mme Récamier, on finira par imposer Lenormant dont la carrière toutefois, ne s'affirmera que sous la

---

1. Ms. B.N. N.A.F. 14072, lettres du 9 avril et du 24 mai 1826.
2. Ms. B.N. N.A.F. 14101.

monarchie de Juillet. Le jeune ménage avait les dents longues et se mourait d'impatience...

Au mois d'août, le jeune Ampère qui, décidément, a renoncé à ses exaltations poétiques et amoureuses, un peu effrayé des projets de mariage qu'ont pour lui son père et le célèbre paléontologiste Cuvier, désireux de lui voir épouser sa fille Clémentine, entreprend sur les conseils de Juliette un voyage en Allemagne. Il est résolu à apprendre sur le terrain une langue qui l'attire et à en étudier les littératures. Sa vraie vocation se dessine enfin !

Ce voyage, ponctué de lettres réciproques, vaudra à Juliette une petite mésaventure, survenue au printemps suivant : après avoir passé l'hiver à Bonn, Jean-Jacques se présente à Weimar et s'entretient avec le grand Goethe. Il fait le récit détaillé de cette fascinante entrevue à Juliette, dans une lettre datée du 9 mai 1827. Pour reprendre l'expression de Sainte-Beuve, empruntée au jargon journalistique, Juliette «lâcha la lettre» au *Globe* (sans l'autorisation du signataire) qui, bien entendu, la publia. Cela faillit la brouiller avec Chérubin, qui trouva un peu violent pareil procédé. Voici la version d'Amélie :

> Mme Récamier, qui ne perdait pas une occasion de faire valoir ses amis, communiquait volontiers les détails, toujours piquants, que renfermaient les lettres d'Ampère. Ce fut par suite d'une communication de cette sorte faite à Henri de Latouche que celui-ci fit insérer dans les colonnes du *Globe* le tableau de l'intérieur de Goethe et de la cour de Weimar[1].

Le 22 mai, après l'insertion dans *Le Globe* de la brillante prose d'Ampère, Juliette, un peu gênée, lui écrit :

> Que direz-vous de cette indiscrétion ? M. de Latouche que je n'avais pas vu depuis trois mois m'arrive avant-hier, il me demande si j'ai de vos nouvelles, je lui parle de votre dernière lettre de Weimar ; il désire la voir, la trouve charmante, demande d'en extraire quelques lignes pour les insérer dans *Le Globe*, dont je déchire ce fragment, pour vous donner le plaisir de *vous voir passer*. Vous trouverez quelques légers changements ; dites-moi si vous êtes content ou contrarié[2].

La voilà en pied ! Heureusement, Goethe n'en tint pas rigueur à Ampère, qu'il appréciait fortement, et Ampère n'en tint pas longtemps rigueur à la charmante amie, qui eut été une déplorable – ou trop bonne – rédactrice en chef... Les mœurs journalistiques étaient

---

1. In *Mme Récamier et les amis de sa jeunesse*, p. 263
2. Ms. B.N. N.A.F. 14086.

La lettre d'Ampère contenait entre autres petites notations « piquantes » l'évocation du vieux sage au milieu de sa famille « avec sa robe de chambre bien blanche qui lui donne l'air d'un gros mouton blanc »... Grand lecteur du *Globe*, Goethe ne s'était pas formalisé de la verve d'Ampère dont il aimait la gaieté et l'impétuosité.

peu codifiées à l'époque, et la déontologie de la profession, inexistante, mais tout de même !...

Ampère poursuivra son périple par Berlin, la Scandinavie et les abords du cercle polaire d'où il enverra quelques lignes gracieuses à l'Abbaye... Il redescendra en Allemagne du Sud avant de rentrer à Paris, à la fin de cette même année. Clémentine Cuvier était morte en septembre. Jean-Jacques la regretta d'autant plus qu'il apprit qu'elle aurait eu, avant de mourir, un autre engagement... Cela dit, il revenait guéri.

À l'Abbaye, la joie de revoir le voyageur était grande. Chateaubriand, lui-même, se montrait sensible à la personnalité originale du jeune homme, à son esprit enjoué, à sa plume imagée qu'étoffaient désormais une réelle expérience et une authentique érudition. Et puis, avec Ampère, une pléiade de jeunes esprits prometteurs apparaissaient dans le salon de Juliette, scientifiques généralement, mais littéraires aussi : après les Jussieu, Delécluze, Lenormant, Julius Mohl, ce sera le tour, bientôt, de Mérimée et de Sainte-Beuve...

Ce souffle de vie compensait-il les deuils de Juliette ?

L'ancien groupe familial, essentiellement lyonnais, s'appauvrissait chaque année : en 1821, s'était éteint discrètement Camille Jordan, puis, pendant le séjour de Juliette en Italie, Annette de Gérando et, plus récemment, Lemontey, le sceptique et fidèle commensal des dîners du samedi, ainsi que Brillat-Savarin, disparu peu après le mariage d'Amélie et qui avait nommé sa belle cousine dans sa *Physiologie du goût*... Mathieu puis le grand Talma les avaient suivis de peu. En cet automne 1827, c'est la mort brutale, à Coppet, d'Auguste de Staël, qu'apprend Juliette : le chevalier Auguste, le tendre soupirant de Chaumont qui, depuis la disparition de sa mère, s'était voué à sa mémoire et à son œuvre...

Le 26 décembre, Benjamin, s'informant auprès de Juliette d'anciennes lettres de Mme de Staël, afin de les soumettre aux Broglie, commente l'évenement : « Quelle noble carrière interrompue par un coup de foudre ! Auguste était de toute la famille celui dont j'avais le plus à me louer[1]... »

Un autre deuil, double et familial, frappe l'Abbaye : M. Simonard puis, bientôt après, le 19 mars 1828, M. Bernard s'éteignent successivement, dans un âge avancé. On sait que les deux amis ne s'étaient depuis leur jeunesse jamais séparés : leurs disparitions rapprochées semblaient, jusqu'à la fin, exprimer leur intime volonté de ne pas dissocier leurs chemins... Des pères nobles, seul demeurait M. Récamier, auquel M. Bernard léguait « son plat à barbe en argent » ainsi qu'un nécessaire en acajou. L'appartement de la rue du Vieux-Colombier parut-il déserté à l'ancien banquier ? Nous l'ignorons. Ce que nous savons, en revanche, c'est qu'il continua de mener la vie animée qui avait toujours été la sienne. Aux beaux jours, peu après le deuil, Ballanche l'évoquera dans ces

---

1. Lettre du 26 décembre 1827, *in Lettres à Mme Récamier, op. cit.*, p. 280.

termes, écrivant à Amélie : « M. Récamier va, vient, dîne à la ville, à la campagne, rarement à l'Abbaye !... »

À ces peines, s'ajoutait pour Juliette l'incertitude provoquée par la récente crise gouvernementale : sous la pression générale – le mécontentement public, les oppositions de droite et de gauche et, surtout, la polémique de Chateaubriand – le roi avait dû se séparer de celui qui, auprès de lui, avait assuré la transition et continué la dernière politique de son frère. Villèle était tombé, victime de sa tentative de renouvellement de la loi sur la presse – Chateaubriand avait hautement fustigé le projet d'une loi qu'il avait nommée « la loi vandale » – et aussi du licenciement inopportun et impopulaire de la Garde nationale. On espérait que le noble vicomte allait être appelé dans le nouveau Conseil, présidé par Martignac : le roi le refusa, mais finit par lui accorder l'ambassade de Rome. Adrien était nommé au poste de Vienne.

L'inquiétude de Juliette sur ce prochain départ s'accentuait de ce qu'elle allait devoir se séparer d'Amélie : Lenormant avait été désigné pour faire partie de l'expédition envoyée, en août 1828, en Égypte, sous la direction de Champollion. Elle accompagnera son mari jusqu'à son port d'embarquement, Toulon. Elle se propose d'y séjourner, jusqu'à ce qu'elle reçoive la première lettre de Lenormant.

Juliette demeure à Paris, en compagnie de Ballanche, qui n'a pas son pareil pour la réconforter dans les moments difficiles. Mais lorsque l'excellent ami écrit à Amélie, on entend à travers ses propos, la plainte de Juliette :

> Cette vie d'incertitudes, de projets faits et défaits, de départs et d'absences dont on ne peut fixer le terme précis, cette difficulté à calculer des rencontres et des rendez-vous font une valse très pénible dans la tête...

Amélie est préoccupée par des détails protocolaires qu'elle entend faire régler en haut lieu, comme il se doit – c'est-à-dire par une rapide intervention de sa tante auprès de l'amiral Halgan et de Hyde de Neuville, alors ministre de la Marine : il s'agit d'obtenir que Lenormant soit admis à la table du capitaine de la frégate l'*Églé*, au même rang que Champollion ! Juliette s'exécute.

Le 21 août, elle s'épanche auprès de sa nièce :

> M. de Chateaubriand vient d'être malade [d'une fièvre rhumatismale]. Son voyage est toujours fixé pour le commencement de septembre. Que tous ces départs sont tristes ! Que la vie est difficile ! Quand donc serons-nous tous réunis ? Adieu, ma pauvre chère Amélie, reviens le plus tôt que tu pourras te reposer sur mon cœur en attendant mieux, et tâche de calmer ta pauvre imagination et de soigner ta santé. Il faut que M. Lenormant, à son retour, te trouve fraîche *comme la reine des fleurs*[1].

---

1. *In Mme Récamier et les amis de sa jeunesse, op. cit.*, p. 186.

Le 14 septembre 1828, les Chateaubriand – car cette fois-ci la vicomtesse entendait être du voyage – partent pour l'Italie. Vers le 10 octobre, ils arriveront à Rome. Ils y resteront quelque sept mois. Juliette a l'espoir de les y rejoindre et, qui sait, si l'ambassade doit se prolonger, de s'établir dans la Ville Éternelle, en compagnie de sa petite société... En attendant, elle est chargée par le grand homme d'une peu facile mission : faire jouer une injouable tragédie, qu'il avait composée sous l'Empire et intitulée *Moïse*...

L'ambassade à Rome

Cette ambassade sera moins politique que la précédente, à Londres, aussi fastueuse et, somme toute, plus agréable. Chateaubriand retrouve Rome, «l'effet magique» qu'elle a sur lui et qui ressemble à un embrasement esthétique et spirituel...

Non que cet éloignement le satisfasse : Charles X savait ce qu'il faisait en l'envoyant à Rome, et Chateaubriand est parfois amer de ce qu'il soupçonne des intrigues menées au Château, pendant la maladie de son ministre de tutelle, La Ferronays, et, s'il bénéficie en quelque sorte de la mort du pape Léon XII et du rôle subtil qu'il lui faut jouer dans les négociations du conclave, il ne se fait aucune illusion sur l'importance réelle de sa présence dans la diplomatie européenne. Comme toujours, son paysage intérieur est varié : Rome l'exalte et, en même temps, obsède son esprit d'idées de mort et d'anéantissement. Juliette lui manque. Mme de Chateaubriand lui pèse. Alors, il prend la plume et se confie avec une émouvante proximité à celle qui l'attend à Paris, et ménage ses intérêts politiques et littéraires. Écoutons quelques-uns de ces moments où se mêlent avec élégance l'abandon sentimental et la plénitude du talent :

Rome, ce 11 octobre 1828.

Vous devez être contente, je vous ai écrit de tous les points de l'Italie où je me suis arrêté. J'ai traversé cette belle contrée, rempli de votre souvenir; il me consolait, sans pourtant m'ôter ma tristesse de tous les autres souvenirs, que je rencontrais à chaque pas. J'ai revu cette mer Adriatique que j'avais traversée il y a plus de vingt ans, dans quelle disposition d'âme! À Terni, je m'étais arrêté avec une pauvre expirante. Enfin, Rome m'a laissé froid : ses monuments, après ceux d'Athènes, comme je le craignais, m'ont paru grossiers. Ma mémoire des lieux, qui est étonnante et cruelle à la fois, ne m'avait pas laissé oublier une seule pierre. J'ai parcouru seul et à pied cette grande ville délabrée, n'aspirant qu'à en sortir, ne pensant qu'à me retrouver à l'Abbaye et dans la rue d'Enfer.

Je n'ai vu personne, excepté le secrétaire d'État. Je vais avoir mon audience du pape. Pour trouver à qui parler, j'ai été chercher Guérin[1]

---

1. Un habitué de la rue du Babouin, présentement directeur de la villa Médicis.

hier au coucher du soleil. Je l'ai touvé seul, charmé de ma visite. Nous avons ouvert une fenêtre sur Rome et nous avons admiré ensemble l'horizon romain, éclairé des derniers rayons du jour : c'est la seule chose qui soit restée pour moi telle que je l'avais vue. Mes yeux ou les objets ont changé, peut-être les uns et les autres. Le pauvre Guérin, qui déteste Rome, était si ravi de me trouver dans les mêmes dispositions que lui qu'il en pleurait presque. Voilà exactement mon histoire.

Mme de Chateaubriand n'est pas plus contente. Jetée seule dans une grande maison, n'ayant pas rencontré un chat qui lui dit : « Dieu vous bénisse », trouvant tout assez ridiculement ordonné dans ce logement de garçon, de grands plâtres nus, des boudoirs à l'anglaise dans un palais romain, elle maudit le jour qui lui a mis dans la tête de venir ici. Peut-être s'arrangera-t-elle mieux de sa nouvelle situation, quand on commencera à l'entourer. Je ne doute pas qu'elle n'y ait un succès réel ; mais sa santé sera toujours un obstacle à une vie de représentation. Voilà la pure vérité.

J'ai été, au reste, très noblement accueilli par toutes les autorités sur la route, à Bologne, à Ancone, à Lorette. On savait bien que je n'étais pas tout à fait un homme comme un autre, mais on ne savait pas trop pourquoi. Était-ce un ami ? Était-ce un ennemi ? En Égypte, les gens politiques et bien instruits me prenaient pour un grand général de Buonaparte, déguisé en savant.

La conclusion de tout cela est qu'il faut que vous veniez sur-le-champ à mon secours, ou que j'aille dans peu vous rejoindre. Je n'ai pas reçu un seul mot de vous, excepté le mot adressé à Lausanne. Rien à Milan, rien à Rome. La poste arrive ce matin : aurai-je quelque chose ?

Midi.

Oui, j'ai quelque chose : c'est deux lignes en réponse à mon billet en passant la frontière. C'est bien retardé, mais cela m'a fait un bien extrême. Je vous l'ai dit, vous êtes bien vengée : mes tristesses en Italie expient les vôtres. Écrivez-moi longuement, et surtout venez.

J'ai reçu une lettre de Taylor, qui me demande *Moïse*. Je vais lui répondre de s'entendre avec vous. Si vous croyez tous les deux qu'il faut risquer l'aventure, je fournirai l'argent.

Écrivez-moi vite, écrivez et venez, mais surtout que je revienne vite auprès de vous. Qu'ai-je besoin de tout ceci ?

Hyacinthe voyant mon exactitude, n'ose plus vous importuner.

*

Rome, ce 18 octobre 1828.

Je commence cette lettre ce matin samedi, jour de poste. M'apportera-t-elle, cette poste, une lettre de vous ? Je n'ose l'espérer après tous les retards qu'ont sans doute éprouvés jusqu'ici vos lettres, car certainement vous m'avez écrit. Mes dispositions d'âme ne changent point. Hier, j'ai été me promener à la villa Borghèse pour la première fois. Je dois aller chez Tenerani vous *voir* dans *Cymodocée*; mais Givré, qui devait m'y conduire, n'a pu venir.

La *villa* m'a fait plus de plaisir que tout le reste de Rome ; ces vieux arbres, ces monuments délabrés, le souvenir de mes promenades solitaires dans ce lieu m'ont ému ; et quand j'ai pensé que je pourrais dans quelques mois me promener là avec vous, j'ai été presque réconcilié avec mon sort. Mais il est clair pourtant que je ne prends plus plaisir à rien, que tout m'ennuie loin de vous et de ma retraite de la rue d'Enfer ; c'est là qu'il faut que je rentre le plus tôt possible. Mme de Chateaubriand est comme moi ; elle n'aspire qu'à se retrouver au milieu de ses malades et de ses vieux amis.

Au reste, je n'ai à me plaindre de personne. On ne peut avoir été mieux accueilli, et j'ai trouvé partout une modération de sentiments politiques que nos dévots devraient bien prendre pour exemple. Quant à la société proprement dite, Je n'en sais rien encore. Tout le monde est absent ; mais on va rentrer à Rome pour la Toussaint. Les Anglais commencent à arriver. Je reçois demain en cérémonie tous les Français Nous dînons lundi chez Mme de Celles avec Mme de Valence.

Midi.

Enfin je reçois une lettre de vous du 3. Jugez du bonheur qu'elle me donne ! Je ne puis ajouter qu'un mot à la lettre. Des deux Français prétendus arrêtés, l'un l'a été en effet et a été remis presque aussitôt en liberté, l'autre n'a jamais subi la moindre détention. Tout cela s'est passé avant mon arrivée. Vous me parlez de l'Irlande ? Je ne puis vous en parler, mais je puis vous assurer qu'on n'approuve ici rien de violent. J'attends les voyageurs que vous m'annoncez ; le mariage serait une chose singulière ! Mais c'est vous qui êtes pour moi le seul voyageur auquel je m'intéresse. D'ici au 1er janvier, nous saurons positivement si c'est moi ou vous qui devons nous mettre en chemin. Vous demandez mes impressions ; maintenant vous avez reçu de moi une foule de lettres qui vous disent toutes la même chose : *Je suis bien triste. Venez.*

Je viens de lire *Le Globe* du 4, qui est tout à fait trompé sur l'affaire des deux jeunes gens. Celui qui a été arrêté n'appartenait point du tout à l'Académie de France. *Le Globe* devrait éviter des dénonciations qui ne sont pas dignes de son impartialité ; les détails qu'il donne sont de toute fausseté.

Je vous ai écrit au sujet de *Moïse* que M. Taylor me demande. Je l'ai renvoyé à vous, et vous ordonnerez comme il vous plaira. Je paierai, s'il le faut, et je préviendrai Ladvocat.

*

Rome, ce jeudi 23 octobre 1828.

J'en suis toujours à mes petits billets de chaque courrier, et c'est toute ma vie. Je suis allé chez *Tenerani* ; j'ai vu le bas-relief : il est admirable. Vous êtes une personne encore plus admirable mille fois. Vous étiez si malheureuse et vous pensiez pourtant à me faire vivre. Tenerani était vivement ému de ce que je lui disais ; il viendra dîner chez moi lundi prochain. Il m'a dit que son petit chef-d'œuvre était à ma disposition. J'ai une envie extrême de l'avoir chez moi ; mais je ne sais que faire, parce que j'ignore où vous en êtes avec lui. Je voudrais bien que cela ne vous ruinât pas et que vous me missiez de moitié avec vous.

Je vais essayer de reprendre mes travaux historiques, pour tuer le temps qui me tue. Avez-vous entendu parler de Thierry ? *L'intendant* général n'a pas répondu à ma lettre ; je projette de lui en écrire une seconde, mais il est probable que je ne réussirai pas mieux. Mme de Chateaubriand a été malade ; elle ne se lève pas encore. C'est le jour de la Toussaint, si elle se porte bien, qu'elle aura son audience du pape.

Point d'étrangers encore ici, si ce n'est Mme Merlin que je n'ai point vue. Elle est malade et repart pour la France dans quelques jours. Je tiens ces détails des attachés.

Tout ceci est écrit avant l'arrivée de la poste. Hélas ! je n'espère rien de vous. Tâchez donc de me faire revenir. Avez-vous des nouvelles du voyageur en Égypte ? Pensez-vous qu'il ne serait pas bon de faire l'affaire de Taylor pendant mon absence ? Vous connaissez mon idée sur les chœurs. Je les voudrais surtout déclamés avec quelques morceaux d'ensemble chantés. On supprimerait ce qui serait trop long à la représentation, mais on aurait soin de faire imprimer et connaître les chœurs entiers au public, en publiant la pièce le lendemain même de la représentation.

*

Rome, samedi 25 octobre 1828.

Je suis bien fâché que le courrier extraordinaire, que j'ai expédié à Paris avant hier, m'ait surpris, car la lettre qu'il vous porte aurait été plus détaillée, et j'avais sur ma position et sur mes affaires en France plusieurs choses à vous dire.

J'ai presque fini mes visites aux artistes. Ils veulent bien en paraître contents. Vous savez qu'on élève par souscription un monument à votre grand ami le Tasse. Je vais souscrire, mais je voudrais bien que le roi de France souscrivît. L'empereur d'Autriche vient de donner deux cents sequins, et on en fait grand bruit. J'ai déjà mis *votre idée* en train pour le tombeau du Poussin ; nous verrons plus tard pour celui de Claude Lorrain. Vous voyez que je cherche à tromper mes ennuis, en m'occupant de tout *ce qui vous occupait*. Je vous retrouve partout et pour tout.

M. de Forbin est arrivé hier. Il est venu à l'ambassade. Je ne l'ai pas vu ; on le dit fort changé. Je vais aller lui rendre sa visite aujourd'hui. En allant chez tous les peintres, je suis allé chez celui qui a subi un emprisonnement. Il est, du reste, très peu intéressant. Je vais lui acheter deux petits tableaux ; il a grand besoin d'argent.

Voilà le courrier et une très longue et très bonne lettre de vous, du 12. Jugez de ma joie ; et ce qu'il y a de plus heureux, c'est que j'ai fait tout ce que vous me recommandez de faire.

1° J'ai écrit mes impressions ;
2° J'ai écrit toutes les postes ;
3° J'ai dit de s'entendre avec Taylor.

Eh bien, ne vous devinai-je pas ? Adieu, aujourd'hui, mais seulement jusqu'à lundi prochain.

On se souvient que c'est à Rome qu'Auguste de Forbin avait rencontré Juliette, en 1814. Selon Mme Salvage, qui rejoint bientôt la Ville Éternelle, et, elle aussi, envoie des lettres très circonstanciées à Juliette, Forbin après avoir été reçu au palais Simonetti eut ce mot incisif à propos de l'ambassadeur : « Il me semble en le voyant ici voir un aigle dans une cage à poules [1] !... »

Rome, ce mardi 18 novembre 1828.

Jugez de mon impatience : je vous ai écrit samedi que le courrier n'était pas arrivé ; hier lundi, il devait au moins apporter les lettres en retard, et nous voilà mardi, jour du départ de la poste, et il n'y a rien d'arrivé. On dit que nous aurons nos paquets à midi ; il est onze heures, et il faut que nos réponses soient parties à deux. J'écris toujours en attendant.

Aussitôt que le courrier sera expédié, nous partons pour Tivoli ; Mme de Chateaubriand désire voir la cascade avant que la mauvaise saison se déclare ; il fait encore un temps superbe. Nous allons, Mme de Chateaubriand et moi ensemble, dans une calèche ; les secrétaires et les attachés veulent venir, les uns à cheval, les autres en voiture ; nous coucherons à Tivoli et nous serons de retour demain pour dîner. Vous savez quelle triste visite je fis à cette cascade, il y a vingt-cinq ans. Celle-ci ne sera pas plus gaie.

Je commence mes promenades solitaires autour de Rome. Hier, j'ai marché deux heures dans la campagne ; j'ai dirigé ma course du côté de la France où sont toutes mes pensées. J'ai dicté quelques mots à Hyacinthe qui les a écrits au crayon en marchant ; mais je ne suis guère en train d'écrire. J'ai des maux de tête continuels, et j'ai l'âme trop préoccupée de regrets ; je ne me retrouverai qu'auprès de vous.

Mme Salvage est venue hier au soir nous voir ; elle est toute singulière.

Certes ! Elle manquait de grâce : elle était affligée d'un nez interminable et Adrien avait eu ce trait, qui la flattait peu mais la décrivait bien : « Il faut la ménager. Si on la fâchait, elle vous passerait son nez au travers du corps... ! » Cela dit, ses lettres à Juliette sont amusantes : on y découvre un Chateaubriand au naturel, riant comme un enfant au théâtre de marionnettes – celui du palais Fiano – ce que l'ambassadrice commente en ces termes : « ... à Paris, au moment où on le croyait occupé d'idées bien sérieuses, souvent, il était à Polichinel [*sic*] ! »

Rome, le jeudi 27 novembre 1828.

Tout mon bonheur est de causer avec vous, et de penser que quelques-unes de mes pensées vous arrivent à travers l'espace qui nous sépare. Je me suis promené hier avec le pauvre Guérin dans la campagne. Dois-je le plaindre, tout malade qu'il est, puisqu'il va bientôt retourner aux lieux que vous habitez ? H. Vernet m'a écrit pour m'annoncer son départ vers le milieu du mois prochain. Il arrivera dans le courant du mois de janvier. Mais alors notre sort sera décidé ; *Moïse* sera mort ou

---

1. Ms. B.N. N.A.F. 14105.

vivra d'une longue vie ; vous serez prête à vous mettre en route, ou moi prêt à aller vous rejoindre.

Je vous remercie d'avoir écrit à Mme Salvage que vous *viendriez au printemps*. Mais, sans compter tous les autres événements de la vie, il est probable que, vu la désorganisation complète de l'*Infirmerie*, Mme de Chateaubriand voudra faire un voyage en France au mois d'avril, et j'obtiendrai facilement un congé pour l'accompagner. Alors, si la chose arrive ainsi, nous arrangerons ensemble l'avenir à Paris ; mais que de chances dans quelques mois ! C'est aujourd'hui jour de poste ordinaire, et j'attends de plus à chaque moment un courrier des Affaires étrangères. J'ai donc l'espoir d'avoir quelques lignes de vous avant de fermer cette lettre.

*

Rome, ce 2 décembre 1828.

Je vous ai écrit il y a trois ou quatre heures par le courrier ordinaire, je vous écris maintenant par le courrier extraordinaire que j'expédie ce soir à Paris et je reprends une à une vos trois lettres que m'a apportées ce matin même M. de Canay.

Votre lettre du 11 contient un passage admirable de Mme Cottin. Mais quel est cet homme qui *vient*, qui *remplit tout le monde ?* N'est-ce pas M. de Vaine ? C'est bien dommage ! Je ne serais pas digne de pareils hommages, mais j'aimerais qu'ils me fussent adressés par vous […].

Je n'ai plus qu'une *ambition*, c'est celle de faire applaudir ou siffler *Moïse*. Je ne vous mettrai point en rapport avec Bertin : je sais combien il est *noir* ; il vous remplirait la tête de mille complots tramés contre moi. Tout lui paraît ennemi. Je crois qu'il ne faut aussi entrer avec les journaux dans aucune explication : on joue *Moïse*, parce qu'on le joue, voilà tout. L'explication est dans sa chute ou dans son succès. Un mois avant la représentation, j'enverrai Hyacinthe à Paris avec des notes pour Bertin, une préface pour Ladvocat, des instructions pour l'impression des chœurs dans les journaux – car je suppose qu'on les raccourcira pour la scène – etc.

Votre lettre du 18 me parle de mon petit *ricevimento*. Soyez tranquille sur tous les points. La ressemblance n'est pas du tout parfaite et, quand elle le serait, elle ne me rappellerait que des peines et le bonheur dont vous les avez effacées.

Enfin votre lettre du 21 m'apprend la lecture et son effet. Laissons dire les *amis* et les *ennemis*. *Moïse* sera joué ; n'écoutez personne ; j'ai pris mon parti ferme ; la couronne de Sophocle sur mes cheveux blancs ne m'ira pas trop mal. Si je ne l'obtiens pas, j'en suis tout consolé ; si par hasard je l'obtiens, peut-être vous plairai-je davantage ; cela me suffit pour affronter le péril.

On me mande toutes sortes de ragots de ministère ; on suppose toujours que je veux être ministre et que je le serai, bon gré, mal gré. Rien n'est plus loin de ma pensée. Je ne veux rien. Je suis réellement effrayé du peu d'années qui me restent et, comme un avare surpris de sa dépense, je ne veux faire part désormais qu'à vous seule de mon trésor prêt à s'épuiser.

Croyez, croyez bien que toute ma vie est à vous.

C'est M. de Mesnard, un de mes attachés, que j'envoie en courrier extraordinaire à Paris. C'est un excellent jeune homme dont je suis fort content et qui me reviendra le plus vite possible. Il m'apportera vos lettres.

C'est mardi prochain 9, mon grand *ricevimento*. Je vais faire faire le tombeau de Poussin; le bas-relief du tombeau représentera une des compositions de ce grand peintre. C'est mon idée, l'approuvez-vous? J'ai fait mettre en liberté quelques Français; j'aide les autres de ma bourse. Enfin je fais du mieux que je puis. Je souffre toujours de la tête et de mon rhumatisme.

Mille tendres hommages. Que je suis heureux de vous aimer!

*

Jeudi, Rome, ce 11 décembre 1828.

Eh bien, le *ricevimento* s'est passé à merveille. Mme de Chateaubriand est ravie, parce qu'elle a eu tous les cardinaux de la terre, et que de mémoire d'homme on n'avait jamais vu de *ricevimento* plus nombreux et plus brillant. En effet toute l'Europe à Rome était là avec Rome. Je vous dirai que, puisque je suis condamné pour quelques jours à ce métier, j'aime mieux le faire aussi bien qu'un autre ambassadeur. Les ennemis n'aiment aucune espèce de succès, même les plus misérables, et c'est les punir que de réussir dans un genre où ils se croient eux-mêmes sans égaux. Samedi prochain, je me transforme en chanoine de Saint-Jean-de-Latran, et dimanche je donne à dîner à mes confrères. Une réunion plus de mon goût est celle qui a lieu aujourd'hui : je dîne chez Guérin avec tous les artistes, et nous allons arrêter *votre* monument du Poussin. Un jeune élève plein de talent, *Desprez*, fera le bas-relief, pris d'un tableau du grand peintre, et *Lemoine* fera le buste; il ne faut ici que des artistes français.

Pour compléter mon histoire de Rome, Mme de Castries est arrivée. Hélas! c'est encore une de ces petites filles que j'ai fait sauter sur mes genoux, comme Césarine. Cette pauvre femme est changée à faire de la peine. Ses yeux sont remplis de larmes, quand je lui rappelle son enfance à Lormois. Quelle vie désormais que la sienne, car il me semble que l'enchantement n'y est plus; quel isolement! et pour qui, grand Dieu! Voyez-vous, ce qu'il y a de mieux, c'est de vous aimer toujours davantage, c'est d'aller vous retrouver le plus tôt possible. Si mon *Moïse* descend bien de la montagne, je lui emprunterai un de ses rayons, pour reparaître à vos yeux tout brillant et tout rajeuni.

*

Rome, 1er janvier 1829.

1829! J'étais éveillé; je pensais tristement et tendrement à vous, lorsque ma montre a marqué minuit. On devrait se sentir plus léger à mesure que le temps nous enlève des années, c'est tout le contraire : ce qu'il nous ôte est un poids dont il nous accable. Soyez heureuse, vivez longtemps; ne m'oubliez jamais, même lorsque je ne serai plus. Un jour il faudra que je vous quitte : j'irai vous attendre. Peut-être aurai-je plus de patience dans l'autre vie que dans celle ci, où je trouve trois mois sans vous d'une longueur démesurée.

Je reçois ce matin tous les Français. Mme Salvage dîne pour la première fois à l'ambassade. J'aime cette femme, parce qu'elle me parle de vous. J'ai pris aussi en amitié Visconti, parce qu'il me demande toujours quand vous arrivez. Il a découvert un endroit excellent pour faire une fouille ; nous allons la commencer. Si je trouve quelque chose, je le partagerai avec vous. Voilà le premier plaisir que j'aurai à Rome. Je me fais une espèce de fête d'assister au premier coup de bêche. Si j'allais voir sortir quelque chef-d'œuvre de la terre ; c'est là, par exemple, un genre d'intérêt que peuvent seules offrir l'Italie et la Grèce.

Je vous ai écrit deux fois de retirer *Moïse*[1]. Conservez le manuscrit ; c'est le seul que j'aie avec les dernières corrections. J'ai encore le cœur bien gros de cette affaire. On sacrifie difficilement les dernières illusions de la vie ; cela m'apprend de plus en plus à me détacher de tout, excepté de vous. Je vous quitte pour m'habiller. Vous devez penser au supplice de cette existence pour moi. Bonne année ! Elle sera bonne, puisque dans quelques mois je serai avec vous.

*

Rome, jeudi 8 janvier 1829.

Je suis bien malheureux ; du plus beau temps du monde nous sommes passés à la pluie, de sorte que je ne puis plus faire mes promenades solitaires. C'était pourtant là le seul bon moment de ma journée. J'allais pensant à vous dans ces campagnes désertes ; elles lisaient dans mes sentiments l'avenir et le passé, car autrefois je faisais aussi les mêmes promenades, et c'est le souvenir le plus agréable qui me soit resté de Rome. Je vais une ou deux fois la semaine à l'endroit où l'Anglaise s'est noyée. Qui se souvient aujourd'hui de cette pauvre jeune femme ? Ses compatriotes galopent le long du fleuve sans penser à elle. Le Tibre, qui a vu bien d'autres choses, ne s'en embarrasse pas du tout ; d'ailleurs, ses flots se sont renouvelés : ils sont tout aussi pâles et aussi tranquilles que quand ils ont passé sur cette créature pleine d'espérance, de beauté et de vie, mais ce ne sont plus les mêmes flots. Quel abîme de néant que tout ce monde, et qui jamais arrêtera cette fuite ?

Me voilà guindé bien haut sans m'en être aperçu : pardonnez à un pauvre lièvre retenu et mouillé dans son gîte par la pluie. Il faut que je vous raconte une petite historiette de mon dernier *mardi*. Il y avait à l'ambassade une foule immense. J'étais le dos appuyé contre une table de marbre, saluant les personnes qui entraient et qui sortaient. Une Anglaise, que je ne connaissais ni de nom ni de visage, s'est approchée de moi, m'a regardé entre les deux yeux et m'a dit avec cet accent que vous savez : « Monsieur de Chateaubriand, vous êtes bien malheureux ! » Étonné de l'apostrophe et de cette manière d'entrer en conversation, je lui ai demandé ce qu'elle voulait dire. Elle m'a répondu : « Je veux dire que je vous plains. » En disant cela, elle a accroché le bras d'une autre Anglaise, s'est perdue dans la foule, et je ne l'ai pas revue

---

1. Les 27 et 30 décembre : Chateaubriand s'était rendu compte, à temps, des risques que comportait ce projet.

du reste de la soirée. Ne vous inquiétez pas : cette bizarre étrangère n'était ni jeune ni jolie. Je lui sais gré, pourtant, de ces paroles mystérieuses qui sont en intelligence avec ce que je vous écris et ma position [...].

*

Rome, jeudi 5 février 1829.

Torre Vergata est un bien de moines, situé à une lieue à peu près du *Tombeau de Néron*, sur la gauche en venant à Rome, dans l'endroit le plus beau et le plus désert ; là, est une immense quantité de ruines à fleur de terre, recouvertes d'herbes et de chardons. J'ai commencé une fouille avant-hier, mardi, en cessant de vous écrire. J'étais accompagné seulement de Visconti, qui dirige la fouille, et d'Hyacinthe. Il faisait le plus beau temps du monde ; cette douzaine d'hommes armés de bêches et de pioches qui déterraient des tombeaux et des décombres de maisons et de palais dans une profonde solitude offrait un spectacle digne de vous. Je faisais un seul vœu, c'est que vous fussiez là. Je consentirais volontiers à vivre avec vous sous une tente, au milieu de ces débris. J'ai mis moi-même la main à l'œuvre, j'ai découvert des fragments de marbre. Les indices sont excellents, et j'espère trouver quelque chose qui me dédommagera de l'argent perdu à cette loterie des morts. J'ai déjà un bloc de marbre grec assez considérable pour faire le buste du Poussin.

Cette fouille va devenir le but de mes promenades ; je vais aller m'asseoir tous les jours au milieu de ces débris. À quel siècle, à quels hommes appartiennent-ils ? Nous remuons peut-être la poussière la plus illustre sans le savoir. Une inscription viendra peut-être éclairer quelque fait historique, détruire quelque erreur, établir quelque vérité ; et puis, quand je serai parti avec mes douze paysans demi-nus, tout retombera dans l'oubli et le silence.

Vous représentez-vous toutes les passions, tous les intérêts qui s'agitaient autrefois dans ces lieux abandonnés ? Il y avait des esclaves et des maîtres, des heureux et des malheureux, de belles personnes qu'on aimait, des ambitieux qui voulaient être ministres ; il y reste quelques oiseaux et moi, encore pour un temps fort court ; nous nous envolerons bientôt. Dites-moi, croyez-vous que cela vaille la peine d'être membre du conseil d'un petit roi des Gaules, moi barbare de l'Armorique, voyageur chez des sauvages d'un monde inconnu des Romains et ambassadeur auprès d'un de ces prêtres qu'on jetait aux lions ? [...]

*

10 février, 9 heures du matin.

Le pape vient d'expirer. N'est-il pas singulier que Pie VII soit mort tandis que j'étais ministre des Affaires étrangères et que Léon XII meure lorsque je suis ambassadeur à Rome ? Voilà ma position politique encore changée pour le moment, et mon rôle ici va prendre de l'importance. C'est une perte immense que celle de ce souverain pontife pour les hommes modérés.

Ce soir partira un attaché avec une longue lettre pour vous.

Rome, jeudi 12 février 1829.

Aujourd'hui je veux seulement vous répéter que, le conclave devant, selon toutes les vraisemblances, finir son élection avant Pâques, rien n'est changé dans mes mouvements, ni rien dans vos projets. Je ne saurais prévoir les chances politiques nouvelles que cet événement inattendu peut faire naître dans ma vie. Je les examinerai avec vous dans une prochaine lettre.

Au surplus, je vais voir l'élection du chef de la chrétienté; ce spectacle est le dernier grand spectacle auquel j'assisterai dans ma vie; il clora ma carrière, et je rentrerai, avec une joie que je ne puis dire, dans ma petite maison de la rue d'Enfer.

Maintenant que les plaisirs de Rome sont finis, les affaires commencent. Je vais être obligé d'écrire d'un côté au gouvernement tout ce qui se passe et de l'autre de remplir les devoirs de ma position nouvelle. Il faut complimenter le sacré collège, assister aux funérailles de ce pauvre pape que je regrette et auquel je m'étais attaché, précisément parce qu'on l'aimait peu, et d'autant plus qu'ayant craint de trouver en lui un ennemi j'ai trouvé un ami qui, du haut de la chaire de Saint-Pierre, a donné un démenti formel à mes calomniateurs *chrétiens*. Puis vont me tomber sur la tête les cardinaux de France. J'ai écrit pour faire des représentations au moins sur l'archevêque de Toulouse.

Au milieu de tous ces tracas, le monument du Poussin s'exécute. La fouille réussit: j'ai trouvé trois belles têtes, un torse de femme, drapé, une inscription funèbre d'un frère pour une jeune sœur, ce qui m'a attendri. À propos d'inscription, je vous ai dit que le pauvre pape avait fait la sienne, la veille du jour où il est tombé malade, précisant qu'il allait bientôt mourir. Il a laissé un écrit où il recommande sa famille indigente au gouvernement romain: il n'y a que ceux *qui ont beaucoup aimé* qui aient de pareilles vertus. [...]

Dans le même temps, Mme Salvage continue d'envoyer à Juliette de fidèles et réguliers comptes rendus de la vie au palais Simonetti, les mésaventures, par exemple, de l'ambassadrice «qui a les mains tout égratignées par le chat du pape, qu'elle a voulu avoir et qu'elle s'est fait donner» (!). Ce n'est pas le trait le plus antipathique de cet étrange ménage que son amour pour les félins: le 2 avril, Mme Salvage informe l'Abbaye «que le chat du pape a les honneurs de la chambre de M. de Chateaubriand», son épouse se consolant avec celui de la femme de chambre... La correspondante de Juliette ajoute, comme incidemment, que l'ambassadeur «a retrouvé tout son goût pour Rome[1]»...

Qu'est-ce à dire? La mort du pape, puis le conclave ont déclenché une activité soudaine dans les chancelleries qui, bien évidemment, vont tenter d'infléchir la prochaine élection selon leurs amitiés et influences respectives... Cela suffirait-il à expliquer le changement de ton et d'humeur de Chateaubriand? Son entrain retrouvé, son transparent rajeunissement... Comme c'est étrange!

───────────

1. Ms. B.N. N.A.F. 14105.

Par enchantement, tout s'éclaire, le ciel et ses états d'âme : il est ravi, le conclave avance, ses fouilles vont bien, il reprend ses promenades, se précipite, entre deux scrutins, du Vatican à Saint-Onuphre, vérifier, pour Juliette, si « ce sont bien *deux orangers* qui sont dans le *cloître* et point un chêne vert »... Il témoigne envers elle d'une sorte d'énergie allègre... Envolés, les rhumatismes, l'ennui et la morosité...

Juliette l'ignore, mais elle le saura bientôt, Chateaubriand mène de front plusieurs intrigues amoureuses. Les indiscrétions du personnel de l'ambassade nous apprendront qu'il couvre de fleurs la princesse del Drago et qu'il commence une liaison, au moment des fêtes pascales, dont l'intéressée nous divulguera les menues circonstances... Il s'agit d'une jeune femme – elle est née à Milan en 1801 – recommandée à l'ambassadeur par Mme Hamelin et qui se révélera une partenaire attrayante, peu farouche, très désireuse de faire parler d'elle : Hortense Allart.

Après une jeunesse passablement mouvementée, elle se mariera en 1843 à un éphemère M. de Méritens et se fera connaître dans les lettres sous le pseudonyme de Mme de Saman. Elle publiera quelques romans dont *Sextus* et *l'Indienne*, mais ce sont surtout ses confidences sur ses liaisons, soutenues par une préface de George Sand, et intitulées *Les Enchantements e Prudence* qui lui vaudront un tardif succès de scandale[1]. Nous apprenons sur ses entrevues avec Chateaubriand, qui avaient cessé au printemps 1830 et repris très épisodiquement par la suite, des détails qui n'ajoutent rien à la gloire de celui-ci... Nous ne sommes pas loin de partager l'opinion de Barbey d'Aurevilly, qui n'aimait ni la vantardise ni l'impudeur du livre en question : il ne pardonnait pas à l'auteur d'avoir « déshabillé » sur la place publique l'homme charmant et vieillissant qui succombait de très bonne grâce à ses attraits[2]...

Hortense Allart, peu scrupuleuse sur les moyens de se faire connaître, mais au demeurant aussi bonne fille qu'elle était dénuée de tact, s'est donné, faute de mieux, ce qu'elle n'avait obtenu du glorieux écrivain, un peu de célébrité liée à un grand nom... Des deux aventurières de la littérature placées sur le chemin de Juliette – la seconde viendra plus tard, en la personne de Louise Colet – Hortense Allart est la plus intéressante. Moins par elle-même que par l'influence qu'elle eut sur Sainte-Beuve, qui succéda dans ses faveurs à l'auteur d'*Atala*, qui lut les lettres intimes de celui-ci et qui, comme Hortense, dont il était le contemporain, fut fasciné par le grand homme, le père de la sensibilité nouvelle, qu'ensuite il eut la tentation de tuer...

Nous avons du mal à imaginer, aujourd'hui que tout se confond dans notre admiration, avec quelle autorité Chateaubriand régnait alors sur la vie des lettres : Hugo et Balzac n'en étaient qu'à leurs

---

1. En 1873.

2. *Les Bas-Bleu au XIXe siècle*, Paris, 1878, p. 203 et suiv.

débuts, Stendhal n'était révélé qu'à un petit cénacle. Lamartine demeurait discret. Mérimée et Sainte-Beuve n'existaient quasiment pas... Rehaussé par le prestige de son rôle officiel, Chateaubriand dominait la scène. Si, pour nous, il est l'auteur d'un chef-d'œuvre posthume, ses *Mémoires*, aux yeux de son époque il est essentiellement celui de *René*, d'*Atala* et du *Génie*, autrement dit il apparaît comme le promoteur du Romantisme, le maître de l'image et de la phrase. Il est, de plus, un polémiste que l'on craint et un académicien que l'on courtise. Il n'y a rien d'étonnant à ce que les enfants nés avec le siècle l'aient adoré, même si par la suite, avec une égale intensité, ils ont renié cette adoration qui n'était pas dénuée d'une nuance de terreur. À lire ensemble la prose enflammée de l'idole, Sainte-Beuve et son indiscrète compagne ont dû passer de délectables moments... Les faiblesses du grand homme devaient les amuser, et surtout les rassurer.

Hortense Allart, plus tard, après la mort de Juliette et de René, écrira ceci, à son vieux complice :

> Pour moi, j'ai toujours loué Mme R[écamier] et je ne l'ai jamais desservie. Elle le savait et m'a fait dire mille choses aimables ; elle me croyait envolée, elle a ignoré les retours. Je n'ai jamais été jalouse d'elle ; je n'ai jamais désiré d'être dans les *Mémoires* [d'outre-tombe] ; sans doute, j'étais trop peu de chose pour y être, et ces relations étaient trop croisées, mais, René et moi, nous avions des religions différentes, je n'étais pas de son bord, je n'étais pas des femmes de sa suite [1].

Que n'a-t-elle, jusqu'au bout, gardé cette modestie !

*
* *

Revenons à Rome, où cependant que René et Hortense se distraient et passent de longues heures enfermés dans l'appartement de celle-ci, rue des Quatre-Fontaines, près du Quirinal, les célébrations pascales se déroulent selon un rituel et un faste inchangés. René n'y est que plus sensible, et voici ce qu'il en conte à Juliette, dans sa version originale :

Samedi. Rome, 11 avril 1829.

> Nous voilà au 11 avril : dans huit jours, nous aurons Pâques, dans quinze jours mon congé, et puis vous voir ! Tout disparaît dans cette espérance : je ne suis plus triste, je ne songe plus aux ministres et à la politique. Nous retrouver, voilà tout : je donnerais le reste pour une obole.
>
> Demain nous commençons la semaine sainte. Je penserai à tout ce que vous m'en avez dit. Que n'êtes vous ici pour entendre avec moi les beaux chants de douleur ! Et puis nous irions nous promener dans les déserts de

---

1. *Nouvelles lettres inédites* d'Hortense Allart à Sainte-Beuve, 1832-1864, Droz, Genève, 1965, 176 pages, lettre n° 59, datée du 22 mai 1850.

la campagne de Rome, maintenant couverts de verdure et de fleurs. Toutes les ruines semblent rajeunies avec l'année. Je suis du nombre.

Mon gros ami Bertin a profité de l'à-propos. Il a très bien fait ressortir les éloges donnés par le cardinal *Castiglioni*, et quatre jours après vous aurez appris que ce cardinal était *pape*, comme récompense de ses éloges. J'attends pour fermer cette lettre l'arrivée de la poste.

Je tiens une bonne lettre de vous du 30. Je regrette comme vous Rayneval, mais nous ne serons pas assez heureux pour l'obtenir. Je ferai ce que je pourrai pour Andryane. Je vois par la discussion que tout le monde est contre la loi. Que me fait tout cela ? Je serai à l'Abbaye-aux-Bois dans un mois, ou même avant.

Voilà un portrait de *mon pape* par Cottreau. Il est frappant.

*

Rome, mercredi 15 avril 1829.

Je commence cette lettre le mercredi saint au soir, au sortir de la chapelle Sixtine, après avoir assisté à ténèbres et entendu chanter le *Miserere*. Je me souvenais que vous m'aviez parlé de cette belle cérémonie et j'en étais à cause de cela cent fois plus touché. C'est vraiment incomparable : cette clarté qui meurt par degré, ces ombres qui enveloppent peu à peu les merveilles de Michel-Ange ; tous ces cardinaux à genoux, ce nouveau pape prosterné lui-même au pied de l'autel où quelques jours avant j'avais vu son prédécesseur ; cet admirable chant de souffrance et de miséricorde, s'élevant par intervalles dans le silence et la nuit ; l'idée d'un Dieu mourant sur la croix pour expier les crimes et les faiblesses des hommes ; Rome et tous ses souvenirs sous les voûtes du Vatican : que n'étiez-vous là avec moi ! J'aime jusqu'à ces cierges dont la lumière étouffée laissait échapper une fumée blanche, image d'une vie subitement éteinte. C'est une belle chose que Rome pour tout oublier, pour mépriser tout et pour mourir.

Au lieu de cela, le courrier demain m'apportera des lettres, des journaux, des inquiétudes, il faudra vous parler de politique. Quand aurai-je fini de mon avenir et quand n'aurai-je plus à faire dans le monde qu'à vous aimer et à vous consacrer mes derniers jours ?

*

Rome, ce 16 mai 1829.

Cette lettre partira de Rome quelques heures après moi et arrivera quelques heures avant moi à Paris. Elle va clore cette correspondance qui n'a pas manqué un seul courrier et qui doit former un volume entre vos mains. La vôtre est bien petite ; en la serrant hier au soir, et voyant combien elle tenait peu de place, j'avais le cœur mal assuré.

J'éprouve un mélange de joie et de tristesse que je ne puis vous dire. Pendant trois ou quatre mois, je me suis déplu à Rome ; maintenant, j'ai repris à ces nobles ruines, à cette solitude si profonde, si paisible et pourtant si pleine d'intérêt et de souvenir. Peut-être aussi le succès inespéré que j'ai obtenu ici m'a attaché ; je suis arrivé au milieu de toutes les préventions suscitées contre moi, et j'ai tout vaincu : on paraît me regretter vivement.

Que vais-je retrouver en France ? Du bruit au lieu de silence, de l'agitation au lieu de repos, de la déraison, des ambitions, des combats de place et de vanité. Le système politique que j'ai adopté est tel que personne n'en voudrait peut-être et que d'ailleurs on ne me mettrait pas à même de l'exécuter. Je me chargerais encore de donner une grande gloire à la France, comme j'ai contribué à lui faire obtenir une grande liberté ; mais me ferait-on table rase ? me dirait-on « Soyez le maître, disposez de tout au péril de votre tête » ? Non, on est si loin de vouloir me dire une pareille chose, que l'on prendrait tout le monde avant moi, que l'on ne m'admettrait qu'après avoir essuyé les refus de toutes les médiocrités de la France et qu'on croirait me faire une grande grâce en me reléguant dans un coin obscur d'un ministère obscur.

Chère amie, je vais vous chercher, je vais vous ramener avec moi à Rome ; ambassadeur ou non, c'est là que je veux mourir auprès de vous. J'aurai du moins un grand tombeau en échange d'une petite vie. Je vais pourtant vous voir. Quel bonheur !

La nature de Chateaubriand lui permettait de vivre à des plans différents et, simultanément, des sentiments variés. Ne nous méprenons pas plus que ne se méprenait Hortense Allart : ce qui demeurait au centre de la vie de l'écrivain était son amour pour Mme Récamier et le besoin qu'il avait d'elle, non seulement à chaque jour de son existence, mais au-delà, éternellement associée à l'image de lui qu'il désirait imposer à la postérité… Aussi bien, lui réservait-il le meilleur de lui-même, ce qui lui était le plus intime, ses rêves, ses émotions, ses ambitions, ses anxiétés, ses déceptions, le tissu de son âme et dont l'écriture savait se nourrir et traduire, au mieux, la couleur et le mouvement. Cela non plus Juliette ne l'ignorait pas.

« Ce fut le moment où elle fut le plus contente de lui », dira plus tard Mme de Boigne en évoquant l'ambassade à Rome… Qu'importaient d'éventuelles traverses sentimentales ! Chateaubriand savait trouver, admirablement, les mots qui les occultaient…

*
* *

À l'Abbaye, Juliette attend : sa nièce est repartie pour Toulon, d'où elle a l'espoir de s'embarquer avec son mari, revenu l'y chercher, pour la Grèce. Elle attend aussi l'ambassadeur, sans savoir combien de temps durera son congé ni si, le cas échéant, elle ne l'accompagnerait pas lorsqu'il rejoindrait Rome… Comme toujours, Juliette, qui aime les situations nettes, se plaint de ces indécisions. Elle écrit à Amélie, le 21 mai 1829 :

M. de Chateaubriand arrive ; je suis plus troublée de la situation dans laquelle il va se trouver que je ne suis heureuse de le revoir. J'ignore s'il retournera en Italie. Cette incertitude sur ton sort, sur le sien me jette moi-même dans un vague qui ne me permet de ne former aucun projet[1].

---

1. *Mme Récamier et les amis…*, p. 190.

Juliette reçoit d'Amélie une lettre qui s'est croisée avec la sienne :

> J'ai su par les journaux que votre noble ami [Chateaubriand] reve-
> nait... Je suis depuis longtemps fort en peine de son sort et plus trou-
> blée encore de l'influence de ce sort sur le vôtre. Pourquoi avez-vous
> donc déchiré cette lettre[1]? Ce *butor* vous a-t-il causé quelque peine
> nouvelle? Il n'y aurait plus d'absolution possible s'il méconnaissait
> une affection de la nature de la vôtre. Votre petit billet est bien triste et
> j'en ai le cœur serré, mais j'espère que le retour de M. de C., quoi que
> vous en disiez, vous distraira puissamment.

Amélie ne se trompe pas. Le 1er juin, sa tante lui confie :

> M. de Chateaubriand est arrivé depuis jeudi ; j'ai été heureuse de le
> retrouver, plus heureuse encore que je ne le croyais. [...] Si M. de
> Chateaubriand retourne à Rome, il est probable que j'y passerai l'hiver.
> [...] Mais c'est le retour de M. de Chateaubriand qui ranime ma vie qui
> semblait prête à s'éteindre. Mes impressions encore si jeunes me font
> mieux comprendre les tiennes[2].

Elle est plaisante – et précieuse – cette complicité de femme à
femme...
Le 17 juin, Ballanche le raconte le lendemain à Amélie :

> Il y a eu l'assemblée la plus brillante à l'Abbaye-aux-Bois ; c'était
> pour la lecture du *Moïse*. Lafond lisait fort mal, parce que le manuscrit
> était mauvais ; mais M. de Chateaubriand s'est mis à lire lui-même :
> ainsi l'intérêt a bien compensé ce qui pouvait manquer à la lecture.
> Toutefois, Madame votre tante était sur les épines[3]...

Grâce aux précisions de Ballanche, nous savons qu'y assis-
taient : MM. Cousin, Villemain, Le Brun, Lamartine, Latouche,
Dubois (du *Globe*), Saint-Marc Girardin, Valéry, le peintre Gérard,
les ducs de Doudeauville et de Broglie, le baron Pasquier, Dugas-
Montbel, Sainte-Aulaire, Barante, Paul David... Parmi les dames :
Mme de Boigne, Mme de Gramont, Mme et Mlle de Barante,
Mme de Fontanes... À signaler un nouveau venu : Mérimée.
Moins indulgent que Ballanche, Lamartine se souviendra de
Chateaubriand, ce jour-là assis sous le tableau de Corinne, «comme
un Oswald vieilli [qui] dissimulait, derrière les paravents et les fau-
teuils des femmes, la disgrâce de ses épaules inégales, de sa taille
courte, de ses jambes grêles...»
À la mi-juillet, René et Juliette se séparent : il va prendre les
eaux à Cauterêts dans les Pyrénées, où il se promet de rencontrer

---

1. Pour une fois, apparemment, les mots n'avaient rien occulté...
2. *Mme Récamier et les amis...*, p. 193.
3. *Id.*, p. 195.

l'une de ses admiratrices, avec laquelle il correspondait depuis un certain temps : Léontine de Villeneuve. Cette *Occitanienne* assez décevante au naturel lui donnera, cependant, l'idée d'un roman, qu'il esquissera mais qu'il n'écrira pas. Plus important, il apprendra la chute du ministère Martignac et son remplacement par Polignac, bien nul et bien ultra, et qu'on pensait un fils illégitime du roi... Il sautera sur l'occasion pour donner sa démission du poste de Rome.

Pendant ce temps, Juliette séjourne à Dieppe, en compagnie de Ballanche. Elle écrit à Ampère, parti pour Hyères retrouver son père malade, qu'elle «se couche à neuf heures, se lève à six, prend des bains de mer qui doivent [la] changer du tout au tout, lit, se promène au bord de la mer, pense et rêve à [ses amis], fait quelques visites le matin et passe [ses] soirées avec M. Ballanche...». Malheureusement, cette vie tranquille est perturbée par l'arrivée de la dauphine et de la duchesse de Berry : les fêtes, les bals, les illuminations la contrarient. On le sent à travers les lettres du duc de Doudeauville, compatissant, comme à son ordinaire : «[...] toutes les agitations, les animosités, les exaspérations du moment agissent et réagissent douloureusement sur votre âme sensible, sur votre esprit sage, sur votre amour désintéressé du bien; toutes les démissions ne sont pas aussi tranquilles que la mienne[1]...» Car, bien sûr, Juliette de nouveau se demande ce que le sort réserve à René...

Pour ne rien arranger, autour d'elle ce ne sont que petites tracasseries : en accord avec Adrien, elle s'est occupée de rendre service à sa voisine de l'Abbaye, la très insistante Mme Junot : il a fallu trouver une place à l'un de ses fils. Adrien a accepté, au début de l'été, de le prendre avec lui, à Vienne. Mauvaise idée! Le petit Junot a commencé par faire des dettes, a refusé de mettre les pieds à l'ambassade et s'est fait juger «écervelé, bizarre, incohérent» par ses camarades. On a dû ménager sa mère, faire intervenir discrètement son ancien ami Metternich, arranger les choses à l'amiable... D'Albano, Mme Salvage fait des scènes : elle est déçue, elle attendait Juliette. Elle est jalouse de Mmes Swetchine et Nesselrode, elles aussi présentes à Dieppe. Malgré la douceur lénifiante de Juliette, elle demeure amère... On redécore l'Abbaye, comment cela sera-t-il accepté par son entourage?... Et le plus inattendu, «Ballanche a un roman!», traduisons une histoire amoureuse... Lenormant l'écrit à Ampère :

> [...] oui, un roman fort laid, vieille fille coriace, nommée Mlle Mazure, qui joue la grande passion pour l'auteur d'*Antigone*. Le pauvre homme ne peut s'empêcher d'être sensible à des démonstrations auxquelles il n'est pas accoutumé. Mais nous espérons bien que cette aventure n'aura pas de suite nuisible ni ridicule[2]...

---

1. Ms. B.N. N.A.F. 14101.
2. Ms. B.N. N.A.F. 14085. Lettre du 13.8.1829.

À l'automne, s'étant installée, définitivement cette fois, dans le grand appartement du premier étage, que Mme de Boigne et Chateaubriand ont trouvé parfait, Juliette retrouve Adrien : il quitte Vienne pour Londres, « chargé d'instructions favorables aux Grecs »...

Juliette va lui demander de s'occuper d'un jeune ami d'Ampère, très doué et qu'on pourrait placer à Londres, comme on avait placé le petit Junot à Vienne : il s'agit de Mérimée. Après quelques tractations, le duc de Laval est prêt à l'accueillir parmi ses attachés. Pas de chance, le jeune homme n'a plus envie d'être diplomate. Il invoque auprès de sa négociatrice l'exemple du « simple soldat » qui doit suivre le « général » ! Le général, on l'aura compris, étant Chateaubriand... « Et puis la maladie d'écrire, ajoute-t-il, on n'en guérit pas ! » Bien. Comme on pouvait s'y attendre, Mérimée en voudra à Juliette de ce qu'elle avait tenté de faire pour lui ou, plutôt, pour Ampère...

L'entrée dans l'hiver est sombre : la tension politique se fait chaque jour plus pesante. Le duc de Doudeauville, qui la connaît si bien, fait part à Juliette de sa désapprobation envers ce qu'il appelle « les déclamations dangereuses »... Il voit les choses « plus en noir » qu'elle. Il craint « les voyages révolutionnaires de La Fayette et compagnie », il constate « l'agitation des esprits, le délire des têtes, les passions, les ambitions qui arriment, qui égarent tant de gens... » Bref, selon lui, il convient de se préparer « aux nouvelles secousses, ainsi qu'en 1789 »... Pas mal vu, il faut l'avouer [1].

Dans ce contexte assez préoccupant, Juliette donne une lecture d'*Hamlet*, nouvellement traduite par Wailly, devant, écrit-elle à Ampère, « 50 Romantiques, tous dans le ravissement, mais, ajoute-t-elle, je me défie de cet enthousiasme »... Nous sommes le 11 octobre, quatre mois avant la première d'*Hernani* !... Elle confie à son correspondant qu'elle se distrait en aidant Chateaubriand dans certaines de ses recherches : « M. de Chateaubriand est toujours dans ses travaux historiques, attendant avec assez d'impatience le moment de l'histoire en action [2]... »

Il ne va pas tarder. L'année qui se clôt sur cette image de Juliette lisant, à la demande de René, Thiers, Mignet et Tacite, achève une décennie qui, pour la Dame de l'Abbaye, s'est déroulée sous le signe de Chateaubriand, ses nominations, ses voyages, sa disgrâce, son opposition et, dans une moindre mesure, son travail d'écrivain. Mais cela va changer : demain, commence 1830, année de fracas et de fractures, année charnière dans la vie littéraire et politique de leur pays, et à bien des égards, dans leurs vies respectives...

---

1. Ms. B.N. N.A.F. 14101.
2. Ms. B.N. N.A.F. 14085.

Les journées de Juillet...

Ce qui change en premier lieu, pour Mme Récamier, c'est sa situation personnelle : le lundi 29 mars 1830, un peu après trois heures de l'après-midi, en présence de Juliette, du docteur Récamier, d'un autre médecin accouru au dernier moment, d'Amélie (enceinte) et de Ballanche, M. Récamier meurt dans le grand salon de l'Abbaye. Approchant les quatre-vingts ans avec son habituelle jovialité, il n'avait quasiment jamais été souffrant, à l'exception d'une courte fièvre survenue l'année précédente et qui n'avait en rien modifié son agréable existence. Ballanche avait constaté qu'il « avait baissé d'un cran », mais à tous sa vitalité continuait d'apparaître surprenante. Les Lenormant commentent l'événement dans une lettre à Ampère, alors chargé de cours à l'Athénée de Marseille : « Nous avons perdu mon pauvre oncle le 29 mars, sans souffrances et sans qu'il ait eu un moment l'idée de son danger mais cette catastrophe au bout de trente-six heures de maladie n'en a été que plus frappante pour être moins attendue[1]. »

Ballanche a ce mot très juste : « Il avait oublié de prendre ses années une à une à mesure qu'elles arrivaient ; il a fallu les prendre toutes à la fois. »

L'heureux homme ! Se sentant atteint, il était venu chez Juliette et s'était éteint comme il avait vécu : avec le plus grand naturel du monde !

Juliette, selon son entourage, a « été fort saisie », mais elle se trouve « pourtant aussi bien que possible »…. Que de souvenirs, de sentiments, de retours sur soi cette mort brutale doit susciter en elle !

> Il était difficile de rencontrer moins de rapports de goûts, d'humeur, d'esprit et de caractère que n'en avaient entre eux M. et Mme Récamier ; une seule qualité leur était commune, c'était la bonté ; et néanmoins dans le lien singulier qui les unit trente-sept ans, la bonne harmonie ne cessa jamais de régner. En le perdant, Mme Récamier crut perdre une seconde fois son père[2]…

Mme Lenormant n'a pas tort. De l'enfant épousée sous la Terreur, Récamier avait fait la plus jolie femme de Paris, sinon la plus heureuse. Jamais, ou si peu lors des difficultés de l'exil, son affectueuse protection ne s'était démentie. Récamier avait aimé Juliette en père compréhensif. Et Juliette avait su le lui rendre. Elle aussi avait rempli son contrat. Leur mérite et leur élégance, c'est que

---

1. Ms. B.N. N.A.F. 14085. Lettre du 8 avril 1830. Herriot, et à sa suite les autres biographes de Juliette, s'est trompé sur la date de la mort de M. Récamier: la correspondance des Lenormant et de Sallanche ne permet aucun doute : M. Récamier est mort le 29 mars, et non le 19 avril.

2. *Souvenirs et correspondance*, II, 384.

d'une situation initialement anormale, ils avaient réussi à tirer un honnête parti. En fermant les yeux de M. Récamier, Juliette fermait la page la plus secrète de son histoire, mais pas la moins honorable. Elle n'avait à rougir de rien. La confiance dernière du banquier qui ne manquait pas d'allure en témoignait. Plus que pour Mathieu de Montmorency, les amis de M. Récamier purent dire : «Quelle belle mort!» Du moins, advenait-elle à son heure...

Les époux Chateaubriand réagissent chacun à leur manière. Mme de Chateaubriand, avec une chaleur que ne justifie pas tout à fait la circonstance :

> Que je suis triste de vous savoir malheureuse! Dites, je vous en supplie, à M. de Chateaubriand quand vous voudrez me recevoir, je serai toute à vous. C'est au moment de la peine que je voudrais ne pas quitter mes amis, et j'espère que vous ne doutez pas de mes tendres sentiments; c'est bien aujourd'hui que j'en éprouve toute la sincérité[1].

René est pensif... David d'Angers a laissé un croquis le représentant assis dans le salon de l'Abbaye, le jour de l'enterrement, avant le départ du convoi qu'à l'époque seuls les hommes suivaient. Dans ses *Carnets*, il a noté :

> Chateaubriand à l'enterrement de M. Récamier, appuyé sur une table au milieu du salon, seul, personne n'osant s'approcher de lui. Tous les hommes debout, inquiets. Lui, calme et triste, isolé, mais attirant tous les regards des hommes[2].

Adrien, de Londres, n'oublie pas Juliette :

Londres, 8 avril 1830.

> Quel que soit le silence qui règne entre nous depuis quelques mois, ma vieille amitié ne saurait le supporter dans un moment où vous venez d'éprouver un coup très sensible.
> La perte que vous avez faite, tous les souvenirs qu'elle soulève dans ma pensée m'engagent à vous entretenir de mes impérissables sentiments. Il y a en vous quelque chose d'élevé, de délicat, de généreux, qui aura vivement agité votre cœur dans ces dernières circonstances.
> J'espère aller avant un mois à Paris, si les affaires me le permettent, ce qui est une incertitude jusqu'aux derniers instants. Nous nous reverrons, chère amie, nous rafraîchirons, nous ranimerons cette amitié, cette intimité de tant d'années. Il n'y a de doux, de consolant, et je dirais même d'honorable, que la suite et la persévérance des sentiments. On m'arracherait plutôt le cœur que le souvenir de vous avoir tant et si longtemps aimée. J'ai pu, je pourrais encore me plaindre, par la raison que j'attache une importance extrême à toutes les impressions que je reçois par vous.

---

1. Ms. B.N. N.A.F. 14068.
2. *Carnet* 9, I, p. 94.

J'ai eu de vos nouvelles par ma tante et par notre commune amie, Mme de Boigne.

Je n'ai sur tous vos amis, sur ce qui vous apprécie, vous admire et vous entoure, qu'un seul avantage, c'est celui de vous avoir aimée avant qu'ils vous connussent.

Un petit mot de réponse bien aimable, délicat, mais aussi bien réservé, comme vous écrivez ; et ne doutez jamais de mon inaltérable intérêt[1].

La réaction de Mme Salvage ne manque pas de pénétration :

[…] Votre avenir, dites-vous, est sombre et glacé, si je vous connais bien comme vous le dites, si j'ai justement apprécié vos impressions au moment qui vient de briser le lien qui vous enchaînait, je ne puis penser que cet événement soit le motif de découragement qui vous fait voir l'avenir à travers un voile si noir. Avez-vous quelque peine[2] ?

Le 9 avril, Juliette décide d'aller passer une quinzaine de jours à Bonnétable, dans la Sarthe, chez la duchesse Mathieu. Si revêche dans son ultra-royalisme sans nuance et si installée dans les certitudes de son conformisme moral, celle-ci semble la caricature d'un type féminin qui se répandra de plus en plus : la douairière saint-sulpicienne dont la distinction pointue n'a d'égal que l'avarice. Non sans ironie, Mme de Boigne a relevé ce dernier trait, particulièrement voyant, chez cette « singulière personne » :

Elle ne manque pas d'une espèce d'esprit, raconte assez drôlement et compte merveilleusement ses écus. Comme ce qu'elle a toujours le mieux aimé c'est l'argent, elle suppose que Dieu partage ce goût. Lorsqu'elle souhaite quelque chose, elle s'en va aux pieds des autels et promet au Bon Dieu une somme, plus ou moins forte, selon l'importance de l'objet. Si son vœu est exaucé, elle paie consciencieusement. Mais aussi elle ne donne rien lorsqu'elle n'a pas réussi[3]…

Et, comme nous, Mme de Boigne doit se demander ce que vont pouvoir se dire ces deux veuves si dissemblables…

Peut-être Juliette ne cherche-t-elle à Bonnétable qu'un peu de calme et quelques souvenirs vivants de Mathieu… L'autoritaire Hortense essaiera de l'entraîner, sans succès, dans un projet littéraire : publier ensemble les œuvres… expurgées de Mme de Genlis ! Chateaubriand dut bien rire le jour où il apprit cela…

Cependant, l'Abbaye semble vide, sans son animatrice. Amélie ne se fait pas faute de le lui rappeler, dans une longue lettre datée du 14 avril, et qui exprime la possession affective que son entourage a toujours plus ou moins exercée sur Juliette : tout va de travers sans elle, elle doit rentrer. Ballanche a une crise de rhuma-

---

1. Ms B.N. N.A.F. 14072.
2. Ms B.N. N.A.F. 14105.
3. *Mémoires, op. cit.,* t. III, p. 110.

tismes, la succession de M. Récamier se présente mal, Amélie va accoucher et «ces messieurs» ont beau persifler que «ce n'est pas l'expérience de Mme Récamier» en la matière qui pourra l'aider, quand même... Amélie craint les chauds et froids «de la vie de couvent», espère que sa tante «passe plus de temps à la promenade qu'à la messe» (!), que «sa duchesse ne la fatigue pas trop»... Et puis toutes ces dames veulent sa terrasse pour voir le cortège de la châsse de saint Vincent de Paul qu'on va transporter aux Lazaristes, Mme de Chateaubriand et sa cousine se sont inscrites en priorité sur la liste... Argument suprême : les lilas de l'Abbaye vont bientôt fleurir[1] !

Juliette reviendra. Mais elle repartira bien vite, au mois de juin, pour Dieppe. Entre-temps, Amélie a donné le jour à une petite fille prénommée comme sa grande-tante. Ou grand-mère adoptive, comme on voudra... Juliette, qui a cinquante-deux ans – et Gérard la dessine, assise, le dos, le profil tourné vers la gauche, toujours aussi gracieuse – a sans doute un peu de mal à accepter sa nouvelle identité sociale, son nouveau statut : veuve et aïeule. Libre, surtout. Pour quoi faire ?

*
* *

Le mardi 27 juillet 1830, Chateaubriand rejoint Juliette à Dieppe et passe quelques heures en sa compagnie, à l'hôtel d'Albion, «à causer et à regarder les flots». La situation politique est tendue : en mai, la Chambre des députés s'est opposée au roi et, dans son *Adresse des 221*, elle a clairement fait comprendre combien elle désapprouvait le ministère Polignac. En réponse, Charles X l'a dissoute. Malgré les succès récemment obtenus en Algérie, la nouvelle Chambre est majoritairement libérale. Le roi doit agir. On craint une tentative de coup d'État légal... Survient le bon Ballanche, porteur de nouvelles fraîches : la publication des quatre ordonnances royales supprimant la liberté de la presse, renvoyant la nouvelle Chambre, modifiant la loi électorale et appelant aux urnes pour le mois suivant. Chateaubriand ne s'y trompe pas : l'heure est grave, il lui faut immédiatement repartir pour Paris. Il «remonte en voiture à sept heures du soir, laissant, dit-il, ses amis dans l'anxiété»...

En chemin, Chateaubriand relit dans *Le Moniteur* les ordonnances royales : elles sont d'une maladresse terrible, elles relèvent «d'une ignorance complète de l'état de la société actuelle»... La fermentation des esprits est telle que Paris peut se soulever... Chateaubriand n'a pas l'intention de manquer cela...

Il n'a pas tort. Ce même jour, le roi demeure à Saint-Cloud, cependant que Marmont dispose les troupes royales dans la capitale. Le soir, les premiers combats commencent, on dépave les rues, on installe des barricades dans les quartiers populaires. Chateaubriand,

---

1. Ms. B.N. N.A.F. 14104.

qui fera le récit détaillé de ces journées dans ses *Mémoires*, écrit qu'alors « de vieux tacticiens de révolution se rappelaient encore les chemins de l'Hôtel de Ville et d'anciens émeutiers instruisaient les jeunes insurgés ». Il ajoute, saisissant raccourci : « On jouait au whist à Saint-Cloud[1]. »

Le mercredi 28, à cinq heures du matin, Paris est déclaré en état de siège. L'insurrection se développe. Les trois colonnes déployées par Marmont pour la contrer sont mises en échec. On se bat sur le pont d'Arcole et aux abords de l'Hôtel de Ville, sur lequel on parvient à hisser le drapeau tricolore.

Le jeudi 29, Marmont, replié sur le Louvre et les Tuileries, doit abandonner ses positions. Comme la veille les gardes nationaux, deux de ses régiments font défection et se rallient aux insurgés. Marmont doit évacuer Paris. Au soir des *Trois Glorieuses*, sans qu'ils aient quitté Saint-Cloud, les Bourbons sont vaincus.

Ce même jour, Chateaubriand informe Juliette. Voici la lettre, dans sa version originale, non expurgée de ses attaques envers Polignac :

Jeudi matin, 29 juillet 1830

Je vous écris sans savoir si ma lettre vous arrivera, car les courriers ne partent plus.

Je suis entré dans Paris au milieu de la canonnade, de la fusillade et du tocsin. Ce matin, le tocsin sonne encore, mais je n'entends plus de coups de fusil : il paraît qu'on s'organise et que la résistance continuera, tant que les ordonnances ne seront pas rappelées. Voilà le résultat immédiat, sans parler du résultat définitif de parjure dont d'affreux ministres auront donné le tort du moins apparent à la Couronne. La Garde nationale, l'École polytechnique, tout s'en est mêlé. Je n'ai encore vu personne. Vous jugez dans quel état j'ai trouvé Mme de Chateaubriand. Les personnes qui, comme elle, ont déjà vu le 10 août et le 2 septembre sont restées sous l'impression de la terreur. [Un] régiment, le 5ᵉ de ligne, a passé du côté de la Charte. Certainement M. de Polignac et son ministère est [*sic*] le plus grand coupable qui ait existé. Son incapacité est une mauvaise excuse : l'ambition dont on n'a pas les talents est un crime. On dit la cour à Saint-Cloud et prête à partir.

Je ne vous parle pas de moi. Ma position est pénible, mais claire. Le *drapeau tricolore* est arboré. Je ne puis reconnaître que le *drapeau blanc*. Je ne trahirai pas plus le roi que la Charte, pas plus le pouvoir légitime que la liberté. Je n'ai donc rien à dire et à faire ; attendre et pleurer sur mon pays.

Malgré le désir extrême que j'ai de vous voir, malgré que je manque de tout dans votre absence, de bonheur pour vivre et d'air pour respirer, restez où vous êtes, attendez quelques jours ; je vous écrirai tous les jours. J'aurais beaucoup de peine, avec les terreurs de Mme de Chateaubriand, à sortir et à aller jusqu'à vous, restez donc jusqu'à *nouvel ordre*. Dieu sait maintenant ce qui va arriver dans les provinces ; on

---

1. *M.O.T.*, 3ᵉ partie, 2ᵉ ép., livre onzième, p. 594

parle déjà de l'insurrection de Rouen ; d'un autre côté la Congrégation armera les chouans et la Vendée. À quoi tiennent les empires ! Une ordonnance et six ministres misérables sans génie ou sans vertu suffisent pour faire du pays le plus tranquille et le plus florissant le pays le plus troublé et le plus malheureux.

Midi.

Le feu recommence ; il paraît qu'on attaque la Bourse où les troupes du roi sont retranchées. Le faubourg que j'habite commence à s'insurger ; on parle d'un gouvernement provisoire dont les chefs seraient le général Gérard, le duc de Choiseul et M. de La Fayette.

Il est probable que cette lettre ne partira pas. Paris étant déclaré en état de siège. C'est le maréchal Marmont qui commande pour le roi ; on l'a dit tué, mais je ne crois pas. Tâchez de ne point trop vous inquiéter. Dieu vous protège ! nous nous reverrons [1].

Juliette ne lira pas cette lettre à Dieppe, qu'elle quitte le vendredi 30 juillet. Arrivée aux portes de Paris, à la Chapelle-Saint-Denis, elle doit laisser sa voiture et traverser la ville à pied, escortée d'Ampère et de sa femme de chambre, pour rejoindre l'Abbaye. À quelques heures près, elle aurait pu croiser un étrange cortège : M. de Chateaubriand reconnu par quelques jeunes gens et porté par eux jusqu'au Luxembourg. Voici comment il raconte l'épisode, que dans sa joie, il a probablement grossi :

Un autre spectacle m'attendait à quelques pas de là : une fosse était creusée devant la colonnade du Louvre ; un prêtre, en surplis et en étole, disait les prières au bord de cette fosse : on y déposait les morts. Je me découvris et fis le signe de la croix. La foule silencieuse regardait avec respect cette cérémonie, qui n'eût rien été si la religion n'y avait comparu. Tant de souvenirs et de réflexions s'offraient à moi, que je restais dans une complète immobilité. Tout à coup je me sens pressé ; un cri part : « Vive le défenseur de la liberté de la presse ! » Mes cheveux m'avaient fait reconnaître. Aussitôt des jeunes gens me saisissent et me disent : « Où allez-vous ? Nous allons vous porter. » Je ne savais que répondre ; je remerciais ; je me débattais ; je suppliais de me laisser aller. L'heure de la réunion à la Chambre des pairs n'était pas encore arrivée. Les jeunes gens ne cessaient de crier : « Où allez-vous ? Où allez-vous ? » Je répondis au hasard : « Eh bien, au Palais-Royal ! » Aussitôt j'y suis conduit aux cris de : « Vive la Charte ! vive la liberté de la presse ! vive Chateaubriand ! » Dans la cour des Fontaines, M. Barba, le libraire, sortit de sa maison et vint m'embrasser.

Nous arrivons au Palais-Royal ; on me bouscule dans un café sous la galerie de bois. Je mourais de chaud. Je réitère à mains jointes ma demande en rémission de ma gloire : point ; toute cette jeunesse refuse de me lâcher. Il y avait dans la foule un homme en veste à manches retroussées, à mains noires, à figure sinistre, aux yeux ardents, tel que

---

1. Copie Levaillant, pp. 335-336.

j'en avais tant vu au commencement de la Révolution : il essayait continuellement de s'approcher de moi, et les jeunes gens le repoussaient toujours. Je n'ai su ni son nom ni ce qu'il me voulait.

Il fallut me résoudre à dire enfin que j'allais à la Chambre des pairs. Nous quittâmes le café ; les acclamations recommencèrent. Dans la cour du Louvre diverses espèces de cris se firent entendre, on disait : «Aux Tuileries ! Aux Tuileries !», les autres : «Vive le Premier consul !» et semblaient vouloir me faire l'héritier de Bonaparte républicain. Hyacinthe, qui m'accompagnait, recevait sa part des poignées de main et des embrassades. Nous traversâmes le pont des Arts et nous prîmes la rue de Seine. On accourait sur notre passage ; on se mettait aux fenêtres. Je souffrais de tant d'honneurs, car on m'arrachait les bras. Un des jeunes gens qui me poussaient par-derrière passa tout à coup sa tête entre mes jambes et m'enleva sur ses épaules. Nouvelles acclamations ; on criait aux spectateurs dans la rue et aux fenêtres : «À bas les chapeaux ! Vive la Charte !», et moi je répliquais : «Oui, messieurs, vive la Charte ! mais vive le roi !» On ne répétait pas ce cri, mais il ne provoquait aucune colère. Et voilà comme la partie était perdue ! Tout pouvait encore s'arranger, mais il ne fallait présenter au peuple que des hommes populaires : dans les révolutions, un nom fait plus qu'une armée.

Je suppliai tant mes jeunes amis qu'ils me mirent enfin à terre. Dans la rue de Seine, en face de mon libraire, M. Le Normant, un tapissier, offrit un fauteuil pour me porter ; je le refusai et j'arrivai au milieu de mon triomphe dans la cour d'honneur du Luxembourg. Ma généreuse escorte me quitta alors après avoir poussé de nouveaux cris de *Vive la Charte* ! de *Vive Chateaubriand* ! J'étais touché des sentiments de cette noble jeunesse : j'avais crié *Vive le roi !* au milieu d'elle, tout aussi en sûreté que si j'eusse été seul enfermé dans ma maison ; elle connaissait mes opinions ; elle m'amenait elle-même à la Chambre des pairs où elle savait que j'allais parler et rester fidèle à mon roi ; et pourtant c'était le 30 juillet, et nous venions de passer près de la fosse dans laquelle on ensevelissait les citoyens tués par les balles des soldats de Charles X !

[Je conserve ici un petit trait qui peint la nature humaine. Benjamin Constant fut jaloux de mon triomphe : il prétendait aux honneurs populaires ; dans son humeur, il ne voyait pas qu'il y avait plusieurs chemins pour y arriver : «Que nous restera-t-il donc, à nous autres ?» disait-il. J'avais été plus longtemps et plus constamment que lui le défenseur de la première des libertés publiques : la presse [1].]

Les Bourbons étaient vaincus, mais encore… ? Qui allait les remplacer ? Les Parisiens s'en remettent au héros de la guerre d'Indépendance américaine, le vieux La Fayette, qui ne s'était compromis ni avec la Terreur, ni avec Bonaparte, ni avec le pouvoir ultra. Va-t-il rétablir la république, comme le demande une partie des insurgés ?

La Fayette se rend compte à quel point les partisans d'une issue républicaine sont encore minoritaires dans le pays. Thiers lui suggère la solution à la crise présente : Louis-Philippe d'Orléans, le

---

1. *M.O.T.,* 3e partie, 2e ép., livre onzième, t. X, pp. 617-618.

prudent, le populaire, le libéral fils de Philippe Égalité, qui attend son heure.

Le samedi 31 juillet, La Fayette reçoit à l'Hôtel de Ville le chef de la branche cadette. Louis-Philippe est fait lieutenant général du royaume. Il adresse une proclamation aux Parisiens, rétablit la cocarde tricolore, nomme des ministres provisoires et très habilement refuse l'investiture royale : il ne veut tenir son trône que des Chambres... Ce sera chose faite le 7 août : la république est escamotée au profit d'une monarchie bourgeoise, mais le droit divin est, cette fois-ci, bien mort.

Dans les premiers jours d'août, avant la séance mémorable du 7, à la Chambre des pairs, Chateaubriand doit prendre un parti. Il a écrit au roi, à Saint-Cloud, se mettant à sa disposition. Personne n'a songé à lui, il en est amer... Et le roi s'achemine maintenant vers son troisième exil... Que va faire le noble vicomte ? Son rôle dans la chute des Bourbons n'a pas été mince. Le défenseur acharné des libertés d'expression n'a rien à craindre, semble-t-il, du lieutenant général auquel non seulement la bourgeoisie mais l'élite intellectuelle ne demande qu'à se rallier... Le Palais-Royal, d'ailleurs, serait prêt à l'accueillir. On lui fait des avances... Mme de Boigne, elle-même, assistée de la belle Récamier, s'en va le trouver. Nul n'ignore ses liens avec la branche cadette. Écoutons-la raconter la scène :

Après avoir fait semblant de dîner, car l'excessive chaleur, la fatigue, l'agitation empêchaient de manger presque autant que de dormir, je remontai dans un fiacre pour aller voir Mme Récamier. Elle m'attendait avec impatience pour m'entretenir de M. de Chateaubriand.

Je découvris bientôt qu'il était outré contre Charles X, qui n'avait pas répondu à sa lettre ; indigné contre les pairs, qui ne l'avaient pas choisi pour diriger la Chambre ; furieux contre le lieutenant général, qui n'avait pas déposé entre ses mains le pouvoir auquel les événements l'appelaient.

De plus, il était censé malade. C'est sa ressource ordinaire lorsque son ambition reçoit un échec considérable ; et peut-être au fond l'impression est-elle assez violente pour que le physique s'en ressente.

Mme Récamier me pressa fort d'aller chez lui chercher à le calmer. Je consentis à l'y accompagner et, montant toutes deux dans la voiture qui m'avait amenée, nous arrivâmes à sa petite maison de la rue d'Enfer.

Mme Récamier y était connue. On nous laissa pénétrer sans difficulté jusqu'à son cabinet. Nous frappâmes à la porte, il nous dit d'entrer. Nous le trouvâmes, en robe de chambre et en pantoufles, un madras sur la tête, écrivant à l'angle d'une table.

Cette longue table, tout à fait disproportionnée à la pièce qui a forme de galerie, en tient la plus grande partie et lui donne l'air un peu cabaret. Elle était couverte de beaucoup de livres, de papiers, de quelques restes de mangeaille et de préparatifs de toilette peu élégants.

M. de Chateaubriand nous reçut très bien. Il était évident, cependant, que ce désordre et surtout ce madras le gênaient. C'était à bon droit, car ce mouchoir rouge et vert ne relevait pas sa physionomie assombrie. Nous le trouvâmes dans une extrême âpreté. Mme Récamier l'amena à me lire le discours qu'il préparait pour la Chambre. Il était de la dernière violence. Je me rappelle, entre autres, un passage, inséré depuis dans une de ses brochures, où il représentait M. le duc d'Orléans s'avançant vers le trône deux têtes à la main ; tout le reste répondait à cette phrase.

Nous écoutâmes cette lecture dans le plus grand silence et, quand il eut fini, je lui demandai si cette œuvre, dont je reconnaissais la supériorité littéraire, était à son avis celle d'un bon citoyen ?

— Je n'ai pas la prétention d'être un bon citoyen !

S'il croyait que ce fût le moyen de faire rentrer le roi aux Tuileries ?

— Dieu nous en garde ! Je serais bien fâché de l'y revoir !

— Mais alors, ne serait-il pas plus prudent de se rallier à ce qui se présente comme pouvant arrêter ces calamités anarchiques, si raisonnables à prévoir, dont vous faites la terrifiante peinture ?

Mme Récamier profita de cette ouverture pour dire que j'avais été au Palais-Royal le matin. Elle se hasarda à ajouter qu'on y attachait un grand prix à son suffrage, à sa coopération. On comprenait les objections qu'il pourrait avoir à prendre une part active au gouvernement ; mais on pensait qu'il consentirait peut-être à retourner à Rome.

Il se leva en disant : « Jamais ! ». Et il se mit à se promener à l'autre extrémité de la petite galerie.

Mme Récamier et moi continuâmes à causer, entre nous, des convenances de son séjour à Rome ; des services qu'il pouvait y rendre à la religion ; du rôle, tout naturel et si utile, que l'auteur du *Génie du christianisme* avait à y jouer dans de pareils prédicaments, etc.

Il feignait de ne pas nous écouter. Cependant il s'adoucissait, sa marche se ralentissait ; lorsque tout à coup, s'arrêtant devant une planche chargée de livres et se croisant les bras, il s'écria :

— Et ces trentes volumes qui me regardent en face, que leur répondrais-je ? Non..., non..., ils me condamnent à attacher mon sort à celui de ces misérables ! Qui les connaît ? Qui les méprise ? Qui les hait plus que moi ?

Et alors, décroisant ses bras, appuyant les mains sur les bouts de cette longue table qui nous séparait, il fit une diatribe contre les princes et la cour. Il laissa tomber sur eux les expressions de cet âpre mépris, que sa haine sait enfanter, avec une telle violence que j'en fus presque épouvantée.

Le jour finissait et, par la situation où il était placé, cette figure, coiffée de ce mouchoir vert et rouge, se trouvait seule éclairée dans la chambre et avait quelque chose de satanique.

Après cette explosion, il se calma un peu, se rapprocha de nous, et prenant un ton plus tranquille :

— Quel Français, dit-il, n'a pas éprouvé l'enthousiasme des admirables journées qui viennent de s'écouler ? Et sans doute ce n'est pas l'homme, qui a tant contribué à les amener, qui a pu rester froid devant elles.

Il me fit alors un tableau du plus brillant coloris de cette résistance nationale. Et s'admirant lui-même dans ce récit, il se laissa fléchir par ses propres paroles.

— Je reconnais, dit-il en concluant, qu'il était impossible d'arriver plus noblement au seul résultat possible. Je l'admets. Mais moi, misérable serf attaché à cette glèbe, je ne puis m'affranchir de ce dogme de légitimité que j'ai tant préconisé. On aurait toujours le droit de me retorquer mes paroles.

» D'ailleurs, tous les efforts de cette héroïque nation seront perdus ; elle n'est comprise par personne. Ce pays, si jeune et si beau, on voudra le donner à guider à des hommes usés, et ils ne travailleront qu'à lui enlever sa virilité !...

» Ou bien on le livrera à ces petits messieurs – c'est le nom qu'il donne spécialement à M. de Broglie et à M. Guizot, objets de sa détestation particulière – et ils voudront le tailler sur leur patron !

» Non, il faut à la France des hommes tout neufs, courageux, fiers, aventureux, téméraires, comme elle ; se replaçant d'un seul bond à la tête des nations !

» Voyez comme elle-même en a l'instinct ! Qui a-t-elle choisi pour ses chefs lorsqu'elle a été livrée à elle-même ?... Des écoliers..., des enfants ! Mais des enfants pleins de talents, de verve, d'entraînement, susceptibles d'embraser les imaginations, parce qu'ils sont eux-mêmes sous l'influence de l'enthousiasme !...

» Tout au plus, faudrait-il quelque vieux nautonier pour leur signaler les écueils ; non dans l'intention de les arrêter, mais pour stimuler leur audace.

Le plan de son gouvernement se trouvait suffisamment expliqué par ces paroles. M. de Chateaubriand le dirigeant, avec les élèves des écoles et des rédacteurs de journaux pour séides, tel était l'idéal qu'il s'était formé, pour le bonheur et la gloire de la France, dans les rêveries de son mécontentement.

Cependant il fallait en finir et sortir de l'épique où nous étions tombés, je lui demandai s'il n'avait aucune réponse pour le Palais-Royal où j'irais le lendemain matin.

Il me dit que non, sa place était fixée par ses précédents. Ayant depuis longtemps prévu les circonstances actuelles, il avait imaginé d'avance sa profession de foi. Il avait personnellement beaucoup de respect pour la famille d'Orléans. Il appréciait tous les embarras de sa position que, malheureusement, elle ne saurait pas rendre belle, parce qu'elle ne la comprendrait pas et ne voudrait pas l'accepter suffisamment révolutionnaire.

Je le quittai évidemment fort radouci. Et il y a loin du discours qu'il m'avait lu, avec ces « deux têtes à la main », à celui qu'il prononça à la Chambre, et dans lequel il « offrirait une couronne à M. le duc d'Orléans s'il en avait une à donner ».

J'y retrouvai, en revanche, quelques-uns des sarcasmes amers, contre les vaincus, qu'il avait fait entrer dans son improvisation du bout de la table et dont l'éloquence, en le charmant, avait commencé à l'adoucir, entre autres l'expression de « chasser à coup de fourche [1] ».

Donc, Chateaubriand demeure irréductible : il ne se ralliera pas. Le déconcertant personnage ! La chute des Bourbons, finalement, l'arrangeait : il va pouvoir se reconcilier avec lui-même. Sans

---

1. *Mémoires*, *op. cit.*, t. III, pp. 428-433. On peut dater cette scène : très probablement, cette visite eut lieu le dimanche 1er août 1830, en fin de journée.

aucune illusion sur leur ingratitude ni sur leur aveuglement politique, Chateaubriand va les défendre, non pas tant pour les voir revenir – il a été explicite sur le sujet envers Mme de Boigne – que pour opérer la synthèse de sa multiple pensée et de ses luttes contradictoires. Ainsi, le ministre d'État, révoqué pour avoir soutenu la Charte, le chef de la diplomatie française qui a rétabli l'Inquisition et le droit divin en Espagne, le polémiste qui ensuite a fustigé les atteintes à la liberté de la presse et, de ce fait, conforté les aspirations libérales de ses concitoyens, l'aristocrate qui a largement contribué à l'effondrement de la branche aînée, se décide avec hauteur, avec netteté, à une honorable retraite. La branche aînée, il a servie ; la branche aînée, il a combattue ; la branche aînée, il regrettera… À moins peut-être d'une présidence du Conseil – nous ne le saurons jamais – Chateaubriand préfère définitivement l'opposition. Elle a le mérite de la dignité et de la cohésion idéologique *a posteriori*. Chateaubriand choisit le renoncement par fidélité, et ce qui lui va si bien, maintenant, l'honneur.

Le 7 août, il prononce devant la Chambre des pairs, muette, médusée, un magnifique discours d'allégeance aux vaincus qui, s'ils en ont eu connaissance, n'ont pas dû en croire leurs yeux ! Superbe moment oratoire, où, libéré de l'action, Chateaubriand apparaît dorénavant pour ce qu'il est, un homme du verbe :

> […] Je propose le duc de Bordeaux, tout simplement comme une nécessité de meilleur aloi que celle dont on argumente. Ce n'est pas par dévouement sentimental que je plaide une cause où tout se tournerait de nouveau contre moi si elle triomphait. Je ne vise ni au roman, ni à la chevalerie, ni au martyre, je ne crois pas au droit divin de la royauté et je crois à la puissance des révolutions et des faits… Inutile Cassandre, j'ai assez fatigué le trône et la pairie de mes avertissements dédaignés. Il ne me reste qu'à m'asseoir sur les foyers d'un naufrage que j'ai tant de fois prédit. Je reconnais au malheur toutes les sortes de puissance, excepté celle de me délier de tous mes serments de fidélité. Je dois aussi rendre ma vie uniforme. Après tout ce que j'ai fait et dit pour les Bourbons, je serais le dernier des misérables si je les reniais, au moment, où, pour la troisième et dernière fois, ils s'acheminent vers l'exil.

À une majorité écrasante, les pairs se rallient au nouveau régime. Chateaubriand a consommé sa carrière politique.

*
* *

Les événements de juillet marquent dans la vie de Juliette un tournant notable : ses vieux amis prennent leur retraite, les plus jeunes, au contraire, se font connaître… L'Abbaye s'en ressentira.

En même temps que Chateaubriand, le duc de Doudeauville et le duc de Laval se retirent de la vie publique. Le premier rejoint Montmirail, d'où il écrit à Juliette, grinçant :

[…] Veuillez parler de moi à Mad. Lenormant et à son heureux mari, heureux par sa femme, heureux par sa tante adoptive et trois fois heureux par l'heureuse révolution qui va rendre si heureux les Français, si malheureux pendant quinze ans. Que de bonheurs : je tremble que nous n'en ayons une indigestion, et l'excès partout est un défaut[1].

Adrien, lui, va prendre les eaux d'Aix-en-Savoie, ce qui ravive des souvenirs anciens… Sa désapprobation n'est pas moins forte que celle de Doudeauville, mais elle est compensée par une nouvelle présence dans sa vie :

[…] J'y ai trouvé un sujet intime de consolation qui me remplit le cœur de mystère et de tendresse. Vous ne sauriez imaginer à quel objet d'innocence, de beauté et de charme il s'est attaché. Je voudrais que vos propres yeux jugeassent à quel point ce jugement qu'il me serait impossible d'exagérer, est conforme à la vérité[2]…

L'intention d'Adrien est d'aller passer l'hiver en Piémont et en Toscane : au fil des mois, le jeune homme qui l'accompagne, en dépit de tous les soins dont l'entourent les médecins de son protecteur, s'affaiblira, rongé de tuberculose… La lettre à Juliette décrivant l'agonie «du pauvre petit malade» est aussi poignante que, jadis, les missives du prince Pignatelli…

Quant à Chateaubriand, à part quelques péripéties et quelques voyages, il va consacrer le reste de ses jours à terminer ce à quoi il s'est attelé il y a beaucoup d'années et qui compte plus que sa vie, puisqu'il la reconstitue en la magnifiant, en lui donnant tout son relief, toute sa cohésion, tout son sens : ses *Mémoires*. Juliette est décidée à l'y aider. Et désormais elle saura ne plus se départir de sa sérénité. Elle maîtrisera ses inquiétudes, et leur relation qui d'ailleurs s'est inversée : un retournement psychologique accompagne le retournement politique que vient de vivre René. Mme de Boigne l'attestera : «Les coups de tonnerre qui ont foudroyé sa vie l'ont forcé à *s'attacher* à elle au lieu de *l'attacher* à lui[3]…» En un mot, Chateaubriand s'en remettra à Juliette, qui sans cesse œuvrera à son côté, le tempérant, le freinant et le fortifiant tour à tour dans son entreprise.

Juliette saura faire de son salon le sanctuaire du vieux guerrier, où elle veillera sur son repos, son humeur et son travail. N'imaginons pas pour autant que l'Abbaye se fossilise. Lamartine y voyait «une académie dans un monastère», un lieu où «l'arrangement et l'étiquette classifiaient trop les rangs» ainsi qu'il s'en explique dans son *Cours familier de littérature*… Question de génération. Et le virevoltant poète oublie qu'il y a peu d'années il a fait ses débuts dans cette académie officieuse et que ceux-ci ressem-

---

1. Ms. B.N. N.A.F. 14101.
2. Ms. B.N. N.A.F. 14072.
3. Ms. B.N. N.A.F. 14097, ff. 100 et suiv.

blaient à une éclatante intronisation. Au fur et à mesure que le temps passera, il est certain que la proportion d'Immortels ira croissant dans l'entourage de Juliette, que son salon fera figure d'indispensable tremplin pour accéder au Quai Conti, que son parrainage sera efficace pour y être élu : il n'y a rien là d'incompatible avec le talent, mais cela ne lui vaudra pas que des amis…

Autre reproche formulé par Lamartine : « Si le salon de Mme de Broglie était une chambre des pairs, si celui de Mme de Sainte-Aulaire était une chambre des députés, si celui de Mme de Girardin [née Delphine Gay] était une république, celui de Mme Récamier était une monarchie… » Le monarque, on l'aura compris, étant Chateaubriand. Certes, mais l'Abbaye n'y perd ni en richesse ni en variété.

Au lendemain du changement de dynastie, Juliette se sent à son aise vis-à-vis du nouveau pouvoir où elle compte de nombreux amis. Dès que son deuil prend fin, elle rouvre ses portes et continue d'accueillir, plus encore qu'auparavant, les figures marquantes de la pensée et de la littérature. Dégagée de certains ménagements qu'elle devait au rôle officiel auquel prétendait René, elle se consacre plus librement à ce qui l'intéresse : la découverte et l'écoute des talents nouveaux.

Elle a passé l'âge des fêtes et de la représentation, elle sort de moins en moins souvent, n'a aucune attache avec la vie officielle – à la différence de son amie Mme de Boigne, liée personnellement, depuis sa jeunesse, avec la reine Marie-Amélie – elle laisse le monde venir à elle. Le centre de ses préoccupations demeure Chateaubriand, d'une part, et son cercle familial, d'autre part, mais elle conjugue, comme elle a toujours excellé à le faire, ses multiples amitiés et l'attrait qu'elle éprouve envers la génération montante, cette pépinière romantique qui commence à s'illustrer…

Contrairement aux idées reçues, la Restauration avait favorisé une incomparable éclosion culturelle. Grandis dans la paix, la prospérité et l'apprentissage du parlementarisme, les enfants du siècle, qui maintenant accédaient au pouvoir ou à la reconnaissance publique, ne l'oubliaient pas. L'un des plus remarquables, Victor Hugo, lui rendra, dans une page des *Misérables*, cet hommage :

> Sous la Restauration la nation s'était habituée à la discussion dans le calme, ce qui avait manqué à la République, et à la grandeur dans la paix, ce qui avait manqué à l'Empire. La France libre et forte avait été un spectacle encourageant pour les autres peuples de l'Europe. La révolution avait eu la parole sous Robespierre ; le canon avait eu la parole sous Bonaparte ; c'est sous Louis XVIII et Charles X que vint le tour de parole de l'intelligence. Le vent cessa, le flambeau se ralluma. On vit frissonner sur les cimes sereines la pure lumière des esprits. Spectacle magnifique, utile et charmant. On vit travailler pendant quinze ans, en pleine paix, en pleine place publique, ces grands principes, si vieux pour le penseur, si nouveaux pour l'homme d'État : l'égalité devant la loi, la liberté de la conscience, la liberté de la parole, la liberté de la

presse, l'accessibilité de toutes les aptitudes à toutes les fonctions. Cela alla ainsi jusqu'en 1830. Les Bourbons furent un instrument de civilisation qui cassa dans les mains de la Providence[1].

En cette année de rupture, marquée par la disparition de deux grandes figures des lettres, Benjamin Constant qui, une dernière fois, s'était adressé à Juliette pour qu'elle lui assure l'appui de Chateaubriand à l'Académie – qui lui préféra Viennet – et Mme de Genlis, qui mourait heureuse d'avoir vu son ancien élève monter sur le trône, la relève était spectaculaire : Stendhal revenait au roman d'analyse avec *Le Rouge et le Noir*, Hugo faisait jouer son *Hernani* dont la hardiesse déclenchait une intense polémique, Lamartine publiait ses *Harmonies*, Sainte-Beuve ses *Consolations*, et un tout jeune homme, Musset, ses *Contes d'Espagne et d'Italie*...

Tous sont passés ou passeront par l'Abbaye. Ne serait-ce que pour y envisager la grande figure qui la domine. Stendhal, après sa visite, croira avoir contemplé le *Grand Lama*... Sainte-Beuve, qui avait envoyé ses poésies à René, attendra quelque temps avant de lui être présenté : il avait, dans *Le Globe*, salué avec un peu trop d'allégresse la retraite politique du grand homme... George Sand, assez sottement, aura peur de s'y compromettre ! Quant au farouche Mérimée, « ce jeune homme en redingote grise et si laid avec son nez retroussé » – la notation est de Stendhal – il se montrera plus courageux qu'elle, même s'il devait, en sous-main, ne pas épargner son fiel à son hôtesse. « Souviens-toi de te méfier », lui avait dit sa mère : il en avait fait sa devise. On peut lui préférer son mot d'ordre littéraire : « Rien de trop... »

En fait, Mérimée ne pouvait pardonner à Juliette d'avoir détourné Ampère d'un grand avenir poétique... Il nous paraît, bien au contraire, que c'est grâce à Mme Récamier qu'Ampère avait pu rectifier son orientation initiale, son médiocre fourvoiement. Sous l'influence de la Dame de l'Abbaye, il allait devenir ce qu'il pouvait et devait être : un historien et un grand comparatiste. L'esprit incisif de Mérimée n'avait pas vu juste : il se montre peu objectif envers Ampère, moins encore envers Juliette. La rivalité était souterraine et d'ordre affectif.

Un gros garçon sympathique qui, lui, ne médira pas de la maîtresse de maison, mais saura se montrer ravi de l'accueil qu'elle lui réserve, pénètre à l'Abbaye, sous l'égide de la vieille duchesse d'Abrantès. Il prépare un petit roman intitulé *La Peau de chagrin*. Il s'appelle, mais qui le sait alors, Honoré de Balzac. Delécluze était présent :

[...] Tout à coup entra Mme la duchesse d'Abrantès accompagnée d'un jeune homme qui paraissait pour la première fois dans ce salon. Il se fit un silence général et l'attention se porta sur le nouveau venu.

---

1. IV, p. 417

D'une taille médiocre et trapue, les traits de son visage, quoique communs, indiquaient une vivacité d'intelligence extraordinaire, et le feu de son regard, ainsi que le contour vigoureusement dessiné de ses lèvres, trahissaient en lui l'énergie de la pensée et l'ardeur des passions. À voir cet air naturellement réjoui répandu sur cette physionomie énergique, on aurait pu prendre une idée de celle de Rabelais dont aucun souvenir authentique ne nous est parvenu. Ce personnage était Honoré de Balzac, pauvre petit romancier; peu connu alors, mais qui depuis a produit *La Comédie humaine*.

La joie naïve qu'exprima Balzac, après avoir été présenté à la maîtresse de la maison, ne peut être comparée qu'à celle d'un enfant, et il fallut que cet homme eût recours alors à ce qui lui restait de raison pour ne pas se jeter dans les bras de tous les assistants. Cet excès de satisfaction aurait même été ridicule, si elle n'eût pas été sincère et si franchement exprimée. Mais un sentiment vrai finit toujours par toucher, et cette scène, bien qu'un peu burlesque, n'a laissé dans la mémoire d'Étienne que le souvenir d'une impression favorable au caractère de Balzac. Sa conversation était d'ailleurs si spirituelle et en ce jour, après sa réception, lorsque Mme d'Abrantès, si spirituelle elle-même, le fit asseoir entre elle et Étienne, déjà on pouvait entrevoir en Balzac le profond observateur et l'inépuisable romancier qui, dans l'espace de vingt et un ans, de 1827 à 1848, a composé et publié quatre-vingt-dix-sept ouvrages de longue haleine[1].

Entre le vieux lion et les jeunes loups romantiques qui défilent dans son salon, Juliette va devoir, une fois de plus, agir en médiatrice douce et active...

*
* *

Cependant, malgré la souplesse et la finesse politique de son souverain, la monarchie bourgeoise connaît des débuts difficiles : à la crise financière s'ajoute une certaine confusion politique, les partis se renforçant et s'affrontant au sein même du pouvoir. À côté des oppositions légitimiste, bonapartiste, républicaine, le mouvement ultra-libéral et la résistance animée par Casimir Périer, Thiers et Guizot, et qui se suffit de la Charte nouvellement révisée, se déchirent.

Le 13 février 1831, lors de la célébration d'un service à la mémoire du duc de Berry, l'église Saint-Germain-l'Auxerrois est pillée et l'archevêché mis à sac. Mérimée écrit à Stendhal :

Vous avez perdu un beau spectacle. Rien n'était drôle comme une procession où figuraient nombre de savetiers et d'arsouilles de toute espèce, en chasubles, mitres, etc., marmottant des prières et aspergeant le public d'eau bénite qu'ils puisaient dans des pots de chambre...

1. *Souvenirs de soixante années, op. cit.*, pp. 284-285.

L'arrivée de Casimir Périer à la tête du gouvernement rétablit la stabilité. Mais la tension est grande, le risque d'insurrection permanent. C'est dans ce contexte que Chateaubriand reprend sa plume de polémiste : contre la proposition de bannissement de Charles X et de ses descendants, émise par un député, en quelques jours, il compose un pamphlet vigoureux, *De la Restauration et de la monarchie élective*. Tirée à quinze mille exemplaires, la brochure se vend comme des petits pains chauds !

Une véritable aubaine, pour le Grand Lama, dont les problèmes financiers commencent à devenir préoccupants : tout l'hiver, il avait avancé ses *Études historiques*, afin de remplir le contrat sur ses *Œuvres complètes* passé avec son éditeur. Malheureusement, Ladvocat est en faillite ! L'ex-ministre avait résolument renoncé à toute espèce de charges et de pensions : il lui faut donc trouver une solution à cette impasse. Il décide de vendre sa petite propriété de la rue d'Enfer, son mobilier, moyennant quoi il se propose d'aller passer la belle saison en Suisse, à moindres frais. en compagnie de son inévitable épouse…

Ce n'est pas là un programme particulièrement réjouissant… Mais cet exil volontaire donnera lieu à quelques belles pages sur le dénuement et la fidélité à soi-même… Chateaubriand séjournera essentiellement à Genève, où il sera aimablement reçu : c'est égal, il s'ennuie. Et pour tromper son ennui, il écrit à Juliette. Il lui adresse ces vers, aussi :

LE NAUFRAGE

Rebut de l'aquilon, échoué sur le sable,
Vieux vaisseau fracassé dont finissait le sort,
Et que, dur charpentier, la mort impitoyable
    Allait dépecer dans le port !

Sous tes ponts désertés un seul gardien habite ;
Autrefois tu l'as vu sur ton gaillard d'avant,
Impatient d'écueils, de tourmente subite,
    Siffler pour ameuter le vent.

Tantôt sur ton beaupré, cavalier intrépide,
Il riait quand, plongeant la tête dans les flots,
Tu bondissais : tantôt du haut du mât rapide
    Il criait : Terre ! aux matelots.

Maintenant retiré dans ta carène usée,
Teint hâlé, front chenu, main goudronnée, yeux pers,
Sablier presque vide et boussole brisée
    Annoncent l'ermite des mers.

Vous pensiez défaillir, amarrés à la rive,
Vieux vaisseau, vieux nocher ! vous vous trompiez tous deux ;
L'ouragan vous saisit et vous traîne en dérive,
    Hurlant sur les flots noirs et bleus.

Dès le premier récif votre course bornée
S'arrêtera ; soudain vos flancs s'entrouvriront ;
Vous sombrez ! c'en est fait ! et votre ancre écornée
    Glisse et laboure en vain le fond.

Ce vaisseau, c'est ma vie, et ce nocher moi-même :
Je suis sauvé ! mes jours aux mers sont arrachés :
Un astre m'a montré sa lumière que j'aime
    Quand les autres se sont cachés.

Cette étoile du soir qui dissipe l'orage
Et qui porte si bien le nom de la beauté,
Sur l'abîme calmé conduira mon naufrage
    À quelque rivage enchanté.

Jusqu'à mon dernier port, douce et charmante étoile,
Je suivrai ton rayon toujours pur et nouveau ;
Et quand tu cesseras de luire pour ma voile,
    Tu brilleras sur mon tombeau.

> À *Mme Récamier,*
> CHATEAUBRIAND.

Orage, naufrage, abîme, tombeau... L'humeur, on peut le constater, est sombre. Voici, sur un mode plus naturel, un autre échantillon du paysage intérieur du noble exilé :

Genève, 18 juin 1831.

Vous avez reçu toutes mes lettres. J'attends tous les jours quelques mots de vous ; je vois bien que je n'aurai rien, mais je suis toujours surpris quand la poste ne m'apporte que les journaux. Personne au monde ne m'écrit que vous ; personne ne se souvient de moi que vous, et c'est un grand charme. J'aime votre petite lettre solitaire qui ne m'arrive point comme elle arrivait au temps de mes grandeurs au milieu des paquets de dépêches et de toutes ces lettres d'attachement, d'admiration et de bassesse qui disparaissent avec la fortune. Après vos petites lettres, je verrai votre belle personne, si je ne vais pas la rejoindre. Vous serez mon exécutrice testamentaire ; vous vendrez ma pauvre petite retraite ; le prix vous servira à voyager vers le soleil. Dans ce moment, il fait un temps admirable : je vois, en vous écrivant, le mont Blanc dans toute sa splendeur ; du haut du mont Blanc, on voit l'Apennin, du haut de l'Apennin, on voit la campagne romaine : il me semble que je n'ai que trois pas pour arriver à Rome où nous irons certainement, car tout s'arrangera en France.

Il ne manquait plus à notre glorieuse patrie pour avoir passé par toutes les misères que d'avoir un gouvernement de couards ; elle l'a et la jeunesse va s'engloutir dans la doctrine, la littérature et la débauche, selon le caractère particulier des individus. Reste le chapitre des accidents ; mais quand on traîne comme je le fais sur le chemin de la vie, l'accident le plus probable, c'est la fin du voyage.

Je ne travaille point ; je ne puis rien faire ; je m'ennuie mais c'est ma nature et je suis comme un poisson dans l'eau : si pourtant l'eau était un peu moins profonde, je m'y plairais peut-être mieux.

Peu après, il reçoit de Ballanche un nouveau livre, *Vision d'Hébal*. Écoutons sa réaction :

Genève, 12 juillet 1831.

L'ennui, mon cher et ancien ami, produit une fièvre intermittente ; tantôt il engourdit mes doigts et mes idées et tantôt il me fait écrire, écrire comme l'abbé Trublet. C'est ainsi que j'accable Mme Récamier de lettres et que je laisse la vôtre sans réponse. Voilà les élections, comme je l'avais toujours prévu et annoncé, *ventrues* et *reventrues*. La France est à présent tout en bedaine, et la fière jeunesse est entrée dans cette rotondité. Grand bien lui fasse ! Notre pauvre nation, mon cher ami, est et sera toujours au pouvoir : quiconque régnera l'aura ; hier Charles X, aujourd'hui Philippe, demain Pierre, et toujours bien, *sempre bene*, et des serments tant qu'on voudra, et des commémorations à toujours pour toutes les glorieuses journées de tous les régimes, depuis les *sans-culottides* jusqu'aux 27, 28 et 29 juillet. Une chose seulement m'étonne, c'est le manque d'honneur du moment. Je n'aurais jamais imaginé que la jeune France pût vouloir la paix à tout prix et qu'elle ne jetât pas par la fenêtre les ministres qui lui mettent un commissaire anglais à Bruxelles et un caporal autrichien à Bologne. Mais il paraît que tous ces braves contempteurs des perruques, ces futurs grands hommes n'avaient que de l'encre au lieu de sang sous les ongles. Laissons tout cela.

L'amitié a ses cajoleries comme un sentiment plus tendre, et plus elle est vieille, plus elle est flatteuse ; précisément tout l'opposé de l'autre sentiment. Vous me dites des choses charmantes sur ma *gloire*. Vous savez que je voudrais bien y croire, mais qu'au fond je n'y crois pas, et c'est là mon mal : car, si une fois il pouvait m'entrer dans l'esprit que je suis un chef-d'œuvre de nature, je passerais mes vieux jours en contemplation de moi-même. Comme les ours qui vivent de leur graisse pendant l'hiver en se léchant les pattes, je vivrais de mon admiration pour moi pendant l'hiver de ma vie : je me lécherais et j'aurais la plus belle toison du monde. Malheureusement je ne suis qu'un pauvre ours maigre et je n'ai pas de quoi faire un petit repas dans toute ma peau.

Je vous dirai, à mon tour de compliment, que votre livre m'est enfin parvenu, après avoir fait le voyage complet des petits cantons, dans la poche de votre courrier. J'aime prodigieusement vos siècles écoulés dans le temps qu'avait mis *la sonnerie de l'horloge à sonner l'air de l'Ave Maria*. Toute votre exposition est magnifique, jamais vous n'avez dévoilé votre système avec plus de clarté et de grandeur. À mon sens, votre *Vision d'Hébal* est ce que vous avez produit de plus élevé et de plus profond. Vous m'avez fait réellement comprendre que tout est contemporain pour celui qui comprend la notion de l'éternité ; vous m'avez expliqué Dieu avant la création de l'homme, la création intellectuelle de celui-ci, puis son union à la matière par sa chute, quand il crut se faire un destin de sa volonté.

Mon vieil ami, je vous envie ; vous pouvez très bien vous passer de ce monde dont je ne sais que faire. Contemporain du passé et de l'avenir, vous vous riez du présent qui m'assomme, moi chétif, moi qui rampe sous mes idées et sous mes années. Patience ! je serai bientôt délivré des dernières ; les premières me suivront-elles dans la tombe ? Sans mentir, je serais faché de ne plus garder une idée de vous. Mille amitiés.

CHATEAUBRIAND.

Lorsqu'il apprend que de nouveau il a été question à la Chambre des députés du banissement de la famille royale exilée, Chateaubriand récidive et commet un autre pamphlet, qui, contre toute attente, se vend encore mieux que le précédent. Le duc de Doudeauville écrit à Juliette :

C'est un véritable tour de force, et de courage, de faire paraître un pareil ouvrage et d'être applaudi par les royalistes, les bonapartistes, par les libéraux, même par les républicains sans être inquiété par le gouvernement, qui n'en souffre pas la moitié dans les journaux de toutes couleurs : le faubourg Saint-Germain était la seule puissance que redoutait Bonaparte, M. de Chateaubriand est la puissance que craint le plus le gouvernement[1].

Devant un tel succès, Chateaubriand décide de rentrer à Paris. Il est encore bien vif, le noble vicomte, pour goûter aux lénifiantes délices de la retraite : il a certes travaillé à ses *Mémoires*, mais il est prêt à les abandonner, une fois encore, pour peu que se présente une diversion, ou plutôt un combat valant d'être mené haut et fort. Les événements ne vont pas tarder à le lui offrir.

Arenenberg, Coppet : une visite, un pèlerinage...

Le 26 mars 1832, jour tant attendu de la mi-Carême, et donc du retour des masques et des festivités de carnaval, un horrible frisson parcourt Paris, comme une traînée de poudre l'épouvantable nouvelle se répand : le choléra est arrivé ! On se souvenait, lointainement, des grandes pestes médiévales, mais on ignorait tout du fléau sorti du delta du Gange en 1817, qu'on appelait «choléra-morbus» et qui lentement, sans logique mais inexorablement, progressait et gagnait l'Europe. À Paris, il éclate comme une bombe. En un mois, il aura fait treize mille morts. La première vague décime les quartiers les plus pauvres et les plus insalubres de la capitale. Après une accalmie, la «recrudescence», la seconde épidémie, attaque les autres...
Stupeur totale : nul ne sait, en prenant congé des siens, le soir, qui d'entre eux il retrouvera vivant le lendemain. Mme de Boigne,

1. Ms. B.N. N.A.F. 14101.

qui a laissé dans ses *Mémoires* des pages saisissantes sur ces terribles moments, précise qu'«on ne sortait pas sans mettre ordre à ses affaires, dans l'attente d'être rapporté mourant de sa promenade». Passés les premiers jours de panique – des rumeurs d'empoisonnement avaient, stupidement, agité le quartier des Halles et provoqué quelques massacres –, la solidarité fut mémorable.

La ville, frappée d'une mort à laquelle elle ne comprenait rien et qu'elle acceptait avec une fatalité antique – la majorité du corps médical était non contagioniste! –, s'organisait au mieux pour soigner ses malades, évacuer ses cadavres, les enterrer. Faute de corbillards et de bières, on utilisait de lourdes voitures de déménagement appelées «tapissières», on improvisait des hôpitaux, on montait des ambulances à chaque coin de rue, les médecins, les prêtres, les jeunes gens de bonne volonté, les dames patronnesses se dépensaient sans compter : l'aimable duc de Rohan, le cardinal dandy, mourra d'avoir soigné les cholériques... Les pouvoirs publics faisaient ce qu'ils pouvaient, les princes allaient ostensiblement visiter les malades, les rassurer. Malheureusement, pour les avoir accompagnés, le Premier ministre, Casimir Périer, lui aussi sera fauché...

Mme de Boigne faisait comme tout le monde, dans son milieu : elle contrôlait l'hygiène de sa maison, surveillait son entourage et continuait de mener une vie apparemment normale :

Quoique fort alarmants, les récits dont on saluait la fin de mes soirées nous faisaient moins d'effet par leur généralité même que lorsque le mal sévissait autour de nous. Chaque grande catastrophe amène des expressions qui lui sont propres. Celle «d'être pris» devint consacrée par l'usage. «Elle est prise, il est pris», se comprenait du reste sans autre explication.

Je me rappelle un sinistre dimanche des Rameaux de sinistre mémoire.

Mme de Champlâtreux, fille de M. Molé, jeune personne de vingt ans qu'une distinction réelle mettait déjà hors de pair, prise au retour d'une promenade au marché aux fleurs, avait succombé dans la nuit.

Nous nous entretenions de ce triste événement lorsque le marquis de Castries, en entrant chez moi, demanda si nous savions pourquoi Mme de Montcalm ne recevait pas selon son usage; il venait de trouver sa porte fermée. M. Portal dit l'avoir quittée à six heures, elle lui avait recommandé de revenir le soir. Nous envoyâmes chez elle : elle était morte.

Au même instant on annonça M. de Glandevès comme très mal, il s'éleva une discussion à ce sujet. M. de Glandevès avait été atteint l'avant-veille, mais faiblement. Quelqu'un affirma l'avoir vu le matin tout à fait bien, cependant, nous envoyâmes encore : il était mort. [...]

Je n'ai perdu personne dans ma maison, mais le lundi, suivant ce fatal dimanche, je vis mon cocher, auquel je venais de donner un ordre, se promener à grands pas dans la cour, recherchant le soleil : il venait d'être pris.

Dix minutes après, il était entre les mains des médecins qu'on avait été quérir à l'ambulance la plus voisine, une heure ensuite à la mort, et le soir sauvé. Mais il lui a fallu bien des semaines pour se remettre [1].

Chateaubriand raconte que «Chacun continuait de vaquer à ses affaires, et les salles de spectacle étaient pleines. J'ai vu des ivrognes à la barrière, assis devant la porte du cabaret, buvant sur une petite table de bois et disant en élevant leur verre : "À ta santé, *Morbus*!" Morbus par reconnaissance accourait, et ils tombaient morts sous la table. Les enfants jouaient au *choléra* qu'ils appelaient le *Nicolas Morbus et le scélérat Morbus* [2]».

Avec l'arrivée du fléau, une autre expression était née, celle de «peur bleue», venue de la couleur des cadavres. C'est exactement ce qu'éprouvait Juliette qui, à la différence de son amie Adèle, était incapable de crânerie et ne s'en cachait pas. Elle ressentait «une terreur invincible et presque superstitieuse» devant le choléra, nous dit sa nièce. Comme si elle avait pressenti son destin… La rue de Sèvres ayant été sévèrement attaquée, Juliette avait préféré la quitter : elle s'était installée auprès de Mme Salvage qui, de passage à Paris, résidait rue de la Paix. Juliette ne sera pas mécontente, dès qu'elle pourra, de s'éloigner de la capitale, de son odeur pestilentielle mêlée de chlore…

Au mois d'avril, cependant que l'épidémie fait rage, un événement, passé plus ou moins inaperçu de la majorité des Parisiens, agite les cercles légitimistes : la duchesse de Berry aurait, dit-on, débarqué en Provence et s'apprêterait à rallumer la Vendée… L'intempestive amazone, secondée par Félicie de La Rochejaquelein, la fille aînée de Mme de Duras, est entrée clandestinement sur le sol de France et paraît décidée à aller jusqu'au bout de sa tentative de Restauration carliste. La rocambolesque équipée, qui finira piteusement, compromettra un certain nombre de personnalités dont Chateaubriand, qui se serait passé de cette mauvaise publicité : lorsqu'on apprend, à Paris, que la princesse aurait nommé membres de son gouvernement secret le duc de Fitz-James, le baron Hyde de Neuville et le vicomte de Chateaubriand il faut bien sévir.

Le 16 juin, les trois complices supposés sont arrêtés, prévenus de complot contre la sécurité de l'État. L'affaire n'est pas mince, mais elle se résoudra plus facilement que prévu : quinze jours plus tard, René, bénéficiant d'un non-lieu, est libéré. Sa détention n'a pas été trop pénible : le préfet de police lui avait donné l'hospitalité sous son toit ! Juliette et Ballanche lui avaient rendu visite dans le salon même de la préfète…

S'il n'a pas été infâmant, l'épisode n'est pas glorieux ! René s'en trouve, au fond, assez piqué. Mme de Boigne rapporte une

---

1. *Op. cit.,* IV, pp. 29-31.

2. *M.O.T.,* 4ᵉ partie, livre premier, 16, p. 63.

conversation, survenue le 3 juin précédent, au coin de la cheminée de Juliette, où il était question devant Chateaubriand des agisse-ments de la duchesse dc Berry :

> On le disait nommé gouverneur de M. le duc de Bordeaux et se ren-dant à Édimbourg. Je lui demandai si ce bruit avait quelque vérité : « Moi ! s'écria-t-il avcc un accent de dédain inimitable, moi ! et qu'irais-je faire bon Dieu, entre cette mangeuse de reliques d'Édim-bourg et cette danseuse de corde d'Italie ?[1] ».

La mangeuse de reliques n'est autre que la vénérable fille de Louis XVI... La danseuse de corde, la duchesse de Berry, celle à laquelle il déclare solennellement : « Madame, votre fils est mon roi ! » L'âpreté de Chateaubriand déconcerte parfois, mais son sens de la formule est éblouissant. Cela dit, se faire enfermer pour la cause d'une danseuse de corde, voilà qui est vexant !

Après cet intermède, René a fort envie de voyager. Le 8 août 1832, il part pour la Suisse. Juliette ne tardera pas à l'y rejoindre.

*
* *

Lorsque, quelques jours plus tard, Juliette prend à son tour le chemin de la Suisse, en compagnie de Mme Salvage, elle respire : elle s'éloigne sans déplaisir de la capitale ravagée par le choléra, agi-tée par les soubresauts de la tentative de guerre civile qu'avait sou-haité déclencher la duchesse de Berry. Juliette a fermé l'Abbaye, son petit monde est sauf, les Lenormant en partance pour Dieppe et ces « Messieurs », autrement dit le trio domestique composé de Ballanche, Paul David et Ampère, se portent bien. Elle est dégagée du souci des pères nobles, qui, toujours, lui pesait lorsqu'elle voya-geait... Elle a l'espoir de retrouver Chateaubriand dont le périple au pied des Alpes le mènera à Lugano, puis de là à Constance où elle se rend.

Mme Salvage rejoint la résidence de la reine Hortense, à laquelle elle a décidé de lier son sort, et Juliette se fait une joie de découvrir la ravissante retraite de son amie. Si elle ne l'avait pas revue depuis leur excursion à Tivoli, Juliette n'ignorait pas qu'Hortense était venue discrètement à Paris, après la révolution de Juillet, pour tenter d'obtenir du nouveau souverain qu'il assouplisse l'interdit frappant la famille Bonaparte. En vain... Ensuite l'ex-reine de Hollande avait eu la douleur de perdre son fils aîné, compromis dans l'insurrection des Romagnes contre le Pape...

À la mi-août, Juliette s'installe au château du Wolfsberg, à une lieue environ d'Arenenberg, en arrière du lac, à son extrémité sud-ouest. Mlle Cochelet, une ancienne compagne d'études d'Hortense, devenue sa lectrice, l'avait acquis après son mariage avec Parquin,

---

1. *Op. cit.*, t. IV, p. 40.

chef d'escadron aux Chasseurs de la garde. Elle y résidait habituellement et, à la belle saison, y tenait une pension pour étrangers ou amis de passage de sa souveraine. Avant de se présenter chez son amie, Juliette constate que ses «caisses» ne l'ont pas suivie et qu'elle n'a d'autre toilette que «sa vieille robe noire et son chapeau de voyage». Petit désagrément qu'elle accepte de bon gré mais qui désole sa femme de chambre...

Arenenberg, anciennement Narrenberg : la montagne du fou, est une jolie demeure construite à la fin du XVIIIe siècle, comme en témoignent ses proportions nettes et son portique à colonnes, édifiée sur un promontoire face au lac et à l'île de Reichenau : on y jouit d'une vue délicieuse que Chateaubriand pour les besoins de son cadrage – celui d'une reine déchue – trouvera triste... Lorsqu'elle a obtenu l'hospitalité du canton de Thurgovie, Hortense a fait aménager sa nouvelle propriété : dans un bâtiment séparé vit son fils, ainsi que sa suite. Son intérieur est une élégante reproduction, à échelle réduite, de la Malmaison. Rien n'y manque, ni le mobilier, ni les tableaux, ni les nombreux souvenirs familiaux, ni l'arrangement du salon, copié de la «Salle du Conseil» de l'Empereur et tendu, à la façon d'une tente, de soie à raies bleu foncé sur fond grège... Sans faste, c'est un décor confortable et plaisant. La reine demeure aussi avenante, gaie et musicienne qu'elle l'a été toute sa vie : et pourtant quel destin en dents de scie que le sien ! Une enfance tourmentée par la Révolution qui avait guillotiné son père et emprisonné sa mère... Celle-ci élevée au rang suprême par l'impétueux, l'autoritaire Bonaparte. La gloire, les honneurs, un mariage contraint et désastreux, un royaume, des enfants... Puis l'effondrement du rêve, puis les deuils : sa mère, son frère, deux de ses fils, et puis, enfin, cette vie de retraite, partagée entre la Thurgovie l'été et Rome, lorsqu'on le lui permettait, l'hiver...

Mais Hortense résistait passablement à l'épreuve. Son entourage nombreux, fidèle et très soudé dans le souvenir de l'Empire – et aussi dans l'espoir toujours vivant de le rétablir un jour – son naturel créateur et extraverti l'aidait à ne jamais s'ennuyer ni désespérer de rien. Elle continuait de dessiner, de chanter les romances qu'elle composait, comme à vingt ans, elle demeurait malgré les années soucieuse de son élégance. «Son nez est un peu long, sa bouche grande, ses lèvres fortes et ses dents fausses», constate sa nouvelle dame de compagnie, Valérie Masuyer, lorsqu'elle lui est présentée en septembre 1830, mais rien n'y fait : Hortense demeure alerte et d'une parfaite «distinction de toute sa personne et de tous ses mouvements[1]»

Un témoin assiste à l'arrivée, très attendue, de Mme Récamier. Il s'agit d'Alexandre Dumas : son point de vue nous intéresse, d'autant qu'il ne connaissait pas Juliette :

---

1. V. Masuyer *Mémoires*, Paris, Plon, 1937, p. 9.

Je rentrai dans le salon avec la reine Hortense, dix minutes après on annonce Mad. Récamier, cette reine encore de l'esprit et de la beauté; aussi la reine Hortense la reçut-elle en sœur. J'avais souvent entendu discuter l'âge de Mad. Récamier, il est vrai que je ne l'ai vue que le soir vêtue de noir avec un voile de la même couleur, mais à la beauté de ses yeux, à la forme de ses mains, au son de sa voix, je ne lui aurais pas donné plus de vingt-cinq ans[1].

Juliette reviendra fréquemment auprès d'Hortense partager ses soirées musicales et même la fête donnée pour son fils Louis : on représente des proverbes, on joue au piano, on chante des romances, on s'amuse, on échange aussi des souvenirs, mais rien de morose : ce n'est pas le ton de la maison...

À la fin du mois, Juliette se rend à Constance y attendre Chateaubriand. Elle écrit à Paul David, lui conte l'accueil bien-veillant dont elle est l'objet, se félicite de l'entourage spirituel de la reine, de «la fort bonne conversation» qu'on tient à Arenenberg. Le 29 août, Chateaubriand vient en sa compagnie dîner dans l'antre bonapartiste. On peut dire qu'il y fait sensation. Valérie Masuyer écrit :

Mme Récamier amena aujourd'hui le grand homme impatiemment attendu. Il est d'ailleurs de taille peu avantageuse. Mais il est hors de doute qu'il produit une forte impression... C'est quelqu'un de frappant mais non pas d'attrayant, et puis il tient trop à laisser croire qu'il ignore sa valeur. Sa tête est superbe, son corps fâcheux, son organe enchanteur. La reine et le prince semblent lui avoir plu, comme il leur a plu lui-même... Mme Récamier elle-même, avec ce tact admirable qu'elle tient de son cœur, s'effaça, ce qui la fit d'autant ressortir, comme toujours... En somme j'ai été fière de ma reine et de mon prince. Ils ont dignement représenté l'Empire aux yeux du défenseur de la royauté[2].

Voici maintenant, le récit du grand homme :

Le 29 août j'allai dîner chez Mme de Saint-Leu.
Arenenberg est situé sur une espèce de promontoire dans une chaîne de collines escarpées. La reine, que l'épée avait faite et que l'épée a défaite, a bâti le château ou si l'on veut le pavillon d'Arenenberg. On y jouit d'une vue étendue, mais triste. Cette vue domine le lac inférieur de Constance qui n'est qu'une expansion du Rhin sur des prairies noyées. De l'autre côté du lac on aperçoit des bois sombres, restes de la Forêt-Noire, quelques oiseaux blancs voltigeant sous un ciel gris et poussés par un vent glacé. Là, après avoir été assise sur un trône, la reine Hortense est venue se percher sur un rocher; en bas est l'île du lac où l'on a, dit-on, retrouvé la tombe de Charles le Gros, et où meurent à

---

1. A. Dumas, *Impressions de voyage en Suisse*, 1896, t. III.
2. *In Bulletin de la société Chateaubriand*, n° 14 (1971), deux notes de Valérie Masuyer.

présent, rendus à la liberté, des serins qui demandent en vain le soleil des Canaries. Mme de Saint-Leu était mieux à Rome : elle n'est cependant pas descendue par rapport à sa naissance et à sa première vie : au contraire elle a monté ; son abaissement n'est que relatif à un accident de sa fortune : ce ne sont pas là de ces chutes comme celles de Mme la Dauphine, tombée de toute la hauteur des siècles.

Le compagnon et les compagnes de solitude de Mme de Saint-Leu étaient son fils, Mme *** qui lui était attachée, et Mme Salvage, fille d'un ancien consul français établi à Rome. M. Cottereau était aussi de la maison. En étrangers il y avait Mme Récamier, M. Vieillard et moi. Mme de Saint-Leu se tirait très bien de sa difficile position de reine et de demoiselle Beauharnais.

Après le dîner elle s'est mise à son piano avec M. Cottereau, beau grand jeune peintre, à moustaches, à chapeau de paille, à blouse, au col de chemise rabattu, au costume bizarre tenant des mignons d'Henri III et des bergers de la Calabre, aux manières sans façon, à ce mauvais ton d'atelier entre le familier, le drôle, l'original, l'affecté. Il chassait ; il peignait ; il chantait ; il aimait ; il riait, spirituel et bruyant.

Le prince Louis habite un pavillon à part où j'ai vu des armes, des cartes topographiques et stratégiques ; petites industries qui faisaient comme par hasard penser au sang du conquérant sans le nommer : le prince Louis est un jeune homme instruit, plein d'honneur, et naturellement grave.

Mme la duchesse de Saint-Leu m'a lu quelques fragments de ses *Mémoires* : elle m'a montré un cabinet rempli des dépouilles de Bonaparte. Je me suis demandé pourquoi ce vestiaire me laissait froid, pourquoi ce petit chapeau à trois cornes qui fait le bonheur des bourgeois de Paris, pourquoi cette ceinture, cet uniforme porté à telle bataille me trouvaient si indifférent ? Je n'étais pas plus ému qu'à l'aspect de ces habits de généraux pendillants aux boutiques des revendeurs dans la rue du Bac : j'étais bien plus troublé en racontant la mort de Napoléon à Sainte-Hélène. La raison en est que Bonaparte est notre contemporain : nous l'avons tous vu et connu : l'homme, dans nos souvenirs, travaille contre le héros encore trop près de sa gloire. Dans deux mille ans, ce sera autre chose. La forme même et la matière de ces reliques nuisent à leur effet : nous verrions avec un respect curieux la cuirasse du Macédonien sur le dessin de laquelle fut tracé le plan d'Alexandrie, mais que faire d'un frac râpé ? J'aimerais mieux la jaquette de montagnard corse que Napoléon a dû porter dans son enfance : sans qu'on s'en doute le sentiment des arts exerce un grand empire sur nos idées.

Que Mme de Saint-Leu s'enthousiasme de cette friperie, c'est tout simple ; mais les autres spectateurs ont besoin de se rappeler les manteaux royaux déchirés par l'ongle napoléonien, pour tolérer la vue de cette défroque napoléonienne. Il n'y a que les siècles qui aient donné le parfum de l'ambre à la sueur d'Alexandre : attendons ; d'un conquérant il ne faut montrer que l'épée.

La famille de Bonaparte ne se peut persuader qu'elle n'est rien : aux Bonaparte il manque une race ; aux Bourbons un homme. Il y aurait plus de chances de Restauration pour les derniers, car un homme peut tout à coup survenir et l'on ne crée pas une race. Tout est mort pour la famille de Napoléon avec Napoléon : il n'a pour héritier que sa renommée. La dynastie de Saint Louis est si puissante par son vaste passé, qu'en tombant elle a arraché avec ses racines une partie du sol de la société.

Je ne saurais dire à quel point ce monde impérial me paraît caduc de manières, de physionomie, de ton, de mœurs; mais d'une vieillesse différente du monde légitimiste : celui-ci jouit d'une décrépitude arrivée avec le temps; il est aveugle et sourd; il est débile, laid et grognon; mais il a son air naturel et les béquilles vont bien à son âge. Les impérialistes au contraire ont une fausse apparence de jeunesse; ils veulent être ingambes, et ils sont aux Invalides; ils ne sont pas antiques comme les légitimistes, ils ne sont que vieillis comme une mode passée : ils ont l'air de divinités de l'Opéra descendues de leur char de carton doré, de fournisseurs en banqueroute par suite d'une mauvaise spéculation ou d'une bataille perdue, de joueurs ruinés qui conservent encore un reste de magnificence d'emprunt, des breloques, des chaînes, des cachets, des bagues, des velours flétris, des satins fanés et du point d'Angleterre rentrait [1].

Bien dommage que Chateaubriand n'ait pas connu la suite! Juliette, elle, verra le fils de la maison – qui, lors de sa visite, lui dessina, à la sépia, une gracieuse vue du lac, et d'Arenenberg, dont le premier plan est occupé par un pâtre jouant de la flûte – accéder à la présidence de la République. Sa mère, morte précocement à l'automne 1837, aurait été enchantée de cette apothéose et, plus encore, de ce qu'il saura en faire...

*
* *

Après cette plaisante visite, Juliette séjourne à Genève en compagnie des Chateaubriand. Elle est trop près de Coppet pour ne pas y faire un pèlerinage. Pèlerinage éprouvant. Elle écrit au «bon Paul», le 15 septembre :

J'ai revu Coppet avec des sentiments bien douloureux, j'y ai été la 1re fois avec M. de Chateaubriand mais au moment d'arriver le courage m'a manqué et j'y ai été seule le lendemain, j'ai vu le tombeau, mon cœur s'est brisé. Il m'eût été encore plus pénible de contenir mon émotion ou de m'y livrer devant témoin, enfin notre tour arrivera bientôt [...] il est trop triste de survivre à ses amis.

Le 24 septembre .

Je suis retournée à Coppet avec M. de Chateaubriand. Nous étions en sympathie par l'admiration qu'il a pour Mad. de Staël. J'ai voulu dire un dernier adieu à ce tombeau – demain je vais m'éloigner de M. de Chateaubriand. C'est ainsi que ma vie se passe. Adieu. Adieu [2].

Sobriété dans l'émotion : voilà Juliette. Écoutons maintenant la version de René, dans les *Mémoires*, et apprécions ce que peuvent

---

1. Du verbe rentraire, «coudre en les rejoignant deux morceaux d'étoffe de manière que la couture ne paraisse pas». *M.O.T.*, 4e partie, livre deuxième, pp. 140-143.
2. Ms. B.N. N.A.F. 14078. Lettres nos 51 et 52.

les mots lorsqu'ils amplifient et transfigurent un moment de vie qui, somme toute, était banal : une femme mûrissante revoit les lieux morts de sa jeunesse et s'incline sur la tombe d'une amie disparue depuis quinze ans :

COPPET. TOMBEAU DE Mme DE STAËL

Genève, fin de septembre 1832.

J'ai commencé à me remettre sérieusement au travail : j'écris le matin et je me promène le soir. Je suis allé hier visiter Coppet. Le château était fermé ; on m'en a ouvert les portes ; j'ai erré dans les appartements déserts. Ma compagne de pèlerinage a reconnu tous les lieux où elle croyait voir encore son amie ou assise à son piano, ou entrant, ou sortant, ou causant sur la terrasse qui borde la galerie. Mme Récamier a revu la chambre qu'elle avait habitée ; des jours écoulés ont remonté devant elle : c'était comme une répétition de la scène que j'ai peinte dans *René*. «Je parcourus les appartements sonores où l'on n'entendait que le bruit de mes pas... Partout les salles étaient détendues et l'araignée filait sa toile dans les couches abandonnées... Qu'ils sont doux, mais qu'ils sont rapides, les moments que les frères et les sœurs passent dans leurs jeunes années, réunis sous l'aile de leurs vieux parents ! La famille de l'homme n'est que d'un jour ; le souffle de Dieu la disperse comme une fumée. À peine le fils connaît-il le père, le père le fils, le frère la sœur, la sœur le frère ! Le chêne voit germer ses glands autour de lui ; il n'en est pas ainsi des enfants des hommes ! »

Je me rappelais aussi ce que j'ai dit, dans ces *Mémoires*, de ma dernière visite à Combourg en partant pour l'Amérique. Deux mondes divers, mais liés par une secrète sympathie, nous occupaient, Mme Récamier et moi : hélas ! ces mondes isolés, chacun de nous les porte en soi, car où sont les personnes faites pour s'aimer qui ont vécu assez longtemps les unes près des autres pour n'avoir pas des souvenirs séparés ? Du château nous sommes entrés dans le parc poursuivre notre promenade muette. Le premier automne commençait à rougir et à détacher quelques feuilles ; le vent s'abattait par degré et laissait ouïr un ruisseau qui fait tourner un moulin. Après avoir pieusement suivi les allées qu'elle avait coutume de parcourir avec Mme de Staël, Mme Récamier a voulu saluer ses cendres.

À quelque distance du parc est un taillis mêlé d'arbres plus grands ; et environné d'un mur humide et dégradé. Ce taillis ressemble à ces bouquets de bois au milieu des plaines que les chasseurs appellent des *remises* : c'est là que la mort a poussé sa proie et renfermé ses victimes.

Un sépulcre avait été bâti d'avance dans ce bois pour y recevoir M. Necker, Mme Necker et Mme de Staël qui tant adorait son père : quand celle-ci est arrivée au rendez-vous, on a muré la porte de la crypte. L'enfant d'Auguste de Staël est resté en dehors et Auguste lui-même, mort avant son enfant, a été placé sous une pierre au pied de ses parents. Sur la pierre sont gravées ses paroles tirées de l'Écriture : *Pourquoi cherchez-vous parmi les morts celui qui est vivant dans le ciel ?*

Je ne suis point entré dans le bois ; Mme Récamier a seule obtenu la permission d'y pénétrer : resté assis sur un banc devant le mur d'enceinte, je tournais le dos à la France et j'avais les yeux attachés tantôt sur la cime du mont Blanc, tantôt sur le lac de Genève : des nuages d'or couvraient l'horizon derrière la ligne sombre du Jura ; on eût dit d'une gloire qui s'élevait au-dessus d'un long cercueil. J'apercevais de l'autre côté du lac la maison de lord Byron dont le faîte était touché d'un rayon du couchant ; Rousseau n'était plus là pour admirer ce spectacle ; et Voltaire, aussi disparu, ne s'en était jamais soucié. C'était au pied du tombeau de Mme de Staël que tant d'illustres absents sur le même rivage se présentaient à ma mémoire : ils semblaient venir chercher l'ombre, leur égale, pour s'envoler au ciel avec elle, et lui faire cortège pendant la nuit. Dans ce moment Mme Récamier pâle et en larmes est sortie du bocage funèbre, elle-même comme une ombre. Si j'ai jamais senti à la fois la vanité et la vérité de la gloire et de la vie, c'est à l'entrée du bois silencieux, obscur, inconnu où dort celle qui eut tant d'éclat et de renom, et en voyant ce que c'est que d'être véritablement aimé.

*

PROMENADE

Genève, fin de septembre 1832.

Cette vesprée même, lendemain du jour de mes dévotions aux morts de Coppet, fatigué des bords du lac, je suis allé chercher, toujours avec Mme Récamier, des promenades moins fréquentées. Nous avons découvert, en aval du Rhône, une gorge resserrée où le fleuve coule bouillonnant au-dessus de plusieurs moulins, entre des falaises rocheuses coupées de prairies. Une de ces prairies s'étend au pied d'une colline, sur laquelle, parmi un bouquet d'arbres, est plantée une maison.

Nous avons remonté et descendu plusieurs fois en causant cette bande étroite de gazon, qui sépare le fleuve bruyant du silencieux coteau . combien est-il de personnes que l'on puisse ennuyer de ce que l'on a été, et mener avec soi en arrière sur la trace de ses jours ? Une des grandes séductions de Mme Récamier, c'est de s'associer à votre existence, d'entrer dans vos idées, de s'intéresser à ce qui vous touche. Nous avons donc parlé de ces temps, toujours pénibles et toujours regrettés, où les passions font le bonheur et le martyre de la jeunesse : quelquefois le galérien dans ses songes croit baiser les lèvres de sa maîtresse et se sentir entouré de ses bras, et à son réveil il se trouve la bouche collée contre ses fers et le cou pressé par des chaînes. Maintenant j'écris cette page à minuit, tandis que tout repose autour de moi et qu'à travers ma fenêtre je vois briller quelques étoiles sur les Alpes.

Mme Récamier va nous quitter ; elle reviendra au printemps, et moi je vais passer l'hiver à avancer mes *Mémoires*, à évoquer mes heures évanouies, à les faire comparaître une à une au tribunal de ma raison ; je ne sais si je serai bien impartial et si le juge n'aura pas trop d'indulgence pour le coupable. Je passerai l'été prochain dans la patrie de Jean-

Jacques ; Dieu veuille que je ne gagne pas la maladie du rêveur ! Et puis quand l'automne sera revenu (l'automne ne manque pas de revenir, mais le printemps ?) nous irons en italie : *Italiam ! Italiam !* c'est mon éternel refrain [1].

Comment ne pas se demander, comme c'est souvent le cas à la lecture des *Mémoires d'outre-tombe*, qui, de l'homme ou de l'écriture, ennoblit l'autre ?

Les premières lectures des Mémoires *à l'Abbaye*

Au bord du lac de Genève, en ces jours d'été finissant, Chateaubriand opère une prise de conscience importante : il décide de consacrer à Juliette un livre de ses souvenirs – malgré la réticence de l'intéressée à être ainsi mise en avant – et aussi il ressent puissamment l'urgence d'avancer et de terminer au plus vite l'œuvre entreprise en 1803, au lendemain de la mort de Mme de Beaumont, et dont la construction et la mise en forme, pour avoir suivi les tribulations de l'écrivain, demandaient à être revues. Si Chateaubriand pensait constamment à ses *Mémoires*, il n'y travaillait que par saccades : il entre désormais dans une période décisive de son existence et focalise toutes ses énergies autour d'eux. La présence à ses côtés de Juliette, leur commun et premier voyage, leurs conversations et les moments intenses dans lesquels ils ont communié furent, sans aucun doute, pour René, une incitation majeure à se remettre à la tâche…

Il lui faut, dès que possible et sans perdre la face, regagner Paris. L'arrestation de la duchesse de Berry à Nantes puis sa détention à Blaye lui en donnent le prétexte.

Oubliant ses griefs contre la princesse, [nous dit Mme de Boigne], il se jeta dans une voiture de poste et accourut à Paris pour lui porter secours. Chemin faisant, il médita le texte d'une brochure qui parut incontinent après.

Un billet de Mme Récamier m'annonça son retour et le désir qu'il avait de me voir chez elle. J'y courus. Je les trouvai en tête à tête ; il lui lisait le manuscrit de la prochaine publication, originairement destinée à être imprimée à Lugano, mais qu'il avait arrangée pour la situation actuelle. Il continua à ma prière la lecture commencée.

Après une hymne très éloquente aux vertus maternelles de l'intrépide Marie-Caroline, lue avec émotion, il arriva à quelques phrases, admirablement bien écrites sur Mme la Dauphine ; sa voix s'entrecoupa et son visage s'inonda de larmes.

J'avais encore dans l'oreille les expressions de mangeuse de reliques d'Édimbourg et de danseuse de corde d'Italie, que si récemment je lui avais entendu appliquer à ces deux princesses, et je fus étrangement frappée de ce spectacle.

---

1. *M.O.T.*, 4ᵉ partie, livre deuxième, 21, 22, pp. 144-148.

Cependant, M. de Chateaubriand était sincère en ce moment aussi bien que dans l'autre ; mais il possède cette mobilité d'impression, dont il est convenu qu'en ce siècle se fabrique le génie [1].

Le 29 décembre 1832, paraissait la brochure en question, intitulée *Mémoire sur la captivité de la duchesse de Berry*. Le 26 février 1833, *Le Moniteur* annonçait le mariage secret de la princesse, toujours prisonnière bien que traitée avec tous les égards dus à son rang, ainsi que la déclaration de celle-ci. « Tout le monde lisait le mot de grossesse à la place de celui de mariage », commente Mme de Boigne… Catastrophe pour les légitimistes : leur princesse, veuve depuis 1820, était bel et bien enceinte ! Le comte de Lucchesi-Palli s'offrit pour époux et père supposé de l'enfant qui devait naître le 10 mai…

Chateaubriand fit bonne contenance : il fut chargé par la princesse d'une ambassade officieuse auprès du beau-père de celle-ci, Charles X, résidant alors à Prague. Il devait aller annoncer la chose et si possible opérer un rapprochement, qui, bien entendu, sera refusé. René a raconté en des pages somptueuses des *Mémoires* cette mission désespérée mais non sans grandeur : « Après avoir exploré des ruines mortes, j'étais appelé au spectacle de ruines vivantes… », constate-t-il. La montée au château de Hradschin, les retrouvailles avec son vieux roi, l'entrevue avec les enfants de France, la course à Carlsbad pour tenter de fléchir l'inflexible dauphine sont des morceaux d'anthologie… Parti le 14 mai, le noble vicomte était de retour le 5 juin.

Le 3 septembre, il repartait pour Venise et Ferrare, où la duchesse de Berry – renvoyée à Palerme par le gouvernement français – le mandait. Il voyageait dans une calèche ayant appartenu à Talleyrand, et lorsqu'il reprend la route, le serviteur désabusé des princes déchus ne peut s'empêcher d'égratigner en pensée, le brillant ambassadeur de Louis-Philippe à Londres, l'intelligent vieillard qui avait repris le collier et parachevait ainsi – en déterminant le sort de la Belgique – son œuvre de politique européenne :

> Or pendant que je pérégrinais derechef dans la calèche du prince de Bénévent, il mangeait à Londres au râtelier de son cinquième maître, en expectative de l'accident qui l'enverra peut-être dormir à Westminster parmi les saints, les rois et les sages ; sépulture justement acquise à sa religion, sa fidélité et ses vertus [2]…

La charité chrétienne n'avait jamais étouffé l'auteur du *Génie*, mais la détestation qu'il éprouvait à l'égard de Talleyrand relevait d'une allergie rédhibitoire… Chateaubriand a rarement laissé passer une occasion d'épingler le grand seigneur nonchalant, dont l'es-

---

1. *Mémoires*, *op. cit.*, IV. pp. 103-104.
2. *M.O.T.*, livre sixième, 3, p. 325.

prit et l'action supérieurs le hérissaient, lui étaient incompréhensibles : «Quand il ne conspire pas, M. de Talleyrand trafique», écrit-il d'une plume rageuse : c'est un peu court ! Mais le cadet breton abdique tout sang-froid devant le grand homme d'État. Dommage, en vérité, ils dominent, chacun à sa manière et sur son territoire, leur époque… En tout cas, la pensée politique de Chateaubriand ne gagna rien à cet aveuglement de type passionnel envers Talleyrand. Ce dernier n'eut qu'un mot négligent à propos de René, dont ne lui échappaient ni la perpétuelle agitation ni l'obsédante préoccupation de soi, et, partant, le manque d'envergure diplomatique, un mot qui résume tout : «Il se croit sourd depuis qu'il n'entend plus parler de lui ! »

De la cité des doges, dont il a la révélation tardive et qu'il saura chanter en des pages d'une rare puissance évocatrice, Chateaubriand n'oublie pas Juliette :

Venise, 15 septembre 1833.

J'ai reçu hier votre lettre du 5. Je vous en rends un million de grâces ; elle m'aurait encore fait plus de plaisir, si elle ne m'apprenait que vous souffrez. Je ne puis m'habituer à cette continuation de douleur pour un si petit accident. J'espère pourtant qu'à la date de ma lettre vous êtes guérie, et peut-être retournée dans votre bois[1].

Je vous ai écrit souvent ; et même assez longuement ; je vous ai dit que les notes que je prenais m'empêchaient d'entrer dans les détails. Je cours partout ; *je vais dans le monde* : qu'en dites-vous ? Je passe *des nuits dans* des cercles de dames : qu'en dites-vous ? Je veux tout voir, tout savoir. On me traite à merveille ; on me dit que je suis *tout jeune*, et l'on s'ébahit de mes mensonges sur mes cheveux gris. Jugez si je suis tout fier et si je crois à ces compliments ! L'amour-propre est si bête ! Mon secret est que je n'ai pas voulu garder ici ma sauvagerie, quand j'ai appris celle de lord Byron. Je n'ai pas voulu passer pour être la copie de l'homme dont je suis l'original. Je me suis refait *ambassadeur*.

J'ai pris Venise autrement que mes devanciers ; j'ai cherché des choses que les voyageurs, qui se copient tous les uns les autres, ne cherchent point. Personne, par exemple, ne parle du cimetière de Venise ; personne n'a remarqué les tombes des juifs au Lido ; personne n'est entré dans les habitudes des gondoliers, etc. Vous verrez tout cela.

Je suis toujours sans nouvelles ; j'en attends le 18 ou le 19. Arrive ce que pourra, j'ai fait mon devoir. La Saint-François me verra auprès de vous

Toujours des souvenirs à M. Ampère et le reste. Toujours à vous et à jamais.

Du surlendemain, il datera sa *Rêverie au Lido* : «Il n'est sorti de la mer qu'une aurore ébauchée et sans sourire… » Il médite devant

---

1. Mme Récamier qui passait l'été à Passy, cette année-là, souffrait d'une petite blessure à la jambe qui s'était envenimée. L'allusion au *bois* renvoie sans aucun doute au bois de Boulogne.

les flots, parmi les mouettes qui «marquetaient en troupe la plage mouillée», il médite sur le monde et sur lui-même, attendri par le poids des années :

> Que fais-je maintenant au steppe de l'Adriatique? Des folies de l'âge voisin du berceau : j'ai écrit un nom tout près du réseau d'écume, où la dernière onde vient mourir; les lames successives ont attaqué lentement le nom consolateur; ce n'est qu'au seizième déroulement qu'elles l'ont emporté lettre à lettre et comme à regret : je sentais qu'elles effaçaient ma vie[1].

Le nom consolateur... Qu'il a hâte, maintenant, de s'en remettre à lui... Il rentre à Paris le 6 octobre, après un inutile détour par la Bohême, une ultime rencontre avec Charles X, qui se clôt sur ces mots :
– Chateaubriand, où allez-vous à présent?
– Tout bêtement à Paris, sire.
– Non, non, pas bêtement...

*
* *

Chateaubriand se remet au travail : avant la fin de l'année, il aura rédigé sa grande *Préface testamentaire aux Mémoires* repris et amplifié le récit des années de jeunesse et commencé, à chaud, la longue relation de ses missions à Prague et à Venise. Juliette, toujours attentive à lui, et à l'avancement de son manuscrit, le convainc d'en donner lecture devant un public restreint, soigneusement choisi, afin d'y intéresser, directement ou indirectement, la presse et peut-être un éditeur, pour résoudre les difficultés financières de l'écrivain et, du même coup, protéger sa tranquillité. La manœuvre réussira parfaitement.

Ces premières lectures des *Mémoires* ont été racontées et analysées par un témoin privilégié : Sainte-Beuve. Le jeune critique, nous l'avons dit, était fasciné par Chateaubriand et, en même temps, il avait peur – sentiment très moderne et qui l'honore – de perdre son objectivité à entrer trop avant dans le cénacle de l'Abbaye-aux-Bois. Il avait, en vain, tenté de ne pas succomber au charme de Mme Récamier, du moins, l'avouera-t-il sur le tard. Lors des lectures commencées en février 1834, il est enthousiaste. Il leur consacre le premier de ses *Portrait contemporains* :

> C'était, comme on le sait, dans un salon réservé, à l'ombre d'une de ces hautes renommées de beauté auxquelles nul n'est insensible, puissance indéfinissable que le temps lui-même consacre et dont il fait une muse [...] Dans ce salon, qu'il faudrait peindre [...] on a donc lu les *Mémoires* du vivant le plus illustre, lui présent, *Mémoires* qui ne paraîtront au jour que lui disparu[2]...

---

1. *M.O.T.,* 4e partie, livre septième, p. 403.
2. Calmann-Lévy, Paris, 1876, I, p. 9.

Que lisaient exactement Ampère ou Lenormant devant la petite assemblée composée, en plus des hôtes, d'Adrien, du duc de Doudeauville, du duc de Noailles, de Ballanche, Sainte-Beuve, Edgar Quinet, Dubois, Lavergne, l'abbé Gerbert, de Mmes Tastu et Dupin ? Pour résumer, disons qu'en gros le manuscrit de 1834 s'organisait comme « un drame en trois actes représentant le drame du siècle », selon l'expression de M. Levaillant. Le projet de Chateaubriand était de peindre ses trois carrières : sa jeunesse, où il est soldat et voyageur, ses succès d'écrivain sous l'Empire et, sous la Restauration, ses activités d'homme d'État. En 1834, dix-huit livres sont écrits : les douze premiers concernant la jeunesse, les six autres racontant les voyages à Prague. Dans l'architecture vaste des *Mémoires* manquent encore le livre consacré au Congrès de Vérone, qui paraîtra à part, ainsi que la troisième partie comprenant deux époques : la fin des Cent-Jours et les deux Restaurations, jusqu'à juillet 1830. Au centre de cette masse : le livre sur Juliette.

Le retentissement des séances de l'Abbaye fut considérable : la renommée de l'auteur, le filtrage soigneusement opéré par Juliette, la fulgurance du texte alléchèrent Paris. La presse en parla : Jules Janin, qui n'y assista pas, en tira, on ne sait comment, un élogieux compte rendu… Chateaubriand ne pouvait qu'être encouragé à poursuivre son œuvre : en 1836, l'éditeur Delloye et son associé Sala décident de former une société en commandite pour exploiter la propriété des *Mémoires*. Voilà qui le tranquillisera, du moins le pense-t-on autour de lui…

C'est, en tout cas, un moment capital dans l'histoire de Juliette et de l'Abbaye, une manière d'apogée que tous s'accordent à reconnaître. Comme elle avait incarné, lors de sa brillante vie mondaine, sous le Consulat et au début de l'Empire, l'urbanité à la française, Juliette apparaît maintenant comme la puissance tutélaire capable de favoriser, de révéler et faire se révéler ce que les lettres de son époque et de son pays comptent de plus achevé.

CHAPITRE XII

ARRIÈRE-SAISON

*C'est vous qui m'avez dit : « Nous n'avons rien
dans le cœur que le tems ne révèle...*

ADRIEN DE MONTMORENCY.
à Juliette Récamier.

*Tout me quitte, excepté votre image qui me suit
partout...*

CHATEAUBRIAND.
à Juliette Récamier.

Oui, la Belle des Belles, la déesse du bon goût, la puissance tutélaire du talent, l'emblématique Récamier qui faisait accourir
l'Europe entière rue du Mont-Blanc, l'incomparable, l'éclatante
incarnation de la féminité... Il nous faut bien, maintenant, la suivre
sur le chemin tranquille de son automne.

Le croirait-on ? Les années qui doucement s'écoulent depuis les
premières lectures des *Mémoires* à l'Abbaye jusqu'à leur achèvement
en 1841, ces années qui glissent sur fond de sérénité politique et de
prospérité bourgeoise, apparaissent dans la vie de Juliette comme les
plus émouvantes parce que les plus heureuses : années d'accomplissement et d'apaisement fructueux, années de tendresse amoureuse et
de complicité avec René, d'harmonie familiale et mondaine...

En premier lieu, Juliette vieillit peu et bien, et c'est peut-être en
cela que nous mesurons le mieux son art de vivre. Sa nature nette
et judicieuse, son peu d'aptitude à être dupe – des autres, d'elle-
même – l'y prédisposent. Elle accepte la réalité au lieu de la combattre : en douceur, elle opère certains renoncements. Elle abandonne le blanc, son image de marque. Elle lui préfère, nouveau
symbole, le gris. Sainte Beuve rapporte la réponse qu'elle fait, à
cette époque, à une dame de ses amies qui ne l'ayant pas revue

depuis longtemps la complimentait sur son visage : « Ah ! ma chère amie, il n'y a plus d'illusion à se faire. Du jour où j'ai vu que les petits Savoyards dans la rue ne se retournaient plus, j'ai compris que tout était fini. »

D'un certain point de vue, c'était vrai. Mais que lui importait ? Sa beauté s'adoucissait, son rayonnement personnel s'infléchissait vers ce qui lui paraissait important : accueillir les autres, veiller au bonheur de son entourage, protéger la première de ses affections, René. Plus le temps passait, plus celui-ci requérait la présence et la tendresse de Juliette, son attentive écoute de lui-même et de son travail. Elles lui sont les garants indispensables à cette adhésion à soi-même qu'en vain il avait cherchée de par le monde et que, seule, Juliette savait lui donner.

Second facteur de plénitude pour Juliette : le comportement, précisément, de Chateaubriand. Si elle n'a pas métamorphosé la nature effervescente et hautement susceptible de celui-ci, elle a tempéré l'âpreté, l'égocentrisme, les hiatus intimes qui le rendaient souvent difficile à vivre pour ne pas dire odieux… Le petit sauvageon de Saint-Malo, qui s'était rêvé en gloire, qui semblait n'avoir d'autre religion que sa grandeur, qui coagulait autour de sa personne tout ce qui se présentait à lui : paysages, événements et personnages, atteignait enfin à l'équilibre de soi. Le miracle advenait et il le devait autant à Juliette qu'à l'atmosphère dont elle savait s'entourer, cette régularité ritualisée dans laquelle ils partageaient leurs heures… Bientôt septuagénaire, Chateaubriand était en mesure de réaliser le projet puissant vers lequel toutes ses pérégrinations, toutes ses aventures sentimentales, politiques l'avaient mené. Enfin, il accédait à une sorte d'état de grâce, de réconciliation intime, de disposition privilégiée qui rendaient possible l'écriture la plus magistrale, la mise en mots la plus élevée de son histoire replacée au cœur de l'histoire de son siècle. Parce que Juliette avait favorisé en lui la conjugaison profonde entre ce qu'il voulait être, ce qu'il était et ce qu'il voulait qu'on retienne de lui, le chef-d'œuvre de Chateaubriand s'accomplissait. Le chef-d'œuvre de Juliette étant, bien sûr, d'avoir permis qu'il s'accomplît.

Désormais, la passion muée en indéfectible complicité dicte à Juliette son attitude envers l'écrivain : sa liberté, sa patience, sa science de l'être, sa sérénité sont au service de René.

Sainte-Beuve l'a ainsi analysé :

> M. de Chateaubriand, dans les vingt dernières années, fut le grand centre de son monde, le grand intérêt de sa vie, celui auquel je ne dirai pas qu'elle sacrifiait tous les autres (elle ne sacrifiait personne qu'elle-même), mais auquel elle subordonnait tout. Il avait ses antipathies, ses aversions et même ses amertumes, que les *Mémoires d'outre-tombe* aujourd'hui déclarent assez. Elle tempérait et corrigeait tout cela. Comme elle était ingénieuse à le faire parler quand il se taisait, à supposer de lui des paroles aimables, bienveillantes pour les autres, qu'il lui avait dites sans doute tout à l'heure dans l'intimité,

mais qu'il ne répétait pas toujours devant des témoins ! Comme elle était coquette pour sa gloire ! Comme elle réussissait parfois aussi à le rendre réellement gai, aimable, tout à fait content, éloquent, toutes choses qu'il était si aisément dès qu'il le voulait ! Elle justifiait bien par sa douce influence auprès de lui le mot de Bernardin de Saint-Pierre : « Il y a dans la femme une gaieté légère qui dissipe la tristesse de l'homme. » Et ici à quelle tristesse elle avait affaire ! Tristesse que René avait apportée du ventre de sa mère et qui s'augmentait en vieillissant ! Jamais Mme de Maintenon ne s'ingénia à désennuyer Louis XIV autant que Mme Récamier pour M. de Chateaubriand. « J'ai toujours remarqué, disait Boileau en revenant de Versailles, que, quand la conversation ne roulait pas sur ses louanges, le roi s'ennuyait d'abord et était prêt ou à bâiller ou à s'en aller. » Tout grand poète vieillissant est un peu Louis XIV sur ce point. Elle avait chaque jour mille inventions gracieuses pour lui renouveler et rafraîchir la louange. Elle lui ralliait de toutes parts des amis, des admirateurs nouveaux. Elle nous avait tous enchaînés au pied de sa statue avec une chaîne d'or[1].

La vie de Chateaubriand était parfaitement disciplinée : il se levait à l'aube et, vêtu de sa robe de chambre et de son madras, tel que nous l'a dépeint Mme de Boigne, il se mettait à sa table. Il s'habillait puis, après dîner, quittait la rue d'Enfer, ponctuellement, et s'acheminait vers la rue de Sèvres. Il y arrivait à trois heures et s'enfermait en tête à tête avec Juliette, qui lui servait du thé. À quatre heures, les portes du salon s'ouvraient aux familiers et aux visiteurs de la maison, écrivains, poètes, critiques, historiens, politiciens plus rarement. Vers cinq heures, René s'en allait, soupait tôt et se couchait invariablement à neuf heures. Il arrivait qu'il s'attarde à l'Abbaye : Mme Ancelot, une petite personne vipérine, qui n'aimait guère le couple célèbre, mais le ménageait en raison des visées académiques de son époux, en est, un jour, le témoin :

> Un jour, il avait oublié qu'il était cinq heures et demie, moment où il se retirait de chez Mme Récamier. Cet oubli était d'autant plus facile, qu'un vase de fleurs remplaçait la pendule sur la cheminée du salon de l'Abbaye-aux-Bois. Mettant ainsi ce que la nature offre de plus gracieux à la place de ce qu'il y a de plus triste sur la terre, la preuve de la rapidité de ce temps qui est la vie, la maîtresse de la maison le faisait oublier, et il fallait avoir recours furtivement à sa montre pour se souvenir qu'il fuyait là comme partout. Un jour donc Chateaubriand ne se souvint qu'il était attendu par sa femme qu'à six heures, moment où l'on devait se mettre à table exactement.
> – Ô ciel ! s'écria-t-il, j'arriverai trop tard !
> Puis, s'arrêtant à la porte, avant de sortir, il ajouta en riant :
> – Moi, je n'ai jamais faim avant sept heures. Mais Mme de Chateaubriand a toujours envie de dîner à cinq ; alors nous avons décidé que nous nous mettrions à table à six heures précises ; comme

---

1. *Causeries du lundi*, t. I, Mme Récamier, pp. 126-127.

cela, nous sommes tous deux contrariés ; c'est ce qu'on appelle faire bon ménage !

Et il sortit en riant, bien sûr d'être grondé, nous dit Mme Récamier dès qu'il fut parti[1].

Il y a vraiment un monde entre la rue d'Enfer et la rue de Sèvres !

Ce qui frappe chez Juliette approchant la soixantaine, c'est que son génie de la sociabilité continue de se déployer avec une sûreté parfaite. Sans être le moins du monde un «bas-bleu» – elle a, Dieu merci, trop de finesse et de bon goût pour cela ! – elle maintient soudée autour d'elle une société qu'elle a élue, qui se renouvelle partiellement par cooptation, qui vit dans une cohésion intellectuelle authentique et à laquelle elle s'alimente sans pour autant se dissoudre en elle. Son cénacle, hérité en droite ligne de celui de Mme Geoffrin, est exemplaire d'un art de vivre à la française, d'une convivialité enrichissante, créatrice et qui sait éviter les écueils de la dévoration et du dessèchement si répandus à Paris. Aucun esprit dissolvant – et si vulgaire dans sa facilité – aucune virtuosité à bon compte, aucune discordance chez Juliette : au contraire, on y respire l'intelligence et l'harmonie. Le voilà, peut-être, son secret : cet accord subtil, permanent, entre soi et les autres, et que les autres entre eux finissent par éprouver. À partir de soi, saisir les nuances, les contradictions, les masques, les aspirations et les capacités des êtres… Et se servir de ces intuitions pour aider les autres à valoir plus et mieux… Comment ne pas évoquer l'admirable expression de Saint-John Perse, qu'elle eût aimée, probablement, et les hôtes de l'Abbaye avec elle : «La femme est riveraine, l'homme est sans rivage…»

Riveraine, elle l'est avec un rare bonheur : les attachements durables qu'elle suscite chez ses amis, à commencer par son entourage le prouvent assez. Qui y voyons-nous, maintenant ?

En premier lieu, les Lenormant, qui prospèrent et procréent. Ils ont suivi la carrière de leur ami Guizot : lorsque celui-ci a été nommé ministre de l'Intérieur, en 1830, il a appelé Charles auprès de lui pour en faire le chef de la division des Beaux-Arts, alors sous sa direction. Après la retraite du ministre, à l'automne 1832, Lenormant est entré à la Bibliothèque royale, comme conservateur du département des Imprimés, qu'il quittera pour le cabinet des Médailles où il officiera de longues années durant. De 1835 à 1844, il est de plus suppléant de Guizot dans sa chaire d'histoire moderne, à la Sorbonne : ce qui le mènera finalement au Collège de France.

S'ils ont une existence séparée de celle de leur tante, ils n'en demeurent pas moins vigilants, pour ne pas dire sourcilleux, envers elle. L'affection du «charmant ménage», comme les appelle Guizot,

---

1. Virginie Ancelot, *Les Salons de Paris*, Foyers éteints, Paris, 1858, pp. 193-194

se révèle à d'infimes détails possessive. Inutile de préciser que Juliette leur résiste avec douceur et fermeté. Force leur est de s'incliner et d'accepter ce que la personnalité de Mme Récamier a de volontaire et «d'aventureux», selon le mot même de Lenormant. Dans un écrit à usage privé, Charles Lenormant analyse un trait constant du caractère de Juliette, ce «goût passionné pour son indépendance personnelle, l'idée de *confondre son existence avec une autre*», comme elle disait, lui étant proprement insupportable[1]... Sa femme et lui auraient aimé lutter contre certaines influences néfastes – nous y reviendrons – à commencer par celle de Chateaubriand, ils auraient souhaité surveiller les visiteurs nouveaux de l'Abbaye, y imposer certaines de leurs catégories morales et intellectuelles qui, le temps passant, prenaient un tour étroit et conformiste. Parce qu'elle avait vécu de terribles moments de troubles, de rupture sociale et de guerre, parce qu'elle était née au siècle précédent, aussi, Juliette était infiniment plus souple et plus accueillante qu'eux. Ni ces nouveaux carcans rigoristes surgis de l'arrivée au pouvoir d'une certaine bourgeoisie, non plus que la manière d'ordre social qui se fait jour alors et préfigure le «victorianisme» de la seconde moitié du siècle n'impressionnaient Mme Récamier. Elle ne disait rien, mais n'en pensait pas moins. Et surtout elle agissait comme elle l'entendait.

Tout près de Juliette, plus docile : le trio domestique. Les trois chevaliers servants, si différents les uns des autres, mais rassemblés sous la même égide, entrecroisant leurs caractères, leurs préoccupations, leurs sollicitudes dans un même dévouement, dans un même intérêt : l'Abbaye. Le plus ancien, mais le plus agissant, Paul David, apparaissait maintenant comme un petit homme un peu brusque, perpétuellement affairé à régler les petites et grandes négociations pratiques de la maison, accomplissant avec zèle, comme au premier jour, toutes les corvées dont Juliette chaque matin le chargeait. Comme les deux autres, il ne vivait que par elle, n'existait qu'à travers ses commandements et les confidences dont elle les assortissait. Il apportait les nouvelles fraîches, transmettait les messages, acheminait les courriers, sonnait les domestiques, ramassait les pelotons ou les mouchoirs des dames, entendait tout, parlait peu et, de temps en temps, se rebiffait. Louis de Loménie racontera qu'un jour une auguste visiteuse allemande voulut lui faire signer un album qu'elle présentait à toutes les gloires de l'Abbaye. Paul s'y refusant, elle insista. Il finit par éclater : «Eh! madame, laissez-moi donc tranquille! Je vous dis que je ne suis pas un homme célèbre, moi[2]!»

Ballanche, lui, n'était pas si modeste. Il adorait Juliette, la comprenait, lui renvoyait d'elle l'image la plus réconfortante, épousait comme il l'avait toujours fait ses moindres désarrois, difficultés ou

---

1. Ms. B.N. N.A.F. 14089: « Sur les rapports de Mme Récamier avec les femmes auteurs. »

2. Ms. B.N. N.A.F. 14094.

petits malaises… Cela dit, Ballanche, le meilleur des confidents, savait ménager dans sa propre vie ses espaces privilégiés : ses recherches, ses correspondances, certaines de ses amitiés se déroulaient en marge de l'Abbaye. Il était notamment lié à la comtesse Charles d'Hautefeuille – à ne pas confondre avec sa belle-sœur, la comtesse Eugène d'Hautefeuille qui, installée à l'Abbaye peu avant la révolution de Juillet, y donnait des lectures – châtelaine de Saint-Vrain, près d'Arpajon, et dont le mari avait été présenté à Versailles en même temps que Chateaubriand. Il obtiendra de cette excellente amie, chez laquelle il séjourne fréquemment, ce que jamais il n'avait obtenu de Juliette : qu'elle écrive ! Sous le pseudonyme d'Anna-Marie, elle commettra un certain nombre d'ouvrages, dont un roman intitulé *L'Âme exilée* qui lui vaudra son surnom parmi ses amis.

Quant à Ampère, le plus jeune, le plus récent, le plus aimé peut-être du trio, depuis que ses ardeurs étaient calmées, il était devenu l'animateur du cénacle de Juliette : il savait se montrer gai original, enthousiaste, sa conversation brillante agissait sur elle, et aussi sur René : on peut dire que, d'une certaine manière, si Juliette a partagé avec Ballanche ses devoirs maternels envers Amélie, c'est avec Chateaubriand qu'elle a formé Jean-Jacques. À défaut d'être leur fils spirituel, il sera du moins le plus intelligent de leurs héritiers. D'où un certain conflit avec les Lenormant qui auront pour eux, en ce qui concerne Mme Récamier, leur bon droit, à défaut de l'exacte sensibilité requise pour maintenir le souvenir de son rayonnement au-delà d'elle…

L'Abbaye est particulièrement stable en ces années où tous écrivent : lorsqu'elle se transporte à l'hôtel d'Albion, de Dieppe, pendant tout l'été 1835, Ballanche médite une traduction de Virgile, Chateaubriand travaille à celle de Milton, cependant qu'il avance les *Mémoires*, Ampère entreprend un roman… Un nouveau fidèle les suit : le jeune duc de Noailles, propriétaire du superbe château de Maintenon et que font remarquer ses fréquentes interventions à la Chambre des pairs : il quittera la vie politique en 1848 et succédera à Chateaubriand à l'Académie française. Il n'est pas très avantagé par la nature, mais d'excellente compagnie. La duchesse de Dino, qui, dans le sillage de son oncle Talleyrand, avait pris des leçons d'esprit mais se trouvait dénuée de toute bonté, lui reconnaissait « du jugement, de la sûreté, du goût, de la droiture », néanmoins elle lui règle ainsi son compte, dans ses *Mémoires* :

> Toute cette famille est restée ce qu'elle était, il y a deux cents ans : les Noailles sont plus illustres qu'anciens, plus courtisans que serviteurs, plus serviteurs que favoris, plus intrigants qu'ambitieux, plus gens du monde que grands seigneurs, plus nobiliaires qu'aristocrates, et avant tout, et plus que tout, Noailles[1] !

---

1. *Chroniques*, II, p. 72.

Au demeurant, les Noailles se révéleront pour Juliette et René des amis sûrs et constants. Ils remplaceront auprès de Mme Récamier l'appui que lui apportait le clan Montmorency. Maintenon sera ouvert aux intimes de l'Abbaye qui, pouvant y travailler et s'y reposer à loisir, s'y plairont. Dans ses *Mémoires*, Chateaubriand a consacré quelques belles pages à l'historique demeure, en remerciement, peut-être, de l'accueil et des soins que ses hôtes ont su prodiguer à ses vieux jours et à ceux de Juliette...

Pour nous figurer la vie réglée du cénacle de Mme Récamier à cette époque, écoutons le témoignage d'un journaliste allemand, Edouard Gans, traduit en 1836, dans la *Revue de Paris* :

Au milieu de la rue de Sèvres s'élève une maison dont la construction élégante et rajeunie n'indique guère un couvent : c'est l'Abbaye-aux-Bois, ainsi nommée parce qu'autrefois elle se trouvait sans doute hors des murs de Paris. Le couvent est entré en transaction avec le monde : à côté des religieuses qui l'occupent se trouvent quelques personnes éloignées, il est vrai, du tumulte de la ville, mais qui n'ont cependant pas fermé leur porte à toutes les préoccupations du jour. C'est là qu'habite Mme Récamier.

Mme Récamier a été si longtemps à la tête de toutes les femmes qu'il est intéressant de la suivre dans sa retraite pour montrer sur quelle partie de la société son salon, modeste et inaperçu en dehors, exerce encore l'attraction. Que l'on se représente une femme de cinquante ans, qui a gardé non seulement les traces, mais l'essence même de tout ce qu'il y a d'éternel et d'impérissable dans la beauté, une femme qui, dans ses relations avec les hommes les plus distingués que le monde cite depuis trente ans, a acquis une fermeté de regard qui étonnerait, si cette fermeté n'était adoucie par un sentiment de bienveillance générale. Que l'on se représente, au milieu des hommes les plus marquants de son pays et des étrangers qui obtiennent la faveur de lui être présentés, cette femme qui, dans le cercle ordinaire de sa vie, embrasse en quelque sorte le monde entier et l'on comprendra quel intérêt on doit éprouver à la voir ainsi chez elle.

Mme Récamier reçoit ordinairement vers quatre heures de l'après-midi. On la trouve presque toujours occupée de quelque broderie ou de quelque ouvrage de femme. Son salon ne pourrait renfermer plus de trente personnes, et il ne se trouve au grand complet que dans des soirées priées, à peu près deux fois par mois. Elle possède au plus haut degré le don si rare d'écouter et de recueillir ce qui se dit autour d'elle, de s'emparer des opinions contradictoires qu'elle entend discuter, et de s'enrichir de toutes les idées neuves et élevées qui se répandent dans son salon. Par exemple, voici qu'une polémique s'engage sur la peine de mort : un juriste, persuadé de la nécessité de la maintenir, demande qu'avant de la supprimer on supprime le crime ; une autre personne se lève pour combattre cette dure philosophie ; un autre homme, animé d'un sentiment chrétien déclare que la société n'a pas le droit d'user de la peine de mort. Les deux adversaires soutiennent avec vivacité leurs opinions et s'attaquent avec leurs arguments ; mais, comme des hommes de tact et d'esprit, ils se touchent sans se froisser. Tout en continuant à travailler, Mme Récamier a écouté cette discussion, mais sans prononcer un mot. Seulement, chaque fois que l'un des deux adversaires a paru remporter la victoire, elle a jeté sur lui un regard de bienveillance et l'a aidé à trouver une pensée heureuse, une issue favorable. La discussion finie, elle sait donner à chacun un mot d'éloge pour l'art et la fermeté avec lesquels il a combattu ; souvent alors elle résume tout ce qui a été dit, et juge elle-même la difficulté, car il ne faudrait pas lui attribuer une froide passivité : souvent, par une observation fine, mais dénuée d'ambition, elle ramène la conversation à son véritable point de vue. À l'aide de quelques mots piquants, mais qui ne pourraient jamais blesser personne, elle ranime encore des sujets épuisés, et l'art avec lequel elle passe d'une question à l'autre est une sauvegarde contre tous ceux qui voudraient avec leur thème de prédilection se poser comme type inamovible. Jamais chez elle l'esprit n'efface la grâce dont elle est douée : jamais non plus l'esprit ne disparaît sous ces manières aimables que le monde réclame. Tout cela qui est naturel, tout cela lui donne un charme indéfinissable que l'on ne rencontrerait pas ailleurs.

Mais quel est cet homme assis à l'écart sur le canapé, au-dessous du tableau de « Corinne » ? Il a déjà passé, il est vrai, la fleur de l'âge ; mais il est aussi fort, aussi vigoureux que tous ceux qui se trouvent ici. Ses cheveux gris n'indiquent aucune décadence et dans son regard ardent brille le feu de la jeunesse. Quelquefois il ne mêle pas un mot à cette conversation qui bourdonne autour de lui, et, n'était le mouvement de ses yeux, les étrangers qui le voient pour la première fois le prendraient pour un solitaire muet ou pour un esprit qui écoute. Mais si parfois la conversation vient à tomber sur la Bretagne, sur l'ancien état de la France ou sur les choses qui se préparent, voilà que cet homme jusque-là silencieux se lève et tous les autres se taisent, comme par instinct. Cet homme qui tout à coup s'empare ainsi de la parole, c'est Chateaubriand. Beaucoup d'écrivains français en sont encore à chercher leur place et flottent entre l'oubli et l'apothéose, dans cette sphère indécise que l'on pourrait appeler le purgatoire littéraire. Lui, au contraire, s'est élevé au-dessus de toute incertitude. Comme Voltaire, Rousseau, Diderot, il est placé hors de la catégorie de ceux qui sont encore à juger, il a eu le rare bonheur d'être, de son vivant, mis à côté des grands hommes qui ne sont plus. Il n'est pas ici question d'examiner à propos de sa réputation d'écrivain sa vie d'homme politique ; la fidélité et la constance doivent être honorées comme de grandes qualités, et si, dans toutes les circonstances, l'amour de la liberté, pareil à un soleil ardent, vient se joindre à ces qualités, quel est l'adversaire opiniâtre qui ne se plaise à le vénérer ?

De qui parle Chateaubriand ? D'un homme illustre qui est mort, de Benjamin Constant. Écoutez comme il le loue, comme il le place, pour la finesse d'esprit, à côté de Voltaire ; comme il attaque l'Académie, qui lui a préféré le grand Viennet, l'auteur de l'*Épître aux chiffonniers* ! Dès ce moment, Chateaubriand reste souverain maître de la parole ; bientôt il en vient aux événements de notre époque. On parle des lois sur la presse, et il faudrait voir cet homme dont toute la vie a été un hommage rendu à la liberté de la presse, comme il est éloquent quand il agite cette question, comme il s'écrie en marchant à travers le salon : « *E pure si muove* ! » Puis soudain il s'arrête et le voilà de nouveau silencieux, les regards fixés sur sa petite canne. On se retourne pour le voir, mais il a disparu. À cinq heures, il s'en va sans rien dire.

Cet autre homme, assis sur un fauteuil près de Chateaubriand, et qui le plus souvent ouvre à peine la bouche pour répondre à une question, ou ne répond que par quelques phrases décousues, est un grand théosophe de l'histoire. Si l'on vante encore le mérite du style, il est du petit nombre de ceux que l'on nomme. C'est Ballanche. Plus jeune que Chateaubriand, il a cependant l'air plus âgé; mais il possède toutes les manières aimables et la nature d'un Français de l'Ancien Régime. Il est bon et obligeant, dévoué à ceux qu'il aime et ne passe, s'il le peut, pas un jour sans les voir. Il y a dans sa manière d'envisager l'histoire des points de vue profonds, mais qui n'appartiennent qu'à lui et s'éloignent de toute autre philosophie. Des récits idylliques à la manière de Gessner, des images nuageuses comme on en trouve dans Ossian composent le fond des tableaux sur lesquels il pose ses formules pour l'Orient et pour l'Occident. Quelquefois, comme dans Platon, d'un de ses prologues surgit une idée profonde; puis il se recueille, et retourne de nouveau à ses légères intonations. Quelquefois, comme Hegel, il explique sa pensée précise, mais il est plus abstrait, et se jette plus avant dans son monde de formules. Aussi la jeunesse de France commence-t-elle seulement et peu à peu à le comprendre. D'abord, il n'était connu que de quelques initiés, mais il sera bientôt un écrivain national et ses œuvres ouvriront à l'intelligence le domaine des graves pensées. Ballanche ne manie pas les armes légères de la conversation comme les splendeurs de l'Histoire. Rarement attire-t-il sur lui l'attention par une remarque caustique, par un mot jeté à propos. Il est le plus souvent dans le monde comme un homme occupé à faire sa moisson de tout ce que l'on dit et à distinguer les riches épis qui lui sont présentés. Mais l'histoire du temps passé nous apparaît sur ses lèvres comme un breuvage magique dans un vase d'or.

Voici venir un autre personnage très grand et qui a l'air d'un officier de cavalerie. Celui-ci n'attend pas, comme Chateaubriand et Ballanche, l'occasion de parler. Elle est là parce qu'il est là! Il parle de la décadence du théâtre actuel, et, en parlant de «Robert Macaire», il arrive à la peinture de notre époque. Il pense que la France, pour tenir sa place dans l'histoire du monde, a besoin avant tout d'une philosophie. Mais il ne faudrait pas prendre pour philosophie l'éclectisme de M. Victor Cousin, puisque lui-même l'a brisé comme un marchepied, après s'en être servi pour arriver à la chambre des pairs. M. Lerminier ne reste pas longtemps sur le même terrain. Il passe de la philosophie à la politique et s'occupe avec le même abandon et la même facilité des lois sur la presse et du vote de la majorité. C'est un antagoniste redoutable, car il a de la présence d'esprit et l'élocution abondante. Il lance ses axiomes, les fait agir, et les maîtrise quand il lui plaît. S'il devenait jamais député, et il songe à le devenir, il pourrait produire une grande impression. S'il joignait à sa faculté d'abstraction la connaissance des détails, à sa voix de tonnerre la persuasion douce, nous verrions peut-être apparaître en lui un émule de Mirabeau, auquel il ne manquerait que les couleurs de l'ancien temps, les malheurs d'une vie orageuse, et les aventures étranges.

En face de lui est un jeune homme d'une figure pâle et un peu maladive. On lui montre une douce déférence et beaucoup d'attention. Il parle de l'Angleterre et de l'Amérique comme un homme qui a cherché à les étudier. Il a dans les manières une grâce et une politesse à laquelle la génération française actuelle semble attacher moins de prix que la génération précédente. «Quel est ce jeune homme?» demandai-je à la

MADAME RÉCAMIER

personne qui m'accompagnait, car il m'avait frappé. «C'est M. de Tocqueville, me répondit-on; c'est lui qui vient de publier un livre fort remarquable sur la démocratie dans les États-Unis.» Ce livre a eu une singulière destinée : il a plu à tous les partis. Les libéraux, les carlistes le prônent, et le Juste Milieu ne le blâme pas. Mais comme peu de Français possèdent un esprit d'observation aussi fin que ce jeune homme, peu de contemporains ont eu à se réjouir du même succès. Il est recherché et aimé : tous les salons veulent l'avoir. Il descend d'une ancienne famille, mais il est animé d'un grand amour de la liberté. Il appartient à la noblesse par sa naissance, à la liberté par le mouvement de son esprit. Son compagnon de voyage, M. de Beaumont, est l'auteur de *Marie ou l'esclavage aux États-Unis.*

La porte s'ouvre, et je vois entrer l'un des plus longs hommes que j'aie jamais rencontré. Il souffre des yeux et une personne qui se trouvait là va lui chercher une place où il soit à l'abri de la lumière. C'est M. Valery, l'auteur d'un bon manuel du voyageur en Italie. Il raconta des histoires plaisantes, parla avec esprit de plusieurs choses et me parut être un des hôtes habituels de la maison.

Celui qui arriva le plus tard était un jeune homme dont le regard indiquait un poète philosophe. Toutes ses paroles s'élevaient au-dessus du point de vue ordinaire adopté dans le monde. Ses assertions étaient hasardées, mais elles avaient une certaine substance, et son romantisme d'idées annonçait une parenté avec l'Allemagne. Il avait en effet étudié nos livres et s'était assez longtemps nourri à Heidelberg de l'esprit allemand. Je le saluai avec joie, et nous parlâmes ensemble de Thibaut, Daub, Creuser. Ce jeune homme était Edgar Quinet. C'est une âme richement douée et pleine de pensées flottantes qui cherchent encore la manière de se poser. Il débuta dans le monde par une traduction des *Idées de Herder*, puis il publia *Ahasvérus*, et il arrivait à présent avec un *Poème de Napoléon*. Nous nous entretînmes de son héros qui m'apparaît, à moi, comme le principe créateur du monde moderne; et comme tout ramène sans cesse les Français au tableau de l'époque actuelle, nous parlâmes des choses d'actualité. Quinet avait là-dessus une pensée originale. Tous les ballottements de sa nation, les secousses qu'elle a subies, l'inquiétude où elle se trouve proviennent, selon lui, de l'invasion des troupes étrangères qui a produit dans tous les esprits un déchirement auquel on n'a pas encore remédié.

Mais dans le salon de Mme Récamier ne vient-il point des dames? Mlle Clarke y apparaît quelquefois. C'est une Anglaise qui, depuis plusieurs années, demeure avec sa mère à Paris. Elle parle français avec une telle facilité qu'on la prendrait très bien pour une Française. Elle habite aussi l'Abbaye-aux-Bois. Autour d'elle se rassemble quelquefois une partie de la société qui compose le cercle de Mme Récamier et de plus une société intime qui, par son caractère d'esprit et d'érudition, mériterait une description particulière.

Voulez-vous voir M. Sainte-Beuve, M. le président Pasquier qui porte sur son visage les soucis du procès d'avril et du procès Fieschi; M. Fauriel, qu'une dame appelle «le plus Allemand des Français»; M. Guisard, M. de Kergolay, les deux MM. Ampère, tous deux professeurs et tous deux célèbres; M. de Tourgueneff, à qui la Russie permet quelquefois de venir à Paris pour voir son frère exilé; tâchez de vous faire présenter chez Mme Récamier. Un peu avant six heures, tout le monde s'en va; mais l'aspect de cette société, le charme qui l'environne, l'impression qu'elle produit, vous donne un nouveau courage, une nouvelle force d'action et, si une fois vous avez pris place au milieu de ce cercle attrayant, il vous sera difficile de vous en arracher.

Au début de 1836, peu après la sortie de *Jocelyn*, Lamartine vient à l'Abbaye se faire complimenter sur son ouvrage. Sainte-Beuve était présent : nous lui devons cette note mémorable et le souvenir du mot de Chateaubriand qui fera fortune :

> L'autre jour, j'étais chez Mme Récamier; il n'y avait qu'elle et Chateaubriand. On annonça Lamartine; *Jocelyn* venait de paraître, on ne parlait que de cela. Mme Récamier, avec son empressement habituel, le mit là-dessus dès le premier mot : «Je vous lis, monsieur, nous vous lisons, nous vous devons bien des plaisirs; M. de Chateaubriand surtout est bien charmé...» Chateaubriand ainsi provoqué en témoignage ne disait mot; il avait pris son foulard selon son habitude et le tenait entre ses dents, comme quand il est décidé à ne pas parler (il mord alors son foulard et le tire de temps en temps avec la main, en le retenant avec les dents, ce que ses anciens amis appellent sonner la cloche). Il sonnait donc de la cloche sans rien dire, et Mme Récamier se prodiguait d'autant plus pour couvrir son silence : «On vous a fait, monsieur disait-elle à Lamartine, des critiques bien peu fondées sur le mariage des prêtres et sur le style... qui est si pur, si charmant!» Lamartine, dès l'abord, était entré sans façon dans cet éloge de lui-même; au premier compliment de Mme Récamier, il l'avait interrompue en lui demandant *à quelle lecture elle en était.* «Mais, à la première! – C'est, reprit-il, qu'*on ne goûte bien le livre qu'à la seconde.* – Mais, dès cette première fois même, répondit-elle, je n'ai pas de peine à comprendre combien il y a de beautés qui doivent gagner sans doute à être relues.» Quand elle eut prononcé le mot de style et dit quelque chose des critiques injustes qu'on avait faites à l'auteur sur ce point, Lamartine s'écria : «Le style! c'est précisément ce que j'ai soigné le plus, c'est fait *à la loupe*!» Après un certain temps de conversation sur ce ton, elle louant et lui l'y aidant avec cette fatuité naïve, il sortit : elle l'accompagna jusque dans le second salon pour lui redoubler encore ses compliments; mais la portière de la chambre était à peine retombée que Chateaubriand, qui jusque-là n'avait pas desserré les dents (quoique deux ou trois fois Mme Récamier se fût appuyée de son témoignage dans les éloges) éclata tout d'un coup et s'écria, comme s'il eût été seul : «Le grand dadais!» J'y étais et je l'ai entendu[1].

Si les échos du monde extérieur lui parviennent un peu atténués, l'Abbaye n'en est pas totalement coupée pour autant : l'attentat de Fieschi contre le roi interrompt le séjour de Chateaubriand et de Ballanche à Dieppe, l'été 1835. Ballanche décrit à Juliette le terrible convoi des victimes, les quatorze corbillards, «en premier lieu celui de la jeune fille, en dernier, celui du maréchal Mortier»,

---

1. *Chateaubriand et son groupe littéraire sous l'Empire*, t. II, pp. 389-390.

qu'accompagnent les Parisiens en grand émoi. Nul n'est indifférent au *Te Deum*, célébré le lendemain, où, pour la première fois, le souverain fait « acte public de religion »… Lorsqu'une année plus tard Armand Carrel, le brillant journaliste du *National*, est tué par Émile de Girardin, directeur de *La Presse* dans le malheureux duel qui les oppose au bois de Vincennes, l'Abbaye partage l'émotion d'Ampère et de Chateaubriand. Et lorsqu'à l'automne de cette même année Juliette apprend le complot de Strasbourg, complot avorté mais qui mène son instigateur, le prince Napoléon, en prison, elle se désole en pensant à son amie Hortense qu'elle va voir lorsqu'elle la sait de passage à Viry, chez Mme Marmont : ce sera leur dernière rencontre.

Une des préoccupations constantes depuis qu'elle le connaissait était, pour Juliette, l'instabilité quasi pathologique de René : depuis que son énergie est tout entière axée sur l'avancement de ses travaux littéraires, depuis l'arrangement pris avec ses éditeurs et qui le garantit financièrement pour longtemps, Chateaubriand est plus raisonnable, plus casanier : il envisage sans déplaisir de finir ses jours en France, alors que pendant des années, avec une totale ou demi-sincérité, il projetait d'aller vivre, avec Juliette, dans cette Italie dont il rêvait encore… Bientôt, à l'été 1838, il abandonnera la rue d'Enfer pour s'installer définitivement au rez-de-chaussée du 112 de la rue du Bac – le n° 120 actuel contigu aux Missions étrangères –, ce qui le réjouit, car il n'est plus qu'à dix minutes à pied de la rue de Sèvres.

Et la vie continue, ponctuée de séjours hors Paris, à la belle saison (Dieppe, Passy, Maintenon, mais aussi parfois, La Chapelle-Saint-Éloi, dans l'Eure, le petit domaine acquis par les Lenormant) et l'hiver, de réunions et de lectures autour de la cheminée de Juliette. Vie douce, vie qui unit les jours aux jours, les heures aux heures, rendant sensibles au cœur et à l'esprit le temps qui s'écoule et, surtout, l'amour dont il est tissu.

Decrescendo…

Juliette, cependant, traverse une période critique, dont tous suivent avec attention l'évolution. En janvier 1836, Ballanche écrit à Mme d'Hautefeuille : « Mad. Récamier a été fort souffrante ; elle a même donné quelque inquiétude… »

Nous apprenons qu'elle a perdu le sommeil et qu'elle a été saignée « cinq grosses fois en moins de deux semaines ». Son état s'améliore durant l'été, mais à l'automne elle rechute : l'arrivée intempestive de Mme Salvage à l'Abbaye, avec laquelle Juliette doit, quelques jours, partager son appartement, la fatigue. À l'entrée de l'hiver, Juliette perd la voix et tousse continûment : son médecin, le docteur Récamier, se prononce pour un malaise d'origine nerveuse.

En février 1837, une épidémie de grippe frappe la capitale : « La moitié de Paris est malade », écrit Ballanche à son amie. Juliette a été prise : « Il a fallu agir comme pour une fluxion de poitrine. En vingt-quatre heures, elle a été saignée trois fois. » Sa convalescence commence bientôt : Juliette ne peut plus parler et, entre deux verres de lait d'ânesse, elle s'adresse à son entourage au moyen d'une petite ardoise gainée de cuir sur laquelle elle écrit ce qu'elle ne peut dire ou faire comprendre...

Juliette ne peut s'éloigner de Paris : elle aurait sans doute aimé revoir Adrien, qui s'était retiré dans son château de Montigny, en Eure-et-Loir, qu'il agrémentait avec passion : il appelait cela, avec humour, sa Restauration. La petite colonie s'était déplacée, l'année précédente, pour admirer la ravissante installation de l'ancien ambassadeur, sa terrasse ornée de citronniers et d'orangers à tête ronde dont il était particulièrement orgueilleux... Mais, hélas ! Adrien n'allait pas bien. Le 16 mai, la duchesse de Dino note dans ses papiers qu'on a dû le saigner une seconde fois et « que les médecins disent que son état est grave ». Le 7 juin, la nouvelle de sa mort surprend tous ses amis. Ballanche écrit à Saint-Vrain · « Mme Récamier, qui commençait à aller un peu mieux, a été profondément affligée et en a reçu une forte secousse[1]. »

Terrible deuil, en effet : Adrien était non seulement le compagnon le plus ancien, le plus intime, le plus assidu de Juliette, mais il était, plus que Mathieu encore, partie intégrante d'elle. Dans l'une des dernières lettres qu'il lui avait adressée, Adrien le lui rappelait ainsi : « [...] vous qui avez connu toutes les affections, toutes les misères, toutes les playes, les faiblesses et les secrets de mon cœur[2]... »

Adrien qui, plus que tout autre, à l'exclusion peut-être de Mme de Boigne, avait compris Juliette, avait épousé ses confidences, heureuses ou malheureuses, partagé ses fêtes, ses mélancolies, ses difficultés, qui l'avait soutenue dans son exil, qui l'avait accueillie à Rome, avec faste, mais aussi avec la plus tendre, la plus fraternelle des proximités... Adrien, qui possédait « l'âme femme », la grâce, le don d'exprimer à mi-mots ce qu'il percevait pleinement et plus rapidement qu'un autre, Adrien, le soupirant des premiers jours, l'incarnation de la plus ancienne et la plus aimable des chevaleries... Adrien, l'ami parfait, qui jamais, dans aucune circonstance, à aucune époque de leur vie, de leur amitié commune, ne s'était démenti... Une fois encore, dans son chagrin, Juliette, comme elle l'avait formulé devant la tombe de Mme de Staël, pouvait mesurer combien il était cruel de survivre à ses amis... Amélie n'avait pas tort d'écrire à Ballanche, après cette épreuve : « Nous avons eu les temps monarchiques, les temps révolutionnaires, les temps difficiles, nous entrons dans les temps impossibles. » Métaphore politique qui pouvait s'appliquer, désormais, à la vie affective de Mme Récamier...

---

1. Alfred Marquiset, *Ballanche et Mme d'Hautefeuille*, lettres inédites, Paris, 1912, p. 88.
2. Ms. B.N. N.A.F 14072.

À l'automne, ses troubles nerveux persistant, Juliette se décide, sous la pression de son entourage, à quitter temporairement l'Abbaye. Elle accepte de passer l'hiver dans un appartement mieux chauffé, celui que le chancelier Pasquier lui offre dans son hôtel de la rue d'Anjou, lui-même choisissant alors d'aller s'établir au palais du Luxembourg comme sa fonction de président de la Chambre des pairs l'y autorise. Pour quelques mois donc, l'Abbaye passe la Seine et se transporte au cœur du faubourg Saint-Honoré : Juliette s'en trouvera infiniment mieux.

Lorsqu'elle réintègre son salon, au printemps suivant, ce qui passionne Paris, ce sont évidemment, après ses éblouissants adieux publics, devant l'Académie des sciences morales et politiques, les adieux au monde du prince de Talleyrand. Mme de Boigne, toujours excellemment informée, tient Juliette au courant : le problème étant de savoir si l'ex-évêque d'Autun mourrait chrétiennement ou non. Le 17 mai, c'est chose faite. Grâce à l'action conjuguée de Mme de Dino, devenue récemment duchesse de Talleyrand, de sa fille Pauline et de l'abbé Dupanloup, les formes, sinon l'esprit, de la religion ont été respectées.

Juliette se trouve suffisamment remise pour aller le 21 mai à l'Opéra-Comique en compagnie d'Ampère. Le 3 septembre suivant, elle assistera à l'une des répétitions de Benvenuto Cellini, de Berlioz, monté à l'Opéra de Paris, et qui la déçoit quelque peu : elle avoue avoir été mal placée et, comme le public nombreux, être restée passablement froide.

Au début de l'été, cependant que Chateaubriand, qui travaille assidûment, éprouve le besoin de voyager – il parcourra le Midi – Juliette va s'établir chez son amie Mme de Boigne, à Châtenay. Les lettres de René sont tendres et charmantes :

> [...] Je n'ai plus qu'un sentiment et qu'une joie, achever ma vie auprès de vous. Je meurs de joie de nos arrangements futurs et de n'être plus qu'à dix minutes de votre porte ; habitant du passé dans mes souvenirs, du présent et de l'avenir avec vous, je suis déterminé à faire du bonheur de tout, même de vos injustices. Il y aura un grand charme à m'en aller protégé par vos regards, vos paroles et votre attachement. Et puis Dieu, le ciel et vous par-delà la vie...
> [...] Il faut vous revenir : femmes, hommes, ciel, palmiers, tout ce que j'ai vu ne vaut pas un moment passé dans votre douce présence. Il n'y a de joie pour moi que là.

Et ceci, daté de Lyon :

> [...] Je ne lie bien votre souvenir qu'à un beau ciel et à de grandes choses ; mais le moyen de passer dans la ville où vous êtes née, sans vous rappeler la colline que je vois et où vous avez passé l'âge de la petite fille ? Que vous deviez être belle ! Je vous reviens le cœur plein de vous et je vous rapporte des idées nouvelles toutes empreintes de votre souvenir[1].

---

1. Copies Levaillant, p. 534.

Croirait-on ces mots, leur souplesse et leur vitalité, d'un homme qui atteint soixante-dix ans?... Comme Juliette a raison de s'écrier, alors qu'on lui parle de ses *jeunes* amis : «Mais M. de Chateaubriand est le plus jeune d'entre eux!»

Selon Amélie, qui tient Ampère informé des nouvelles de l'Abbaye – il est parti en septembre pour un périple toscan et lombard sur les traces de Dante – la saison d'hiver est, cette année-là, ingrate, pluvieuse et froide. Mme Récamier la supporte d'une «façon miraculeuse». Elle reçoit, le soir, deux jours par semaine, le jeudi et le dimanche et, ce qui la ravit, une série de lectures des *Mémoires* commence chez elle en novembre, le dimanche matin. L'impression que produisent sur l'Abbaye les pages écrites depuis quatre ans est puissante : Ballanche l'avoue à Mme d'Hautefeuille, ils sont tous «bouleversés»... Dans quelques mois, la pudique Juliette, un peu troublée de ce qu'un livre entier lui soit consacré, demandera à la correspondante de Ballanche «ses impressions» : accepterait-elle de faire «une lecture impartiale» du manuscrit que Chateaubriand lui a remis?

Juliette ne bougera pas de Paris, en cette année 1839 : elle est très entourée. Une charmante poétesse la visite souvent et s'attache à elle : Marceline Desbordes-Valmore. En d'autres temps, Juliette, avec Mathieu, s'était souciée d'aider financièrement cette femme malmenée par la vie errante et difficile qui avait été la sienne : des amours malheureuses – dont une passion pour Henri de Latouche – des deuils cruels avaient fécondé son talent poétique, sa plume tendre, naturelle, élégiaque... Il est bien regrettable que Marceline Desbordes-Valmore, femme délicate et sacrifiée, ne figure pas encore à la place qui devrait être la sienne au panthéon romantique. Avec moins de sûreté de soi, mais plus d'authenticité, elle s'apparente au Lamartine des débuts, le meilleur peut-être... Quoi qu'il en soit, cette âme douloureuse aimait Juliette, à sa manière, avec fidélité et discrétion. Elle savait lui reconnaître cette vertu peu fréquente : la mansuétude.

Durant le second hiver de ce qu'il faut bien appeler un decrescendo physique, léger encore mais déplaisant, Juliette dissimule sa fatigue du mieux qu'elle peut. Le petit cénacle ne s'ouvre que pour quelques lectures : de nouvelles pages de Chateaubriand et du *Port-Royal* de Sainte-Beuve. Le printemps revenu, Juliette n'est pas guérie. Son entourage et ses médecins sont impératifs : il lui faut du repos et de la solitude. Avec déchirement, elle se résigne à partir, seule, pour les eaux d'Ems.

Pauvre Juliette! Comme on la sent triste, dolente, «exilée» comme elle l'écrit à Paul David, dans cette brillante station thermale où elle va devoir passer deux mois... L'été 1840 amène, on ne sait pourquoi, «une nuée de Russes» à Ems, dont les bruyantes réjouissances déplaisent à Juliette : elle verra essentiellement deux personnes que signale l'une et l'autre leur vive intelligence. La première est une grande dame lombarde, la princesse Belgiojoso, qui n'a

qu'une trentaine d'années mais que ses opinions libérales et son rôle
souterrain en faveur des sociétés secrètes luttant contre l'occupation
autrichienne de l'Italie du Nord ont rendue suspecte aux autorités
milanaises. La seconde amitié développée par Juliette pendant son
séjour à Ems n'est pas nouvelle : il s'agit d'Astolphe de Custine, le
fils de Delphine, cette dame de Fervacques qu'en d'autres temps
Chateaubriand a aimée, le neveu d'Elzéar de Sabran, qui, on s'en
souvient, charmait de ses romances et la rue du Mont-Blanc et
Coppet... Cet esthète, qui ressentait une sincère admiration pour
Juliette et une fascination filiale non dénuée d'ambiguïté pour René,
était un extraordinaire voyageur, bien différent de Chateaubriand.
Custine ne se cherchait pas lui-même à travers ce qu'il découvrait :
passionnément, minutieusement, il scrutait, explorait, demandait à
voir et à comprendre. Ses *Lettres de Russie* datées de 1839 – et
publiées en 1843 – demeurent un classique du reportage sur le vif.
La profondeur de la description et la sûreté du démontage des méca-
nismes sociaux et culturels sont telles que l'enseignement du livre
reste aujourd'hui parfaitement actuel... La cour discrète
qu'Astolphe faisait à la douce Juliette ne pouvait que flatter celle-ci :
l'homosexualité de ce tardif soupirant ne trompait personne, elle fera
même scandale, et Custine pouvait se vanter d'avoir refusé deux des
plus beaux partis de France : Albertine de Staël et Clara de Duras...

Bien qu'elle mette « une volonté de fer » à suivre son traitement,
Juliette se désole d'être séparée de son petit monde habituel : « Plus
on avance dans la vie, dit-elle alors, plus on a besoin d'affection. »
Tous lui écrivent régulièrement, chaleureusement, y compris Sainte-
Beuve, ravi de sa récente nomination à la bibliothèque Mazarine,
mais rien n'y fait. Nouveau problème qu'elle doit maintenant considérer avec sérieux : sa vue baisse. Elle se plaint de ne pas bien lire
ses correspondants. Détail pathétique, la main de Chateaubriand se
fait de plus en plus tremblante : le jour n'est pas loin où ils devront,
l'un et l'autre, avoir recours à autrui pour se transmettre leurs pensées les plus intimes... Quel aveu, déjà, dans cette phrase de René :
« Si je pouvais renouveler les sources de ma vie avec mes ans pour
les rendre plus dignes de vous ! »

Bien qu'elle se plaigne de l'inutilité et de la cherté de son
voyage, Juliette revient à Paris en meilleur état : cette première alerte
qui a duré plus de deux ans et qui ressemble en partie à une méno-
pause attardée – elle a soixante-trois ans – ne laissera pas de
séquelles graves sur sa santé. Juliette devra ménager sa voix et ses
bronches, mais c'est tout. Le mal est ailleurs : en est-elle consciente ?
Juliette perd la vue. Mais, en ces années déclinantes, ce n'est pas la
cécité qui va la couper du monde : bien plus sûrement, c'est la disparition progressive de ses amis, la raréfaction cruelle, inéluctable de
l'air qu'elle respire et sans lequel il n'est plus, pour elle, de raisons
d'exister.

L'appel des morts

À l'automne 1840, cependant que Paris prépare le retour des cendres de Napoléon, en grande pompe – que Victor Hugo décrira longuement comme un «galimatias monumental» – deux places sont vacantes à l'Académie. Juliette songe à Ballanche, qui se retirera en faveur de Victor Hugo. Mme de Boigne, elle, songe à Molé, l'ami de jeunesse de René, le brillant serviteur de Louis-Philippe. Voici ce qu'elle écrit à Juliette :

> Vous savez, chère madame, avec quelle finesse nous sommes en habitude de négocier vis-à-vis l'une de l'autre [...] Si dans le cas encore douteux où le comte Molé se présenterait pour remplacer M. Laîné à l'Académie, M. de Chateaubriand serait-il disposé à lui donner sa voix[1]?...

Molé sera élu. Échange de bons procédés entre l'Abbaye et Châtenay : en février 1842, deux places sont de nouveau vacantes à l'Académie, et l'aimable Adèle annonce à Juliette que Molé est disposé à donner sa voix à Ballanche et à lui «en trouver cinq autres» :

> Vous me devez en revanche ce que je peux promettre à M. Molé : et s'il vaudra mieux qu'il aille remercier M. de Chateaubriand ou lui demander sa voix. Il est empressé à faire l'un ou l'autre selon que *nous* jugerons le mieux[2].

Il s'agissait probablement de l'élection de Pasquier... Cette fois-ci, Ballanche et Tocqueville seront élus. Le jour de leur réception, le 21 avril 1842, Pasquier, à son tour, entrera dans l'estimable confrérie : Chateaubriand y paraîtra pour la dernière fois, et cet effort, dû à son affection pour l'ami de Mme Récamier, lui vaudra d'être ovationné longuement par l'assistance...

L'Abbaye se réveille de son relatif engourdissement pour un ultime éclat : de graves inondations ayant, durant l'hiver 1840-1841, ravagé sa ville natale, Juliette, désireuse de venir en aide à ses compatriotes, organise à leur profit une soirée par souscription : ce fut là un de ses derniers gestes publics. Le duc de Noailles se chargea d'une partie de l'organisation, la soirée étant mixte, en quelque sorte, puisqu'elle proposait un concert et une séance de déclamation par la jeune gloire théâtrale montante : Rachel. Il en fait le récit, dans les premiers jours de février 1841, à son amie Mme de Dino, alors à Rochecotte :

> [...] Les artistes musiciens ont exécuté admirablement. La petite Rachel est arrivée tard, parce que le comité du Théâtre-Français l'avait,

---

1. Ms. B.N. N.A.F. 14089.
2. Ms. B.N. N.A.F. 14089.

par méchanceté, forcée à jouer ce même jour *Mithridate*. Elle est venue à onze heures, avec une bonne grâce, un empressement et une abnégation de toute prétention qui ont charmé tout le monde ; elle a fort bien dit « le Songe d'Athalie » et la scène avec Joas. Ce sera bien mieux encore sur le théâtre, les effets de scène étant perdus dans un salon. On a été également ravi de sa conversation et de ses manières. La recette a été excellente : 5 000 francs, deux cents billets ont été envoyés, à 20 F le billet, mais presque tout le monde a payé 40 F, 50 F et même 100 F le billet. C'est une très jolie forme de quête. M. de Chateaubriand, qui se couche à neuf heures d'habitude, est resté jusqu'à minuit. M. de Lamartine y était aussi et deux abbés pour caractériser le couvent : l'abbé Genoude et l'abbé Deguerry [1]…

On rapporte que Chateaubriand s'était approché de Rachel et lui avait dit avec émotion : « Quel chagrin de voir naître une si belle chose quand on va mourir ! » et que celle-ci lui avait répondu avec un charme inimitable : « Mais, monsieur le Vicomte, il y a des hommes qui ne meurent pas !… »

Cela consolait-il le vieil écrivain des attaques persistantes et désormais visibles de l'âge ?…

D'autres échos parviennent à Rochecotte sur les activités du petit cénacle :

Il [le fils de Mme de Dino] ajoute que M. de Chateaubriand lit ses *Mémoires* chez Mme Récamier : Mme Gay s'y pâme d'admiration ; Mme de Boigne y fait la grimace : ces deux sensations sont devenues évidentes à un portrait très brillant de M. le duc de Bordeaux. Mme la duchesse de Gramont-Guiche, qui y était, a été médiocrement contente d'un passage où il était question d'elle et où M. de Chateaubriand dit : « Mme de Guiche qui A ÉTÉ d'une grande beauté… » [1].

Mme de Guiche n'avait pas quarante ans…

Cependant, les *Mémoires* ne sont pas achevés. Chateaubriand, que ses rhumatismes font souffrir, se laisse convaincre d'aller à son tour, seul, prendre les eaux de Néris dans l'Allier : il n'y gagnera qu'un rhume et beaucoup d'ennui. Ses lettres à Juliette sont douloureuses :

Ne m'oubliez pas, quoique je ne puisse plus écrire…

Je voulais vous écrire moi-même ; mais mes douleurs accoutumées et l'agitation de la voiture me font si fort trembler la main que je ne pourrais pas barbouiller un seul mot. Voilà où en est votre pauvre ami.

J'ai voulu faire disparaître le tiers entre vous et moi ce matin même ; j'ai essayé d'écrire quelques mots ; ils sont illisibles [3].

---

1. *Chroniques*, tome III, pp. 18-19.
2. *Chroniques*, III, pp. 25-26.
3. Copies Levaillant, pp. 451 et 456.

Juliette en est au même point. C'est Amélie qui rédige la lettre qu'elle adresse à la duchesse de La Rochefoucauld-Liancourt, après la mort de son ami le duc de Doudeauville :

> Je l'ai toujours trouvé le même dans toutes les circonstances bonnes ou mauvaises de ma vie, dans la prospérité ou dans l'exil, toujours son amitié protégeait ou consolait [...] les longs souvenirs qu'il laisse parmi nous sont de ceux qui relèvent de la nature française [1].

Encore une précieuse et confiante relation qui s'évanouit du paysage intérieur de Juliette.

Au début de l'été, Juliette entreprend, aidée de Paul David, le classement de ses papiers. Commença-t-elle alors cet élagage drastique envers tout ce qui la touchait de trop près ? Nous l'ignorons. Un tri est opéré entre ce qui doit être conservé et ce qui devra être détruit. Juliette était trop consciente de ce que représentait la somme des écrits personnels de Mme de Staël, Benjamin Constant ou Chateaubriand pour songer à les détruire : la gênaient beaucoup plus ses propres lettres, que toujours elle se fit rendre et qu'elle brûla ou fit brûler. Mais il y eut certaines confusions et des papiers qui auraient dû être gardés ont disparu. À qui la faute ? L'holocauste, comme c'est souvent le cas, fut-il l'expression d'une crise intérieure ? Ou, plutôt, la mauvaise vue de Juliette l'induisit-elle en erreur ? C'est possible : à la fin de l'été, elle est seule à l'Abbaye. Ampère, Lenormant et Mérimée sont partis pour l'Orient, Chateaubriand est à Néris, Ballanche à Saint-Vrain et Paul David est occupé d'Auguste Pasquier, le frère du chancelier, son ami depuis quarante ans, et qui se meurt. Elle avoue avoir peur de s'ennuyer. Poursuit-elle cette descente dans ces souvenirs, cette relecture surprenante, douloureuse, attristante de son passé ? Et un jour de mélancolie, se laisse-t-elle aller à l'irréparable ? Ou, plus probablement, hésite-t-elle un peu et se trompe-t-elle ?...

*
* *

Au fur et à mesure que passent les jours la démarche de Mme Récamier se fait incertaine et une double cataracte voile son regard. Elle ne peut guère voyager. Durant l'été 1842, elle s'installe à la Folie-Saint-James, à Neuilly, qu'avaient occupée, au lendemain de Brumaire, Lucien Bonaparte et sa sœur Élisa, ainsi que Laure Junot, au temps de ses tumultueuses amours avec Metternich, et qui maintenant était transformée en sage pension de famille. Juliette est si retirée du monde que ce n'est qu'en arrivant à Châtenay, chez Mme de Boigne, pour y dîner qu'elle apprend la mort tragique du duc d'Orléans, survenue tout près d'elle, le 13 juillet 1842.

---

1. Ms. B.N. N.A.F. 14078.

Chateaubriand poursuit ses cures, cet été-là à Néris et les suivants à Bourbonne-les-Bains, ce qui n'améliore pas son état, la paralysie menaçant peu à peu ses bras et ses jambes... «Il s'affaisse cruellement», constatera Ballanche : il n'empêche, perclus de rhumatismes, Chateaubriand demeure éblouissant de style et de lucidité. Il a mis un point final à ses *Mémoires*, à leur version la plus vaste, celle que restituera Levaillant, concluant son œuvre magistrale par des mots inoubliables :

> Grâce à l'exorbitance de mes années, mon monument est achevé. Ce m'est un grand soulagement ; je sentais quelqu'un qui me poussait ; le patron de la barque sur laquelle ma place est retenue m'avertissait qu'il ne me restait qu'un moment pour monter à bord. Si j'avais été le maître de Rome, je dirais comme Sylla que je finis mes *Mémoires* la veille même de ma mort ; mais je ne conclurais pas mon récit par ces mots, comme il conclut le sien : «J'ai vu en songe un de mes enfants qui me montrait Métella sa mère et m'exhortait à venir jouir du repos dans le sein d'une félicité éternelle.» Si j'eusse été Sylla, la gloire ne m'aurait jamais pu donner le repos et la félicité.
>
> Des orages nouveaux se formeront ; on croit pressentir des calamités qui l'emporteront sur les afflictions dont nous avons été comblés ; déjà pour retourner au champ de bataille on songe à rebander ses vieilles blessures. Cependant je ne pense pas que des malheurs prochains éclatent : peuples et rois sont également recrus ; des catastrophes imprévues ne fondront pas sur la France : ce qui me suivra ne sera que l'effet de la transformation générale. On touchera sans doute à des stations pénibles ; le monde ne saurait changer de face (et il faut qu'il change) sans qu'il y ait douleur. Mais encore un coup, ce ne seront point des révolutions à part ; ce sera la grande révolution allant à son terme. Les scènes de demain ne me regardent plus ; elles appellent d'autres peintres : à vous, messieurs.
>
> En traçant ces derniers mots, ce 16 novembre 1841[1], ma fenêtre qui donne à l'ouest sur les jardins des Missions étrangères est ouverte : il est six heures du matin ; j'aperçois la lune pâle et élargie ; elle s'abaisse sur la flèche des Invalides à peine révélée par le premier rayon doré de l'Orient : on dirait que l'ancien monde finit et que le nouveau commence. Je vois les reflets d'une aurore dont je ne verrai pas se lever le soleil. Il ne me reste qu'à m'asseoir au bord de ma fosse, après quoi, je descendrai hardiment, le *Crucifix* à la main, dans l'Éternité[2].

Comme elle avait déterminé sa vie, l'écriture aide Chateaubriand à vieillir... Comme Juliette, elle est échappatoire et réconfort, territoire privilégié hors la petite et la grande misère humaine... L'entrain qui anime son travail sur l'abbé de Rancé en est une autre illustration.

En juillet 1843, cependant que René est reparti pour Bourbonne, Juliette perd un autre de ses amis, un autre pan de son passé, en la personne du prince Auguste de Prusse, frappé d'une attaque d'apo-

---

1. Plus probablement, le 1er septemble.
2. *M.O.T.,* pp. 605-606.

plexie lors d'un voyage d'inspection militaire à Bromberg. Il lui avait écrit au mois de février précédent : « Le temps ni l'éloignement n'ont pu affaiblir la tendre amitié qui me lie à vous par les plus beaux souvenirs de ma vie. »

Le testament du prince fera scandale : il avait réparti sa fortune, qui était considérable, entre la couronne de Prusse et ses nombreux enfants naturels, spoliant ainsi sa sœur, la princesse Radziwill. Berlin fut très agité de cette affaire, car les Radziwill ayant tenté de s'opposer aux dispositions testamentaires du prince avaient, contre toute attente, perdu leur procès. Ce qui ne fit pas problème, en revanche, ce fut l'exécution d'une autre volonté du prince Auguste, la restitution à Mme Récamier de son portrait par Gérard, ainsi que quelques objets d'art qu'il gardait auprès de lui dans son bureau.

Mme de Staël, son fils, Mathieu de Montmorency, Benjamin Constant, Albertine, Sismondi, Adrien et maintenant le prince Auguste... Ils ne sont plus nombreux, les survivants des beaux jours de Coppet... L'un d'entre eux demeure fidèle à Juliette, et, de loin en loin, lui écrit et lui rend visite : Prosper de Barante, que Louis-Philippe a fait son ambassadeur à Saint-Pétersbourg, qui s'est révélé un solide historien, a reçu Ballanche sous la Coupole et n'a pas perdu la finesse un peu morose qui enchantait les belles amies de sa jeunesse. Lorsqu'il avait rejoint son ambassade, à la fin de l'année 1835, il s'était arrêté à Berlin et s'était entretenu avec le prince Auguste. Dans la lettre en faisant le récit à Juliette, il avait eu cette réflexion un peu désabusée : « Les années s'écoulent et la fin arrive sans qu'on ait le bon sens de faire sa volonté[1]... »

Juliette aimait à recevoir ces témoignages d'amitié écrits aux quatre coins du monde. Comme il l'avait fait durant son périple russe, Custine lui confiait régulièrement ses impressions. Ainsi, peu après la disparition du prince Auguste, lui écrit-il, de Coblence, de façon alerte et plaisante, afin de la distraire : ses commentaires portent, cette fois, sur le chemin de fer, ce qu'il appelle « le voyage à la vapeur » et qui lui paraît assommant : « Autrefois, un voyage était l'image de la liberté ; il devient l'apprentissage de l'esclavage[2]... » On vient de publier ses *Lettres de Russie* : il en reçoit des compliments du prince Gustave de Mecklembourg, un vieux garçon oisif qui parcourt l'Europe des villes d'eaux. Il s'empresse de les transmettre à Juliette, en lui rendant cet hommage : « Vous m'avez encouragé à la vérité plus que personne, madame, et voilà pourquoi je ne crains pas de me vanter auprès de vous de ce suffrage[3]... »

À l'automne de cette même année, le comte de Chambord, l'ancien duc de Bordeaux, désire revoir Chateaubriand : le vieux légitimiste se rend une fois encore, en novembre, à l'appel de la branche aînée. Dernier séjour à Londres, où l'accueil très chaleureux que lui

---

1. Ms. B.N. N.A.F. 14099. Lettre du 12 décembre 1835.
2. Ms. B.N. N.A.F. 14093. Lettre du 9 août 1843.
3. Ms. B.N. N.A.F. 14093, *id.*

réserve « l'héritier des siècles » console Chateaubriand de sa fatigue. Presque chaque jour, il adresse une pensée à Juliette, que résument en un pathétique leitmotiv les mêmes mots :

[...] Aimez-moi un peu malgré les vents et les orages...

[...] Aimez-moi longtemps...

[...] Quel bonheur de vous retrouver ! de retrouver votre salon et tous les amis : à vous ! à vous [1] !

Dans quelques mois, c'est Ampère qui s'éloignera de l'Abbaye : il entreprend un long périple aux sources du Nil, d'où il écrira à Juliette : « J'aime à porter votre souvenir sous les palmiers du Nil, comme il m'a accompagné, plus jeune, parmi les sapins de la Norvège... »

Il en reviendra, au printemps 1845, malade.

Et René, au même moment, une ultime fois, reprend la route : le comte de Chambord le verra à Venise. Autour de lui, avec raison, on s'inquiète : est-il raisonnable à son âge, et dans cet état, de courir la poste ? Contre toute attente, il supportera son voyage « comme un jeune homme », selon les mots de Ballanche... Il y a dans cet adieu à Venise comme une douce griserie. Chaque courrier porte un cri d'amour à la Dame de l'Abbaye que, pour la première fois, il nomme par son prénom :

[...] Adieu, Venise que je ne reverrai plus sans doute. Il n'y a que vous, Juliette, que je ne puis consentir à quitter...

[...] Adieu, je vous aime, vous le savez bien. Permettez-moi de vous le redire une dernière fois [2]...

À la fin de l'été, lorsqu'il se réinstalle à Paris, René attend Juliette qui se repose à Maintenon, puis chez ses neveux à Saint-Éloi : il lui avoue qu'il « commence à se voir mourir... ». Après l'adieu à Venise, c'est l'adieu au monde qu'il faut préparer : il va, tristement, durer.

Au retour de Juliette à Paris, une nouvelle série de lectures des *Mémoires* commence : dans la plus stricte intimité, celle-là. Le petit cénacle se resserre un peu frileusement à l'approche du soir : Juliette perd ses yeux, Chateaubriand ses jambes, Ampère est mal remis de la dysenterie glanée en Égypte, l'un des fidèles de Maintenon, le vieil académicien Brifaut, baisse considérablement, seul Ballanche semble se maintenir... Dans cette ambiance engourdie, un vent de soudain scrupule s'empare des esprits. Comme c'est dommage ! Chateaubriand, sous la double pression de sa femme et de Juliette, semble-t-il, se ravise et décide de revoir son texte : il craint à juste

---

1. Copies Levaillant, pp. 503 et 510.
2. Copies Levaillant, pp. 521-523.

titre les conditions de sa future publication, il remplace sa *Préface testamentaire* par un *Avant-propos* définitif, il élague, il réduit...

Juliette souhaiterait ne pas voir publiées les pages la concernant. Mme de Boigne s'en expliquera ainsi auprès de Mme Lenormant, quatre mois après la mort de Mme Récamier, cependant que se poursuit la parution des *Mémoires*, en feuilleton, dans des conditions qui ne font guère honneur à Girardin, son responsable :

> [...] On m'avait écrit de Paris, mais je ne le crois pas puisque vous ne m'en parlés pas, que le volume des *Mémoires* que M. de Chateaubriand a consacré à Mme Récamier ne se trouvait pas dans la caisse déposée et que vous aviez l'espoir d'empêcher M. de Girardin de pouvoir le publier. Je le souhaiterais d'autant plus qu'elle-même n'en était pas contente évidemment, elle m'a dit bien souvent que c'était une figure d'imagination, charmante, comme elle trouvait tout ce qui sortait de cette plume, mais qui n'avait aucune vérité ni dans les faits ni dans les sentiments, qu'elle en avait fait la remarque à M. de Chateaubriand qui n'en avait tenu compte et même lui avait répondu : «Qu'est-ce que ces vérités prosaïques font à la postérité?» Avec un peu d'humeur, elle s'était tenue pour battue (vous savés [sic] combien elle craignait de lui déplaire) mais non pour satisfaite [1].

Pour le cas où nous ne le saurions pas encore, la belle Récamier, ce qui lui ressemblait, préférait la vérité historique à la légende...

Quel mérite, quand on est soi-même l'objet d'une flatteuse transfiguration! Cette exigence, cette justesse dans l'appréciation donnent des ailes au chercheur...

C'est à cette époque, et probablement dans cet esprit, que Juliette se laisse circonvenir par Louise Colet, introduite auprès d'elle malgré le barrage des Lenormant, et qu'elle lui donne l'autorisation, croyant bien faire, de publier une copie – qu'elle lui laisse prendre – des lettres de Benjamin Constant. On attaquait la mémoire de son ami et, avec sincérité, Juliette imaginait qu'elle rétablirait ainsi la vérité, sur une personnalité controversée, mais à laquelle elle continuait de vouer son affection.

*
* *

Le 9 février 1847, Mme de Chateaubriand meurt brutalement : elle sera enterrée trois jours plus tard, sous l'autel de la chapelle de l'infirmerie Marie-Thérèse à laquelle elle s'était consacrée avec l'entrain et l'autorité qui la caractérisaient : on ne peut oublier les pages savoureuses que Victor Hugo, dans *Choses vues*, dédie à cette irrésistible et virulente dame patronnesse, qui n'avait pas sa pareille pour vous obliger à lui acheter les chocolats que fabriquaient ses religieuses...

---

1. Ms. B.N. N.A.F. 14093, lettre du dimanche 9 septembre 1849. Cette volonté d'épuration transparaît dans le graphisme de Juliette, en ces dernières années. Voir en annexe l'analyse graphologique n° 4 de Monique Deguy.

Céleste laissait René bien diminué : il s'était brisé la clavicule en descendant de voiture, à la fin du mois de septembre précédent, ce qui ne pouvait qu'aggraver son impotence progressive. Juliette lui rendait visite tous les jours... «L'accablement de M. de Chateaubriand est profond et serein, écrit Ballanche, la tristesse de Mme Récamier est infinie...» Le bon Ballanche, préoccupé, comme toute l'Abbaye, de savoir le grand homme livré à lui-même, tente auprès de sa propriétaire des démarches, afin de louer une partie du rez-de-chaussée de sa maison : Chateaubriand serait plus proche encore de la rue de Sèvres.

Passé le premier temps de son deuil, René propose à Juliette de lui donner son nom. Elle réfléchit. Cela supposerait, au-delà de l'aspect purement sentimental de la chose, une révision de leurs affaires réciproques. Me Mandaroux-Verdamy le déconseille. Si Juliette a pu accueillir l'idée avec émotion, son entourage ne veut pas en entendre parler. Amélie ne s'en cache pas. Le 30 août 1847, elle écrit à sa tante :

> On me dit aussi qu'il insiste opiniâtrement dans ses projets de mariage. Vous savez que je suis en général plus son auxiliaire que quelques autres de vos amis, je ne crois pourtant pas que ces projets d'union puissent vous convenir. Mais je lui en sais gré : j'ai toujours été touchée du désir de voir porter son nom par la femme qu'on aime, et s'il était plus jeune j'en serais d'avis[1].

Au printemps, on reprend, chez Chateaubriand cette fois, les lectures des *Mémoires*, le matin. Ampère, Ballanche, Noailles, le jeune critique Louis de Lomenie – qui épousera la seconde petite Lenormant – et Mme Cafarelli y assistent. Juliette aussi, bien sûr, qui pénètre dans l'appartement d'un pas hésitant. Elle s'est décidée à tenter une opération de la cataracte : date a été prise avec le docteur Blandin pour le mois de mai.

D'ici là, l'Abbaye se retrouve au grand complet pour fêter le 22 avril l'élection à l'Académie de Jean-Jacques Ampère, qui succède à Alexandre Guiraud. Tous les fidèles sont autour de lui, dans le salon de Juliette : Brifaut qui a réussi à se déplacer pour voter, Chateaubriand qui désormais peut sortir, Barante, Sainte-Aulaire... Ultime réjouissance que la consécration de Chérubin, parmi cette assemblée de fantômes dévoués...

Le 3 mai, l'opération a lieu. Ballanche s'empresse d'en faire le récit à son amie de Saint-Vrain :

> Ce matin, à sept heures et demie, M. Blandin est venu, assisté de deux aides. Il était venu hier pour tout disposer. L'opération a parfaitement réussi. Elle a *vu*, et de suite, on lui a bandé les yeux. Il paraît même qu'il n'y a eu aucune souffrance, ni petite ni grande, tout cela a été prompt, elle était seule et je ne sais rien que par Fanny qui était en sentinelle.

---

1. Ms. B.N. N.A.F. 14104.

Voilà qui était bon signe. À condition d'être très prudente et de ménager impérativement ses yeux, Juliette pouvait espérer une véritable amélioration de son état. C'était compter sans la catastrophe qui allait les frapper tous : le vendredi 4 juin, Ballanche tombe malade. Il s'agit d'une fluxion de poitrine. Le samedi 12 juin, il était mort.

Juliette ne l'avait pas quitté un instant. Elle n'a probablement pas pensé une seconde qu'elle compromettait ainsi, et définitivement, tout espoir de revoir jamais... Peu lui importait : cette maladie puis cette disparition lui étaient une totale dévitalisation. Mme d'Hautefeuille apprécie le dévouement de Mme Récamier :

> Toute privée de lumière et souffrante qu'elle fut alors, elle est restée pendant ce cruel jour et cette plus cruelle nuit [ceux de l'agonie] auprès de lui. Il la demandait à chaque instant et l'on ne s'aperçut qu'il avait perdu connaissance que quand ses yeux eurent cessé de la chercher. Une fois pendant cette nuit, il lui demanda la permission de déposer un baiser sur sa main et cette faveur est peut-être la seule qu'il ait jamais réclamée d'elle[1].

« Il meurt vierge », disaient ses amis. En sortant de sa chambre, le prêtre, qui venait de recevoir la confession du mourant, s'était exclamé : « Cet homme est un ange ! » Ballanche avait voué sans restriction sa vie à Juliette, du jour où il l'avait rencontrée, à Lyon, pendant son exil, il n'avait eu de cesse qu'il ne l'ait rejointe, qu'il n'ait associé sa studieuse existence à la sienne, pourtant si différente. Voilà qui parle aussi en faveur de Juliette : on l'oublie trop souvent.

En Ballanche, Juliette s'était approfondie, elle avait cultivé la méditation, une réflexion plus introspective sur le sens de l'être, une approche plus sagace de la littérature, car toujours il savait l'entraîner, sans qu'il y paraisse trop, vers les sphères les plus élevées, les plus pures du sentiment et de la pensée. En Juliette, l'obscur Ballanche avait trouvé une lumière, une force, une raison de s'accomplir et d'accomplir son œuvre, et ce parcours terrestre pour lequel il semblait si peu doué.

Ballanche fut enterré dans le caveau des Récamier et des Bernard, au cimetière Montmartre. Ampère et Lenormant menaient le deuil. Les beaux yeux vides de Juliette ne pouvaient plus, désormais, que pleurer.

Peu après la mort de Ballanche, on avait tenté une nouvelle opération sur l'œil précédemment traité : elle ne réussit pas. On recommença à l'automne, mais sur l'autre œil, sans plus de résultat. Juliette était condamnée à une obscurité presque totale. René, lui,

---

1. Marquiset, *op. cit.*, pp. 261 262.

après quelques petites courses à Dieppe, puis près de Bourges, chez son vieil ami Hyde de Neuville, retrouvait Paris pour son dernier hiver. Les derniers mots presque illisibles, tracés à l'intention de Juliette, sont les suivants :

> Conservez-moi bien votre amitié, que je la retrouve comme je la laisse. Je ne cesserai de penser à vous. Il est impossible que quelques mois d'absence fassent brèche dans un long attachement comme le nôtre. Il durera autant que ma vie. Mille choses aux amis[1].

Sainte-Beuve écrit alors de lui : « Il est dans les songes... » Son immobilité forcée lui était une prison. Le silence, le rêve traversé d'images anciennes, l'attente de Juliette... Que lui restait-il d'autre ?

La Révolution qui, en février 1848, met fin à cette monarchie de Juillet qu'il avait boudée, paraît le réveiller : il se serait exclamé à l'annonce de la chute de Louis-Philippe : « C'est bien fait ! » La République est proclamée. La guerre civile menace : l'orage, son atmosphère de prédilection, se lève pour le départ de Chateaubriand... Mme Lenormant, qui veillait sur sa tante et l'accompagnait rue du Bac, nous raconte l'agonie de René :

> M. de Chateaubriand, on le devine, ne donna pas de regrets à la chute de Louis-Philippe ; mais si près du terme, on ne juge plus les événements avec les passions du parti : ce grand et noble cœur ne gardait qu'un sentiment, l'amour de son pays ; il faisait toujours des vœux pour sa liberté. Pendant les journées de juin, il questionnait avidement tous ceux qui pouvaient lui donner des nouvelles. Le récit de la mort héroïque de l'archevêque de Paris lui causa la plus vive émotion ; quelques traits de courage de ces intrépides enfants de la garde mobile lui arrachèrent des larmes ; mais déjà depuis quelque temps il était sujet à de longs silences, et, sauf dans le tête-à-tête avec Mme Récamier, il n'en sortait que par de bien courtes paroles. Il fut alité très peu de jours, demanda et reçut les secours religieux, non seulement avec sa pleine et parfaite connaissance, mais avec un profond sentiment de foi et d'humilité.
>
> M. de Chateaubriand dans ces derniers temps s'attendrissait facilement et se le reprochait comme une faiblesse. Je crois qu'il eut peur de se laisser aller à une émotion trop vive en adressant, la veille de sa mort, quelques paroles à son inconsolable amie ; mais depuis le moment où il eut reçu le saint viatique il ne parla plus.
>
> Sa fièvre était ardente et colorait ses joues, en même temps qu'elle donnait à ses yeux un éclat extraordinaire.
>
> Je me trouvai à plusieurs reprises seule avec Mme Récamier, auprès du lit de ce grand homme en lutte avec la mort ; chaque fois que Mme Récamier, suffoquée par la douleur, quittait la chambre, il la suivait des yeux, sans la rappeler, mais avec une angoisse où se peignait l'effroi de ne plus la revoir.

---

1. Copie, Levaillant, p. 534.

Hélas! elle qui ne le voyait pas se désespérait de ce silence. La cécité faisait commencer la séparation entre eux avant la mort.

Mme Récamier ne voulait à aucun prix quitter la maison où M. de Chateaubriand était en proie à une lutte dont l'issue menaçait à chaque instant d'arriver : elle craignait aussi de l'inquiéter en passant la nuit dans sa chambre, chose qu'assurément il n'eût pas souffert, à cause de l'état de santé où elle était elle-même. Elle s'agitait dans cette pénible perplexité, lorsqu'une Anglaise aimable, spirituelle, bonne, qui avait habité l'Abbaye-aux-Bois, que M. de Chateaubriand y avait connue et qu'il voyait avec plaisir, Mme Mohl lui offrit, avec un élan plein de sensibilité, l'hospitalité chez elle pour une nuit. Elle logeait à l'étage supérieur, dans la même maison et dans le même escalier que M. de Chateaubriand. Mme Récamier accepta sa proposition avec reconnaissance et se jeta toute habillée sur un lit : au jour, elle revint auprès de son ami dont l'état s'était encore aggravé.

M. de Chateaubriand rendit son âme à Dieu le 4 juillet 1848. On a dit que Béranger était présent à ce dernier moment, c'est une erreur ; quatre personnes seulement assistaient à cette mort : le comte Louis de Chateaubriand, l'abbé Deguerry, une sœur de charité et Mme Récamier [1].

Lorsqu'elle entendit s'interrompre les prières, dit-on, Juliette comprit que René venait d'expirer. Elle coupa quelques mèches de ses cheveux, disposa sur son cœur quelques branches de verveine, dont elle retirera la moitié avant qu'on ne l'ensevelisse et que, pieusement elle répartira entre ses amis. Avec une résignation totale, une sorte de passivité, elle accomplit ce qu'elle devait accomplir. Quand se rendit-on compte, autour d'elle, que sa vie aussi s'était arrêtée ?

*
* *

La dépouille du grand écrivain fut transportée dans sa ville natale : l'enterrement, sur le rocher marin, eut lieu le 19 juillet 1848. Il reposait désormais dans la plus altière des solitudes, face à la mer qu'il avait tant aimée. Où qu'il soit, Juliette ne tarderait pas à le rejoindre.

La consolation est vaine : Juliette survit. Elle accepte d'aller passer quelque temps, en septembre, auprès de Mme de Boigne qui soigne son vieux chancelier, à Tours. Mme de Boigne, la seule peut-être qui savait trouver les mots apaisants. Elle avait écrit à Juliette, une admirable lettre de condoléances [2] :

> [...] Ce puissant génie s'était usé lui-même avant d'user son enveloppe : maintenant il reste de lui votre tendresse et sa gloire ; vous n'avez pas de peine à les confondre ensemble : c'est là que vous devez puiser une plus grande douceur de souvenir...

1. Mme Lenormant, t. II, pp. 562-564.
2. Nous reproduisons cette lettre en Annexes.

Votre tendresse et sa gloire… C'était, en raccourci, le sens de la vie de Juliette depuis trente ans.

L'hiver se passe entre David et Ampère qui se relaient à l'Abbaye. Avec une patience parfaite, Juliette écoute, se fait faire la lecture, reçoit encore quelques rares amis… Dans un ultime sursaut de vitalité, elle quitte, de son propre chef, l'Abbaye, le jour de Pâques 1849, pour fuir la nouvelle épidémie de choléra qui s'abat sur Paris. Elle vient s'installer chez les Lenormant, dans leur appartement de fonction à la Bibliothèque nationale. Le jeudi 10 mai, se sentant souffrante alors qu'elle s'habillait pour le dîner, elle s'alite. Laissons la parole, pour cet ultime témoignage, à Amélie :

> Au moment où on la mettait au lit, Mme Récamier s'évanouit ; en revenant à elle, elle exprima le désir d'être laissée seule avec sa nièce, et d'une voix éteinte, mais d'une âme ferme, lui expliqua ses dernières volontés. L'altération de ses traits était si grande que la terreur s'empara de Mme Lenormant ; le docteur Récamier était malheureusement retenu à Bièvre par la maladie ; on court chez M. Cruveilhier, qui, logé tout près de la Bibliothèque, vint aussitôt. À la première inspection, il reconnut le choléra ; il ne dissimula point à M. Lenormant qu'il n'avait aucune espérance, et ajouta que l'horrible lutte serait courte.
>
> Mon imagination recule devant le souvenir de cette nuit de tortures où, pendant douze heures, cette angélique personne, en proie à d'atroces souffrances, ne laissa pas un instant se démentir son courage, sa douceur et la céleste tendresse de son âme.
>
> Elle demanda son confesseur et reçut l'extrême-onction ; elle avait formé le vœu de recevoir aussi le saint viatique, mais les vomissements ne permirent pas qu'on satisfît à son pieux désir. « Nous nous reverrons, nous nous reverrons », ne cessait-elle de répéter à sa nièce, et lorsque la parole lui fut ravie, ses pauvres lèvres essayaient un dernier baiser.
>
> M. Ampère et Paul David avaient, avec M. Lenormant, passé cette nuit d'angoisse dans un salon peu éloigné de la chambre de Mme Récamier. À minuit, dans un des moments où les convulsions lui laissaient quelque relâche, celle-ci s'informa où se trouvaient ces trois messieurs ; elle désira qu'ils entrassent, et entendant leurs pas (car elle ne pouvait les voir) elle leur dit adieu, mais comme pour la nuit, tendrement, sans solennité.
>
> La foudroyante rapidité du mal n'avait pas permis que la terrible nouvelle s'en fût encore répandue. M. l'abbé de Cazalès, ignorant quel fléau avait visité la demeure de ses amis, arrivait à la Bibliothèque ; le moment suprême allait sonner : il pénétra dans la chambre que remplissait une scène de deuil, et, au milieu des sanglots de la famille et des serviteurs agenouillés, il se mit à réciter les prières des agonisants. Mme Récamier expira le 11 mai 1849, à dix heures du matin[1].

Achille Devéria la dessine sur son lit de mort : la beauté est intacte.

Le dimanche suivant eurent lieu la cérémonie religieuse, en l'église Notre-Dame-des-Victoires, puis l'enterrement, au cimetière

---

1. Lenormant, *op. cit.,* t. II, pp. 570-573.

de Montmartre. C'était jour d'élections et, malgré cela, l'affluence fut immense : chose rare à l'époque, «plus de trois cents femmes» se rendirent à l'église. Charles Lenormant l'atteste, ainsi que la stupéfaction de l'ordonnateur qui ne voyait pas la fin du défilé venant donner l'eau bénite : «Toutes ces dames sont donc du convoi!» s'exclamait-il... Juliette, morte, avait réussi, comme si elle fût vivante, à réunir dans les pires conditions une nombreuse et ultime assemblée venue spontanément lui rendre hommage. Comme si Paris, ce jour-là, avait mesuré que s'en allait, avec celle qu'il avait si souvent célébrée, ce que le siècle avait de meilleur.

ÉPILOGUE

Nous aimerions clore ici cette histoire, abandonner René et Juliette à leur dernier sommeil : lui, seul sous son mausolée de granit, le crucifix sur la poitrine, une branche de verveine au côté – l'emblème du christianisme et la plante sacrée des anciens druides comme deux illustrations symboliques, deux des facettes originelles de son être et de son œuvre – elle, embéguinée de linon et de dentelle, reposant parmi les siens, non comme elle l'avait premièrement souhaité « sous le cèdre planté au tombeau de [sa] mère, au cimetière de Montmartre », mais dans le caveau même où gisent M. et Mme Bernard, M. Récamier et Ballanche, non loin de Stendhal et de Berlioz, ultime convivialité parisienne...

Malheureusement, à peine eurent-ils disparu que la traversée d'un long désert commença pour eux. Elle fut inaugurée par une série de complications et de mesquineries dont Maurice Levaillant a débrouillé l'écheveau. Disons qu'en gros les *Mémoires d'outre-tombe*, quelles qu'aient été les précautions prises par les exécuteurs testamentaires de l'écrivain – par bonheur Charles Lenormant et Ampère en faisaient partie – n'échappèrent pas à la rapacité d'un patron de presse, Girardin, qui, pour les publier en feuilletons, les dépeça. L'irrégulière et peu scrupuleuse publication aboutit à l'inverse du résultat escompté : au lieu d'un triomphe, les *Mémoires* défigurés connurent un succès mitigé, tapageur, porteur de controverse et qui réduisit leur auteur à ses défauts principaux. L'humeur et l'enflure stylistique attisèrent les haines et les rancœurs encore fraîches, masquèrent la beauté et l'ampleur du projet de Chateaubriand. Il pâtit longtemps de cette publication hâtive et mutilée. Un premier essai de réhabilitation des *Mémoires* tenté par Edmond Biré, à la fin du siècle, ne suffit pas : il fallut attendre la générosité et la patience d'un Levaillant pour qu'au sortir de la Seconde Guerre mondiale l'édition dite du Centenaire nous permette d'apprécier le chef-d'œuvre posthume de René.

Circonstances aggravantes, la seconde moitié du siècle dernier ne fut ni tendre ni même équitable envers le père fondateur du romantisme et, mis à part deux jeunes critiques, Charles Monselet et Louis de Loménie, l'ensemble de la classe littéraire se hâta de régler ses comptes avec lui ; ceux-là mêmes qui furent ses disciples, Sainte-Beuve à leur tête, s'empressèrent au lendemain de sa disparition de marquer leurs distances vis-à-vis du pesant patriarche dont, en d'autres temps, ils avaient subi et le joug et les séductions. La IIIᵉ République n'eut garde, comme on le pense, de sortir de son purgatoire le ministre ultra et le défenseur de la légitimité. Là encore, il fallut du temps pour qu'enfin on ose admirer et aimer l'homme, « ses splendeurs, ses misères et ses chimères », pour reprendre le titre d'un des ouvrages de son exégète. Ajoutons-y ses sortilèges, auxquels Juliette, plus qu'une autre, fut sensible…

Cependant que Girardin massacrait les *Mémoires*, les héritiers de Mme Récamier luttaient sur plusieurs fronts pour défendre le souvenir de celle-ci : il leur fallut transiger sur la publication du livre que René lui avait consacré et qu'elle aurait souhaité soustraire à la divulgation, mais, plus grave, il leur fallut arrêter l'impression dans cette même presse des lettres de Benjamin Constant dont, imprudemment, elle avait donné une copie assortie d'une autorisation à l'insidieuse Louise Colet. Ils y parvinrent au terme d'un procès fort déplaisant, soutenus par la demi-sœur de Benjamin.

Les dispositions testamentaires définitives de Juliette, qu'on peut lire en annexe, étaient, en ce qui concerne ses papiers, claires et précautionneuses · elle distingue ce qui est destiné à être gardé, ce qui n'est pas classé et pour lequel elle s'en remet à sa légataire, Mme Lenormant, ce qui doit être détruit, « à brûler sans les lire », en présence de ses exécuteurs testamentaires dont le trop zélé Paul David qui s'empressa d'accomplir, malgré les réticences d'Amélie, la dernière volonté de Mme Récamier. Détentrice de ce qui restait – quelque douze mille feuillets appartenant aujourd'hui à la Bibliothèque nationale –, Mme Lenormant sut préserver cet héritage. Elle résista aux insistances du duc de Broglie qui aurait voulu se faire remettre les lettres de Mme de Staël à son amie et, conformément aux volontés de sa défunte épouse, Albertine, les aurait soustraites à jamais à la curiosité publique. L'influence pacifiante de Guizot qui s'entremit entre les deux parties aida à régler ce désagréable litige.

Sous la constante menace d'exploitation malveillante, d'indiscrétion et de détournement du souvenir de Juliette, Mme Lenormant prit un parti courageux et prudent : celui de désamorcer toute entreprise de cet ordre en publiant elle-même ce qu'elle estimait convenable des papiers et des correspondances hérités de sa tante.

Nous avons dit ce que nous pensions des choix opérés par Amélie. Il n'empêche qu'elle sut conserver et transmettre au-delà d'elle ce que Juliette avait confié à son jugement et à son affection.

C'est grâce à sa vigilance et à l'intelligence de ses descendants qu'il nous est permis, en toute indépendance d'esprit et d'appréciation, d'évoquer aujourd'hui la femme prodigieuse auprès de laquelle le destin a voulu qu'elle grandisse.

Paris-Fontanilles.
Été 1980 – Pâques 1986.

FAMILLE RÉCAMIER
Armoiries : "D'argent au chevron de gueules, accompagné de trois étoiles de même, deux et une au chef de sable chargé d'un croissant d'argent"
Devise   RECtus AMIcus ERus

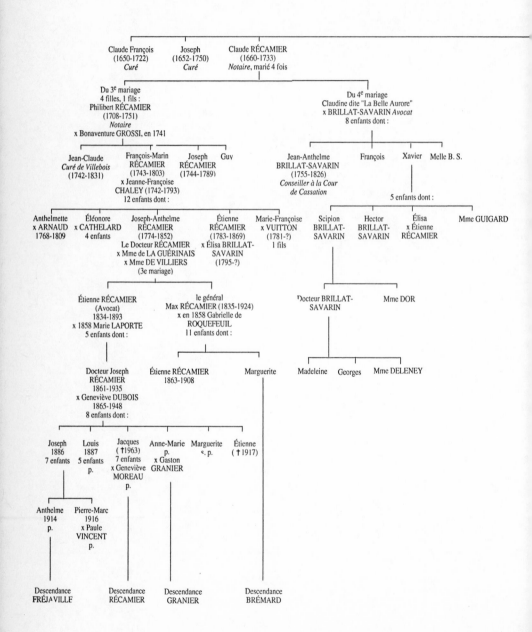

Claude François
(1650-1722)
Curé

Joseph
(1652-1750)
Curé

Claude RÉCAMIER
(1660-1733)
Notaire, marié 4 fois

Du 3ᵉ mariage
4 filles, 1 fils :
Philibert RÉCAMIER
(1708-1751)
Notaire
x Bonaventure GROSSI, en 1741

Du 4ᵉ mariage
Claudine dite "La Belle Aurore"
x BRILLAT-SAVARIN *Avocat*
8 enfants dont :

Jean-Claude
Curé de Villebois
(1742-1831)

François-Marin
RÉCAMIER
(1743-1803)
x Jeanne-Françoise
CHALEY (1742-1793)
12 enfants dont :

Joseph   Guy
RÉCAMIER
(1744-1789)

Jean-Anthelme
BRILLAT-SAVARIN
(1755-1826)
*Conseiller à la Cour
de Cassation*

François   Xavier   Melle B. S.

5 enfants dont :

Anthelmette
x ARNAUD
1768-1809

Éléonore
x CATHELARD
4 enfants

Joseph-Anthelme
RÉCAMIER
(1774-1852)
Le Docteur RÉCAMIER
x Mme de LA GUÉRINAIS
x Mme DE VILLIERS
(3e mariage)

Étienne
RÉCAMIER
(1783-1869)
x Élisa BRILLAT-
SAVARIN
(1795-?)

Marie-Françoise
x VUITTON
(1781-?)
1 fils

Scipion
BRILLAT-
SAVARIN

Hector
BRILLAT-
SAVARIN

Élisa
x Étienne
RÉCAMIER

Mme GUIGARD

Étienne RÉCAMIER
(Avocat)
1834-1893
x 1858 Marie LAPORTE
5 enfants dont :

le général
Max RÉCAMIER (1835-1924)
x en 1858 Gabrielle de
ROQUEFEUIL
11 enfants dont :

Docteur BRILLAT-
SAVARIN

Mme DOR

Docteur Joseph
RÉCAMIER
1861-1935
x Geneviève DUBOIS
1865-1948
8 enfants dont :

Étienne RÉCAMIER
1863-1908

Marguerite

Madeleine   Georges   Mme DELENEY

Joseph
1886
7 enfants

Louis
1887
5 enfants
p.

Jacques
(†1963)
7 enfants
x Geneviève
MOREAU
p.

Anne-Marie
p.
x Gaston
GRANIER

Marguerite
s. p.

Étienne
(†1917)

Anthelme
1914
p.

Pierre-Marc
1916
x Paule
VINCENT
p.

Descendance
FRÉJAVILLE

Descendance
RÉCAMIER

Descendance
GRANIER

Descendance
BRÉMARD

Amied (ou Amédée) GELLOUX dit RÉCAMIER (vers 1490 avant 1546)
propriétaire de La Grange de Passin

Claude GELLOUX (RÉCAMIER de PASSIN) dit "Récamier l'aîné"
(vers 1520-1574)

Jean RÉCAMIER (1550-1632)
quitte Passin pour Parissieu Rochefort

Jean-Benoit RÉCAMIER (1593-vers 1643)

Claude-Antoine RÉCAMIER (1618 ou 1626-vers 1712)
L'un des fondateurs du collège de Belley
Notaire royal. Juge-châtelain de Rochefort
x avec Jeanne MARTIN née en 1649

Anthelme I RÉCAMIER de CRESSIN (1663-1725)
Chirurgien à Belley
x Louise du Tillet (morte en 1727)
3 enfants dont :

Anthelme II RÉCAMIER (1706-1788)
Chirurgien à Belley
x Marie Ruet, 5 enfants dont :

François RÉCAMIER (1709-1782)
x Émerancienne (ou Émeraude) DE LA ROCHE (morte en 1777)
9 enfants dont :

| Pierre (1747-1819) x Pierrette ALIX 2 fils | Melchior (1749-?) | Anthelme III (1745-1791) *Médecin à Belley* x M.-Antoinette RÉCAMIER | Laurent (1747-1830) x Marie-Louise MÉNARD (1756-1848) | Marie (1748-1812) x M. David | Nicolas (1749-1788) | Jacques-Rose R. (1751-1830) x Juliette BERNARD (1777-1849) | Éléonore (1752-?) x DELPHIN 5 enfants dont : | Marie-Antoinette (1754-1823) x Anthelme III RÉCAMIER x DUPOMMIER | Jeanne-Marie (1756-?) x DERBEL (Beauvoir Isère) |

Anthelme IV RÉCAMIER (†1794)
Franscisque (1777-1829) s. p.
Laurent (1780-1845) x Laurette LA BATIE
Mariette x André CYVOCT *Médecin*

François Alphée (1780-1875) *Officier* s. p.
Paul (1778-1860) s. p.

Émerancienne x Pierre-François MEYDIEU *(Baron d'Empire)*
Philibert DELPHIN x Gaétane COLLIGNON
Louise x PAYEN (1781)
Mme BUSSARD

Jules RÉCAMIER (1826-1884) x Marie CHARCOT
Stéphanie
Antoine
Joséphine dite Amélie 1804-1894 x Charles LENORMANT 1802-1859 (fille adoptive de Mme Récamier)
Francisque CYVOCT *Médecin*

Édouard PAYEN
Mme PERSIN LE HULLEUR

| Laurent (1861-1951) | Laure x LARETTE (1858-1928) *Officier* | Gabriel RÉCAMIER | Mme MARREL | Juliette 1830 x épouse A. BLANCHET | François (1837-1883) | Paule x 1855 Louis de LOMÉNIE |

x Amélie II CYVOCT
4 enfants dt :

Berthe x Hugues BOSCAMPS
Charles RÉCAMIER 1897- x Simone ROCHETTE

Amélie
Edmond

Charles de LOMÉNIE
Louise x Henri BEAU 1855-1837

Francis RÉCAMIER (CRESSIN) 1942

Docteur Charles LENORMANT (1948)
Gérard x A.M. de SAINT-PIERRE
Emmanuel BEAU de LOMÉNIE (1896-1974)
Gilbert B. de L. (1898-1970)
Louis x A. M. PASQUIN

Descendance RÉCAMIER

Descendance LENORMANT

Descendance BEAU de LOMÉNIE

Descendance DELPIN

Descendance PAYEN

Chronologie

VIE DE Mme RÉCAMIER

Entre 1744 et 1748.	Naissance de Jean Bernard, à Lyon.	

1751

9 mars.	Naissance de Jacques-Rose Récamier, baptisé le lendemain en l'église Saint-Nizier de Lyon.	

1756

	Naissance de Marie Julie Matton, à Lyon, la Guillotière.	

1775

25 février. 14 septembre.	Me Jean Bernard, notaire, reçu conseiller du Roy. Mariage à la Guillotière de Me Jean Bernard et de Marie Julie Matton. Liaison notoire de Mme Bernard avec Jacques-Rose Récamier.	

1777

3 décembre.	Naissance à Lyon, rue de la Cage, de Jeanne Françoise Julie Adélaïde Bernard, baptisée le lendemain en l'église Saint-Pierre-et-Saint-Saturnin.	Naissances d'Élisa Bonaparte, de Désirée Clary, de Claire de Kersaint, future duchesse de Duras, de Madame Adélaïde (d'Orléans), du tsar Alexandre Ier. Mort de Mme Geoffrin. Chateaubriand entre en 5e au collège de Dol.

1778

| | | Mort de Voltaire (30 mai). |
| | | Mort de Rousseau (2 juillet). |

1786

| 1er septembre. | Me Claude Voron succède à Me Jean Bernard. Les époux Bernard et J.-R. Récamier vont s'établir à Paris. Jean Bernard est nommé receveur des finances par Calonne. Séjour de Juliette à Villefranche-sur-Saône, puis au couvent de la Déserte, à Lyon. | 14 janvier. | Louise Necker épouse, à Paris, le baron Éric Magnus de Staël-Holstein. |

1787

| Fin ou un peu après. | Juliette Bernard rejoint ses parents, établis à Paris rue des Saints-Pères. | 19 février. | Journée des Carrosses pour Chateaubriand, qui suit la chasse royale en forêt de Saint-Germain. |

1789

| | | 14 juillet. | Prise de la Bastille, puis le 13 août, sa démolition, à laquelle assiste Chateaubriand. |

1790

| | | Fête de la Fédération: Journée des Brouettes (14 juillet). |

1791

| Printemps. | Juliette fait sa première communion à Saint-Pierre-de-Chaillot. | | Fuite à Varennes (juin). |

1792

		Début septembre.	Massacres dans les prisons parisiennes.
		20 septembre.	Valmy.
		22 septembre.	Ire République.

1793

22 février.	Jacques-Rose Récamier annonce à sa famille lyonnaise son mariage prochain avec Juliette Bernard.	21 janvier.	Exécution du roi.
		24 avril.	Acquittement de Marat.
		5 septembre.	Début de la Terreur.
24 avril.	Mariage (civil) de Juliette Bernard et de Jacques-Rose Récamier.		
9 et 10 septembre.	«Perquisitions révolutionnaires» dans les bureaux de M. Récamier, rue du Mail.		

1794

| | | 27 juillet (9 thermidor). | Chute de Robespierre. |

1796

Été.	M. Récamier loue le château de Clichy (La Garenne.) Son neveu Paul David, attaché à sa maison de banque, partage désormais sa vie familiale.

1797

Printemps-été.	Mme Récamier apparaît aux défilés de Longchamp. Présentation à l'ambassadeur ottoman.	4 septembre.	Coup d'État antiroyaliste (18 fructidor an V).
10 décembre.	Fête en l'honneur de Bonaparte, au Luxembourg. Mme Récamier s'y fait remarquer.		

1798

16 octobre.	Vente de l'hôtel de la rue du Mont-Blanc, appartenant à Necker, aux Récamier. Époque de la première rencontre de Juliette et de Mme de Staël.

1799

Printemps.	Rencontre de Juliette et de Lucien Bonaparte.		Mort de Beaumarchais. Naissance de Balzac.
9 novembre (18 brumaire an VIII).	Bonaparte prend le pouvoir. Certains préparatifs du coup d'État ont eu lieu chez les Récamier, au château de Clichy.	16 octobre. 9 novembre (18 brumaire an VIII).	Bonaparte arrive à Paris. Bonaparte prend le pouvoir.
Mi-décembre.	Cependant que s'organise le Consulat, les Récamier emménagent rue du Mont-Blanc.		
Entre le 24 décembre et le 18 janvier suivant.	Soirée chez Lucien Bonaparte, à laquelle assistent le premier Consul et Mme Récamier. M. Bernard nommé administrateur des Postes.		

1800

16 février.	M. Récamier élu au neuvième fauteuil de la régence de la Banque de France.	13 mai.	Chateaubriand rentre d'émigration.
Printemps.	David entreprend le portrait de Mme Récamier. Il l'abandonne en septembre. Gérard est alors pressenti.		

1801

Janvier.	Avant le 6, M. Bernard est destitué.		*Atala.*
4 avril.	Mme Récamier quête à Saint-Roch.		
Entre le 2 ou le 3 avril et la fin mai.	Chateaubriand rencontre Juliette Récamier chez Mme de Staël. Il s'était rendu rue du Mont-Blanc, lors des grandes fêtes de l'hiver précédent.		

1802

Mai-juin.	Mme Récamier et sa mère voyagent en Angleterre. Reviennent par la Hollande et Spa.	Épuration du Tribunat. Paix d'Amiens. Concordat. Notre-Dame de Paris rendue au culte (18 avril). *René.* *Le Génie du Christianisme.* *Delphine.* Naissances de V. Hugo et d'A. Dumas.

1803

Février.	Fermeture du salon de Mme Récamier sur ordre officieux des Tuileries. Mme Récamier passera l'été suivant à Saint-Brice et non à Clichy.	Mort de La Harpe. Naissance de Mérimée.
15 octobre.	Ordre d'exil, à quarante lieues de Paris, signifié à Mme de Staël. Elle entreprendra bientôt un voyage en Allemagne.	

1804

25 mai.	Ouverture du procès Moreau-Cadoudal auquel assiste Mme Récamier.	21 mars.	Conspiration de l'an XII. Procès Moreau-Cadoudal. Exécution du duc d'Enghien. Proclamation de l'Empire. Sacre de Napoléon 1er (2 décembre). Mort de Necker. Naissance de Sainte-Beuve. *Lettre sur la campagne romaine* de Chateaubriand. *Obermann* de Senancour.

1805

Été.	Fouché engage Mme Réca-mier à demander une place à la nouvelle cour impériale.	13 nov.	Napoléon s'installe à Schönbrunn.
13 novembre.	L'annonce de la faillite Récamier émeut Paris. Le samedi 16, M. Récamier avertit les siens. Le dimanche 17, les amis de Juliette commencent à se manifester.	2 décembre	Austerlitz.

1806

10 janvier.	Bilan de la faillite Récamier.	Octobre.	Iéna Auerstaedt. Le prince Auguste de Prusse est fait prisonnier à Prentzlow.
Mai.	Juliette rend visite à Mme de Staël installée au château de Vincelles, près d'Auxerre.		
15 juillet.	En compagnie de Benjamin Constant, Juliette se rend de nouveau à Auxerre. L'état de Mme Bernard est préoccupant.		

1807

14 janvier.	Mme Bernard fait son testament.	Février.	Eylau.
20 janvier.	Mort à Paris de Mme Bernard.	Juillet.	Paix de Tilsit. *Corinne.*
2 juillet.	Mme Récamier part pour Coppet où elle séjournera jusqu'à l'automne.		
11 août.	Arrivée à Coppet du prince Auguste de Prusse.		
28 octobre.	Échange de serments écrits entre le prince Auguste et Mme Récamier, à la veille de leur séparation.		
Hiver 1807-1808.	Tentative de suicide de Juliette.		

1808

22 mars.	Rupture avec le prince Auguste.	2 mai.	Émeute madrilène contre l'occupation française.
Été.	Juliette s'installe rue Basse-du-Rempart, n° 32. L'hôtel de la rue du Mont-Blanc est vendu au banquier Mosselman.		Guerre d'Espagne.

1809

26 janvier.	M. Récamier rentre dans la libre gestion de ses affaires. Prosper de Barante amoureux de Juliette. Refroidissement avec Mme de Staël.	Début juillet.	Wagram.
		14 octobre.	Traité de Vienne. *Les Martyrs.*
18 juin.	Mme Récamier rejoint, à Lyon, Mme de Staël. Départ pour les eaux d'Aix-en-Savoie. Puis, en juillet, séjour à Coppet.		
Hiver 1809-1810.	Auguste de Staël amoureux de Juliette.		

1810

Printemps-été.	Séjour de Mme Récamier aux eaux d'Aix, puis à Chaumont-sur-Loire. En route, elle s'arrête en Bugeay.		Entrée de Marie-Louise et de Napoléon à Paris. Bernadotte, Prince héréditaire de Suède.
Septembre.	Mme de Staël ayant dû quitter Chaumont s'installe à Fossé: Juliette s'y rend. Le 25, elle repart pour Paris, chargée d'obtenir l'autorisation de la censure pour le tome III de *De l'Allemagne.* En vain. L'ouvrage est pilonné, et Mme de Staël contrainte de s'éloigner: elle choisit de regagner Coppet.		
18 décembre.	Mort de Mariette Cyvoct, nièce de M. Récamier et mère de la petite Joséphine qui, six mois plus tard, viendra vivre chez les Récamier, ses parents adoptifs. Rebaptisée Amélie, la future Mme Lenormant ne les quittera plus.		

1811

17 août.	Mme Récamier est portée sur la liste des émigrés à l'intérieur de l'Empire.
21 août.	Mathieu de Montmorency frappé d'exil pendant son séjour à Coppet.
23 août.	Mme Récamier part, en compagnie d'Amélie, pour Coppet, où elle ne passera que trente-six heures.
3 septembre.	Ordre d'exil à quarante lieues de Paris de Mme Récamier, signifié, en l'absence de celle-ci, à M. Récamier.
18 septembre.	Après deux jours passés incognito à Paris et à Angervilliers, Juliette prend la route de Châlons-sur-Marne, où elle résidera plus de huit mois.

20 février.	Chateaubriand élu à l'Institut.
20 mars.	Naissance du roi de Rome. *L'Itinéraire de Paris à Jérusalem.*

1812

Juin 1812. Carême 1813.	Juliette séjourne à Lyon.

Campagne de Russie. Retraite: passage de la Bérézina, le 27 novembre. *Childe Harold.*

1813

Mars.	Départ pour l'Italie, en compagnie d'Amélie. Installation à Rome.
Début juillet.	Ballanche vient passer une semaine auprès de Mme Récamier.
Août-septembre.	Villégiature à Albano.
Début décembre.	Juliette se rend à Naples où règnent les Murat.

Campagne d'Allemagne.

1814

11 janvier.	Murat entre dans la coalition contre Napoléon. Il se confie à Mme Récamier.
Semaine sainte.	Juliette revient dans la Ville Éternelle pour assister aux cérémonies religieuses.
Avril.	Court séjour à Naples.
23 mai.	Retour du pape à Rome. *Te Deum* à Saint-Pierre auquel assiste Juliette.
Vers la mi-juin.	Retour de Mme Récamier à Paris.
Avant le 19 juillet.	Lecture des *Abencérages*, de Chateaubriand, chez Mme Récamier, en présence de l'auteur.
31 août.	Juliette demande à Benjamin Constant de rédiger un mémoire en faveur des Murat. Coup de foudre de Benjamin: ses convulsives assiduités envers Mme Récamier dureront quatorze mois.

	Campagne de France.
31 mars.	Capitulation de Paris.
11 avril.	Traité de Fontainebleau.
3 mai.	Retour de Louis XVIII à Paris. Traité de Paris. *De Buonaparte et des Bourbons.*

1815

19 mars.	Article de Benjamin Constant, dans le *Journal des Débats*, violemment antibonapartiste.	1er mars.	Napoléon débarque à Golfe-Juan.
14 avril.	Entrevue de Napoléon avec Constant.	Mars-juin.	Les Cent-Jours.
22 avril.	Nouvelle entrevue: Constant nommé conseiller d'État. Rédaction définitive de l'Acte additionnel.	18 juin.	Waterloo.
			Fin du congrès de Vienne.
		8 juillet.	Retour de Louis XVIII aux Tuileries.
14 juillet- 23 octobre.	Mme de Krudener installée à Paris. Mme Récamier et Constant se rendront à ses séances de méditation.	13 octobre.	Murat fusillé.
		20 novembre.	Deuxième traité de Paris.
17 août.	Chateaubriand fait pair de France.		

1816

Juin.	Séjour de Mme Récamier chez ses cousins Dalmassy, au château de Richecour, en Haute-Saône.
Juillet.	Séjour aux eaux de Plombières.
20 septembre.	Chateaubriand perd son titre et sa pension de ministre d'État.
Fin octobre.	Après avoir marié sa fille et mis en ordre ses affaires, Mme de Staël s'installe à Paris.

1817

Avril.	La Vallée-aux-Loups est mise en loterie. La bibliothèque de Chateaubriand est vendue aux enchères.	Septembre.	Dissolution de la *Chambre introuvable*. *La monarchie selon la Charte. Adolphe*, publié à Londres . Les Constitutionnels gouvernent.
28 mai.	Dîner chez Mme de Staël où se retrouvent Mme Récamier et Chateaubriand.		
14 juillet.	Mort de Mme de Staël.		
Été.	Ballanche quitte Lyon pour venir habiter Paris.		
7 novembre.	Mort de Mme de Dalmassy.		

1818

18 mars.	Mme Récamier et Mathieu de Montmorency prennent en location la Vallée-aux-Loups.	29 septembre- 9 octobre.	Congrès d'Aix-la-Chapelle.
21 juillet.	Mathieu de Montmorency acquiert la Vallée-aux-Loups.		
3 août.	Après avoir passé quelques jours à Dieppe, Mme Récamier arrive à Aix-la-Chapelle, pour y prendre les eaux. Elle y revoie le prince Auguste. Retour à Paris, le 1er octobre.		
Octobre.	Installation des Récamier rue d'Anjou-Saint-Honoré, n° 31.		

1819

Janvier.	Nouveaux problèmes financiers de M. Récamier.
Entre le 13 janvier et le 20 mars.	Accomplissement du lien entre Juliette et René.
Été.	Juliette à la Vallée-aux-Loups.
Début octobre.	Mme Récamier et sa nièce s'installent à l'Abbaye-aux-Bois. MM. Récamier, Bernard et Simonard, rue du Vieux-Colombier, n° 26.

1820

1er janvier.	Jean-Jacques Ampère présenté à l'Abbaye.	13 février.	Assassinat du duc de Berry. Chute du ministère Decazes. Le duc de Richelieu lui succède. Les ultras gouvernent. *Méditations poétiques* de Lamartine.

1821

1er janvier.	Chateaubriand part prendre son ambassade à Berlin.	Décembre.	Complot de Saumur.
26 avril.	Retour de Chateaubriand à Paris.		

1822

Avril.	Chateaubriand rejoint son ambassade à Londres.		Congrès de Vérone. Mort de Canova.
Octobre.	Mathieu de Montmorency et Chateaubriand au congrès de Vérone.		
Fin décembre.	Chateaubriand succède à Mathieu de Montmorency au ministère des Affaires étrangères.		

1823

24 octobre.	Juliette décide de partir pour l'Italie.	Mai-septembre.	Expédition française en Espagne pour rétablir Ferdinand VII.
2 novembre.	Elle quitte Paris en compagnie d'Amélie. Ballanche et Ampère suivent.	31 août. 1er octobre.	Prise du Trocadéro. Affaire de Colmar (complot bonapartiste).
19 novembre-10 décembre-	Arrêt à Florence.		
15 décembre.	Arrivée à Rome. Installation rue du Babouin, n° 65.		

1824

21 février.	Début du carnaval romain. Grande fête à l'ambassade de France.	16 septembre.	Mort de Byron. Mort de Louis XVIII.
30 mars.	Mort de la duchesse de Devonshire.		
Février-avril.	La reine Hortense à Rome; fréquentes rencontres avec Mme Récamier.		
6 juin.	Chute de Chateaubriand, connue à Rome le 16.		
6 juillet.	Juliette quitte Rome pour Naples où elle séjournera six mois.		

1825

Début février.	La correspondance a repris entre Juliette et René.	29 mai.	Sacre de Charles X.
20 avril fin mai.	Voyage de retour de Mme Récamier, par Ferrare, Venise, Possagno et Trieste.		
29 mai.	Mme Récamier réinstallée à l'Abbaye. Elle dispose du grand appartement du premier étage.		
Automne.	Juliette à la Vallée-aux-Loups.		
3 novembre.	Mathieu de Montmorency élu à l'Académie française.		

1826

1er février.	Mariage à l'Abbaye-aux-Bois d'Amélie et de Charles Lenormant.		Mort de Talma. *Cinq-Mars.*
Vendredi saint.	Mort de Mathieu de Montmorency, à Saint-Thomas-d'Aquin.		

1827

9 mai.	Lettre de J.-J. Ampère à Mme Récamier, sur Goethe et Weimar.	Du 13 février au 12 mars.	Débats à la Chambre sur la *loi vandale* relative à la presse. Chute du ministère Villèle. Martignac lui succède. *Préface de Cromwell.*

1828

19 mars.	Mort de M. Bernard.		
5 août.	Embarquement à Toulon de l'expédition à laquelle participe Charles Lenormant.		
14 septembre-27 mai suivant.	Ambassade à Rome de Chateaubriand.		

1829

Été.	Juliette à Dieppe.	10 février.	Mort du pape Léon XII. *Les Orientales.*
Octobre.	Mme Récamier emménage définitivement dans le grand appartement du premier étage de l'Abbaye, redécoré pendant l'été précédent.		

1830

29 mars.	M. Récamier meurt dans le grand salon de l'Abbaye.	25 février.	Première d'*Hernani*. Dissolution de la Chambre.
Avril.	Séjour de Juliette à Bonnétable.		Prise d'Alger.
Fin Juin.	Juliette à Dieppe.	25 juillet.	Ordonnances royales.
27 juillet.	Chateaubriand l'y rejoint, mais les événements le contraignent à regagner Paris aussitôt.	27-28-29 juillet.	Soulèvement de Paris: *Les Trois Glorieuses.*
		31 juillet.	Louis-Philippe à l'Hôtel de Ville de Paris. Proclamation aux Parisiens.
30 juillet.	Retour de Mme Récamier à Paris.	7 août.	Louis-Philippe, roi des Français.
7 août.	Grand discours de Chateaubriand à la Chambre des pairs, justifiant son éclatante retraite politique.		*Le Rouge et le Noir*, *Les Harmonies.*
8 décembre.	Mort de Benjamin Constant.		

1831

	Présentation du jeune Balzac à l'Abbaye.		Ministère Casimir Perier. Pillage de Saint-Germain-l'Auxerrois. *Notre-Dame de Paris, Athénaïs ou le château de Coppet en 1807.*

1832

Mi-carême.	Le choléra éclate à Paris.	Avril.	Débarquement de la duchesse de Berry en Provence.
Juin 1832.	Arrestation de Chateaubriand.		
16 août.	Mme Récamier à Arenenberg, chez la reine Hortense.	7 novembre.	Arrestation de la duchesse de Berry à Nantes.
27 août.	Chateaubriand rejoint Mme Récamier à Constance.		
15 septembre et 24 septembre.	Visites à Coppet.		

1833

14 mai-5 juin.	Mission de Chateaubriand à Prague.	10 mai.	La duchesse de Berry accouche d'une fille.
3 septembre-6 octobre.	Mission de Chateaubriand à Venise.		

1834

Février.	Lectures des *Mémoires d'outre-tombe* à l'Abbaye.

1835

Été.	L'Abbaye se transporte à Dieppe, puis au château de Maintenon.		Attentat de Fieschi. *Le Lys dans la vallée, Chatterton, Les Chants du crépuscule, Lorenzaccio.*

1836

Fin octobre.	Dernière rencontre avec la reine Hortense.		Mort d'Armand Carrel. Mort d'André-Marie Ampère.
Hiver.	Mauvaise santé de Mme Récamier.		Complot de Strasbourg. Mort de Charles X. *Jocelyn.*

1837

Juin.	Mort d'Adrien de Montmorency-Laval.		Mariage du prince royal. Avènement de la reine Victoria.
Octobre.	Mort de la reine Hortense.		*Les Voix intérieures.*
Fin octobre.	Mme Récamier, souffrante, s'installe dans l'hôtel du chancelier Pasquier, rue d'Anjou. Elle y passera l'hiver.		

1838

Fin novembre.	Nouvelle série de lectures des *Mémoires d'outre-tombe*, à l'Abbaye.	17 mai.	Mort de Talleyrand. *Ruy Blas.*

1839

Novembre.	Lecture à l'Abbaye du *Port Royal* de Sainte-Beuve.		*La Chartreuse de Parme.*

1840

Été.	Mme Récamier aux eaux d'Ems.		Retour des cendres de Napoléon. *Colomba.*

1841

| Février. | Soirée à l'Abbaye en faveur des inondés de Lyon. | | |
| Été. | Chateaubriand à Néris. Juliette classe ses papiers. | | |

1842

17 février.	Ballanche élu à l'Académie française.		Mort du prince royal, de Pozzo di Borgo, de Stendhal. Naissance de Mallarmé.
21 avril.	Réception de Ballanche. Dernière apparition de Chateaubriand sous la coupole.		
Été.	Mme Récamier à la Folie Saint-James, à Neuilly, puis à Maintenon.		

1843

| Juillet. | Mort du prince Auguste de Prusse. | | *Les Burgraves.* |
| Novembre. | Chateaubriand se rend à Londres, à la demande du comte de Chambord. | | |

1844

			La Vie de Rancé. Naissances de Verlaine et d'Anatole France.

1845

| Fin mai. | Chateaubriand à Venise. | | *Carmen.* |

1847

9 février.	Mort de Mme de Chateaubriand.		
22 avril.	Ampère élu à l'Académie française.		
3 mai.	Juliette opérée de la cataracte.		
12 juin.	Mort de Ballanche.		

1848

| 4 juillet. | Mort de Chateaubriand. | 25 février. | Proclamation de la IIe République. |
| | | 10 décembre. | Louis-Napoléon Bonaparte élu président de la République. |

1849

Dimanche de Pâques.	Juliette quitte l'Abbaye, pour fuir le choléra et s'installe chez les Lenormant, à la Bibliothèque nationale.	13 mai.	Élections nationales. Le duc de Noailles élu au fauteuil de Chateaubriand à l'Académie.
11 mai.	Mme Récamier meurt du choléra.		
13 mai.	Enterrement de Mme Récamier au cimetière Montmartre.		

ANNEXES

ANALYSES ASTROLOGIQUES

Selon l'astrologie, cette Sagittarienne est née sous une double conjonction: Soleil-Mercure, ce qui la poussera vers l'esprit d'indépendance conjugué avec un goût marqué pour la vie sociale; Saturne-Vénus qui commande la chasteté, le mariage blanc et la difficulté de s'abandonner à l'amour. André Barbault a étudié le thème de Juliette à partir de la fausse date de sa naissance (4 décembre). Milan Kundera a rectifié cette étude; la Lune se trouvant, le 3 décembre, en Capricorne, elle incline, conclut-il, Juliette vers la « féminité froide », et non vers la « féminité agressive » qu'avait notée André Barbault. Il nous faut admettre que ces conclusions correspondent à ce que seront le comportement et la psychologie de Juliette toute sa vie.

André Barbault

Juliette Récamier,

Lyon, le 4 décembre 1777.

La dame blanche est-elle née sous une énigmatique étoile, à l'image des obscurités de sa vie, dont la lumière est aussi impénétrable que les voiles dont s'est enveloppé son personnage?

Indice supposé d'un facteur horaire ignoré, un style de langueur lunaire – illustré par David qui nous présente la belle dans sa pose familière et naturelle, étendue sur une chaise longue Directoire – orne en quelque sorte une nature foncière où se décèle une personnalité qu'on n'attend pas; celle qui relève du Sagittaire où le Soleil et Mercure sont réunis à l'opposition d'Uranus, avec Jupiter en Lion. Cette gracieuse nonchalante possède en vérité une belle vivacité de caractère. Elle qu'on aurait pu prendre pour une tranquille nature ou une paisible indifférente est soulevée d'amples vagues d'aspirations, parmi lesquelles l'esprit d'indépendance et le goût de la liberté ne sont pas les moins exigeants. Aussi n'est-il pas étonnant que son salon soit devenu le lieu de fréquentation d'une certaine opposition sous l'Empire et qu'elle ait été elle-même une suspecte pour Napoléon. Mais ce centaure farouche en mal de rébellion compose aussi l'autre figure du signe. Celle d'une femme de société désireuse d'égards, de distinction, de prestige, qui vit de la sympathie, de la considération, de la communion avec son milieu – celui de son salon – où s'épanouissent son savoir-faire et son savoir-vivre dans un certain sentiment de grandeur.

Ce n'est toutefois pas Mme Récamier Sagittaire qui nous intéresse. Celle qui a retenu l'attention des historiens est la femme d'une conjonction Vénus-Saturne en Scorpion au quintile (angle représentant le cinquième du cercle soit 72°) d'une conjonction Lune-Mars-Pluton fin – Capricorne et début – Verseau

Il est parfaitement édifiant de remarquer chez cette femme la rencontre Vénus-Saturne dans le signe secret du Scorpion. Vénus-amour fait alliance avec Saturneobstacle, l'entrave, le refus, le renoncement, le néant… Et c'est le thème de cet accouplement « maléfique », qui drape sa vie de mystères.

Juliette est d'abord mariée à l'âge de quinze ans avec un homme qui en a quarante-trois. Si l'on songe que Saturne symbolise les valeurs de Chronos, le temps et la vieillesse, qu'il représente les personnes âgées, on saisit donc cette union tout à fait dans la ligne de cette conjonction astrale. Et celle-ci s'exprime d'autant plus parfaitement et intégralement qu'il s'agit d'un mariage blanc. Mme Récamier ne reçoit de son mari que son nom. L'explication admise est qu'elle était probablement la fille de son mari.

Mais sa vie sentimentale a pris un pli dont elle ne se défera pas: celui de *la chasteté saturnienne*. Juliette est une grande coquette; une coquette très entourée et qui attire une nuée d'hommages masculins. Son charme est presque « ensorceleur» et ses principales conquêtes sont bien connues: Lucien Bonaparte, Montmorency, Auguste de Prusse, Ampère, Barante, Ballanche, Benjamin Constant, Chateaubriand… Les soupirants se pressent autour d'elle et elle passe sa vie à s'engager dans des aventures passionnelles, destinées cependant à demeurer platoniques. Ces passions n'aboutissent à aucun accouplement physique; elle les poursuit très bien, jusqu'au moment où elle se dérobe *in extremis*.

Devant le spectacle de cette vertu érigée en forteresse inexpugnable s'est répandue l'opinion que Juliette avait pu être anormalement constituée et que cette obstination du refus et de la dérobade relevait d'un « cas de force majeure ». Face à cette interrogation, l'astrologie nous propose seulement un plan sur lequel s'élabore une ligne de destinée où l'on voit l'amour rivé à l'obstacle, sans nous fournir positivement la nature de cet obstacle qu'on peut aussi bien concevoir, de prime abord, physiologique que psychologique. Néanmoins, en poussant l'investigation, on en arrive à découvrir un réseau constellé d'indices qui contribuent à accréditer la version d'un obstacle psychique qui se suffit à lui-même et nous dispense de recourir à la thèse, bien plus improbable d'ailleurs, de la malformation physique – sinon à admettre, tout au plus, que Juliette eût pu s'accrocher à quelque banale difficulté physiologique érigée en muraille par la déformation de ses complexes, trouvant en elle le prétexte ou le point d'appui d'un refus plus intime, plus profond.

Par sa conjonction Vénus-Saturne, Juliette est sœur de la Pompadour et de Mme Curie. La célèbre marquise ne se refusa pas à l'amour, mais l'amour se refusa à elle: on évoquera, quand on en viendra à elle, son incurable et complète frigidité. Nous n'avons pas eu les confidences de Marie Curie: elle s'était d'abord refusée à l'amour, la frigidité dans son cas n'est d'ailleurs pas une nécessité, car sa conjonction Vénus-Saturne a associé l'amour et la mort dans une chaîne d'une tragique réalité physique. Or la même chaîne devait exister chez Juliette (qui a la même conjonction dans le même signe, le Scorpion); et comme cette association ne s'est pas traduite en épreuve majeure dans sa vie, nous sommes obligés de croire qu'elle était toute-puissante dans son univers intérieur, et à la base d'une frigidité insurmontable. Dans son cas, l'inhibition, la peur saturnienne tend à bloquer l'abandon à l'amour parce que dans son psychisme l'acte sexuel se trouve associé étroitement au schème d'un mal obscur, d'une menace, d'un danger, fondu avec l'idée d'une destruction, assimilé même à la mort. Les familiers de la psychanalyse connaissent l'existence de telles associations psychiques morbides, et il suffit de rappeler les cas de Poe et de Baudelaire, sans évoquer les célèbres nécrophiles pour en avoir quelque idée.

Si déjà la légende dorée de la chaste déesse de la séduction souffre de voir son cas ravalé à une névrose dans laquelle le désir capitule devant une peur sous l'effet d'une association morbide, que dire à présent que nous allons même l'assimiler à une véritable perversion?

Ici entre en scène la Lune située, à l'entrée du Verseau, entre Mars et Pluton, avec lesquels elle est en conjonction. Il n'y a pas de plus parfaite constellation de *féminité agressive*, de composante virile, de disposition « castratrice » ! À cet égard, qu'on ne se fie pas aux apparences, qu'on ne tombe pas dans le piège tendu par l'angle de délicatesse sous l'angle duquel elle apparut à ses adorateurs. Dans quelle mesure, d'ailleurs, fut-elle consciente de ce jeu de pulsions profondes si problématiques? Plus

l'être est soucieux de morale et d'éthique, et plus il se dissimule à lui-même les véri-
tés déplaisantes de ses entrailles; il les fuit d'autant plus qu'elles forcent dans la lai-
deur et il est tenté de donner le change en pensant effacer ses horreurs intérieures par
un soin redoublé à être extérieurement impeccable. Mais, ce qui ne trompe pas, c'est
le rôle que joue l'être et ce qui en découle, même si ce rôle est joué avec l'élégance
d'une Madone. Or le sketch du renoncement saturnien à l'amour, s'il était destiné à la
frustrer et à la faire souffrir – une souffrance névrotique s'il en fut! – n'en devait pas
moins tendre, en même temps, à satisfaire, obscurément mais intensément, cette féminité agressive, castratrice, foncièrement hostile à l'homme. Il suffit d'évoquer, à ce
propos, un Ampère vivant trente ans d'amour inassouvi, un Ballanche obligé de déver-
ser dans des livres entiers son cœur trop plein d'amour, d'imaginer une Juliette dominant l'objet aimé, le voyant se traînant de désir à ses pieds, soumis, dépendant, victime
certaine, dans l'attente vaine d'une joie refusée, dans l'espérance d'une étreinte qui ne
viendra jamais… Car Juliette promet tout pour ne rien donner; elle attire pour repousser, elle ouvre ses ailes pour les replier, excellant à jouer avec le feu…, celui des
autres, répondant aux avances, livrant son cœur pour finalement se refermer dans le
secret de son être. « Qui la suit dans ses premiers élans est perdu s'il est vraiment passionné. Mais comme elle est aussi infiniment bonne, elle n'a de cesse, avec un illo-
gisme bien féminin, de panser les blessures qu'elle a faites et de transformer en douce
amitié l'amour ardent qu'elle a inspiré. Elle s'est instituée d'avance, la sœur de charité de ses soupirants et la plupart lui ont voué une affection si profonde qu'ils accep-
tent ce renversement des rôles. » (Jules Bertaut.) Ici apercevons-nous ce qui relève de
la Lune en Verseau, mais ce rôle second, qui vient en surimpression, n'efface pas la
trace première qui fait de Juliette une femme désirée et maudite pour la souffrance
qu'elle cause autour d'elle. Et c'est ainsi que nous la voyons prisonnière du cercle
étroit d'un sketch amoureux sado-masochiste du plus pur style freudien. En ce sens,
est-elle, parmi les femmes illustres, l'une de celles qui peuvent le plus craindre, aux
yeux de la postérité, pour leur auréole de beauté, de vertu ou de grandeur.

Rectification de Milan Kundera

Le fait que la date de naissance ne soit pas exacte, change, bien sûr, quelque chose:
c'est donc la première correction qu'il faut faire.

Cette correction ne concernera pas, probablement, la conjonction du Soleil et de
Mercure: ce que A. Barbault dit dans son premier long paragraphe est juste. Elle ne
concernera pas non plus la conjonction Saturne-Vénus. En revanche, étant donné que
la Lune se déplace très rapidement (12 degrés pendant une seule journée), ce que l'astrologue analyse au sujet de la « féminité agressive » n'est pas valable. Mais il semble
qu'on peut déduire que la Lune – Mme Récamier est née le 3 décembre – est dans le
Capricorne: la féminité n'est donc pas agressive mais froide. Ce qui renforce encore
ce que A. Barbault dit sur la conjonction Saturne-Vénus et la « chasteté saturnienne ».
Vraiment, la Lune en Capricorne et la conjonction Saturne-Vénus forment une constellation exceptionnelle et assez terrifiante… Bien sûr, le fait qu'elle ait été charmante et
attirante, aimée et admirée ne se voit pas dans son horoscope. Si je ne savais pas de
qui il s'agit, je ne pourrais pas voir la belle femme qu'elle était. Mais il ne faut pas
oublier que l'horoscope est incomplet étant donné que nous ne savons pas l'heure de
sa naissance et que nous ne pouvons calculer exactement la position de la Lune, ni
déterminer son ascendant, non plus que d'autres points sensibles de l'horoscope qui
peuvent, éventuellement, accentuer la force du Soleil, ou bien même la force de cette
Vénus refroidie, et équilibrer ainsi le portrait astrologique de Mme Récamier.

vous parler de bonheur mon aimable sœur au de feu
que j'ai de mieux senti a été de recevoir l'expression de
vos sentiments d'attachement que j'ai pour mon mari
me rend si chère tout ce qui lui apartient que les
preuves d'amitié que j'en reçois me sont précieuses
je qui me d'être beaucoup aussi touché des choses obligeantes
que vous me dittes sur mon zèle a de rendre heureux
c'est mon unique et ma plus douce étude celle ou
j'ai fixé mon bonheur il ne nous manque a d'un
ils a d'autre que le charme de vivre au milieux
de mon famille je fais bien des vœux pour que cette
heureuse réunion se realise un jour je vous remercie
de partager le sentiment offert que d'avance ou m'aime
un peu

vous êtes bien bonne ma chère sœur de desirer mon
portrait si vous me connoissiez davantage vous
sauriez que ce n'est point un cadeau a vous faire mais
c'est un moyen de me rapeler a votre souvenir je le
saisirai avec empressement !

       Juliette. B. Récamier.

   ce 27 d'un ... de la ...

ANALYSES GRAPHOLOGIQUES
de Mme Monique Deguy

Document n° 1 (An II)

Écriture bâtarde, en usage l'année des 15 ans de Juliette. C'est le modèle de l'époque, enseigné dans les couvents. La mise en page est très harmonieuse, la calligraphie encore embellie par le geste élégant d'une personne fine, cultivée, raffinée.

Une parfaite disposition de l'espace, avec un rythme soutenu, cadencé et nuancé selon la sensibilité de la jeune fille, avec des surfaces encrées personnelles et vivantes et des blancs très réguliers entre les mots et entre les lignes, qui laissent au texte toute son aisance respiratoire: c'est une discipline imposée qui convient parfaitement à l'expression de cette personnalité naissante.

Cette calligraphie comporte en elle-même de belles liaisons, des guirlandes semi-anguleuses, des lettres initiales dessinées et ornées; beaucoup de majuscules à la place des minuscules, ce qui était courant à l'époque, et librement accepté.

L'écriture progresse agréablement, sans à-coups sur la feuille, les barres de *t* sont longues et fines, symboliques du tempérament de Juliette; un très beau relief, telle une gravure qui sort de la page, avec des appuis et des allégements qui lui paraissent le mieux convenir. Les finales courbes, légères et enroulées, expriment la grâce féminine et le désir naïf de séduction.

La signature, plus grande que le texte, légèrement montante, avec un paraphe maladroit, indique que Juliette accepte inconsciemment la destinée, telle qu'elle lui est dévolue dans son exigence inéluctable, sans possibilité de remettre en question… C'est ainsi…

Nous trouvons de l'enfant des signes à la fois émouvants et douloureux qui sont la projection de toute une « aura » qui illuminera et chargera une existence déjà exceptionnelle en puissance.

On ne trouve guère une qualité pareille à un âge si tendre, la femme est d'ores et déjà inscrite dans ce graphisme.

Les qualités d'intelligence apparaissent au premier coup d'œil: de la réflexion, un esprit attentif et concentré, non dénué de rigueur, une capacité d'argumentation claire et précise, un esprit critique fin et développé qui discerne et choisit, une poursuite des idées permettant à Juliette de parvenir à ses buts avec la constance d'une personne dont la maturité étonne…

Le jugement ne manque pas de recul, Juliette semble apprécier les gens et les situations avec sûreté et justesse; on pressent une stabilité dans ses opinions; elle tourne déjà son regard vers un avenir de possibilités dans lesquelles elle s'investit avec force et conviction.

Personnalité déjà structurée, acceptant les idées reçues, fruit d'un enseignement traditionnel; et pourtant le mariage si précoce fait de cette enfant une femme avec les responsabilités que cela comporte.

9 Janvier.

Je suis en peine de ne entendre mon
cher paul, je ne vous écris qu'un
petit mot pour vous remercier de
vos lettres et pour vous prier de
faire passer celle ci a Benjamin a
londres — tous les détails que
vous me donnez m'intéressent
beaucoup ne vous en lassez
pas, et croyez toujours a ma
tendre amitié

Document n° 2 (juin 1816)

Dans ce deuxième document, Juliette a 39 ans. L'écriture s'est personnalisée, c'est le reflet de sa maturité.

Le graphisme est extrêmement rapide et vibrant, réduit au substrat, avec une zone médiane pointillée, plus ou moins pochée (n'oublions pas le papier végétal de l'époque, jauni et épais, griffé par la plume d'oie avec l'encre sépia faite de poudre diluée dans l'eau) que l'on entrevoit grâce à la forme plus précise des lettres hautes qui jalonnent et servent de repères et d'étais à cette zone « affective » si rapetissée.

L'écriture est étalée, inclinée, progressive; les appuis sont forts sur la verticale et compensent en quelque sorte la zone médiane amenuisée.

On observe une bonne répartition des blancs et des surfaces encrées: l'air circule parfaitement, l'espace est habité de façon harmonieuse, en dépit des interlignes qui grandissent au fur et à mesure du texte, augmentant la qualité existentielle de Juliette.

On note les barres de *t* fines et acérées qui confirment son tempérament ardent.

Cette vibration et cette hypersensibilité dénotent une très forte émotivité, une souffrance pour laquelle Juliette lutte avec courage en la sublimant; elle semble juguler une nature anxieuse sans perdre pour autant sa force d'affirmation et son puissant impact. Elle garde néanmoins sa fierté de femme, le quant-à-soi si naturel chez elle lui permet de garder toute sa dignité.

Écriture très mobile, qui montre le brio de l'intelligence, l'intuition éclairante, l'acuité du jugement, un esprit en effervescence bien que très contenu. Juliette semble embrasser plusieurs domaines, avec une capacité de choisir le meilleur et d'agir avec diplomatie et délicatesse dans les circonstances qui se présentent sur sa route.

Le sens critique est aiguisé, sans s'imposer aux autres, elle irradie autour d'elle; il se dégage de cette écriture un magnétisme indéniable, un élan tenu en bride par une sagesse qui est chez elle un don inné.

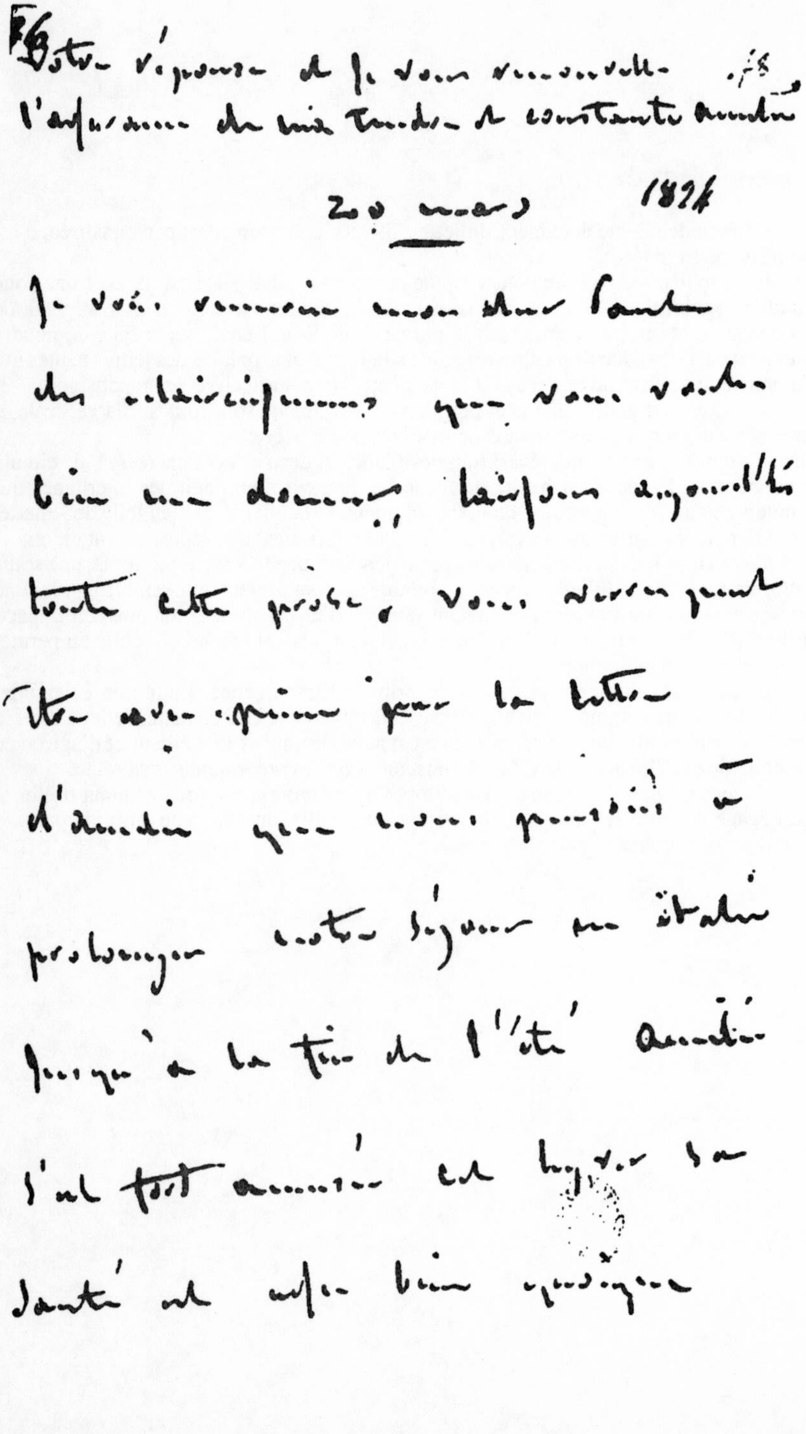
Votre réponse et je vous renouvelle [illegible] l'assurance de ma tendre et constante amitié

20 mars 1824

Je vous remercie mon cher Paul des éclaircissements que vous voulez bien me donner, laissons aujourd'hui toute cette prose, vous devez point être [illegible] pour la lettre d'amitié que vous pensiez à prolonger votre séjour en Italie jusqu'à la fin de l'été Amélie s'est fort amusée et lorsque sa santé est assez bien quoique

Document n° 3 (1824)

Bien que nous restions dans un niveau graphique très élevé, quelles que soient les embûches considérables, nous devons toujours situer l'auteur de ces missives comme une femme hors du commun, à ne pas confondre avec aucune autre; néanmoins, dans ce document, nous constatons un graphisme abîmé, accidenté, inégalement réduit à sa plus simple expression, presque illisible.

L'écriture est donc verticale à redressée, le mouvement est cabré, le rythme heurté et chaotique, le texte légèrement montant à concave, le croisement des zones a perdu de son harmonie. Les appuis sont très inégaux: tantôt grêles, tantôt insistants, tantôt carrément massués, traversant agressivement le papier; la pression quasi engorgée, spasmodique, de plus en plus pochée.

Les barres de *t* s'élancent vers le haut de la feuille telles des flèches protestataires, les jambages sont restreints, inégaux, droits ou tournés vers la gauche, les finales se prolongent, piquantes et réactives; les mots, plus éloignés les uns des autres, donnent lieu à quelques « cheminées », les interlignes augmentent, procédant probablement de la distance volontaire que veut prendre Juliette à cette période-là.

Ce graphisme reflète une phase de rébellion et de révolte intérieure. La menace pèse sur la « jeune femme » de perdre son équilibre en cherchant désespérément une issue à cette crise; elle est sur la défensive, méfiante, écorchée vive, dans la contrariété absolue.

Des signes d'agressivité transparaissent dans ces pages, signes que Juliette retourne sur elle avec le fort sentiment d'injustice dont elle souffre à ce moment-là.

Elle ne peut temporiser, ni raisonner à froid, le cœur lourd la rend intransigeante, ses forces vitales et son courage la font agir dans la colère et l'aident à prendre des décisions lui donnant du champ... ou lui permettant de prendre du champ...

On pourrait parler ici de féminité outragée et d'une pointe de sadisme propre à celle qui veut faire souffrir en retour.

Toute l'ambivalence des sentiments se lit dans ce graphisme aussi schématisé que violent, l'amour et la haine sont confondus, l'affectivité blessée au plus haut point; la souffrance extrême crie vengeance; l'orgueil est là avec son double mobile: l'humiliation et la dignité.

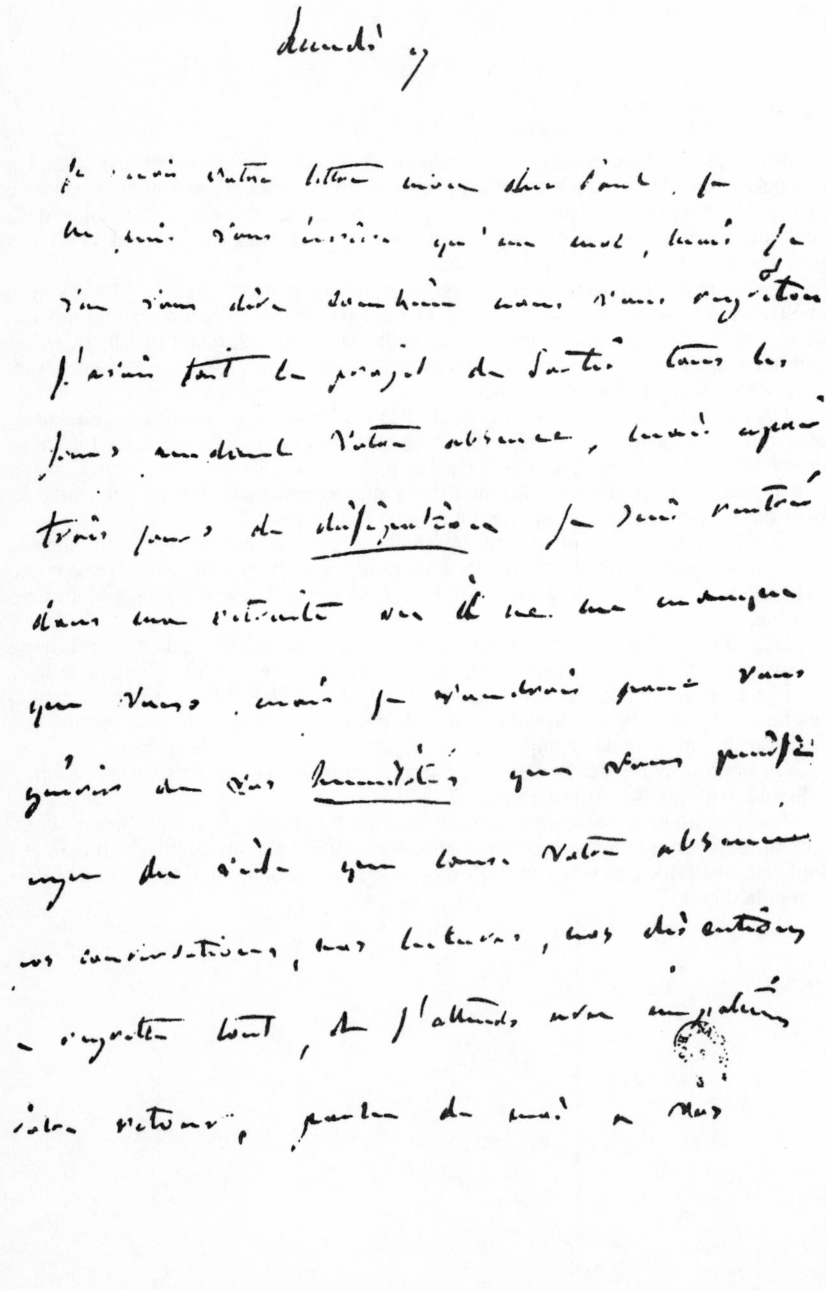

Document n° 4 (1843)

Juliette a 65 ans au moment où elle écrit cette lettre et sa vue baisse.

Le graphisme est de plus en plus épuré, allégé, élégant. Il s'incline et monte légèrement, griffant le papier avec vivacité, avec de toutes petites guirlandes filiformes et anguleuses. La ligne de base est plus sinueuse, le texte léger et aérien prend son envol, ponctuant l'espace de ses fines barres de *t* lancées comme des antennes, de ses finales acérées et de ses quelques soulignements.

Les inégalités de pression témoignent ici de la difficulté de la vue de Juliette, montrant, malgré son élan et son dynamisme, sa vulnérabilité de fond et sa fatigue; mais le relief demeure constant, au même titre que dans les autres documents, comme si le courage et la force morale ne l'abandonnaient pas.

Il y a dans ce graphisme une cérébralité proche de certaines écritures masculines de haut niveau, une élévation de tout l'être, une transcendance qui donne à cette personnalité une dimension exceptionnelle.

L'hyperémotivité lui fait tenir de façon énergique les rênes de sa sensibilité qu'aucun obstacle n'entrave; plus critique que jamais, d'une finesse intuitive sans égal, elle anticipe sur les événements avec un discernement certain et semble saisir à l'avance la psychologie des êtres, sans la moindre mesquinerie, ennemie de la petitesse.

La distinction de la scriptrice est telle dans ce dernier document qu'elle la place de façon évidente au-dessus de toute forme de rivalité ou de jalousie.

Aisance et simplicité, noblesse d'esprit, courtoisie des contacts soigneusement contrôlés, qui forcent l'estime et le respect.

LETTRE DE JACQUES-ROSE RÉCAMIER
à son beau-frère Delphin, de Lyon, pour annoncer son mariage.

Paris, le 22 février 1793.

Je te marquai l'année dernière, mon cher ami, que je commençais à m'arrêter avec plus de complaisance à des idées de mariage. C'était encore une pensée vague, incertaine dans son choix et sans détermination fixe. J'avais cependant déjà trouvé mon vainqueur, sans connaître encore la puissance de ses armes et sans calculer ma défaite. Pour que tu reçoives cette ouverture sans la prévention que pourraient peut-être t'inspirer les accessoires, je dois d'abord te faire le portrait de la personne, non pas comme un amour aveugle pourrait me la présenter, mais comme une amitié clairvoyante et l'affection la plus tendre m'ont permis de l'apprécier, avec tout le calme de la raison et le discernement de l'homme sage. Elle est malheureusement trop jeune; elle a au plus seize ans. Il est possible d'être plus belle, mais je n'ai jamais trouvé de genre de beauté qui répondît mieux à mon cœur. C'est la candeur, la décence et la bonté parées de tous les charmes de la jeunesse. Quelle [que] disproportion qu'il y ait entre mon âge et le sien, comme je l'ai toujours affectueusement chérie, elle m'a constamment témoigné un attachement particulier qui s'est également développé par les caresses de l'enfance, par l'empressement de l'innocence, comme à travers la timidité réservée d'une âme sensible qui commence à s'émouvoir. J'ai saisi toutes ces nuances: elles ont fortifié mes sentiments. Je n'en suis point amoureux: mais j'éprouve pour elle un attachement tendre et vrai qui me persuade que je dois trouver en cette intéressante personne une compagne qui fera le bonheur de ma vie, etc., d'après les dispositions que j'apporte à faire le sien, dont je la vois très convaincue, je ne doute point qu'il ne soit réciproque. Son éducation a été très soignée, bien plus dirigée vers les choses solides que celles de pur agrément, qui, cependant, n'ont pas été négligées. Il est difficile d'être plus heureusement née. Il y a en elle un germe de vertus et de principes qu'on trouve rarement aussi développé dans un âge aussi tendre, sensible, aimante, bienfaisante et bonne, chérie de tous ses alentours et de tous ceux qui la connaissent.

Quelque avantageux que paraisse ce portrait, sans m'aveugler trop, je ne le crois pas flatté et, d'après lui, on peut aisément se rendre raison de mes sentiments. Ce n'est qu'après en avoir longtemps et mûrement interrogé la nature et la sincérité que je me suis décidé à les manifester, au moment même où ses parents s'en doutaient le moins, ne m'étant jamais montré dans la maison sur un ton à faire soupçonner mes vues, dont personne ne se doutait, pas plus la jeune personne que tous ses alentours. Il était même question de deux autres partis sur lesquels j'étais consulté. Ce fut à la suite de cette ouverture que je fis la mienne directement à la mère, puis au père. Tous les deux, qui me connaissent bien, en parurent enchantés. Il fallait, avant tout, connaître les intentions de la personne qui y était la plus intéressée; il eût été possible qu'elle m'eût infiniment estimé comme ami et qu'elle ne m'aimât pas pour mari; elle a paru charmée de la proposition; elle a été touchée aux larmes, quand elle a su que c'était un sentiment d'affection qui me déterminait; elle a avoué le partager dans toute la plénitude de son cœur: elle me l'a témoigné de la même manière dans l'entrevue qui a succédé à la proposition. C'est samedi qu'elle a eu lieu; je l'ai revue depuis. Les paroles nous manquent pour nous témoigner tout ce que nous éprouvons réciproquement. Nos larmes y suppléent. As-tu déjà pénétré, mon cher ami, quel était ce charmant objet qu'il faut te nommer? C'est Mlle Bernard. La prévention pourrait, à ce nom, affaiblir l'intérêt que j'ai dû t'inspirer, en te traçant son portrait au physique comme au moral. Mais crois, mon cher ami, que je suis assez raisonnable pour avoir tout mûrement pesé. Sans isoler la jeune personne de ses père et mère, comme en l'isolant, je ne vois aucun reproche à éprouver de l'opinion publique qui serait bientôt muette et désarmée quand ses excellentes qualités connues et présentées dans le public auront pu justifier mon choix. On pourra dire que mes sentiments pour la fille tiennent à ceux que j'ai eus pour la mère; mais tous ceux qui fréquentent la maison savent bien que l'amitié seule m'y attachait à la suite d'un sentiment peut-être un peu plus vif que j'ai pu éprouver dans le principe de notre connaissance. Aujourd'hui dans un âge qui n'est plus celui de la prétention, elle n'en a d'autre que l'éducation de sa fille et d'en faire une femme vertueuse et méritante. Les différentes circonstances de sa vie ont pu lui faire mieux apprécier qu'à une autre de quel prix sont, à tous les âges, l'estime de soi-même et celle des autres. Le père, attaché à une place qui exige un grand travail, s'y livre absolument et doit en avoir recueilli le fruit parce qu'il sait mieux son métier que les autres. Je lui suppose une fortune bien nette de 200 à 250 M. L. en portefeuille; ils ont deux maisons à Lyon. Leur fille est unique; soit à présent, soit plus tard elle aura tout: tu conçois bien que, jusqu'ici, il n'a été aucunement question d'intérêt de part ni d'autre; mais il faudra bien que cette ligne figure dans le contrat et, sur ce point, nous serons bientôt d'accord. Il est question, à présent, de déterminer l'époque où se fera le mariage. Pour la Demoiselle comme pour moi, il vaut mieux que ce soit plus tôt que plus tard. Nous voyant journellement, ce demi-bonheur ne nous suffira pas. D'ailleurs, de son côté comme du mien, c'est une affaire trop importante et trop grave pour qu'elle ne nous remplisse pas l'imagination, et cette préoccupation pourrait me distraire des affaires. Il y a, cependant, tout encore à faire de ma part pour me mettre en ménage: distribution d'appartements, ménage à monter depuis la première assiette comme la première nappe, des provisions dans aucune espèce de genre et tant de choses… Nous sommes disposés l'un et l'autre au plus grand ordre comme à une économie bien entendue mais stricte. Encore faudra-t-il se monter, et ce n'est pas une petite affaire dans le moment actuel où tout est si cher. Avant d'y pourvoir et de rien faire absolument, j'ai annoncé que je te devais, et à la famille, la déférence et le témoignage trop juste de ma confiance et que je ne commencerais rien avant d'avoir reçu votre réponse et votre agrément. Notre famille ne ressemble point à tant d'autres; nous nous aimons pour nous-mêmes et nul motif d'intérêt ne pourrait, sans injustice, faire supposer même qu'elle accueillît froidement ma détermination. Si le ciel veut continuer à bénir mes travaux, leur fruit nous sera toujours commun. Je veux, avant tout, inspirer à ma chère Juliette que son attachement pour les miens est le premier témoignage qu'elle puisse me donner du sien. Elle est disposée à concevoir promptement ce sentiment par tout ce qu'elle a appris de l'union qui règne dans notre famille et, certainement, je lui connais des droits au réciproque de votre part quand je vous l'aurai présentée. Ce sera un de mes premiers besoins, quand nous serons unis. Vous trouverez peut-être que j'ai choisi, pour me marier, un moment bien critique. C'est justement dans cette dissolution générale qu'il faut trouver le bonheur dans son intérieur et doubler son courage en le réunissant. Ces principes de liberté et d'égalité qui ont prévalu permettent plus de simplicité dans la tenue, et les mœurs simples rapprochent bien plus des jouissances réelles et solides que le tourbillon du grand monde et de l'étalage. Enfin, mon cher ami, j'ai la satisfaction de voir en beau l'avenir que me promet ce nouvel état. Je compte sur vos vœux et vos bénédictions. Vous êtes persuadés que je vous les rends au centuple.

J. Récamier

BILAN ET TABLEAU DE LA MAISON JACQUES RÉCAMIER ET CIE
au 10 janvier 1806[1].

Actif: 8 240 630 F

Immeubles (hypothèques de Necker et Mme Récamier);	mémoire
Immeubles et créances hypothécaires provenant de faillis	198 000 F
Espèces en caisse (dont 188 actions de la Banque de France vendues au cours de 1 200/1 217F, soit 227 162F);	819 525 F
Portefeuille (dont 291500 F d'effets sur Paris et 70 500 F sur les départements et l'étranger);	361 500 F
Débiteurs en comptes courants réputés bons (dont le général Junot pour 118 300 F);	1 053 976 F

Débiteurs ayant rapport avec le gouvernement:

– La « Cie Maréchal » (fournitures pour l'an XII et l'an XIII) 907 850 F dont il convenait de déduire la part de Michel jeune (295000 F), soit	612230 F
– Crécy à Nantes, construction de bâtiments pour la Marine (rentrées longues subordonnées aux paiements successifs du Ministre de la Marine)	740 600 F
Débiteurs faillis (parmi lesquels les plus importants sont Ph. Couve (200 000 F), Dolier et Cie de Marseille (268000F), L. Rigal de La Pradera (216000F) et surtout Grandin-Carcenac (laines) pour 1 430 000 F;	3 210 800 F
Débiteurs douteux ou mauvais	1 177 048 F
Marchandises en nature (vin de Malaga)	17 000 F
Mobilier	50 000 F

Passif: 9 609 681 F

Créanciers chirographaires	6 456 000 F

dont les plus importants sont:

- Desprez, pour	768 000 F
- le marquis de La Collonilla, pour	600 000 F
- Sixto d'Espinosa de Madrid, pour	425 000 F
- De Behague, pour	470 000 F
- le marquis de Salinas, pour	183 000 F
- Giron de Madrid, pour	120 000 F
- Dalichoux, pour	377 000 F
- et Michael David, pour près de	315 000 F

des acceptations	2 071000 F
des traites de Brest en litige	293 000 F

---

1. A.D. Seine D 11 U.3. Carton 33, n° 2164. Ce document a été utilisé par R. Szramkiewicz dans une thèse intitulée *Les Régents et censeurs de la Banque de France*, Genève, 1974.

BAIL À VIE D'UN APPARTEMENT SITUÉ DANS L'ABBAYE-AUX-BOIS
PASSÉ ENTRE LES RELIGIEUSES DE CE COUVENT ET Mme RÉCAMIER[1].

Par devant Me Charles-Nicolas Denis et Me Louis-Auguste Marchoux, son collègue, notaires royaux à Paris, soussignés. Furent présentes:

Mmes Marie-Louise-Charlotte Poullot de Navarre, supérieure; Suzanne-Jeanne
Deschesnes, dépositaire; Marie-Julie Quétin; Marie-Louise-Ursule Duponcet;
Marguerite-Angélique Spitalier; Anne-Victoire Pellier; Marie Joseph-Félicité Melon;
Marie-Jeanne Picard; Théodore Dioné; Marie-Jeanne Geoffroy; Marie-Julienne
Lambert; Catherine Granger de La Borde de Charles;

Mmes Michelle-Françoise Présolle; Jeanne Berteau; Marie-Madeleine-Victoire
Carroux; Hélène-Anne-Jeanne Georget; Marie-Alexandrine Amnon; Sophie-Euphrasie
Gohier; Marie-Madeleine Soneck; Anne-Françoise Leroy; Marie-Louise Leclerc de
Lesseville; Julie-Juliette-Madeleine Dubois; Marguerite-Antoinette Rocher;
Madeleine-Rosalie Quéru; Julie Grégoire; Alexandrine-Louise-Nicolle Leclerc de
Séchesne; Lucie-Angélique Gothier; Agnès-Angélique Legrand; Marie-Antoinette-
Françoise Chevard; Marie-Élisabeth Poisson; Euphrasie Primeau; Caroline Maguin;

Toutes les d. dames composant la congrégation de Notre-Dame, établie à Paris rue
de Sèvres, ancienne maison de l'Abbaye-aux-Bois, y demeurant; lad. congrégation,
propriétaire de l'ancienne Abbaye-aux-Bois;

Lesquelles ont, par ces présentes, vendu et cédé à titre de bail à vie à Mad^e Jeanne-
Françoise-Julie-Adélaïde Bernard, épouse non commune en biens de Mr Jacques
Récamier ancien banquier à Paris, de son mari autorisée, demeurant tous deux à Paris,
savoir: Mr Récamier rue du Vieux-Colombier, n° 26, et Mad^e Récamier à l'Abbaye-
aux-Bois et tous deux à ce présents et ce acceptant;

L'usufruit et la jouissance pendant la vie de Mad^e Récamier, d'un appartement
dépendant de la maison dite de l'Abbaye-aux-Bois, rue de Sèvres, n° 16, au premier
étage, par le premier escalier à gauche en entrant dans la cour, composé: 1° d'une antichambre, une salle à manger, un salon, une chambre à coucher, un boudoir, un cabinet
de toilette, un cabinet à l'anglaise, une chambre de femme de chambre et un petit
office;

2e À l'entresol au-dessous, trois pièces, corridor de dégagement;

3e Au rez-de-chaussée, une cuisine, un office, une cave.

Ainsi que les lieux qui viennent d'être désignés se comportent, avec leurs dépen-
dances, et tels que Mad^e de Montmirail les occupe maintenant en vertu d'un bail à vie
passé devant ledit Me Denis, l'un des notaires soussignés qui en a minute, et son collègue, le 3 novembre 1810, dûment enregistré.

Plus au présent bail à vie est aussi attaché l'usage et la jouissance personnels à
Mad^e Récamier de la tribune qui donne dans l'église, des jardins pour la promenade,
et la faculté d'entrer dans l'intérieur de la communauté.

Mad^e Récamier aura le droit de faire ouvrir une porte qui donnera de la pièce au
rez-de-chaussée sur la rue.

Elle sera pour l'usage seulement de Mad^e Récamier qui en aura la clef, elle sera
habituellement fermée et ne sera ouverte que les jours où Mad^e Récamier recevra du
monde.

La jouissance de Mad^e Récamier commencera à l'époque du décès de Mad^e de
Montmirail, qui a maintenant la jouissance à vie des lieux présentement loués, et des
héritiers et représentants de laquelle Mad^e Récamier recevra et se fera remettre les dits
lieux.

Le présent bail est fait aux charges ci-après que Mad^e Récamier s'oblige d'exécuter:

_____

1. Extrait des procès-verbaux établis par la « *Commission du Vieux-Paris* », Année
1905, pp. 285 et suiv

1e De prendre les lieux loués dans l'état où ils seront lorsqu'ils devront être remis par les héritiers de Made de Montmirail; elle aura droit d'exiger de ces héritiers les mêmes réparations et indemnités que le propriétaire aurait lui-même.

Pour cet effet, les d. dames bailleresses remettront à Made Récamier, à l'époque du décès de Made de Montmirail l'expédition du bail à vie ci-dessus énoncé du 3 novembre 1810. À cette même époque il sera fait à frais communs entre les bailleurs et les preneurs un état double descriptif des lieux, conformément auquel les héritiers de Made Récamier seront tenus de les remettre;

2e De se conformer aux lois municipales et de police et aux usages de la maison;

3e De payer l'impôt des portes et fenêtres des lieux loués, ou de le rembourser s'il était avancé par les propriétaires;

4e De souffrir les grosses réparations qui seraient nécessaires;

5e De ne pouvoir sous-louer ni céder son droit au présent bail qu'à des personnes honnêtes et convenables à la nature de l'établissement de l'Abbaye-aux-Bois, mais qui ne pourront faire usage de la porte que Made Récamier aura le droit de faire ouvrir sur la rue;

6e De supporter tous les frais ordinaires auxquels ces présentes donneront ouverture.

Et en outre le present bail à vie est fait à titre de forfait et contrat aléatoire moyennant une somme de dix mille francs que Made Récamier s'oblige à payer aux d. dames de l'Abbaye-aux-Bois trois mois après le décès de Made de Montmirail, à la charge par elles de faire emploi de cette somme à rembourser des créances inscrites utilement sur la propriété de l'Abbaye-aux-Bois et qui soient comprises et fassent partie des premiers 250 000 francs inscrits.

Made Récamier purgera le présent bail à vie de toutes espèces d'hypothèques, mais au moyen des subrogations qui lui seront données pour assurer sa garantie, elle ne pourra dénoncer les inscriptions qui grèveraient cette purge que dans le seul cas où elle serait troublée dans sa possession par des poursuites exercées par des créanciers hypothécaires inscrits.

Propriété

La maison de l'Abbaye-aux-Bois, rue de Sèvres, dont font partie les lieux présentement loués à titre de bail à vie, appartient à lad. communauté de la congrégation de Notre-Dame en vertu de la déclaration de commande faite à son profit par les d. dames Poullot de Navarre, Quétin et Duponcet, suivant acte passé devant ledt. Me Denis, l'un des notaires soussignés, qui en a minute, et son collègue, le 12 février 1816, enregistré, et comme ayant été acquise par lesd. dames Poullot de Navarre et Quétin par feue dame Marie-Élisabeth-Cécile Pellier, de M. Charles-Pierre Delespine, directeur de la Monnaie, et de Made Alexandrine-Hélène-Félicité Masson, son épouse, suivant contrat passé devant led. Me Denis, et son confrère, le 30 novembre 1807, enregistré.

Lad. dame Pellier a institué lesd. dames Poullot de Navarre, Quétin et Duponcet, ses légataires universelles par son testament olographe du 13 octobre 1807, enregistré et déposé aud. Me Denis, l'un des notaires soussignés, par ordonnance de M. le Président du tribunal de première instance du département de la Seine, en date du 1er juin 1808, enregistrée, suivie d'une ordonnance d'envoi en possession rendue par mondit sieur le Président le trois du d. mois de juin, enregistrée et déposée aud. Me Denis par acte du cinq juillet suivant, étant en suite dud. testament.

TESTAMENT DE MADAME RÉCAMIER DU 18 AVRIL 1846[3]

(Expédition)
Étude de Maître Delapalme, Notaire à Paris
Rue Neuve Saint-Augustin, N° 3
Par devant Mtre Adolphe Delapalme, Notaire à Paris soussigné,
En présence des témoins ci-après nommés aussi soussignés réunissant les qualités voulues par la loi, savoir:
M. Armand Jean Legrand, propriétaire à Paris, rue Nve Saint-Augustin, N° 5.
M. Antoine Alphonse Carpentier, négociant, demeurant à Paris, rue Neuve Saint-Augustin, N° 5.
M. Jean-Baptiste Cressent, notaire honoraire, demeurant à Paris rue des Moulins, N° 28.
Et M. Gustave Antoine Richelot, docteur en médecine demeurant, à Paris, rue des Mathurins, N° 10.

Fut présente Mad. Jeanne Françoise Julie Adélaïde Bernard, veuve de Jacques Récamier, demeurant à Paris à l'Abbaye-aux-Bois, rue de Sèvres.
Parfaitement saine d'esprit, mémoire et entendement ainsi qu'il est apparu aux dits notaires et témoins par sa conversation, laquelle dans la vue de la mort a dicté ainsi qu'il suit au dit notaire en présence des témoins son testament et acte de dernières volontés.

Pour donner une preuve d'affection et de confiance à Mad. Charles Lenormant, nièce de M. Récamier, laquelle j'ai toujours considérée comme ma fille adoptive, je l'institue ma légataire universelle à la charge de pourvoir sur ma succession aux legs et dispositions contenus dans le présent testament.
Ma fortune étant très restreinte, je me vois obligée de prier les personnes à qui sont destinés les legs ici détaillés de ne les considérer que comme simples souvenirs.
De plus, je déclare que je m'en remets sans réserve aux sentiments de délicatesse et de justice de ma bien-aimée nièce et légataire universelle qui sera instruite de vive voix des dispositions que je ne puis expliquer ici.
Je donne à Mlle Delphine Tarlet, nièce de ma mère, la somme de six mille francs, que je la prie d'accepter en mémoire de ma mère et en témoignage de mon affectueux intérêt.
Je donne à Mlle Sophie Binard, aussi nièce de ma mère, une somme de quatre mille francs que je la prie également d'accepter en souvenir de ma mère et de mon bienveillant intérêt.

---

1. Ms. B.N. N.A.F 14088.

Je lègue à M. Paul David, neveu de M. Récamier, une rente viagère de six cents francs pour continuer selon les parfaites lumières de sa raison et de son cœur les œuvres d'obligeance et de charité auxquelles il s'est toujours si généreusement associé avec moi.

Je donne à Mlle Thérèse Thiébaux, ma femme de chambre et ma lectrice, une rente viagère de trois cents francs qui s'accroitra en raison de cinquante francs par an tout le temps qu'elle demeurera à mon service à partir de ce jour.

Je donne à Mad. Fanny Aucouturier, mon ancienne femme de chambre actuellement au service de M. Ballanche, une somme de cinq cents francs, je lui donne de plus une somme de mille francs dont elle disposera selon qu'elle l'entendra en faveur de son fils Jules Aucouturier, mon filleul et celui de M. Ballanche.

Je laisse à mon ancienne femme de chambre Adèle Tocq la somme de cinq cents francs comme marque de l'intérêt que je lui ai toujours conservé.

M. Ballanche, pour mettre à l'abri quelques restes de fortune, a placé entre mes mains d'après mes conseils une somme de vingt mille francs, moyennant laquelle je lui sers deux parties de rentes montant à la somme annuelle de deux mille cent vingt-cinq francs pour le tout. J'affecte à la sûreté et garantie de cette rente annuelle et viagère de deux mille cent vingt-cinq francs que je dois à M. Ballanche sur sa tête et pendant sa vie, l'usufruit d'une somme de vingt-quatre mille francs qui m'est due hypothécairement par M. Marchoux ancien notaire. Au moment de l'extinction de cette rente viagère, ce même capital de vingt-quatre mille francs, au lieu de retourner immédiatement à ma succession, servira au paiement d'une rente viagère de douze cents francs que je lègue à M. Ampère, voulant ainsi qu'il succède à son ami Ballanche, ancien ami de son père, et qu'il trouve dans l'avenir ce léger dédommagement aux pertes que peut lui faire éprouver l'affaiblissement de sa santé.

Je donne au musée de Lyon le tableau de « Corinne » peint par Gérard et actuellement dans mon salon de l'Abbaye-aux-Bois, et je désire que l'on inscrive sur le cadre dudit tableau qu'il m'a été donné par S.A.R. le Prince Auguste de Prusse, voulant ainsi réunir dans cet hommage à ma ville natale la mémoire à Mad. de Staël et du Prince Auguste.

J'y joins la copie de mon portrait dessinée par Minardi d'après le tableau de Gérard.

Je laisse également au musée de Lyon le petit groupe en terre des Grâces, première pensée de Canova, et modelé par lui-même, que ce grand artiste a depuis exécuté en marbre.

Je laisse au musée de St-Malo, ville natale de M. de Chateaubriand, le bas-relief en marbre représentant Eudore et Cymodocée exécuté à Rome par Tenerani.

Je laisse au même musée le dessin d'Atala, copie du tableau de Girodet, et le dessin de Fragonard, où il a voulu me représenter assise au bord de la mer.

Je stipule que les frais pour l'emballage et l'envoi des objets destinés aux musées de Lyon et de St-Malo seront supportés pour ma succession.

Je laisse à M. Ballanche, pour qu'il revienne au musée de Versailles, le portrait de Mad. de Staël peint par Gérard.

Je laisse également à M. Ballanche le petit tableau peint par Massot, représentant Mad. de Staël et sa fille Albertine de Staël, depuis duchesse de Broglie; ce tableau qui m'a été donné par Mad. de Staël reviendra, après M. Ballanche, au Prince de Broglie, fils de Mad. la Duchesse de Broglie, ne doutant pas du prix qu'il attachera à conserver ce souvenir dans sa famille.

Je laisse au docteur Récamier le dessin du bas-relief d'Eudore et Cymodocée, par Minardi.

Je laisse à Mad. Récamier une tasse en porcelaine de Sèvres où Mad. la Duchesse d'Angoulême avait fait copier le portrait de Mad. de Staël pour M. Mathieu de Montmorency et qui m'avait été léguée par notre saint ami.

Je laisse à la Bibliothèque de l'Académie de Lyon l'exemplaire d'Antigone imprimé sur vélin, avec les dessins originaux de Bouillon.

Quant aux tableaux, dessins, gravures et livres non mentionnés ici, je me réserve de laisser mes instructions à Mad. Lenormant pour la destination que je leur ai donnée.

Je fais les dispositions suivantes relativement à mes papiers:

Les manuscrits et correspondances destinés à être conservés seront remis cache-tés à Mad. Lenormant pour être déposés selon les instructions que je me réserve de lui donner.

Les autres papiers, manuscrits et correspondances pour lesquels je ne fais aucune disposition, c'est à sa tendresse et à sa prudence que je me confie pour les détruire ou les conserver selon qu'elle le jugera convenable.

Mais tous les papiers contenus dans une malle portant pour inscription « papiers à brûler sans les lire » seront brûlés en présence de mes excécuteurs testamentaires.

J'aurais désiré être enterrée sous le cèdre que j'avais planté sur le tombeau de ma mère au cimetière Montmartre, ce vœu ne pouvant être accompli, je fixe pour lieu de ma sépulture le caveau où est déposé le cercueil de mes parents.

Je prie Mad. Lenormant de continuer pendant une année les aumônes que je fai-sais régulièrement et sur lesquelles Mlle Thérèse Thiébaux donnera les renseigne-ments nécessaires.

Je nomme pour mes exécuteurs testamentaires MM. Ballanche, Lenormant et Paul David, conjointement avec une quatrième personne que je leur ai fait connaître.

Le présent testament a été ainsi dicté par la testatrice au notaire soussigné qui l'a écrit en entier de sa main tel qu'il a été dicté, lu ensuite par le-dit notaire à la testa-trice qui a déclaré le bien comprendre et le reconnaître conforme à sa volonté, le tout en présence des témoins.

Fait et passé à Paris dans le cabinet du-dit Mtre Delapalme où la testatrice s'est exprès transportée.

L'an mil huit cent quarante-six, le dix-huit avril, deux heures de relevée.

Et la testatrice a signé avec lesdit- témoins et notaires, après une nouvelle lecture faite du tout à ladite testatrice en présence desdits témoins

En marge est mentionné:

Enregistré à Paris, quatrième Bureau, le douze Mai mil huit cent quarante neuf, folio 131 N° Case 5 – testament: cinq francs, constitution de rentes: quatre cents francs, décime: quarante francs cinquante centimes – signé: Paulmier.

                                                    « Delapalme. »

LES LETTRES DE Mme RÉCAMIER À M. DE CHATEAUBRIAND

Nous possédons, à ce jour, huit lettres ou billets de Juliette adressés à René. Trois sont des copies levées par les services de police de Decazes (nos 2 et 3) ou de Metternich (n° 8). Les quatre autres sont autographes et non signés, retrouvés dans les archives départementales du Loiret, sous la cote « Collection Jarry, 2 J 894 », et publiés par Pierre Riberette dans le *Bulletin de la société Chateaubriand,* n° 16, en 1973. À quoi s'ajoute la copie transcrite par Chateaubriand lui-même, dans les *Mémoires d'outre-tombe,* (n° 5) d'une lettre que lui transmet le 29 octobre 1824, de Naples, Mme Récamier. Les voici, dans ce que nous pensons être leur ordre chronologique:

n° 1

Je vous verrai aujourd'hui, monsieur, la duchesse de Devonshire veut vous parler de la lecture. Si vous daignez y consentir, laissez-moi croire que c'est pour moi et dites que c'est pour elle.
J'ai passé la matinée d'hier dans un couvent. J'avais envie d'y rester, il n'y a de repos que là.

[Adresse :]
À Monsieur
Monsieur le Vicomte de Chateaubriand[1]

n° 2

Mme Récamier est obligée de sortir demain matin. Elle prie M. de Chateaubriand de lui faire l'honneur de passer demain matin, entre huit et dix heures[2].

---

1. *In* Archives du Loiret. La duchesse de Devonshire avait séjourné à Paris à la fin de l'année 1814, à partir du mois de novembre. Elle y était revenue d'octobre 1818 à la mi-janvier 1819. Une lecture des *Abencérages* organisée pour elle, pendant l'un ou l'autre de ces passages, est parfaitement concevable.
2. Reproduit par Ernest Daudet, *La Police politiaue Chronique du temps de la Restauration*, Paris, Plon, 1912, p. 290.

n° 3

Vous aimer moins! Vous ne le croyez pas, cher ami. À huit heures. Ne croyez pas ce que vous appelez des projets contre vous. Il ne dépend plus de moi, ni de vous, ni de personne de m'empêcher de vous aimer; mon amour, ma vie, mon cœur, tout est à vous – 20 mars 1819, à trois heures après-midi[1].

n° 4

                                                        8 h[eures].

Ne me dites pas que vous êtes triste, tourmenté. Vous me ferez perdre la tête, je souffre toujours mais je veux aller après-demain à la Vallée. Voulez-vous venir demain à trois heures ou à huit heures. Faite-le moi dire ce soir, je suis bien souffrante et bien tourmentée, mais je sens plus que jamais que je ne puis vivre sans être aimée de vous et que s'il faut y renoncer je renonce à tout. Mais vous m'aimez, vous me le dites, vous ne me tromperiez pas, pourquoi donc nous séparer? J'ai le cœur serré comme si je ne devais jamais vous revoir. Ah ! Venez demain, je ne puis partir avec un si triste pressentiment[2].

[Adresse :]
Monsieur de Chateaubriand.

n° 5

Je reçois une lettre de la Grèce qui a fait un long détour avant de m'arriver. J'y trouve quelques lignes sur vous que je veux vous faire connaître; les voici: L'ordonnance du 6 juin nous est parvenue, elle a produit sur nos chefs la plus vive sensation. Leurs espérances les plus fondées étant dans la générosité de la France, ils se demandent avec inquiétude ce que présage l'éloignement d'un homme dont le caractère leur promettait un appui.
Ou je me trompe ou cet hommage doit vous plaire. Je joins ici la lettre: la première page ne concernait que moi[3]

n° 6

                                            Paris, 9 janvier [1829].

Je vous ai rendu compte dans ma dernière lettre de l'entretien que je venais d'avoir avec M. de Barante. Vous savez par les journaux et par les amis où nous en sommes du ministère, M. de Mortemart a refusé, M. Pasquier n'ose pas accepter, et vous êtes absent. On croit que cette situation peut traîner encore quelques semaines, mais enfin le moment de

---

1. *Ibid.*, p. 290.
2. *In* Archives du Loiret.
3. *In M.O.T.,* 3e partie, 2e époque, livre sixième, 9, p. 275.

la décision arrivera. Que ferez-vous alors? Le découragement de vos lettres me désespère, vous renoncez à cette idée de Moyse qui vous plaisait et vous repoussez l'espérance de ce ministère au nom duquel on vous demanda ce sacrifice! Lassé de tout vous ne voulez que du repos mais le repos même exige une indépendance de fortune qu'avec votre désintéressement vous n'aurez jamais, que ferez-vous en arrivant ici? Vous y trouverez des amis prêts à servir toutes les ambitions dont ils pourront faire leur profit, mais pour votre repos c'est ce dont ils se soucieront fort peu. Pourquoi dans cette situation et pour échapper aux persécutions ne pas se réfugier dans ce ministère des arts dont nous avons tant parlé! C'est aussi du repos, et c'est le plus noble de tous! Il m'est échappé quelques mots là-dessus qui ont été saisis de manière à me prouver que la chose dépendait entièrement de vous. M. Pasquier qui n'ose point entrer seul, pour lequel vous *me dites de faire des vœux* mais qui connaît trop l'opinion pour ne pas sentir qu'il a besoin de vous avoir avec lui, et surtout de ne vous avoir pas contre lui pour rester dans le pouvoir, se chargerait bien d'arranger toute cette affaire. Vous le feriez ministre des Affaires étrangères en acceptant un ministère des Arts, mais tout ceci est dans la supposition que vous ne voulez que du repos, et quelle plus noble retraite que celle d'un ministère des Arts. Le plus beau génie de son siècle lassé des affaires mais placé au conseil comme gardien des libertés qu'il a données à la France, rassurant l'opinion par sa seule présence, protégeant les arts et terminant ainsi sa noble et poétique carrière, je ne sais si je m'abuse mais cette destinée me paraît la plus noble de toutes. Penserez-vous comme moi? ou ne verrez-vous dans cet avenir qu'un de ces songes d'une imagination toujours occupée de vous ? Que se passera-t-il avant que cette lettre vous arrive ? Avant que j'aie une réponse ? Serait-il vrai que M. de La Ferronnays a fait des objections au congé demandé pour le mois d'avril ? Ah ! que toutes ces incertitudes sont cruelles, mais que je suis heureuse que je jouis avec orgueil de la place que vous occupez dans l'opinion dans l'imagination de tous, quelle belle, quelle douce puissance[1].

n° 7

J'ai reçu la lettre et le discours. Bertin est dans l'enthousiasme du discours, il trouve que c'est une des belles choses que vous ayez faites. Je serais charmée de vos triomphes si je n'étais pas si troublée de votre santé. Je vous conjure de prendre garde à l'air du soir, avant et après le coucher du soleil, il est funeste. Je crains l'attrait que je vous connais pour ces dernières heures du jour. Il vous avait déjà fait mal en France. Cet air du soir qui semble si doux en Italie est *perfide*, et je suis presque sûre que c'est ce qui vous fait mal. Je finissais ma dernière lettre en vous parlant de M. Lenormant et du départ d'Amélie. L'amiral Halgan nous rassure sur tous les dangers de ce voyage, elle part avec le consul de France en Morée, elle est accompagnée par mon ancienne femme de chambre d'un dévouement à toute épreuve, enfin son mari la désire avec passion, et je n'ai pas le courage de m'opposer à une réunion qui me paraît tellement l'[?] du bonheur que je serais bien plus tentée de la suivre que de la retenir si je ne vous attendais pas ! Quant à elle la tête lui tourne de joie. Je lui promets d'aller la rejoindre quand vous *serez* ministre. Tout le monde vous attend,

---

1. In Archives du Loiret comme les deux suivantes, cette lettre date de l'époque ou Chateaubriand est ambassadeur à Rome.

votre retour semble le dénouement de la crise actuelle. J'ai vu depuis la fameuse séance des gens de tous les partis, vous savez que ma petite chambre est un terrain neutre. Mad[ame] de Boigne dit que le roi est ravi de la défaite du ministère, que la cour triomphe, et qu'on parle de nouveau de M. de Polignac. M. de Broglie et ses amis sont enchantés; le général Sébastiani tire de tout cela un ministère de coalition qui sera la gloire de la France; enfin tout le monde est content, et vous êtes compris dans tous les projets. On attend avec une vive impatience, mais sans inquiétudes, l'élection du pape et surtout on vous attend! Pour moi, je me trouve, par vous, la confidente de tous les projets, de toutes les espérances. Je ne trahis personne, je ne décourage personne, et pour faire comme tout le monde je vous attends[1]!

n° 8

Paris, le 14 mai 1829.

Mme Récamier au vicomte de Chateaubriand, à Rome.

Eh bien, voilà M. Portalis aux Affaires étrangères ! J'espère encore que vous serez parti sur la nomination du duc de Laval et que cette lettre ne vous trouvera plus à Rome, mais, si vous y étiez encore, je ne pense pas du moins que vous y restiez après la nomination de M. Portalis. La lettre où vous m'annonciez le départ de Mme de Chateaubriand m'avait mis la mort dans l'âme. Je cherchais ce qui pouvait vous retenir, je croyais entrevoir…, mais votre lettre d'hier a fait s'évanouir les noires chimères qui m'apparaissaient sous les formes les plus séduisantes pour me désoler; ce n'est guère le moment de vous confier mes tristes rêveries, vous avez bien autre chose à penser. Pour moi, je suis ravie du choix de M. Portalis; il était difficile d'en faire un qui fût désapprouvé plus généralement, et puis vous arrivez et tout est pour le mieux[2]!

---

1. In Archives du Loiret. Nous ignorons la date de cette lettre, mais nous possédons la réponse de René à Juliette, du 4 avril 1829.
2. Retrouvé par Mme M.-J. Durry dans les archives de Vienne, publié dans le *Bulletin de la société Chateaubriand* de 1931 (deuxième année, n° 1, p. 14).

LETTRE DE Mme DE BOIGNE À Mme RÉCAMIER APRÈS LA MORT DE CHATEAUBRIAND

Tours, mardi 1ᵉʳ août [1848].

Très chère amie, j'ai su à la fois vos vives souffrances et votre rétablissement. Je n'avais pas besoin de ce surcroît d'inquiétude sur votre pauvre existence: mais je ne reconnais pas votre force d'âme et votre tendre cœur dans l'abandon où vous êtes de vous-même, pour le désespoir d'amis bien fidèles qui vous demeurent et qui ont le droit de vous supplier de les assister à vous soutenir dans cette cruelle circonstance: je sais bien qu'elle est accompagnée et a été précédée de tout ce qui pouvait abattre vos forces et altérer votre courage; mais, chère amie, il faut en reprendre un peu pour soigner en vous-même et retrouver entier le puissant et gracieux souvenir que les derniers mois avaient un peu altéré; je comprends, et qui le sait mieux que moi? que votre tendresse regrette amèrement ce qui restait encore à chérir, à aimer, à soigner, à ménager d'une existence si précieuse; je comprends encore une sorte d'irritation, lorsque vous devez soupçonner les autres de trouver votre douleur hors de proportion avec ce qui restait à perdre dans les derniers temps de cette illustre vie; et pourtant, chère amie, il faut que je vous le dise, il vous arrivera de convenir avec vous-même qu'il n'était pas désirable de la voir se prolonger, car le moment des douleurs physiques était arrivé, et sans compensation puisque l'énergie pour les supporter n'existait plus. Ce puissant génie s'était usé lui-même avant d'user son enveloppe: maintenant il reste de lui votre tendresse et sa gloire; vous n'avez pas de peine à les confondre et à les identifier ensemble: c'est là que vous devez puiser une plus grande douceur de souvenir; hélas! depuis longtemps vous ne viviez que de cela à travers un bien triste, un bien pénible présent ! car je vous ai vue cruellement souffrir de l'affaiblissement que vous ne pouviez vous dissimuler ni cacher aux autres, malgré le zèle de votre habile tendresse…

Chère amie, je vous en conjure, permettez à votre pensée de rétrograder à travers cet aride désert et vous retrouverez des idées plus douces, des images plus riantes. C'est là qu'il vous faut planter votre tente et permettre à vos amis de s'y grouper autour de vous: mon Dieu, le monde entier vous y assistera en vous rapportant les tributs d'admiration si largement mérités par celui que vous pleurez. Ne vous faites pas une religion de le représenter à votre cœur tel qu'il était aux derniers jours, cela n'est digne ni de lui ni de vous: recomposez-le à la hauteur où vous l'avez connu, portez là vos tendres admirations et vous y puiserez la seule consolation qui vous puisse arriver: songez aussi que, quoique sa mémoire n'ait pas besoin d'auxiliaires, cependant les soins à en prendre sont tombés entre des mains peu intelligentes ou peu attachées, et que vous ne devez pas vous laisser suffisamment abattre pour perdre toute influence de ce côté: la position désespérée de M. de Girardin le rendra probablement fort exigeant, il est habile et peu scrupuleux et il est essentiel de ne point hasarder de fausse démarche de ce côté: votre instinct de délicatesse sera plus utile que toutes les arguties de la loi.

Je demande à Amélie de trouver bon que je lui réponde ici en la remerciant de sa lettre et de l'envoi du petit écrit qui nous a fort intéressé. Je me désole que vous ne vouliez pas quitter un peu cette pauvre Abbaye qui se dépeuple si cruellement. Sans doute vous traînerez partout la flèche qui vous transperce. Mais ce serait au moins un changement d'air qui vous donnerait un peu de force pour souffrir: je voudrais bien que vous vous décidassiez pour Tours[1].

---

1. Ms. B.N. N.A.F. 14099.

LE JUGEMENT DE GOETHE

Mme Récamier conserva dans ses papiers ce jugement sur elle, émis par Goethe (qui ne la connaissait pas) et que lui avait adressé, en janvier 1845, le grand-duc de Mecklembourg-Strelitz. Le vieux sage de Weimar avait, à distance, parfaitement démêlé l'exacte relation de Juliette à la création littéraire :

« Ceux qui pourraient croire que le charme de l'esprit de Mme Récamier n'est que l'effet des relations intimes dans lesquelles elle s'est trouvée avec tout ce qu'il y a de plus distingué, qu'il n'est que le reflet d'un soleil voisin, que le parfum d'une fleur étrangère, ces gens-là n'ont jamais vu de près Mme Récamier. Sans jamais avoir publié un livre, peut-être même sans jamais avoir tracé un écrit littéraire, cette femme remarquable a exercé la plus grande influence sur deux des meilleurs écrivains. Cette influence si peu recherchée naît de la capacité d'aimer le talent, de le comprendre, et d'en avoir l'âme enflammée, en partageant ses succès. Ceux qui savent combien la pensée s'agrandit lorsqu'elle se développe devant une intelligence de marque, que la moitié de l'éloquence se puise dans les yeux de ceux qui écoutent, ces gens-là, dis-je, ne s'étonneront pas de l'amitié passionnée de Chateaubriand et de Casimir pour cette femme qu'ils ont suivie dans l'étranger, et à laquelle ils ne se sont jamais montrés plus dévoués que dans l'époque de sa disgrâce. Il y a des âmes qui sympathisent avec toutes les idées élevées, avec toutes les belles productions de l'imagination ; on voudrait faire toutes les bonnes actions pour pouvoir les leur confier et jouir du bonheur d'en causer avec eux ! Voilà le secret de l'influence de Mme Récamier.

BIBLIOGRAPHIE

I. SOURCES MANUSCRITES

Archives nationales
F7 4774 88, dossier 3. Étude XCIII, liasses 613, 632. Étude LXII, liasse 698. AB XIX 3493, dossier 2. AB XIX 3064, dossier 8. 31 AP 26, dossier 565. 31 AP 28, dossier 598. 31 AP 46, dossier 2. 42 AP 134. 42 AP 170. 42 AP 17 113 AP 2.223 AP 30 dossier 3. AF IV 983. F7 6454 (9515). F7 6539 (17 44, série 2). F7 6571 (2848, série 2). F7 6569 (2688). AF IV 1517. F7 6283, 5774.

Bibliothèque nationale
Nouvelles acquisitions françaises :
- Papiers de Mme Récamier : de N.A.F. 14067 à N.A.F. 14107, soit 40 recueiˡˢ regroupant environ 12 000 feuillets.
– 33 lettres autographes de Lucien Bonaparte à Mme Récamier : N.A.F. 16597.
– Lettres du comte de Forbin à Mme Récamier : N.A.F. 15459.
– Correspondance des Russes à Paris au XIXᵉ siècle : N.A.F. 16602.

Archives municipales de Lyon
Registres paroissiaux : année 1775, p. 69, n° 1153. n° 522 année 1777, p. 14, n° 680.

Archives départementales du Rhône
BP 3925. 3 E 2661. B. Sénéchaussée de Lyon, ordre public, années 1775. 1786, 1782.

Archives de M. Charles Récamier
Frédéric Brémard : *Histoire de la famille Récamier de 1490 à 1970* (203 pages).

Bibliothèque de Châlons-sur-Marne
Lettre autographe de Louise de Jessaint à l'une de ses amies.
Mémoire sur *Mme Récamier et sa nièce Amélie Cyvoct, en exil à Châlons-sur-Marne*, de Mlle D. Barrat. Novembre 1949, 27 pages, Ms. 1501.
Bibliothèque municipale de Clermont-Ferrand
Lettre autographe de Mme Récamier à Sieyès, Ms. 340-341 (212 a).

Archives de la Seine
Dossier concernant la faillite Récamier : D 11 U 3 33, dossier 2164. D I U 1 125. DQ 7 3826. DQ 7 4680. DQ 10 364, dossier 15003.

II. SOURCES IMPRIMÉES

Duchesse d'ABRANTÈS : *Histoire des salons de Paris*, tableaux et portraits du grand monde, Paris, 1838, 4 vol.
Mémoires sur la Restauration, Paris, 1838, 6 tomes reliés en 3 vol.
Mémoires, souvenirs historiques sur la Révolution et le Directoire, Paris, 1928, 2 vol.
Comtesse d'AGOULT (Daniel Stern) : *Mémoires* (1833-1854). Paris, 1927.
D. ALCOUFFE : «Le salon le plus célèbre du XIXe siècle», in *La Revue du Louvre*, 1994, n° 1.
H. ALLART DE MÉRITENS (Mme P. de Saman) : *Les Enchantements de Prudence*, Paris, 1873.
Lettres inédites à Sainte-Beuve (1841-1848), Paris, 1908.
Nouvelles lettres à Sainte-Beuve (1832-1864), Genève, 1965.
Mme ANCELOT : *Les Salons de Paris*, foyers éteints, Paris, 1858.
M. ANDRIEUX : *Les Français à Rome*, Paris, 1968.
B. APPERT : *Dix ans à la cour du roi Louis-Philippe* et *Souvenirs du temps de l'Empire et de la Restauration*, Paris, Berlin, 1846.
Comte R. APPONYI : *Mémoires, Vingt-cinq ans à Paris* (1826-1853), Paris, 1913-1926, 4 vol.
P. ARIÈS : *L'Enfant et la vie familiale sous l'Ancien Régime*, Paris, 1973.
A. d'ARJUZON : *Wellington*, Paris, 1998.
A. AULARD : *Paris sous le Consulat.*
S. BALAYÉ : *Mme de Staël*, Lumières et liberté, Paris, 1979.
P.-S. BALLANCHE : *Antigone*, Paris, 1819.
Vision d'Hébal, Paris, 1831.
Œuvres, Paris, 1830, 4 vol.
J. BARBEY D'AUREVILLY : *Les Bas-bleus au XIXe siècle*, Paris, 1878.
A. BARBIER : *Souvenirs personnels*, Paris, 1880.
A. BARDOUX : *La Comtesse Pauline de Beaumont*, Paris, 1884.
P. F. DE BARRAS : *Mémoires*, Paris, 1946.
B. BARÈRE : *Mémoires*, Paris, 1842-1844, 4 vol.
Mme DE BAWR : *Mes souvenirs*, Paris, 1853.
E. BEAU DE LOMÉNIE : *Lettres de Mme de Staël à Mme Récamier*, Paris, 1952.
Article in *L'Histoire pour tous*, n° 18, 1961.
A. BEAUNIER : *Trois amies de Chateaubriand*, Paris, 1910.
Princesse C. BELGIOJOSO : « Souvenirs dans l'exil », in *Le National*, 25 septembre-12 octobre 1850.
F. de BERNARDY : *Le Dernier Amour de Talleyrand*, la duchesse de Dino (1793-1862), Paris, 1956.
J. BERTAUT : *Mme Tallien*, Paris, 1946.
La Duchesse d'Abrantès, Paris, 1949.
Mme Récamier, Paris, 1947.
G. de BERTIER DE SAUVIGNY : *La Restauration*, Paris, 1974.
Metternich, Paris, 1986.
La Restauration en questions, Paris, 1999.
F.-Y. BESNARD : *Souvenirs d'un nonagénaire*, Paris, 1880, 2 vol.
R. BIZET : « Le Ménage Récamier », in *Revue des Deux-Mondes*, 1er août 1944.
Comtesse de BOIGNE : *Mémoires, récits d'une tante*, Paris, 1908, 4 vol.
Une passion dans le grand monde, Paris, 1867, 2 vol.
L. BONAPARTE : *La Tribu indienne*, Paris, an VII, 2 vol.
Buonaparte et les Bourbons, Relations secrètes des agents de Louis XVIII à Paris sous le Consulat, Paris, 1899.
Ch. Du BOS : *Grandeur et misère de Benjamin Constant*, Paris, 1946.
J.-D. BREDIN : *Une singulière famille*, Jacques Necker, Suzanne Necker et Germaine de Staël, Paris, 1999.
C. BRIFAUT : *Souvenirs d'un académicien*, sur la Révolution, le Premier Empire et la Restauration, Paris, s.d.
BRILLAT-SAVARIN : *La Physiologie du goût*, Paris, 1982.
Vicomte de BROC : *La France pendant la Révolution*, Paris, 1891, 2 vol.
La Vie en France sous le Premier Empire, Paris, 1895.

G. de BROGLIE : *Mme de Genlis*, Paris, 1985.
  Le Général de Valence, Paris, 1972.
Duc de BROGLIE : *Souvenirs*, Paris, 1886.
Prince J. de BROGLIE : *Histoire du château de Chaumont*, (980-1943), Éditions Balzac, 1944.
C. BRONNE : *La Comtesse Le Hon*, Bruxelles, 1952.
(Bulletin de la Société Chateaubriand)
P.-E. BURON : *Le cœur et l'esprit de Mme Récamier*, d'après sa correspondance et ses correspondants. Amtico, Combourg, 1981.
Docteur CABANÈS : *Le Cabinet secret de l'Histoire*, 2ᵉ série, le cas de Mme Récamier, A. Charles, 1897.
Cahiers staëliens (Société des études staëliennes).
Mme CAMPAN : *Mémoires*, Paris, 1979.
Duc de CASTRIES : *Mme Récamier, égérie de Chateaubriand*, Paris, 1982.
Mme de CAVAIGNAC : *Mémoires d'une inconnue*, publiés sur le manuscrit original (1780-1816), Paris, 1894.
A. de CHAMISSO : *Œuvres*, Leipzig, 1837-1839, 6 vol.
  L'homme qui a perdu son ombre, Paris, 1887.
C. CHARLE : *Les Hauts Fonctionnaires en France au XIXᵉ siècle*, Paris, 1980.
Vicomte de CHATEAUBRIAND : *Lettres à Mme Récamier*, recueillies par Maurice Levaillant, Paris, 1951.
  Mémoires d'outre-tombe, édition du centenaire, établie par M. Levaillant, Paris, Flammarion, 1964, 2 vol.
  Essai sur les révolutions et *le Génie du christianisme*, Paris, Gallimard, La Pléiade, 1978.
  Œuvres romanesques et voyages, Paris, Gallimard, La Pléiade, 2 tomes, 1969.
  Correspondance générale, établie par Pierre Riberette, Paris, Gallimard, 3 tomes à ce jour : I (1789-1807), II (1808-1814), III (1815-1820).
Vicomtesse de CHATEAUBRIAND : *Mémoires et lettres*, Paris, 1829.
Princesse de CHIMAY : *Mme Tallien, royaliste et révolutionnaire*, Paris, 1936.
J.-P. CLEMENT : *Chateaubriand*, Paris, 1998.
Mlle COCHELET : *Mémoires sur la reine Hortense et la famille impériale*, Paris, 1836, 4 vol.
A. de COIGNY : *Journal*, Paris, 1981.
B. CONSTANT : *Œuvres*, Paris, Gallimard, La Pléiade, 1957.
  Lettres à Mme Récamier (1807-1830), établies par Ephraïm Harpaz, Paris, 1977.
CONSTANT (valet de chambre de l'Empereur) : *Mémoires*, Paris, 1830. En complément, texte de la baronne de V(audrey) sur « une journée chez Mme Récamier sous le Consulat ».
P. CORDEY : *Mme de Staël et Benjamin Constant sur les bords du Léman*, Lausanne, 1966.
P.-L. COURIER : *Œuvres complètes*, Paris, La Pléiade, 1951.
Marquis A. de CUSTINE : *Lettres de Russie, la Russie en 1839*, Paris, 1975.
David d'ANGERS : *Les Carnets*, I (1828-1837), II (1838-1855), Paris, 1958, 2 vol.
L. DASTÉ : *La Franc-maçonnerie et la Terreur*, Paris, 1904.
A. DELAHANTE : *Une famille de finance au XVIIIᵉ siècle*, Paris, 1880, 2 vol.
E.-J. DELÉCLUZE : *Souvenirs de soixante années*, Paris, 1862.
  « Souvenirs », in *Revue Rétrospective*, publiés à partir de 1888 (XII, 2).
  Impressions romaines, carnet de route d'Italie (1823-1824), Paris, 1942.
G. de DIESBACH : *Necker ou la faillite de la vertu*, Paris, 1978.
  Mme de Staël, Paris, 1983.
Duchesse de DINO : *Chronique*, de 1831 à 1862, Paris, 1910, 4 vol.
A. DUMAS : *Impressions de voyage en Suisse*, Paris, 1896.
M. EDGEWORTH : *Selection from the Edgeworth Family Letters*, Oxford, 1979.
FABRE de l'AUDE : *Histoire secrète du Directoire*, Paris, 1832, 4 vol.
Marquis C.-E. de FERRIÈRES : *Mémoires*, Paris, 1821, 3 vol.
J. FOUCHÉ : *Mémoires*, Paris, 1957.
Baron de FRÉNILLY : *Souvenirs*, Paris, 1909.
Mme de GENLIS : « Le Château de Coppet en 1807 », in *Paris en province et la province à Paris*, par Mme G. Ducrest, Paris, 1831.
  Souvenirs de Félicie, Paris, 1857.

Baron de GÉRANDO : *Lettres inédites et souvenirs biographiques de Mme Récamier*, Paris, 1868.

Baronne de GÉRANDO, née RATHSAMHAUSEN : *Lettres suivies de fragments d'un Journal écrit par elle de 1800 à 1804*, Paris, 1880.

Baron GÉRARD : *Correspondance*, Paris, 1863.

E. GÉRAUD : *Un homme de lettres sous l'Empire et la Restauration*, Paris, 1893.

Mme de GIRARDIN : *Lettres parisiennes du vicomte de Launay*, 2 vol., Paris, 1986.

V. GIRAUD : *La Vie romanesque de Chateaubriand*, Paris, 1932.

J.W von GOETHE : *Romans*, Paris, Gallimard, La Pléiade, 1954.
    Conversations avec Eckermann, Paris, 1942.

L.-J. GOHIER : *Mémoires*, Paris, 1824, 2 vol.

E. et J. de GONCOURT : *Histoire de la société française pendant la Révolution*, Paris, 1854. *Histoire de la société française pendant le Directoire*, Paris, 1855.

Duchesse de GONTAUT : *Mémoires* (1773-1836), Paris, 1891.

H. GUILLEMIN : *L'Homme des Mémoires d'outre-tombe*, Paris, 1964.
    Benjamin Constant muscadin, Paris, 1958.
    Mme de Staël, Benjamin Constant et Napoléon, Paris, 1959.

E. GUILLON : *Les Complots militaires sous la Restauration*, Paris, 1895.

F. GUIZOT : *Lettres à M. et Mme Charles Lenormant*, Paris, 1902.

Comte d'HAUSSONVILLE : *Ma jeunesse*, Paris, 1885.

E. d'HAUTERIVE : *La Police secrète du Premier Empire*, Paris, 1908-1913, 2 vol.

A.W. HEIN : *Lettres du prince Auguste de Prusse (1807-1843)*, Paris, 1976.

J.G. HEINZMANN : *Voyage d'un Allemand à Paris et retour par la Suisse*, Bâle, Paris, Lausanne, 1800.

J.C. HEROLD : *Germaine Necker de Staël*, Paris, 1962. (Traduction Michelle Maurois.)

E. HERRIOT : *Mme Récamier et ses amis*, Paris, 1934. (Bibliographie de 1904.)

La reine HORTENSE : *Mémoires*, Paris, 1928.

Arsène HOUSSAYE : *Notre-Dame de Thermidor*, Paris, 1875.

T. IUNG : *Lucien Bonaparte et ses Mémoires*, Paris, 1882-1883, 3 voi
    Bonaparte et son temps, Paris, 1880-1881, 3 vol.

H. JAMES : *in French Poets and Novelists*, sur les Ampère, pp. 272-282, Macmillan, 1884.

Mme JAUBERT : *Souvenirs*, Paris, 1881.

H. JUIN : *Victor Hugo*, I (1802-1843), Paris, 1980.

A. de KERKHOVE : *Benjamin Constant ou le libertin sentimental*, Paris, 1950.

A. von KOTZEBUE : *Souvenirs de Paris en 1804*, Paris, 1805, 2 vol.

J.-C. KRAFFT : *Plan, coupe et élévation des plus belles maisons et hôtels construits à Paris et dans les environs*, Paris s.d. (an IX).

Baronne de KRÜDENER : *Valérie*, Paris, 1974.

Mme de LA FERRONNAYS : *Mémoires*, Paris, 1899.

A. de LAMARTINE : *Les Confidences, Graziella, les Nouvelles Confidences*, Paris, 1887, 2 vol.

La REVELLIÉRE-LEPEAUX : *Mémoires*, Paris, 1895, 3 vol.

J.-D. de LA ROCHEFOUCAULD : *Le Duc de la Rochefoucauld-Liancourt*, Paris, 1980.

Comte de LAS CASES : *Le Mémorial de Sainte-Hélène*, Paris, Gallimard, La Pléiade, 1956, 2 vol.

H. de LATOUCHE : *Fragoletta ou Naples et Paris en 1799*, Paris, 1983.

L. de LAUNAY : *Un amoureux de Mme Récamier*, le Journal de J.-J. Ampère, Paris, 1927.

R. LAUNAY : *Barère de Vieuzac*, l'Anacréon de la guillotine, Paris, 1929.

A.-P. LECA : *Et le choléra s'abattit sur Paris*, Paris, 1982.

G. LEDOUX-LEBARD : «La décoration et l'ameublement de la chambre de madame Récamier sous le Consulat», in *La Gazette des Beaux-Arts*, oct 1952, n° 1005, et mai-juin 1955, n° 1037.
    «La décoration et l'ameublement de l'hôtel de madame Récamier», in *L'Estampille*, *l'Objet d'art*, mars 1994, n° 278.

A. LEFLAIVE : *Sous le signe des abeilles, Valérie Masuyer*, Paris 1947.

C. LÉGER : *Mme Récamier, la reine Hortense et quelques autres*, Paris, 1941.

E. Le NABOUR : *Charles X, le dernier roi*, Paris, 1980.

Mme LENORMANT : *Souvenirs et correspondance* tirés des papiers de Mme Récamier, Paris, 1859 (tome I), 1860 (tome II).
  Mme Récamier et les amis de sa jeunesse, Paris, 1872.
  Coppet et Weimar, Paris, 1862.
C. LENORMANT : *François Gérard*, Paris, 1846.
  Ballanche, Paris, 1847.
  Chateaubriand, Paris, i850.
Docteur C. LENORMANT : « Mme Récamier en Bugey », in *Le Bugey*, 1923.
P. LÉON : *Mérimée et son temps*, Paris, 1962.
M. LEVAILLANT : *Chateaubriand, Mme Récamier et les Mémoires d'outre-tombe*, Paris 1936.
  Splendeurs, misères et chimères de M. de Chateaubriand, Paris, 1948.
  Une amitié amoureuse, Mme de Staël et Mme Récamier, Paris, 1956.
Docteur Le SAVOUREUX : Chateaubriand, Paris, 1930.
F. LEY : Mme de Krüdener et son temps, Paris, 1961.
  Bernardin de Saint-Pierre, Mme de Staël, Chateaubriand, B. Constant et Mme de Krüdener, Paris, 1967.
Prince de LIGNE : *Œuvres choisies*, Genève, 1809, 2 vol.
  Lettres et pensées, Paris, 1809.
C. de LOMÉNIE : *Galerie des hommes illustres*, Paris, 1840-1847, 10 vol.
Marquis A. de LUPPÉ : « Les Rendez-vous de Chantilly », in *Revue des Deux Mondes*, ˡᵉʳ décembre 1959.
L MADELIN : *Fouché 1759-1820*, Paris, 1945.
Comte de MARCELLUS : *Chateaubriand et son temps*, Paris, 1859.
A. MARQUISET : *Ballanche et Mme d'Hautefeuille*, Paris, 1912.
A. MAUROIS : *Chateaubriand*, Paris, 1938.
A. MARTIN-FUGIER : *La Vie élégante ou la formation du Tout-Paris, 1815-1848*, Paris, 1990.
V. MASUYER : *Mémoires, lettres et papiers*, Paris, 1937.
A. MAURIN : *Galerie historique de la Révolution française*, Paris 1843, 3 vol.
Baron C.-F. de MENEVAL : *Mémoires, souvenirs historiques*, Paris 1845.
MÉRIMÉE : *Lettres à la comtesse de Boigne*, Paris, 1933.
E. de MIRECOURT : *Mérimée*, Paris, 1957.
Mme MOHL : *Mme Récamier, with a Sketch of History of Society in France*, Londres, 1862.
M. MOLÉ : *Souvenirs d'un témoin de la Révolution et de l'Empire*, Genève, 1943.
C. MONSELET : *Portraits après décès*, Paris, 1866.
Marquise de MONTCALM : *Mon Journal pendant le premier ministère de mon frère*, Paris 1936.
  Napoléon et l'Empire. Collectif sous la direction de Jean Mistler. Paris, 1968.
Comte de NESSELRODE : *Lettres et papiers*, Paris, 1904-1907, 6 vol.
O'MEARA : *Un salon à Paris*, Paris, 1886.
J. ORIEUX : *Talleyrand ou le sphinx incompris*, Paris, 1970.
J. d'ORMESSON : *Mon dernier rêve sera pour vous*, Paris, 1982.
G. PAILHÈS : *La Duchesse de Duras et Chateaubriand*, Paris, 1910.
M.-L. PAILLERON : *Mme de Staël*, Paris, 1931.
G.D. PAINTER : *Chateaubriand, une biographie*, I, Paris, 1979.
Comtesse J. de PANGE : *Mme de Staël et la découverte de l'Allemagne*, Paris, 1928.
  Lettres de femmes du XIXᵉ siècle, Monaco, 1947.
V. de PANGE : *Le plus beau de toutes les fêtes*, Paris, 1980.
M. PONIATOWSKI : *Talleyrand et le Directoire*, Paris, 1983.
A.-J.PONS : *Sainte-Beuve et ses inconnues*, Paris, 1879.
Docteur POTIQUET : *Le Secret de Mme Récamier*, Paris, 1913.
G. POULET : *Benjamin Constant par lui-même*, Paris, 1968.
Procès-verbaux établis par la commission du Vieux-Paris, année 1905.
H. de RÉGNIER : *Madame Récamier*, Paris,1936.
Vicomte de REISET : *Anne de Caumont La Force, comtesse de Balbi*, Paris, 1909
Mme de RÉMUSAT : *Mémoires (1802-1808)*, Paris, 1880, 3 vol.
P. RIBERETTE : « Mme Récamier, quatre lettres inédites à Chateaubriand », in *Bulletin de la société Chateaubriand*, n° 16, 1973.

H.C. RICE Jr : *Thomas Jefferson's Paris*, Princeton, 1976.
H. RIEBEN : *Portraits en miniatures*, Lausanne, 1966.
   Mme ROLAND : *Mémoires*, Paris, 1884, 2 vol.
J.-J. ROUSSEAU : *Œuvres complètes*, Paris, Gallimard, La Pléiade, 2 vol., 1964.
I. de SAINT-AMAND : *La Jeunesse de l'impératrice Joséphine*, Paris, 1883.
Comtesse de SAINT-ROMAN : *Le Roman de l'Occitanienne et de Chateaubriand*, Paris, 1925.
C.-A. SAINTE-BEUVE : *Portraits littéraires*, Paris, 1862, 3 Vol.
   Premiers lundis, Paris, 187,5, 3 vol.
   Causeries du lundi, Paris, 1851-1876, 15 vol.
   Nouveaux lundis, Paris, 1864-1894, 13 vol.
   Portraits contemporains, Paris, 1876, 5 vol.
   Chateaubriand et son groupe littéraire sous l'Empire, Paris, 1861, 2 vol.
   Cahiers intimes inédits (*Mes poisons*), Paris, 1926.
I. SAINTE-ELME : *Mémoires d'une contemporaine*, Paris, 1895.
G. SCOTT : *Le Portrait de Zélide*, Paris, 1932.
J.-A. de SEDOUY : *Chateaubriand, un diplomate insolite*, Paris, 1992.
   Le comte Molé ou la séduction du pouvoir, Paris, 1994.
Baronne de STAËL-HOLSTEIN : *Choix de lettres*, par G. Solovieff, Paris, 1970.
   Corinne, Paris, 1992.
   Corinne ou l'Italie, Paris, 1819, 2 vol.
   Correspondance générale, par G. Jasinski, Paris, 1962 – 1933, 6 vol.
   De la littérature, Paris, 1858.
   Delphine, Paris, 1887.
   De l'influence des passions..., Paris, 1820.
   De l'Allemagne, Paris, 1866.
   Dix années d'exil, Paris, Charpentier, s.d. , réédition Paris, 1996.
   Lettres à Mme Récamier, cf., E. Beau de Loménie.
STENDHAL : *Correspondance*, Paris, Gallimard, La Pléiade, 1962-1968, 3 vol.
Mme SWETCHINE : *Lettres*, Paris, 1873, 3 vol.
R. SZRAMKIEWICZ : *Les Régents et censeurs de la Banque de France*, Genève, 1974.
   Tableaux historiques de la Révolution française, Paris, de 1791 à 1817.
Prince de TALLEYRAND : *Mémoires*, Paris, 1982.
A.-C. THIBAUDEAU : *Mémoires* (1799-1815), Paris, 1913, 4 vol.
G. TICKNOR : « Un Américain en Europe », in *Mercure de France*, I, XII, 1952.
G. TOUCHARD-LAFOSSE : *Souvenirs d'un demi-siècle*, Paris, 1836, 6 vol.
J. TULARD : *Dictionnaire Napoléon*, Paris, 1987.
   Histoire et dictionnaire de la Révolution française, 1789-1799, Paris, 1987.
   Napoléon ou le mythe du souvenir, Paris, 1977.
   Murat, Paris, 1983.
J. TUROUAN : *Mme Récamier*, Paris, 1912.
   Élisa et Pauline, sœurs de Napoléon, Paris, 1954.
   Caroline, sœur de Napoléon, 1954.
Mme VIGÉE LE BRUN : *Souvenirs*, 1894.
VILLEMAIN : *M. de Chateaubriand*, Paris, 1858.
F. WAGENER : *La Reine Hortense*, 1783-1837, Paris, 1992.
   La Comtesse de Boigne 1781-1866, Paris, 1997.
H.-M. WILLIAMS : *Souvenirs de la Révolution française*, Paris, 1827.
A. WURMSER : *La Comédie inhumaine*, Paris, 1970.
T. ZELDIN : *Histoire des passions françaises* (1848-1945), Paris, 1980-1981, 4 vol.

Cette double liste n'est bien évidemment pas exhaustive.

REMERCIEMENTS

Je tiens à remercier mon ami le professeur Anders Ryberg, de Stockholm, directeur de la bibliothèque de l'Académie suédoise; MM. les conservateurs du département des Manuscrits de la Bibliothèque nationale de France, tout particulièrement, Mlle Annie Angremy qui m'y a accueillie et m'a guidée dans l'exploration du fonds Récamier, sans oublier les membres du personnel de ce même département, spécialement M. Étienne de Seyssel; MM. Jean-Marc Lery et Georges Frechet, conservateurs de la bibliothèque historique de la Ville de Paris, dont la diligence m'a été précieuse; MM. les conservateurs des Archives nationales; la direction des Archives départementales du Rhône, spécialement M. le conservateur en chef, M. Meras; la direction des Archives municipales de Lyon; Mme Piret, de la bibliothèque municipale de Châlons-sur-Marne; M. Pierre Richard et Mme Anne Gruner-Schlumberger.

Mon amie graphologue, Mme Monique Deguy, à qui je dois d'avoir rencontré pour l'occasion la regrettée Micheline Delamain, a étudié à ma demande, et grâce à l'aide de M. Seckel de la Bibliothèque nationale, plusieurs spécimens de l'écriture de Juliette Récamier. Ses conclusions ont été pour moi un encouragement déterminant à poursuivre ma recherche. Qu'elle en soit remerciée ici.

M. Jacques Brousse m'a convaincue de m'intéresser au thème astral de Juliette Récamier. André Barbault ayant travaillé sur une date de naissance fausse d'un jour, c'est mon vieux complice Milan Kundera qui a rectifié cette étude.

M'ont aidée à établir ou enrichir ma documentation mes amies Martine de Rougemont, Mme Simone Sinclair, sa mère, ainsi que Mlle Simone Balayé, présidente de la Société des études staëliennes, le généalogiste Jean-Marc Blanc, les historiens Charles-Olivier Blanc de Ladevèze et Jean-Jacques Fiechter, le duc d'Harcourt, M. Pierre-Émile Buron, M. Delaval, Viviane Forrester, Jean Montalbetti, Jacques et Solange Nobécourt, Jean Roudaut, Raphaël Sorin, Jean Sola, Guy-Aimé Patard, François-Olivier Rousseau, Mme Simone Gallimard, André Wurmser, ainsi que l'équipe de la maison Jean-Claude Lattès, spécialement Mme Micheline Jérome.

Je tiens à exprimer toute ma gratitude à M. Jean d'Ormesson de l'Académie française. Je remercie également MM. Jean-Paul Clément, Trousset, Carré ainsi que Mme Carron, de la direction des parcs et jardins à Sceaux, qui m'ont ouvert la Vallée-aux-Loups, ainsi que M. Athrurion qui en a la garde. Je tiens à exprimer mon affectueuse reconnaissance à Mme Jacqueline Piatier qui m'accompagna lors de ma première visite qui, à plus d'un titre, demeure pour moi mémorable.

Je dois beaucoup au comte et à la comtesse Philippe Engelhard, qui m'ont reçue à Lyon, ainsi qu'à Mlle Bernadette de Jerphanion, Albéric et Inès de Lavernée, qui ont contribué à me faire découvrir la ville natale de Juliette Récamier. M. Charles Récamier m'a permis de consulter l'ouvrage généalogique consacré à sa famille par M. Frédéric Bremard.

Je tiens aussi à remercier mes cousins Emma Wagener Rovai et Spiridione Mitolo, de Rome, qui m'ont permis de retrouver les traces de Juliette et de René dans la Ville Éternelle. Merci à mes amis catalans Lluis et Magda Marquesans, Maria Teresa Ortinez, Lluis Racionero i Grau, mon beau-frère le docteur Fernando Pont i Vilamitjana, Joana Darnes i Maspoch ainsi qu'à M. Josep Agell i Clos de Gualta et les siens.

J'exprime ma reconnaissance affectueuse à Hector Bianciotti, Brigitte Iselin-Lavauzelle, Guy Lesourd, Diane de Margerie, Florence Resnais, Diane et Rémy Schlumberger qui m'ont constamment soutenue dans mon travail. C'est à leur amitié que je dois de l'avoir mené à bien.

Merci, enfin, à mon entourage immédiat : à mes parents, mon mari Francesc Vicens i Giralt et Odile Cail sans lesquels ce livre, tout simplement, n'existerait pas.

(1986)

INDEX

TABLE

TABLE   545

Cet ouvrage a été réalisé par

FIRMIN DIDOT

GROUPE CPI

Mesnil-sur-l'Estrée

*pour le compte des Éditions Flammarion
en janvier 2001*

Imprimé en France
Dépôt légal : janvier 2001
N° d'édition : FF 806201 — N° d'impression : 53972